CARTAS DE
FREUD E JUNG

Dados Internacionais de Catalogação na Publicação (CIP)
(Câmara Brasileira do Livro, SP, Brasil)

Cartas de Freud e Jung / editadas por William McGuire ; tradução de Leonardo Fróes. – Petrópolis, RJ : Vozes, 2023.
Título original: The Freud / Jung Letters.

ISBN 978-65-5713-812-0

1. Cartas – Memórias 2. Freud, Sigmund, 1856-1939 3. Jung, Carl Gustav, 1875-1961 4. Psicanalistas I. McGuire, William.

23-146963   CDD-150.1954092

Índices para catálogo sistemático:
1. Psicanalistas : Cartas 150.1954092

Tábata Alves da Silva – Bibliotecária – CRB-8/9253-0

CARTAS DE
FREUD E JUNG

Editadas por William McGuire

Tradução de Leonardo Fróes

EDITORA
VOZES

Petrópolis

© 2007 Foundation of the Works of C.G. Jung, Zurique
© 1974 Sigmund Freud Copyrights, Inc.
© 1974 S. Fischer Verlag GmbH

Reprodução autorizada da seleção editorial e tradução de material editorial por William McGuire a partir do original em inglês intitulado *The Freud/Jung Letters: The Correspondence between Sigmund Freud and C.G. Jung,* publicado por Routledge, membro da *Taylor & Francis Group.*

Direitos de publicação em língua portuguesa – Brasil:
2023, Editora Vozes Ltda.
Rua Frei Luís, 100
25689-900   Petrópolis, RJ
www.vozes.com.br
Brasil

Todos os direitos reservados. Nenhuma parte desta obra poderá ser reproduzida ou transmitida por qualquer forma e/ou quaisquer meios (eletrônico ou mecânico, incluindo fotocópia e gravação) ou arquivada em qualquer sistema ou banco de dados sem permissão escrita da editora.

CONSELHO EDITORIAL

Diretor	**Conselheiros**
Volney J. Berkenbrock	Elói Dionísio Piva
	Francisco Morás
Editores	Gilberto Gonçalves Garcia
Aline dos Santos Carneiro	Ludovico Garmus
Edrian Josué Pasini	Teobaldo Heidemann
Marilac Loraine Oleniki	
Welder Lancieri Marchini	**Secretário executivo**
	Leonardo A.R.T. dos Santos

Editoração: Andrea Bassotto Gatto
Diagramação: Raquel Nascimento
Revisão gráfica: Heloisa Brown
Capa: Rafael Nicolaevsky

ISBN 978-65-5713-812-0 (Brasil)
ISBN 978-04-1511-982-5(Reino Unido)

Este livro teve sua primeira edição em português pela Editora Imago em 1976.

Este livro foi composto e impresso pela Editora Vozes Ltda.

Sumário

Lista de ilustrações, 7

Fac-símiles, 8

Abreviaturas das principais referências, 9

Introdução, 15

Agradecimentos, 45

As cartas de Freud e Jung, 49

1 Quadro cronológico das cartas, 713

Itens ausentes, 719

2 Sumários do Jahrbuch für Psychoanalytische und Psychopathologische Forschungen, 720

3 Estatutos da Associação Psicanalítica Internacional, 725

4 Programa dos congressos, 728

5 Sumários (de 1913) Der Schriften zur Angew Andten Seelenkunde, editado por Sigmund Freud, 735

6 O contrato para a Zeitschrift, 736

7 As edições coligidas, 738

Adendos, 741

Biografias, 743

Lista de ilustrações

Foto	Citada em	Pág.
I. O Hospital Burghölzli, Zurique, c. 1900	2 J n.	147
II. A Gradiva, relevo	27 F n.	148
III. Sigmund Freud, 1906. Foto enviada a Jung	48 J n.	149
IV. Medalha comissionada pelos amigos de Freud em homenagem ao seu 50º aniversário, 1906	45 F n. J n.	150
V. a) Na Universidade de Clark, setembro de 1909: Freud, Hall, Jung, Brill, Jones e Ferenczi		151
b) Alguns participantes das Conferências em Clark		151
VI. O Congresso de Weimar, setembro de 1911		152
VII. Martha Freud com sua filha Sophie, verão de 1912		154
VIII. C.G. Jung em Nova York, 1912		155

FAC-SÍMILES

	Corresp.	À pág.
1. Freud, 11 de abril de 1906	1 F	156
2./3. Jung, 5 de outubro de 1906	2 J	157
4. Freud, 27 de agosto de 1907	40 F	159
5. Freud, 17 de janeiro de 1909	125 F	160
6. *Jahrbuch*: frontispício do primeiro número	133 J	161
7. Jung, 2 de junho de 1910	196 J	162
8. Jung, 31 de agosto de 1910	210 J	163
9. *Zentralblatt:* capa do primeiro número	216 F	164
10. *Zeitschrijf*: frontispício do primeiro número	328 J	165
11. Jung, 3 de dezembro de 1912	330 J	166
12./13. Freud, 27 de janeiro de 1913	364 F	167
14./15. O Rascunho dos *Estatutos* com as anotações de Jung	Apêndice 3	169

Abreviaturas das principais referências

Abraham. (1927). *Papers = Selected papers of Karl Abraham M.D.* (D. Bryan, & A. Strachey Trad.). Londres.

Alexander, F., & Selesnick, S.T. (1965). "Freud-Bleuler Correspondence". *Archives of General Psychiatry.* (XII: 1 segs). Nova York.

Bulletin *Korrespondenzblatt der internationalen psychoanalytischen Vereinigung.* (1910-11). C.G. Jung, & F. Riklin (Eds.). Zurique. (6 números); publicado desde então como seção em números esporádicos de *Zentralblatt* e *Zeitschrift.*

Edição Standard Brasileira das Obras Psicológicas Completas de Sigmund Freud. (1969). Traduzida de The Standard Edition of the Complete Psychological Works of Sigmund Freud. (24 vol.). Rio de Janeiro: Imago. Cf. lista no apêndice 7.

Ellenberger, H.F. (1970). *The discovery of the unconscious: the history and evolution of dynamic psychiatry.* Nova York.

Freud, M. (1968). *Sigmund Freud: man and father.* Londres e Nova York.

Freud, S. (1907). *Papers = Schriften zur angewandten Seelenkunde* (n. 1). Viena. ("Papers on Applied Psychology"). Cf. lista no apêndice 5.

Freud, S. (1960). *Letters = Letters of Sigmund Freud.* E.L. Freud (seleção e edição). (T. Stern, & J. Stern Trad.). Londres e Nova York.

Freud, S. (1963). *Pfister letters = Psychoanalysis and faith; the letters of Sigmund Freud and Oskar Pfister.* H. Meng, & E.L. Freud (Eds.). (E. Mosbacher Trad.). Londres e Nova York.

Freud, S. (1965). *Abraham letters = A psycho-analytic dialogue; The letters of Sigmund Freud and Karl Abraham 1907-1926.* H.C. Abraham, & E.L. Freud (Eds.). (B. Marsh, & H.C. Abraham Trad.). Londres e Nova York.

Freud (1954). *The origins of pschoanalysis: letters to Fliess = The origins of psycho-analysis: letters to Wilhelm Fliess, drafts and notes: 1897-1902, por Sigmund Freud*. M. Bonaparte, A. Freud, & E. Kris (Eds.) (E. Mosbacher, & J. Strachey Trad.). Nova York e Londres.

Grinstein, A. (1952-59). *The index of psychoanalytic writings*. A. Grinstein (compilação e edição, vol. I-IX). Nova York.

Hale Jr., N.G. 1971). *Freud and the Americans: the beginnings of psychoanalysis in the United States, 1876-1917*. Nova York.

Jahrbuch *Jahrbuch für psychoanalytische und psychopathologische Forschungen*. Cf. apêndice 2.

Jones, E. (1953, 1955, 1957). *Sigmund Freud: life and work*. (3 vol.). Londres e Nova York. (como a paginação das edições não coincide, são dadas duas referências de páginas, a primeira delas remetendo à ed. londrina.).

Jones, E. (1959). *Free associations; Memories of a psycho-analyst.* Londres e Nova York.

Jung. "Abstracts" = "Referate über psychologische Arbeiten schweizerischer Autoren (bis Ende 1909)", *Jahrbuch*, II:1 (1910); cf. "Resenhas das obras psicológicas de autores suíços (até o fim de 1909)", OC 18/1 (contendo apenas resenhas escritas por Jung).

Jung. (1963). *Memories = Memories, Dreams, Reflections by C.G. Jung*. Registro e edição de Aniela Jaffé (R. Winston, & C. Winston Trad.). Nova York e Londres. (como a paginação das edições não coincide, são dadas duas referências de páginas, a primeira delas remetendo à ed. nova-iorquina.).

Jung. (1973, 1974). *Letters = C.G. Jung: letters*. Seleção e edição de Gerhard Adler em colaboração com Aniela Jaffé. (2 vol). Princeton (Bollingen Series XCV) e Londres.

OC = Jung, C.G. *Obra completa*. Vozes.

Todas as citações da Obra Completa de Jung seguem o mesmo padrão: número do volume e o número do número do parágrafo. Os volumes são os seguintes:

1 Estudos psiquiátricos

2 Estudos experimentais

3 Psicogênese das doenças mentais

4 Freud e a psicanálise

5 Símbolos da transformação

6 Tipos psicológicos

7/1 Psicologia do inconsciente

7/2 O eu e o inconsciente

8/1 A energia psíquica

8/2 A natureza da psique

8/3 Sincronicidade

9/1 Os arquétipos e o inconsciente coletivo

9/2 Aion – Estudo sobre o simbolismo do si-mesmo

10/1 Presente e futuro

10/2 Aspectos do drama contemporâneo

10/3 Civilização em transição

10/4 Um mito moderno sobre coisas vistas no céu

11/1 Psicologia e religião

11/2 Interpretação psicológica do Dogma da Trindade

11/3 O símbolo da transformação na missa

11/4 Resposta a Jó

11/5 Psicologia e religião oriental

11/6 Escritos diversos – Vols. 10 e 11

12 Psicologia e alquimia

13 Estudos alquímicos

14/1 Mysterium Coniunctionis – Os componentes da Coniunctio; Paradoxa; As personificações dos opostos

14/2 Mysterium Coniunctionis – Rex e Regina; Adão e Eva; A Conjunção

14/3 Mysterium Coniunctionis – Epílogo; Aurora Consurgens

15 O espírito na arte e na ciência

16/1 A prática da psicoterapia

16/2 Ab-reação, análise dos sonhos e transferência

17 O desenvolvimento da personalidade

18/1 A vida simbólica

18/2 A vida simbólica

Minutes. *Minutes of the Vienna Psychoanalytic Society.* (1962-74). H. Nunberg, & E. Federn (Ed.). (M. Nunberg Trad.). Nova York. (I: 1906-8; II: 1908-10; III: 1910-15, consultado em ms.).

Putnam and Psychoanalysis = James Jackson Putnam and psychoanalysis; Letters between Putnam and Sigmund Freud, Ernest Jones, William James, Sandor Ferenczi, and Morton Prince, 1877- 1917. (1971). N. G. Hale, Jr. (Ed.). Cambridge, Mass.

Ross, D.G. (1972). *Stanley hall: the psychologist as prophet.* Chicago.

Schreber, D.P. (1955). *Memoirs of my nervous illness.* (traduzido e editado, com introdução, notas e comentários, por Ida Macalpine e Richard A. Hunter). Londres.

The standard edition of the complete psychological works of Sigmund Freud. (1953, 1974). Traduzida sob a direção editorial de James Strachey, com a colaboração de Anna Freud e a assistência de Alix Strachey e Alan Tyson. (24 vol.). Londres e Nova York.

Short Papers = Sammlung kleiner Schriften zur Neurosenlehre [de Sigmund Freud] (1960). (vol. 1). Viena. (Collected Short Papers on the Theory of the Neuroses).

Zeitschrift = Internationale Zeitschrift für arztliche Psychoanalyse. (1913). Viena.

Zentralblatt = Zentralblatt für Psychoanalyse; Medizinische Monatsschrift für Seelenkunde. (1911, 1913).

Abreviaturas usadas no texto:

cs. = consciente (ência)

D. pr.; Dem. pr. = demência precoce

Ψ = psique, psico-

ΨA = psicanálise, psicanalí-

ΨN = psiconeurose

ics. = inconsciente

SIGMUND FREUD

Freiburg (Pribor), Morávia
6 de maio de 1856

Londres
23 de setembro de 1939

CARL GUSTAV JUNG

Kesswil, Thurgau
26 de julho de 1875

Küsnacht
6 de junho de 1961

Introdução

Essas cartas são a evidência direta do encontro intensamente fecundo e finalmente trágico de Freud e Jung. O espírito de tragédia, no entanto, reside apenas no encontro – o drama das próprias cartas – e se desenrola de maneira quase clássica para a catástrofe prefigurada do conflito e da discórdia. Não cabe propriamente dizer que as vidas e as carreiras de Freud ou Jung tenham sido tragicamente alteradas; da ruptura inevitável, com efeito, ambos souberam extrair certos valores criativos.

Ao contrário das menções polidas e simpáticas trocadas a propósito de suas obras publicadas quando ainda eram colaboradores, ou de tudo o que escreveram sobre seu relacionamento durante o amargo desfecho, as cartas dão o mais acurado testemunho da interação complexa dessas duas personalidades únicas, tão ligadas uma à outra, não obstante tão dessemelhantes. O diálogo inevitavelmente incita às interpretações analítica e psicanalítica, à ruminação filosófica sobre suas origens, seus efeitos e seu "significado", bem como à avaliação de suas agressões, projeções, magnanimidades, rasgos de sabedoria, partículas seminais e tudo o que ainda possa, eventualmente, ser colocado na balança. Uma apreciação da correspondência nesses termos foi, porém, vedada pelos filhos dos dois personagens, que, ao concluírem um acordo para publicarem as cartas, prudentemente estipularam que elas deveriam ser tratadas "como documentos históricos... a fim de garantir a imparcialidade".

Nos anos imediatamente anteriores ao início deste século, Freud se achava num estado que ele mesmo definiu, mais de uma vez, como um "isolamento esplêndido"[1]. Sua carreira havia sido marcada por frustrações,

---

1. Para os detalhes desse período da carreira de Freud cf. Jones, I, c. XIV-XVI, e II, c. I II; Freud, *The Origins of Psychoanalysis*; Ellenberger, *The Discovery of the Uncons-*

ele não se tornara um pesquisador científico, como chegara a desejar, nem um professor universitário[2]. A colaboração com Josef Breuer levara a uma obra importante, os *Estudos sobre a histeria* (1893-1895; Ed. Standard Bras., II), mas depois disso os dois se separaram. Após usar o termo "psicanálise" pela primeira vez, numa publicação de 1896, Freud se dedicou, durante a última parte da década, à elaboração da técnica psicanalítica. Totalmente sozinho, partiu, em 1897, para a autoanálise de seu próprio inconsciente, o que o levou à composição de *A interpretação dos sonhos* (publicada no fim de 1899, mas datada de 1900; Ed. Standard Bras., IV-V). Segundo o relato de Ernest Jones, o livro pouco vendeu e foi inadequadamente considerado pela crítica. Não obstante seria um marco decisivo na vida de Freud.

> Ele o considerava, a um só tempo, como sua obra científica mais significativa, a pedra fundamental de todo o seu trabalho, e como a obra que pessoalmente o levou ao esclarecimento, dando-lhe a força para encarar de modo diferente uma existência difícil[3].

O ano de 1902 foi marcado por três acontecimentos de grande repercussão na carreira de Freud. Desde 1887, ele mantinha correspondência e uma amizade íntima com Wilhelm Fliess, um otorrino de Berlim. As cartas a Fliess, conservadas de modo quase milagroso[4], são uma fonte básica de conhecimento sobre a gênese da psicanálise. Mas em 1902, chegaram ao fim a correspondência e a amizade. Ademais, em grande parte por seu próprio esforço, ele foi designado para um cargo que, na Universidade de Viena, correspondia ao de professor-assistente. Por fim, no outono desse mesmo ano, Freud encampou a sugestão de Wilhelm Stekel e deu início aos "Encontros Psicológicos das Quartas-Feiras", convidando quatro de seus conhecidos interessados em psicanálise para reuniões em sua sala de espera[5].

---

cious, c. 7; e K.R. Eissler, *Sigmund Freud und die Wiener Universität* (Berna, 1966). (Para explicação dos títulos abreviados, cf. p. 9 a 12.)

2. C.A. Schorske, "Politics and Patricide in Freud's interpretation of dreams". *American Historical Review*, LXXVIII: 2 (abril, 1973), 330s.

3. *Ibid.*, 330.

4. Publicadas em *The Origins of Psychoanalysis*.

5. Jones, II, 8/8. Os quatro em questão – Wilhelm Stekel, Alfred Adler, Rudolf Reitler, Max Kahane – gradualmente se elevaram a mais de 20, dando origem, em abril de

A reputação de Freud e seus contatos lentamente se expandiam além dos limites de Viena. Escreveu a seguir *A psicopatologia da vida cotidiana* (1901) e *Fragmento da análise de um caso de histeria* (não publicado, senão em 1905); e, então, também simultaneamente, *Chistes e sua relação com o inconsciente* (1905) e *Três ensaios sobre a teoria da sexualidade* (1905). Foi a última obra, no dizer de Jones, "que conferiu ao nome de Freud um ódio máximo"[6], devido às suas descobertas relativas ao instinto sexual na infância.

O primeiro núcleo significativo de interesse pela psicanálise fora do círculo imediato de Freud surgiu no Hospital Mental Burghölzli, em Zurique (Figura I). Um austero conjunto de prédios em uma colina com vista para o lago de Zurique, o Burghölzli foi fundado em 1860, na qualidade de hospício cantonal, e também servia de clínica psiquiátrica à Universidade de Zurique. Com Auguste Forel, que assumiu sua direção em 1879, o tratamento avançado e as pesquisas garantiram-lhe uma reputação internacional, mantida e prolongada com Eugen Bleuler, que em 1898 sucedeu a Forel.

Em 10 de dezembro de 1900, Jung chegou ao Burghölzli para assumir, como médico-assistente, seu primeiro posto profissional. Concluíra os estudos de Medicina na Universidade de Basileia, sua cidade natal, e recebera seu diploma em 27 de novembro, apenas uma quinzena antes de assumir o posto[7]. A despeito da reputação de *avant-garde* do hospital, mais tarde Jung descreveu seu trabalho no Burghölzli como

> uma submissão ao voto de acreditar apenas no que era provável, mediano, convencional, destituído de sentido, um voto de renúncia ao estranho e significativo, de redução do extraordinário ao banal. Por conseguinte havia apenas… estreitos horizontes opressivos e o deserto infindo da rotina[8].

1908, à Sociedade Psicanalítica de Viena. Os *Minutes* (cf. p. 10) foram registrados, a partir de 1906, por Otto Rank.

6. Jones, II, p. 321/286.

7. Para os anos de Jung no Burghölzli, cf. *Memories, Dreams, Reflections*, p. 111-13/113-15, e c. IV; e Ellenberger, c. 9. As datas da carreira acadêmica de Jung foram confirmadas por Franz Jung.

8. *Memories*, p. 111/113.

Num tal contexto, a tomada de contato de Jung com Freud há de ter sido duplamente excitante.

> Já em 1900, escreveu ele, eu havia lido *A interpretação dos sonhos*, de Freud. Na ocasião, pusera o livro de lado por ainda não entrar em sintonia com ele... Retomei-o em 1903... e descobri, então, que tudo se concatenava às minhas próprias ideias[9].

Numa entrevista de 1957, Jung disse que, em 1900, Bleuler lhe pedira para apresentar um parecer sobre *A interpretação dos sonhos* numa "reunião noturna" da equipe[10].

Antes de Jung "pôr o livro de lado", em 1900 (ou 1901), ele já digerira suficientemente as "investigações oníricas" de Freud para citá-las, por sua relevância para suas próprias descobertas experimentais, em sua tese de doutoramento, publicada em 1902[11]. A maioria das demais publicações de Jung nos anos 1902-1905[12] contém citações do trabalho de Freud (se bem que não de suas teorias sexuais).

Jung passou o semestre de inverno de 1902-1903 no Salpêtrière, em Paris, assistindo às palestras de Janet sobre psicopatologia teórica. Em 14 de fevereiro de 1903, logo após voltar para Zurique, casou-se com Emma Rauschenbach e os dois se instalaram num apartamento no prédio central

---

9. *Ibid.*, p. 146s./144s.

10. R.I. Evans. (1964). *Conversations with Carl Jung* Princeton: Van Nostrand; também, como transição corrigida, em OC 18/1. Nos papéis póstumos de Jung foi descoberto um original datilografado, com data de 25 de janeiro de 1901, que constitui um parecer não sobre *Die Traumdeutung*, mas sobre *Über den Traum* (*Sobre os sonhos*), um sumário daquele que Freud publicou em *Grenzfragen des Nerven und Seelenlebens*, ed. L. Löwenfeld e H. Kurella (Wiesbaden, 1901). Para o parecer de Jung, cf. *Spring*, 1973, p. 171-79, e OC 18/1.

11. *Sobre a psicologia e patologia dos fenômenos chamados ocultos* (OC 1). O título de doutor em Medicina foi concedido a Jung pela Universidade de Zurique, em 17 de julho de 1902.

12. "Um caso de estupor histérico em pessoa condenada à prisão" (1902), "Sobre a simulação de distúrbio mental" (1903), "Erros histéricos de leitura" (1904), "Criptomnésia" (1905) – todos em OC 1; os primeiros quatro estudos sobre associação de palavras (1904-1905) e "Sobre o diagnóstico psicológico da ocorrência" (1905) – todos em OC 2.

do Burghölzli, acima do que era ocupado pela família Bleuler[13]. No tempo de Jung, a equipe de residentes no hospital incluía também Karl Abraham, Franz Riklin, Max Eitingon e Hermann Nunberg. Além disso, visitantes estrangeiros – em especial A.A. Brill – lá passavam períodos de observação e estudo.

Ao que parece, o primeiro contato direto de Freud com o Burghölzli foi a correspondência a que ele e Bleuler deram início, em setembro de 1904, e que se prolongaria, de maneira mais ou menos esporádica, até pelo menos 1925[14]. Em sua autobiografia, Jung diz que ele, de fato, "foi o primeiro a tomar a defesa de Freud, num congresso em Munique, onde um orador discutia as neuroses obsessivas, mas propositadamente se abstinha de mencionar seu nome"[15]. Seja como for, *Fragmento da análise de um caso de histeria*, de Freud, apareceu em 1905 e Jung não perdeu tempo em se aproximar dele em seu estudo "Psicanálise e o experimento de associações" (OC 2), preparado nesse mesmo ano e publicado no seguinte.

Jung apresentava um caso de neurose obsessiva do qual havia tratado em junho de 1905, sujeitando a paciente ao teste de associações e, depois, à psicanálise – sessões de uma hora e meia a duas horas, em dias alternados, por três semanas. Jung dispensara a paciente sem propriamente lhe dar alta, mas em novembro ela voltou a procurá-lo dizendo-se curada. Ao sumarizar o caso, Jung declarou que o teste de associações poderia ser útil "para facilitar e abreviar a psicanálise de Freud".

---

13. Freud visitou os Jung por quatro dias, em setembro de 1908, e tomou contato com pelo menos um dos casos clássicos de Jung (*Memories*, 125s./126). Em junho de 1909, quando a família Jung se transferiu para sua nova casa, em Küsnacht, Jung se demitiu da equipe do Burghölzli.

14. Alexander e Selesnick, p. 6, 8. O Dr. Manfred Bleuler acredita que houve contatos entre seu pai e Freud mesmo antes, na década de 1890 (comunicação pessoal). De fato, em 1896, E. Bleuler escreveu uma resenha sobre os *Studien über Hysterie*; cf. Jones, 1, p. 278/253. (atualmente, as cartas de Freud a Bleuler em poder de M. Bleuler acham-se impedidas de publicação).

15. *Memories*, p. 148/147. O congresso não foi identificado e pode ser que haja aqui uma confusão com o Congresso de Neurologistas e Psiquiatras Alemães do Sudoeste, em Baden-Baden, 27 de maio de 1906, no qual Aschaffenburg atacou o *Fragment of an Analysis of a Case of Hysteria*, de Freud, e Jung se ergueu para replicar com vigor. Tanto a intervenção de Aschaffenburg quanto a réplica de Jung (OC 4) foram publicadas por um periódico de Munique – *Münchener medizinische Wochenschrift*, L111:37 e 47 (setembro e novembro de 1906). (cf. 2 J, 6 J).

Esse estudo encerrava, ou coroava, o volume do *Diagnostic association studies*[16] que Jung enviou a Freud em abril de 1906, iniciando, assim, a correspondência entre eles. O livro tinha a força de uma mensagem direta, pois nos estudos escritos quer por Jung, quer por Bleuler, havia citações da obra de Freud que demonstravam amplamente a aceitação encontrada pela psicanálise no Burghölzli. A primeira verdadeira carta partiu de Freud em 11 de abril de 1906: um agradecimento caloroso pelo livro que, ansioso por ler, ele já comprara. Como a cortesia não impunha uma resposta de Jung, passaram-se quase seis meses sem qualquer novidade. Em junho, Freud fez uma conferência que contém seus primeiros comentários publicados sobre Jung, os experimentos de associação e a teoria dos complexos[17]. Durante o verão, Jung completou sua monografia *A psicologia da dementia praecox*, para a qual já recolhia material desde 1903. O livro é cheio de citações e extensas discussões da obra de Freud, e no prefácio, datado de julho de 1906, Jung faz as seguintes declarações:

> Um exame superficial das páginas de meu trabalho mostra o quanto devo às geniais concepções de Freud. Uma vez que Freud ainda não recebeu o devido reconhecimento e apreciação, sendo inclusive bastante combatido nos círculos mais competentes, gostaria de precisar minha posição com relação a Freud. A leitura das obras de Freud levou-me a dar-lhe a devida atenção: de início, casualmente, ao ler a *Interpretação dos sonhos*; a partir desta obra, estudei seus demais escritos. Posso assegurar que desde o princípio fiz, naturalmente, as objeções aduzidas geralmente contra Freud na literatura. Contudo, achava que Freud apenas poderia ser refutado por alguém que tivesse utilizado amplamente o método psicanalítico e realmente houvesse investigado como Freud investiga, isto é, empreendendo uma longa e

---

16. Esses estudos ja haviam sido publicados isoladamente no *Journal für Psychologie und Neurologie*, nos dois anos anteriores, mas não há evidência de que Freud tivesse tomado conhecimento deles.

17. "Psycho-Analysis and the Establishment of the Facts in Legal Proceedings", SE IX, em que Freud se refere ao estudo de Jung sobre o mesmo tema, "O diagnóstico psicológico da evidência" (1905). O texto de Freud também continha sua primeira referência a Alfred Adler (p. 105).

minuciosa análise da vida diária, da histeria e do sonho a partir de seu ponto de vista. Quem não procede assim ou não pode proceder assim, também não pode julgar Freud, pois se comporta como os famosos cientistas que por desprezo se recusaram a olhar pelo telescópio de Galileu. Fazer justiça a Freud não significa, como muitos temem, sujeitar-se incondicionalmente a um dogma; é bastante possível manter um julgamento independente. Se admito, por exemplo, os mecanismos complexos dos sonhos e da histeria, não significa, de forma alguma, que atribuo ao trauma sexual da juventude uma significação exclusiva, como Freud parece fazer; muito menos que eu coloque a sexualidade em primeiro plano, acima de tudo, ou lhe confira universalidade psicológica que, como parece, é postulada por Freud, pela impressão do papel poderoso que a sexualidade desempenha na psique. A terapia freudiana consiste, no melhor dos casos, em uma das várias possibilidades e talvez nem sempre ofereça aquilo que teoricamente dela se pressupõe. Mas essas questões são secundárias, desaparecendo por completo ante a descoberta dos princípios psicológicos que é o maior mérito de Freud e aos quais a crítica dá pouca atenção. Quem pretende ser justo com Freud deve comportar-se segundo as palavras de Erasmo: "Remove toda pedra, experimenta tudo, não abandones o que começaste"[18].

Findo o verão, Freud acabou de reunir o primeiro volume de seus *Kleine schriften zur neurosenlehre*, enviando um exemplar a Jung em outubro de 1906. Com a carta-resposta de Jung, a correspondência se estabelecia de fato – "uma troca bem amistosa e mesmo íntima de ideias pessoais e reflexões científicas... por quase sete anos"[19]. Ao ser publicado, em dezembro, seu *Dementia praecox*, Jung enviou um dos primeiros exemplares a Freud, que expressara impaciência por vê-lo. Os comentários de Freud ao receber

---

18. OC 3, § 11s. "Unumquemque move lapidem, omnia experire, nihil intentatum relinque" – Erasmo, *Adagia*, I.IV.xxx. Cf. tb. 142 J, n. 1.

19. Jones, II, p. 35/30s.

esse livro fundamental infelizmente foram feitos numa carta que é uma das poucas ausentes da coletânea[20].

Em seus escritos subsequentes, Freud reconheceu, sem reservas, os serviços prestados à difusão da psicanálise pela Escola de Zurique, "particularmente por Bleuler e Jung". Revendo a história do movimento psicanalítico em 1914, logo após o rompimento com Jung, Freud afirmou:

> Segundo o testemunho de um colega[21] que presenciou a marcha dos acontecimentos no Burghölzli, parece que a psicanálise aí despertou interesse muito cedo. No trabalho de Jung sobre os fenômenos ocultos, publicado em 1902, já era feita alusão ao meu livro sobre a interpretação dos sonhos . De 1903 a 1904, diz meu informante, o interesse pela psicanálise esteve em primeiro plano[22].

Após descrever seu período de isolacionismo e o desenvolvimento gradual em Viena a partir de 1902, Freud disse que

> em 1907 a situação mudou bruscamente, contrariando todas as minhas expectativas... Um comunicado de Bleuler me informara, antes disso, que minhas obras haviam sido estudadas e postas em uso no Burghölzli. Em janeiro de 1907, veio a Viena o primeiro membro da clínica de Zurique. o Dr. Eitingon. Outros visitantes se seguiram, o que levou a uma animada troca de ideias. Finalmente, a convite de C.G. Jung... um primeiro encontro teve lugar em Salzburg, na primavera de 1908...[23].

---

20. Para a lista dos itens ausentes, cf. apêndice 1, p. 713.

21. Karl Abraham. Cf. *Freud/Abraham Letters*, 15-1-14, em que Abraham deu a informação solicitada por Freud.

22. Ed. Standard Bras., XIV, p. 39.

23. *Ibid.*, p. 37. Escrevendo 21 anos depois, Freud fez um relato mais sucinto, se bem que ligeiramente menos exato: "... meu isolamento chegou gradualmente ao fim. Antes de mais nada, um pequeno círculo de discípulos reuniu-se em torno de mim em Viena; depois de 1906 veio, então, a notícia de que os psiquiatras de Zurique, E. Bleuler, seu assistente C.G. Jung e outros, tomavam um vivo interesse pela psicanálise. Entramos em contato direto e na Páscoa de 1908 os amigos da jovem ciência se encontraram em Salzburg..." (*Um estudo autobiográfico*, Ed. Standard Bras., XX, p. 48).

A história do relacionamento de Freud e Jung a partir de 1906 está naturalmente contida nas cartas desse volume. O gradativo estabelecimento da consideração, da confiança e da afeição mútuas, o intercâmbio contínuo de informação e opiniões profissionais, a rápida elaboração do movimento psicanalítico, a troca íntima de notícias familiares, as observações sobre colegas e adversários, não raro acerbas e cheias de espírito, e, a longo termo, a emergência de divergências, discórdias, mal-entendidos e sentimentos melindrados, até a ruptura e a separação final.

* * *

Após a carta de Jung de 20 de maio de 1914, renunciando à presidência da Associação Internacional, há um longo silêncio nessa história epistolar[24]. O próprio Freud não mais empreendeu, contudo, um aniquilamento maciço de papéis indesejáveis, como fizera em março de 1908, quando tomou posse de um apartamento contíguo e reinstalou seu gabinete de trabalho (fatos que, incidentalmente, não são mencionados em suas cartas a Jung). Na pasta destinada às cartas de Jung para ele, arquivou também alguns dos programas dos Congressos e as circulares de Jung aos presidentes das sociedades filiadas, bem como várias cartas de Jung a Ferenczi, por este mesmo, ao que parece, encaminhadas a Freud[25]. As cartas que Freud recebeu de Emma Jung foram mantidas em separado.

Não há evidência de que voltasse a consultar a pasta de Jung, mas é provável que aí tenha posto, com as próprias mãos, a carta estritamente profissional que ele lhe mandou em 1923. A correspondência de Freud era arquivada cronologicamente em armários em seu gabinete de Berggasse 19. Aproximando-se o momento de sua família abandonar Viena, em 1938, Anna Freud e Marie Bonaparte vasculharam os papéis e a correspondência de Freud, queimando alguns itens potencialmente perigosos se viessem a cair em mãos nazistas[26]. As pastas restantes de papéis e cartas – de Jones,

---

24. A carta de Jung de 1923 (359 J) é a única exceção.

25. Três delas foram publicadas em *Jung's Letters*, ed. Adler, vol. 1.

26. Comunicação pessoal de A. Freud, que acrescenta: "Excetuando-se isso, o que levamos a cabo foi uma verdadeira tarefa de resgate. O material acumulado era tanto

Abraham, Eitingon, Pfister, Ferenczi, Lou Andreas-Salomé, Jung, Martha Bernays Freud – foram etiquetadas e despachadas com os demais pertences familiares[27]. O Professor Freud, a esposa e Ana embarcaram num trem em 4 de junho de 1938 e, após uma parada em Paris, chegaram a Dover em 6 de junho; haviam recebido privilégios diplomáticos e nenhum item de sua bagagem foi vistoriado ali ou em Londres. As pastas de papéis seriam guardadas na casa de 20 Maresfield Gardens, que se tornou a residência permanente da família no outono de 1938 e na qual Freud morreu em 23 de setembro de 1939. E lá as cartas ficariam, sobrevivendo a outro tipo de holocausto – os ataques aéreos da Segunda Guerra Mundial – até que, em meio às preocupações mais imediatas da família Freud com os problemas de sobrevivência e trabalho, fossem aparentemente esquecidas.

As cartas de Freud recebidas por Jung permaneceram intocadas por quase 40 anos. Durante algum tempo ele as guardou no que chamava de seu "esconderijo", um pequeno cofre na parede de um quartinho anexo ao grande gabinete-biblioteca no primeiro andar de sua casa[28]. O "esconderijo", trancado por uma chave que Jung sempre levava no bolso, abrigava também, entre outros itens valiosos, os quatro pedaços de uma faca de pão que se partira quando, ainda estudante, ele se dava a experimentações ocultistas[29].

Em nenhum de seus escritos posteriores, incluindo a autobiografia, Jung se referiu à correspondência[30]. De igual modo, Freud jamais a mencionou nos textos que a ela se seguiram, excetuando-se a alusão feita, em *A história do movimento psicanalítico* (1914), à carta de Jung de 11 de novembro de 1912 (323 J). A existência dessa valiosa *Briefwechsel* não se tornou pública senão com a publicação do volume II de *Vida e obra de*

---

que seria impraticável levá-lo conosco para Londres; enquanto meu pai se inclinava por abrir mão de muita coisa, a princesa Bonaparte... insistia para que tudo fosse preservado. Na cesta de lixo, assim, ela apanhou papéis que meu pai tinha jogado fora". O relato feito por Jones (HI, p. 238/233) sobre a queima de tudo o que pareceu desnecessário conservar é parcialmente inexato.

27. Comunicação pessoal da Sra. E.L. Freud.

28. Comunicação pessoal de Aniela Jaffé.

29. A. Jaffé. (1971). *From the Life and Work of C.G. Jung.* (R.F.C. Hull Trad.) (p. 123); cf. tb. *Letters*, ed. Adler, vol. 1, 27-11-34, a J.B. Rhine.

30. Ele mencionou as cartas, em sua correspondência particular, no fim da vida.

Sigmund Freud, de Ernest Jones, em 1955. Foi por volta de 1950 que Jones começou a trabalhar nessa biografia, cujo primeiro volume (1953) se estendeu até 1900. Em 1952, ele deu início ao preparo do segundo volume; em fevereiro escrevia a Jung, pedindo-lhe permissão para ver as cartas que Freud lhe endereçara. Aniela Jaffé, que na época era secretária do Instituto C.G. Jung[31], analisava-se com Jung havia vários anos. Durante uma sessão analítica em fevereiro, Jung lhe sugeriu que lesse as cartas de Freud. Ela concordou e a secretária de Jung, Marie-Jeanne Schmid, foi buscar o maço de cartas no "esconderijo". Diz, a propósito, Aniela Jaffé:

> Minha excitação ultrapassou os limites, mas depois de ter lido a noite toda senti-me meio desapontada, pois, esperando frases sábias e psicologicamente argutas, deparei-me com um amontoado de política e coisas do gênero, ao lado das observações mais pessoais. Jung se alegrou quando eu lhe dei minha opinião e acho que sua resposta a Jones reflete isso[32].

Jung respondeu a Jones:

> Elas não são particularmente importantes. Contêm, sobretudo, observações acerca de editores ou da organização da Sociedade Psicanalítica. Algumas são extremamente pessoais. Decididamente, não me empenho por sua publicação. Não haveriam de ser, no todo, uma contribuição importante à biografia de Freud[33].

Um mês depois, Jung confiou o maço de cartas a Aniela Jaffé, que as levou ao diretor do Instituto Jung, o doutor em Medicina C.A. Meier[34], anexadas a uma carta (22 de março de 1950) em que Jung incumbia o Instituto de sua salvaguarda, expressando a vontade de que a coleção fosse considerada um bem que não estava à venda. "Afinal de contas, escreveu

---

31. Estabelecido em 1948 em Zurique para treinamento e pesquisas em Psicologia Analítica. Os cursos são dados em alemão e inglês.

32. Comunicação pessoal.

33. *Letters*, ed. Adler, vol. 2, 22-2-1952, a Jones.

34. Mais tarde professor de Psicologia na Politécnica Federal ("E.T.H."), Zurique.

ele, as cartas têm certo valor histórico, embora seu conteúdo seja sem importância".

Na resposta a Jung, Meier agradeceu a doação, em nome do Conselho de Curadores do Instituto, e acrescentou:

> Há de interessar-lhe saber que os Sigmund Freud Archives, Inc.[35], de Nova York, nos consultaram sobre a hipótese de prepararmos fotocópias dessas cartas e que tencionamos perguntar-lhes se estão em condições de agir de modo recíproco, fornecendo-nos fotocópias de suas cartas a Freud. Terei prazer em mantê-lo informado a respeito.

A informação que Meier recebeu do Dr. K.R. Eissler, secretário dos Archives, foi bastante desapontadora:

> As cartas escritas pelo Professor Jung ao Professor Freud infelizmente não foram preservadas. Ao que me consta, o Professor Freud destruiu toda a sua correspondência antes de deixar Viena, em 1938, e suponho que as cartas do Professor Jung estivessem entre os documentos destruídos naqueles dias conturbados[36].

Eissler disse a Meier que, com a permissão dele, indagaria a família Freud em Londres. No fim do ano ainda não havia notícias sobre as cartas de Jung, mas as cópias fotostáticas das cartas de Freud já haviam chegado a Nova York, com a recomendação do Instituto Jung de que fossem mantidas confidencialmente por 100 anos.

---

35. Os Sigmund Freud Archives constituíram-se, em Nova York, em 1951, como organização não lucrativa, isenta de impostos, com a finalidade de colecionar todos os documentos direta ou indiretamente relacionados à vida e à obra de Freud. Os Archives formalizaram um acordo com a Biblioteca do Congresso pelo qual ela assume a propriedade dos itens que, quando julgados reservados, são mantidos confidencialmente pelo tempo que o doador ou os Archives e a Biblioteca consideram próprio. A coleção Freud da Biblioteca, que inclui os itens doados pelos Archives, compreende cartas de e para Freud e sua família, manuscritos originais, documentos oficiais, fotografias e entrevistas com pessoas que estiveram em contato com Freud.

36. Eissler a Meier, 4-6-1952. Essa e outras cartas escritas pelo Dr. Eissler são citadas com sua gentil permissão.

Em setembro de 1953, Jung recebeu Eissler em Küsnacht, concedendo-lhe uma entrevista para os Freud Archives. Por ocasião da visita de Eissler, Jung também doou aos Archives diversos itens de valor histórico[37]. Pouco após, com a permissão do Instituto Jung, os Freud Archives providenciaram a transcrição das cartas de Freud. Em novembro, Jung foi novamente consultado sobre a possibilidade de Jones ler as cartas de Freud, dessa vez por intermédio de Eissler. Jung respondeu diretamente a Jones:

> Naturalmente, você tem minha permissão para ler as cartas de Freud, cópias das quais se encontram nos Freud Archives, em Nova York.
>
> Seu material biográfico [no volume I] é muito interessante, mas teria sido mais prudente se tivesse me consultado sobre certos fatos. A história do desmaio de Freud, por exemplo, chegou-lhe totalmente errada. De modo algum, aliás, foi o primeiro; ele teve outro ataque idêntico a esse antes, em 1909, precedente a nosso embarque para a América em Bremen, e em circunstâncias psicológicas muito semelhantes[38].
>
> Na esperança de que você continue a levar uma velhice tranquila, permaneço etc.[39]

Jones pôde, assim, ler as cartas de Freud a Jung, mas a outra parte do diálogo foi dada por perdida. Em 22 de março de 1954, no entanto, Eissler escreveu de novo a Meier:

> Para minha grande alegria devo lhe dizer que acabo de ser informado, por Anna Freud, que as cartas do Professor Jung ao Professor Freud foram encontradas. Estou certo de que ela não levantará objeções ao envio de cópias, posto que concordara com isso, de início, na hipótese de

---

37. Cf. apêndices 3 e 4 do presente volume.

38. Jones escrevera sobre o desmaio de 1912 no volume I (p. 348/317). Jung recebera um exemplar de seu amigo E.A. Bennet, de Londres, no mês anterior. Cf. *Letters*, ed. Adler, vol. 2, 21-11-1953, a Bennet, para a versão junguiana do fato; também *Memories*, p. 157/153. Jones se referiu brevemente ao desmaio de 1909 no volume II (p. 61/55, 165/146); Jung dá uma descrição mais ampla em *Memories*, p. 156/152s.

39. *Letters*, ed. Adler, vol. 2, 19-12-1953.

a descoberta ser feita. É provável que eu a encontre em Londres, nesse verão, e discutiremos o assunto juntos.

Mais recentemente, Anna Freud lembrou-se de que, durante os anos de guerra, os vários pacotes de correspondência levados de Viena foram postos a salvo em sua casa e na de seu irmão Ernst. Foi preciso tempo para juntar e catalogar todo o material e, enquanto esse trabalho se processava, as cartas de Jung foram colocadas à parte, em segurança, para surgirem no momento oportuno[40].

Na mesma carta, Eissler sondava o Instituto Jung para saber de seu eventual interesse por uma publicação conjunta da correspondência. A resposta de Meier, com efeito, foi favorável à ideia.

Durante uma visita a Nova York, em novembro de 1954, Meier se encontrou com Eissler, que lhe deu as cópias fotostáticas das cartas de Jung, e o assunto foi discutido entre eles. Meier obteve, por empréstimo, a transcrição não corrigida das cartas de Freud e, ao voltar para Zurique, leu a correspondência completa. Foi, sem dúvida alguma, a primeira pessoa a fazê-lo, e escreveu, então, a Eissler:

> A impressão inicial é, com efeito, a de uma tragédia em fragmentos. E é justamente por isso que me ponho, sem reservas, a favor da publicação de tudo. É verdade que Jung, ainda há pouco, achou melhor esperar até depois de sua morte; mas, na realidade, ele nem quis olhar as cartas. Minha opinião, assim, é que será possível persuadi-lo a mudar de ideia. Acho que o mundo deve aprender alguma coisa com essa tragédia, como também acho que boa parte do *nonsense* corrente há de, enfim, ser sepulto pela publicação em pauta, o que apenas poderá ser benéfico para limpar a atmosfera. Mais difícil do que a consideração por Freud e Jung, a meu ver, é a consideração por outros colegas que aparecem frequentemente nas cartas e são, de certo modo, brindados com expressões pesadas e nada lisonjeira... De minha parte, creio que devemos dar ao mundo uma bela amostra de objetividade científica, para o bem comum[41].

---

40. Comunicação pessoal de Anna Freud.

41. Meier a Eissler, 14-1-1955, citada com a gentil permissão do Dr. Meier.

Eissler se inclinava pela publicação da maior parte possível, "à exclusão do que moleste ou deponha contra os indivíduos citados"[42]. Para ele, transcrições de toda a correspondência deviam ser preparadas e lidas pelas pessoas de cuja decisão a publicação dependeria. O trabalho de transcrição das cartas de Jung prosseguiu e o Instituto de Zurique, insatisfeito com a transcrição nova-iorquina das cartas de Freud, começou a fazer a sua própria. Meier acreditava que Anna Freud leria os textos autorizados e permitiria sua publicação.

Em 1955, Jones publicou o volume II de sua biografia sobre Freud, dedicado aos "Anos de maturidade", 1901-1919. Tivera acesso a cerca de 500 cartas da correspondência de Freud, as mais valiosas das quais haviam sido trocadas por Freud e Abraham, Ferenczi, Jung e ele mesmo. Não se sabe ao certo em que momento Jones leu as cartas de Jung a Freud. No volume II há apenas três citações diretas delas contra cerca de 50 das cartas de Freud a Jung, em adição a 16 longas citações num apêndice (embora Jones se abstenha de dar, na íntegra, cartas dessa correspondência)[43]. Com a publicação do segundo volume, cheio de referências a ele, Jung já não fez comentários ao *Freud* de Jones, tanto quanto se sabe, nem em suas cartas nem em seus textos publicados.

No verão de 1955, a penosa tarefa de transcrever ambas as partes da correspondência continuava a ser levada a cabo no Instituto Jung, de Zurique. Entretanto, em 1 de outubro, Meier comunicou que tivera uma conversa com o casal Jung e o professor e sua esposa ainda discordavam da publicação. Primeiro, Jung queria ver as cartas. Talvez elas pudessem ser editadas por contemporâneos dos dois correspondentes e publicadas no futuro remoto para a geração dos netos. Naquele momento, até que Jung as visse, nada ficaria decidido[44].

Eissler respondeu com toda a simpatia, pois ele também tinha dúvidas sobre a publicação integral. Muitas passagens, no seu entender, pediriam

---

42. Eissler a Meier, 18-1-1955.

43. O volume III contém cinco citações das cartas de Freud e uma das de Jung. O volume II também contém várias citações das cartas de Jung a Jones, que atualmente estão extraviadas.

44. A. Jaffé, em nome de Meier, a Eissler, 1-10-1955.

eventuais comentários, sem o que poderiam não ser inteligíveis para as gerações futuras. Mas haveria alguém disposto a devotar tempo ao trabalho sem a perspectiva de o ver realizado em vida?[45] Meier se empenhou a fundo para obter comentários de contemporâneos; em Zurique, Aniela Jaffé logo se dispôs a ajudar, e Jung afinal concordara com a publicação desde que ela viesse a ser feita depois de sua morte. Meier, não obstante, ainda esperava discutir esse ponto com a Sra. Jung[46]. Não havia dúvida de que o Instituto estava realmente autorizado a publicar a correspondência tendo em vista a declaração que Jung fizera ao confiar-lhe as cartas[47]. No fim de outubro, o Instituto enviou a Eissler as transcrições das cartas de Jung e Freud feitas em Zurique, bem como a transcrição nova-iorquina não corrigida das de Freud.

Só em março de 1956 estabeleceu-se um plano de trabalho entre os Freud Archives, Anna Freud e o Instituto Jung:

> A transcrição... deverá ser submetida à apreciação das seguintes pessoas: Anna Freud, Heinz Hartmann, Ernst Kris, Ernest Jones e Hermann Nunberg. O plano é obter e preservar dados disponíveis junto a informantes que tenham um conhecimento particular dos fatos e a pessoas que desempenharam um papel de relevo no tempo em que o Professor Freud trabalhou com o Professor Jung. Como a maior parte dessa informação é, provavelmente, de natureza pessoal, não se pretende publicá-la. A ideia é que os informantes enriqueçam o manuscrito com notas ou, conforme o caso, com comentários mais longos. Tais acréscimos ao manuscrito serão depositados em caráter estritamente confidencial na Biblioteca do Congresso, pelo prazo que, em cada caso, o próprio informante estipule[48].

Em agosto de 1956, Meier comunicou a Eissler que a vontade de Jung era que suas cartas a Freud fossem publicadas, no mínimo, 20 anos após a

---

45. Eissler a Meier, 4-10-1955.
46. Meier a Eissler, 7-10-1955.
47. Meier a Eissler, 21-10-1955. /A Sra. Jung morreu em 27-11-1955
48. Memorando de Eissler, 20-3-1956

sua morte, o que, no entender de Meier, não impedia, porém, que se desse andamento aos comentários[49]. Mas nunca se fez um comentário ou uma nota. Kris morreu em 1957, Jones em 1958, Nunberg e Hartmann em 1970. As cópias fotostáticas das cartas originais e as transcrições de Zurique foram depositadas na Biblioteca do Congresso, em 1958, com a seguinte etiqueta: "Confidencial, só poderá ser aberto 20 anos após a morte de Carl Jung, com permissão dos Arquivos Jung, Küsnacht, Zurique".

* * *

Em 1956, o Dr. Gerhard Adler submeteu a Jung a ideia de publicar uma seleção geral de todas as suas cartas. Adler, primeiro em Berlim e, depois de 1936, na Inglaterra, era um dos mais destacados discípulos de Jung. Alguns anos mais tarde, ele mesmo escreveu:

> A ideia de tal publicação não partiu originalmente de Jung, mas de amigos conscientes do valor sem par, literário e psicológico, de sua correspondência. De início Jung se colocou contra o plano, pois parecia-lhe que a espontaneidade e o imediatismo de suas cartas não estavam destinados ao grande público; mas em seus últimos anos ele mudou de atitude..."[50].

Respondendo à proposta de Adler, Jung logo vetou a inclusão da correspondência Freud/Jung. Numa carta de 24 de maio de 1956, escreveu:

> O tratamento em separado dessa correspondência se justifica, pois em certas partes ela aborda problemas muito pessoais, ao passo que a publicação planejada se reporta a temas científicos. Considero inoportuno expor o material pessoal enquanto permanecerem tão altas as ondas de animosidade que se levantam ainda. Na data por mim sugerida, tanto Freud quanto eu seremos "personalidades históricas" e o distanciamento necessário dos fatos há de, então, prevalecer[51].

---

49. Meier a Eissler, 3-8-1956.
50. Adler, introdução a *Letters*, vol. 1 (1973), p. ix.
51. Ibid., p. xi-xii.

Em agosto de 1957, Jung confirmou sua concordância para a publicação de uma seleção de suas cartas. Em janeiro de 1958, recomendou que o trabalho fosse confiado a uma comissão composta por Aniela Jaffé, agora sua secretária, por sua filha Marianne Niehus-Jung (uma das organizadoras da edição suíça da Obra Completa) e pelo Dr. Adler, que assumiria as funções de presidente e organizador da edição inglesa; ao mesmo tempo, Jung decidiu que "só depois de 1980"[52] a correspondência com Freud deveria ser publicada.

A ideia da publicação da correspondência Freud/Jung veio de novo à baila no verão de 1958. Não se sabe ao certo quem conseguiu persuadir Jung a mudar de opinião, pois mal acabara ele de adiar o projeto para um futuro remoto. O impulso inicial pode ter partido do editor Kurt Wolff, que antes da Segunda Guerra realizava uma carreira invulgar na Alemanha e na Itália, e que no início da década de 1940 fundou, em Nova York, a firma Pantheon Books. Essa firma havia sido escolhida para publicar a Bollingen Series, um programa da Bollingen Foundation, cuja pedra angular era a Obra Completa de C.G. Jung.

Kurt Wolff, que há muitos anos conhecia Jung, em 1956 convencera-o de que era imperioso que sua autobiografia fosse escrita. O projeto levou a uma colaboração entre Jung e Aniela Jaffé, que escreveu a maior parte do texto, baseando-se em entrevistas com Jung, enquanto este, do próprio punho, redigia outras passagens[53]. Wolff se achava em Zurique, no verão de 1958, para contatos profissionais. E na Europa estavam, na mesma época, o editor e o editor-assistente da Bollingen Series, John D. Barrett e Vaun Gillmor, respectivamente, bem como Sir Herbert Read, um dos diretores da Routledge & Kegan Paul, a editora das obras de Jung na Inglaterra. Os três, com o próprio Jung, compunham a comissão editorial, que se reunia uma vez por ano para rever o andamento da Obra Completa e esboçar o programa futuro.

---

52. Cartas à Bollingen Foundation, 19-8-57, e a John D. Barrett, 29-1-1958, nos arquivos da fundação. Marianne Niehus-Jung morreu em março de 1965.

53. *Memories, Dreams, Reflections*, "by C.G. Jung, recorded and edited by Aniela Jaffé", foi publicado simultaneamente em Nova York, Londres e Zurique, em 1963.

O primeiro documento é uma carta que Jung escreveu a Eissler em 20 de julho de 1958:

> Como você não ignora, eu havia estipulado que minha correspondência com Freud não deveria ser publicada senão passados 30[54] anos depois de minha morte, mas ultimamente fui procurado por diversas pessoas para permitir – nos limites de minha competência – a publicação de toda a correspondência em época mais próxima.
>
> Essa mudança de minha vontade[55] não é uma questão muito simples. Por um lado, não sei como você encara o projeto; por outro, eu não poderia permitir uma publicação antecipada sem submeter as cartas a uma revisão necessária. Minhas cartas nunca foram escritas com o pensamento voltado para a hipótese de sua ampla divulgação. Claro está que muitas delas contêm assuntos não esclarecidos e altamente objetáveis, como os que surgem no decurso de uma análise, e emitem uma luz bastante dúbia e unilateral sobre determinadas pessoas, as quais de nenhum modo eu gostaria de ofender. Tais assuntos gozam da proteção do *secretum mediei*. E tais pessoas, ou seus descendentes, estão ainda em vida.
>
> Eu lhe seria extremamente grato se me desse sua opinião a respeito. Queria, sobretudo, saber se você concordaria com uma publicação antecipada, sob a estrita observância da regra da discrição e o risco de libelo[56].

---

54. Em 12-8-1960, o Dr. Franz N. Riklin, que sucedera Meier como diretor do Instituto Jung, comunicou a Eissler uma disposição posterior, a de que Jung agora desejava que ninguém recebesse autorização para estudar a correspondência até 30 anos depois de sua morte. Propunha ele que um protocolo fosse assinado entre os dois lados, estipulando esse limite, e Eissler o endereçou a Ernst Freud. O documento em pauta não foi localizado.

55. A última vontade e o testamento de Jung não contêm disposições relativas à correspondência com Freud. Não foi talvez em seu significado legal, mas no sentido não técnico de intenção, que o termo "vontade" lhe ocorreu aqui (informação dada por Dr. Hans Karrer e Franz Jung).

56. *Letters*, ed. Adler, vol. 2.

O Dr. Eissler respondeu:

> Há dois aspectos na questão com relação à publicação das cartas trocadas entre o Professor Freud e o senhor: o aspecto legal e minha opinião pessoal a respeito de tudo. Não há dúvida de que qualquer coisa eventualmente ofensiva a pessoas sob seu tratamento, ou descendentes delas, deveria ser excluída de publicação. No entanto, a permissão para publicar pelo menos as cartas escritas por Freud não depende dos Archives, uma vez que os Archives nunca adquiriram o *copyright*. Essa questão tem de ser discutida com Sigmund Freud Copyrights, Ltd., a/c Mr. Ernst Freud... em Londres.
>
> Como considero uma indiscrição ler cartas ainda não publicadas, criei o hábito de não ler as cartas adquiridas pelos Archives, a não ser que haja uma necessidade objetiva de o fazer. Não tendo acontecido isso, no caso de sua correspondência com o Professor Freud, jamais tomei a liberdade de ler as cartas, e não posso dizer se me parece ou não oportuno publicar a correspondência no momento atual. Lembro-me, porém, da opinião do falecido Dr. Kris, o organizador da correspondência Freud/Fliess, que leu as cartas a pedido dos Arquivos Jung[57], de Zurique. Sua opinião era que seria conveniente publicar, no momento, as partes da correspondência que contêm problemas estritamente científicos, como as questões do narcisismo e da esquizofrenia, que, ao que parece, vieram frequentemente à baila em suas comunicações com Freud.
>
> Essa é a única contribuição que posso dar em resposta à sua carta de 20 de julho. As questões mais importantes, a meu ver, têm de ser resolvidas entre o senhor e Ernst Freud[58].

Em 23 de agosto, em sua casa em Küsnacht, Jung se reuniu com Barrett, Miss Gillmor, Read e Wolff. Chegou-se, então, em princípio, a um acordo para publicar a correspondência Freud/Jung. Wolff tinha lido toda a correspondência, preparando um sumário de 50 páginas que apresentava

---

57. Ou seja, o Instituto C.G. Jung.
58. Carta de 13-8-1958 (cópia nos arquivos da Bollingen Foundation).

uma primeira visão global das cartas e testemunhava sobre a importância de publicá-las[59].

Pouco tempo depois, Aniela Jaffé, secretária de Jung, escrevia a John Barrett:

> O Dr. Jung disse concordar integralmente com a ideia do Dr. Eissler de "publicar no momento as partes da correspondência que contêm problemas estritamente científicos" e pediu-me que informasse a esse respeito o Dr. F. Riklin, presidente do Instituto C.G. Jung (o Dr. Jung doou as cartas de Freud ao Instituto). Ontem, o Dr. Jung me falou rapidamente sobre sua conversa de sábado, 23 de agosto, e acrescentou que gostaria muito de reler ou, pelo menos, passar os olhos pelas cartas em questão antes de dar seu *placet* definitivo[60].

Aniela Jaffé se lembra de que Jung não chegou a olhar as cartas – na realidade, ao que lhe consta, ele nunca demonstrou desejo de reler qualquer item de sua correspondência com Freud –, mas pediu a outro de seus discípulos que as examinasse e desse sugestões. A consequência foi a seguinte carta de Jung a Barrett uma semana depois:

> Re: publicação da correspondência-Freud, devo lhe informar que decidi nada mais fazer. As cartas são por demais pessoais e muito pouco contêm de interesse geral, de modo que o grande trabalho que precisaria ser feito, para delas se extrair algo de válido, seria tempo perdido. Tive muito prazer em revê-lo e me alegro por poder livrá-lo de uma preocupação supérflua. A situação volta assim a ser a mesma de antes, ou seja, a publicação da correspondência fica adiada *ad calendas graecas*[61].

No ano seguinte, o escritor inglês John Freeman (mais tarde embaixador nos Estados Unidos) filmou para a British Broadcasting Corporation uma

---

59. Gentilmente, a Sra. Helen Wolff permitiu acesso ao sumário das cartas preparado por seu falecido marido e confirmou outros detalhes em seu diário.

60. A. Jaffé a J.D. Barrett, 27-8-58, nos arquivos da Bollingen Foundation; citada com permissão da Sra. Jaffé.

61. Carta de 5-9-1958, nos arquivos da Bollingen Foundation.

entrevista com Jung, perguntando-lhe: "Quando serão publicadas suas cartas a Freud?".

> Professor Jung: "Bem, não enquanto eu for vivo".
> Freeman: "Então não se opõe a que sejam publicadas depois disso?".
> Professor Jung: "Oh, não, de jeito nenhum".
> Freeman: "Provavelmente porque são de grande importância histórica".
> Professor Jung: "Não, não creio".
> Freeman: "Então por que não as publicou ainda?".
> Professor Jung: "Porque não são suficientemente importantes. Não vejo nenhuma importância especial nelas"[62].

O discípulo, que tinha lido as cartas a pedido de Jung no verão anterior, escreveu-lhe casualmente mais tarde, citando suas surpreendentes observações sobre o cristianismo na carta de 11 de fevereiro de 1910 (178 J). Jung respondeu (9 de abril de 1959):

> Muito grato pela citação desentranhada nessa correspondência maldita. Para mim ela é um lembrete, infelizmente inextinguível, da loucura incrível que encheu os dias de minha juventude. A volta do reino da fantasia para a realidade foi uma longa jornada. O Progresso do Peregrino, em meu caso, consistiu na obrigação de descer milhares de escadas para poder estender a mão e tocar o torrão pequeno que eu sou[63].

No outono de 1960, Ernst L. Freud deu à luz o volume *Letters of Sigmund Freud*, uma seleta de cartas organizadas por ele. Graças a um acordo com o Instituto Jung, incluiu sete das cartas de seu pai a Jung (27, 38, 42, 45, 71, 129, 340, três delas com supressões).

---

62. Transcrição publicada em *C.G. Jung Speaking*. Uma versão resumida, que não inclui essa passagem, encontra-se em *Face to Face*, ed. Hugh Burnett (Londres, 1964), p. 48-51.

63. Citada numa nota à carta de Jung a Freud de 11-2-1910 em *Letters*, ed. Adler, vol. 1, p. 19.

Enquanto isso, um velho amigo de Jung escrevia seu depoimento sobre o homem que conhecera: tratava-se do Dr. E.A. Bennet, psiquiatra e analista de Londres, cujo livro, *C.G. Jung*, baseava-se, em grande parte, nas conversas e na correspondência que haviam mantido até pouco antes da morte de Jung. Em seu capítulo sobre as relações de Jung com Freud, Bennet escreve:

> Cada vez mais Freud passou a confiar em Jung e lhe escrevia com frequência, não raro toda semana. Quando Jung não respondia, ele passava um telegrama perguntando se houvera algo de errado. Jung conservou essas cartas, embora nunca tenha pensado em publicá-las; são cartas pessoais, basicamente sobre fatos corriqueiros e, em qualquer hipótese, sem importância especial ou interesse público[64].

Essa convicção se fundamentava no que o próprio Jung dissera ao Dr. Bennet, sendo que, além disso, o primeiro revisara o livro em manuscrito.

Até o falecimento de Jung, em 6 de junho de 1961, não mais se falou da correspondência com Freud, e Jung não alterou sua vontade de que a publicação fosse adiada para muito depois de sua morte. Prosseguira, no entanto, o trabalho de organização de *Memories, Dreams, Reflections*, em que se decidira publicar, em apêndice, partes de três cartas de Freud a Jung (139, 255, 260), que abordavam o ocultismo. Jung dera seu consentimento expresso e a permissão de Ernst Freud fora devidamente solicitada e obtida.

Em agosto de 1961, pouco após a morte de Jung, realizou-se em Zurique um novo encontro de Barrett, Miss Gillmor e Read, dessa vez com o casal Walther Niehus-Jung, Franz Jung, Aniela Jaffé, Franz Riklin e Max Rascher, o editor suíço de Jung. O encontro manteve a tradição das costumeiras reuniões de verão para rever o progresso das edições das obras de Jung em língua inglesa. Jung designara Walther Niehus como seu executor literário, e sua mulher Marianne Niehus-Jung, na qualidade de organizadora das *Gesammelte Werke* e das cartas seletas, desempenhava um papel proeminente. O principal tema da reunião de 1961 foi, com efeito, as cartas seletas, com relação às quais deveria começar um trabalho editorial

---

64. *C.G. Jung* (Londres e Nova York, 1961), p. 39.

intensivo. Segundo os apontamentos, "foi sugerido que se tentasse preparar três volumes: (1) correspondência com Freud, (2) cartas concernentes a religião e teologia, e (3) balanço das cartas científicas". Essa retomada da correspondência Freud/Jung receberia, no entanto, uma contra-ordem tão logo as partes interessadas fossem advertidas de que, por vontade de Jung, ela permaneceria lacrada até 1991. As cartas seletas foram, enfim, postas em ordem cronológica, e Adler declarou que se "sentia justificado em publicar apenas umas poucas incontroversas cartas de Jung a Freud, ao todo oito", aproximando-se, assim, da atitude de Ernst Freud, que incluira sete cartas de Freud a Jung na seleção por ele organizada[65].

Antes disso, a correspondência de Freud começava a vir à luz em diferentes coletâneas. *The Origins of Psychoanalysis*, um volume de cartas a Wilhelm Fliess e papéis relacionados, foi publicado ainda em 1950, enquanto a já mencionada seleção de Ernst Freud aparecia em 1960. Seguiram-se, então, as cartas trocadas com Pfister (1963), Abraham (1965), Lou Andreas-Salomé (1966) e Arnold Zweig (1968)[66].

* * *

Na primavera de 1969, Norman Franklin, presidente da Routledge & Kegan Paul, a editora de Jung na Inglaterra, foi ter à casa de Ernst Freud, em Londres. Mostrando um armário em seu escritório, esse último lhe disse que ali estavam as cartas de Jung ao seu pai, cartas que a família pensava em vender junto ao direito de publicar as de Freud a Jung. Norman Franklin escreveu à Princeton University Press, a editora americana de Jung, transmitindo a notícia. Na época, a biblioteca da Universidade de Princeton, com cuja direção o assunto foi discutido, não estava em condições de fazer uma

---

65. Adler, introdução a *Letters*, vol. I, p. xii. As cartas a Freud na seleção de Adler (e também na de Jaffé, na edição suíça) são as de n. 138, 170, 178, 198, 224, 259 e 315, três delas com supressões. A tradução é de R.F.C. Hull, como na edição inglesa do presente volume. A edição suíça de *Briefe*, de Jung, apareceu em três volumes, em 1972-1973, e a edição anglo-americana em dois, em 1973-1974.

66. Em fevereiro de 1965, Eissler escreveu a Riklin dizendo ter sabido que o Instituto Jung gostaria de publicar as cartas de Freud/Jung, mas acreditava que a família Freud se opunha, enquanto ele estava ciente de que os Sigmund Freud Copyrights não faziam objeção. Riklin respondeu que o embargo de 30 anos teria de ser mantido.

oferta pelas cartas, que não se enquadravam automaticamente nas coleções universitárias. Na editora, no entanto, preocupamo-nos com a hipótese de as cartas serem dispersas ou desaparecerem talvez numa coleção particular. Por outro lado, embora estivéssemos advertidos do veto de Jung à publicação, havia uma esperança tênue de que, de algum modo, ele pudesse ser suspenso. Na qualidade de editor executivo das obras de Jung em inglês, escrevi a Ernst Freud, em 23 de maio: "Caso sua família realmente esteja considerando a ideia de vender as cartas de Jung, eu lhe agradeceria muito se me desse uma oportunidade de tentar efetuar sua compra a fim de as colocar nos Arquivos Jung, de Zurique". Ao mesmo tempo, escrevi à família Jung, por meio de seu consultor legal, o Dr. Hans Karrer, perguntando: "Por que as famílias Freud e Jung simplesmente não permutam os direitos respectivos que detêm sobre as cartas originais?"

Em 22 de junho, Ernst Freud respondeu-me, perguntando se era possível fazer uma oferta pelas cartas de Jung, que sua família então consideraria. E acrescentava:

> Não é correto que exista qualquer restrição com relação à publicação das cartas de Freud – apenas Jung (infelizmente) julgou necessário reter o direito por 30 anos depois de sua morte. Embora eu tenha prova de que em seu último ano de vida ele se mostrou inclinado a alterar essa cláusula, os Arquivos Jung não foram capazes de liberá-las antes dessa data. Claro está que seria uma lástima publicar apenas as cartas de meu pai.

Pouco tempo depois, em Zurique, participei de reuniões com membros da família Jung e seus consultores. Das discussões então mantidas surgiu a proposta de que as cartas de Freud e as de Jung fossem trocadas entre o Instituto C.G. Jung e a família Freud. Observou-se que Jung deixara instruções conflitantes acerca das restrições à publicação – por 30 anos, por 20, por 50, por 100, ou até 1980. A família concordou que seria bom que a correspondência fosse preparada sem demora, enquanto ainda viviam pessoas capazes de contribuir para uma anotação abalizada. Findo o trabalho editorial preliminar, as cartas seriam guardadas em segurança e só publicadas em 1980. Comuniquei tais pontos de vista a Ernst Freud, que me respondeu em 2 de agosto:

> Concordaremos de bom grado com uma permuta de originais. Já dei os primeiros passos para obter a referência à declaração [de que Jung estava inclinado a alterar as restrições], mas, naturalmente, não sei que tempo isso poderá exigir, nem se serei bem-sucedido[67]. Partilho a opinião de que seria conveniente realizar sem demora o preparo editorial das cartas...

A partir de então, os dois lados se puseram em contato direto.

O Dr. Karrer escreveu-me em 2 de dezembro de 1969:

> Meus clientes tomaram uma decisão de considerável importância. Chegaram à conclusão de que esse assunto não deve ser decidido com base nas várias e possivelmente contraditórias declarações do falecido Professor Jung, mas, sim, à luz da situação que agora se apresenta. Sob esse ângulo, dão grande importância à ideia de que a publicação seja feita enquanto ainda há, disponíveis para o trabalho editorial, pessoas que conheceram Jung e Freud. Naturalmente, resta saber como a parte Freud encara esse ponto de vista.

A parte Freud o encarou de igual modo. E em 25 de fevereiro de 1970, Franz Jung voou de Zurique para Londres, com as cartas originais de Freud na valise, e bateu à porta de Ernest Freud, em St. John's Wood. Ernst, que estava passando mal do coração, vestiu-se e deixou seu quarto para receber a visita. Em 6 de março, escreveu-me: "O Sr. Jung – de quem muito gostei – veio me ver e não só permutamos as cartas dos nossos pais como também traçamos planos, de comum acordo e sem qualquer dificuldade, para a rápida publicação da correspondência". Ambos eram arquitetos e rapidamente se estabeleceu entre eles uma simpatia mútua. A carta de Ernst Freud dizia ainda:

> A fim de preservar a imparcialidade, as cartas deverão ser impressas como documentos históricos, ou seja, sem quaisquer comentários e absolutamente na íntegra, a não ser que a discrição para com antigos pacientes ou colegas

---

67. Esse ponto nunca foi aclarado. / (a Sra. E.L. Freud gentilmente deu permissão para a publicação de trechos das cartas de seu marido).

torne certas omissões inevitáveis. As cópias datilográficas existentes hão de ser uma vez mais comparadas aos originais, acrescentando-se notas necessárias para a explicação de nomes, títulos de livros, citações etc.

Mais tarde, Franz observou: "Foi, na realidade, um momento histórico. Decidimos que as cartas deveríam ser dadas à publicação enquanto ainda estão em vida pessoas que conheceram a personalidade dos dois homens"[68].

Ernst Freud morreu subitamente em 7 de abril de 1970, mas as disposições contratuais para a publicação foram devidamente completadas e a notícia veio a público em meados de julho. Pouco após, as cartas originais de Freud eram compradas de seus herdeiros pela Biblioteca do Congresso, graças a fundos concedidos por um benfeitor anônimo, e agora se encontram em sua Divisão de Manuscritos. As cartas originais de Jung permanecem no Instituto C.G. Jung de Zurique, e, segundo os termos da doação por ele feita, sua venda está proibida.

* * *

Como já foi explicado, as transcrições das cartas foram datilografadas em 1955 e são fotocópias dessas transcrições que fornecem o texto do presente volume. As transcrições foram uma vez mais comparadas às cartas hológrafas (ou às fotocópias delas) por Anna Freud, sua irmã Mathilde Hollitscher e por Kurt Niehus-Jung, genro do Professor Jung. De ambos os lados, prepararam-se memorandos destinados a explicar abreviaturas e a assinalar correções feitas à mão e eventuais lapsos dos dois correspondentes.

Ambos os tradutores da edição inglesa – Ralph Manheim, para as cartas de Freud, e R.F.C. Hull, para as de Jung – trabalharam a partir das transcrições assim preparadas. Durante o andamento da tradução e do trabalho editorial, as transcrições voltaram a ser comparadas aos originais para solucionar dúvidas de leitura, às vezes com a assistência de outras pessoas familiarizadas com a caligrafia.

---

68. Artigo de Henry Raymont, *New York Times*, 15-7-1970, p. 41.

Na presente edição, os problemas textuais não foram apresentados de maneira exaustiva, o que poderia provocar distração ou tédio na maioria dos leitores. No entanto a edição alemã das cartas, publicada simultaneamente (pela S. Fischer Verlag, de Frankfurt), está ao alcance de quem queira estudar os usos originais de Freud e Jung, especialmente no que se refere às fórmulas de saudação e de despedida. Tais fórmulas epistolares, em alemão, permitem possibilidades mais amplas do que em inglês (e em português [N. do T. brasileiro]), e algumas delas, traduzidas ao pé da letra, soariam estranhas e empoladas. A diversidade e a literalidade foram sacrificadas em proveito de frases que ocorrem naturalmente em inglês (idem para o português [N. do T. brasileiro]), mas, em geral, são mencionadas nas notas as principais e mais interessantes formas e mudanças de formas. Ver-se-á que Freud, partindo de uma expressão bem formal, como *Sehr geehrter Herr Kollege* (literalmente, "Muito estimado Senhor Colega"), chega oportunamente ao simples e caloroso *Lieber Freund* (querido Amigo), que usaria até que o esfriamento da amizade o levasse a adotar *Lieber Herr Doktor* (Caro Doutor). Jung começou formalmente com saudações da ordem de *Sehr geehrter Herr Professor* (Muito estimado Professor) e chegou, não sem demora, a *Lieber Herr Professor* (Caro Professor), que usou quase até o fim. As despedidas são ainda mais variadas; se bem que a literalidade, ainda aqui, seja impossível, elas foram traduzidas com estrita consistência – por exemplo, *Ihr ergebener*, embora permita várias soluções em inglês, é sempre traduzido como "Yours sincerely" ("Seu sinceramente").

Como era comum em sua época, os dois autores, e particularmente Freud, usaram muitas abreviaturas – o que, por certo, há de ter acelerado a redação das cartas. Para facilitar a leitura, a maioria das palavras abreviadas é dada por extenso, mas algumas abreviaturas foram sistematicamente mantidas por serem parte característica do vocabulário psicanalítico: "ics." (inconsciente), por *Ubw. (Unbewusstsein)*; "cs." (consciência), por *Bw. (Bewusstsein)*; o psi-alfa grego (ΨA), por *Psychoanalyse* (psicanálise) (ambas as letras, psi e alfa, dessa abreviatura grega, são padronizadas em caixa alta no presente volume, embora o emprego dos autores variasse. Freud preferia as maiúsculas, mas não raro usava caixa baixa em formas adjetivadas. Jung preferia escrever em caixa alta e *a* em caixa baixa.) Outras abreviaturas – de nomes próprios, títulos de livros e periódicos etc. – são conservadas por fidelidade ao espírito. A colocação de pós-escritos e interpolações é indicada tão fielmente quanto possível. Os enganos casuais de redação, as rasuras etc. foram indicados quando são de algum interesse e podem ser inteligivelmente dados em tradução. Confusões das formas pronominais *Sie/sie* (o senhor/eles [elas]) e *Ihr/ihr* (seu [do senhor]/seu [dela]) são em geral assinaladas, não só quando geraram controvérsia entre os autores, mas também nos casos bem frequentes em que passaram despercebidas. A sublinha não é reproduzida em grifo quando o recurso é utilizado em alemão (como no que se refere aos nomes próprios) de modo diferente do inglês; é em geral indicado por grifo, no entanto, o sublinhamento enfático. Os títulos de livros, por sua vez, são grifados normalmente.

Nenhuma carta constante dos dois grupos, quando de sua transcrição, em 1955, deixa de figurar na presente edição e (como indicado nas notas) poucas outras vieram posteriormente à luz. A integridade dos grupos é atestada pela sequência ininterrupta de números de carta ou página escrita a lápis, em ambos, por mãos desconhecidas, e visível em fotocópias tiradas anteriormente. A perda de algumas cartas, cartões-postais e telegramas (bem como de anexos que, ao que parece, não foram arquivados com as cartas), é evidenciada às vezes pelo contexto e mencionada nas notas[69]. Não é provável que tais itens tenham sido suprimidos por qualquer dos destinatários já que as cartas restantes contêm amplo material que se poderia considerar suprimível. É notável, de fato, que essa correspondência chegasse até nós de forma quase completa.

No teor das cartas ocorrem supressões de dois tipos: (1) os nomes dos analisandos cujos casos vêm à baila são substituídos por iniciais, a partir de "A" para o primeiro caso mencionado. Como a mesma inicial se aplica sistematicamente a um mesmo analisando, as referências são coerentes ao longo de toda a correspondência. Essa discrição, solicitada por ambas as famílias, segue a prática médica; (2) nas cartas de Jung, a pedido de sua família, umas poucas passagens foram omitidas e substituídas por... Nenhuma delas se refere a Freud, mas a outras personalidades que ainda podem ter parentes próximos vivos.

---

69. Cf. apêndice 1, p. 562.

O sistema de numeração das cartas, naturalmente, foi concebido para a presente edição. Como explicado na nota correspondente, o item número 199a F foi descoberto (ou melhor, redescoberto) depois de estabelecida a numeração[70]. O número total de itens é de 360: 164 de Freud, 196 de Jung e, em adição, sete de Emma Jung. Embora totais ligeiramente diferentes sejam dados por Ernest Jones (171, Freud; 197, Jung: no vol. II, prefácio) e por Gerhard Adler (167, Freud; 196, Jung: no vol. 1, introdução), as discrepâncias decorrem de descobertas posteriores e diferentes maneiras de contar fragmentos.

As notas ao texto se limitam a documentar e a explicar, seguindo o espírito do acordo entre Ernst Freud e Franz Jung, mas ambas as famílias deram seu consentimento à inclusão de notas que mencionam fatos e publicações paralelos e relacionados, detalhes textuais e remissões; passagens de comentário editorial que servem de ligação ocorre uma descontinuidade nas cartas (em geral porque Freud e Jung se encontraram e, por conseguinte, não se escreveram); e ilustrações, fac-símiles e apêndices documentais. Lamenta-se a existência eventual de lacunas na informação.

8 de novembro de 1973
W.M.

---

70. O pós-escrito de 163 F foi também encontrado em meio a um grupo de cópias fotostáticas na Biblioteca do Congresso.

AGRADECIMENTOS

Anna Freud dedicou muitas horas à leitura da tradução, dando conselhos que só ela poderia dar, fornecendo informações e, com sua irmã Mathilde Hollitscher, corrigindo e trabalhando na transcrição das cartas de Freud. O falecido Ernst Freud, um dos iniciadores do projeto, Lucie Freud e Mark Paterson, diretor-gerente de Sigmund Freud Copyrights, Ltd., foram colaboradores inestimáveis.

Kurt Niehus-Jung, representando os herdeiros de Jung, cuidadosamente corrigiu e trabalhou na transcrição das cartas dele, dando informações específicas e conselhos criteriosos. Franz Jung gentilmente respondeu a numerosas perguntas e reuniu grande parte do material iconográfico. De grande valia foi também Lilly Jung. A cooperação e o estímulo do Dr. Hans Karrer, consultor legal da família Jung, não conheceram limites.

O Dr. Kurt R. Eissler, secretário dos Sigmund Freud Archives, Inc. e autoridade na história do movimento psicanalítico, auxiliou na obra e a favoreceu em todas as etapas. O falecido Dr. Otto Isakower, que prometera sua assistência, contribuiu com bons conselhos antes de morrer.

Sou grato a Aniela Jaffé e ao Dr. Gerhard Adler pelo modelo de suas edições das cartas seletas de Jung, pelo uso eventual de dados extraídos de suas notas e por seu apoio e conselhos generosos. Aniela Jaffé respondeu a incontáveis perguntas sobre a vida e os escritos de Jung e auxiliou-me, da maneira mais construtiva, em problemas textuais. Jolande Jacobi gentilmente deu valiosas informações adicionais.

A lista de profissionais de boa memória que deram informações e confirmações inclui Grant Allan, Dr. Roberto Assagioli, Dr. E.A. Bennet, Dra. Grete L. Bibring, Dr. W. Binswanger, Prof. Manfred Bleuler, Edmund Brill, Dr. Violet S. de Laszló, Dra. Helene Deutsch, Dr. Oskar Diethelm, Dr.

Muriel Gardiner, Dra. Clara Geroe, Dr. Imre Hermann, Sra. Ernest Jones, Dr. Maurits Katan, Sra. Tina Keller, Dr. Lawrence S. Kubie, Dra. Jeanne Lamplde Groot, Dr. C.A. Meier, Dr. Henry A. Murray, Emil Oberholzer, Dr. Paul Parin, Prof. Jean Piaget, Sra. Emmy Sachs e Dra. Jenny Waelder Hall.

Valiosas respostas foram dadas por historiadores e intérpretes: Prof. H.L. Ansbacher, Dr. Edward F. Edinger, Prof. Henri Ellenberger, Prof. Martin Green, Dr. George Gifford, Prof. Cyril Greenland, Prof. Nathan G. Hale Jr., Prof. Paul Roazen, Profa. Dorothy Ross, Prof. Carl Schorske, Dr. Hans H. Walser e Prof. Harold S. Wilson.

Ainda, muito deve a obra às seguintes bibliotecas: Francis A. Countway Library, Boston (especialmente Richard Wolfe), Kristine Mann Library, Nova York (especialmente Doris A. Albrecht), Library of Congress (especialmente Ronald S. Wilkinson e Roy Basler), New York Academy of Medicine Library, A.A. Brill Library of the New York Psychoanalytic Institute (especialmente Phyllis Rubinton), New York State Psychiatrie Institute Library (especialmente James Montgomery), Princeton University Library (especialmente Eleanor V. Weld e Eloise V. Harvey), Boston Psychoanalytic Society Library (Dr. Sanford Gifford), Cornell University Libraries (Barbara Shepherd), National Library of Medicine, New York Public Library, biblioteca da Universidade de Oslo (H.L. Tveteras), Riksbibliotek da Noruega (Rolf Dahlø), biblioteca do Princeton Theological Seminary e biblioteca do St. Elizabeths Hospital, Washington.

Entre os editores que auxiliaram com informações, sou grato a Artemis Verlag, Zurique (Dr. Bruno Mariacher e Dr. Martin Müller), Basic Books, Inc. (seu antigo diretor Arthur J. Rosenthal), Börsen-verein des Deutschen Buchhandels (Dr. Adalbert J. Brauer), Franz Deuticke Verlag, Viena, S. Fischer Verlag, Frankfurt (Use Grubrich-Simitis), International Universities Press (Natalie Altman), *Neue Zürcher Zeitung* (J. Heer), Pantheon Books (Iris Bromberg) e Routledge & Kegan Paul, Ltd., Londres.

Ao traçar a história das cartas, muito devi não só a A. Jaffé, Dr. Eissler, F. Jung, A. Freud e Dr. Meier, mas também aos antigos presidente, vice--presidente e secretária da Bollingen Foundation, John D. Barrett, Vaun Gillmor e Mary Curtis Ritter, respectivamente, bem como a Helen Wolff.

Os tradutores e o editor são gratos às seguintes pessoas consultadas sobre problemas especiais de tradução: Prof. Ralph Freedman, Dr. James Hillman, Prof. Victor Lange, Prof. Albert Marckwardt, Prof. William Moulton, Dr. Willibald Nagler, Richard Winston e Prof. Theodore Ziolkowski.

Por respostas a consultas, informações dadas, sugestões e outros tipos de ajuda agradeço, ainda, a Lorna Arnold, M. Baumann (Universidade de Zurique), Bevolkingsregister de Leiden, Angelika Bialas (Instituto de História da Medicina, Zurique), Dr. John B. Blake (National Library of Medicine, Washington), pastor Wolfram Blocher, Dr. Fred Brown, Joseph Campbell, Dorothy Curzon, Anita De Vivo (American Psychological Association), Prof. K. Ernst, Prof. Robert Fagles, Joan Ferguson (bibliotecária, Royal College of Physicians, Edimburgo), Clem L. Fiori, Dr. Eugenie Fischer-Dosuzkov, Dr. Herbert F. Fuerst, Dr. Franz Gall (arquivista, Universidade de Viena), Dr. Samuel A. Guttman, Dra. Molly Harrower, Dr. James B. Hastings, Prof. Gilbert Highet, Institute for Sex Research (Bloomington, Indiana), Uwe Johnson, Mona Karff, Prof. George Kennedy, Dr. R. Knab (diretor, Rheinau Clinic), William A. Loelsch (arquivista, Clark University), Mary Manheim, Dr. Ian H. Martin, Prof. John R. Martin, Dr. Herbert Marwitz, Vladimir Nabokov, Dr. Gene Nameche, Miss C. Nothiger, Elizabeth Oldham, Beate R. von Oppen, Sra. Emmy Poggensee, Polizeiinspektorat der Stadt Bern, Dr. J.B. Rhine, Prof. Robert Rosenblum, Prof. Saul Rosenzweig, Dr. Harvey Rothberg, Dr. Ernest Rüegg (Instituto de História da Medicina, Zurique), Prof. Paul Schwaber, Peter Stadelmayer, Prof. e Sra. Homer Thompson, Oberpolizeirat Ernst Trybus (Viena), James D. Van Trump, Prof. C. Verdan (Universidade de Lausanne), Sra. L. Veszy-Wagner, Dr. Francis N. Waldrop (National Institute of Mental Health), Prof. George Whalley, Rhea White (American Society for Psychical Research), Bart Winer, Dr. H. Winnik, Eunice E. Winters, Profa. Vera von Wiren, Dr. Gerhard Zacharias. E também ao Dr. Nicole Belmont, Prof. Claude Lévi-Strauss, Ingeborg Meyer-Palmedo, Profa. Margaret M. Phillips e Prof. Otto Winkelmann.

Pamela Long foi uma pesquisadora engenhosa, persistente e arguta, dando sua valiosa ajuda à edição, à correspondência e à organização.

A todos os meus colegas da Princeton University Press agradeço profundamente por sua perícia, cooperação e paciência, e pelo caloroso entusiasmo com relação à publicação.

Os tradutores – R.F.C. Hull, o tradutor oficial das obras de Jung e autoridade percuciente e sensível no pensamento e terminologia junguianos, e Ralph Manheim, um dos mais versáteis, experientes e argutos tradutores da língua inglesa – coordenaram perfeitamente seus textos, embora trabalhando à distância. Ambos deram contribuições significativas para as anotações.

Wolfgang Sauerlander foi um verdadeiro coadjutor, produzindo um rico fundo de informações para as notas, particularmente sobre temas de história e literatura alemãs. Ele editou a versão alemã da presente publicação, traduzindo o aparato editorial. Situou-se, assim, numa posição duplamente vantajosa, de onde lhe foi possível examinar notas e tradução, e fazer sugestões para reconciliar e aclarar incontáveis detalhes. Sua longa experiência como consultor de traduções, técnico em editoração e organizador de livros eruditos capacitou-o a dar uma contribuição penetrante e indispensável.

Paula e Mary McGuire ajudaram inestimavelmente.

W.M.

A permissão dada para breves citações de *Memories, Dreams, Reflections*, "by C.G. Jung, edited by Aniela Jaffé", impõe um agradecimento especial à Pantheon Books, Nova York, e à Routledge & Kegan Paul e William Collins, Londres.

AS CARTAS DE
FREUD E JUNG

Ano 1906

1 F

11 de abril de 1906, IX. Berggasse 19[1]

Caro colega[2],

Muito grato pelo envio de seus *Estudos de diagnóstico de associação*[3], que a impaciência já me levava a adquirir. Naturalmente, seu último estudo, "Psicanálise e experimentos de associação", foi o que mais me agradou, pois nele o senhor demonstra, com base em sua própria experiência, que tudo o que já pude dizer sobre os campos ainda inexplorados da nossa disciplina é verdade. Confio que o senhor venha a estar, muitas vezes, em condição de me apoiar, mas aceitarei também, de bom grado, quaisquer retificações de sua parte.

Atenciosamente[4],

Dr. Freud

1. O timbre impresso (numa pequena folha, 13,3 x 17,2cm) foi simplificado para esta edição. No fac-símile 1, essa carta pode ser vista na íntegra. "IX" indica o nono distrito, ou *Bezirk*, de Viena. Nas cartas que se seguem, acrescenta-se "Viena", a não ser quando Freud usa papel não timbrado. Em 52 F ele começou a usar um timbre diferente.

2. Hológrafo: *Geehrter Herr College*, saudação um tanto formal; Freud usou-a com variações ocasionais até 18 F.

3. *Diagnostische Assoziationsstudien: Beiträge zur experimentellen Psychopathologie*, V. I (Leipzig, 1906), contendo seis estudos de Jung e outros médicos da clínica psiquiátrica da Universidade de Zurique (*i. e.*, o Hospital Burghölzli) e editado por Jung, que dirigira a pesquisa. Os estudos apareceram, inicialmente, em forma de artigos, no *Journal für Psychologie und Neurologie*, 1904-1906. Seis estudos complementares surgiram em 1906-1909; coligidos no V. II (1909). Todos foram traduzidos por M.D. Eder, *Estudos de associação de palavras* (Londres, 1918). Os de Jung (incluindo-se "Psicanálise e o experimento de associação", orig. 1906) estão em OC 2. / A primeira referência publicada de Freud a Jung, uma alusão a esses estudos sobre a associação, ocorreu em 6 de junho, numa palestra feita num seminário universitário de jurisprudência: "Tatbestandsdiagnostik und Psychoanalyse", *Archiv für Kriminalanthropologie*, XXVI (1906) = "Psychoanalysis and the establishment of the facts in legal proceedings", SE IV; cf. p. 104: "[Essas experiências] só se tornaram significativas e frutíferas quando, em Zurique, Bleuler e seus discípulos, especialmente Jung, passaram a dar atenção aos 'experimentos de associação'".

4. Hológrafo: *Ihr collegial ergebener* (cf. a introdução no que concerne às fórmulas de cortesia em geral).

2 J

Burghölzli-Zurique, 5 de outubro de 1906[1]

Caro Professor Freud[2],

Queira aceitar meu agradecimento mais sincero pelo presente que gentilmente me enviou. Essa coletânea de seus estudos breves[3] há de ser bem recebida por todos aqueles que desejam familiarizar-se rápida e abrangentemente com seu modo de pensar. É de se esperar que o número de seus seguidores em ciência continue a aumentar no futuro, a despeito dos ataques que Aschaffenburg[4], aplaudido pelas sábias autoridades, fez à sua teoria – dir-se-ia mesmo à sua própria pessoa. O que de mais lamentável há nesses ataques é que, a meu ver, Aschaffenburg se apega a exterioridades, quando os méritos de sua teoria se encontram no domínio psicológico, do qual os psicólogos e psiquiatras modernos têm uma compreensão bem limitada. Não faz muito, mantive com Aschaffenburg uma animada correspondência[5] sobre sua teoria e pude, então, defender esse ponto de vista que, talvez, Professor, nem mereça sua concordância integral. O que valorizo acima de tudo e que tem sido de grande ajuda no trabalho psicopatológico que aqui desenvolvemos, é a sua concepção psicológica; com efeito, ainda me encontro muito longe de compreender a terapia e a gênese da histeria, pois é bastante insatisfatório o material de que dispomos sobre ela. Quero dizer que sua terapia não me parece depender apenas dos afetos liberados por ab-reação, mas também de certas relações *(rapports)* pessoais[6], e acredito que a gênese da histeria, embora predominantemente sexual, não o seja exclusivamente. Encaro de igual modo sua teoria da sexualidade. Insistindo apenas nessas delicadas questões teóricas, Aschaffenburg se esquece do essencial, sua psicologia, da qual sem dúvida a psiquiatria há de colher um dia recompensas sem fim. Espero mandar-lhe em breve um pequeno livro[7] meu no qual, partindo de sua posição, abordo *A psicologia da dementia praecox*. Nesse livro publiquei também o caso[8] que despertou a atenção de Bleuler[9] para a existência de seus princípios, se bem que na época com obstinada resistência da parte dele. Mas a conversão de Bleuler, como o senhor deve saber, é agora completa.

Renovando meus agradecimentos, subscrevo-me

Respeitosamente[10],
C.G. Jung

1. Para o timbre impresso (numa folha de 21 x 30,5cm), cf. o fac-símile 2. Jung morava, então, com a mulher e dois filhos, num apartamento no prédio principal do Burghölzli, na parte leste de Zurique. Cf. foto I. / Essa carta foi publicada em *Letters*, ed. G. Adler, v. 1.

2. Hológrafo: *Hochgeehrter Herr Professor*, uma saudação ainda mais formal. Na carta seguinte, Jung adotou a fórmula algo mais deferente *Hochverehrter Herr Professor*, que com variações ocasionais usou até 111 J.

3. *Samtnlung kleiner Schriften zur Neurosenlehre*, V. 1 (Viena, 1906) = *Coletânea de artigos breves sobre a teoria da neurose*, em vários volumes da SE; a maior parte dos compreendidos no v. 1, bem como o prefácio, estão na SE III.

4. Gustav Aschaffenburg (1866-1944), professor de Psiquiatria e Neurologia em Heidelberg e, mais tarde, em Halle e Colônia; nos Estados Unidos, depois de 1939, ensinou e praticou em Baltimore e Washington. Sua crítica foi feita no Congresso de Neurologistas e Psiquiatras Alemães do Sudoeste, Baden-Baden, 27 de maio de 1906; publicada como "Die Beziehungen des sexuellen Lebens zur Entstehung von Nerven und Geisteskrankheiten", *Münchener medizinische Wochenschrift*, LIII:37 (11-9-06). Cf. Jones, II, p. 124-111.

5. Correspondência que se encontra aparentemente perdida.

6. Cf. adiante, 19 J n. 1.

7. *A psicologia da dementia praecox*; cf. adiante, 9 J n. 1.

8. Provavelmente, o caso de B. St., *ibid.*, OC 3, § 198s.

9. Paul Eugen Bleuler (1857-1939), professor de Psiquiatria na Universidade de Zurique e diretor do Hospital Burghölzli. Em 1898, após 12 anos como diretor do hospício de Rheinau (cantão de Zurique), sucedeu a Forel (cf. 17 J n. 4) no Burghölzli, permanecendo à sua frente até 1927. Um dos grandes pioneiros da psiquiatria, reviu todo o conceito de demência precoce, passando a chamá-la de esquizofrenia (no que concerne ao seu influente livro, cf. 272 J n. 7); deu importantes contribuições, trabalhando sob o impacto direto do método psicanalítico, para a compreensão do autismo e da ambivalência. Na realidade, pode ter se tornado receptivo às ideias de Freud ainda em 1901, quando incumbiu Jung de falar à equipe do Burghölzli sobre a interpretação dos sonhos freudiana. A vida inteira foi um defensor da abstinência alcoólica. Seu *Lehrbuch der Psychiatrie* (1916; tradução de A.A. Brill, *Livro de textos de psiquiatria*, 1924) ainda é um clássico.

10. Hológrafo: *Mit vorzüglicher Hochachtung / Ihr dankbar engebener.*

3 F

7 de outubro de 1906, Viena, IX. Berggasse 19

Caro colega,

Sua carta me deu grande prazer. Folgo especialmente em saber que o senhor fez a conversão de Bleuler. Seus escritos já me haviam sugerido que sua aceitação de minha psicologia não se estende a todos os meus pontos de vista sobre a histeria e o problema da sexualidade, mas me atrevo a esperar que, com o passar dos anos, o senhor chegue muito mais perto de mim do que julga possível atualmente. Tendo em vista sua esplêndida análise de um caso de neurose obsessiva[1], ninguém melhor que o senhor há de saber quão perfeitamente se oculta o fator sexual e, uma vez descoberto, quão valioso pode ser para nossa compreensão e terapia. Continuo esperando que esse aspecto de minhas investigações venha a se mostrar o mais significativo.

Por questão de princípio, mas também pelo desagrado que me causa a entonação pessoal, não responderei ao ataque de Aschaffenburg. Desnecessário, porém, dizer que o julgaria em termos bem mais severos do que os seus. No estudo dele nada encontro senão vacuidades, além de uma ignorância invejável dos assuntos que critica. Ele ainda pega em armas contra o método hipnótico, que foi abandonado há dez anos, e nenhuma compreensão demonstra do simbolismo mais simples (veja a nota ao final da carta)[2], cuja importância qualquer estudante de linguística ou folclore lhe poderia incutir, já que ele não se dispõe a me dar crédito. Como a tantos de nossos sábios, motiva-o principalmente a inclinação de reprimir a sexualidade, esse fator incômodo que a boa sociedade não recebe bem. Temos aqui dois mundos antagônicos, e logo será óbvio para todos qual se acha em declínio, qual em ascensão. Mesmo assim sei que tenho pela frente uma longa luta e, em virtude de minha idade (50), não acredito muito que chegue a presenciar o fim. Mas meus seguidores o verão, é o que espero, tal como espero que os que forem capazes de vencer a resistência interior à verdade queiram se pôr sem exceção entre meus seguidores, eliminando do pensamento os últimos vestígios de pusilanimidade. Nada mais sei sobre Aschaffenburg, mas a opinião que esse estudo me deixa a respeito dele é muito pobre.

Aguardo ansiosamente seu próximo livro sobre Dem. pr. Devo confessar que, sempre que vem à luz uma obra como a sua ou a de Bleuler, sou possuído pela grande – e para mim – indispensável satisfação de saber que o árduo trabalho de uma vida inteira não foi totalmente inútil.

Sinceramente,
Dr. Freud

Minha "transferência" há de preencher por completo a lacuna no mecanismo de cura (sua "relação [rapport] pessoal").

1. "Psicanálise e o experimento de associações", OC 2, esp. § 666.
2. Nota 18 no estudo de Aschaffenburg.

4 J

Burghölzli-Zurique, 23 de outubro de 1906

Caro Professor Freud,

Nesta mesma data tomo a liberdade de lhe remeter outra separata com algumas novas pesquisas sobre psicanálise[1]. Não creio que o ponto de vista "sexual" por mim adotado lhe pareça excessivamente cauteloso. Os críticos, por conseguinte, hão de investir contra ele.

É possível que minhas reservas quanto às suas concepções tão amplas devem-se, como o senhor mesmo notou, à falta de experiência. Mas não lhe parece que há um número de fenômenos fronteiriços que com maior propriedade podem ser considerados em termos do outro impulso básico – a fome? Refiro-me, por exemplo, ao ato de comer, de sugar (predominantemente fome), de beijar (predominantemente sexualidade). A existência simultânea de dois complexos sempre os destina a misturar-se psicologicamente de modo que um deles invariavelmente contém aspectos do outro. Talvez seja apenas isso o que o senhor pretende dizer; nesse caso, eu o interpretei mal, e partilho integralmente de sua opinião. Mesmo assim, no entanto, é bastante assustador o modo positivo como o senhor apresenta suas teorias. Embora correndo o risco de incomodá-lo, devo lhe falar da minha experiência mais recente. Trato, no momento, utilizando seu método, de uma histérica. Caso difícil; uma estudante russa de 20 anos, doente há seis[2].

Primeiro trauma entre os três e os quatro anos. Viu o irmão mais velho, com as nádegas nuas, sendo espancado pelo pai. Impressão forte. Daí para a frente não conseguiu deixar de pensar que tinha defecado na mão do pai. Dos quatro aos sete anos, tentativas convulsivas de defecar nos próprios pés, da seguinte maneira: sentava-se no chão sobre um dos pés e premia o calcanhar contra o ânus, tentando, ao mesmo tempo, defecar e impedir a defecação. Não raro retinha as fezes por duas semanas! Ela não sabe como chegou a essa solução peculiar; diz que tudo era completamente instintivo e acompanhado por sentimentos dúbios, misto de horror e prazer. Mais tarde o fenômeno foi substituído por uma masturbação frenética.

Eu lhe ficaria extremamente grato se me dissesse em poucas palavras o que pensa dessa história.

Atenciosamente,
C.G. Jung

---

1. Ao que tudo indica, "Assoziation. Traum und hysteriches Symptom", *Journal für Psychologie und Neurologie*, VIII (1906-1907) = "Associação, sonho e sintoma histérico", OC 2. / Jung usou aqui a grafia *Psychoanalyse*, embora preferisse depois *Psychanalyse*. Cf. 7 J n. 2.
2. O caso é descrito em "A teoria freudiana da histeria", OC 4, § 53-58 (orig. uma intervenção em Amsterdam, 1907).

5 F

27 de outubro de 1906, Viena, IX. Berggasse 19

Caro colega,

Muito obrigado pela nova análise. O senhor decerto não demonstrou uma reserva excessiva, e a "transferência", a maior prova de que o impulso por trás de todo o processo é de natureza sexual, parece lhe ter ficado muito clara. Quanto às críticas, o melhor é esperar até que os críticos tenham adquirido experiência própria antes de darmos importância a elas.

Não faço qualquer objeção teórica à concessão de igual importância ao outro impulso básico, desde que ele se evidencie inequivocamente nas psiconeuroses. O que dele vemos, na histeria e nas neuroses obsessivas, pode facilmente ser explicado pelas anastomoses existentes entre ambos, ou seja, pelo enfraquecimento do componente sexual do impulso alimentar. Mas reconheço que estamos diante de questões intricadas que ainda exigem uma investigação mais profunda. Por enquanto, contento-me em assinalar o que é de evidência ímpar, ou seja, o papel da sexualidade. É possível que venhamos a descobrir mais tarde alhures, nas psicoses ou na melancolia, o que deixamos de descobrir na histeria e na neurose obsessiva.

É bom saber que é uma estudante a moça de que o senhor fala; para os nossos propósitos, as pessoas sem instrução ainda são inacessíveis. A história da defecação é curiosa e sugere numerosas analogias. Talvez o senhor se lembre da afirmação que faço, em minha Teoria da Sexualidade[1], de que mesmo as crianças de tenra idade extraem prazer da retenção das fezes. O período entre três e quatro anos é o mais importante para essas atividades sexuais, que mais tarde se incluem entre as patogênicas *(ibid)*. A visão de um irmão que é espancado desperta um vestígio de memória relativo ao período de um a dois anos, ou uma fantasia transposta para esse período. Não é incomum que os bebês sujem as mãos de quem os pega no colo. No caso dela não poderá ter ocorrido tal coisa? E isso aviva a lembrança das carícias do pai durante a infância. Fixação infantil da libido no pai – a escolha típica do objeto; autoerotismo anal. A posição escolhida por ela pode ser decomposta em elementos, pois, ao que parece, há ainda outros fatores que lhe foram acrescentados. Que fatores? Deve ser possível, pelos sintomas e mesmo pelo caráter, reconhecer a excitação anal como motivação. Tais pessoas frequentemente exibem combinações típicas de traços de caráter. São extremamente asseadas, avarentas e obstinadas, traços que, por assim dizer, são sublimações do erotismo anal[2]. Casos como esse, baseados em perversões reprimidas, podem ser analisados de modo muito satisfatório.

Como o senhor vê, não me incomodou em nada. Suas cartas dão-me um grande prazer.

Com a mais sincera estima do
Dr. Freud

Ano 1906 ——————————————————————————————

1. *Três ensaios sobre a teoria da sexualidade* (orig. 1905): II, "Sexualidade infantil", Ed. Standard Bras., VII, p. 191.
2. Dois anos mais tarde, Freud desenvolveu essa ideia em "Character and Anal Erotism" (orig. 1908), SE IX. Cf. 77 F n. 6.

6 J

Burghölzli-Zurique, 26 de novembro de 1906

Caro Professor Freud,

Segue na mesma data uma separata com minha réplica à conferência de Aschaffenburg[1]. Moldei-a um pouco à minha posição subjetiva e talvez por isso o senhor não concorde integralmente com ela. Espero não tê-lo interpretado mal! Escrevi, de qualquer modo, com honesta convicção. Por acaso também me foi dado defender sua causa no congresso dos alienistas, em Tübingen[2], diante de uma oposição acirrada; o *Geheimrat* Hoche[3] distinguiu-se em particular pelo vazio da argumentação. Por sorte, o Prof. Gaupp[4] se pôs então ao nosso lado, timidamente, mas pelo menos admitindo que o assunto merecia exame.

Há pouco dei início à análise de outra neurose obsessiva – um colega alemão – naturalmente com complexos sexuais que remontam aos sete anos! Bastou uma primeira sessão para que a ansiedade desaparecesse, mas nesse ínterim demonstrou forte tendência a retornar, certamente apenas em reação a traumas. Parece-me da maior importância prognóstica para a terapia saber se estão presentes disposições para tiques e hábitos estereotipados de pensamento bem estabelecidos (separação habitual do desagradável). Pela minha experiência, o "histérico habitual" geralmente reage mal à análise.

Talvez lhe interesse saber que o Dr. Frank[5], ex-diretor do Hospício de Münsterlingen, passou a usar seu método analítico com grande sucesso, conquistando em pouco tempo uma boa clientela. Outro especialista praticante é o Dr. Bezzola[6], médico-chefe do Sanatório de Schloss Hard, no cantão de Thurgau. Eles são unânimes em considerar seu método como uma nova abertura para a prática neurológica. Disseram o mesmo, recentemente, em Tübingen. Apesar disso, ambos encontram prazer (humanamente compreensível) em se desviar do senhor em determinados pontos. Suas convicções, como pode ver, fazem um rápido progresso na Suíça, mas na Alemanha, ao contrário, talvez tenha de morrer primeiro a atual geração, cujos preconceitos são sufocantes.

Atenciosamente,
Jung

1. "Die hysterielehre Freud's: Eine Erwiderung auf die Aschaffenburg'sche Kritik", *Münchener medizinische Wochenschrift*, LIII:47 (20-11-1906) = "A teoria de Freud sobre a histeria: Resposta à crítica de Aschaffenburg", OC 4.

2. Congresso dos Psiquiatras Alemães do Sudoeste, 3/4-11-1906. Cf. *Zentralblatt für Nervenheilkunde und Psychiatrie*, n.s., XVIII (março de 1907), p. 185, para o informe, citando Jung.

3. Alfred Erich Hoche (1865-1943), professor de Psiquiatria em Freiburg; um adversário declarado da psicanálise.

4. Robert Eugen Gaupp (1870-1953), professor de Neurologia e Psiquiatria em Tübingen; editor da *Zentralblatt für Nervenheilkunde und Psychiatrie.*

5. Ludwig Frank (1863-1935), neurologista de Zurique, seguidor de Auguste Forel (cf. 17 J n. 4).

6. Dumeng Bezzola (1868-1936), psiquiatra suíço do cantão de Graubünden; líder do movimento de abstinência.

7 J

Burghölzli-Zurique, 4 de dezembro de 1905

Caro Professor Freud,

Antes de mais nada devo expressar-lhe meu agradecimento sincero pelo fato de não se ter ofendido com certas passagens de minha "apologia"[1]. Como seguramente há de ter notado, foi por uma questão de política, e não a fim de criticar sua teoria, que me permiti certas reservas. Deixo aos nossos adversários, como o senhor bem observa, uma possibilidade de recuo, e o faço com o propósito consciente de não lhes tornar a retratação muito penosa. Mesmo assim a coisa não há de ser nada fácil. Um ataque a um oponente, ainda que merecido, levaria a uma dissenção desastrosa que teria *apenas* consequências desfavoráveis. Apesar disso, há quem julgue minha crítica áspera demais. Se me limito à defesa de um mínimo, é simplesmente porque só posso defender o que corresponde à minha expectativa inquestionável, que, comparada à sua, é logicamente bem modesta. Apenas começo a compreender muitas de suas formulações e várias delas ainda estão além da minha capacidade, mas disso não se deve inferir que o considere em erro. Pouco a pouco, mesmo na descrença, aprendi a ter cautela.

Vi *ad nauseam* que a oposição se enraiza no afeto e também sei que a razão não pode prevalecer contra ela, por mais forte que seja.

Se pareço subestimar os resultados terapêuticos da psicanálise[2], faço--o apenas por considerações diplomáticas, com as seguintes reflexões em mente:

1) A maioria dos histéricos sem instrução é inadequada para a psicanálise. Tive algumas experiências negativas aqui. Ocasionalmente, a hipnose dá melhor resultado.

2) Quanto mais conhecida se torne, mais a psicanálise ficará exposta a médicos incompetentes que, sem sombra de dúvida, transformá-la-ão numa salada. O senhor e sua teoria serão, então, responsabilizados por isso.

3) Na prática, o conceito de histeria ainda está longe de ser claro. Incontáveis casos de *hebefrenia* superficial ainda são diagnosticados como "histeria", com resultados que vão de incertos a negativos, como o sei por experiência própria (em alguns casos esporádicos os resultados foram temporariamente positivos). O reconhecimento insuficiente reinante nessa área é demonstrado por uma publicação recente da Clínica de Heidelberg[3], onde se verificou que um caso de catatonia *inquestionável* era, de fato, histeria.

Por essas razões julgo mais cauteloso não se dar muita ênfase aos resultados terapêuticos; se o fizermos poderá haver um rápido acúmulo de material expondo os resultados terapêuticos a uma luz negativa e, assim, comprometendo também a teoria.

Pessoalmente, sou um entusiasta de sua terapia, bem capaz de apreciar seus méritos exemplares. No todo, sua teoria já nos trouxe um aumento notável de conhecimento e abriu uma nova era com perspectivas infindas.

Atenciosamente,

Jung

1. Falta a carta de Freud.
2. Hológrafo: *Psychanalyse*, forma inicialmente preferida pelo grupo de Zurique.
3. Não identificada.

8 F

6 de dezembro de 1906, Viena, IX. Berggasse 19

Caro colega,

Estou certo de que o senhor há de tirar suas conclusões dessa "aceleração do tempo de reação"[1] – e creia que sua última carta deu-me grande prazer, o que está longe de ser apenas uma suposição. Tive, de fato, a impressão de que o senhor modificara deliberadamente suas ideias para obter um efeito pedagógico, e me alegro por vê-las como são, livres desse desvirtuamento.

Saiba que sofro todos os tormentos que afligem um "inovador", e o menor deles não é a necessidade inevitável de passar, entre meus próprios partidários, pelo excêntrico ou fanático incorrigivelmente autossuficiente que, na realidade, não sou. Esquecido com minhas ideias numa solidão tão longa, fui levado, compreensivelmente, a uma confiança cada vez maior em minhas próprias decisões. Nos últimos 15 anos vi-me sem cessar envolvido por preocupações que se tornaram monotonamente exclusivas (no momento dedico dez horas por dia à psicoterapia). Isso me conferiu uma espécie de resistência à pressão de aceitar opiniões que diferem das minhas. Mas sempre estive cônscio de minha falibilidade, sempre pensei e repensei sem descanso, por medo de me acomodar às minhas próprias ideias. O senhor mesmo observou certa vez que essa minha flexibilidade indicava um processo de desenvolvimento[2].

Subscrevo sem reservas suas considerações sobre terapia[3]. Tive a mesma experiência e, pelas mesmas razões, reluto ainda em afirmar em público algo além de "esse método é mais fecundo do que qualquer outro". Eu não diria sequer que são curáveis por ele todos os casos de histeria quanto menos os diferentes estados que esse nome rotula. Não dando importância à frequência das curas, tratei não raro de casos à beira da psicose ou do delírio (delírios de referência, medo de enrubescer etc.) e ao fazê-lo aprendi, pelo menos, que os mesmos mecanismos ultrapassam muito os limites da histeria e da neurose obsessiva. É impossível explicar tudo a um público hostil; por conseguinte mantive para mim, ou as abordei de um modo inteligível apenas para os iniciados, certas coisas que poderiam ser ditas com relação aos limites da terapia e seu mecanismo. O senhor provavelmente está consciente de que nossas curas se processam pela fixação da libido prevalecendo no inconsciente (transferência) e de que essa transferência é obtida com maior rapidez na histeria. A transferência fornece o estímulo necessário à compreensão e à tradução da linguagem do ics.; na ausência dela o paciente deixa de fazer esforço ou de ouvir quando lhe submetemos nossa tradução. Poder-se-ia dizer que a cura é essencialmente efetuada pelo amor, e a transferência, na realidade, proporciona a prova mais convincente – a única, de fato, irrefutável – de que as neuroses são determinadas pela história de amor do indivíduo.

Muito me agrada sua promessa de, por enquanto, confiar em mim no que se refere a problemas em que sua experiência não lhe permite ainda uma decisão própria – naturalmente em caráter provisório, até que ela cresça mais. Apesar de eu saber me ver de maneira crítica, acredito merecer tal confiança, se bem a peça apenas de uns poucos.

Espero ter bastante a aprender com sua obra há muito anunciada sobre a demência. Ainda não formei uma opinião definitiva sobre a linha divisória entre demência precoce e paranoia, sobretudo no que concerne aos termos mais recentes empregados no campo, e devo admitir certa incredulidade quanto à comunicação de Bleuler[4], de que os mecanismos repressivos podem ser demonstrados na demência, mas não na paranoia. Minha experiência no campo é, porém, limitada. A esse respeito, por conseguinte, tentarei acreditar no senhor.

Cordialmente,
Dr. Freud

---

1. Alusão ao estudo de Jung "Über das Verhalten der Reaktionszeit beim Assoziationsexperimente", *Journal für Psychologie und Neurologie*, VI: 1 (1905) = "O tempo de reação no experimento de associações". OC 2.

2. Jung, "Psicanálise e o experimento de associações", OC 2, § 660.

3. Esse parágrafo e o seguinte são citados por Jones, II, p. 485-435s.

4. Bleuler, "Freudische Mechanismen in der Symptomatologie von Psychosen", *Psychiatrisch-neurologische Wochenschrift*, VIII (1906-1907). Resenhado por Jung em seu "Referate über psychologische Arbeiten schweizerischer Autoren (bis Ende 1909)", *Jahrbuch*, II:1 (1910) = "Resenhas das obras psicológicas de autores suíços (até o fim de 1909)", OC 18/1 (citado a seguir como "Resenhas". Somente as escritas pelo próprio Jung estão em OC 18/1).

9 J

Burghölzli-Zurique, 29 de dezembro de 1906

Caro Professor Freud,

Com toda a sinceridade lamento que seja eu, justamente eu, quem lhe causa um aborrecimento. Compreendo muito bem que o senhor só possa estar insatisfeito com meu livro[1], já que ele é por demais implacável ao tratar de suas pesquisas. Tenho perfeita consciência disso. O princípio fundamental que me guiou ao escrevê-lo foi: consideração pelo público acadêmico alemão. Se não nos dermos ao trabalho de apresentar a esse monstro de sete cabeças todo o alimento servido com bom gosto numa bandeja de prata, ele não morderá, como vimos em incontáveis ocasiões anteriores. Por conseguinte é de perfeito interesse para nossa causa dar atenção a todos os fatores potencialmente capazes de estimular-lhe o apetite. No momento atual, infelizmente, aí se incluem certa reserva e a insinuação de um julgamento independente em relação às suas pesquisas. Foi isso que determinou o teor geral do meu livro. As reformulações específicas de seus enfoques procedem do fato de não haver entre nós uma concordância absoluta quanto a certos pontos. E talvez isso se deva a que: I. o material de que disponho é totalmente diferente do seu. Trabalho em condições extremamente difíceis, quase sempre com pacientes insanos sem instrução e, ainda por cima, com as evidências invulgarmente ardilosas da demência precoce; II. minha educação, meu ambiente e minhas premissas científicas são radicalmente diferentes dos seus; III. minha experiência, comparada à sua, é mínima; IV. quer em quantidade, quer em qualidade de talento psicanalítico, a balança pende distintamente em seu favor; V. há de pesar muito na balança a ausência de contato pessoal com o senhor, uma falha lamentável em minha formação preparatória.

Por todas essas razões, considero provisórias e meramente introdutórias as formulações contidas em meu livro. Sou-lhe, portanto, extraordinariamente grato por qualquer tipo de crítica, mesmo as desagradáveis, pois o que mais necessito é de oposição, uma oposição, evidentemente, que se justifique. Lamento muito que sua interessante carta tenha sido interrompida de modo tão brusco.

O senhor acertou em cheio nos pontos fracos da minha análise do sonho[2]. De fato, conheço os dados e os pensamentos do sonho bem melhor do que disse. Conheço intimamente o sonhador – que sou eu. O "fracasso do casamento rico"[3] refere-se a algo essencial que indubitavelmente está contido no sonho, mas não do modo como o senhor pensa. Minha mulher[4] é rica. Por várias razões fui recusado da primeira vez que lhe pedi a mão; mais tarde fui aceito e me casei. Sob todos os aspectos, sou feliz com minha mulher (não por mero otimismo), embora, naturalmente, isso não seja suficiente para impedir tais sonhos. Portanto nunca houve um fracasso sexual; mais provável seria existir um fracasso social. A explicação racionalista "restrição sexual" é, como eu disse, um simples anteparo conveniente posto em primeiro plano e que oculta uma vontade sexual ilegítima, que não deveria ver a luz do dia. Um determinante do pequeno cavaleiro que, em minha análise, em princípio evoca a ideia de meu chefe, é a vontade de ter um menino (temos duas meninas)[5]. O fato de ter dois filhos homens[6] condiciona totalmente meu chefe. Fui incapaz de descobrir uma raiz infantil em qualquer parte. Tenho também a impressão de que o "fardo" não foi suficientemente esclarecido, mas não consigo chegar a uma interpretação. Apesar de o sonho não ter sido completamente analisado, julguei que poderia usá-lo como um exemplo de simbolismo onírico. A análise e o uso de nossos próprios sonhos é, na melhor das hipóteses, uma empresa arriscada; por mais objetivos que pensamos ser, sucumbimos repetidamente às inibições que emanam do sonho.

Quanto ao conceito de "indistinção"[7], compreendo perfeitamente que ele pareça bem desagradável de seu ponto de vista. Não é a última palavra, decerto, e como conceito não presume muita coisa. Mas em minha opinião tem as vantagens de: I. ligar-se à psicologia de Wundt[8] e II. proporcionar uma imagem visual que torna acessíveis, à compreensão humana ordinária, as ideias vagas a ela associadas. A meu ver, esse conceito explica apenas

Ano 1906

que a imagem onírica é *suscetível de substituição*, falhando em explicar a procedência e o destino. Em lugar de uma ideia "indistinta", poder-se-ia igualmente dizer uma ideia "pobre em associações". Mas prefiro "indistinta". Não sei se um erro de princípio se oculta na obscuridade. No momento, só o senhor pode decidir. Mas não se deixe levar pela impressão de que estou loucamente disposto a diferençar-me do senhor pela maior divergência de opinião possível. Falo das coisas como as compreendo e como as julgo certas. Qualquer diferenciação, de resto, chegaria tarde, posto que as sumidades da psiquiatria já me deram por perdido. Basta-lhes ler, num informe, que assumi a defesa de sua posição. O estudo de Aschaffenburg ergueu uma onda de protesto contra o senhor. Diante dessas dificuldades terríveis provavelmente não há outra alternativa senão a *dosis refracta*[9] e uma nova forma de medicação.

Atenciosamente,

Jung

1. *Über die Psychologie der Dementia praecox: Ein Versuch* (Halle an der Saale, 1907; prefácio datado de julho de 1906) = "A psicologia da *dementia praecox*", OC 3. Para a tradução inglesa, cf. 124 J n. 3. Falta a carta de Freud acusando o recebimento do livro e comentando-o. / O prefácio de Jung é citado na introdução do presente volume.

2. Cf. "A psicologia da *dementia praecox*", OC 3, § 123-33. O sonho é dado no § 123: "Vi cavalos serem içados com grossas cordas a uma certa altura. Um deles, forte e castanho, estava sendo estrangulado pelas cordas e içado como um fardo. Este chamou-me particularmente a atenção, quando, de repente, a corda arrebentou e o cavalo espatifou-se na rua. Ele deveria estar morto. No entanto, logo se pôs de pé, galopando para longe. Nesse momento, percebi que o cavalo arrastava um pesado tronco de árvore e me admirei de ele, não obstante, avançar com tamanha velocidade. Evidentemente estava assustado e poderia, por isso, provocar um desastre. Eis então que apareceu um homem montado num cavalo pequeno cavalgando lentamente à frente do cavalo assustado que, assim, moderou o passo. Continuei temendo que o cavalo pudesse esmagar o cavaleiro, quando surgiu um coche que, no mesmo passo, seguia à frente do cavalo, diminuindo mais a velocidade do cavalo assustado. Pensei então: agora está tudo bem, o perigo já passou".

3. Ao que tudo indica, na carta ausente de Freud.

4 Emma Jung, *née* Rauschenbach (1882-1955).

5. Agathe ("Agathli"), nascida em 1904; Gret ("Grethli"), nascida em 1906.

6. Manfred Bleuler (1903-), que se tornou um psiquiatra de renome e como o pai foi professor na Universidade de Zurique e diretor do Burghölzli (1942-1969); cf. 188 F n. 2; e Richard Bleuler (1905-1973), que estudou agricultura na E.T.H., de Zurique, e passou a maior parte da vida em Marrocos, como fazendeiro e consultor agrícola.

7. Cf. OC 3, § 133-135.

8. Wilhelm Wundt (1832-1920), professor de Psicologia e Fisiologia em Leipzig. Seu trabalho em psicologia experimental prefigurou os estudos de associação de Jung.

9. = *refracta dosi*, "em doses repetidas e divididas".

10 F

30 de dezembro de 1906[1]

Caro colega,

Talvez essa observação lhe tenha alguma utilidade, a despeito de ser muito esquemática. Fui chamado a opinar no caso de uma mulher de 26 anos que deu à luz o primeiro filho, há seis semanas, e cujo estado se declarou quando a gravidez ia em meio. Segundo o médico da família, que não está familiarizado com nossas ideias, a explicação dada pela mulher para a grave depressão dela foi que se tornara uma "imbecil" devido a um hábito formado na infância, qual seja, o de reter a urina por um período muito longo, a ponto de se propiciar sensações sexuais ao expeli-la. Depois do casamento, por algum tempo, deu seguimento à prática. E, então, parou (a doença começou provavelmente nessa época). Casou-se por amor, após seis anos de conhecimento e de uma luta prolongada com a família. Embora goste muito do marido (um ator), mostrou-se totalmente insensível nas relações sexuais. A paciente acrescenta que nunca lhe ocorreu acusar o marido pela própria insatisfação, pois está convencida de que a culpa é dela. A depressão provavelmente se ligava à ansiedade quanto à aproximação do parto. Insistia em que não seria capaz de dar à luz normalmente e exultou quando o parto teve de ser feito a fórceps: afinal, a razão estava com ela. Com toda a seriedade afirma que o filho é um "imbecil" sem esperança. Fez repetidas tentativas de suicídio (sempre tomando precauções) e escreveu ao marido cartas lastimosas de adeus. Uma vez chegou, de fato, a sair de casa, mas apenas foi ter ao apartamento da irmã, onde se pôs a tocar piano. Bateu algumas vezes no bebê. Diz que gosta da criança quando lhe perguntam, mas acrescenta que o filho não é como gostaria que fosse.

Foram notados estados de excitação maníaca. Um deles é caracterizado por declarações megalomaníacas em referência à própria doença: tal estado não tem precedentes, os médicos nunca poderão ajudá-la e levarão anos para compreendê-la. É impossível raciocinar com ela, sua argumentação é inteligente e penetrante. Pretende ter apenas uma vaga lembrança do que viveu e mesmo das coisas de que se acusa. Diz que tem o cérebro afetado por "imbecilidade", que não pode pensar com clareza e é incapaz de reflexão, que só a doença é realmente clara para ela. Embora no todo dê uma impressão de desânimo, tem uma afetação inequívoca na fala e nos movimentos. O médico da família acha que se comporta como uma atriz. E, de fato, a fala é acompanhada por uma mímica petulante (um mover de olhos que, para mim, só se equipara ao que observei na paranoia).

Antigamente, isso seria chamado de insanidade masturbatória, um termo abominável. Você não acha que é demência precoce? Não acha interessante essa revelação da etiologia tão cuidadosamente oculta na histeria?

Nada mais pude determinar ainda. Mas o caso está no início e é provável que eu volte a vê-la dentro de algumas semanas. Perdoe-me por roubar seu valioso tempo.

Atenciosamente,
Dr. Freud

1. Num papel sem timbre, de 21 x 33,7cm.

11 F

1º de janeiro de 1907

Caro colega,

O senhor incorre em grave erro supondo que seu livro sobre a demência precoce não me tenha entusiasmado. Ora, nem pense nisso. O simples fato de eu ter proposto uma crítica deve bastar para convencê-lo. Fosse outra minha opinião, a solução seria utilizar meios diplomáticos para disfarçá-la, pois seria sobremodo imprudente ofender o colaborador mais capaz, até agora, de se ligar a mim. Na verdade, considero seu ensaio sobre D. pr. como a mais rica e significativa contribuição aos meus esforços de que já tive notícia, e entre meus alunos de Viena, que levam sobre o senhor a vantagem, talvez questionável, de um contato pessoal comigo, sei de apenas um cuja compreensão pode ser igualada à sua; nenhum, porém, mostra-se tão capacitado e disposto a fazer pela causa o mesmo que o senhor. Eu pretendia escrever uma carta mais longa; fiquei a meio caminho por motivos alheios, mas também porque o palpite sobre a autoria do sonho, que o senhor confirma, recomendava que me mantivesse em silêncio. Achei apenas que, sem se trair, o senhor poderia ter chegado a acentuar a interpretação tora = pênis e o galope "alternativo"[1] $\left(\begin{smallmatrix}\text{cavalo}\\\text{carreira}\end{smallmatrix}\right)$. Fico agora sabendo que foi por simples precaução diplomática que deixou de demonstrar o primeiro ponto. O único ponto que me pareceu incorreto foi sua identificação do desejo realizado no sonho, que, como não ignora, só pode vir à luz ao término da análise, mas que, por razões teóricas fundamentais, deve diferir do que o senhor afirma.

Caso não leve a mal uma tentativa de influenciá-lo, gostaria de lhe sugerir que desse menos atenção à oposição que nos enfrenta e não a deixasse afetá-lo tanto em seus escritos. Na realidade, as "sumidades" da psiquiatria não contam muito; o futuro nos pertence, a nós e às nossas ideias, e as gerações mais novas – ao que tudo indica por toda parte – enfileiram-se ativamente conosco. Vejo isso em Viena, onde, como sabe, sou sistematicamente ignorado pelos colegas e periodicamente aniquilado por um escriba qualquer, mas onde minhas aulas[2], apesar disso, atraem 40 ouvintes atentos vindos de todas as faculdades. Agora que o senhor, Bleuler e, de certo modo, Löwenfeld[3] conseguiram arranjar-me uma audiência entre os leitores de livros científicos, o movimento em favor de nossas novas ideias continuará irresistivelmente, malgrado todos os esforços das autoridades moribundas. Creio que seria uma boa política dividirmos o trabalho de acordo com o caráter e a posição de cada um de nós, que o senhor e seu chefe tentassem agir como mediadores enquanto eu continuo a fazer o papel do dogmatista intransigente que espera que o público engula essa pílula amarga. Mas lhe peço que nada sacrifique de essencial ao tato pedagógico, à afabilidade, e que não se desvie muito de mim quando, na realidade, está tão perto, pois se o fizer poderemos um dia ser jogados um contra o outro. Estou firmemente convencido, no íntimo, de que nas circunstâncias especiais em que atuamos, nossa melhor diplomacia é a absoluta franqueza. Inclino-me a tratar os colegas que oferecem resistência exatamente como tratamos pacientes na mesma situação.

Muito poderia ser dito acerca da "indistinção" que supostamente torna supérflua grande parte do trabalho habitual sobre sonhos, mas não cabe numa carta. Talvez lhe seja possível dar um pulo a Viena antes de sua ida à América[4] (não falta muito). Eu teria imenso prazer em passar algumas horas discutindo essas questões com o senhor.

Se nada escrevi sobre parte considerável de seu livro é porque estou inteiramente de acordo; ou melhor, cumpre-me apenas aceitar sem discussão suas explicações (ainda assim acredito que meu caso[5] deva ser diagnosticado como autêntica paranoia). Mas também aprendi muita coisa nova. Por algum tempo preocupei-me a fundo com o "problema da escolha da neurose", que, como diz acertadamente, não é esclarecido adequadamente em minhas observações. Errei por completo na primeira tentativa de explicação e desde então passei a ter mais cautela. Estou a caminho, é verdade, mas ainda não cheguei ao destino. Quanto à sua inclinação de recorrer, a propósito disso, às toxinas[6], permito-me observar a omissão de um fator ao qual, sei muito bem, atribuo muito mais importância do que o senhor no presente momento; refiro-me, como já há de ter notado, à + + + sexualidade[7]. O senhor a põe de lado ao tratar do problema, enquanto eu me sirvo dela, mas não chego a uma solução; nada surpreendente, assim, que nenhum de nós saiba algo a respeito. "Nemo me impune lacessit"[8], que aprendi na escola, ainda ecoa em meus ouvidos. Os antigos sabiam que Eros é um deus inexorável.

Meus melhores votos pelo Ano Novo. Espero que continuemos a trabalhar juntos e não permitamos que mal-entendidos se interponham entre nós.

Cordialmente,
Dr. Freud

Minha pequena observação já estava pronta para lhe ser mandada antes de eu receber sua carta.

1. Hológrafo: *"Wechsel"*. Cf. Jung, "Novos Aspectos da Psicologia Criminal" (orig. 1908), OC 2, § 1335, em que é citado o uso desse termo por Freud. / No que tange a "galope" etc., cf. "A psicologia da *dementia praecox*", OC 3, § 130.

2. Freud lecionava na Universidade às quintas e sábados (Jones, I, p. 375/341).

3. Leopold Löwenfeld (1847-1923), psiquiatra de Munique, publicara *Über den Traum*, de Freud (cf. adiante, 246 F n. 5), em 1901, na série *Grenzfragen des Nerven und Seelenlebens*, da qual era coeditor. Incluiu contribuições de Freud em outros dois livros: *O método psicanalítico de Freud* (Ed. Standard Bras., VII) em *Die psychischen Zwangserscheinungen* (1904), e *Meus pontos de vista sobre o papel desenvolvido pela sexualidade na etiologia das neuroses* (Ed. Standard Bras., VII), em *Sexualleben und Nervenleiden* (4 ed., 1906).

Ano 1907

4. Na análise do sonho discutido anteriormente, Jung aludira a seu grande desejo de visitar a América; cf. OC 3, § 124.

5. Freud, "Further Remarks on the Neuro-Psychoses of Defence" (orig. 1896), SE III, p. 174s.: parte III, "Analysis of a case of chronic paranoia"; discutido por Jung em "A psicologia da *dementia praecox*", OC 3, § 63s.

6. *Ibid.*, § 75. Cf. tb. adiante, 85 J n. 4.

7. Três cruzes eram traçadas atrás das portas, nas casas de camponeses, para afastar o perigo.

8. "Ninguém me provoca impunemente". Frase que não parece ser antiga, mas, sim, cunhada para moto da Ordem do Cardo, ou Ordem de S. André, da Escócia *(Elvin's Handbook of Mottoes*, 1860).

12 J

Burghölzli-Zurique, 8 de janeiro de 1907

Caro Professor Freud,

Perdoe-me a demora em responder sua última carta, tão afetuosa e tão rica em detalhes. Posteriormente, senti-me sem jeito por ter brincado de esconder com meu sonho. Bleuler, a quem mostrei a interpretação em primeira versão, achou-a muito direta. Isso foi uma oportunidade excelente para que, de novo, eu me escondesse sob a interpretação, na segunda versão, e assim agisse à margem dos complexos. Tive razões especiais para abster-me de dar a interpretação tora = pênis e a principal delas é que eu não me encontrava em condições de apresentar meu sonho de maneira impessoal: foi minha mulher, por conseguinte, quem escreveu toda a descrição (!!).

O senhor está certo quando me recomenda que pratique mais a "terapia" com nossos adversários, mas ainda sou jovem e, às vezes, no que se refere ao reconhecimento e à posição científica, uma ou outra evasiva se nos impõe. O trabalho numa clínica universitária exige que se dê atenção a muitas considerações que preferiríamos ignorar na vida privada. Mas fique tranquilo a esse respeito: nunca abandonarei qualquer parte de sua teoria que me seja essencial já que estou muito comprometido com ela.

Estou agora firmemente decidido a ir a Viena nas férias da primavera (abril) para, enfim, ter o prazer, há muito desejado, de um contato pessoal com o senhor. Tenho uma longa ab-reação a fazer.

Ano 1907

A propósito da questão das "toxinas", mais uma vez o senhor tocou num ponto fraco. Minha intenção original era deixar as causas físicas inteiramente fora de minha "psicologia", mas como temia mal-entendidos devido à notória índole obtusa do respeitável público, tinha de, pelo menos, aludir à "toxina". Sua hipótese de que a sexualidade possa aqui desempenhar um papel não me era estranha. Ademais, achei perfeitamente compatível a ideia de que uma assim chamada secreção endócrina "interna" possa ser a causa dessas perturbações, e que talvez a produção das toxinas se deva às *glândulas sexuais.* Mas não tenho provas disso e, assim, abandonei a conjectura. Por outro lado, parece-me agora que a última hipótese seja mais aplicável à *epilepsia*, em que o complexo sexual-religioso ocupa um lugar central.

Quanto à sua concepção de "paranoia", vejo aí apenas uma diferença de nomenclatura. Na "demência" precoce jamais convém pensar, de início, em imbecilidade (embora isso *também* possa ocorrer!), mas, sim, num *delírio complexo* com fixações. A paranoia se estrutura exatamente como a demência precoce, a não ser pelo fato de a fixação se restringir a poucas associações; com poucas exceções, a clareza de conceitos permanece inalterada. Há, contudo, numerosas transições fluidas com relação ao que chamamos de D. pr.[1]. D. pr. é um termo muito infeliz! De seu[2] ponto de vista, meu caso de D. pr. poderia igualmente ser descrito como paranoia, o que, de fato, fez-se em épocas anteriores.

O caso sobre o qual gentilmente me escreveu é de extraordinário interesse como um paralelo para o meu. Muitos pacientes de D. pr. têm sentimento de que são "imbecis". Megalomania e afetação são praticamente sinônimos (a última é, em geral, um complemento feminino). Ambas assinalam um componente psíquico impropriamente desenvolvido na esfera social ou na esfera erótica, senão nas duas. Apesar de a paciente ter se casado por amor, a frigidez sexual no casamento parece indicar que há alguma coisa com ele, que ele não é o homem certo para ela. É pelo menos isso o que em geral descobrimos nos casos em que a anestesia sexual se revela na anamnese. A falta de amor pelos filhos confirma a hipótese. De modo geral, a mulher ama o marido nos filhos e estes deixam de satisfazê-la quando aquele não a satisfaz. A alucinação de que os filhos foram mortos se apossa com grande frequência das pacientes, e mais frequente ainda é que só as filhas sejam mortas, o que indica que a mãe não se satisfaz sexualmente, seja porque o marido é muito velho, seja porque, de algum modo, é incompatível. Também na D. pr. a morte significa apenas negação ou repressão. Num ataque de D. pr., todos os complexos não solucionados sempre vêm à tona por ab-reação, em perfeita sintonia com o padrão da histeria. Só que a manifestação segue um curso mais violento e perigoso, deixando como saldo várias perturbações irreparáveis no desempenho mental e, em particular, uma dificuldade crescente de lidar com os afetos e ab-reagir. Mais tarde ocorre uma oclusão emotiva mais forte e generalizada, com o característico embrutecimento da inteligência. Mas a perturbação emocional sempre ocupa o primeiro plano e torna o diagnóstico certo, a despeito de todos os outros embrutecimentos intelectuais.

Li com satisfação, há pouco tempo, que Löwenfeld passou resolutamente para nosso lado, pelo menos no que concerne às neuroses de ansiedade. A voz dele, na Alemanha, há de repercutir mais do que a minha. Sua entrada triunfal talvez comece mais cedo do que o senhor imagina.

Devo-lhe ainda uma explicação do termo "histérico habitual"[3]. Trata-se, na verdade, apenas de mais um recurso. Intriga-me o fato de haver histéricos que vivem em permanente conflito com seus complexos, mostrando uma excitação violenta, uma disposição de ânimo flutuante e uma drástica mudança de sintomas. Esses casos, em minha experiência limitada, merecem um prognóstico favorável, pois têm um componente que resiste à sujeição ao complexo patogênico. Por outro lado, há histéricos que vivem em paz com seus sintomas, tendo não só se *habituado* ao sistema como também explorando-o em ações sintomáticas e manhas de todo tipo, e que medram como parasitas a depender da simpatia dos que integram o seu meio. Suscitando prognósticos desfavoráveis, tais casos lutam com extrema obstinação contra a análise. É a eles que chamo de "histéricos habituais". Talvez essa descrição sumária lhe esclareça o que penso. Naturalmente, é uma classificação muito grosseira e superficial, mas, por enquanto, ela tem tido valor em meu trabalho. Pode ser que, também a esse respeito, o senhor me abra os olhos. Um número incontável de histéricos sem instrução (especialmente os parasitas de hospital) entra nessa categoria.

Ao meu caloroso agradecimento, junto os votos mais cordiais pelo Ano Novo!

Atenciosamente
Jung

1. *Dementia praecox*, introduzido por Kraepelin, era o termo preferido pelos psiquiatras suíços. Sua substituição pelo termo cunhado por Bleuler, "esquizofrenia", generalizou-se depois.
2. Hológrafo: *ihrem*, "deles" ou "dela", por *Ihrem*, "seu, do senhor".
3. Cf. atrás, 6 J § 2.

13 F

13 de janeiro de 1907[1]

Caro colega,

Confio em sua promessa. Já que pretende vir a Viena na Páscoa[2], não deixe de me dizer a tempo os dias certos para que eu faça os arranjos necessários com meus pacientes. Espero que possamos discutir muitos pontos e aumentar nosso entendimento. Mantenho-me na expectativa da agradável possibilidade aberta por sua aceitação à minha sugestão.

Cordialmente,
Freud

1. Cartão postal.
2. 31 de março.

14 J

Burghölzli-Zurique, 20 de fevereiro de 1907

Caro Professor Freud,

Posso sair de Zurique no começo de março e pretendia passar uns dias em Viena nessa época. Como meu principal objetivo é, naturalmente, visitá-lo, gostaria de fixar a data de minha partida de acordo com sua conveniência. Infelizmente, não é possível ir no fim de março ou em abril. Fico-lhe muito grato se me enviar algumas linhas.

Atenciosamente,

Jung

15 F

21 de fevereiro de 1907, Viena, IX. Berggasse 19

Caro colega,

É uma pena que não possa vir durante a Páscoa, pois antes dessa data tenho os dias tomados, de oito da manhã às oito da noite, pelas ocupações que o senhor bem sabe. Mas aos domingos há uma folga; peço-lhe, assim, que planeje sua visita a Viena de modo a deixar um domingo livre para mim. Se possível, gostaria também de apresentá-lo a um pequeno círculo de seguidores numa noite de quarta-feira[1].

Suponho, por outro lado, que o senhor esteja disposto a abrir mão do teatro, nas poucas noites que passará em Viena, para, em vez disso, jantar em minha casa e passarmos o resto do tempo juntos. Mantenho-me na expectativa de sua aceitação e do aviso de sua chegada.

Com toda a estima do *Dr. Freud*

---

1. Em 1902, os seguidores de Freud começaram a reunir-se à noite, em sua sala de espera, dando origem aos chamados "Encontros Psicológicos das Quartas-feiras". Em 1908, o grupo se tornou a Sociedade Psicanalítica de Viena e, em 1910, as reuniões se transferiram para uma sala no Colégio dos Médicos. Cf. a introdução de Herman Nunberg a *Minutes of the Vienna Psychoanalytic Society*, I: 1906-1908, editados por ele e Ernst Federn (Nova York, 1962), p. xviii.

16 J

Burghölzli-Zurique, 26 de fevereiro de 1907

Caro Professor Freud,

É, de fato, uma pena que me seja impossível visitá-lo na Páscoa e lamento muito chegar aí num momento que não lhe convém. Mas, infelizmente,

Ano 1907

não pode ser de outro modo. Estarei em Viena no próximo sábado à noite e espero procurá-lo em sua casa domingo, às 10 da manhã. Viajarei em companhia de minha esposa e de um dos meus alunos, um sobrinho de Binswanger, de Iena[1]. Talvez possa apresentá-los ao senhor se surgir uma oportunidade. Minha mulher desobrigou-me de qualquer compromisso enquanto estivermos em Viena. Antes de partir avisarei em que hotel devo ficar para que, se necessário, escreva-me para lá.

Cordialmente,
Dr. Jung

1. Ludwig Binswanger (1881-1966), então da equipe do Burghölzli e partícipe dos experimentos de associação de palavras. Mais tarde, em Iena; 1911-1956, diretor da Bellevue, uma clínica particular em Kreuzlingen, no lago de Constança, ao nordeste da Suíça. Em 1910, tornou-se o primeiro presidente da Seção Suíça da Associação Psicanalítica Internacional. Um dos fundadores da análise existencial. Seu tio, Otto Binswanger (1852-1929), foi professor de Psiquiatria e diretor da clínica psiquiátrica da Universidade de Iena, onde, em 1889-1890, teve Nietzsche como paciente.

Os Jungs em Viena

Jung visitou Freud no domingo, 3 de março. Cf. Jones, II, p. 36/32 (em que a data dada é domingo, 27 de fevereiro), e Jung, *Memories, Dreams, Reflections*, p. 149/146 (também citando). Em seu *Sigmund Freud: Reminiscences of a Friendship* (Nova York, 1957), L. Binswanger declara que também foi recebido pela família Freud, em companhia do casal Jung, e que ele e Jung assistiram à reunião de quarta-feira, 6 de março, tomando parte na discussão (cf. *Minutes*, I, p. 144, e adiante, 23 F n. 2). Binswanger permaneceu uma segunda semana em Viena, enquanto Carl e Emma Jung seguiram para Budapeste, onde visitaram Philip Stein (cf. 33 J n. 1), depois para Fiume e, por mar, para um descanso no balneário de Abbazia, antes de voltarem a Zurique (extraída do diário da Sra. Jung, essa informação é devida a Franz Jung).

17 J

Burghölzli-Zurique, 31 de março de 1907

Caro Professor Freud,

Sem dúvida alguma o senhor há de ter tirado suas conclusões do prolongamento de meu tempo de reação. Tive uma forte resistência em escrever, pois até recentemente me incomodava o tumulto dos complexos despertados em Viena. Só agora as coisas se acalmaram um pouco e, assim, espero ser capaz de escrever-lhe uma carta mais ou menos sensata.

O item mais difícil, sua ampla concepção da sexualidade, já foi a essa altura assimilado, até certo ponto, e posto à prova em diversos casos concretos. De modo geral acredito que o senhor está certo. O *autoerotismo* como essência da demência precoce se impõe cada vez mais a mim como um aprofundamento importante do nosso conhecimento – onde, de fato, ele irá findar? Seus critérios do estádio agudo podem também ser convincentes, mas qualquer tentativa de prova vai de encontro a grandes dificuldades, principalmente de ordem técnica: a D. pr. só nos permite uma compreensão interna limitada da personalidade. Um determinado caso pode parecer totalmente diverso se o "afastamento da libido" ocorrer num complexo acessível à consciência, ou se, pelo contrário, ocorrer em complexo inconsciente. As conexões entre infantilismo e autoerotismo também se tornam cada vez mais claras. Tenho de confiar agora, mais do que antes, em meu próprio julgamento independente, pois as resistências do Prof. Bleuler nunca foram tão vigorosas. Particularmente, ele contesta a intencionalidade dos sonhos, o que equivale a negar o efeito dissimulador dos complexos, verdadeiro cerne da interpretação onírica. Bleuler tem insuperáveis resistências inconscientes à análise dos próprios sonhos e associações. Em minhas frequentes discussões com ele, patenteou-se-me que a expressão "libido", e em geral todos os termos (sem dúvida justificados em si mesmos) transpostos para a concepção mais ampla de sexualidade, são incompreendidos ou, pelo menos, não têm valor didático. Na realidade, evocam inibições emocionais que tornam impossível qualquer tipo de ensinamento. Fui, então, forçado a uma longa discussão a fim de deixar claro a Bleuler o que o senhor pretende dizer com "libido". Não seria concebível, tendo em vista a limitada concepção de sexualidade que prevalece em nossos dias, que a terminologia sexual se reservasse apenas às formas mais extremas de sua "libido" e que um termo coletivo menos ofensivo fosse estabelecido para *todas* as manifestações libidinais? Rank[1] é outro que simplesmente toma a concepção mais ampla de sexualidade como um dogma de tal modo que até eu, que há mais de quatro anos estudo intensamente seu pensamento, tenho dificuldade em compreendê-la. O público para o qual Rank escreve não a compreenderá em absoluto. A relação libidinal entre pessoas hipersensíveis e o objeto precisa ser ilustrada por incontáveis exemplos de intensidade variável. O público, desse modo, pouco a pouco chegaria a ver que sua terminologia (em especial a "pansexualidade"!) se justifica plenamente. Com relação a Rank, fica também a impressão incômoda de que ele "jurat in verba magistri"[2] e carece de empirismo. Mais de uma vez, ao lê-lo, fui levado a pensar em Schelling e Hegel. Mas a teoria que o senhor postula é puro empirismo e empiricamente é que deve ser apresentada. Essa, seja como for, é a tarefa fundamental com que o futuro me acena. Procuro, por conseguinte, métodos capazes de desenvolver a psicanálise da maneira mais exata possível, esperando, assim, lançar as bases para uma popularização científica de seus ensinamentos. Uma de minhas próximas tarefas será documentar os sonhos que exprimem desejos, na demência precoce, com uma quantidade maior de dados empíricos. Só depois de realizados esse e outros trabalhos preparatórios idênticos posso esperar chegar mais perto do âmago da teoria sexual. Como o senhor disse, os sonhos são, decerto, mais apropriados para uma "confirmação" subjetiva, e isso foi capaz de demonstrar recentemente com alguns exemplos muito bons. Não mais me assaltam dúvidas quanto à correção de sua teoria. Os últimos vestígios foram dispersos por minha estada em Viena, que para mim foi um acontecimento de importância imensa. Binswanger já deve ter lhe falado da tremenda impressão que o senhor me causou. Nada mais direi sobre isso, mas faço votos de que meu trabalho pela sua causa lhe demonstre a extensão da minha gratidão e do meu respeito. Espero – chego mesmo a sonhar – que possamos recebê-lo em Zurique no próximo verão ou no outono. Pessoalmente, eu me sentiria no auge da alegria com uma visita sua; foram efêmeras demais as poucas horas que passei ao seu lado.

Riklin[3] prometeu enviar-lhe o trabalho dele sobre contos de fadas tão logo o tenha terminado, embora isso não seja para já.

Forel[4] esteve recentemente em Zurique e aproveitei a oportunidade para pedir a um amigo que se avistasse com ele. Vim a saber que o ignora por completo e que a objeção dele ao meu trabalho é que *dou muito pouca atenção à hipnose.* Aí é que está o problema.

Minha mulher e eu lhe agradecemos muito, bem como à sua esposa e a toda a sua família, pela maneira gentil com que nos receberam.

Cordialmente,

Jung

1. Otto Rank (1886-1939), ou Rosenfeld, mudou seu nome de família por causa de um conflito com o pai. 1906-1915, secretário da Sociedade Psicanalítica de Viena (os chamados "Encontros das Quartas-feiras"). Seu *Der Künstler: Ansätze zu einer Sexualpsychologie* foi publicado ainda em 1907. Doutor em Filosofia pela Universidade de Viena, 1912. Rank foi o primeiro psicanalista leigo e um dos cinco membros originais do "Comitê"; cf. o comentário que se segue em 321 J. Dissidente da psicanálise, no início da década de 1920, fixou-se nos Estados Unidos após 1935.

2.= "jura pelas palavras do mestre" – Horácio, *Epistulae*, I, i, 14.

3. Franz Riklin (1878-1938), psiquiatra no Burghölzli em 1902-1904, época em que colaborou com Jung nos testes de associação de palavras; em 1904, publicaram em conjunto o estudo "Investigações experimentais sobre associações de pessoas sadias" (OC 2). 1905-1910, no hospital cantonal de Rheinau (cantão de Zurique). Riklin era casado com uma prima de Jung. Permaneceu ao lado dele após a dissensão com Freud, mas não se dedicou ativamente à análise. / O trabalho sobre contos de fadas: *Wunscherfüllung und Symbolik im Märchen (Schriften zur angewandten Seelenkunde,* 2; 1908) = *Realização de desejo e simbolismo nos contos de fadas,* tradução de William Alanson White (1915).

4. Auguste Henri Forel (1848-1931), neurologista e entomólogo suíço do cantão de Vaud; diretor do Burghölzli antes de Bleuler. Era um celebrado especialista em hipnose e um líder do movimento de abstinência; rejeitava a psicanálise. Em 1899, falou na comemoração do décimo aniversário da Universidade Clark.

18 F

7 de abril de 1907

Caro colega[1],

É para sentir-me mais à vontade ao lhe falar que uso um papel diferente[2]. Sua visita foi sobremodo prazerosa e gratificante; gostaria de repetir por escrito várias coisas que lhe confiei verbalmente, em particular que o senhor me encheu de confiança com relação ao futuro, que agora me dou conta de ser tão substituível quanto qualquer outro e que não poderia desejar ninguém melhor do que o senhor, tal como o conheci, para continuar e completar minha obra. Estou certo de que não abandonará essa obra, pois já se aprofundou muito nela e com seus próprios olhos pôde ver como é belo, amplo e excitante o nosso tema.

Certamente tenho planos de fazer-lhe uma visita em Zurique, durante a qual espero que me demonstre seu famoso caso[3] de Dem. precoce, mas não creio que isso ocorra em breve. Preocupa-me também, no momento, a incerteza de nossas relações com seu chefe. A defesa da nossa posição recentemente feita por ele na *Münchener medizinische Wochenschrift*[4] levara-me a considerá-lo digno de confiança, mas eis que o senhor me fala de um grave desvio em direção contrária, desvio que, como eu, o senhor provavelmente interpreta como uma reação às convicções que o senhor levou quando regressou. Como o "complexo pessoal" obscurece todo pensamento puramente lógico!

Com relação à Dem. pr., tenho uma proposta a lhe fazer. Depois de sua partida esbocei algumas ideias sobre o assunto que discutimos. Gostaria de transmiti-las ao senhor, a não ser que prefira – por duas razões – ignorá-las. Primeiro, porque o senhor mesmo as pode ter, e segundo porque talvez não lhe agrade aceitar o que quer que seja. Devo dizer que considero uma fórmula altamente valiosa um tipo de comunismo intelectual, em que nenhuma das partes se preocupa em tomar nota do que dá e recebe. Diga-me, por favor, com franqueza Ψanalítica, se gostaria ou não de examinar esse material, e peço-lhe que não superestime sem saber.

Compreendo suas razões quando tenta suavizar o assunto, mas não acredito que o senhor tenha êxito[5]. Mesmo que chamemos o ics. de "psicoide", ele continuará a ser o ics.; mesmo que não chamemos de "libido" a força impulsiva da concepção mais ampla de sexualidade, ela continuará a ser libido, e em cada inferência que tirarmos dela voltaremos ao ponto exato do qual tentáramos desviar a atenção com nossa nomenclatura. Se não podemos evitar as resistências, por que não enfrentá-las desde o início? O ataque é, em minha opinião, a melhor forma de defesa. É, talvez, por subestimar a intensidade dessas resistências que o senhor espera desarmá-las com pequenas concessões. O que nos pedem é, nem mais nem menos, que abjuremos nossa crença no impulso sexual. A única resposta é professá-la abertamente.

Estou certo de que Rank não irá muito longe. O modo como escreve é decididamente autoerótico e ele carece completamente de tato pedagógico. Além disso, como o senhor observa, não superou a influência da dieta intelectual anterior e se perde em abstrações nada fáceis de seguir. Mas a independência de Rank com relação a mim é maior do que talvez pareça; é um homem capaz, muito moço e profundamente honesto, característica sobremodo valiosa na idade dele. Desnecessário dizer que esperamos muito mais do senhor e da maneira como tratará o assunto.

O estudo de Bezzola[6], que ele me enviou recentemente, de modo muito impessoal e talvez por pura "piedade", não me parece honesto. As observações anexas são produto de uma covardia pessoal, o que justifica a expectativa de um fim melancólico para esse indivíduo. Encobrir o fato de que Ψsíntese é o mesmo que Ψanálise parece impostura grave. Afinal, se pela análise tentamos descobrir os fragmentos reprimidos, é apenas com o fim de juntá-los novamente. A diferença essencial – o fato de ele não fazer uso de associações, mas só de sensações – significa simplesmente que o trabalho dele se limita a casos de histeria traumática; em outros casos não se encontra esse material. E pelo que sei da estrutura das neuroses, geralmente é impossível solucionar o problema terapêutico pela mera revelação das cenas traumáticas. Consequentemente, ele retorna aonde Breuer[7] e eu estivemos, há 12 anos, e desde então nada terá aprendido. Pela "piedade", merece um puxão de orelha, mas temos mais o que fazer.

Ainda este mês você há de receber duas pequenas publicações minhas, uma das quais é a *Gradiva*[8], que talvez o estimule, espero que sem demora, a contribuir com algo de apelo mais geral para o *Papers*[9]. Muito grato pela promessa de Riklin. Espero que o trabalho dele corresponda às nossas exigências especiais. Entrarei em contato direto com o senhor quando lhe enviar *Gradiva*.

Na Páscoa estive em visita ao estabelecimento de Kahlbaum[10], em Görlitz, e vi um caso dos mais instrutivos, sobre o qual lhe falaria ainda se esta carta, a primeira desde sua visita, já não tivesse se alongado tanto.

Minha mulher[11] gostou muito da carta que sua esposa lhe escreveu. Cabe ao anfitrião, não à visita, agradecer pelo prazer e pela honra. Infelizmente, ela não pode responder agora, pois sofre de iridociclite (benigna), consequência de uma indisposição estomacal[12].

Na expectativa de sua resposta, subscrevo-me

Cordialmente,
Dr. Freud

1. Hológrafo: *Lieber und sehr geehrter Herr College.* A primeira vez que Freud usou a saudação "Lieber".
2. Folhas de 20,3 x 16,5cm, sem timbre.
3. Cf. "A psicologia da *dementia praecox*", OC 3, § 198s. (caso de B. St.).
4. Um artigo sobre *Sammlung kleiner Schriften zur Neurosenlehre, 1893-1906*, na *Wochenschrift*, LIV:11 (1907).
5. Este parágrafo é citado por Jones, II, p. 486/436.
6. "Zur Analyse psychotraumatischer Symptome", *Journal für Psychologie und Neurologie*, VIII (1906-1907). Criticado em Jung, "Resenhas".
7. Josef Breuer (1842-1925), médico e fisiologista austríaco; autor, com Freud, dos *Estudos sobre a histeria* (orig. 1895; Edição Standard Brasileira, II); os dois, mais tarde, divergiram.
8. Cf. 24 J n. 4; quanto à outra, cf. 23 F n. 2.
9. *Schriften zur angewandten Seelenkunde (Artigos sobre psicologia aplicada)*, contendo obras de vários autores editadas por Freud. Os dois primeiros números, publicados por Hugo Heller, foram os estudos de Freud sobre "Gradiva" e o de Riklin sobre contos de fadas (cf. 17 J n. 3). Franz Deuticke assumiu a publicação com o terceiro número, *Der Inhalt der Psychose* (1908), de Jung. Cf. 82 F n. 4. Para a lista completa, cf. apêndice 5.
10. "Dr. Kahlbaum's Ärztliches Pädagogium für jugendliche Nervenkranke" (centro médico-educativo para doenças nervosas da juventude), em Görlitz, no leste da Alemanha, fundado por Karl Ludwig Kahlbaum (1828-1899), eminente psiquiatra que cunhou o termo "paranoia". Cf. tb. os adendos.
11. Martha Freud, *née* Bernays (1861-1951).
12. Hológrafo: *einer Stomakake.*

19 J

Burghölzli-Zurique, 11 de abril de 1907

Caro Professor Freud,

Muito obrigado por sua longa e tão amistosa carta! Só temo que o senhor me superestime e às minhas forças. Com sua ajuda passei a olhar as coisas em profundidade, mas ainda estou longe de as ver *com clareza*. Não obstante tenho a impressão de que fiz um considerável progresso interior desde que o conheci pessoalmente; a meu ver, o real conhecimento de sua ciência não pode prescindir jamais de um contato pessoal com o senhor. Onde a escuridão é tão grande para nós, ainda estranhos a ela, só a fé pode ajudar; mas a melhor fé, e a mais positiva, é o conhecimento de sua personalidade. Minha visita a Viena foi, por conseguinte, uma confirmação genuína.

Uma excelente análise que há pouco fiz de uma paciente de Dem. pr. trouxe-me à lembrança muitas coisas sobre as quais conversamos. Gostaria de lhe colocar um problema que me tem intrigado particularmente. A estrutura do caso era totalmente "histeriforme", a tal ponto que durante a análise perdi toda a consciência de estar falando a uma paciente de Dem. pr. O *rapport* (transferência) foi excelente, a tal ponto que em apenas *uma hora* pude extrair-lhe toda a história: nada além de ocorrências sexuais a partir dos seis anos, sempre bem típicas. A paciente aceitou com o maior afeto a transposição[1]. O discernimento quanto à natureza e a origem da doença tornou-se-lhe bem claro no decurso da análise, justificando a expectativa de um razoável progresso. No dia seguinte, porém, nenhum sinal disso; pode ser que ainda venha algum. Tudo se mostrava, até então, como na histeria, mas a paciente não tem associações "histéricas". Reage muito superficialmente, tem os tempos de reação mais curtos que já vi. As palavras-estímulo, assim, não ecoam através da afetividade dela como sempre o fazem na histeria. Não há libido objetal – dirá o senhor – mas, sim, autoerotismo. Durante os testes de associação, nenhum afeto foi despertado, pois os complexos se revelaram em separação muito rígida. Mas durante a análise deu-se justamente o inverso: complexos fragmentários fluíram de contínuo *sem qualquer resistência*. Em tal situação, poder-se-ia esperar que as palavras-estímulo também atingissem os complexos, mas isso não aconteceu. Tenho a impressão de que na Dem. pr. o complexo constela a personalidade com um número de estímulos associáveis muito menor que na histeria, havendo, em consequência, uma sensível redução na "elaboração" da personalidade pelo complexo. Na histeria sempre ocorre uma síntese entre o complexo e a personalidade como um todo, mas na D. pr. os complexos parecem coalecescer apenas esporadicamente – muito menos, seja como for, que na histeria, sem levar em conta os normais. Os complexos se mantêm em grande parte isolados. O senhor dirá que eles se tornam autoeróticos e contêm toda a libido. Mas como acontece isso? Encontramos mais ou menos o mesmo nos delírios tóxicos (alcoolismo etc.); complexos fragmentários combinados a alucinações elementares devidas a estímulos neurais, um *mixtum compositum* não analisável que eu nunca poderia (psicologicamente!) compreender. Nesses estados vêm à tona aspectos insípidos do cotidiano – uma ponta de complexo, estímulos sensoriais endógenos etc. –, mas se nota a ausência de qualquer constelação significativa. Será isso análogo ao isolamento dos complexos na Dem. pr.? Naturalmente, ter-se-ia de tomar por muito brando o efeito da toxina. Mas por que a regressão ao estádio autoerótico? O autoerotismo é, decerto, algo infantil e, no entanto, o infantilismo difere fundamentalmente da D. pr. Vi, inclusive, que nas investigações galvanométricas[2] a separação de afetos na Dem. pr. vai tão longe que estímulos *físicos* fortes já não exercem a menor influência, enquanto estímulos psicológicos ainda provocam afetos. Assim, nem com análise completa e transferência ocorre um revolucionamento da personalidade, como na histeria. Via de regra, nada em absoluto acontece; os pacientes nada aprendem, nada esquecem, mas continuam a sofrer, impassíveis. É como se a personalidade tivesse se desintegrado em complexos separados que não mais exercem qualquer influência mútua. Ficaria muito grato se me desse sua opinião a respeito.

Há de interessar-lhe saber que fui convidado a falar sobre "Modernas teorias da histeria" no Congresso Internacional deste ano, em Amsterdam. E devo enfrentar justamente Aschaffenburg! É evidente que me manterei nos limites de sua teoria. Tenho a certeza íntima de que a discussão será altamente depressiva. A. me escreveu recentemente; ele ainda não entendeu nada.

Acabei há pouco o livro de Rank[3]. É de se crer que contenha algumas boas ideias, mas, na verdade, não compreendi tudo. Pretendo relê-lo atentamente noutra ocasião.

Bleuler já aceita 70% da teoria da libido, depois que lha demonstrei com alguns casos. A resistência que faz visa, principalmente, à própria palavra. A causa temporária dessa irresolução negativa foi, ao que parece, minha visita a Viena. Durante muito tempo, Bleuler viveu como um solteirão empedernido, o que há de, por certo, ter gerado um acúmulo de repressão; o inconsciente dele se tornou, por conseguinte, repleto – e influente. Ainda assim, nele o senhor encontra um firme sustentáculo, mesmo que, de quando em quando, venham a surgir várias *restrictions mentales*. Desde que se apega a algo que considera certo, Bleuler nunca volta atrás. Ele possui e leva a extremos as virtudes nacionais suíças.

Ano 1907

Ficarei extremamente grato por suas ideias sobre D. pr., bem como por quaisquer sugestões de sua parte.

A propósito da "libido", naturalmente o senhor está certo, mas minha fé na eficácia dos docinhos – por enquanto – tem raízes profundas.

Bezzola é um matraqueador confuso que precisa compensar uma situação altamente desagradável na vida e que acha que poderá enriquecer com as migalhas que caem da mesa do mestre. Um amontoador de detalhes sem clara visão global, mas fora isso um bom sujeito ainda nas garras implacáveis do inconsciente. O estudo dele me deixou furioso.

Minha mulher e eu soubemos com profunda tristeza da doença de sua esposa e desejamos-lhe um pronto restabelecimento.

Com a mais grata estima do
Jung

1. Hológrafo: *Transposition*. Nessa carta e alhures, Jung também emprega os termos *Rapport*, "relação", e *Übertragung*, "transferência", sem aparente distinção, embora acabasse por se fixar no último. Cf. 27 F, pouco antes da n. 10.
2. Em 1907, Jung publicou "On Psychophysical Relations of the Associative Experiment", *Journal of Abnormal Psychology*, I; "Psychophysical Investigations with the Galvanometer and Pneumograph in Normal and Insane Individuals", com Frederick Peterson, *Brain*, XXX; "Further Investigations on the Galvanic Phenomenon and Respiration in Normal and Insane Individuals", com Charles Ricksher, *Journal of Abnormal and Social Psychology*, II; todos em OC 2.
3. *Der Künstler.* Cf. 17 J n. 1.

20 F

Viena, 14 de abril de 1907

Caro colega,

Fique sabendo que o modo como encaro nosso relacionamento já se generalizou pelo mundo. Pouco antes de sua visita fui convidado a fazer, em Amsterdam, a exposição sobre a qual me fala. Declinei com presteza, temendo que viesse a abordar o assunto com o senhor e o deixasse me persuadir a aceitar. Mas acabamos conversando sobre temas mais importantes e a coisa foi esquecida. Alegro-me agora por saber que a escolha recaiu no senhor. Quando fui convidado não se previa, porém, que Aschaffenburg fosse o outro orador; eram mencionados dois, Janet[1] e um holandês. Parecia haver um duelo planejado entre Janet e eu, mas detesto os combates gladiatórios diante da plebe insigne, e por mais que faça não me resolvo a submeter minhas descobertas ao voto de uma turba indiferente[2]; meu principal motivo, no entanto, é que só penso em me alhear à ciência por uns meses e restaurar meu organismo, duramente maltratado, com prazeres extracurriculares diversos. Cabe-lhe, então, medir-se com Aschaffenburg. Recomendo-lhe que seja implacável; nossos oponentes são paquidermes, o senhor tem de levar em conta o couro grosso que os reveste.

A propósito de outro assunto, devo igualmente saudá-lo como meu sucessor. Já estive para lhe falar do caso que vi em Görlitz, na Páscoa. Dizem-me que a intenção agora é mandá-lo ao senhor, em Burghölzli, e que o senhor deseja informações de minha parte. Vou, portanto, escrever ao pai dele, dizendo que estamos em contato direto, e relatar o que já pude ver. O senhor há de achar o garoto interessante; é provável que ele extraia de nós pouco benefício, mas que muito tenhamos a extrair dele; acima de tudo, será o primeiro caso diretamente exposto à nossa observação conjunta. Quero saber se o senhor confirma minha hipótese de que não se trata de Dem. pr., mas, sim, de uma obsessão inicial que se prolonga como histeria; várias vezes observei esse desenvolvimento inverso e quero saber o que seus experimentos de associação dirão do meu diagnóstico.

É um indivíduo muito bem dotado, um tipo edipiano; ama a mãe, odeia o pai (o próprio Édipo original era um caso de neurose obsessiva – o enigma da Esfinge) e está doente desde os 11 anos, quando os fatos da sexualidade lhe foram revelados; mesmo nos trajes dele há uma volta à infância, a rejeição do sexo é enorme, *comme une maison*, como costumava dizer Charcot[3]. É difícil lidar com ele, e foi o que me impediu de o trazer para Viena, por causa dos acessos, dos gritos que dá quando se excita. Esse era, de início, o modo infantil de pressionar a mãe. Agora, os ataques são assim: de pé a uma porta, pelo lado de fora, grita, esbraveja, delira, cospe. Observando-se a cena, nota-se, *à primeira vista* – embora um verdadeiro psiquiatra não deva ver senão o que está em Kraepelin[4] –, que ele esfrega dois dedos da mão direita numa ranhura na almofada da porta (eu mesmo o vi), ou, em outras palavras, que imita o coito! Quando lhe falei disso, após o ataque, ele o negou, mas me disse que os garotos da escola também gostavam de fazer assim com o dedo (na mão fechada). Ao mesmo tempo, ele conta: dois, três, quatro, com pausas longas, o que, de fato, faz sentido com relação ao coito, e as cuspidelas que dá imitam, obviamente, a ejaculação. Entrementes, ouve vozes (o que ocorre também nos intervalos; naturalmente, isso apresenta um quadro diagnóstico duvidoso, mas não parece paranoia), a expressão é de extrema amargura e indignação; ele é, em síntese, o espectador de um coito ao qual reage com raiva, e é fácil imaginar a quem espia sabendo-se que dormiu com os pais até a idade de dez anos. Claro está que desempenha os dois papéis, o do espectador que se revolta e o do homem que ejacula. Mas o melhor ainda está por vir. Coube-lhe, também, a infelicidade de ser organicamente infantil, nisso se incluindo a formação dos genitais que, ele mesmo informa com uma calma altiva, tiveram seu desenvolvimento interrompido aos 11 anos. O orgulho levou-o a reprimir o desespero quanto a isso e todos os afetos relacionados, e aí está a causa dos ataques. Ele jamais admitiria dar qualquer importância a esse ato revoltante (para o qual, por sinal, não está capacitado)!

Não sei se essa é sua única forma de ataque, nem se a terá modificado desde nossa conversa. Quando o vir, trate-o mais ou menos como a um colega. Ele é extremamente orgulhoso e se ofende logo, além de, em minha opinião, ser muito mais inteligente, por exemplo, que Aschaffenburg.

Devo presumir um período de atividade sexual infantil; com os pais dele nada pude descobrir a respeito. Mas como os pais deixam de ver as coisas! Como o garoto tem fimose (um caso para Adler!)[5], é quase impossível que não tenha começado a se masturbar muito novo.

Minha maior alegria é ver que o senhor não rejeita minhas observações sobre a demência. Embora eu costume falar de paranoia, friso bem que é a mesma coisa, pois, afinal, o elemento paranoico da demência ainda requer explicação. Hei de, assim, aproveitar o próximo momento de folga – hoje, domingo, a vontade é pouca – para pôr minhas ideias em forma inteligível. Não as perderei de vista; verei o que posso fazer delas, embora esteja muito distante do material; espero que o senhor o receba o mais depressa possível.

Pela mesma razão deixo de responder hoje às perguntas que me fez sobre a demência. Nem sei de resto se as poderia responder adequadamente à distância. Apenas tive a impressão de que o senhor está certo ao realçar o fato de que tais pacientes revelam seus complexos sem resistência e são inacessíveis à transferência, isto é, não demonstram qualquer de seus efeitos. É exatamente isso o que eu gostaria de traduzir em teoria.

A propósito, parece perfeitamente possível que um caso autêntico de histeria ou neurose obsessiva, diagnosticado com o maior acerto, faça, depois de algum tempo, um desvio para a demência ou para a paranoia. Tal possibilidade é facilmente demonstrável em teoria – algo do gênero talvez se evidencie no caso do garoto de Görlitz.

Minha mulher já está bem melhor e agradece os votos formulados pelo senhor e por sua esposa. De minha parte, reafirmo a estima de sempre.

Dr. Freud

1. Pierre Janet (1859-1947), neurologista e psicólogo francês, um dos primeiros a reconhecer o inconsciente, embora fosse hostil à psicanálise. Jung estudou com ele em Paris, 1902-1903 na Salpêtrière (estabelecimento para mulheres velhas e insanas).

2. Citado por Jones, II, p. 125/112.

3. Jean-Martin Charcot (1825-1893), neurologista francês, médico-chefe na Salpêtrière; famoso por seu trabalho sobre histeria e hipnose. Freud estudou com ele em Paris, em 1885-1886, traduziu suas aulas para o alemão e deu seu nome ao seu filho mais velho.

4. Emil Kraepelin (1856-1926), psiquiatra clínico alemão, professor em Munique entre 1903-1922; expandiu o sistema de classificação psiquiátrica e diferençou a demência (um termo seu) da psicose maníaco-depressiva. Seu *Psychiatrie: Ein Lehrbuch für Studierende und Ärzte* (Iª ed., 1883) foi muito cotado na psiquiatria moderna.

5. Alfred Adler (1870-1937), desde 1902 membro do grupo de Freud em Viena; primeiro presidente da Sociedade Psicanalítica de Viena, foi também o primeiro dos seguidores importantes de Freud a romper com ele, em 1911, criando, então, a "psicologia do indivíduo". Após 1926, passou grande parte do tempo nos Estados Unidos, e lá se estabeleceu, em 1935. Morreu em maio de 1937, em Aberdeen, na Escócia, durante um ciclo de conferências. / Em sua monografia *Studie über Minderwertigkeit von Organen*, publicada em fevereiro de 1907 e apresentada à Sociedade de Viena em 7-11-1906 (cf. *Minutes*, I, p. 36), Adler notara que a fimose, *i. e.*, constrição do prepúcio, é frequentemente encontrada em casos de enurese. Na tradução inglesa, *Estudo de inferioridade do órgão e sua compensação psíquica* (Nova York, 1917), p. 72.

21 J

Burghölzli-Zurique, 17 de abril de 1907

Caro Professor Freud,

Muito grato pelas novas! Infelizmente, devo dizer-lhe logo que não dispomos no momento de um só quarto na Clínica, o que é, de fato, lamentável. Uma vez mais vivemos uma fase de pavorosa superlotação. Convém lembrar, ao mesmo tempo, que nossa seção de pacientes internos, sendo uma instituição do Estado, não é pródiga em luxo e apenas se adequa às exigências do público em geral. A diária para estrangeiros é, no máximo, de 10-12 francos, e há um acréscimo de pouco mais de dois francos por dia para o acompanhante. Barato, portanto, e de sofrível a bom. Mas há gente em excesso, como disse, e assim é totalmente impossível recebermos seu paciente agora. Espero, no entanto, que o panorama se altere, pois gostaria imensamente de investigar um caso com o qual o senhor já está perfeitamente familiarizado. Pode bem ser que dentro de algumas semanas haja de novo um quarto livre.

Compreendo quão desagradável lhe há de ser imiscuir-se em brigas de galo, pois é justamente assim que o público encara o espetáculo e sacia sua sede sublimada de sangue. Como não estou compromissado tão a fundo nem assumo a defesa de ideias próprias, aventuro-me, às vezes, a ingressar na arena. A identificação com o senhor, mais tarde, há de ser lisonjeira; por ora, é *honor cum onere.*

O caso de que me fala é do maior interesse. Os ataques parecem mais histeriformes do que catatônicos. As vozes deixam muito a suspeitar, indicando uma divisão bem profunda e a instabilidade do *niveau mental.* Com frequência tive casos que, com aparente facilidade, passavam diretamente da histeria ou da neurose obsessiva para a D. pr., mas não sei como lidar com eles. Por acaso já seriam D. pr., embora não o suspeitássemos? Ainda muito pouco sabemos, na verdade nada, sobre a natureza íntima da D. pr., e assim pode suceder conosco o que se deu com os médicos antigos, os quais supunham que a pneumonia de crupe se convertia, às vezes, em tuberculose. Apenas constatamos que, em certa fase do desenvolvimento de vários complexos interligados, o *rapport*, com o meio, sofre uma parada total ou parcial, a influência do mundo objetivo se torna cada vez menor e seu lugar é tomado por criações subjetivas em hipertonia *vis-à-vis* da realidade. Esse estado permanece em princípio estável, flutuando apenas em intensidade. Há mesmo casos que chegam a *morrer* de autoerotismo (estado agudo, sem achados post-mortem). Não faz muito voltei a ver um deles (morte simbólica?). Se em tais casos não há graves anomalias anatômicas, devemos presumir uma "inibição". Mas esta é acompanhada por uma

Ano 1907

compulsão positivamente infernal ao autoerotismo (manifestada também noutros casos) que vai muito além dos limites conhecidos; compulsão talvez devida a algum mau funcionamento orgânico do cérebro. O autoerotismo é de tal forma destituído de propósito – um suicídio desde o início – que tudo em nós há de se rebelar contra ele. Não obstante, acontece.

Esse "não obstante" me lembra que não faz muito tempo um jovem catatônico instruído bebeu com evidente satisfação meio urinol de um companheiro de infortúnio. Trata-se de um masturbador precoce que muito cedo manteve atividades sexuais com a irmã. Catatônico desde a puberdade. Tem alucinações com a referida irmã, que de vez em quando aparece como *Cristo* (bissexualidade). O quadro, então, agravou-se: alucinações intensas, em parte avessas à identificação, em parte voltadas para a irmã. Excitação crescente, masturba-se sem parar, enfia o dedo rítmica e alternadamente na boca e no ânus, bebe urina e ingere fezes. Uma bela celebração autoerótica, não acha?

Os seguintes fatos despertaram-me a atenção em vários casos: em pacientes (mulheres) de D. pr., as sensações de excitação sexual frequentemente se deslocam da zona original para o ânus e sua periferia. Vi, recentemente, um caso em que se localizavam na boca do estômago. Frequente masturbação anal na D. pr.! Porventura a boca do estômago é também abrangida pela teoria sexual infantil? Ainda não observei deslocamentos para outras partes do corpo.

A *catalepsia* é extraordinariamente frequente nas fases agudas da catatonia. Na histeria observei apenas um caso em que um braço catalepticamente enrijecido era um símbolo do pênis. Mas o que é, na catatonia, a rigidez geral e *flexibilitas cerea*? É lógico que também isso deve ser psicologicamente determinado. Vai de par com os piores sintomas da fase mais grave, quando costumam surgir os autoerotismos mais crassos. A catalepsia parece ser mais comum entre as mulheres; seja como for, é mais comum entre pessoas de ambos os sexos que adoecem cedo, demonstrando, em geral, uma desintegração mais profunda e suscitando um prognóstico pior do que as pessoas que adoecem tarde e de ordinário estavam em alucinações e ideias delirantes (hipótese de Lugaro)[1].

Bleuler cada vez mais se inclina ao autoerotismo, mas só em teoria. Eis aí sua "vérité en marche".

Por acaso o senhor tem acesso a *The Journal of Abnormal Psychology?* No Vol. I, n. 7, Sollier[2] fala de "troubles cénesthésiques" no começo da D. Pr., associados à alteração da personalidade. Afirma ele ter observado a mesma coisa na histeria, no momento de "restituição da personalidade" (transposição?): afetos em desordem, vasos sanguíneos latejantes, medo, explosões, assobios, dores agudas na cabeça etc.* Já viu algo semelhante? Perdoe-me essa perguntação sem fim.

Cordialmente,

Jung

* Rousseau (*Confissões*), um caso similar[3].

1. Ernesto Lugaro (1870-1940), psiquiatra italiano. Foi impossível identificar sua "hipótese", mas o Dr. Assagioli sugere (em comunicação pessoal) que seja numa referência à teoria das pseudoalucinações de Lugaro.
2. Paul Sollier, "On Certain Cenesthetic Disturbances, with Particular Reference to Cerebral Cenesthetic Disturbances as Primary Manifestations of a Modification of the Personality", *Journal of Abnormal Psychology*, II:1 (abril-maio de 1907). (a citação de Jung está incorreta.) Sollier (1861-1933) era um psiquiatra de Boulogne-sur-Seine.
3. *Confissões*, Parte I, Livro VI, 1738.

22 F

Algumas observações teóricas sobre a paranoia[1]

A situação básica é esquematicamente esta: uma pessoa (f.)[2] concebe o desejo de um encontro sexual com um homem. O desejo é reprimido e reaparece da seguinte forma: outras pessoas dizem que o tem, mas ela o nega (ou, ainda: o encontro ocorreu durante a noite contra sua vontade. Mas essa não é a forma primária).

O que terá acontecido nesse tipo de repressão e reaparecimento típicos da paranoia? Uma ideia – o conteúdo de um desejo – despertou e persistiu, deixou até de ser ics. e se tornou cs. Mas essa ideia que se originou no íntimo foi projetada para fora e reaparece como realidade percebida, contra a qual a repressão pode manifestar-se agora como oposição. A convicção no afeto-desejo é impedida; com o reaparecimento da ideia manifesta-se um afeto contrastante, hostil.

A projeção requer explicação. Qual a condição para a projeção exterior de um processo íntimo afetivamente catexizado? Considere-se a situação normal: nosso cs. só registra originalmente dois tipos de experiência. Do exterior, percepções (P) que, como tais, têm qualidades e não são afetivamente catexizadas; do interior, as "sensações", que são manifestações de impulsos em certos órgãos. Essas são qualidades apenas em pequena escala, porém são capazes de forte catexia quantitativa. Dentro se localiza o que exibe tal quantidade; fora, o que é qualitativo e destituído de afeto.

Naturalmente, isso é apenas esquemático. Todos os processos da representação mental, pensamento etc. são compostos por elementos de ambos os lados.

O que acontece no extremo P. suscita uma convicção imediata; o que se origina no interior da psique é submetido a um *teste de realidade* (que consiste em redução a P.) e à *tendência repressiva* que se dirige contra as qualidades de desprazer das sensações.

O instinto sexual é originalmente autoerótico; mais tarde empresta catexia afetiva, amor objetal, às imagens-memória. Uma fantasia-desejo como a pressuposta citada tem de ser considerada como catexia objetal libidinal, pois precisa submeter-se à repressão para se tornar consciente. Isso pode ocorrer de vários modos (de acordo com as características marcantes de várias ΨNeuroses). *Se o conteúdo-imagem foi projetado sobre o extremo P., sua catexia libidinal há de, antes, ter sido removida dele. Tem, então, o caráter de uma percepção?*[3]

Na paranoia, a libido é retirada do objeto; uma inversão disso é o *pesar*, em que o objeto é retirado da libido.

A catexia perdida pela imagem do objeto é substituída de início por convicção. A indicação do paradeiro da libido é dada pela *hostilidade ao objeto*[4] encontrada na paranoia. Essa é uma percepção endógena da retirada da libido. Tendo em vista a relação de compensação entre catexia objetal e catexia do ego, é provável que a catexia retirada do objeto tenha retornado ao ego, *i. e.*, tenha se tornado autoerótica.

O ego paranoide é, por conseguinte, hipercatexizado, egoísta, megalômano. Uma contraparte do processo aqui suposto é fornecida pela histeria de angústia. A histeria se caracteriza muito comumente por um excesso de catexias objetais. É um amor objetal extremo e até mesmo encobre o período autoerótico remoto com fantasias objetais (sedução). Toma por objeto tudo aquilo que mostre a mais tênue relação com um objeto normal, inclusive lugares, motivo pelo qual a histeria se vincula a lugares (agorafobia) ou à vizinhança da pessoa amada, nisso se opondo à instabilidade, à necessidade de viajar da demência precoce.

Na histeria de angústia ocorre o oposto do que presumimos quanto à paranoia. *Os estímulos externos, i. e., P., são tratados* como *processos íntimos afetivamente catexizados*, uma mera representação verbal tem o efeito de uma experiência interior; propensão ao medo. A mera retirada das catexias objetais para dentro do ego – para dentro da esfera autoerótica – ocorre como um processo orgânico com transformação do afeto (em desprazer): a saber, na chamada hipocondria. É apenas o uso desse mecanismo com propósitos de repressão que resulta em paranoia. Assim, a hipocondria está relacionada à paranoia como a neurose de angústia puramente somática à histeria que se move pela Ψ^5. Com grande regularidade a hipocondria se aproxima da paranoia, nela se converte ou a ela se mescla.

Não se deve esquecer, porém, que na ΨN sempre nos havemos com uma defesa malsucedida. O mais certo é que, tentada na paranoia, ela inevitavelmente fracasse, *i. e.*, que a libido retorne a seu objeto, tente prevalecer e, com uma inversão para o desprazer, aferre-se às percepções nas quais o objeto foi transformado.

A luta de retorno evidencia-se na paranoia de modo mais claro do que nas outras neuroses. A catexia libidinal intensifica as imagens que se converteram em percepções, transformando-as em alucinações. O quadro clínico corresponde a essa luta defensiva *secundária* contra a fantasia libidinal, que agora surge de uma parte do aparelho psíquico, a qual só dá acesso, de ordinário, à realidade.

Convém considerar ainda que, via de regra, esse processo é apenas parcial, *i. e.*, afeta apenas um componente da catexia objetal libidinal. Toda a libido reprimida é gradativamente transformada em convicção e o delírio é tão intenso porque sua fonte é a libido. O delírio é uma convicção inspirada pela libido na realidade.

Sumário. A projeção (como a conversão etc.) é uma variedade de repressão na qual uma imagem se torna consciente como percepção; o afeto a ela concernente é destacado e retirado para dentro do ego com uma inversão para o desprazer. Partindo do extremo perceptual, esse afeto (a catexia libidinal) tenta, então, impor-se uma vez mais ao ego.

A paranoia pode ser explicada por processos normais mais rapidamente do que outras Ψneuroses.

Como vê, uma fórmula para o tipo de repressão especialmente bem--sucedido nas formas alucinatórias da insanidade por excelência (amência) pode ser derivada das relações aqui discutidas entre catexias objetais libidinais e catexias do ego (cf. a velha análise no *Collected Short Papers*)[6].

Com toda a estima do
Dr. Freud

Quem dá mais do que tem é um tratante.

1. Escritas e remetidas entre 14 e 20-4-1907. Em folhas de 28 x 22,2cm.
2. Hológrafo: *f.* inserido antes de *Person.*
3. Hológrafo: sublinhado a lápis azul, ao que parece por Jung.
4. Essas palavras também estão sublinhadas.
5. *I. e.*, a histeria que é psicologicamente determinada.
6. Cf. atrás, 11 F n. 5; em *Sammlung kleiner Schriften zur Neurosenlehre*, I (1906).

23 F

21 de abril de 1907

Caro colega,

É ótimo que me faça tantas perguntas, embora saiba que só a poucas posso responder. Também eu começo a encarar nossa troca de ideias como uma necessidade, pelo menos aos domingos.

Vejo que o senhor se aproximou mais da minha ideia de que a regressão ao autocrotismo também ocorre na Dem. pr. Nada posso fazer sem o impacto direto do material e sei perfeitarnente que três análises pormenorizadas sempre nos ensinam mais do que tudo o que se consegue alinhavar sobre uma mesa de trabalho. O que lhe enviei recentemente, originário dessa fonte, só tem valor enquanto corresponde ao que pode ser inferido do material das outras duas ΨN (estou certo de que o senhor compreende essas abreviaturas e não há de levá-las a mal). De modo geral, creio que devemos ser pacientes, renunciando a solucionar certas questões até que tenhamos aprendido bem mais. Mas isso não nos impede de fazer conjecturas, e.g., com relação a casos que começam de forma histérica ou obsessiva. Em termos teóricos, é fácil compreender que, de início, é tentada a forma de defesa habitual na histeria (a supressão, nos limites do inconsciente, da imagem catexizada com afeto libidinal) e então, caso isso não baste, o método bem mais radical e arriscado de dividir a catexia e retraí-la dentro do ego. Com base nessa suposição, o caso que começasse como histeria haveria de se desenvolver como D. pr.

Como decerto o senhor percebe, dizer que a histeria se desenvolve como D. pr. soa incorreto; é melhor supor que a histeria chega ao fim e é substituída pela D. pr. Essas frases só se tornam significativas quando levamos em conta certos aspectos do processo de repressão. Outro casos podem começar diretamente com o método de defesa característico da D. pr.; outros, ainda, não vão além da histeria, porque a complacência somática admite uma descarga ampla. Um exemplo análogo, no campo orgânico, seria a relação entre a ataxia locomotora e a paralisia geral. Via de regra, a paralisia geral só ocorre em casos benignos de ataxia locomotora; é bem sabido que o processo terciário habitual não progride quando se desenvolve uma cegueira sifilítica típica. Mas só um diagnóstico sutil e uma grande experiência permitem determinar isso no começo do processo.

Muito me surpreende que em seus casos o retorno ao autoerotismo se perfaça com tamanho sucesso. Com toda a probabilidade, isso se liga ao fato de eles serem jovens; e o momento de predisposição, o fator que nossos autores chamam de "idiopático", seria uma transição incompleta do autoerotismo para o amor objetal no passado. Grosso modo, a demência corresponderia ao sucesso e a paranoia ao fracasso desse retorno, *i. e.*, da libido que provém das percepções, com todas as gradações intermediárias. Creio que o retorno ao autoerotismo é, de fato, tão catastrófico como o senhor supõe para a integridade da personalidade. Ao longo do processo, os vários componentes da libido, e especialmente a bissexualidade, devem ser levados em conta. Eu daria tudo para largar minhas ocupações rotineiras e juntar-me ao senhor no estudo dessa forma de ΨN, sem dúvida altamente instrutiva e suscetível de compreensão imediata; mas, infelizmente, tenho de ganhar meu pão e continuar nessa roda-viva, o que agora me cansa mais do que nunca.

Não acredito que uma determinante seja absolutamente indispensável no caso de catatonia (terei de reler Riklin[1]). O deslocamento de catexia há de envolver modificações consideráveis na inervação, *i. e.*, efeitos fisiológicos, como na histeria. Claro está que, consoante minha *Teoria da sexualidade*, não interpreto o deslocamento da estimulação sexual para a região anal, na Dem. pr. e em outras perversões, como substituição das zonas erógenas, mas, sim, como reintegração de sua antiga força primária, a qual, segundo minha teoria, torna-se acentuadamente clara na Dem. pr. A boca do estômago pertence à zona oral ou à seção superior do tubo digestivo, que inclui o estômago; ver histeria. Não li o artigo de Sollier. Mas o que conheço do trabalho dele (histeria, memória) é uma lenga-lenga inepta, uma crassa e errônea interpretação da natureza. Devo dar-lhe a impressão de que de novo estou bancando o Papa, fulminando os hereges. Mas posso olhar essas coisas de dois modos?

O que o senhor me disse em sua penúltima carta sobre as reações de um paciente de Dem. pr. – falta de resistência na análise e fragilidade de transferência – clama, a meu ver, por um diagnóstico de autoerotismo. É evidente por si mesmo que esse autoerotismo apresente um quadro que difira totalmente do de uma criança. Afinal, a imbecilidade senil também é muito diferente do comportamento infantil, embora represente uma regressão a esse estádio. A capacidade de progredir, em ambos os casos, faz-se ausente. Encontramos a mesma diferença entre um afásico e uma criança que aprende a falar.

Minha comparação entre neurose obsessiva e religião saiu ontem no primeiro número do novo *Zeitschrift für Religionspsychologie*[2], mas ainda não recebi as separatas. Dá-se o mesmo com a *Gradiva*, que continuo a esperar.

Talvez lhe seja possível receber mais tarde o garoto de Görlitz. O caso há de ser dos mais instrutivos.

Não se desgaste em demasia na tarefa penosa de representar-me. Sua juventude e independência são de fazer inveja. Talvez o senhor se exponha ao ônus, mas não ao ódio de nossa causa, e colha, daqui a mais uns anos, a recompensa integral de seus esforços. Tenha em mente que, consideran-do-se a importância da causa, a resistência que lhe fazem talvez não seja tão exorbitante assim.

Mande-me sem demora mais notícias de Burghölzli! Estou certo de que haverá uma grande agitação nos meios eruditos quando o senhor e Bleuler manifestarem seu apoio à teoria da libido.

Cordialmente,

Dr. Freud

1. "Beitrag zur Psychologie der kataleptischen Zustände bei Katatonie", *Psychiatrisch-neurologische Wochenschrift*, VII:32/33 (1906). Cf. Jung, "Resenhas", OC 18/1.
2. "Zwangshandlungen und Religionsübung" = "Obsessive Actions and Religious Practices", SE IX. Freud lera parte deste estudo na reunião de 6/3 da Sociedade das Quartas-feiras, à qual Jung e Binswanger foram convidados (e não em 2/3, como Jones afirma, II, p. 36/32; também N. do E., SE IX, p. 116). Cf. *Minutes*, I, p. 142.

24 J

Burghölzli-Zurique, 13 de maio de 1907

Caro Professor Freud,

Antes de mais nada devo pedir desculpas pela longa pausa que me per-miti. Eu não podia nem queria escrever-lhe senão depois de ter chegado a uma visão mais clara das coisas. Acima de tudo queria absorver e digerir suas "Observações sobre a Paranoia". Mas primeiro as novas! Há de, em breve, chegar ao seu conhecimento que um assistente de Kraepelin massacrou--me numa crítica ao meu livro sobre Dem. pr. na *Zentralblatt*, de Gaupp[1]. Naturalmente, o senhor também é brindado. As desvalidas contorsões do autor inspiram dó! Caso não tenha a *Zentralblatt*, posso enviar-lhe, para sua edificação, uma separata. A despeito de tudo, ele se sentiu impelido a escrever sobre o livro um artigo inteiro. Vê-se que, pelo menos, já começam a recorrer à artilharia pesada. Mas a coisa por fim me abateu de novo, pois vejo quão supremamente difícil é transmitir suas ideias ao público.

O autoerotismo tem mais um triunfo a registrar. Obtivemos êxito, re-centemente, ao analisar uma jovem catatônica muito inteligente, instruída e dotada de ótima introspecção. Entorpecida e sem afetos, ela vagueia, e é difícil mantê-la numa dependência apropriada da Clínica, pois de quando em quando se lambuza de excrementos. *Espontaneamente* admitiu que desde a doença se vê em pensamento como se tivesse voltado a ser criança; massas de velhas lembranças infantis explodem e a submergem por completo. Diz que o hábito surgiu simplesmente por lhe ter ocorrido (num desses estados de "ausência") não mais ir à privada e defecar sobre um pedaço de papel no assoalho. Por curiosa coincidência, era isso o que fazia em criança: começara a defecar no papel porque sofria de constipação e se cansava muito de ficar sentada. Em sua doença ocorreram estados de excitação localizados, com masturbação. É significativo que a sexualidade *sensu strictiori* não tenha sobre a psique qualquer efeito, mas permaneça *local*, na grande maioria dos casos, e seja percebida como algo alheio e opressivo; seja como for, nenhuma repressão correspondente ocorre.

Debrucei-me várias vezes em suas "Observações sobre a Paranoia", inclusive junto a Bleuler. A derivação de ideias delirantes a partir de afetos (= libido) ficou-nos perfeitamente clara. Parece-me, contudo, que com sua explicação da "projeção para fora" o senhor pode abranger apenas a gênese da ideia de perseguição. Mas na D. pr. todo e qualquer elemento é projetado para fora. As ideias delirantes são, de ordinário, a satisfação do desejo e o sentimento de ser ferido numa mistura desconexa. Há uma analogia que sempre me pareceu esclarecedora: ao extático religioso que anseia por Deus é um dia concedida a visão de Deus, mas o conflito com a realidade também cria para ele o oposto: a certeza se converte em dúvida, Deus no demônio e a euforia sexual sublimada da *unio mystica* na ansiedade sexual, com todos os seus espectros históricos. Vemos, então, que o desejo produz diretamente a projeção para fora porque há outro desejo, o de realidade, que se faz presente. Esse mesmo desejar pode não raro ser demonstrado com facilidade no inconsciente do paranoico, mas em geral só o conflito se torna objetivado. É, então, comum que o sentimento de perseguição seja compensado por megalomania, embora seja menos comum que isso leve à objetivação. Na Dem. pr. paranoide, a satisfação do desejo é, decerto, muito mais frequente. Quando o vejo dizer que a libido se retira do objeto, entendo que sua crença é que ela se retira do *objeto real* por razões normais de repressão (obstáculos, inatingibilidade etc.) e se apega a uma cópia fantasista dele, com a qual, então, passa a disputar seu clássico jogo autoerótico. A projeção para o extremo da percepção nasce do desejo primevo de realidade, o qual, se inatingível, por alucinação cria sua própria realidade. Mas na psicose tudo toma um rumo torto, posto que só o conflito é experimentado como objetivamente real. Por que razão é assim, ainda não sei ao certo; talvez o componente conflitante seja reforçado pelo componente corretivo normal. Agradeço de antemão as observações que porventura lhe ocorram sobre minhas ideias. Tudo o que espero com elas é aproximar-me ainda mais do senhor.

Bleuler ainda sente a falta de uma clara definição de autoerotismo e de seus efeitos especificamente psicológicos. Não obstante ele aceitou o conceito em sua contribuição sobre a Dem. pr. para o manual de Aschaffenburg[2]. Nega-se a dizer autoerotismo (pelas razões que bem sabemos), prefere "autismo" ou "ipsismo". Eu, de minha parte, já me acostumei a "autoerotismo".

Seu paciente de Görlitz agora tem indiscutíveis sintomas catatônicos no nível autoerótico mais baixo – passou a se lambuzar de fezes. Assim me escreveu recentemente o pai dele. Qualquer tratamento psíquico, mesmo a simples análise, está fora de cogitação, como, infelizmente, vejo dia a dia com nossos próprios catatônicos.

No último *Archives de Psychologie*, Maeder publica análises de sonhos[3].

Seu *Gradiva*[4] acaba de chegar. Muito obrigado! Começo a lê-lo de imediato, com grandes expectativas.

Trato de uma menina de seis anos, no momento, em vista de mentiras e masturbação excessiva após uma alegada sedução pelo pai adotivo. Muito complicado! Já teve experiência com crianças tão pequenas assim? Excetuando-se uma representação sem colorido, sem afeto, totalmente ineficaz do trauma na consciência, não consegui obter qualquer ab-reação com afeto, fosse espontânea ou sugerida. A impressão de que o trauma seja invencionice é a que prevalece agora. Mas de onde a criança tira essas histórias de sexo? A hipnose é boa e profunda, mas com a maior inocência ela se esquiva a todas as sugestões para que represente o trauma. Há uma coisa importante: na primeira sessão, veio-lhe espontaneamente a alucinação de "uma salsicha que a mulher disse que ia ficar cada vez mais grossa". Quando lhe perguntei onde vira a salsicha, ela disse logo: "Aí, no

Herr Doktor!". Que mais se poderia desejar de uma transposição? Desde então, porém, tudo o que diga respeito a sexo se encobriu por completo. Nenhum vestígio de D. pr.!

Cordialmente,

Jung

1. Max Isserlin, "Über Jung's 'Psychologie der *dementia praecox*' und die Anwendung Freud'scher Forschungsmaximen in der Psychopathologie", *Zentralblatt für Nervenheilkunde und Psychiatrie*, n.s., XVIII (maio de 1907). Isserlin (1879-1941), neurologista de Munique, assistente de Kraepelin; adversário da psicanálise, morreu na Inglaterra como refugiado de guerra.

2. Cf. 272 J n. 7.

3. Alphonse E. Maeder, "Essai d'interprétation de quelques rêves", *Archives de Psychologie*, VI (1906). Maeder (1882-1971), psicoterapeuta suíço, presidente da Sociedade Psicanalítica de Zurique por algum tempo, apoiou Jung após a ruptura; mais tarde desenvolveu um método de análise breve e associou-se ao Movimento de Oxford.

4. *Der Wahn und Die Träume in W. Jensens 'Gradiva' (Schriften zur angewandten Seelenkunde,* 1; Leipzig e Viena, 1907) – "Delusions and Dreams in Jensen's 'Gradiva'", SE IX. Jones, II, p. 382/341: "Foi Jung quem chamou a atenção [de Freud] para o romance; disse-me ele que Freud escrevera seu pequeno livro a respeito expressamente para dar-lhe prazer". A presente correspondência não esclarece isso, contudo, cf. adiante, 50 J: Jones pode ter confundido o romance com os contos de *Übermächte*.

25 F

23 de maio de 1907

Caro colega,

Como há tanto me mantém à espera de sua reação ao *Gradiva*, posso apenas supor que esteja imerso no estudo da D. pr., e assim não o farei esperar mais pela informação que me solicitou.

Vejo em sua carta dois problemas: a) o que significa a retirada da libido do objeto; b) quais as diferenças entre a projeção paranoide para fora e outras projeções. Dir-lhe-ei o que penso.

a) *Não* penso que a libido se retire do objeto real para apegar-se à representação mental que ele sugere, passando a disputar com essa fantasia o seu jogo autoerótico. Desde que tenha um objeto, real ou imaginado, a libido, por definição, não é autoerótica. Antes, creio que a libido se afasta da imagem objetal, a qual é, desse modo, despida da catexia que a caracterizou como interna, ficando em condições de ser projetada para fora e, por assim dizer, percebida. Há, então, um momento em que ela pode ser percebida com aparente calma e submetida ao teste de realidade habitual. "Dizem que eu adoro o coito. Isso é o que dizem, mas não é *verdade!*". A repressão bem-sucedida incumbir-se-ia de levar a cabo essa parte; a libido liberada, fosse como fosse, manifestar-se-ia, como na infância, autoerotica-mente. A origem de nossos mal-entendidos, a meu ver, é que não acentuei devidamente a dupla investida do processo, a queda da libido na repressão e o retorno da libido.

Podemos agora imaginar três hipóteses. 1) A repressão pelo processo anteriormente descrito é permanentemente bem-sucedida e o caso toma o curso que parece característico da Dem. pr. O objeto-imagem projetado pode fazer apenas uma breve aparição na "ideia delirante", a libido se volta definitivamente para o autoerotismo, a psique é empobrecida da maneira que o senhor bem sabe.

2) Ou, então, há um retorno da libido (fracasso da projeção), que tem apenas uma parte orientada para o autoerotismo; outra parte volta ao objeto, que há de agora encontrar-se no extremo da percepção e é tratado como uma percepção. A ideia delirante se torna, então, mais intensa, e cada vez mais violenta se torna a resistência a ela, toda a batalha defensiva é travada de novo como rejeição da realidade (a regressão é convertida em rejeição). Isso pode continuar por algum tempo; no fim, a libido recém-chegada é desviada para o autoerotismo ou uma parte dela se fixa permanentemente num delírio dirigido contra o desejo objetal projetado. Em misturas variá-veis, é isso o que ocorre na Dem. pr. paranoide, indubitavelmente o tipo menos puro e mais frequente.

3) A repressão fracassa por completo, após um sucesso temporário que a capacita a projetar o desejo objetal. A libido recém-chegada agora busca o objeto transformado em percepção e desenvolve as mais intensas ideias delirantes; a libido é convertida em convicção e uma modificação secundária do ego se estabelece. O resultado é a pura paranoia, na qual o autoerotismo não se desenvolve; seu mecanismo, contudo, só pode ser explicado à base da série que se estende à Dem. pr. total.

Concebo esses três esquemas. O senhor verá o que há neles de cli-nicamente demonstrável, ou seja, o que existe na realidade e pode ser apontado. Noto, por ora, que o retorno ao autoerotismo é mais bem-sucedido na Dem. pr. pura. Suas comunicações são muito convincentes. Reitero de passagem minha incapacidade em acreditar, como Bleuler acredita, que esses mecanismos só são demonstráveis na Dem. pr., e não na paranoia autêntica.

b) O que está menos claro para mim, pois faltam-me impressões de casos recentes, são minhas próprias ideias sobre o problema, *i. e.*, a relação da projeção paranoide com a projeção histérica e amente. A realização alucinatória mais pura ocorre, sem dúvida, na última, em que não há repressão e a imagem do objeto desejado, supercatexizado com a libido, é diretamente convertida, via regressão, em percepção. Aqui, pelo contrário, encontramos repressão do ego em conflito e da realidade. E nunca há uma inversão de valores. O prazer continua a ser prazer, não é, como na paranoia, transformado em desprazer. Esse tipo apresenta, então, duas peculiaridades – veja minha velha análise[1]: não há repressão do objeto de desejo, a libido (hipervalente) permanece com a representação objetal. Esse tipo se instala bruscamente, não há luta prolongada nem desenvolvimento crônico como na paranoia (Dem. pr.).

Na histeria, um processo análogo, alucinação da representação do desejo e fortalecimento do ego, ocorre num breve ataque episódico, causado por uma regressão que parte da imagem de objeto, hipercatexizada, e ainda em percepção. Essa instabilidade é característica da histeria, o reprimido se torna o repressor – mas apenas temporariamente. Contudo qualquer caso de histeria pode desenvolver-se numa psicose alucinatória aguda do caráter descrito.

Na paranoia (que permanece como conceito teórico; Dem. pr. parece ser uma noção essencialmente clínica), a imagem do objeto de desejo nunca é realizada diretamente pelo aumento da catexia libidinal causado por regressão. Aqui vem primeiro a repressão via projeção com catexia libidinal *reduzida*, a intensificação da alucinação pela libido que retorna após repressão é secundária. Mantenho, embora isso só possa ser demonstrado com o auxílio de um esquema bem concebido, que regressão e projeção são processos diferentes, que também tomam diferentes caminhos. A pouca regressão que nela existe é também característica da paranoia; a ideia de desejo é percebida como palavra, por audição – i.é., intensificada por processos do pensamento e não como imagem visual. Ainda não compreendo as indubitáveis alucinações visuais secundárias; a impressão que se tem é de que são uma regressão secundária.

As *vicissitudes da libido*, sua localização em relação a ego e objeto, e as *modificações da repressão*, sua causa e o ritmo em que ocorrem, são fatores que, sem dúvida alguma, determinam o caráter das neuropsicoses e psicoses.

* * *

Depois dessas questões complicadas, algo mais simples. Em sua paciente de seis anos, nesse meio tempo, o senhor terá descoberto que o ataque é uma fantasia que se tornou consciente, coisa ordinariamente revelada na análise e que me desorientou ao supor a existência de traumas generalizados na infância. O trabalho terapêutico consiste em demonstrar as fontes das quais a criança recebe seu conhecimento sexual. As crianças dão pouca informação, via de regra, mas confirmam nossas deduções quando lhes falamos. Interrogar a família é indispensável. Se houver êxito, há em decorrência uma excelente análise.

A propósito de Bleuler, devo acrescentar: os *Três ensaios* dão um quadro muito claro do autoerotismo. Psiquicamente negativo, se assim lhe parece.

Outra razão para o fracasso de fazer a criança falar é que ela entra imediata e completamente na transferência, como evidencia sua observação.

Meu paciente de Görlitz, como todos os erros, é muito instrutivo. A tudo o que diagnosticamos, e ainda está presente, soma-se Dem. pr. O estudante de *Gymnasium* de quem falo no *Gradiva*[2], cujo refúgio é a geometria, mostrou as obsessões mais lindas, as mais majestosas fantasias. Seus genitais também se conservaram infantis. Voltei a vê-lo há alguns meses, num estado de demência apática.

Na expectativa de sua resposta, reafirmo meu apreço.

Cordialmente,
Dr. Freud

1. Cf. atrás, 11 F n. 5.
2. SE IX, p. 36.

Ano 1907

26 J

Burghölzli-Zurique, 24 de maio de 1907

Caro Professor Freud,

Seu *Gradiva* é magnífico. Devorei-o de um só fôlego. A exposição fascina, de tão clara, e acho que só uma cegueira sétupla, por castigo dos deuses, poderia impedir que as coisas fossem vistas agora como realmente são. Mas os psiquiatras e os psicólogos, em sua estreiteza, são capazes de tudo! Eu não estranharia se de novo se erguessem das trincheiras acadêmicas os estúpidos lugares-comuns com que o brindaram antes. Não raro tenho de me transportar ao tempo anterior à reforma de meu pensamento psicológico para reexperimentar as acusações feitas, então, contra o senhor. Simplesmente não as posso compreender mais. Meu pensamento de outrora parece-me não só intelectualmente incompleto e errôneo, como também, o que é pior, moralmente inferior, já que agora deixa a impressão de ser uma imensa desonestidade com relação a mim mesmo. O senhor há de, assim, estar absolutamente certo quando busca em afetos, sobretudo de ordem sexual, a causa da resistência dos nossos oponentes. Morro de vontade de saber o que o complexo sexual do público terá a dizer do seu *Gradiva*, que a esse respeito é totalmente inofensivo. Nada me irritaria tanto quanto o ver tratado com uma condescendência benévola. O que acha dele o próprio Jensen?[1] Diga-me, por favor, quando puder, que revistas literárias consegue. Há uma questão que o senhor deixa em aberto e à qual os críticos podem apegar-se: por que é reprimido o complexo de Hanold? Por que ele não se deixa levar à pista certa pelo canto do canário e outras percepções?[2]

Há um interesse idêntico na parte desempenhada pelo pássaro, muito embora o senhor não tenha, por razões compreensíveis, procurado mais a fundo a significação desse símbolo. Por acaso conhece o que Steinthal escreveu sobre a mitologia do pássaro?[3]

O excesso de trabalho explica meu silêncio nesses últimos dias. O Prof. Bleuler não passa bem e foi a uma estação de águas por três semanas. Recai sobre mim a direção da Clínica, nesse ínterim, e muito mais. Também escrevi outro pequeno texto[4] – um "artigo subsidiário", como diria o senhor. Tive de fornecer prova exata de algo em conexão com os distúrbios de reprodução, tão claro para o senhor quanto para mim; mas esses paquidermes nada entendem, a não ser que se escreva tudo, com letras colossais, no couro deles. Mesmo assim não me esquecerei de mandá-lo ao senhor mais tarde, como aconteceu com meu último ensaio em inglês sobre as investigações galvanométricas[5]. Naquela época, em Viena, meu inconsciente se achava incomodamente agitado, pois me parecia que o senhor não dava às nossas pesquisas elétricas a atenção devida. A vingança estava por vir. Compreensão retardada!

De uns tempos para cá tenho mantido desagradáveis discussões com Bezzola. Presenciei o trabalho dele e eu mesmo o testei várias vezes. Trata-se do método Breuer-Freud original, com ênfase maior na hipnose. Com uma máscara no rosto, as pessoas são instadas a dizer-lhe as imagens visuais que percebem. Vêm à tona muitos momentos traumáticos, que ele manda repetir várias vezes, até que tais momentos se esgotem. Tanto quanto pude ver, os resultados são bons. Muitas das pessoas testadas caem em auto-hipnose e experimentam traumas sonambúlicos, mas boa parte me parece fingimento; isto é o que faz, pelo menos, a menina de seis anos de quem atualmente trato: conta histórias inventadas e evita com o maior cuidado os momentos traumáticos. Até agora só tive fracassos ao aplicar esse método a pessoas sem instrução. Frank, usando a sugestão hipnótica, concentra a atenção no momento traumático (supondo-se que haja um!) e faz com que o paciente o sinta repetidamente até a exaustão. Não compreendo inteiramente o efeito dos dois métodos, mas suponho que ambos, pelo menos em parte, negligenciam a transposição que também entra em causa. Num caso meu que tratei desse modo isso ficou bem claro: o que a mulher elogiou, sobretudo, foi a gentileza com que me meti na vida dela. A outra, quase levei à morte, torturando-a em duas sessões sem obter a imagem visual mais apagada que fosse; e só quando lhe fiz perguntas diretas sobre sonhos e sexo ela começou a dar sinal de vida. O mais desagradável em tudo isso é que Bezzola, mergulhado na cegueira, cultiva a hostilidade ao senhor e também já propala mentiras sobre minha pessoa. Coube-lhe discernir melhor que eu o caráter dele – é uma alma pequena [...]. A oposição e a dissenção no próprio campo são o que há de pior.

Eis o que Bleuler diz do seu *Gradiva*: é de fato prodigioso – ou bem essas conexões aí estão realmente, ou bem se as pode encaixar em qualquer parte. Essa ponta de dúvida ainda maltrata a carne de Bleuler, mas não há perigo. No momento, ele trabalha num livro sobre Dem. pr., do qual podemos esperar muita coisa. A continuação da grande "batalha Freud" está garantida.

Heilbronner[6], em Utrecht, submeteu meu "Diagnóstico de evidência"[7] a uma crítica pormenorizada no último número do *Zeitschrift f.d. gesamte Strafrechtswissenschaft*. Remeto-a ao senhor, junto à crítica de Isserlin.

Atenciosamente,

Jung

1. Wilhelm Jensen (1837-1911), teatrólogo e romancista alemão do norte. Cf. a nota editorial ao estudo sobre "Gradiva" e o pós-escrito de Freud, SE IX, p. 4 e 94.
2. SE IX, p. 64.
3. Heymann Steinthal (1823-99), filólogo e filósofo alemão, cujas obras Jung citaria em "Wandlungen und Symbole der Libido" (1911-1912; cf. OC 5, Índice onomástico, "Steinthal"). Foi editor do *Zeitschrift für Völkerpsychologie und Sprachwissenschaft* (Berlim); cf. "Die ursprüngliche Form der Sage von Prometheus", *ibid.*, II (1862), 5 e 20s., sobre o simbolismo dos pássaros. Cf. tb. a próxima carta, n. 28 J.
4. "Über die Reproduktionsstörungen beim Assoziationsexperiment", *Journal für Psychologie und Neurologie*, IX (1907) = "Distúrbios de reprodução no experimento de associações", OC 2.
5. Cf. atrás, 19 J n. 2; provavelmente o primeiro ensaio.
6. Karl Heilbronner, "Die Grundlagen der psychologischen Tatbestandsdiagnostik", em XXVII (1907). Heilbronner (1869-1914), psiquiatra alemão, então diretor da clínica da Universidade de Utrecht.
7. "Die psychologische Diagnose des Tatbestandes", *Juristisch-psychiatrische Grenzfragen*, IV (1906) = "O diagnóstico psicológico da ocorrência", OC 2.

27 F

26 de maio de 1907[1]

Caro colega[2],

Muito lhe agradeço o elogio ao *Gradiva*. Talvez não acredite, mas pouquíssimas pessoas se dispuseram a dizer alguma coisa assim; sua palavra amiga é praticamente a primeira que eu ouço a respeito (faço uma ressalva, pois de outro modo seria injusto, ao seu primo [?] Riklin). Dessa vez, sabia que meu trabalho merecia elogios; o livrinho foi escrito em dias ensolarados[3] e me deu grande prazer. É verdade que para nós nada do que ele diz é verdade, mas acredito que nos habilite a desfrutar das nossas riquezas. Não espero, é claro, que abra os olhos dos nossos tacanhos oponentes; há muito deixei de dar atenção a tais pessoas, e é por ter tão pouca esperança de converter os especialistas que, como o senhor notou, limitei-me a um interesse superficial por suas experiências galvanométricas pelo que, de resto, já me puniu. Para dizer a verdade, uma declaração como a sua significa mais para mim do que a aprovação de todo um congresso médico; antes de mais nada, ela converte em certeza a aprovação de congressos futuros.

Mante-lo-ei informado, se tem interesse, pela repercussão do *Gradiva*. Até agora só saiu uma crítica, num diário vienense[4]; é favorável, mas não demonstra mais compreensão ou sensibilidade que, digamos, seus pacientes de demência precoce. Ao que parece, os jornalistas não conseguem compreender que um sujeito se interesse apaixonadamente por ideias abstratas; jamais lhes vêm à cabeça escrever algo assim: dizem os matemáticos que 2 x 2 costumam ser 4, ou: garantem-nos que 2 x 2 não costumam ser 5.

O que diz Jensen?[5] Ele foi mesmo um encanto. Na primeira carta expressou sua satisfação etc., e disse que em todos os pontos essenciais minha análise correspondia à intenção de sua história. Naturalmente, não estava falando da nossa teoria, o velho cavalheiro parece incapaz de mergulhar em quaisquer ideias que não as suas próprias, poéticas. A concordância, no entender dele, deve ser atribuída à intuição poética e talvez, em parte, aos estudos médicos que efetuou no passado. Fui indiscreto, numa segunda carta, e perguntei-lhe pelo elemento subjetivo da obra, a origem do material, onde entrava sua pessoa etc. Ele, então, informou-me que o relevo antigo realmente existe e que possui uma reprodução comprada em Nanny[6], em Munique, mas nunca viu o original. Foi ele mesmo quem concebeu a fantasia de que o relevo representa uma mulher de Pompeia; e era ele também quem gostava de sonhar ao meio-dia no calor de Pompeia, e certa vez entrou, ao fazê-lo, num estado quase visionário. Exceto isso, não tem ideia da procedência do material. O começo lhe veio bruscamente enquanto trabalhava noutra história, então pôs tudo de lado e começou a escrever. Nunca hesitava, o fluxo era contínuo e rápido, de uma estirada ele chegou ao fim. Isso sugere que, se prosseguisse, a análise levaria, através de sua infância, à sua mais íntima experiência erótica. Em outras palavras, tudo não passa de mais uma fantasia egocêntrica.

Por fim, permita-me expressar o desejo de que em breve o senhor também encontre alguma coisa capaz, a seu ver, de interessar ao grande público, e a confie a mim, para o *Papers*, e não a *Die Zukunft*[7].

O senhor tem razão, mantive silêncio sobre o "pássaro" pelos motivos que bem sabe, por consideração pelo editor e pelo público ou, se assim preferir, devido à sua influência apaziguante. Há uma pessoa trabalhando com o material que ficaria muito grata pela referência do artigo de Steinthal. Riklin chamou-me a atenção para um artigo no *Zeitschrift*, de Steinthal, de 1869[8]. O senhor se refere ao mesmo?

Tenho a curiosidade aguçada pelo livro de Bleuler sobre demência. É provável que demonstre um avanço em relação à *Teoria da Sexualidade*, mas dificilmente do tipo que se faz necessário. Espero que ele não torne seu estudo supérfluo. Realmente, suei sangue com as duas formulações teóricas que lhe enviei há pouco[9]. Não estou habituado a trabalhar dessa forma, sem observação direta, mas tenho certeza de que o senhor não foi logrado por esses teoremas. Se apenas eu fosse mais moço ou mais rico ou mais frívolo, qualquer dos três, iria passar uns meses em sua clínica; juntos, decerto, conseguiríamos solucionar o problema.

Realmente, não vejo razão para considerar Bezzola e Frank como membros do nosso grupo. Se o senhor foi meio áspero ao repelir B., eu diria que ele mesmo foi responsável por isso; a julgar por suas ações sintomáticas, certamente não estamos sendo injustos. O mecanismo dos tratamentos que ele aplica com êxito – se é que perduram, o que é mais do que duvidoso – é, com toda a certeza, como lhe parece, a transferência, que o senhor chama de transposição. Acho que eu mesmo expressei essa desconfiança da primeira vez que lhe escrevi sobre ele, não faz muito[10].

É claro que espero receber suas publicações, independentemente de minha reação momentânea. De mim, tudo o que o senhor pode esperar, no futuro próximo, é a segunda edição da *Psicopatologia da vida cotidiana* (pelo fim de junho), na qual são incluídos alguns de seus exemplos[11]. Bresler[12] não enviou separatas do pequeno ensaio sobre religião e obsessão do qual o senhor ouviu passagens em minha casa naquela quarta-feira. O editor se esqueceu de mandar imprimi-las! Dois pequenos artigos me foram arrancados[13], e, provavelmente, sairão apenas mais tarde.

Muito obrigado por essas duas bombas que vêm do campo inimigo[14]. Só pretendo ficar com elas por alguns dias, até que as possa ler sem afeto. Afinal, o que são, senão uma baboseira emotiva? Além de eles escreverem como se nunca tivéssemos publicado o histórico de um caso, uma análise de sonho ou uma explanação de parapraxia, dizem, quando a evidência lhes é levada à atenção: "Mas isso nunca foi prova, isso é arbitrário". Tente só mostrar uma prova a alguém que não a quer ver! Nada se resolve com lógica. E, a propósito, pode-se dizer o que Gottfried von Strassburg diz da provação, a meu ver com certa irreverência:

"Cristo que em sua grande virtude

qual mangas de uma veste treme ao ar"[15].

Mas espere que se passem cinco ou dez anos e a análise de "aliquis"[16], que hoje ainda não é convincente, assim será considerada, embora nela própria nada venha a mudar. Não há solução senão continuar trabalhando, evitar que a energia se perca em refutações e deixar que nossas ideias, por fecundas, combatam a esterilidade dos que estão contra nós. A inveja está evidente em cada linha do texto de Isserlin. Há partes que chegam às raias do absurdo e o todo não passa de uma exibição de ignorância.

Mas nem por isso se preocupe, tudo acabará dando certo. O senhor há de viver para ver esse dia, eu talvez não. Lembre-se de que antes de nós outros tiveram de esperar para que o mundo compreendesse o que diziam; estou certo de que o senhor não ficará completamente sozinho no Congresso de Amsterdam. Sempre que nos ridicularizam, convenço-me mais do que nunca de que estamos de posse de uma grande ideia. No obituário que um dia há de escrever para mim[17], não se esqueça de testemunhar que essa oposição toda jamais me perturbou realmente.

Espero que seu chefe se restabeleça logo e seu trabalho, então, diminua. Quando os intervalos se prolongam, sinto muito a falta de suas cartas.

Cordialmente,

Dr. Freud

---

1. Publicada em *Letters*, ed. E.L. Freud, n. 124; parcialmente citada e discutida por Max Schur, *Freud: Living and Dying* (Nova York, 1972), p. 249.
2. Hológrafo: *Lieber Herr College.*

3. "Ele o escrevera ao ar livre durante suas férias de verão (1906)... em Lavarone, no Trentino." – Jones, II, p. 383/341 e 16/15.

4. De Moritz Necker, em *Die Zeit*, 19-5-1907 (Jones, II, p. 384/343).

5. Para as cartas de Jensen, cf. *Psychoanalytische Bewegung*, I (1929), 207-11.

6. Ilegível no hológrafo de Freud; mas na carta de Jensen a que ele aqui se refere consta Nanny, presumivelmente o antiquário Felix Nanny, Türkenstrasse 92, Munique. A reprodução era, provavelmente, uma cópia em gesso (na transcrição de *Psych. Bewegung*, o nome aparece como Narny.) Cf. foto II.

7. *Die Zukunft* (Berlim) era um semanário lítero-político, fundado e editado por Maximilian Harden (1861-1927), no qual Jung publicara um ensaio sobre criptomnésia (1905; cf. OC 1).

8. Hermann Cohen, "Mythologische Vorstellung von Gott und Seele", *Zeitschrift für Völkerpsychologie und Sprachwissenschaft*, VI (1869), especialmente 121s., sobre a alma como um pássaro. Maeder o citara em seu estudo mencionado por Jung, 24 J n. 3. / Posteriormente, Abraham usou tanto o trabalho de Cohen quanto o de Steinthal (atrás, 26 J n, 3) em seu *Traum und Mythus* (adiante, 84 F n. 2), ao qual Jung expressou sua dívida em "Wandlungen und Symbole", parte II, c. 3.

9. Atrás, 22 F e anexo a 25 F.

10. Atrás, 18 F.

11. *Zur Psychopathologie des Alltagsleben* (orig. 1901), 2ª ed., Berlim: Karger, 1907 = *The Psychopathology of Everyday Life*, SE VI; exemplos de Jung nas p. 18, 25, 215.

12. Johannes Bresler (1866-1936), fundador e coeditor, com Freud, do *Zeitschrift für Religionspsychologie*, cf. atrás, 23 F n. 2.

13. Cf. adiante, "Sexual Enlightenment" (34 F n. 7) e "Hysterical Phantasies" (64 F n. 1).

14. Cf. atrás, 24 J n. 1 (Isserlin) e 26 J n. 6 (Heilbronner).

15. *Tristan* (cerca de 1210), III, 469-70.

16. "... esse admirável exemplo de Freud em *A Psicopatologia da Vida Cotidiana*, onde no verso 'Exoriare aliquis nostris ex ossibus ultor' [*Eneida* 4.625] ele foi capaz de relacionar o esquecimento da palavra 'aliquis', por parte de seu amigo... a um atraso no período menstrual da mulher que esse amava". Jung, "A psicologia da *dementia praecox*", § 117, citando SE VI, p. 9.

17. "Sigmund Freud: Ein Nachruf", *Sonntagsblatt der Basler Nachrichten*, 1-10-1939 = "Sigmund Freud", OC 15. Mas o testemunho não foi feito.

28 J

Burghöizli-Zurique, 30 de maio de 1907

Caro Professor Freud,

Infelizmente, só pude enviar-lhe hoje uma breve resposta à sua carta tão amiga, pois meu tempo está todo tomado pelos problemas da Clínica.

Obrigado, em especial, pelo que me conta de Jensen. É mais ou menos o que se podia esperar. A atribuição aos estudos médicos, na idade dele, é uma saída brilhante com suspeita de arteriosclerose. Entre meus conhecidos, o *Gradiva* está sendo lido com o maior prazer. São as mulheres, de longe, que melhor entendem o senhor, e em geral de imediato. Só as "psicologicamente" informadas têm antolhos.

De bom grado eu escreveria algo para o *Papers*. A ideia é muito atraente. Só que não sei *o quê*. Teria de ser uma coisa que valesse a pena. O artigo do *Zukunft* e outros como ele deixam a desejar; foi Harden quem o arrancou de mim. Por mim mesmo, nunca o teria escrito. No momento estou particularmente interessado em estudos experimentais, mas temo que não sejam apropriados para um círculo maior de leitores. Ainda assim, não está fora dos limites do possível que de sua profundidade inexaurível a demência precoce me envie alguma ideia válida. O estorvo é que estou tão atolado nos problemas da Clínica que dificilmente sobra tempo para meu próprio trabalho.

É-me impossível, no momento, mergulhar no material. Qualquer levantamento sistemático da demência precoce é igualmente impossível, pois requer tempo ilimitado. Planejo, por conseguinte, uma mudança em minha situação, de modo a ter mais tempo livre para me dedicar inteiramente ao trabalho científico. Meu plano, que conta com o apoio decidido de Bleuler, é anexar à Clínica um laboratório de psicologia, como um instituto mais ou menos autônomo do qual eu seria designado diretor. Independente, livre das amarras da Clínica, poderia, enfim, trabalhar como quero. Uma vez nessa posição, tentaria obter a separação da cadeira de psiquiatria da administração da Clínica. As duas juntas são demais e impedem qualquer atividade científica proveitosa. É certo que ao dar esse passo eu estaria abandonando minha carreira clínica, mas o prejuízo não seria tão grande. E posso imaginar que só com o trabalho científico já obteria satisfação bastante. Como vi em meus sonhos recentes, essa mudança tem – para o senhor – um transparente fundo "metapsicológico sexual", encerrando a promessa de sensações de prazer em abundância. Quem conhece sua ciência, na verdade, comeu da árvore do paraíso e se tornou clarividente.

Mais notícias em breve.

Com as mais sinceras saudações do
Jung

29 J

Burghölzli-Zurique, 4 de junho de 1907

Caro Professor Freud,

É admirável, em sua última carta, a observação de que podemos "desfrutar de nossas riquezas". Delicio-me diariamente com *suas* riquezas e vivo das migalhas que caem da mesa do homem rico.

Aqui está outro belo caso de depressão em Dem. pr.:

9 anos: a paciente descobre vestígios da menstruação da mãe; excitação sexual e masturbação.

12 anos: primeira menstruação. Aplica-se na leitura de livros de iniciação sexual. Os genitais dos irmãos, em especial o mais velho, inspiram-lhe fantasias. Repreendem-na: que seja mais reservada com o irmão, pois já é uma mocinha.

16 anos: sintomas de forte emotividade. Chora o dia todo quando o noivo de uma amiga mais velha se vê, nos Alpes, em perigo. O irmão é um grande alpinista.

18 anos: violenta excitação e nervosismo, o dia todo, durante o casamento da irmã. Apelos sexuais intensificados, seguidos de masturbação. Crescentes sentimentos de culpa.

20 anos: pânico com o noivado do irmão mais velho. Compara-se incessantemente à noiva, cujo encanto não tem fim, enquanto a própria paciente deixa a desejar.

21 anos: conhece o primeiro homem a aludir a intenções de casamento. Acha-o atraente porque, sob vários aspectos, ele lhe lembra o irmão. De imediato tem novos sentimentos de culpa, é errado pensar em casamento etc. Depressão acentuada, violento ímpeto de suicídio. Internamento. Graves tentativas de suicídio. Inquestionáveis sintomas de D. pr.[1] Seis meses depois, no momento em que a irmã lhe fala dos presentes de casamento do irmão, súbita inclinação à euforia. Eufórica desde então, assiste sem qualquer emoção ao casamento, o que lhe parece estranho, posto que no da irmã, três anos antes, havia se desmanchado em lágrimas. Retrocesso da euforia ao normal após o casamento. Sofre uma *distortio pedis*. Não quer saber de ir para casa.

Eu gostaria de fazer nesse estilo um atraente livro de quadros clínicos, a ser apreciado apenas pelos que comeram da árvore do conhecimento. O resto falaria por si mesmo.

Caso de paranoia (D. pr. paranoide):

Cerca de 10 anos: o paciente é induzido à masturbação mútua por um garoto mais velho.

Cerca de 16 anos: toma-se de amor por uma jovem extravagante (Berty Z.), que usa o cabelo curto como o de um garoto.

Cerca de 18 anos: por intermédio dessa moça conhece uma certa Lydia X., por quem se apaixona perdidamente.

Cerca de 20 anos: em Londres. Perde o emprego (por quê?), em estado de distração vagueia três dias sem comer pelas ruas, ouve chamarem seu nome várias vezes; a visão de um cavalo que se empina perto o aterra: toma o fato por indício de que arranjará um bom emprego. Finalmente vai para casa à noitinha. A caminho da estação, uma mulher desconhecida vem ao seu encontro, obviamente fazendo insinuações. Quando ela chega perto nota que se trata de uma senhora respeitável, e não de uma leviana. De pé, na estação, está um rapaz com uma moça – Berty Z., de Zurique; mas ele não tem certeza. À porta de sua casa, vê pela primeira vez que é a de n. 13. Na mesma noite, mete uma bala na cabeça. Mas não é fatal. Recupera-se.

Cerca de 34 anos: emprego em Zurique. Ouve dizer que Lydia X. está noiva. Estado de excitação; internamento. Manias de perseguição e grandeza. É Deus, *monseigneur*, doutor, o que mais se queira. Lydia X., bem como a irmã e a mãe dela, escondem-se em todos em quem ele bate os olhos. Tudo o que acontece é feito por elas. Rodeiam-no permanentemente, mas nunca se mostram em sua forma verdadeira. "Quero que me tragam Lydia, uma hora dessas, para eu derramar meu esperma nela. Tudo, então, vai ficar bem".

O quadro delirante se alterou há três anos. Numa festividade na Clínica, ele conheceu uma moça que sofria de um tremor na cabeça e usava *cabelo curto*. Apaixonou-se abertamente por ela. Pouco depois disso, a própria Lydia já nada faz diretamente, mas apenas "arrastando pelo cabelo uma princesa"[2]. Esse mecanismo peculiar de duas pistas é agora a causa de tudo o que acontece em seu meio.

Nenhuma *remitência* desde que Lydia se casou!

Ficaria extremamente grato por sua apreciação teórica desse último caso. Sua prévia exposição pormenorizada, com franqueza, foi muito difícil para mim. Não pude acompanhá-la. Tenho a mente mais apta a lidar com casos concretos.

Da próxima vez hei de falar-lhe de outro caso, para mim teoricamente interessante, que não parece estruturar-se exatamente como os dois que citei agora, mas que é muito característico de um grande número de casos de D. pr.

Tenho, no momento, um caso que me desafia, apesar de todos os meus esforços: não consigo saber se é D. pr. ou histeria. De modo geral, acho que as diferenças entre D. pr. e histeria tornaram-se bastante vagas desde que comecei a analisá-las.

Cordiais saudações.

Atenciosamente,

Jung

1. Ideia delirante: seu irmão *não pode* se casar, pois, se o fizesse, iria à falência.
2. Cf. "A psicologia da *dementia praecox*", OC 3, § 169 n. 152, em que um paciente usa essa expressão.

30 F

6 de junho, Viena, IX. Berggasse 19

Caro colega,

Muito me surpreende saber que sou o homem rico de cuja mesa o senhor recolhe as migalhas. Essa observação há de se referir a coisas que não são mencionadas em sua carta. Quem me dera que o fosse! Sua obra sobre Dem. pr., em especial, faz com que eu me sinta muito empobrecido. Em anexo[1] o senhor encontrará o resultado do esforço que me pediu. É insatisfatório, uma vez que me falta o contato direto com os casos – vejo essas linhas apressadas como uma simples ocasião de repetir certas coisas que, como diz, não expressei claramente da primeira vez.

Um livro de quadros clínicos como o que o senhor imagina seria altamente instrutivo. Acima de tudo, daria uma visão geral da estrutura dos casos. Várias vezes tentei algo do gênero, mas fui sempre ambicioso demais. Quis mostrar todas as complicações para me certificar de que deixava tudo absolutamente claro, e em consequência embatuquei a cada investida. Mas por que o senhor não encara o projeto a sério? Por acaso já se sente pronto para uma luta decidida pelo reconhecimento de nossas novas ideias? Se assim for, a primeira coisa a fazer seria lançar uma revista "de psicopatologia e psicanálise", digamos, ou, mais atrevidamente, apenas "de psicanálise". É certo se encontrar quem a publique; o editor só pode ser o senhor e espero que Bleuler não se recuse a assumir comigo a direção. Por enquanto não contamos com mais ninguém. Mas uma aventura assim tem sua força de atração. Não haverá escassez de material, teremos de abandonar nossos próprios trabalhos para selecionar, editar e rejeitar contribuições. Com nossas análises (as suas e as minhas) podemos encher facilmente mais de um volume por ano. E se há verdade no dito "quanto mais falam, mais compram", a editora que se incumbrir da publicação fará um belo negócio.

Pense bem nisso. Não lhe parece tentador?

* * *

Agora que tenho mais tempo livre, estou apto a agarrar uma ideia ou outra na torrente que se impele diariamente por mim. De novo tomo nota de minhas análises. Ainda há pouco um de meus pacientes veio à consulta e me deixou tão tonto que não consigo pensar em mais nada. Seu principal sintoma é que ela é incapaz de segurar uma xícara de chá em presença de alguém, numa clara exacerbação das inibições mais significativas. Hoje cedo seu esforço foi muito limitado. "Tão logo me vi de novo na sala de espera", disse ela agora, "compreendi tudo. É obviamente uma covardia inata. Afinal, *lâcheté* e *Schale Thee*[2]. não estão tão longe assim". Tem mania de inverter as palavras. Passou a infância entre a mãe e a ama, que por muitos anos ficaria com ela. O nome da mãe é *Emma*, leia-se ao contrário: *Amme*[3]. Que o demônio carregue nossos críticos, esses cabeças de vento! Sugestão etc.!

Cordialmente,
Dr. Freud

---

1. Cf. adiante, p. 115.
2. = Covardia; xícara de chá.
3. = Ama (de leite).

[ANEXO][1]

Devo-lhe, então, minhas impressões sobre seus dois casos. Suponho que não precise copiar as notas, o senhor as deve ter à mão.

O primeiro é o mais simples: começa aos nove anos; é claro que as determinantes essenciais são mais remotas, pois, a meu ver, a histeria sempre se relaciona à sexualidade entre os três e os cinco anos. Mas isso não pode ser provado sem uma longa análise. Sua anamnese fornece apenas, por assim dizer, o material histórico; as memórias infantis eventualmente retidas levar-nos-iam à pré-história. É provável que na Dem. pr. tenhamos de nos contentar não raro com o material histórico.

A partir de então tudo está claro. Ela é dominada por um amor irreprimido pelo irmão, mas que vem de fontes inconscientes. Aumento de conflitos, repressão gradual, sentimentos de culpa como reação. É fascinante o comportamento que demonstra durante o noivado do irmão, a comparação com a noiva. Não há sintomas de conversão, apenas disposições conflitivas. Quando a realidade lhe é mostrada, pela proposta do homem que associa ao irmão, a repressão se instala e ela adoece. Durante todo esse tempo, é provável que se tenha masturbado, impedindo, assim, que seu estado assumisse forma histérica; um caso típico de histeria já há muito tempo teria interrompido a masturbação e demonstrado sintomas substitutivos. Seu diagnóstico de demência, nesse caso, é totalmente correto e confirmado pela ideia delirante. Depois disso, ao que parece, foi-lhe possível separar sua libido do irmão; substituição por indiferença, por euforia, o que se pode explicar teoricamente como esforço do ego por retirada da catexia objetal. Em outras palavras, um caso parcial, provavelmente ainda não concluído ou totalmente compreendido.

II O paranoide

Inicia-se com experiências homossexuais. A moça de cabelo curto ocasiona o retorno de sua libido a mulheres.

Situação de conflito em Londres; incapaz de suportar o desmoronamento de suas esperanças, ele é levado a atirar em si mesmo pelo desespero em que se encontra (símbolo: n. 13) após várias tentativas de obter o que não tem e cuja falta sente. Para tanto, recorre à alucinação, mas fracassa. Nesse processo, de fato, a realização do desejo não é alucinatória, não há regressão das imagens mentais às percepções. Mas suas percepções, ou, mais precisamente, suas imagens de memória de percepções recentes, são influenciadas na direção de fantasias de desejo. As realizações de desejo desse tipo distinguem-se facilmente das ideias delirantes, mas têm um caráter especial que é peculiar à paranoia e cuja explicação teórica seria a localização. No conflito entre a realidade e as fantasias de desejo, as últimas se mostram mais fortes, pois suas raízes estão no ics. Aqui não há repressão, mas, provavelmente, opressão, *i. e.*, há um processo de psicose, o ics. não foi reprimido, mas oprimiu o ego conectado à realidade. O suicídio demonstra, nesse caso, pelo menos temporariamente, que não houve um sucesso duradouro; é uma ação defensiva do ego normal contra a psicose.

Entre o período londrino e a doença definitiva há um intervalo de saúde estável, isto é, de repressão, bem-sucedida. Mas a libido retorna com a notícia do noivado e a doença prossegue em típica forma paranoide com projeção. O efeito final, quando Lydia é sentida como presente e ativa em toda parte, significa que esse amor objetal se apossou integralmente dele. Porém a julgar pela forma dessas manifestações, trata-se de uma libido que voltou a catexizar alguma coisa reprimida. A repressão ocorreu durante a recuperação e consistiu – embora isso não possa ser provado com base no presente caso – em projeção exterior; as imagens são aqui apagadas, e não *intensas*, como no delírio de desejo, o que só o afastamento da libido terá tornado possível. Foi como uma projeção exterior de que a libido em retorno encontrou seu objeto presente. Deduzo de casos de demência pura que na repressão interposta a libido é desviada para o autoerotismo, mas esse caso paranoide não lança luz sobre o assunto. Em geral, a paranoia demonstra apenas o retorno da libido; o afastamento (repressão) torna-se visível em suas observações da demência.

O problema psicológico (não o clínico) é o do mecanismo de projeção no mundo da percepção, que não pode ser idêntico à simples regressão de desejo.

A relação entre a paranoia posterior (com projeção) e uma psicose original de opressão é extremamente interessante e espero que se possa estudá-la em breve com base noutros casos. De início, uma intensa fantasia de desejo oprime a realidade, mas de tal modo que apenas as memórias são falsificadas, enquanto os desejos não sofrem alucinação. Há, então, uma repressão reativa das fantasias de desejo. É devido talvez a esse estádio preliminar que a libido, ao retornar mais tarde, encontra tão próximas do extremo de percepção essas fantasias de desejo. No processo paranoide, a regressão não parece realmente estender-se ao sistema de percepção, mas apenas ao precedente: as imagens de memória. Espero que em análises posteriores seja possível demonstrar mais claramente o desvio do tipo de conversão histérica.

Mais não posso dar, mas de *muito* bom grado aceito mais.

1. Em ambas as faces de uma folha de 40,7 x 24,8cm. A carta de 6-6-1907 está no papel pequeno.

31 J

Burghölzli-Zurique, 12 de junho de 1907

Caro Professor Freud,

Estive sob pressão tão intensa, no intervalo desde minha última carta, que agora estou literalmente arrasado. No fim da semana passada, Claparède[1], directeur du Laboratoire de Psychologie Expérimentale de Genève, esteve comigo a fim de se enfronhar na técnica do teste de associação. Entre os psicólogos de Genebra, os ensinamentos que o senhor dispensa já conquistaram uma sólida base, embora nem tudo tenha sido digerido. O resultado imediato da visita de Claparède há de se mostrar fundamentalmente vantajoso para mim. C. pretende publicar um extenso e pormenorizado informe sobre meu trabalho nos *Archives de Psychologie*[2]. Isso seria mais um sintoma de que nossa causa faz progressos. Flournoy[3] também está extremamente interessado. Tenho de ir a Paris e Londres por 10 dias, na semana que vem. Aproveitarei a ocasião para procurar Janet e conversar com ele sobre o senhor.

Suas notas sobre meus casos são naturalmente uma grande alegria para mim, pois só assim posso ver como aborda um caso, o que considera certo e como abstrai regras mais gerais. Concordo inteiramente com o senhor quando diz que eles ainda não foram bem compreendidos.

Sem dúvida alguma! Mas com a Dem. pr. aprendemos a nos contentar com pouco.

Com relação ao primeiro caso, o da transposição para o irmão, devo acrescentar: na manhã do casamento do irmão ela, subitamente, teve a ideia de pular uma larga vala de drenagem, com quatro metros de profundidade, donde a *distortio pedis.*

Hoje tenho o seguinte caso a relatar:

Mulher, 36 anos. O pai, um mau caráter, massacrou toda a família. A paciente se liga por conseguinte à mãe, que lhe confia seus problemas. Tornam-se amigas. Além da mãe, a paciente só conhece uma amiga: uma mulher igualmente infeliz no casamento. Os homens não lhe interessam. Aos 28 anos, por razões práticas, arranja um marido mais novo e intelectualmente inferior a ela. Sexualmente não tem desejos; frigidez total. O tempo passa, a mãe idolatrada envelhece, enfraquece. A paciente declara que enlouqueceria quando ela morresse, que não podia deixar, nem *deixaria*, a mãe partir. Esse foi o começo de uma depressão sempre crescente, despreocupação com a família, ideias de suicídio etc. Internamento. Agora revela sintomas de *abaissement du niveau mental*[4]. Depressão catatônica típica.

* * *

Sua proposta para o lançamento de um periódico especializado vem de encontro a meus próprios planos. Sugeriria o título "Archiv für Psychopathologie", pois seria bom ter um lugar onde eu pudesse pôr todo o trabalho que sai do nosso laboratório. Antes, porém, quero pensar detidamente sobre isso, pois no momento me parece que, com o negativismo que prevalece no público, as chances de êxito ainda são muito duvidosas. Por outro lado, devo acabar o segundo volume do meu *Diagnostic Association Studies* antes de assumir novas obrigações. Enquanto isso, deixemos a coisa amadurecer.

* * *

Os problemas se avolumam em minha clínica de pacientes externos. Analisar pessoas sem instrução é uma tarefa ingrata. Vejo-me, ainda agora, às voltas com uma mulher que é incapaz de acabar seu café sem vomitar caso caia dentro uma migalha de pão. "É que comicha na garganta". Se lhe acontece ver um defunto, passa vários dias cuspindo sem parar. Esse sintoma, ao que parece, manifestou-se quando da morte da mãe dela. Pode dar-me alguma pista?

É curioso ver como as pacientes externas falam de seus complexos eróticos, diagnosticando-se umas às outras, muito embora não tenham nenhum discernimento sobre elas próprias. Com pacientes sem instrução, o principal obstáculo parece ser a transferência indisfarçadamente grosseira.

Reitero meu apreço e lhe agradeço por tudo.

Cordialmente,

Jung

1. Edouard Claparède (1873-1940), médico, psicólogo e educador suíço, fundador do Instituto Rousseau de Genebra; coeditor, com Flournoy, dos *Archives de Psychologie*.

2. Nunca publicado.

3. Theodore Flournoy (1854-1920), psiquiatra suíço; influenciado, como Claparède, por William James. Jung recorreria à obra de Flournoy, em particular ao caso de Frank Miller, para "Wandlungen und Symbole der Libido" (cf. apêndice a OC 5), e a um estudo de um médium, *Des Indes à la Planète Mars* (1900).

4. = "abaixamento do nível mental" ou "baixa tensão de energia"; termo introduzido por Janet (*Les Obsessions et la psychasthénie*, 1903) e não raro empregado por Jung em seus escritos posteriores.

32 F

14 de junho de 1907, Viena, IX. Berggasse 19

Caro colega,

Uma boa nova essa, a de que Genebra encampa nossa causa. Claparède e Flournoy sempre demonstraram uma atitude amistosa em seu jornal. Folgo muito em saber que pretendem despertar atenção para seu trabalho num artigo pormenorizado. Estou certo de que também eu me beneficiarei com isso.

Só hoje recebi *Sobre a psicologia e a terapia dos sintomas neuróticos*, livro escrito por um homem que, sem dúvida, faz jus ao nome que tem, A. Muthmann[1]. Leva o subtítulo de "Um estudo baseado na teoria das neuroses de Freud". M. foi assistente em Basileia. Não é inesperado: os suíços parecem, de fato, ter mais coragem pessoal que os cidadãos livres da Alemanha. Com históricos interessantes, curas excelentes, o livro é bom – sério, modesto.

Tenho esperança de que o homem se torne um dia um colaborador fiel. Ainda lhe falta perspectiva, ele trata em pé de igualdade descobertas feitas em 1893 e os desenvolvimentos mais recentes, e não diz uma só palavra sobre a transferência.

Quanto à revista, fio-me na sua palavra. Cada vez mais o senhor há de sentir sua necessidade; leitores não nos faltarão. Não deveríamos esperar muito. Que tal o outono de 1908 para o primeiro número?

Sem dúvida, o senhor acerta em cheio com o que diz a respeito de seus casos de ambulatórios. Tendo em vista os hábitos que adquiriram e a vida que levam, a realidade está tão próxima dessas mulheres que não lhes permite acreditar em fantasias. Minhas teorias seriam todas negativas, se eu as tivesse baseado em declarações de criadas. E tal comportamento coincide com outras peculiaridades sexuais da classe; pessoas bem informadas garantem-me que essas moças hesitam muito mais em se deixar ver nuas do que em praticar o coito. Para a felicidade da nossa terapia, aprendemos tanto com outros casos, previamente, que podemos contar a tais pessoas sua própria história sem ter de esperar por sua contribuição. Embora se mostrem propensas a confirmar o que lhes é dito, nunca nos ensinam nada.

É lamentável que meu caso da xícara de chá ainda esteja incompleto, pois poderia lançar luz sobre sua paciente que vomita quando há no café uma migalha de pão. A julgar por certas indicações, esses sintomas apontam para o excrementício (urina e fezes). O caso deve ser abordado pelo nojo inspirado à paciente pelo cadáver da mãe. O nojo da mãe provavelmente remonta ao período de esclarecimento sexual. Sim, pois esqueci de dizer que também o sangue menstrual deve ser contado como excremento. O fator tempo é o que torna quase impossível um breve tratamento de ambulatório. Nenhuma modificação psíquica pode ser efetuada em períodos tão curtos e, além disso, uma mulher não confia num homem que conheceu por tão pouco tempo.

Muito obrigado por enriquecer meu conhecimento com suas comunicações de casos de Dem. pr. Ao último, a mulher de 36 anos com fixação na mãe, pode-se chamar de ideal. A pergunta: para onde vai a libido que se desligou da mãe? Talvez encontre resposta no prosseguimento da análise, caso ela tome o mesmo rumo de alguns outros casos seus: o do autoerotismo.

É interessante que essa catexia materna reprimida tivesse desde o início um componente patológico (compensativo). Na revulsão do pai está a origem de seu excesso; seria de se presumir um estado preliminar de afeição infantil normal por ele. Teoricamente significativo, quem sabe.

Alegro-me em saber, já que planeja visitar Paris e Londres, que seu período de excesso de trabalho findou. Desejo-lhe um bom complexo de Paris, mas não gostaria de o ver reprimindo seu complexo de Viena. É provável que nossas dificuldades com os franceses se deem principalmente ao caráter nacional; nunca foi fácil exportar para a França o que quer que seja. Janet tem uma boa cabeça, mas prescindiu da sexualidade no início e agora não tem como ir mais longe; a volta, em ciência, não existe. Mas não há dúvida de que você terá coisas interessantes para ouvir.

Com as mais cordiais saudações do
Dr. Freud

1. Arthur Muthmann (1875-19–), *Zur Psychologie und Therapie neurotischer Symptome: eine Studie auf Grund der Neurosenlehre Freuds* (Halle, 1907). Em alemão, *Muth* = coragem.

33 J

Burghölzli-Zurique, 28 de junho de 1907

Caro Professor Freud,

Antes de tudo, falemos de "negócios": o Dr. Stein[1], de Budapeste, e outro especialista mental, o Dr. Ferenczi[2], querem visitá-lo em Viena e pediram-me para lhe perguntar quando seria mais conveniente. O Dr. Stein é ótima pessoa, muito inteligente, e já realizou trabalhos experimentais comigo. De certo modo, é um principiante na arte, mas assimilou com surpreendente rapidez e pôs em prática seus fundamentos. Penso que seria melhor se entrasse diretamente em contato com ele (Dr. Stein, Semmelweisgasse 11, Budapeste).

Muthmann foi médico-assistente no hospício de Basileia. Lamento nunca o ter conhecido pessoalmente. Encomendei de imediato o livro dele. Bleuler me disse que há uma curiosa passagem (corrigida) muito característica da coragem viril do Prof. Wolff[3]. Muthmann, a propósito, não é suíço, mas pode ser que tenha temperado os nervos na Suíça.

Bolte[4], médico-chefe em Bremen, que há pouco assumiu sua defesa e cujo estudo sairá no *Zeitschrift für Psychiatrie*, é, por tudo quanto sei, um bremenense, vindo, portanto, de uma *cidade livre*[5]. O ambiente, é claro, faz uma grande diferença.

Envio-lhe nessa data um estudo de uma aluna minha no qual talvez o senhor encontre interesse. Creio que as ideias básicas poderiam ser desenvolvidas numa teoria *estatística* dos complexos.

Graças ao seu gentil presente, vejo que sua *Psicopatologia da vida cotidiana* saiu em segunda edição – o que me dá sincero prazer. Foi bom que tivesse aumentado consideravelmente o texto – quanto mais exemplos melhor. Espero que em breve também consiga lançar uma nova edição de *A interpretação dos sonhos*[6]; às vezes, tenho a impressão de que a sua profecia, de que venceríamos em dez anos, está sendo cumprida. Todos os lados se mexem. O senhor há de também ter recebido o livro de Otto Gross[7]; por certo não encampo a ideia dele de que o senhor será apenas um pedreiro a trabalhar na obra inacabada do sistema de Wernicke[8]. Essa demonstração de que *todas* as linhas convergem sobre sua pessoa é, porém, muito gratificante. Excluindo-se isso, o livro de Gross é pródigo em ideias bizarras, embora, no fundo, ele seja muito inteligente. Estou ansioso por sua opinião.

Como anda o *Gradiva?* Saíram novas críticas?

Talvez lhe interesse saber que a paciente de D. pr. com transferência para o irmão começou subitamente a ter delírios de grandeza: declara que experimentou pessoalmente o conteúdo da *Questão sexual*[9], de Forel, pretende ser aparentada com as mais diversas pessoas importantes, suspeita que os médicos tenham as relações sexuais mais elaboradas, quer se casar com um assistente, diz que outro (que é casado) engravidou uma paciente, Fräulein Lüders, bem como outra, Fräulein Skudler, e tem, portanto, de se divorciar da esposa ("Luder", para nós, é uma mulher de má reputação sexual!). Por enquanto ainda não sei mais detalhes. O médico com quem quer se casar tem, por acaso, o mesmo nome dela (como o irmão!).

Minha experiência com a viagem foi *pauvre*. Tive uma conversa com Janet e fiquei muito desapontado. O conhecimento que ele tem da

Dem. pr. é dos mais primitivos. Dos últimos acontecimentos, nisso se incluindo o senhor, não entende nada. Vive apegado à rotina e, diga-se de passagem, é meramente um intelecto, não uma personalidade, um *causeur* vazio e um típico burguês medíocre. O grandioso *traitement par isolement*, de Déjerine[10], no Salpêtrière é uma péssima *blague*. Tudo se pareceu indescritivelmente infantil, isso para não falar da soberba confusão que enturva sem exceção as cabeças de tal clínica. Essa gente está com 50 anos de atraso. Irritei-me tanto que acabei por desistir da ideia de ir a Londres, onde, decerto, haverá menos, muito menos, para ver. Em vez disso, consagrei-me aos castelos do Loire. Um complexo de Paris? Nem por sombra. Infelizmente, meu tempo ainda é solicitado em excesso. Para o verão e para o outono já há o pedido de três pessoas que querem trabalhar comigo, tudo muito internacional: um da Suíça, um de Budapeste e um de Boston. A Alemanha, por enquanto, decepciona. Nessas circunstâncias, o lançamento de um Archive torna-se um problema mais urgente. Hei, portanto, de considerá-lo com maior atenção. Certamente, será difícil encontrar uma editora. Mas antes de dar passos definitivos nesse sentido devo terminar o segundo volume de *Diagnostic Association Studies*. Isso implica em um volume ainda maior de trabalho, pois os escritos de alunos são muito mais aborrecidos do que os nossos.

Binswanger Jr. anda agora psicanalisando em Jena. Espero que aí venha a deixar um rastro duradouro. O tio dele quer que eu vá visitá-lo. Infelizmente, por mais proveitoso que pudesse ser, não tenho tempo.

Com a mais sincera estima do
Jung

---

1. Philip (Fülöp ou Philippe) Stein (1867-1918), psiquiatra húngaro formado em Viena. 1906-7, pesquisas sobre as experiências de associação no Burghölzli, tendo encontrado Bleuler no Congresso Internacional de Antialcoolismo, Budapeste, 1905. Fundou, na Hungria, o movimento contra o álcool. Ao que parece, afastou-se da psicanálise após 1913; foi neurologista-chefe no Hospital dos Trabalhadores de Budapeste.

2. Sándor Ferenczi (1873-1933), Fraenkel de nascimento, neurologista e psiquiatra húngaro, tornou-se amigo íntimo e colaborador de Freud. Fundador da Sociedade Psicanalítica Húngara, em 1913, e membro original do "Comitê" (cf. o comentário que se segue a 321 J).

3. Gustav Wolff (1865-1941), professor de Psiquiatria em Basileia, expoente do neovitalismo e da teleologia.

4. Richard Bolte, "Assoziationsversuche als diagnostisches Hilfsmittel", *Allgemeine Zeitschrift für Psychiatrie*, LXIX (1907), sintetizado por Jung em suas "Resenhas", OC 18.

Ano 1907 ——

5. As "cidades livres" alemãs, na Idade Média, estavam sob a proteção direta do imperador. Atualmente, só Hamburgo e Bremen permanecem como cidades autônomas.

6. *Die Traumdeutung* (orig. 1900) = *A interpretação dos sonhos*, Edição Standard Brasileira, IV e V. Para a 2ª ed., cf. 112 F n. 8.

7. Otto Gross (1877-1919) estudou Medicina em Graz e foi assistente na clínica de Kraepelin em Munique. Jung se refere ao seu *Das Freud'sche Ideogenitätsmoment und seine Bedeutung im manisch-depressiven Irresein Kraepelins* (1907), que cuida de casos da clínica. / Jung dedicou um capítulo de *Psychological Types* (orig. 1921; cf. OC 6, § 461s.) às ideias tipológicas de Gross em *Die zerebrale Sekundärfunktion* (1902) e *Über psychopathische Minderwertigkeiten* (1909). A vida de Gross terminou em penúria, drogas e inanição. Cf. Martin Green, *The Von Richthofen Sisters* (Nova York, 1974); uma das irmãs – Frieda, que mais tarde se casou com D.H. Lawrence – teve um caso com Gross em Munique, em ou antes de 1907. Em suas memórias, ele aparece como "Otávio"; cf. Frieda Lawrence: *The Memoirs and Correspondence*, ed. E.W. Tedlock, Jr. (1964), p. 94-102. Ela descreve Gross como um vegetariano que se abstinha de álcool.

8. Carl Wernicke (1848-1905), professor de Psiquiatria em Berlim, Breslau e Halle; descobriu o centro da fala no cérebro e publicou um importante livro sobre afasia (1874).

9. *Die sexuelle Frage* (1905); tradução de C.F. Marshall, *A questão sexual* (1925).

10. Joseph Déjerine (1849-1917), neurologista suíço, diretor do Salpêtrière, de Paris.

34 F

1º de julho de 1907, Viena, IX. Berggasse 19

Caro colega,

Fico contente em saber que está de volta ao seu trabalho no Burghölzli e deleito-me com suas impressões de viagem. O senhor há de imaginar quão grande seria meu desagrado se seu complexo de Viena fosse obrigado a partilhar com um complexo de Paris a catexia disponível. Por sorte, como me diz, nada disso aconteceu, o senhor pôde ver pessoalmente que os dias do grande Charcot findaram e que os novos rumos da psiquiatria estão conosco, entre Zurique e Viena. Saímos, assim, salvos e ilesos de um primeiro perigo.

Em sua última carta o senhor aborda um número incomum de assuntos de "negócios" que exigem resposta. O senhor está certo, o negócio vai bem. Resta, naturalmente, saber se levará dez anos e se terei condições de esperar tanto. Há, sem dúvida, uma tendência ascendente. A atividade dos nossos adversários não pode deixar de ser estéril; cada qual lança seu petardo e apregoa ter-me esmagado (e agora ao senhor também), mas isso é tudo. Aí termina a atividade deles. Já os que se juntam a nós são capazes de demonstrar os resultados de seu trabalho; após o que continuam a trabalhar e a demonstrar de novo. Compreensivelmente, cada um de nós trabalha a seu modo e talvez contribua com sua própria distorção específica para o entendimento da tarefa ainda inconclusa.

Nada sabia sobre Bolte, em Bremen, antes de o senhor se referir a ele. Sobre o livro de Gross[1], o que mais me interessa é que provém da clínica do Super-Papa ou pelo menos foi publicado com a permissão dele. Gross é um homem muito inteligente, mas, para meu gosto, há teoria demais e observação de menos em seu livro. A análise que faz é incompleta – não por culpa dele, sem dúvida; o ponto principal, os passos que levariam ao roubo, inquestionavelmente confere, mas a motivação é inadequada. Notou como ele abusa dos superlativos? Todo mundo é um "lídimo pioneiro", um "arauto de uma nova era" etc., exceto eu, o que já é uma distinção. Nisso, sem dúvida, reflete-se a vida afetiva anormal de G., sobre a qual o senhor me falou. Ele também me lembra um pouco os antigos egípcios, que nunca modificavam seu panteão, mas sobrepunham novos deuses e conceitos ao que já existia, disso resultando uma confusão incrível. Gross faz uma síntese de mim e de seus velhos deuses, Wernicke, Anton[2] etc. Sou, seguramente, um mau juiz de meus colegas; a respeito do trabalho de Wernicke em psicologia, sempre achei que ele nunca teve uma ideia realmente nova, apenas estendeu à psique um hábito de anatomista que tem, qual seja, o de dividir tudo em seções e camadas.

Sobre meu *Gradiva* quase nada há a dizer. O mesmo jornalista[3] que o criticou favoravelmente no *Zeit*, de Viena, dedicou-lhe outro artigo – muito melhor – no suplemento do *Allgemeine Zeitung*. Deve estar querendo alguma coisa de mim. Será possível que os melhores livros sejam os que não despertam atenção?

O novo desenvolvimento da paciente de demência que encontra seu irmão no médico é um esplêndido exemplo de transferência paranoide. Fräulein Lüders, certamente, outra não é senão a própria paciente.

Li o estudo de sua aluna[4] com grande interesse e respeito pelas formulações dela sobre questões de psicologia individual. Claro está que em tudo noto o reflexo de suas ideias e de sua serenidade. Acredito, sem dúvida, que a atitude em relação ao examinador é um fator primário na determinação do conteúdo das reações. Essa seria a melhor maneira de realizar "estudos de transferência". Por simples brincadeira, eu mesmo me examinei, deixando-me reagir às palavras – estímulo que ela emprega no texto. Deu muito certo e fui capaz de explicar as mais estranhas respostas. Um erro perturbador foi que, enquanto eu copiava uma palavra, minha reação a ela era afetada pela palavra seguinte. Reagi a *Buch – Buschklepper*, por exemplo, e depois a *Frosch – Busch*[5]. Naturalmente, tudo, então, ficou-me claro. *Frosch* havia codeterminado minha reação a *Buch* ao me lembrar de nosso amigo Busch[6].

"Por seis longas semanas o sapo esteve doente,

Mas agora ele fuma decididamente".

Passei ontem meu primeiro bom dia após várias semanas de dispepsia. Antes disso estive reagindo exclusivamente a complexos da libido pessoais, não raro de modo muito obscuro e artificial. O "Klepper" procede da cleptomania no livro de Gross.

Quanto à revista, estamos, então, combinados. A decisão sobre a data pode ficar para depois.

Segue pelo correio outro breve trabalho meu[7], um folhetim que um colega de Hamburgo me forçou a fazer. Submeta-o, por favor, a seu crivo.

Pelo que me adianta, deduzo que o senhor andará muito ocupado durante os próximos meses quentes de verão. O número de alunos que o procurou é respeitável e as experiências de associação propiciam um excelente meio de manter os jovens ativos. Espero ansiosamente que a 14 do mês em curso eu me transforme num viajante desimpedido. Este ano foi duro para mim, embora também tenha trazido algumas coisas boas, a começar por sua visita e as expectativas que a ela se ligam. Acho que realmente mereço passar algum tempo com um mínimo de coisas na cabeça, luxo que outros se permitem depois de menos trabalho. Até que eu esteja refeito, portanto, não espere de mim uma só palavra inteligente. A despeito disso, tenho o vislumbre de uma ideia para um estudo sobre o "problema epistemológico do ics"[8] e não deixarei de levar comigo alguns livros para ver no que dá.

O Dr. Stekel[9], a quem o senhor conhece e cujo forte não é, de ordinário, a faculdade crítica, enviou-me um trabalho sobre casos de ansiedade, escrito a pedido do *Berliner Klinik*[10] (!). Persuadi-o a considerar esses casos de "histeria de angústia" lado a lado com a "histeria de conversão". Um dia desses pretendo fazer uma defesa teórica desse procedimento[11] e entrementes o recomendo ao senhor. Ele nos permitiria a inclusão das fobias.

Com toda a estima do
Dr. Freud

1. *Das Freud'sche Ideogenitätsmoment*.

2. Gabriel Anton (1858-1933), psiquiatra e neurologista austríaco; professor em Graz, depois em Haile; renomado como cirurgião cerebral.

3. Moritz Necker.

4. Emma Fürst, "Statistische Untersuchungen über Wortassoziationen und über familiäre Übereinstimmung im Reaktionstypus bei Ungebildeten", *Journal für Psychologie und Neurologie*, IX (1907) = "Investigações estatísticas sobre associações de palavras e sobre acordo familial em tipo de reação entre pessoas sem instrução", *Estudos em associação de palavras* (1918). Após 1913, a Dra. Fürst permaneceu na escola freudiana.

5. = livro – salteador; sapo – moita.

6. Wilhelm Busch (1832-1908), poeta humorístico e ilustrador alemão. Os versos são de "Die beiden Enten und der Frosch", *Münchener Bilderbogen*, n. 325.

7. "Zur sexuellen Aufklärung der Kinder", *Soziale Medizin und Hygiene*, II (1907) = "The Sexual Enlightenment of Children" (An Open Letter to Dr. M. Fürst), SE IX. (não confundir com Emma Fürst.)

8. Nunca escrito.

9. Wilhelm Stekel (1868-1940), um dos quatro membros originais da Sociedade das Quartas-feiras (1902), anteriormente analisado por Freud; tido como escritor brilhante e psicanalista intuitivo. Foi editor (a princípio com Adler) da *Zentralblatt*, que continuou por um ano após separar-se de Freud, em 1911. Passou depois a viver em Londres. Para o desenvolvimento de seus estudos de casos de ansiedade, cf. 61 F n. 5 e 98 J n. 3.

10. Presumivelmente, o *Medizinische Klinik*, no qual o artigo de Stekel não pôde ser localizado.

11. Freud a fez em "Analysis of a Phobia in a Five-year-old Boy" (1909), SE X, 115.

35 J

Burghölzli-Zurique, 6 de julho de 1907

Caro Professor Freud,

Importa-se que o aborreça com algumas experiências pessoais? Gostaria de contar-lhe um fato instrutivo, algo que me aconteceu em Paris. Lá conheci uma mulher germano-americana que me causou uma impressão muito boa – a Sra. St.[1], de mais ou menos 35 anos. Estivemos juntos numa festa, por algumas horas, e falamos de paisagens e outros assuntos pouco importantes. Serviram-nos café. Ela recusou, dizendo-se incapaz de tolerar essa bebida pura, só um gole já a levava a se sentir mal na manhã seguinte. Adiantei-lhe que isso era um sintoma nervoso; talvez apenas em casa o café lhe parecesse intragável e ela, decerto, saberia apreciá-lo muito bem estando "em outras circunstâncias"[2]. Bastou que essa frase infeliz me escapasse para que eu me sentisse completamente embaraçado, mas logo descobri que – por sorte – "não foi notada" por ela. Devo observar que não sabia absolutamente nada sobre a vida da senhora em questão. Logo depois, outra senhora sugeriu que cada um de nós dissesse um número – números esses que teriam sempre um significado. A Sra. St. disse "três". Uma conhecida dela, então, exclamou: "Só pode ser você, seu marido e o cachorro". A Sra. St. retrucou: "Oh, não! Eu estava era pensando que as coisas boas sempre vêm três a três!" Isso me fez compreender que seu casamento era infecundo. A Sra. St. caiu em silêncio, mas, bruscamente, disse-me com uma ponta de melancolia na voz: "Em meus sonhos meu pai sempre aparece numa transfiguração mágica". Vim a saber que o pai dela é médico. Alguns dias depois, apesar dos meus protestos, ela me deu uma gravura maravilhosa. *Sapienti sat!* Minha mulher, que não é nada boba, disse recentemente: "Vou escrever um manual psicoterapêutico para cavalheiros".

Uma paciente histérica contou-me que não lhe saía da cabeça um verso de um poema de Lermontov[3]. O poema se refere a um prisioneiro cuja única companhia é um pássaro engaiolado. Uma só vontade anima esse prisioneiro: em algum momento da vida, como feito mais nobre, conceder liberdade a uma criatura. Abre, então, a gaiola, e deixa escapar o pássaro a que tanto se apega. Já a paciente, sabe qual é a maior vontade dela? "Uma vez, em minha vida, gostaria de ajudar alguém a atingir a liberdade perfeita por meio do tratamento psicanalítico". Em sonhos, ela se condensa comigo. Admite que, de fato, a maior vontade que tem é ter um filho meu que lhe realizasse todos os próprios desejos irrealizáveis. Para tanto, naturalmente, primeiro eu teria de deixar "o pássaro escapar" (em alemão suíço dizemos assim: "Seu passarinho já cantou?").

Um encadeamento interessante, não acha? Por acaso conhece o desenho pornográfico de Kaulbach[4]: "Quem compra os deuses do amor?" (falos alados que parecem galos, moças em macaquices diversas).

Não faz muito tempo, pedi sua opinião sobre uma paciente histérica que nunca consegue terminar o café. Como eu, o senhor deduziu uma analogia excrementícia. Evidencia-se, agora, que até os seis anos (?) ela sofreu de um prolapso anal que, às vezes, manifestava-se mesmo sem evacuação e sempre tinha de ser reposto no lugar pela mãe. Mais tarde, um prurido no ânus, que a paciente remediava sentando-se com o traseiro nu no fogão. É também aquecendo o traseiro que ela alivia as atuais dores histéricas, embora essas dores se localizem nos quadris e na perna esquerda. As parestesias anais perduraram até quase os 30 anos. Para tentar aliviá-las, posteriormente, metia-se na cama da irmã e se esquentava contra ela. Durante a análise tive a atenção voltada para o caso do ânus quando a paciente me disse que era preciso alguém ouvir-lhe a parte inferior das costas, pois havia um "rangido" muito estranho nos ossos. Aos 20 anos teve um grave ataque de diarreia. A mãe quis chamar o médico, mas ela caiu num estado de excitação nervosa, negando-se a ser examinada porque temia que o doutor lhe visse o ânus. Mas que luta medonha para trazer à tona a história toda!

E agora um pouco de misticismo histórico!

Viena produziu três reformadores médico-antropológicos: Mesmer, Gall[5] e Freud. Mesmer e Gall sentiram-se oprimidos em Viena, Freud (em sintonia com a época) não foi reconhecido. Mesmer e Gall mudaram-se, então, para Paris.

As ideias de Mesmer permaneceram confinadas em Paris até que *Lavater*[6], de *Zurique*, introduziu-as na Alemanha, a começar por *Bremen*. O hipnotismo reviveu na França e foi introduzido na Alemanha por *Forel*, de *Zurique*. O primeiro discípulo de Forel, com muitos anos de serviço, é *Delbrück*[7], de *Bremen;* agora é ele quem dirige o hospício lá.

O reconhecimento clínico, para *Freud*, começou em Zurique. O primeiro hospício alemão a reconhecer Freud foi *Bremen* (independentemente de relações pessoais conosco). À exceção de Delbrück, o único assistente alemão em Burghölzli (tanto quanto sei) é o Dr. Abraham[8], de *Bremen*. Veio para aqui de Berlim e não mantém relações com Delbrück.

Sem dúvida, dirá o senhor que pensar por analogias, tão bem proposto por seu método analítico, dá poucos frutos. Mas achei graça nisso.

Ano 1907

A Dem. pr., por enquanto, entra em repouso forçado. O serviço militar[9] me obriga a partir para Lausanne, por três semanas, a 14 de julho. Depois disso meu chefe deve passar um mês fora. Volto, desse modo, a ter toda a Clínica sobre meus ombros. A perspectiva é, assim, ruim. O ensaio de Binswanger[10], espero, sairá em breve. Verá, então, que também o senhor absorveu os segredos do galvanômetro. Suas associações são, de fato, excelentes!

Com a mais sincera estima do
Jung

Neurose de angústia, histeria de angústia
ainda estão meio obscuras para
mim – infelizmente – por falta
de experiência.

1. Abreviatura de Jung.

2. Hológrafo: *"in andere Umstände kommem"*, que também equivale ao nosso "em estado interessante" = grávida.

3. De acordo com V. Nabokov, há dois erros na referência ao pássaro libertado: "O poema não é de Lermontov e a paráfrase é absurda. O autor do poema é Pushkin, que o escreveu em Kishinev, em 1822, dois anos após sua expulsão de São Petersburgo:

> Ptichka (passarinho)
>
> Em qualquer outro país,
> mantenho um costume antigo
> de minha terra natal:
> dou liberdade a um pássaro
> de primavera em radioso dia.
>
> Ganho, portanto, um consolo.
> Por que zangar-me com Deus?
> Se a pequena criatura
> Como essa, posso ainda
> Regalar com a liberdade!"

(Tradução para o inglês de Vladimir Nabokov)

4. Um desenho (sem data) de Wilhelm von Kaulbach (1805-74), na Staatliche Graphische Sammlung, de Munique, que ilustra o poema de Goethe "Wer kauft Liebesgötter (1795). Reproduzido em Eduard Fuchs, *Das erotische Element in der Karikatur* (Berlim, 1904), p. 221.

5. Franz Mesmer (1734-1815), médico austríaco, pesquisador do magnetismo animal, o chamado mesmerismo; Franz Joseph Gall (1758-1828), médico alemão, fundador da

frenologia. Ambos se formaram na Universidade de Viena e mais tarde emigraram para Paris.

6. Johann Kaspar Lavater (1741-1801), clérigo, poeta e filósofo místico suíço; fundador da fisiognomonia.

7. Anton W.A. Delbrück (1862-1932), psiquiatra alemão formado no Burghölzli; diretor do hospício de Bremen a partir de 1898.

8. Karl Abraham (1877-1925); estudou Psiquiatria em Berlim, passou a integrar a equipe do Burghölzli no fim de 1904 e se tornou primeiro assistente de Bleuler. Seu primeiro contato com Freud ocorreu em junho de 1907, quando Abraham lhe enviou um trabalho; cf. a próxima carta, n. 4, e *Freud/Abraham Letters* (1965), p. 1. Em nov. de 1907, demitiu-se do Burghölzli e retornou a Berlim; conheceu Freud pessoalmente em dezembro (cf. 55 F, 57 F) e logo se tornou um íntimo colaborador. Em 27-8-1908, Abraham fundou a Sociedade Psicanalítica de Berlim. Um dos membros originais do "Comitê" (cf. o comentário que se segue a 321 J).

9. Na Suíça, o serviço militar é compulsório. De início, Jung servira na infantaria, em 1895, e em 1901 tornou-se oficial do corpo médico. Capitão em 1908, comandante de unidade em 1914, reformou-se em 1930. Anualmente eram obrigatórias duas semanas de serviço.

10. Em seu ensaio sobre o fenômeno psicogalvânico (cf. 61 F n. 1), Binswanger inclui várias citações da obra de Freud.

36 F

10 de julho de 1907, Viena, IX. Berggasse 19

Caro colega,

Escrevo-lhe – brevemente e às pressas – a fim de o alcançar antes de sua partida e desejar-lhe um período de descanso do esforço mental. Será bom para o senhor.

Os "trifles"[1] de sua última carta, todos deliciosos, lembram-me que também eu chego ao fim de mais um ano de trabalho. A 14 do corrente parto para:

Lavarone in *Vai Sugana*[2]
Tirol do Sul

Hotel du Lac

Não gostaria de ficar todo esse tempo sem notícias suas – não estarei de volta antes do fim de setembro –, pois suas cartas já se tornaram uma necessidade. Hei de, assim, mantê-lo a par das minhas andanças. Quando o senhor estiver lendo sua conferência em Amsterdam, espero estar na Sicília. A despeito de todas as distrações, uma parte do meu pensamento

Ano 1907

estará voltada para lá. Espero que o senhor conquiste o reconhecimento que deseja e merece; para mim, também, isso significa muito.

Já me correspondo com o Dr. Abraham. Tenho todos os motivos para estar profundamente interessado no trabalho que faz. Que tal é ele? A carta e o artigo[3] dele predispuseram-me muito a favor dele. Conto receber um dia desses o manuscrito de seu primo Riklin. Parece-me ter encontrado uma mina de homens singularmente delicados e capazes, ou será que deixo a satisfação pessoal toldar-me o julgamento?

Ainda hoje recebi a carta de um estudante de Lausanne que deseja falar sobre minha obra numa reunião científica em casa do docente Sternberg[4]. As coisas estão ficando animadas na Suíça.

Aceite a estima de sempre. E não se esqueça, durante a longa ausência, deste que muito o preza, *Dr. Freud*

1. = assuntos circunstanciais, coisas de somenos; em inglês no original.
2. A sudoeste de Trento; hoje Itália.
3. "Über die Bedeutung sexueller Jugendtraumen für die Symptomatologie der *Dementia praecox*", *Zentralblatt für Nervenheilkunde und Psychiatrie*, n.s., XVIII (1907) = "Do significado do trauma sexual na infância para a sintomatologia da demência precoce", *Clinical Papers* (1955).
4. Théodore Sternberg, livre-docente de Direito Penal alemão, Universidade de Lausanne.

37 J

Burghölzli-Zurique, 12 de agosto de 1907

Caro Professor Freud,

Perdoe-me o longo silêncio. As três semanas de serviço militar não me deixaram um só momento livre. Ficávamos em ação das 5 da manhã às 8 da noite, e depois disso um cansaço de cão me dominava sempre. Quando voltei, problemas aos montes me esperavam na Clínica e, ainda por cima, o Prof. Bleuler e o primeiro assistente[1] entraram em férias. Assim, tenho trabalho de sobra para me manter ocupado. Para completar, o secretariado do Congresso de Amsterdam passou-me a exigir meu manuscrito, que, por sinal, não existia ainda. Tive de me lançar de corpo e alma no preparo da minha experiência. É um osso duro de roer! A proeza mais difícil é lixiviar a riqueza de suas ideias, condensar a essência e, finalmente, realizar esse truque de perfeito mágico que é produzir algo homogêneo. Parece-me quase impossível diluir o produto de modo a torná-lo mais ou menos saboroso para a ignorância do público. Trabalho ainda agora na última consideração de suas ideias – a introdução detalhada da sexualidade na psicologia da histeria. De quando em quando, no mais profundo desespero, penso em desistir, mas acabo por me consolar com o pensamento de que, seja como for, nada disso será entendido por 99% do público, o que me permite dizer o que bem queira nessa parte da palestra. De qualquer maneira, não serei compreendido. Tudo, assim, reduz-se a uma demonstração, uma confirmação do fato de, no ano de 1907, alguém ter dito oficialmente, num congresso internacional, alguma coisa positiva sobre a teoria da histeria de Freud. Convenço-me cada vez mais de que o senhor está certo quando atribui apenas à má vontade a recusa à compreensão. Descobre-se tanta coisa a respeito ... A América se manifesta. Nas últimas três semanas estiveram aqui seis americanos, um russo, um italiano e um húngaro. Mas nenhum alemão!

Espero poder voltar a escrever-lhe tão logo tenha terminado minha palestra, esse fruto do pesar.

Desculpas, mais uma vez, pela demora.

Cordialmente,
Jung

1. Karl Abraham esteve como primeiro médico-assistente de 1-1 a 11-10-1907, vindo abaixo de Jung, cujo cargo equivalia ao de médico-chefe (*Oberarzt*). (Informação prestada pelo Dr. Manfred Bleuler.)

38 F

18 de agosto de 1907[1]
Hotel Wolkenstein, em Sta. Cristina, Gröden[2]

Caro colega,

Minha personalidade se empobreceu com a interrupção de nossa correspondência. Ainda bem que essa interrupção chega ao fim. Continuo a vagar despreocupadamente pelo mundo, com a família, mas sei que o senhor já está de volta ao trabalho e que suas cartas me transportarão ao que, para nós, tornou-se o centro de interesse.

Não se desespere. Presumo que foi apenas uma frase o que aflorou em sua carta. Sermos ou não sermos compreendidos pelas figuras oficiais do momento pouco importa. Entre as massas anônimas que se ocultam por trás delas não faltam indivíduos que *querem* compreender e que, num momento dado, dão bruscamente um passo à frente; muitas vezes já tive a experiência disso. Sua palestra em Amsterdam será um marco na história e é para a história, afinal, que em grande parte trabalhamos. O que o senhor chama de o elemento histérico de sua personalidade, sua necessidade de impressionar, de influenciar pessoas, esse próprio atributo que tão bem o prepara para ser um mestre e um guia, há de vir às claras mesmo que o senhor não faça concessões às tendências de opinião em moda. E desde que tenha injetado seu fermento pessoal, em doses ainda mais generosas, na massa efervescente de minhas ideias já não mais haverá diferença entre os seus feitos e os meus.

Não me sinto em condições de arriscar a viagem à Sicília que havíamos planejado para setembro, pois diz-se que nessa época um vento quente sopra sem trégua. Sendo assim, não sei exatamente onde estarei durante as próximas semanas. Até o fim de agosto devo ficar aqui, caminhando pelos morros e colhendo edelvais; não regressarei a Viena antes do fim de setembro. Por via das dúvidas, é melhor que, por enquanto, o senhor escreva para meu endereço de Viena, pois o correio nas montanhas, durante o verão, é pouco digno de crédito. Há quatro semanas não escrevo uma só linha em meu caderno de notas; minhas preocupações intelectuais simplesmente desapareceram. Mas sempre ficarei grato por qualquer lembrete seu.

Não creio que a Alemanha demonstre a menor simpatia por nosso trabalho até que algum medalhão solenemente o aprove. A maneira mais simples talvez fosse despertar o interesse do Kaiser Guilherme – que, naturalmente, sabe tudo. Por acaso o senhor teria alguma ligação nesses meios? Eu não tenho. Mas pode ser que Harden, o editor de *Die Zukunft*, descubra em sua obra a psiquiatria do futuro[3]. Como vê, esse lugar me põe numa disposição jocosa. Desejo que suas férias forçadas lhe tenham feito tanto bem quanto o que espero de meu descanso intencional.

Com a cordial estima do
Dr. Freud

1. Publicada em *Letters*, ed. E.L. Freud, n. 125, e parcialmente em Schur, *Freud: Living and Dying*, p. 253.
2. De Lavarone, a família Freud foi para essa estação nos Dolomitas, que agora se chama Selva in Gardena e pertence à Itália.
3. Cf. 27 F n. 3.

39 J

Burghölzli-Zurique, 19 de agosto de 1907

Caro Professor Freud,

Como de hábito, o senhor acerta em cheio com a acusação de que o agente provocador de meus acessos de desespero é a minha ambição. Mas, em defesa própria, tenho algo a dizer: meu honesto entusiasmo pela verdade é o que me impele à procura de um modo de apresentar seus ensinamentos que se mostre o mais eficaz para a abertura de uma brecha. Não fosse assim, minha devoção incondicional à defesa e à propagação de suas ideias, bem como minha veneração igualmente incondicional de sua personalidade, estariam fadadas a aparecer sob uma luz extremamente singular – algo que de bom grado evitaria, se bem que o elemento de interesse próprio só possa ser negado pelos muito obtusos. De qualquer jeito, tenho desagradáveis pressentimentos, pois não é empresa fácil defender *tal* posição diante de *tal* audiência. Já agora concluí minha palestra e vejo que assumi a atitude, a seu ver, mais recomendável: a intransigência. Nada mais há a fazer quando se quer ser honesto. Por feliz coincidência, acabo de levar a bom termo uma análise de histeria, numa pessoa sem instrução, e isso reforçou-me o ânimo.

Numa de suas cartas anteriores veio o pedido de que lhe desse minha opinião sobre o Dr. Abraham[1]. Devo admitir que ele me deixa "enciumado" por se corresponder com o senhor (perdoe-me a franqueza, por mais que isso pareça de mau gosto!). Não há objeções a A., só que ele não corresponde exatamente às minhas expectativas. Certa vez, sugeri-lhe, por exemplo, que colaborasse em meus escritos, mas ele não aceitou. Agora fica de orelha em pé sempre que Bleuler e eu falamos de nossas investigações etc. Depois, ele surge com alguma coisa publicada. De todos os nossos assistentes, só ele se mantém um pouco à parte do trabalho principal e, de repente, irrompe em cena, com uma publicação, como um solitário. O que não apenas a mim, mas também a outros assistentes, parece algo desagradável. Ele é inteligente, mas não original, altamente adaptável, mas carente por completo de empatia psicológica, motivo pelo qual geralmente é muito impopular entre os pacientes. Peço-lhe que subtraia desse julgamento um toque pessoal de veneno. Excluindo-se essas intrigas, A. é um colaborador cordial, muito industrioso e sempre preocupado com todos os assuntos burocráticos da Clínica, coisa que ninguém pode dizer de mim. Uma gotinha de veneno pode também provir dessa fonte, pois a esse respeito meu chefe chegou há muito ao grau mais elevado da perfeição.

Gostaria de pedir-lhe um esclarecimento: o senhor considera a sexualidade a mãe de todos os sentimentos? A sexualidade não é para o senhor apenas um componente da personalidade (ainda que o mais importante) e, nesse caso, o complexo sexual não seria o mais importante e o mais frequente componente no quadro clínico da histeria? Não há sintomas histéricos que, embora codeterminados pelo complexo sexual, são condicionados predominantemente por uma sublimação ou por um complexo não sexual (profissão, emprego etc.)?

Decerto, em minha pouca experiência, vi *apenas* complexos sexuais e o direi explicitamente em Amsterdam.

Cordiais saudações.

Sinceramente,

Jung

1. Cf. 36 F.

40 F

Hotel Annenheim und Seehof am Ossiacher See (Kärnten)[1],
Annenheim, 27 de agosto de 1907

Caro colega,

Desde já peço desculpas por me dirigir ao senhor, mais formalmente, num cartão postal aberto[2] – Sua carta foi tocante e de novo o mostra mais do que uma dissertação na íntegra. No início o senhor se viu diante de um sério problema e o contraste pareceu assustá-lo. Muito me desagradaria se, por um momento que fosse, imaginasse que realmente duvidei do senhor. Mas logo o senhor se refez e assumiu a única atitude que alguém pode assumir ao confrontar o próprio + + +[3] inconsciente, qual seja, uma atitude bem-humorada, e a sua se revelou maravilhosa.

Foi o fato de ele atacar de frente o problema sexual que me predispôs a favor de Abraham; por conseguinte, tive prazer em fornecer-lhe o material de que dispunha. Sua descrição do caráter dele parece tão congruente que me inclino a aceitá-la sem maior exame. Nada de objetável, não obstante algo que dificulta a intimidade. No retrato composto pelo senhor, ele é quase um "mourejador sem inspiração"[4] que está fadado a destoar de sua natureza aberta e cativante. Seria interessante descobrir as circunstâncias íntimas na gênese dessa reserva, a ferida secreta que lhe vitima o orgulho ou, ainda, o tormento da pobreza ou do desamparo, uma infância infeliz etc. A propósito, ele descende de seu epônimo?

No tocante à sua pergunta, nem numa resma deste papel caberia a resposta. Não que meu saber seja tanto, as possibilidades igualmente válidas é que são muitas. Não acredito por ora que alguém acerte ao dizer que a sexualidade é a mãe de todos os sentimentos. Sabemos, com o poeta[5], de duas fontes instintuais. A sexualidade é uma delas. Um sentimento parece ser a percepção íntima de uma catexia instintual. Indubitavelmente, há sentimentos que brotam de uma combinação das duas fontes. Nenhum proveito posso tirar da "personalidade", tampouco do "ego" que é proposto por Bleuler no estudo da afetividade[6]. A meu ver, tais conceitos emanam de uma psicologia de superfície, e em metapsicologia nos encontramos além deles, apesar de não nos ser ainda possível substituí-los do interior.

É, simplesmente, como uma necessidade teórica que encaro (por ora) o papel dos complexos sexuais na histeria; e não deduzo isso da frequência e da intensidade deles. Acho que ainda não se pode ter provas. Não é conclusivo o fato de vermos pessoas vitimadas pelo trabalho etc., pois o componente sexual (no homem, homossexual) é facilmente demonstrável na análise. Sei que em algum ponto encontramos o conflito entre a catexia do ego e a catexia objetal, mas sem observação direta (clínica) nem mesmo posso especular.

Estou tão desligado de tudo que sequer sei a data do Congresso de Amsterdam. Mas espero, antes disso, ter notícias suas. Ficarei aqui até 10 de setembro.

Cordialmente,

Dr. Freud

1. Cf. fac-símile 4. / Lá, à beira de um lago na Caríntia (sul da Áustria), a família Freud passou uma quinzena (cf. Jones, II, p. 40/35).

2. Não encontrado.

3. Cf. 11 F n. 7.

4. Hológrafo: *"trockener Schleicher"*. É assim que, em Goethe, *Faust I*, 521, Fausto descreve seu pedante companheiro Wagner. / Freud ainda não estivera com Abraham; pouco depois, pela correspondência e do conhecimento pessoal, sua opinião sobre Abraham tornou-se inteiramente positiva.

5. Schiller, em "Die Weltweisen" ("Os filósofos"), que Freud frequentemente citava: "Enquanto ninguém o mundo / Constrói em filosofia / A força que impera e manda / É um duplo de amor e fome".

6. *Affektivität, Suggestibilität, Paranoia* (Halle, 1906) = "Afetividade, sugestibilidade, paranoia"; tradução de Charles Ricksher, *New York State Hospital Bulletin* (Utica), fev. 1912.

41 J

Burghölzli-Zurique, 29 de agosto de 1907

Caro Professor Freud,

Meu mais sincero obrigado por sua carta tão amiga! Da última vez me ocorreu pensar, não sem temor, que pudesse ter ficado ofendido com meu longo silêncio. Uma de minhas más qualidades é que nunca consigo fazer duas coisas ao mesmo tempo. Veja que uma carta ao senhor entra na categoria de "coisas".

O Dr. Adler, que há pouco me fez uma consulta técnica, escreveu-me que o senhor não passa bem. O senhor nada me disse a respeito. Espero que seja apenas uma indisposição passageira.

Podemos, porventura, pensar em recebê-lo na Suíça no outono? Para nossa Clínica seria um dia memorável de festa e eu me sentiria extraordinariamente feliz em vê-lo e ouvi-lo de novo. Regresso de Amsterdam a 10 de setembro e posso, então, prestar-lhe contas de minha jornada apostólica.

Temo ter pintado Abraham (que é o que o nome dele implica) em tom muito negativo. Desconheço-lhe os antecedentes – o que é característico. O *rapport* emocional inexiste, mas não creio que por culpa minha. A. costuma ter, a meu respeito, ligeiras ideias de perseguição. A mulher dele[1] é de Berlim e sofre de autoerotismo berlinense, com todas as consequências psicológicas. Isso se reflete em A.

Sua ideia de que o sentimento é a percepção de uma catexia instintual é excelente e parece-me simplificar enormemente muitas coisas. Já que o senhor não tira proveito do "ego" de Bleuler em *Afetividade*, é lícito que o tome em conjunto com minha própria concepção do complexo do eu[2]. Nenhum dos dois quer dizer nada e, de fato, não passam de "psicologia de superfície". Mas, na prática, devemos manter contato com a superfície, por razões didáticas. Fico-lhe muito grato por formular sua opinião sobre o papel da sexualidade; é bem o que eu esperava.

Estarei em Amsterdam de 1 a 10 de setembro. Endereço: Hôtel de l'Europe, Doelenstraat.

Desejo que sua profecia se cumpra e que lá não me depare apenas com a oposição.

Com minhas saudações mais cordiais, subscrevo-me.

Atenciosamente,

Jung

1. Hedwig Marie, *née* Bürgner (1878-1969).
2. Cf. Jung, "A psicologia da *dementia praecox*", OC 3, § 86, n. 101.

42 F

Hotel Annenheim und Seehof am Ossiacher See (Kärnten),
Annenheim, 2 de setembro de 1907[1]

Caro colega,

Sei que está agora em Amsterdam, um pouco antes ou depois de sua arriscada palestra, envolvido na defesa de minha causa, e acho quase uma covardia que, enquanto isso, eu apanhe cogumelos no bosque ou me banhe nesse tranquilo lago da Caríntia, em vez de lutar por minha própria causa ou pelo menos me colocar ao seu lado. Consolo-me dizendo-me que desse modo é melhor para a causa, que o senhor, como o outro, o segundo, ficará a salvo de pelo menos parte da oposição reservada para mim, que seria uma vã repetição eu dizer sempre a mesma coisa e que o senhor está mais capacitado para a propaganda, pois nunca deixei de notar que há alguma coisa em minha personalidade, minhas ideias e meu jeito de falar, que as pessoas julgam estranha e repelente, ao passo que, para o senhor, todos os corações se abrem. Se um homem assim tão saudável se considera um tipo histérico, não me resta senão atribuir-me o tipo "obsessivo", ambos os espécimes vegetando, então, num mundo fechado.

Se foi ou se será bem-sucedido, não sei; mais do que nunca, porém, eu gostaria de estar com o senhor agora, satisfeito por não mais me ver sozinho e falando-lhe, se precisasse de encorajamento, dos longos anos de minha solidão honrada, mas penosa, que começou depois que olhei de relance o mundo novo; falando-lhe da indiferença e da incompreensão dos meus amigos mais íntimos, dos momentos terríveis em que eu chegava a pensar que estava no caminho errado e imaginava como ainda tornar útil à minha família minha vida desorientada, do lento crescimento de minha convicção, que se agarrou à interpretação de sonhos como a um rochedo num mar tempestuoso, e da serena certeza que se apossou de mim e me mandou esperar até que uma voz na multidão desconhecida respondesse à minha. Essa voz foi a sua; pois sei agora que também Bleuler veio a mim por seu intermédio. Obrigado por isso, e não deixe que o que quer que seja abale sua confiança, o senhor há de testemunhar nosso triunfo e tomar parte nele.

Alegro-me em dizer que já se torna em grande parte desnecessária a preocupação que demonstra com meu estado de saúde. Ingressei nos anos climatéricos com um caso algo renitente de dispepsia (depois de uma influenza), mas nessas semanas maravilhosas de repouso ele se reduziu apenas a uma lembrança ocasional e suave.

Já faz tempo que decidi visitá-lo em Zurique. Mas o que tenho em mente é uma viagem de recreio no Natal ou na Páscoa. Irei, então, direto do trabalho, estimulado e cheio de problemas, e não em meu estado atual, que é quase sonolento, com todas as minhas catexias descarregadas. Eu também sinto necessidade de passar algumas horas trocando ideias com o senhor.

Com as saudações mais cordiais (e os melhores votos!).

do *Dr. Freud*

1. Publicada em *Letters*, ed. E.L. Freud, n. 126, e parcialmente em Schur, *Freud: Living and dying*, p. 253s. O segundo parágrafo é citado em Jones, II, p. 125s./112.

43 J

Hôtel de l'Europe,
Amsterdam[1], 4 de setembro de 1907

Caro Professor Freud,

Apenas umas palavras apressadas à guisa de ab-reação. Falei hoje de manhã, mas, infelizmente, não pude concluir a palestra, pois se o fizesse excederia em meia hora meu limite de tempo, o que não era permitido[2]. Que bando de malfeitores temos aqui! A resistência deles realmente se enraiza em afetos. Aschaffenburg cometeu dois lapsos ao falar ("fatos" em vez de "nenhum fato"), o que demonstra que, inconscientemente, já está bem contaminado. Daí o furioso ataque. Quando conversa nunca se esforça em aprender algo – e isso é típico –, apenas se empenha em me provar que estamos redondamente errados. Aos nossos argumentos nunca dá ouvidos. Os afetos negativos dele já me permitiram formar um belo dossiê. Os outros são todos uns covardes, agarrando-se às abas do casaco do maioral que vai à frente. A discussão é amanhã. Direi o mínimo possível, pois cada palavra sacrificada a esse tipo de oposição é uma perda de tempo. Uma turba medonha que rescende a vaidade, sendo que o pior é Janet. Ainda bem que o senhor nunca se viu acuado na balbúrdia de uma sociedade assim, fundada na admiração mútua. A toda hora sinto a urgente necessidade de um banho. Que pântano de estupidez e contra-senso! Mas a despeito de tudo, tenho a impressão de que o fermento está agindo. Ainda precisamos, no entanto, de alguns homens dinâmicos e muito inteligentes capazes de criar – na Alemanha – a atmosfera adequada. Na Suíça ficamos um pouco longe do

Ano 1907

centro. Uma vez mais pude ver que, para servir à causa, é necessário se ater às coisas mais elementares. O que as pessoas *não* sabem vai além do imaginável e o que não *querem* saber é simplesmente inacreditável. Aschaffenburg tratou de um caso de neurose obsessiva e proibiu que a paciente falasse dos próprios complexos sexuais quando a tanto ela já se inclinava – a teoria freudiana, por conseguinte, é um mero devaneio! A. anunciou isso em público (naturalmente, com um velado tom moral), estufando o peito.

Como discutir com essa gente?

Cordiais saudações.

Atenciosamente,
Jung

1. Papel timbrado.
2. Para relatos desse episódio (e de todo o "Premier Congrés International de Psychiatrie, de Neurologie, de Psychologie, et de l'Assistance des Aliénés", 2-7 set.), cf. Jones, II, p. 125s./l 12s., e H.F. Ellenberger, *The discovery of the unconscious* (1970), p. 796/798. / Para a intervenção de Jung, cf. 82 F n. 3. Para a de Aschaffenburg, cf. o resumo feito por ele no *Monatsschrift*, XXII (1907), p. 565s.

44 J

Burghölzli-Zurique, 11 de setembro de 1907

Caro Professor Freud,

Cheguei de Amsterdam ontem à noite e agora estou em melhores condições de rever, na perspectiva correta, as experiências que colhi no Congresso. Antes de tentar descrever os acontecimentos subsequentes, desejo externar o agradecimento mais sincero por sua carta, que veio na hora exata; fez-me um grande bem sentir que eu não lutava apenas por uma descoberta importante, mas também por um homem eminente e honrado. Pouco me importa se os fatos são reconhecidos lenta ou rapidamente, se são ou não atacados, mas é repugnante que uma autêntica imundície seja despejada sobre tudo o que não é aprovado. Nesse Congresso, *uma* coisa me encheu até as orelhas, um desprezo que quase chega à náusea pelo gênero *Homo sapiens*.

Como já lhe disse, minha palestra foi precipitadamente interrompida, para cúmulo da infelicidade, e a discussão só ocorreu no dia seguinte, embora não houvesse razões válidas para o adiamento. O primeiro a tomar a palavra para "protestar" contra o senhor, contra mim e contra a teoria sexual da histeria (velado tom moral!), foi Bezzola. Uma hora antes, numa conversa à parte, eu tentara chegar a um entendimento amigável com ele – mas foi impossível. Tem inveja de seus livros, de sua situação financeira, e tudo é de matar de rir, ou de rebentar um vaso sanguíneo. Nada além de um furioso, um insensato afeto contra o senhor e eu.

Alt[1], de Uchtspringe, proclamou, então, um reinado de terror contra o senhor, disse que jamais haveria de encaminhar um paciente a um médico da seita freudiana – pessoas obscenas, inescrupulosas etc. Aplausos frenéticos e congratulações ao orador pelo Prof. Ziehen[2], de Berlim. Chegou depois a vez de Sachs[3], de Breslau, o qual se limitou a proferir umas estupendas asnices que nem merecem ser repetidas; novos e estrepitosos aplausos. Janet não teve como negar que já ouvira seu nome. Embora nada saiba de sua teoria, ele está convencido de que tudo é um lixo. Heilbronner, de Utrecht, achou que só as experiências de associação, a "pedra angular de sua teoria", eram dignas de menção[4]. Tudo o que eu havia apresentado como prova era falso – para não dizer nada do que Freud poderia ter feito. Aschaffenburg não estava presente à discussão e, assim, não pude concluir o debate. Antes disso, Frank, de Zurique, falou energicamente a seu favor, como o fez Gross, de Graz, que na Seção de Psicologia se aprofundou muito sobre a significação de sua teoria no tocante à função secundária[5]. É uma pena que G. seja um psicopata; inteligência, de fato, não lhe falta, e com a *Função secundária* ele soube influenciar os psicólogos. Tivemos uma longa conversa e verifiquei que é um firme partidário de suas ideias. Após a discussão, o conselheiro Binswanger, de Jena, comunicou-me que Aschaffenburg, antes da intervenção que faria, dissera-lhe que ele (B.) *devia ajudá-lo na discussão!* Em minha última carta, como há de estar lembrado, falei dos lapsos de A. O outro, como vim a descobrir depois, foi "Breuer e eu" em vez de "Breuer e *Freud*". Tudo isso se harmoniza às mil maravilhas com seu diagnóstico. A ausência dele, no dia seguinte, deu-se por um caso judicial que não podia ser adiado. Estivesse presente, ter-lhe-ia, definitivamente, dito um pouco mais da verdade. Os outros me pareceram muito estúpidos.

Passo agora a uma grande surpresa: no contingente inglês havia um jovem de Londres, o Dr. Jones[6] (um celta do País de Gales!), que conhece muito bem suas obras e já pratica a psicanálise. Provavelmente irá visitá-lo mais tarde. Ele é muito inteligente e poderia prestar uma valiosa ajuda. Oppenheim[7] e Binswanger mantêm uma posição de neutralidade benévola, mas ambos dão sinais de uma oposição sexual. A despeito da resistência – por enquanto – esmagadora, conservo a reconfortante certeza de que suas ideias se infiltram por todos os lados, lenta, mas infalivelmente, pois ninguém que as tenha assimilado abre mão delas.

Janet, apesar de um bom observador, é um tipo presunçoso e antiquado. Tudo o que diz ou faz agora é estéril. Os demais trabalhos do Congresso, como de hábito, foram infrutíferos. Para minha satisfação, constatei uma vez mais que, sem suas ideias, a psiquiatria se destina inevitavelmente ao fracasso, como já aconteceu a Kraepelin. A anatomia e as tentativas classifi-catórias são ainda a regra – linhas secundárias que não levam a parte alguma.

Espero que sua saúde não tarde a se refazer por completo. Claro está que nessas circunstâncias não me atrevo a insistir em meu convite, mas a simples perspectiva de voltar a vê-lo no Natal já me é muito prazerosa.

Devo aproveitar a oportunidade para externar um desejo há muito tempo acalentado e constantemente reprimido: eu gostaria imensamente de possuir uma fotografia sua, não com a aparência de antes, mas tal qual era na ocasião em que o conheci em pessoa. Exprimi esse desejo à sua mulher quando estivemos em Viena, mas, ao que parece, ele foi esquecido. Poderia o senhor atendê-lo agora? Ficar-lhe-ia para sempre grato, pois volto repetidamente a sentir que seu retrato me faz falta.

Com as saudações mais cordiais e os melhores votos,

deste que muito o estima,

Jung.

---

1. Konrad Alt (1861-1922), diretor do sanatório de Uchtspringe, na Saxônia. Coube-lhe escrever o relato no *Monatsschrife, loc. cit.*, 43 J n. 2.

2. Theodor Ziehen (1862-1950), professor de Psiquiatria e Neurologia em Berlim; mais tarde em Halle. Lembrado, sobretudo, por obras de psicologia infantil e filosofia positivista. Jones (II, p. 127/113) considera-o o primeiro a ter usado, na *Introdução à psicologia fisiológica* (1895; orig. 1891), o termo "complexo tonificado por sentimentos"; cf. tb. Ellenberger, p. 692. Jung adotaria o termo em 1904 (com Riklin, "Investigações experimentais sobre

associações de pessoas sadias", OC 2, § 167) e o associaria a Ziehen num estudo de 1905 ("Sobre o diagnóstico psicológico da ocorrência", OC 2, § 733 n. 10). A primeira vez que Freud usou "complexo" numa publicação, em conexão com a Escola de Zurique, foi em 1906: "Psycho-analysis and the Establishment of the facts in Legal Proceedings", SE IX, p. 104, n. 1.

3. Heinrich Sachs, professor de Psiquiatria, Universidade de Breslau.

4. Cf. 1 F n. 3. Foi Jung quem trabalhou com experiências de associação, jamais tendo o próprio Freud se interessado por elas.

5. A referência é à hipótese de Gross, em *Die zerebrale Sekundärfunktion*, sobre os dois tipos psicológicos que representariam as funções primária e secundária; cf. 33 J n. 7.

6. Ernest Jones (1879-1958), posteriormente um dos mais fiéis discípulos de Freud; um dos fundadores da Associação Psicanalítica Americana, em 1911 (assumira um posto na Universidade de Toronto, em 1908), e da Sociedade Psicanalítica Britânica, em 1913; após essa data, organizou o "Comitê" (cf. o comentário que se segue a 321 J). Autor de *Sigmund Freud: Life and Work* (1953-1957), em cujo preparo teve acesso, com a permissão de Jung, à presente correspondência.

7. Hermann Oppenheim (1858-1919), neurologista berlinense, fundador e diretor de uma conhecida clínica particular. Aparentado a Karl Abraham por casamento, ajudou-o confiando-lhe materiais clínicos, mas, afinal, colocou-se em crescente oposição à psicanálise.

O Hospital Burghölzli, Zurique, c. 1900. O apartamento de Jung era no último andar, à direita da entrada principal. Logo abaixo, o apartamento de Bleuler. Ver 2 J.
Fonte: Baugeschichtliches Archiv der Stadt Zürich

O relevo 'Gradiva'. Fragmento de uma obra clássica no Museu do Vaticano.
Ver 27 F.
Fonte: Alinari, Florença.

Sigmund Freud, 1906: fotografia enviada a Jung. Ver 45 F, 48 J.
Fonte: Franz Jung, Küsnacht.

Medalha encomendado pelos amigos de Freud em homenagem ao seu 50º aniversário, em 1906. Por Karl Maria Schwerdtner. Ver 45 F, 48 J.

Fonte: E.L. Freud, Londres.

a) Na Universidade de Clark, setembro de 1909. Na frente: Freud, Hall, Jung. Atrás: Brill, Jones, Ferenczi.

b) A maioria dos participantes nas Conferências em Clark. Na frente: Franz Boas, E.B. Titchener, William James, William Stern, Leo Burgerstein, Hall, Freud, Jung, Adolf Meyer, H.S. Jennings. Ferenczi, Jones e Brill estão atrás de Freud.

O Congresso de Weimar, setembro de 1911.

1. Sigmund Freud, Viena
2. Otto Rank, Viena
3. Ludwig Binswanger, Kreuzlingen
4. O. Rothenhäusler, Rorschach
5. Jan Nelken, Zurique-Paris
6. R. Forster, Bedim
7. Ludwig Jekels, Bistrai (Áustria)
8. A.A. Brill, Nova York
9. Eduard Hitschmann, Viena
10. J.E.G. van Emden, Leiden
11. Alphonse Maeder, Zurique
12. Paul Federn, Viena
13. Adolf Keller, Zurique
14. Alfred von Winterstein, Viena
15. J. Marcinowski, Hamburgo
16. Isidor Sadger, Viena
17. Oskar Pfister, Zurique
18. Max Eitingon, Berlim
19. Karl Abraham, Berlim
20. James J. Putnam, Boston
21. Ernest Jones, Toronto.
22. Wilhelm Stekel, Viena.
23. Poul Bjerre, Estocolmo.
24. Eugen Bleuler, Zurique.
25. Maria Moltzer, Zurique.
26. Mira Gincburg, Schauffhausen.
27. Lou Andreas-Salomé, Gottingen.
28. Beatrice Hinkle, Nova York.
29. Emma Jung, Küsnacht.
30. M. von Stack, Berlim.
31. Toni Wolff, Zurique.
32. Martha Böddinghaus, Munique.
33. Franz Riklin, Küsnacht.
34. Sándor Ferenczi, Budapeste.
35. C.G. Jung, Küsnacht.
36. Leonard Seif, Munique.
37. K. Landauer, Frankfurt.
38. A. Stegmann, Dresden
39. W. Wittenberg, Munique.
40. Guido Brecher, Meran.

Martha Freud com sua filha Sophie, verão de 1912.

C.G. Jung, em 1912, em Nova York.
Fonte: Campbell Studios; Franz Jung.

Prof. Dr. Freud

IX., Berggasse 19.

1. Freud, 11 de abril de 1906 (1 F).

Dr med. C. G. JUNG
PRIVAT-DOZENT D. PSYCHIATRIE
AN DER UNIVERSITÄT
ZÜRICH

Burghölzli-Zürich, den 5.X. 1906.

[Carta manuscrita]

2. Jung, 5 de outubro de 1906 (2 J).

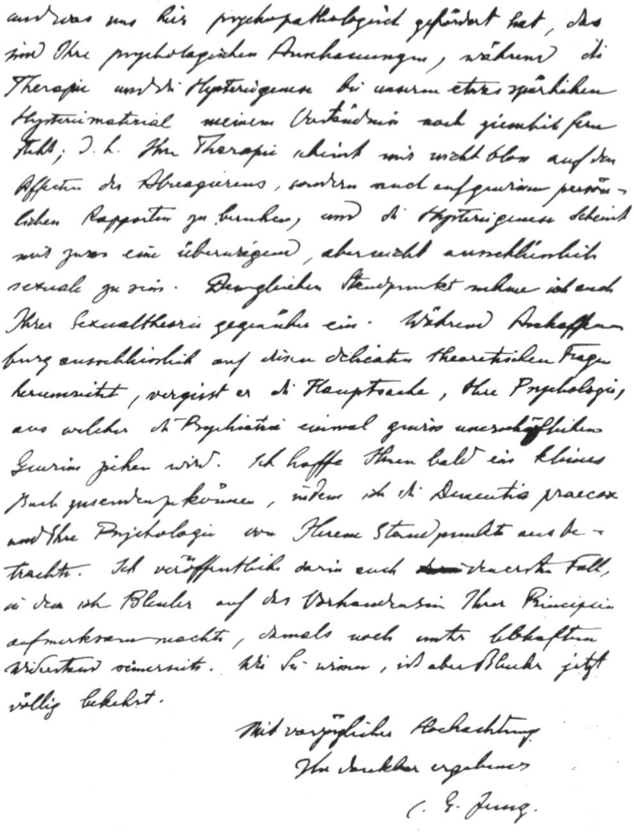

und was uns hier psychopathologisch gefördert hat, das sind Ihre psychologischen Anschauungen, während die Therapie und die Hysteriegenese bei unserm etwas spärlichen Hysteriematerial meinem Verständnis noch ziemlich fern steht; d. h. Ihre Therapie scheint mir nicht bloss auf den Affekten des Abreagierens, sondern auch auf gewissen persönlichen Rapporten zu beruhen, und die Hysteriegenese scheint mir zwar eine überwiegend, aber nicht ausschliesslich sexuale zu sein. Den gleichen Standpunkt nehme ich auch Ihrer Sexualtheorie gegenüber ein. Während Aschaffenburg ausschliesslich auf diesen delicaten theoretischen Fragen herumreitet, vergisst er die Hauptsache, Ihre Psychologie, aus welcher die Psychiatrie einmal gewiss unerschöpflichen Gewinn ziehen wird. Ich hoffe Ihnen bald ein kleines Buch zusenden zu können, indem ich die Dementia praecox und Ihre Psychologie von Ihrem Standpunkte aus betrachte. Ich veröffentliche darin auch den ersten Fall, in dem ich Bleuler auf das Vorhandensein Ihrer Principien aufmerksam machte, damals noch unter lebhaftem Widerstand seinerseits. Wie Sie wissen, ist aber Bleuler jetzt völlig bekehrt.

Mit vorzüglicher Hochachtung
Ihr dankbar ergebener
C. G. Jung.

3. Jung, 5 de outubro de 1906 (2 J, p. 2).

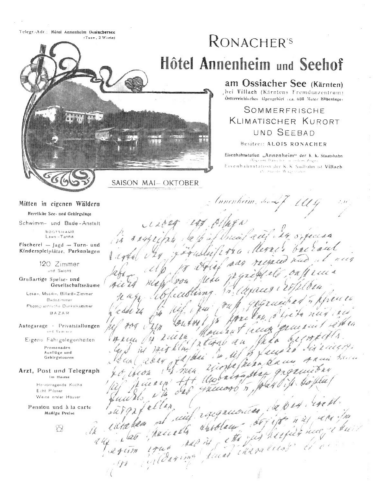

4. Freud, 27 de agosto de 1907 (40 F).

5. Freud, 17 de janeiro de 1909 (125 F, p. 2).

JAHRBUCH

FÜR

PSYCHOANALYTISCHE und PSYCHO-PATHOLOGISCHE FORSCHUNGEN.

HERAUSGEGEBEN VON

PROF. DR. E. BLEULER   UND   PROF. DR. S. FREUD
IN ZÜRICH.   IN WIEN.

REDIGIERT VON

DR. C. G. JUNG,
PRIVATDOZENTEN DER PSYCHIATRIE IN ZÜRICH.

I. BAND.

I. HÄLFTE.

LEIPZIG UND WIEN.
FRANZ DEUTICKE.
1909.

6. *Jahrbuch*: frontispício do primeiro número.

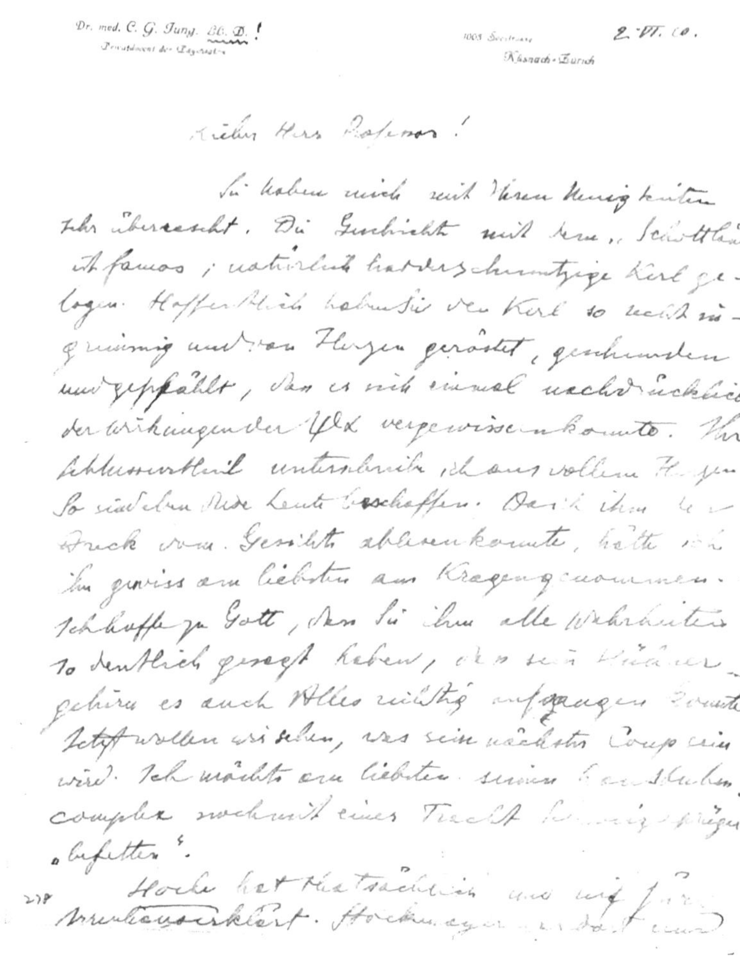

7. Jung, 2 de junho de 1910 (196 J).

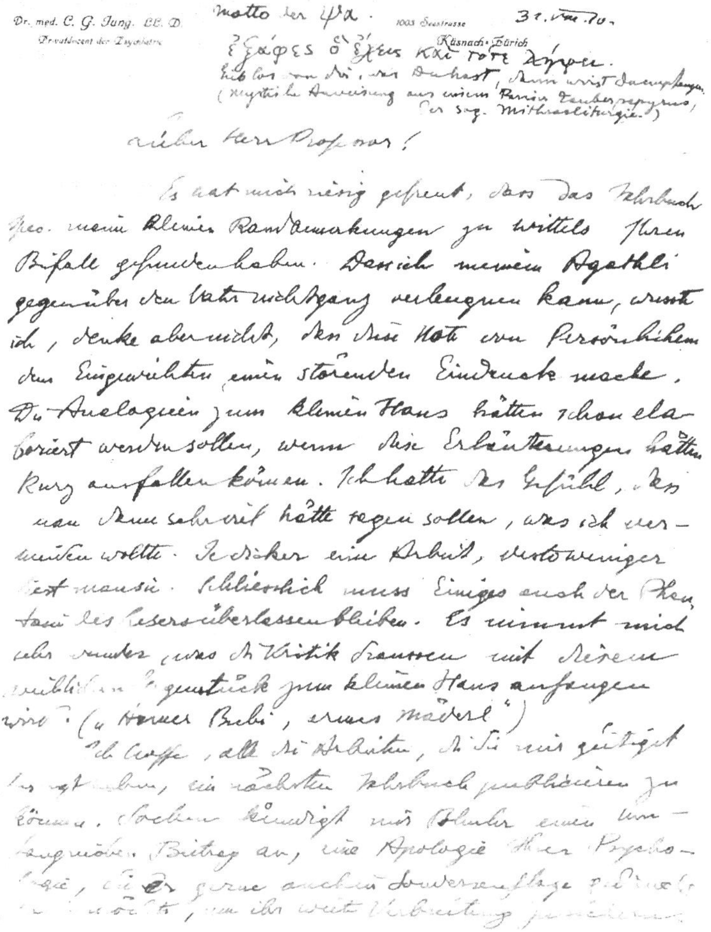

Dr. med. C. G. Jung. LL. D.
Privatdocent der Psychiatrie

1003 Seestrasse
Küsnach-Zürich

31.VIII.10.

Motto der ΨA.
Ἔξαφες ὃ ἔχεις καὶ τότε λήψει.
Gib her, was Du hast, dann wirst Du empfangen.
(Mystische Anweisung aus einem Pariser Zauberpapyrus, der sog. Mithrasliturgie.)

Lieber Herr Professor!

Es hat mich riesig gefreut, dass das Jahrbuch resp. meine kleinen Randbemerkungen zu Wittels Ihren Beifall gefunden haben. Dass ich meinem Agathli gegenüber den Vater nicht ganz verleugnen kann, wusste ich, denke aber nicht, dass diese Note von Persönlichem den Eingeweihten einen störenden Eindruck mache. Die Analogien zum kleinen Hans hätten schon elaboriert werden sollen, wenn die Erläuterungen hätten kurz ausfallen können. Ich hatte das Gefühl, dass man denen sehr viel hätte sagen sollen, was ich vermeiden wollte. Je dicker eine Arbeit, desto weniger liest man sie. Schliesslich muss Einiges auch der Phantasie des Lesers überlassen bleiben. Es nimmt mich sehr wunder, was die Kritik draussen mit diesem weiblichen Gegenstück zum kleinen Hans anfangen wird? („Herrer Bubi, ernes Mäderl")

Ich hoffe, alle die Arbeiten, die Sie mir gütigst [illegible] haben, im nächsten Jahrbuch publizieren zu können. Soeben kündigt mir Bleuler einen umfangreichen Beitrag an, eine Apologie Ihrer Psychologie, die er gerne auch in Sonderauflage publizieren möchte, um ihr weite Verbreitung zu sichern

8. Jung, 31 de agosto de 1910 (210 J).

Zentralblatt

für

Psychoanalyse.

Medizinische Monatsschrift für Seelenkunde.

Herausgeber:

Professor Dr. **Sigm. Freud.**

Schriftleitung:

Dr. **Alfred Adler**, Wien. — Dr. **Wilhelm Stekel**, Wien.

Unter Mitwirkung von:

Dr. **Karl Abraham,** Berlin; Dr. **A. A. Brill,** New-York; Dr. **S. Ferenczi,** Budapest; Dr. **E. Hitschmann,** Wien; Dr. **E. Jones,** Toronto; Dr. **Otto Juliusburger,** Steglitz; Dozent **C. G. Jung,** Zürich; Dr. **F. S. Krauss,** Wien; Professor **August di Lutzenberger,** Neapel; Prof. **Gustau Modena,** Ancona; Dr. **Alfons Mäder,** Kreuzlingen; Dozent **N. Ossipow,** Moskau; Dr. **Oskar Pfister,** Zürich; **Otto Rank,** Wien; Dr. **Franz Ricklin,** Zürich; Dr. **J. Sadger,** Wien; Dr. **A. Stegmann,** Dresden; Dr. **M. Wulff,** Odessa; Dr. **Erich Wulffen,** Dresden.

I. Jahrgang Heft 1/2.

Wiesbaden.

Verlag von J. F. Bergmann.

1910.

Jährlich erscheinen 12 Hefte im Gesamt-Umfang von 36 bis 40 Druckbogen zum Jahrespreise von 15 Mark.

The *Zentralblatt*: cover of first issue. See 216 F

9. *Zentralbat für Psychoanalyse*: capa do primeiro número.

INTERNATIONALE ZEITSCHRIFT
FÜR
ÄRZTLICHE PSYCHOANALYSE

OFFIZIELLES ORGAN
DER
INTERNATIONALEN PSYCHOANALYTISCHEN VEREINIGUNG

HERAUSGEGEBEN VON
PROF. DR. SIGM. FREUD

REDIGIERT VON

DR. S. FERENCZI   DR. OTTO RANK
BUDAPEST   WIEN

PROF. DR. ERNEST JONES
LONDON

UNTER STÄNDIGER MITWIRKUNG VON:

Dr. Karl Abraham, Berlin. — Dr. Ludwig Binswanger, Kreuzlingen. — Dr. Poul Bjerre, Stockholm. — Dr. A. A. Brill, New-York. — Dr. Trigant Burrow, Baltimore. — Dr. M. D. Eder, London. — Dr. J. van Emden, Haag. — Dr. M. Eitingon, Berlin. — Dr. Paul Federn, Wien. — Dr. Eduard Hitschmann, Wien. — Dr. L. Jekels, Wien. — Dr. Friedr. S. Krauss, Wien. — Dr. Alphonse Maeder, Zürich. — Dr. J. Marcinowski, Sielbeck. — Prof. Morichau-Beauchant, Poitiers. — Dr. Oskar Pfister, Zürich. — Prof. James J. Putnam, Boston. — Dr. R. Reitler, Wien. — Dr. Franz Riklin, Zürich. — Dr. Hanns Sachs, Wien. — Dr. J. Sadger, Wien. — Dr. L. Seif, München. — Dr. A. Stärcke, Huister-Heide. — Dr. A. Stegmann, Dresden. — Dr. M. Wulff, Odessa.

I. JAHRGANG, 1913

1913
HUGO HELLER & CIE.
LEIPZIG UND WIEN, I. BAUERNMARKT 3

10. *Internationale Zeitschrift für Psychoanalyse*: frontispício do primeiro número.

Internationale Psychoanalytische Vereinigung

Dr. C. G. Jung
Präsident

Küsnach-Zürich, 3 XII. 12.

11. Jung, 3 de dezembro de 1912 (330 J).

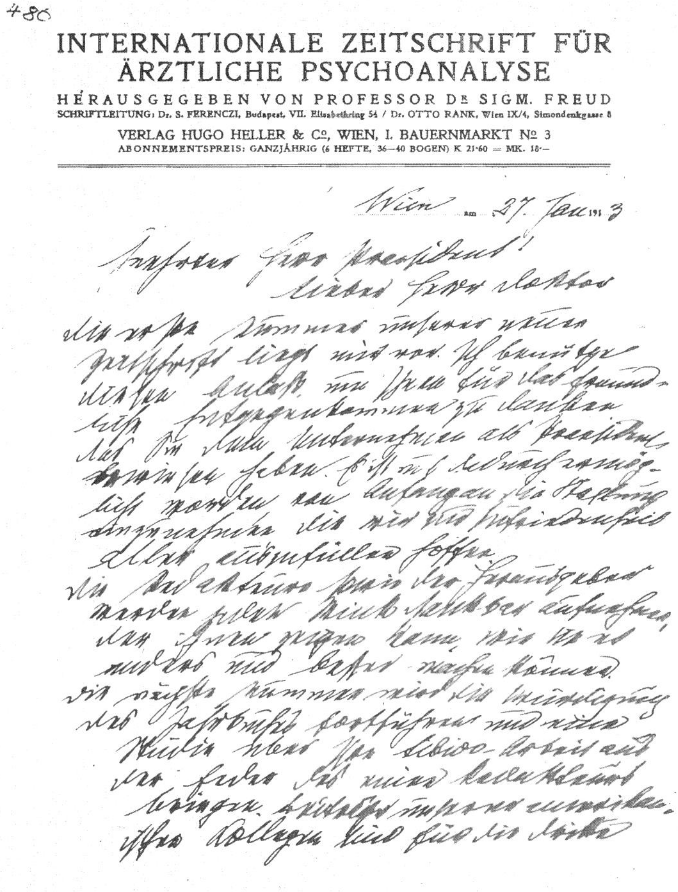

INTERNATIONALE ZEITSCHRIFT FÜR ÄRZTLICHE PSYCHOANALYSE

HERAUSGEGEBEN VON PROFESSOR D⸢ SIGM. FREUD

SCHRIFTLEITUNG: Dr. S. FERENCZI, Budapest, VII. Elisabethring 54 / Dr. OTTO RANK, Wien IX/4, Simondenkgasse 8

VERLAG HUGO HELLER & C⁰, WIEN, I. BAUERNMARKT № 3

ABONNEMENTSPREIS: GANZJÄHRIG (6 HEFTE, 36—40 BOGEN) K 21·60 = MK. 18·—

[Carta manuscrita — conteúdo ilegível]

12. Freud, 27 de janeiro de 1913 (364 F).

13. Freud, 27 de janeiro de 1913 (346 F).

Statuten-Entwurf.

I. Name der Vereinigung:

„Jnternationale Psychoanalytische Vereinigung"

. II. Sitz:

Der Sitz (Zentrale) der ›J. Ps. A. V.‹ ist in **Zürich** (Schweiz).

III. Zweck der ›J. Ps. A. V.‹:

Pflege und Förderung der von **Freud** begründeten psychoanalytischen Wissenschaft sowohl als reiner Psychologie, als auch in ihrer Anwendung in der Medizin und den Geisteswissenschaften; gegenseitige Unterstützung der Mitglieder in allen Bestrebungen zum Erwerben und Verbreiten von psychoanalytischen Kenntnissen.

IV. Mitgliedschaft.

Die Vereinigung besteht nur aus ordentlichen Mitgliedern. Mitglied kann jeder werden, der sich mit der Psychoanalye als reiner Psychologie oder als angewandter Wissenschaft in positivem Sinne beschäftigt. Alle Mitglieder der Zweigvereinigungen sind eo ipso Mitglieder der ›J. Ps. A. V.‹ Bewohner von Orten, in denen keine Zweigvereinigungen existieren, werden von der Zentrale aufgenommen.

V. Pflichten der Mitglieder.

Jedes Mitglied entrichtet beim Eintritt in die ›J. Ps. A. V.‹ 10 frcs. (10 Kr., 8 Mark, 2 Dollars) als Eintrittsgebühr. Der jährliche Mitgliedsbeitrag beträgt **10 frcs.**

VI. Rechte der Mitglieder.

Die Mitglieder haben das Recht, den Sitzungen aller Zweigvereinigungen beizuwohnen; sie haben Anspruch auf Einladung zum Kongresse; sie sind am Kongresse aktiv und passiv wahlberechtigt.

VII. Kongresse.

Die oberste Aufsicht über die ›J. Ps. A. V.‹ fällt dem Kongress zu. Der Kongress wird von der Zentrale mindestens alle zwei Jahre einmal einberufen und vom Präsidenten der Zentrale geleitet.

14. O rascunho dos *Estatutos* com as anotações de Jung.

VIII. Die Zentrale.

Die ~~~~~~r Zentrale besteht aus einem Präsidenten und zwei Sekretären; sie wird für die Dauer von ~~~~ Jahren gewählt. Sie vertritt die «J. Ps. A. V.» nach außen, ~~~~~~~~~~~~~~~~~~~~~~~~, redigiert das Korrespondenzblatt, organisiert die Kongresse und hat dem Kongresse über ihre Tätigkeit Bericht zu erstatten.

IX. Das Korrespondenzblatt.

Das Korrespondenzblatt der »J. Ps. A. V.« erscheint einmal im Monat. Es vermittelt den Verkehr zwischen der Zentrale und den Mitgliedern (amtliche Mitteilungen), publiziert die die Psychoanalyse betreffenden wissenschaftlichen und persönlichen Nachrichten, registriert die wichtigsten Vorkommnisse in den Zweigvereinigungen und die die Psychoanalyse angehenden literarischen Neuerscheinungen.

X. Der Beirat der Zentrale.

Der Kongress wählt auf Vorschlag des Präsidenten fünf Beiräte aus der Reihe der Mitglieder. Der Präsident wird ersucht den Beirat womöglich einmal im Jahre zusammenzuberufen, um sich über die Lage der Sache in persönlichem Gedankenaustausche zu besprechen.

XI. Die Zweigvereinigungen.

Mitglieder von Zweigniederlassungen, welche bereits Beiträge erheben, werden ohne Bezahlung einer Eintrittsgebühr als Mitglieder der »J. Ps. A. V« übernommen. Den Jahresbeitrag haben sie wie die anderen Mitglieder zu entrichten. — Die Zweigvereinigungen stehen durch ihren Präsidenten in stetiger Fühlung mit der Zentrale und haben vor wichtigen Entscheidungen sich mit ihr ins Einvernehmen zu ~~~~~. Die Zentrale arbeitet eine möglichst einheitliche Geschäftsordnung für die Zweigvereinigungen aus.

XII. Änderungen der Statuten.

Die Statuten können nur vom Kongress geändert werden. Zu einer Änderung an den Statuten ist die Zweidrittel-Majorität der anwesenden Mitglieder erforderlich.

15. O rascunho dos *Estatutos* com as anotações de Jung (p. 2).

45 F

Roma, 19 de setembro de 1907[1]

Caro colega,

Ao chegar aqui encontrei sua carta sobre o andamento do Congresso. Não fiquei deprimido com ela e alegro-me por ver que o senhor também não está. Acredito que essa experiência venha a ter um excelente efeito sobre o senhor, pelo menos do tipo que mais me agrada. Quanto a mim, meu respeito por nossa causa aumentou. Já me acontecia pensar: "Ora essa, conquistar reconhecimento em menos de dez anos! Alguma coisa deve estar errada". Agora posso me livrar das dúvidas. Mas sua tática, veja bem, foi irrealista. Essa gente não quer ser esclarecida. É por isso que, no momento, são incapazes de compreender as coisas mais simples. O senhor verá que nada há de ser muito complicado para eles se algum dia quiserem compreender. Até então só nos resta continuar trabalhando e discutir o mínimo possível. Que temos, afinal, a dizer? A um, que é um idiota, a outro, que não passa de um tratante. E essas convicções, felizmente, não são para se exprimir. Sabemos, além disso, que eles são uns pobres diabos que, por um lado, temem causar ofensa, pois isso lhes poderia comprometer a carreira, e, por outro, são[2] paralisados pelo medo de seu próprio material reprimido. Temos de aguardar que morram ou se reduzam, pouco a pouco, a uma minoria. O sangue jovem, no fim das contas, está todo ao nosso lado.

Infelizmente, não sei citar de cor os belos versos de *Hutten*, de C.F. Meyer, que terminam assim:

"E esse sino que agora ressoa cantante
É o som que dá à vida um novo protestante"[3].

Aschaffenburg, que o senhor compreendeu com tanto brilho (veja o lapso que cometi anteriormente: "sou" em vez de "são"), é, sem dúvida alguma, o patife maior, pois que, sendo inteligente, deveria saber mais. Não nos esqueçamos disso. O senhor tem toda a razão ao acentuar a absoluta esterilidade dos nossos oponentes, que nada mais podem além de se exaurir numa explosão de invectivas ou em repetições monótonas, ao passo que temos a capacidade de passar à frente, como de resto os que se juntam a nós. O celta[4] que o surpreendeu decerto não será o único; saberemos da existência de partidários inesperados antes que o ano se encerre, e outros se incorporarão à sua florescente escola.

Pois bem, passemos, então, ao meu *Ceterum censeo*[5]: levemos nossa revista avante. As pessoas falarão mal de nós, mas hão de a comprar e ler. Os anos de luta, vindos-lhe um dia à lembrança, parecer-lhe-ão os melhores. Mas não me superestime, por favor. Sou humano demais para merecê-lo. Seu desejo de ter uma fotografia minha encoraja-me a fazer um pedido idêntico que, sem dúvida alguma, será de atendimento mais fácil. Nunca posei de bom grado para um fotógrafo nos últimos 15 anos, porque sou muito vaidoso para aceitar minha determinação física. Há dois anos fui obrigado (pelo regulamento) a tirar um retrato para a Exposição de Higiene, mas o abomino tanto que não chegaria a mover um dedo para enviá-lo ao senhor. Mais ou menos na mesma ocasião, meus filhos bateram outra chapa; é muito melhor, não tem nada de artificial. Caso queira, tratarei de lhe obter uma cópia quando voltar para Viena. Mas meu melhor retrato, e o mais lisonjeiro, provavelmente é a medalha que C.F. Schwerdtner fez para o meu cinquentenário[6]. Se lhe interessar, diga-me que a mando.

Aqui em Roma levo uma existência solitária, mergulhado em devaneios. Não penso em voltar para casa antes do fim do mês. Meu endereço é *Hotel Milano*. No início das férias, afastei-me resolutamente da ciência, mas gostaria de, agora, regressar à normalidade e produzir alguma coisa. Essa cidade incomparável é ideal para isso. Apesar de os meus trabalhos principais provavelmente já estarem completos, alimento a esperança de me manter em sintonia, pelo tempo que me for possível, com o senhor e os mais novos.

Eitingon[7], a quem encontrei em Florença, agora está aqui e é provável que, em breve, venha visitar-me para dar-me suas impressões detalhadas de Amsterdam. Parece que ele anda de novo às voltas com uma mulher, prática essa que é um obstáculo à teoria. Quando eu tiver dominado totalmente minha libido (no sentido comum), começarei a escrever "História sexual da humanidade"[8].

Na expectativa de sua resposta, reafirmo-lhe a estima de sempre.

Cordialmente,
Dr. Freud

1. Publicada em *Letters*, ed. E.L. Freud, n. 127. / Freud esteve entre 15 e 16 de setembro em Florença, onde se encontrou com Eitingon, e entre 17 e 26 de setembro, em Roma. Cf. Jones, II, p. 40s./35s., e *Letters*, ed. E.L. Freud, n.128-133.

2. Hológrafo: *bin* (sou), corrigido por Freud para *sind*.

3. Ligeiramente incorreta, a citação é de *Huttens letzte Tage* (1871), XXIV, um ciclo em versos do poeta Conrad Ferdinand Meyer (1825-1898), de Zurique. Freud o incluiu numa lista de "dez bons livros" que lhe foi solicitada, como a outras pessoas de destaque, pelo livreiro vienense Heinrich Hinterberger, nesse mesmo ano, para a revista *Neue Blätter für Literatur und Kunst* (*Letters*, ed. E.L. Freud, n. 135; também SE IX). Os dísticos anteriores que Freud terá pensado citar dizem assim:

"Um som sem fim de sinos pelo lago é levado:
Muitos se batizam, muitos são enterrados.

Quando o sangue do homem nasce em veias novas
E que o espírito moroso mais se revigora.

O som soturno que tocou há pouco
Era o sino da morte de um papista caduco."

4. Hológrafo: *der Celte*; na versão de E.L. Freud, *Letters*, lido erroneamente como *der Alte* e traduzido por "the old man".

5. Catão o Velho (234-149 a.C.) terminava todos os seus discursos no senado romano com a frase "Ceterum censeo Carthaginem esse delendam" (De resto, penso que Cartago deve ser destruída).

6. O grupo de seguidores de Freud em Viena encomendou uma medalha por ocasião de seu cinquentenário, 6 de maio de 1906. Concebida por um conhecido escultor vienense, Karl Maria Scherdtner (1874-1916), trazia no anverso um perfil de Freud e no reverso uma representação de Édipo respondendo à Esfinge, com as linhas de Sófocles (em grego) "O que decifrou o célebre enigma e foi um homem poderoso demais". Cf. foto IV.

7. Max Eitingon (1881-1943), nascido na Rússia e criado em Leipzig, trabalhava como assistente voluntário no Burghölzli quando visitou Viena e assistiu a reuniões (23 e 30-1-1907) da Sociedade das Quartas-feiras, tornando-se, assim, o primeiro seguidor de Freud a ir do exterior visitá-lo. (cf. a carta a ele endereçada por Freud, 24-1-1922, em *Letters*, ed. E.L. Freud). 1909, aula inaugural (Universidade de Zurique) sobre o uso do experimento de associação com epilépticos. 1910, sócio-fundador da Sociedade Psicanalítica de Berlim; 1919, membro do "Comitê": o sexto (cf. o comentário que se segue a 321 J). Fundador da Policlínica Psicanalítica de Berlim (1920) e, após estabelecer-se na Palestina em 1934, da Sociedade Psicanalítica da Palestina.

8. Freud comunicara à Sociedade das Quartas-feiras, em 28-11-1906, que tinha em mente "um estudo da vida amorosa do homem" (*Minutes*, I, p. 66). Cf. 209 F n. 6 e 288 F n. 1.

46 J

Burghölzli-Zurique, 25 de setembro de 1907

Caro Professor Freud,

Temo que minha resposta vá uma vez mais com certo atraso; estive de cama a maior parte do tempo, com uma gastroenterite aguda. Ainda me sinto muito enfraquecido.

Ficar-lhe-ia muito grato se me enviasse o retrato tirado por seus filhos. Pode também me informar onde se consegue a medalha? Gostaria de adquirir uma.

Aqui fundamos agora uma Sociedade Freudiana de Médicos[1] cuja primeira reunião será na próxima quinta-feira. Contamos com umas 12 pessoas. Os assuntos de discussão serão, naturalmente, materiais de casos.

Como não ignora, o plano de lançar um jornal me agrada muito, mas prefiro não me precipitar, pois antes tenho de me pôr em dia com as outras obrigações. Só quando tivesse tudo resolvido poderia dedicar-me a esse empreendimento. Estou também envolvido agora na questão de um instituto internacional de pesquisas sobre as causas das doenças mentais[2]. A solução do problema pode vir ao seu tempo. Seja como for, não me seria possível pensar no jornal antes do segundo semestre de 1908. A partir de então a coisa há de evoluir por si mesma.

Considero Eitingon um tagarela totalmente impotente – apenas me escapa esse julgamento pouco caridoso e me ocorre que tenho inveja da desinibida ab-reação que ele faz do instinto polígamo. Retiro, portanto, o "impotente", que é por demais comprometedor. Ele, decerto, nunca chegará a nada; a não ser que um dia se torne membro da Duma[3].

Diz-me o Dr. Gross que, convertendo as pessoas em imoralistas sexuais, consegue impor à transferência uma parada brusca. A transferência para o analista e sua persistente fixação, no entender dele, são meros símbolos monógamos e, como tais, sintomáticos da repressão. O estado realmente saudável, para o neurótico, é a imoralidade sexual. Donde ele associa o senhor a Nietzsche. Parece-me, contudo, que a repressão sexual é um fator civilizatório importante e indispensável, ainda que patogênico, no que tange a muitas pessoas inferiores. Há certos pontos negativos, porém, de que o mundo jamais prescinde. Que é, afinal, a civilização, senão um fruto da adversidade? Tenho a impressão de que Gross está indo longe demais com a moda do curto-circuito sexual, que nem é inteligente nem de bom gosto, mas simplesmente cômoda, e, portanto, tudo menos um fator de civilização.

Cordiais saudações.

Atenciosamente,
Jung

Ano 1907

1. Jung prestou informações sobre a Suíça alemã numa série de artigos sobre "a situação atual da psicologia aplicada em vários países", *Zeitschrift für angewandte Psychologie*, I (1907-1908), p. 469s., declarando, então: "foi fundada, no outono de 1907, uma associação para pesquisas freudianas (com vinte membros mais ou menos). O presidente é o Professor Bleuler." (Cf. OC 18/1).

2. Nada se apurou a respeito.

3. A Duma Imperial, o parlamento russo, reunira-se pela primeira vez no ano anterior; foi dissolvida pelo czar e duas assembleias sucessivas, na realidade ineficazes, foram eleitas em 1907.

47 J

Burghölzli-Zurique, 1º de outubro de 1907[1]

Caro Professor Freud,

Não creio que tenha recebido minha última carta, enviada há quase uma semana para Roma. A primeira reunião da nossa Sociedade foi muito interessante. Compareceram 12 pessoas. Um de nossos assistentes[2] discutiu o simbolismo sexual de um catatônico e Riklin fez a análise de "As confissões de uma bela alma"[3]. A ambas as palestras seguiu-se uma discussão animada e frutífera. Da próxima vez, o Diretor Bertschinger[4] (aluno de Forel e agora um ativo defensor de suas ideias) falará sobre a "psicossíntese"[5], com a qual só teve experiências negativas.

Cordiais saudações.

Atenciosamente,

Jung

1. Cartão postal.
2. Hans Wolgang Maier (1882-1945), aluno de Forel e Aschaffenburg; no Burghölzli a partir de 1905; sucedeu a Bleuler, como diretor, em 1927.
3. = "Die Bekentnisse einer schönen Seele", no Livro VI de *Wilhelm Meisters Lehrjahre* (1796), de Goethe. A palestra de Riklin não foi publicada.
4. Heinrich Johannes Bertschinger (1870-1935), psiquiatra suíço; no Burghölzli com Forel, foi depois, e até a morte, diretor do Sanatório Breitenau, Schaffhausen. Membro da Sociedade Psicanalítica de Zurique.
5. Uma teoria proposta por Bezzola; cf. sua intervenção no Congresso de Amsterdam, "Des Procédés propres à réorganiser la synthèse mentale dans le traitement des névroses", *Revue de psychiatrie*, XII (1908). Cf. 151 J n. 3, para um diferente sistema de psicossíntese desenvolvido por Roberto Assagioli; cf. tb. 18 F.

48 J

Burghölzli-Zurique, 10 de outubro de 1907

Caro Professor Freud,

Meu mais sincero obrigado pela excelente fotografia[1] e pela esplêndida medalha[2]. Gostei imensamente de ambas. Mandar-lhe-ei de imediato um retrato meu, embora essa troca pareça quase absurda.

Ontem, e de novo hoje, enfureci-me com Weygandt[3], que publicou um artigo completamente estúpido no *Monatsschrift*, de Ziehen. Além de ser uma das piores baboseiras que já pude ler, é também mesquinho! Conheço Weygandt pessoalmente, ele é um super-histérico cheio de complexos e, assim, não tem como articular uma só palavra sensata; chega a ser mais bitolado do que Aschaffenburg. Nunca pensei que os acadêmicos alemães pudessem produzir tanta besteira.

Sob essa face melancólica da moeda há, porém, um maravilhoso reverso que me enche de satisfação: a análise de uma mulher, ainda jovem, com demência precoce. Em cada caso analisável há algo esteticamente belo e isso se evidencia muito bem nesse, que é uma cópia exata da *Senhora do mar*[4], de Ibsen. A estrutura do drama e o desenvolvimento da ação coincidem com os de Ibsen; o desfecho e a solução, infelizmente, não levam à liberação da libido, mas, sim, ao crepúsculo do autoerotismo, em que o velho dragão arranca de volta para si a libido que a ele mesmo pertence. O nó górdio não é desfeito, é cortado.

De longe, aparentemente sem ser correspondida, a paciente ama um jovem rico X. Induzem-na, porém, a ficar noiva de A, um homem correto e de boa índole, mas pouco atraente. Pouco depois do noivado, vem a saber, por um amigo de X, que a notícia o deixara transtornado. Violenta crise de paixão. Depressão profunda; só aceita o casamento por insistência dos pais, que a persuadem com agrados e força. Nega-se, por nove meses, a ter relações com o marido. Este demonstra uma paciência inesgotável, a mãe a pressiona e, afinal, ela cede, permitindo de quando em quando um coito totalmente frígido. Concepção. A depressão aumenta aos poucos. Nasce uma menina, recebida com transportes de alegria e um amor supranatural. Há indícios de que a depressão enfraquece. Fases de exuberante alegria, louvores efusivos ao seu feliz casamento. Coito frígido, tanto quanto antes. Logo após o parto, acessos de orgasmos arrebatados com masturbação compulsiva, acompanhados de visões do homem que amava antes. A menininha é vestida apenas de *azul*. Parece-se com o pai, mas tem uma coisa diferente – os *olhos* –; não são os da mãe nem os do pai: são os olhos do amado, castanhos e "maravilhosos". Após uma segunda gravidez, a paciente dá à luz um menino, ao qual odeia desde o início, embora tivesse querido engravidar. Até então, Ibsen. Mas vem agora a clássica catástrofe. A menininha morre com a idade de dois anos. Caindo em furor, a paciente blasfema: "Por que logo a minha filha? Por que só as crianças bonitas, e não as aleijadas, são levadas por Deus? Dizem que Ele leva as crianças para o Céu, mas não é verdade. E mesmo que fosse, *ninguém sabe o que é que Ele faz com elas lá!*" (já uma qualificação de seu amor pela criança!) A partir de então, excitada, colérica, esmurra o marido, ameaça "atirar o menino contra a parede". Tendências suicidas. Internamento. Ora profundamente deprimida, ora serena, com transferência para mim, porque sou alto e tenho olhos castanhos. Chegando a análise à sexualidade reprimida durante o casamento, brusca explosão de feroz excitação sexual, acalmada depois de algumas horas.

Os sonhos são interessantes por demonstrarem que, na realidade, o inconsciente dela não só queria *matar* o garoto como também a menina querida (por serem filhos do marido?); a menina parece ter sido apenas um símbolo do amado. Fica-me a impressão de que há nesse caso uma distinta causalidade psicogênica.

Particularmente interessante, do ponto de vista teórico, é o fato de a vitoriosa repressão do amado perturbador, após o primeiro parto, ter sido a causa eficiente da doença. Foi, então, que os orgasmos se tornaram autônomos, embora não impedissem permanentemente que a personalidade se adaptasse ao casamento.

Gostaria de ouvir seus sábios conselhos ainda sobre outra coisa. Uma senhora curada de neurose obsessiva agora me converte em objeto de suas fantasias sexuais, que admite serem excessivas e um tormento para ela. Dando-se conta de que o papel que desempenho nessas fantasias é mórbido, está disposta a desligar-se de mim e reprimi-las. Como agir com acerto?

Convém que eu continue o tratamento, que lhe dá um prazer voluptoso, segundo ela própria reconhece, ou é melhor que a dispense? Tudo isso há de lhe ser muito familiar; o que faz o senhor em tais casos?

Há duas semanas realizamos a primeira reunião de nossa Sociedade "Freudiana", com 12 participantes; palestras de Riklin sobre "As confissões de uma bela alma" e do Dr. Maier sobre um caso de catatonia. Segunda reunião amanhã[5]: o Dr. Bertschinger, diretor do Sanatório de Schaffhausen, falará de suas experiências negativas com os truques de Bezzola, e o Dr. Abraham sobre a intencionalidade nos sonhos eróticos. A coisa está indo muito bem, há grande interesse por toda parte, as discussões são animadas. Tenho a grata impressão de participar de um trabalho intensamente fecundo. Converti também à nossa causa o primeiro teólogo (o capelão de nossa Clínica!)[6]. Uma verdadeira proeza. Um aluno meu, o Dr. Stein, de Budapeste, contagiou, por sua vez, um alemão do norte (o primeiro?), o conhecido Dr. Juliusburger[7]. J. é uma dessas pessoas decididas, sem meias-tintas.

Provavelmente, já está sabendo que Abraham[8] decidiu deixar-nos. Esperemos que tenha sucesso. Invejo Eitingon, que agora nos regala com lendas da cidade sagrada; essa história da Fontana Trevi é historicamente verdadeira?[9] A análise aqui não teve êxito[10].

Às minhas saudações cordiais junto o agradecimento mais sincero.

Atenciosamente,

Jung

1. Cf. foto III.

2. Cf. foto IV.

3. Wilhelm Weygandt (1870-1939), professor de Psiquiatria em Würzburg; mais tarde em Hamburgo. Suas "Kritische Bemerkungen zur Psychologie der *Dementia Praecox*", *Monatsschrift für Psychiatrie und Neurologie*, XXII (1907), cuidam da monografia de Jung.

4. Publicada em 1888.

5. Nada menos de 20 pessoas presentes, segundo Abraham *(Freud/Abraham Letters*, 13-10-1907).

6. Eduard Blocher (1870-1942), anteriormente capelão na Legião Estrangeira da França. Não permaneceu ativo no movimento psicanalítico (essa informação foi gentilmente prestada por seu filho, o pastor Wolfram Blocher, de Wald, cantão de Zurique). Cf. tb. 175 J n. 1.

7. Otto Juliusburger (1867-1952), membro fundador da Sociedade de Berlim (1908); mais tarde se afastou da psicanálise. Em Nova York após 1940.

8. Abraham se demitiu do Burghölzli em novembro e mudou para Berlim no mesmo mês (Freud/Abraham Letters, p. XV e 13).

9. Anna Freud sugere que a frase se refere ao fato de Freud ter jogado uma moeda na Fontana de Trevi e, segundo a superstição, formulado um voto de voltar a Roma (cf. Jones, II, p. 22-19s.).

10. Alusão inexplicável.

49 J

Burghölzli-Zurique, 28 de outubro de 1907

Caro Professor Freud,

Pus imediatamente em prática, com bons resultados, seu oportuno conselho[1] sobre o caso de neurose obsessiva. Muito obrigado!

O caso Näcke[2] é, de fato, muito divertido. Seja como for, não vale a pena se preocupar com ele. N. é uma ave estranha que se alvoroça sobre as águas estagnadas da neurologia, da psiquiatria, da psicologia, e que em sua leitura há de ter aparecido com misteriosa frequência. É absolutamente bizarra e idiota a monografia "histórica" que ainda há pouco escreveu sobre a cãibra nas pernas. Cap. 1: A cãibra no Antigo Egito. Cap. 2: A cãibra na Assíria, e assim por diante. Nada me surpreende que ele tivesse de acabar metendo o nariz no grande debate Freud. Como não consegui o *Gross Archiv*[3], desconheço a crítica.

Suas duas últimas cartas contêm referências à minha preguiça de escrever. Devo-lhe, certamente, uma explicação. Uma das razões é meu acúmulo de trabalho, que mal me deixa tempo para respirar à noite; já a outra há de estar no domínio do afeto, no que o senhor chamou de meu "complexo de autopreservação" – uma expressão maravilhosa! E com efeito é de seu conhecimento que esse complexo já me pregou muitas peças, inclusive em meu livro sobre Dem. pr. Tento, honestamente[4], mas o espírito mau que (como vê) me enfeitiça a pena não raro impede que eu escreva. Na verdade – e é preciso um grande esforço para confessar isso –, tenho pelos sonhos uma admiração ilimitada, quer como homem, quer como estudioso, e não lhe voto o menor rancor consciente. Decerto não é aqui que reside a origem do meu complexo de autopreservação, mas dá-se que a maneira como o venero tem algo do caráter de um embevecimento "religioso". Se bem que a coisa realmente não me aflija, ainda a considero repulsiva e ridícula devido ao seu inegável fundo erótico. Esse sentimento abominável provém do fato de eu ter sido vítima, quando garoto, de um assalto sexual praticado por um homem a quem adorara antes. Mesmo em Viena, as observações das senhoras ("enfin seuls" etc.) me deixavam doente, embora a razão disso, na época, não me fosse clara.

Esse sentimento, do qual ainda não me livrei por completo, molesta-me consideravelmente. Outra de suas manifestações é que acho que o discernimento psicológico torna absolutamente desagradáveis as relações com colegas com uma forte transferência para mim. *Tenho, portanto, medo de sua confiança*. E também tenho medo de que o senhor reaja de igual modo quando lhe falo dos meus problemas íntimos. Passo, por conseguinte, ao largo dessas coisas, tanto quanto posso, pois, pelo menos em minha opinião, não há relacionamento íntimo que depois de algum tempo escape de ser sentimental e banal, ou exibicionista, como se dá com meu chefe, cujas confidências são ofensivas.

Penso que lhe devo essa explicação, embora preferisse não dá-la. Saudações cordiais.

Atenciosamente,

Jung

---

1. Faltam duas cartas de Freud, desde a de 19 de setembro; uma delas, evidentemente, comentava o caso descrito por Jung em sua última. Cf. tb. o § 3º da presente carta.

2. Paul Näcke (1851-1913), psiquiatra alemão nascido na Rússia, diretor de um hospício em Colditz, na Saxônia. Autor prolífico, atribui-se-lhe a introdução do termo "narcisismo". Escreveu vários artigos sobre a cãibra; cf. "Das Vorkommen von Wadenkrämpfen in orientalischen Gebieten in alter und neuer Zeit", *Neurologisches Zentralblatt*, XXIV (1907), 792s. A crítica a que Jung se refere é provavelmente "Über Kontrast-Träume und speziell sexuelle Kontrast-Träume", *Archiv für Kriminalanthropologie und Kriminalistik*, XXIV: 1-2 (julho de 1906), em que Näcke critica a teoria dos sonhos de Freud e diz: "Infelizmente, Jung se deixou influenciar muito por Freud". No mesmo número publicou resenhas desfavoráveis de *Três ensaios*, de Freud, e de "O diagnóstico psicológico da evidência", de Jung.

3. *Archiv für Kriminalanthropologie und Kriminalistik* (Leipzig), fundado e editado por Hanns Gross (1847-1915), professor de Criminologia na Universidade de Graz. No tocante ao seu filho Otto, cf. 33 J n. 7.

4. Hológrafo: *redch*, que não faz sentido, riscado e substituído por (*!*) *redlich* (*!*).

50 J

Burghölzli-Zurique, 2 de novembro de 1907

Caro Professor Freud,

Estou sofrendo todas as agonias de um paciente em análise, permitindo que os mais diversos medos concebíveis sobre as possíveis consequências de minha confissão me torturem. Há uma consequência que talvez lhe interesse, e por isso a exponho logo. O senhor há de se lembrar que lhe contei um breve sonho que tive quando estava em Viena. Fui incapaz de decifrá-lo na época. E ocorreu-lhe que a solução pudesse estar num complexo de competição (sonhei tê-lo visto como um velho fraco, muito fraco, que ia andando ao meu lado)[1]. Desde então, esse sonho se manteve a me afligir a mente. A solução só veio (como de hábito) depois de eu lhe ter confessado minhas preocupações. *O sonho tranquiliza minha mente acerca de sua + + + periculosidade!*[2] Essa ideia não me poderia ter ocorrido na época, é óbvio que não! Espero que os deuses subterrâneos desistam, enfim, de suas tramoias e me deixem em paz.

Não sei se lhe digo alguma coisa de novo ao afirmar que a história da infância de Jensen está clara para mim agora. Uma belíssima solução se evidencia nos contos "O guarda-chuva vermelho" e "Na casa gótica"[3]. Ambos, e particularmente o primeiro, são paralelos maravilhosos do *Gradiva*, às vezes até nos mínimos detalhes. *O problema é um amor irmão-irmã.* Será que Jensen tem uma irmã? Abstenho-me de entrar em detalhes, isso só estragaria o prazer da descoberta.

Devido aos meus serviços como ocultista fui eleito "Honorary Fellow of the American Society for Psychical Research"[4]. Voltei a me envolver, nessa qualidade, com estudiosos amadores de fantasmas. Também aqui suas descobertas são brilhantemente confirmadas. Como encara o senhor esse vasto campo de pesquisa?

Tenho a firme esperança de que o Natal o traga a Zurique. Posso contar com a honra de hospedá-lo em minha casa?

Cordiais saudações.

Atenciosamente,
Jung

1. Cf. um sonho similar que Jung relata em *Memories*, p. 163/158.

2. Hológrafo: Jung inseriu as três cruzes depois de ter escrito *Gefährlichkeit!*. (periculosidade!). Cf. 11 F n. 7.

3. Ambos enfeixados no volume *Übermächte* (Forças superiores; Berlim, 1892).

4. = "Membro Honorário da Sociedade Americana de Pesquisas Psíquicas"; em inglês no original. Sediada em Nova York, a Sociedade era, então, presidida por James Hervey Hyslop, que provavelmente abonou o nome de Jung.

51 J

Burghölzli-Zurique, 8 de novembro de 1907

Caro Professor Freud,

Muito obrigado por sua carta[1], que surtiu em mim excelente efeito. Julgo-o absolutamente certo quando celebra o bom humor como a única reação que se adequa ao inevitável. Esse foi também meu princípio até que a melhor parte de mim, felizmente só em momentos esporádicos, sucumbisse ao material reprimido. Em segredo, minha velha religiosidade havia encontrado no senhor um fator compensatório com o qual eu tinha, eventualmente, de chegar a bons termos, e só falando-lhe a respeito foi que o pude fazer. Esperava impedir, assim, que isso interferisse em meu comportamento em geral. Tenho confiança, seja como for, de que o bom humor não me abandonará nas situações difíceis. O objetivo do nosso esforço comum serve-me de salutar contrapeso e vale consideravelmente mais.

Seria ótimo se pudesse aproveitar o Natal – isto é, de 26 em diante – para a visita a Zurique. De nenhum modo incomodará meu chefe, nem pense nisso; "affairé" como sempre anda, é certo que ele o receba com uma grande exibição de interesse científico, dedicado e despretensioso, que sempre confunde os não iniciados. Meu chefe é o mais notável exemplo de uma pseudopersonalidade brilhantemente bem-sucedida, um problema digno do suor dos nobres[2].

Infelizmente, a Páscoa ainda está longe – motivo imperioso que me leva a preferir o Natal.

No tocante ao *Zeitschrijt für Sexualwissenschaft*[3], muita coisa depende da editoria. Pouca será a garantia de sua atitude científica caso estejam no comando os "175"[4]. É estranho, para começar, que não o tenham convidado a ser um colaborador regular. Duvido que lá prevaleça uma abertura verdadeira para as suas ideias. Acho que eles farão uma transição menos brusca, via psiquiatria. O progresso de nossa causa na Suíça seguiu esse caminho e, dada a brevidade do tempo, os resultados foram bons. Acabam de me convidar para falar sobre a significação dos seus ensinamentos na Sociedade Médica Cantonal. E, ainda, agora está aqui, para ser iniciado, o segundo médico do Hospício Préfargier[5]. O Dr. Jones, de Londres, já me anunciou que chega a 25 de novembro com o mesmo objetivo. Tudo, assim, vai tão bem quanto se poderia desejar. Se a Alemanha insistir em sua relutância, outros tomarão a frente. Binswanger me escreve que publicará uma análise proveniente da Clínica de Iena com prefácio do tio dele – ideia que dá margem a muitas interrogações[6], mas que em si mesma seria muito proveitosa. Uma coisa é certa: jamais a causa há de adormecer novamente. A morte pelo silêncio é o que há de pior, mas essa etapa está liquidada e finda.

Queira aceitar meu agradecimento e as saudações mais sinceras.

Cordialmente,
Jung

1. Não encontrada.
2. Hológrafo: *das Schweisses der Edeln wert*, uma citação da ode "Der Zürchersee" (1750), de F.G. Klopstock.
3. Cf. 74 F n. 2.
4. Expressão coloquial para designar as pessoas homossexuais, em virtude de o § 175 do Código Penal alemão tratar então (e ainda hoje) do homossexualismo.
5. Em Marin, cantão de Neuchâtel. A identidade do 2º médico não pôde ser estabelecida.
6. "Versuch einer Hysterieanalyse"; cf. 167 F n. 2.

52 F

15 de novembro de 1907
Viena, IX. Berggasse 19

Caro amigo e colega[1],

Sempre acho que meu dia começou bem quando o correio me traz um convite para uma reunião da sociedade à qual o senhor deu meu nome; é uma pena que seja tarde para que eu tome o expresso e chegue a tempo. O que diz de seus progressos interiores é tranquilizador; uma transferência de base religiosa, a meu ver, seria absolutamente funesta e só poderia terminar em renúncia, graças à universal tendência humana de se ater a sucessivas reimpressões dos clichês que nós trazemos no íntimo. Farei o possível para lhe mostrar que não estou talhado para ser um objeto de adoração. Talvez o senhor pense que eu já tenha começado, mas é que estava sonolento e irritadiço em minha última carta; pouco depois me refiz e disse-me praticamente o que o senhor agora observa, a saber, que não nos faltam motivos de satisfação. E, ademais, não devemos cometer o erro de julgar o fermento exclusivamente pelas bolhas literárias que emite. As transformações mais significativas nem sempre resultam de uma publicação explícita. Simplesmente se nota, um belo dia, que ocorreram.

A despeito do prefácio tranquilizador do tio, a publicação de Binswanger, vinda de uma das cidadelas da ortodoxia, há de fazer furor na Alemanha. Nem há dúvida de que foi um passo brilhante o que o senhor fez do rapaz. O senhor acha que sua firmeza e persistência são capazes de estabelecer, um dia, um foco de infecção?

Recebi ontem um estudo de Warda[2] que figura no volume em honra de Binswanger tio. Ele tem boas intenções, como aliás o demonstrou em publicações anteriores, mas não parece ter talento, é uma dessas pessoas que não sabem dar um passo sozinhas, e assim o estudo deixa uma impressão patética.

Imagine que, apesar do pedido expresso em minha correspondência com ele[3], não recebi a separata do ensaio de Näcke, nem de resto do de Aschaffenburg[4], embora este tenha tido a grande delicadeza de me enviar seu primeiro ataque. Minha maior tristeza, porém, seria não conhecer o teor da intervenção feita pelo senhor no Congresso de Amsterdam.

Há algum tempo um tal de Dr. Kutner[5], ex-assistente de Wernicke, escreveu-me de Breslau que desejava vir a Viena para uma ligeira introdução à ΨA. Disse-lhe, francamente, quão pouco eu poderia ensinar durante uma visita breve. Desde então não recebo dele uma só palavra.

Devo confessar-lhe que, no momento, eu não trabalho em nada; mas *algo* trabalha em mim sem interrupção. O ensaio de Riklin sobre contos de fadas já devia estar todo corrigido a esta altura. Ao *Gradiva*, realmente, não se dá atenção. E há um livreiro enjoado que até agora me mantém à espera das duas novelas de Jensen!

Espero ter notícias suas em breve.

Cordialmente,
Dr. Freud.

1. Hológrafo: *Lieber Freund und College*. A primeira vez que Freud usa essa saudação, a não ser que o tenha feito numa das cartas precedentes que faltam. / Aqui começa a usar também um papel novo, com "Wien" no timbre.
2. Wolfgang Warda, sócio-fundador da Sociedade de Berlim (1910); afastou-se em 1911. Seu estudo é "Zur Pathologic und Therapie der Zwangsneurose", *Monatsschrift für Psychiatrie und Neurologie*, XXII (1907), v. suplementar.
3. Cf. 49 J n.2.
4. Cf. 43 J n.2.
5. Não identificado.

53 F

24 de novembro de 1907
Viena, IX. Berggasse 19

Caro amigo e colega,

Escrevo-lhe hoje sobre um assunto pessoal. Num desses próximos dias irá procurá-lo o Dr. A——. Trata-se de um jurista que pretende estudar economia em Zurique, homem muito talentoso que a vida inteira sofreu de uma desordem grave. O tratamento do Dr. Federn[1], um de meus colegas, foi brilhantemente coroado de êxito. O Dr. A—— lhe pedirá permissão para assistir às sessões de sua sociedade, caso seja possível, pois o interese dele não terminou com a cura. Espera que não o apresente a ninguém como ex-paciente e suponho que também deseje trocar umas palavras com você. A irmã dele, que tem ataques histéricos, é minha paciente; a análise simultânea do irmão e da irmã forneceu-me valiosas confirmações de toda espécie. O caso não deixa de lembrar os dois precursores do *Gradiva* que o senhor descobriu. Sua suposição confere. Não sei ainda ao certo se Jensen teve realmente uma irmã que morreu nova ou se não teve nenhuma e transformou uma amiga na irmã que sempre desejara. O melhor seria perguntar-lhe, mas as últimas cartas dele eram tão obtusas que ainda hesito em fazê-lo. De fato, as narrativas são muito interessantes. Em "O guarda-chuva vermelho" já figuram todos os elementos componentes do *Gradiva*, o modo de ser ao meio-dia, a flor no túmulo, a borboleta, o objeto esquecido e, finalmente, a ruína. E também o elemento de impro-babilidade, a mesma concordância exagerada entre realidade e fantasia. A clareira é a mesma que lhe vem à memória, embora a localização seja outra, e o novo amor carrega o mesmo guarda-chuva que o antigo. Com a ajuda dessa novela vê-se que certas facetas do *Gradiva* são rudimentos de algo mais significativo. Assim, a inesperada epidemia de moscas no *Gradiva*, descrita apenas por comparação, deriva do abelhão que, em "O guarda-chuva vermelho", aparece como um mensageiro da mulher morta, molestando o herói para salvá-lo da morte. Nessa novela, o estilo é odiosamente insensível, mas o conteúdo está carregado de significa-do. Nossos objetos de amor formam séries, um é a repetição de outro (*O mestre de Palmira*[2]) e cada qual surge como reativação de um amor infantil que é e deve ficar inconsciente; despertado para a consciência, logo ele retém a libido, em vez de orientá-la adiante, e um novo amor se torna, então, impossível.

A primeira novela pode ser traduzida mais ou menos assim: eu a perdi e não consigo esquecê-la. Em consequência, não posso realmente amar outra mulher. A segunda – "Na casa gótica" – exprime simplesmente esta ideia: mesmo que ela tivesse vivido, eu haveria de, inevitavelmente, perdê-la, casando-a com outro (o que suscita a probabilidade de ela ser irmã dele), e é apenas na terceira, nosso *Gradiva*, que ele domina por completo a dor ao dizer: "Hei de encontrá-la de novo". Para o velho, isso só pode ser uma intimação da morte e um consolo na eternidade cristã, representada por elementos diametralmente opostos.

Em nenhuma das duas novelas há qualquer vestígio de uma referência ao "andar" da moça, tal como ocorre no *Gradiva*. Uma olhada casual no relevo deve ter reavivado, na memória do autor, a moça morta. Mas agora vejamos o que o senhor pensa desta construção ousada: a irmãzinha dele nunca foi sadia, tinha um pé em clava[3] e mancava, mais tarde morreu de tuberculose. Esse elemento patológico tinha de ser excluído da fantasia embelezadora. Mas um dia o pesaroso autor deu com o relevo e viu que a deformidade, esse pé torto, podia ser remodelado num sinal de beleza. O

Gradiva estava agora completo – um novo triunfo da fantasia de realização de desejo[4].

Com as saudações mais cordiais do
Dr. Freud

1. Paul Federn (1871-1950), médico vienense especializado em "medicina interna"; um dos primeiros a aderir à psicanálise (1904) e um dos mais chegados a Freud no grupo de Viena. Após 1938, em Nova York.
2. = *Der Meister von Palmyra* (1889), peça de Adolf von Wilbrandt (1837-1911).
3. Hológrafo: *Spitzfuss* = *talipes equinus*, deformidade na qual a sola fica para trás e os dedos apontam para baixo.
4. Cf. o pós-escrito de Freud à segunda edição (1912) de "Jensen's *Gradiva*", SE IX, em que ele aproveita essas ideias.

54 J

Burghölzli-Zurique, 30 de novembro de 1907

Caro Professor Freud,

Terça-feira passada falei na Sociedade Médica sobre suas pesquisas durante quase hora e meia e fui muito aplaudido[1]. Mais de 100 doutores presentes. Nenhuma oposição, com exceção de dois conhecidos neurologistas que se apegaram ao cavalo-de-batalha moral.

A reunião de ontem da nossa Sociedade Freudiana transcorreu muito bem, com grande animação. O Prof. Bleuler deu início aos trabalhos com uma impagável versalhada satírica dirigida aos que criticam o senhor. Encontrando-se entre os presentes, Von Monakow[2] achou naturalmente que os versos se referiam a ele, o que foi motivo de riso para todos os macacos-velhos. Vê-se que diferença faz a sugestão coletiva – havia 25 pessoas – Monakow não se mexeu mais do lugar. Dessa vez, a oposição esteve em maus lençóis. Que isso seja um bom auspício! O Dr. A—— também apareceu por lá. Ele ainda anda explorando um pouco a neurose.

O Dr. Jones, de Londres, que é um jovem talentoso e ativo ao extremo, esteve comigo durante os últimos cinco dias, principalmente para conversar sobre as pesquisas do senhor. Devido ao seu *splendid isolation*[3] em Londres, ainda não se aprofundou muito nos problemas do senhor, mas está convencido da necessidade teórica de seus pontos de vista. Ele há de ser

Ano 1907

um firme sustentáculo da nossa causa, pois além dos dons intelectuais que possui está cheio de entusiasmo.

De comum acordo com meus amigos de Budapeste, o Dr. Jones aventou a hipótese de um congresso dos seguidores de Freud. Realizar-se-ia em Innsbruck ou Salzburg, na primavera que vem, com uma programação tal que não obrigasse os participantes a mais de três dias fora, o que em Salzburg seria perfeitamente possível. Calcula o Dr. Jones que pelo menos duas pessoas iriam da Inglaterra e, certamente, haverá vários da Suíça.

Minha palestra em Amsterdam, que sempre me esqueço de mencionar por razões "complexas", será publicada no *Monatsschrift für Psychiatrie und Neurologie*. Ainda precisa de um ligeiro polimento.

Esta semana darei um pulo a Genebra, a segunda cidade universitária onde suas ideias jamais voltarão a ficar adormecidas.

Cordiais saudações.

Atenciosamente,

Jung

1. "Über die Bedeutung der Lehre Freud's für Neurologie und Psychiatrie" (resumo), *Korrespondenz-Blatt für Schweizer Aerzte*, XXXVIII (1908), p. 218s. = "A importância da teoria de Freud para a neurologia e a psiquiatria", OC 18/1. Bleuler falou a favor; contra, Max Kesselring (cf. 293 F n. 7) e Otto Veraguth (cf. 115 J n. 6).
2. Constantin von Monakow (1853-1930), neurologista suíço, natural da Rússia, de reputação internacional.
3. = esplêndido isolamento, em inglês no original; já aplicada (1896) ao Império Britânico, a frase fora usada por Freud para definir sua situação (carta a Fliess, 7 de maio de 1900, *Origins*, p. 318). / Jones (II, p. 43/38) assistiu à reunião do grupo freudiano em 29-10.

55 F

8 de dezembro de 1907
Viena, IX. Berggasse 19

Caro amigo e colega,

Malgrado o incômodo que parece sentir com seu "complexo", o senhor me encheu de alegria com notícias realmente interessantes. Nada de comparável posso oferecer-lhe em troca. O Congresso em Salzburg, na primavera de 1908, deixar-me-ia muito orgulhoso; suponho que minha presença só serviria para atrapalhar; espero, assim, que não me convide. O Dr. A—— enviou (mas não a mim) um relato entusiástico – e a meu ver

Ano 1907

arguto – sobre sua atuação na sociedade de Zurique. Seu inglês me interessa devido à nacionalidade dele; acredito que os ingleses, familiarizando-se com nossas ideias, não mais as abandonarão. Confio menos nos franceses, mas o povo de Genebra deve ser considerado suíço. O artigo de Claparède sobre a definição de histeria[1] limita-se a um julgamento muito inteligente de nossos esforços; a ideia da construção de vários andares vem de Breuer (na seção geral dos *Studies*)[2] e a própria construção, a meu ver, bem que podia ser descrita melhor. Claparède entenderia mais a planta se consultasse os pacientes em vez de se ater aos imprestáveis autores. Apesar disso, o estudo é um passo à frente; a rejeição de "sugestão" era necessária. Espero que, como resultado de sua visita, ele aprenda a levar em conta numerosas coisas de que ainda ostensivamente se esquece.

Deu-me grande prazer encontrar uma referência a um trabalho de Jung, "A teoria freudiana da histeria", no índice de *Folia neurobiológica*[3], um novo periódico. Fui à página indicada e achei – apenas uma linha. Depois dessa experiência traumática, pareceu-me que o melhor seria não assinar esse novo "órgão central".

Domingo que vem Abraham virá de Berlim para me ver.

Durante a semana passada, planejei e redigi uma palestra que pronunciei no dia 6 numa pequena sala na editora de Heller[4]; cerca de 90 pessoas a assistiram. Tudo transcorreu sem incidentes, o que não deixa de ser bom para mim, mas o prato há de ter sido indigesto, quer para os escritores, quer para as respectivas esposas. *Die Neue Rundschau* adquiriu a palestra, ainda no estado fetal, e provavelmente a publicará. Foi, pelo menos, uma incursão num território até agora quase virgem para nós, mas onde posso me estabelecer facilmente. Vejo que esqueci de dizer-lhe o título da palestra! É "O poeta e o devaneio"[5]. Falo mais de fantasias que de poetas, mas espero compensar isso de outra feita.

Escreva-me logo que possível.

Cordialmente,
Dr. Freud

---

1. "Quelques mots sur la definition de l'hystérie", *Archives de psychologie*, VII (1908). Cf. Jung, "Resenhas".
2. *Estudos sobre a histeria*, Edição Standard Brasileira, II, p. 301-302 (Parte III, "Considerações técnicas", por Josef Breuer; orig. 1893).

Ano 1907 —————————————————————————————————

3. *Folia neurobiológica* (Leipzig), I:1 (outubro de 1907), 142: apenas uma menção à palestra de Jung no Congresso de Amsterdam em setembro; cf. 43 J n. 2 e 82 F n. 3. Jung aparecia como consultor editorial desse novo "órgão central internacional para a biologia do sistema nervoso" (subtítulo). A palestra foi comentada em II:1 (outubro de 1908), 140.
4. Hugo Heller (1870-1923), um dos primeiros membros da Sociedade das Quartas-feiras, apesar de não ser psicanalista; dono de uma livraria que era ponto de encontro dos intelectuais e artistas de Viena, incumbiu-se da publicação de *Imago* e do *Internationale Zeitschrift für Psychoanalyse*. Cf. tb. 58 F n. 1.
5. "Der Dichter und das Phantasieren" = "Creative Writers and Daydreaming", SE IX. O jornal não era *Neue Rundschau*, o principal mensário literário da Alemanha, publicado até hoje, mas, sim, *Neue Revue* (I: 10, março de 1908). Cf. tb. Jones, II, p. 385/344.

56 J

Burghölzli-Zurique, 16 de dezembro de 1907

Caro Professor Freud,

O senhor está redondamente enganado se pensa que o deixaremos de fora de Innsbruck ou Salzburg! Muito pelo contrário, esperamos reunir--nos sob sua presidência. A ideia é realizar nosso Congresso após o dos psicólogos, em Frankfurt[1], *i. e.*, após 20 de abril (infelizmente, não consigo lembrar no momento a data exata). Espero que essa ocasião lhe convenha. Para facilitar o comparecimento, o ideal seria que o encontro se limitasse a uma noite e um dia, de modo que todos os participantes, mesmo os dos lugares mais distantes, não se vissem forçados a abandonar seu trabalho por mais de três dias. Tão logo me diga como encara esse argumento, submeterei propostas definitivas aos interessados.

Negocio, no momento, a fundação de uma revista para a qual quero ter garantida uma ampla distribuição. Há de ser internacional, pois devemos nos emancipar tanto quanto possível do mercado alemão. Falar-lhe-ei a respeito assim que tenha em mãos resultados concretos.

Por mais algum tempo, Claparède há de se manter reticente, pois não dispõe de dados; na realidade, é um psicólogo. Da parte dele temos garantida uma neutralidade benévola.

Desculpe, por favor, a brevidade desta carta. Estou ocupadíssimo.

Cordialmente,

Jung

1. III Congresso de Psicologia Experimental, Frankfurt am Main, 22 a 25-4-1908.

57 F

21 de dezembro de 1907
Viena, IX. Berggasse 19

Caro amigo e colega,

Que planos magníficos! Decerto não lhe falta energia. Para mim seria ótimo se o encontro se realizasse após a Páscoa[1] – quanto mais cedo melhor. Se você escolher Salzburg em vez de Innsbruck – a primeira é de longe a mais bonita e apropriada das duas – não haverá dificuldade para mim, pois o expresso daqui a Salzburg leva apenas seis horas. Mas ainda estou disposto a abrir mão do convite caso uma nova reflexão o leve a achar que as coisas andariam melhor em minha ausência. A propósito, há outro ponto a ressaltar. Certamente, não faria sentido que eu assumisse a presidência. De jeito nenhum. O comando cabe ao senhor ou a Bleuler; com tato, revezemos os papéis!

Falando francamente, seus planos para a revista me agradam ainda mais, essa é uma questão de vida ou morte para nossas ideias.

Às perguntas que fiz a Jensen recebi a resposta que se segue. Por um lado, ela demonstra a pouca disposição que ele tem de ajudar em investigações desse tipo; por outro lado, sugere que os fatos são mais complicados do que as indicações de um mero esquema. À pergunta principal – se havia algo patológico no andar dos modelos de suas personagens – ele não deu resposta. Transcrevo a carta, pois dificilmente é legível sem uma lente de aumento. Após uma introdução na qual se desculpa por um tratamento "lapidar" de minhas perguntas, ele escreve:

"*Não*. Não tive irmãs nem qualquer parente mulher por consanguinidade. Contudo 'O guarda-chuva vermelho' foi composto à base de lembranças minhas; a de um primeiro amor, uma garota que foi minha amiga de infância, muito chegada, e aos 18 anos morreu de uma consunção, e a de uma moça de quem me aproximei anos depois e que também foi arrebatada por uma morte abrupta. É da última que vem o 'guarda-chuva vermelho'. Em meu conto as duas figuras se fundiram, por assim dizer, numa só; o elemento místico, expresso principalmente nos poemas, também teve origem na segunda moça. A novela 'Sonhos juvenis' (em minha coletânea *Dos tempos de mais calma** Vol. II)[2] assenta-se na mesma base, mas se limita à primeira. 'Na casa gótica' é uma invenção inteiramente livre (!)".

Abraham esteve conosco de domingo a quarta-feira. Mais simpático do que o senhor o descreveu, mas falta-lhe vigor, é um pouco inibido. No momento crucial não consegue encontrar a palavra certa. Falou-me muito de Bleuler, que, para ele, é de grande interesse, claramente, como um problema.

Aproveito o ensejo para desejar-lhe um Feliz Natal.

Cordialmente,
Dr. Freud

* A motivação desse lapso é óbvia.

1. 19 de abril.
2. Hológrafo: *"Aus stiller Zeit"*: depois de *Aus* Freud escreveu *Schri*, que em seguida riscou. Talvez tivesse em mente *Schriften zur angewandten Seelenkunde.*

58 F

1º de janeiro de 1908
Viena, IX. Berggasse 19

Caro amigo e colega,

Não escreverei muito, pois temo que a obrigação de me dar resposta seja um encargo a mais para o senhor. Apenas alguns pontos que talvez tenham importância prática.

1. Uma grande editora de Viena, Freytag-Tempsky (IV. Johann Strauss-gasse 6), tenta insistentemente "nos" comprar e pode ser que encampe a série[1] do *Gradiva*. As promessas que fazem são maravilhosas. Queria que ficasse a par desse assunto. A firma não é apenas austríaca, mas também alemã (Leipzig).

2. O Dr. A——, que hoje esteve aqui, disse-me que o Dr. Frank anda falando no Burghölzli de uma paciente que pegou gonorreia aos 47 anos, depois ouviu de mim os maiores horrores e, desde então, não tem cura. É-me humanamente impossível lembrar de uma mulher com essa história; A—— não sabia dar outros detalhes esclarecedores. Como não é de todo

impossível que a paciente ou o médico tenham andado a contar mentiras, diga-me, por favor, se já ouviu algo mais e se pode ajudar-me a identificar a mulher. É claro que, nesse caso, darei as explicações necessárias.

Minha mulher ficou muito contente com a mensagem de Ano Novo que sua esposa mandou de Schaffhausen[2] e pede-me que a agradeça.

Que 1908 seja bom para nosso trabalho!

Com a mais sincera amizade do
Dr. Freud

1. Heller tinha publicado os dois primeiros volumes de *Schriften zur angewandten Seelenkunde*, mas Freud estava insatisfeito com sua lentidão e procurava outro editor; foi Franz Deuticke, finalmente, que do terceiro volume em diante deu continuidade à série. Cf, 68 F.
2. Casa da família (Rauschenbach), de Emma Jung.

59 J

Burghölzli-Zurique, 2 de janeiro de 1908

Caro Professor Freud,

Cordiais saudações pelo Ano Novo! O ano passado trouxe-nos não poucos sinais de uma nova aurora e meu voto mais sincero de Ano Novo é que este que agora se inicia traga-nos surpresas ainda mais agradáveis. Desnecessário que eu insista no progresso já feito pelas sementes que lançou; em Salzburg, é o que espero, o senhor há de ver como se espalham e crescem. Enviarei uma circular, assim que puder, a fim de determinar o número de participantes e a data do Congresso. Ao mesmo tempo hei de lhe escrever e pedir que submeta minhas propostas à sua Sociedade.

Noto, com certa contestação, duas coisas. A primeira é que acabou não dando em nada a esperança que eu tinha de recebê-lo em Zurique entre o Natal e o Ano Novo. A segunda é que, afinal, foi muito negativa a descrição que fiz do nosso colega Abraham. Por razões psicanalíticas estou sempre inclinado a tratar primeiro da minha vida. Nesse caso, contudo, entrou certamente em causa o "complexo de autopreservação" do nosso colega em relação a mim. Seja como for, ele parece ter sido mais acessível ao senhor e é essa diferença o que talvez explique nossas impressões diferentes. Ótimo que A. lhe tenha dito muitas coisas sobre Bleuler, compensando, assim, minha negligência. Bleuler realmente é uma curiosidade psicanalítica. A. escreve que está indo muito bem em Berlim; pelo menos o começo, ao que me dizem, é estimulante para ele.

Meus críticos franceses[1] foram uma decepção. A despeito das boas intenções iniciais, logo viram que a tarefa é muito ingrata e grande, esquivando-se, assustados, a ela. A única coisa que conseguimos lançar em francês no ano passado foi meu próprio comunicado, *Diagnostic Association Studies*, que Binet me pediu[2]. Por trás de Binet há um suíço em ação, Larguier des Bancels[3], livre-docente de Filosofia em Lausanne, que foi contaminado por intermédio de Ciaparède. Minhas investigações galvânicas, que, na verdade, só têm interesse psicológico por causa dos experimentos de associação, vão sair na *Gazzetta Medica Lombarda*[4]. Também a *Rivista de Psicologia* abordou-me para um comunicado sobre psicanálise[5]. Veja, pois, o senhor, que a generosidade de seu conhecimento já escoa por numerosos canais.

Nada de novo, até agora, sobre a organização da revista. As negociações com a América continuam no ar[6].

Li com grande interesse suas notícias sobre Jensen. Infelizmente, nada pode ser feito com simples recordações do passado se a elas não se juntam as confissões pessoais. É lamentável, mas compreensível, que ele nem desconfie da significação de suas perguntas. Para tanto é mister um "esprit" bem típico, sobretudo, certa juvenilidade.

Trato, no momento, de outro grave caso de histeria com estados crepusculares. Vai indo bem. A moça é estudante, 26 anos. Caso de excepcional interesse. Meu trabalho praticamente se limita a análises de sonhos, as outras fontes rendem pouco. Os sonhos de transferência começaram bem cedo, da maneira mais milagrosa, e em muitos há uma clareza sonambúlica. Naturalmente, tudo se encaixa em sua teoria. A história sexual remota ainda não está clara, uma vez que desde os 13 anos tudo é encoberto por uma escuridão amnésica retrógrada sobre a qual só os sonhos lançam uma luz fosforescente. Os estados crepusculares são semelhantes aos do primeiro caso que eu publiquei ("Fenômenos ocultos")[7]. A paciente representa à perfeição e com uma beleza dramática positivamente emocionante a personalidade que, para ela, é o sonho ideal. Tentei de início entregar a análise ao nosso primeiro assistente, o Dr. Maier, mas foi impraticável, pois a paciente já resolvera conquistar-me, embora propositadamente eu nunca a visitasse. Médicos e enfermeiras, durante os estados crepusculares, ajuntam-se, cheios de espanto, em torno dela. No segundo dia do tratamento analítico, imediatamente antes de emergir o principal complexo, manifestou-se um estado crepuscular que durou dois dias. Depois não houve outros, com exceção, no dia em que a transferência se lhe tornou clara, a vez em que foi ter a uma amiga e encenou um estado crepuscular defensivo de duas horas e meia, pelo que se culpou e demonstrou no dia seguinte o maior remorso. Em dose rara, ela possui a capacidade de discutir sobre a existência ou não existência de sintomas. Espera, agora, uma visita do amante, mas um ructus[8] a aflige. Sempre à janela, vigia para ver se ele vem. De noite sonha que está apanhando "protozoários" na janela e dando-os a uma figura indistinta. O ructus apareceu pela primeira vez após os 16 anos, quando notou que a mãe tinha a intenção de casá-la. Ela, porém, negou-se: aversão – medo de engravidar – ructus. Agora *espera* o amado *à janela*: está "esperando" um filho do amante (ructus) e *da janela* apanha os protozoários que, de imediato, reconhece como embriológicos. Há uma infinidade de coisas assim. Casos como esse sempre me consolam da desconsideração generalizada por seus ensinamentos. Nosso empenho visa a algo de realmente bom, podemos ter uma alegria legítima.

Faço a 16 de janeiro uma palestra[9] aberta ao público e espero despertar o interesse de uma grande audiência para as novas pesquisas. Outras novas de Ano Novo não tenho. Peço-lhe que transmita à sua esposa e a toda a família, neste ensejo, meus melhores votos.

Cordialmente,
Jung

1. Isto é, franco-suíços.

2. Alfred Binet (1857-1911), psicólogo experimental francês; com o psiquiatra Theodore Simon, idealizou a Escala Binet-Simon (1905) para testes de inteligência. Fundou e dirigiu o primeiro periódico francês de psicologia, *L'Année psychologique*, no qual foi publicado o comunicado de Jung: XIV (1908), 453-55, na realidade um sumário em francês dos artigos no vol. 1 dos *Assoziationsstudien*. Jung figurava como editor-colaborador de *L'Année psychologique*.

3. Jean Larguier des Bancels (1876-1961), secretário editorial de *L'Année psychologique*; mais tarde professor de Psiquiatria em Lausanne.

4. Nem no fim de 1907 nem em 1908 foi possível localizar na *Gazzetta* esse trabalho de Jung.

Ano 1908 ———————————————————————

5. Cf. 99 F n. 3.

6. Segundo Jones (II, p. 49/44), não deram em nada as negociações com Morton Prince para fundir o jornal ao *Journal of Abnormal Psychology*, publicado sob a direção editorial desse em Boston. Cf. 69 J n. 1.

7. *Zur Psychologie und Pathologie sogenannter occulter Phänomene* (Leipzig, 1902) = "Sobre a psicologia e patologia dos fenômenos chamados ocultos", OC 1. Tese apresentada por Jung ao se doutorar em Medicina pela Universidade de Zurique.

8. Arroto (A + lat. *ructus)*, comum na gravidez.

9. Hológrafo: *Aulavortrag*, "conferência no salão da universidade"; foi feita, porém, no salão da prefeitura. Cf. 82 F n. 4.

60 J

5 de janeiro de 1908[1]

Caro Professor Freud,

Tenho grande interesse pelo que me diz sobre o acordo com uma nova editora. Havendo perspectiva de publicação rápida, ofereço-lhe de bom grado, para o *Papers*, uma pequena obra popular para cerca de três folhas impressas[2], "O conteúdo das psicoses"[3]. Trata-se de uma palestra que farei perante as "précieuses ridicules" de nossa bela cidade.

Cordialmente,

Jung

1. Cartão postal. Jung começou a escrever XII, na indicação do mês, mas emendou a tempo para 5-1-1908.

2. Hológrafo: *Druckbogen*, que é um caderno de 16 páginas; Jung pensava, portanto, em 48, mas a publicação acabou por ter 26.

3. Cf. 82 F n. 4.

61 F

14 de janeiro de 1908
Viena, IX. Berggasse 19

Caro amigo e colega,

Excesso de trabalho e doença na família responsabilizam-se pelo atraso com que lhe respondo. Sinto que perco muita coisa importante por nem

Ano 1908

sempre conseguir manter-me em contato regular com o senhor. Se estivesse aqui, estou certo de que teríamos coisas do maior interesse a nos dizer sobre os ensinamentos virtuais dos nossos casos – trabalho, no momento, com 12.

No tocante a Abraham, o senhor se julga com demasiado rigor. Apesar de muito gentil, também comigo ele se inibiu um pouco; nas cartas que envia é bem mais expansivo. Acredito que é impedido de se sentir à vontade por preocupações perfeitamente compreensíveis para mim: o fato de ser judeu e a inquietude quanto ao próprio futuro. Sei que Oppenheim se interessa por ele e, embora não seja nosso amigo, Oppenheim é uma pessoa muito decente.

Recebi hoje o estudo de Binswanger[1]. É claro que reconheci o senhor como sujeito, sem qualquer dificuldade, e gostei de ver com que audácia o rapaz se desvencilhou da enrascada[2].

Nossos assuntos práticos ainda estão todos em suspenso, mas gostaria de pegar sua palavra e publicá-la em poucas semanas. Também eu tenho no prelo dois pequenos artigos[3] e já cuido de escrever dois outros, um dos quais, pelo menos – "Caráter e erotismo anal"[4] –, (para Bresler?) escreve-se praticamente sozinho.

Espero conhecer em breve o Dr. Stein, de Budapeste. Só os problemas domésticos mencionados impediram-me de recebê-lo em casa no domingo passado.

O Dr. Stekel (da Sociedade das Quartas-feiras) prepara-se para lançar um alentado volume sobre a histeria de angústia[5], teoricamente fraco, mas rico em análises perspicazes e, decerto, capaz de impressionar.

Na expectativa de sua resposta, reafirmo todo meu apreço.

Cordialmente,
Freud

---

1. "Über das Verhalten des psycho-galvanischen Phänomens beim Assoziationsexperiment", *Journal für Psychologie und Neurologie*, X (1907) = "Do fenômeno psicogalvânico nos experimentos de associação", *Estudos sobre associação de palavras* (1918).

2. O sujeito dos testes I e IV é claramente Jung, noutros o próprio Binswanger; cf. p. 516 da edição inglesa.

3. Provavelmente, "Hysterical Phantasies" (64 F n. 1) e "Creative Writers" (55 F n. 4).

4. Em *Psychiatrisch-neurologische Wochenschrift*, cujo editor era Johannes Bresler (cf. 77 F n. 6). Para o outro artigo em preparo, presumivelmente, "'Civilized' Sexual Morality and Modern Nervous Ilness", cf. 77 F n. 6.

5. Cf. 98 J n. 2. Casos do livro de Stekel foram apresentados na Sociedade das Quartas-feiras, em 20 e 27-11-1907 e 8-1-1908 (*Minutes*, I).

62 J

I Congresso de Psicologia Freudiana[1]

Caro senhor,

Dos centros mais diversos, os seguidores dos ensinamentos de Freud expressaram o desejo de um encontro anual que lhes desse uma oportunidade de trocar ideias e discutir suas experiências práticas. Posto que os seguidores de Freud, embora ainda numericamente poucos, já estejam espalhados por toda a Europa, sugeriu-se que nosso primeiro encontro ocorresse logo após o III Congresso de Psicologia Experimental, a se realizar este ano, em Frankfurt (22 a 25 de abril), de modo a facilitar o comparecimento de colegas da Europa Ocidental. O local proposto para o encontro é *Salzburg*.

O programa provisório foi assim estabelecido:

26 de abril, noite: chegada a Salzburg, congregação.

27 de abril: reunião. Presidente: Prof. Dr. S. Freud.

28 de abril: partida.

A apresentação de materiais clínicos, as exposições verbais e os quesitos por escrito serão aceitos *de muito bom grado*. As propostas devem ser remetidas ao abaixo-assinado *antes de 15 de fevereiro*.

Caso tenha interesse em participar do encontro, queira ter a bondade de comunicar sua decisão ao abaixo-assinado *antes de 5 de fevereiro*[2]. O programa definitivo ser-lhe-á enviado mais tarde.

Burghölzli-Zurique
Janeiro de 1908

Atenciosamente, *Dr. C.G. Jung*
Livre-docente em Psiquiatria

---

1. Circular impressa, remetida cerca de 18/20-1-1908. / Para os programas dos Congressos e outros convites, cf. apêndice 4; também 354 J.

2. Numa cópia dessa circular nos Sigmund Freud Archives (Library of Congress), doada pelo Professor Jung, foi posto à mão, no lugar, *sofort* (imediatamente).

63 J

Burghölzli-Zurique, 22 de janeiro de 1908

Caro Professor Freud,

Espero que o senhor aprove o convite petulante de que lhe enviei um pacote e que ontem há de lhe ter chegado às mãos. Coloquei a data o mais próximo possível da Páscoa; mais do que isso seria impraticável tendo em vista os Congressos de Frankfurt e Berlim[1]. Claparède, Jones e os amigos dele comparecerão ao primeiro, Bleuler ao segundo. Temo que não possamos contar com Bleuler em Salzburg, pois ele reluta em regressar de Berlim a Zurique via Salzburg (motivos financeiros!).

No que se refere especificamente à fixação do programa, devo apelar agora para sua boa vontade. É em nome de todos os meus amigos que lhe peço que fale em nosso Congresso. Não seria preciso que preparasse nada de especial. Apenas gostaríamos de ter uma oportunidade de ouvir uma palestra sua – qualquer coisa bem simples – na qual pudesse apresentar um de seus casos; todos nós queremos aprender com o senhor nesse Congresso. Talvez concordasse em nos dizer alguma coisa *sistemática sobre sua grande experiência da histeria* (isso seria de particular interesse para mim, pois minha palestra de Amsterdam deixou-me por saldo um terrível *sentiment d'incomplétude!*). É meu propósito preparar um trabalho sobre Dem. pr., talvez em colaboração com Riklin, e já insisti com Maeder para que fale sobre a sexualidade na epilepsia[2]. Com isso teríamos a manhã cheia. Poder-se-ia consagrar então a tarde, com maior proveito, à sabedoria peripatética.

Como não conheço bem Salzburg, não tenho a menor ideia sobre qual seria o melhor local para nos reunirmos. Talvez um de seus amigos de Viena se dispusesse a ajudar-me a arranjar acomodações. Agradeço de antemão sua ajuda. Por volta de 5 de fevereiro saberei com quantas pessoas contar e os preparativos necessários poderão, então, ser feitos. É provável que no início de abril eu vá até o sul da França para umas duas semanas com meus parentes e gostaria de ter tudo em ordem antes disso.

Enviei-lhe 12 convites porque tinha em mente pedir-lhe que os distribua na próxima reunião de seus discípulos. Se precisar mais, diga-me. Espero que seja realmente numeroso o contingente de Viena.

Ano 1908 ————————————————————————————————

Trabalho sem descanso na organização de nossa revista, mas as negociações são muito lentas.

Aguardo ansiosamente o livro de Stekel. Ainda não fui capaz de alinhavar nada interessante, pois tenho todos os minutos tomados pelo trabalho experimental dos meus alunos.

Antecipadamente, agradeço uma resposta breve.

Cordiais saudações,

Jung

1. Encontro anual da Sociedade Alemã de Psiquiatria, 24 a 25 de abril. Bleuler leu um trabalho sobre demência precoce; cf. *Berliner Klinische Wochenschrift*, XLV:22 (1-6-1908), p. 1.078s.

2. Riklin apresentou um trabalho próprio, "Sobre alguns problemas da interpretação dos mitos" (não incluído no programa impresso, pode ter substituído a palestra de Morton Prince, que não compareceu; cf. Jones, II, p. 44s./ 40s., e apêndice 4), enquanto Jung falou "Sobre a demência precoce" (cf. 85 I n. 4). O texto de Riklin foi publicado como "Über einige Probleme der Sagendeutung", *Zentralblatt*, I:10/11 (agosto-setembro, 1911). Maeder (então diretor do hospital para epilépticos de Zurique) não compareceu, embora tenha escrito sobre o tópico sugerido por Jung; cf. 132 F n. 1.

64 F

25 de janeiro de 1908
Viena, IX. Berggasse 19

Caro amigo e colega,

Admiro sua energia e farei todo o possível para ajudá-lo nesse trabalho imenso. Podemos muito bem cuidar da acomodação em Salzburg. Eu mesmo estou intimamente familiarizado com a cidade e os hotéis, resta apenas saber se o senhor prefere um lugar grã-fino ou simples e, por alto, o número de pessoas a instalar. Na quarta-feira apresentarei seu convite à minha Sociedade; poder-lhe-ei, então, dizer quantos de nossos companheiros estarão dispostos a comparecer.

Saiba também que aceito a presidência (!), já que o senhor insiste, e que direi algumas palavras, só que não sei ainda o quê; o "nada de especial" a que se refere foi para mim um grande alívio. Agora mesmo cheguei a pensar que tinha em mãos uma ideia que realmente valeria a pena, a solução do problema da escolha da neurose, que também entra em sua esfera de interesse, mas ela me escorregou entre os dedos como, aliás, já aconteceu antes, há muitos anos. Hei, no entanto, de agarrá-la de novo.

Presumo que há mais de uma razão para que Bleuler não vá estar conosco. Ver todos vocês há de ser para mim uma alegria imensa e estou certo de que nosso encontro não será vazio nem meramente formal. Se o pessoal não conhecer Salzburg, poderemos passar uma tarde bem agradável pelos arredores (o forte, Hellbrunn); de noitinha, então, reunir-nos-íamos para tratar, digamos, de negócios.

Até agora baldaram-se todos os meus esforços para encontrar um editor mais eficiente para *Artigos sobre psicologia aplicada.* Mas nem por isso desisti. Escreva-me, por favor, 1) quando pode enviar o manuscrito de seu "Content of the Psychoses" e 2) quando gostaria de o ter publicado. Heller está fazendo tudo para me segurar.

No primeiro número da *Zeitschrift für Sexualwissenschaft* o senhor encontrará um pequeno estudo meu com fórmulas de histeria[1]. Ainda não chegaram separatas. Caso estivesse de posse de seu estudo de Amsterdam, eu seria capaz, tomando-o por base, de produzir algo mais abrangente sobre a histeria. Do jeito que estão as coisas sinto-me perdendo de vista todo o problema da histeria; as neuroses obsessivas me interessam mais no momento.

Esta semana a influenza fez um estrago em minha casa e eu mesmo já estou na mira dela, a não ser que me engane muito. Minha filha[2] teve ao mesmo tempo uma irritação abdominal relacionada a um abscesso nos pontos, efeito secundário da apendicectomia que sofreu. Mas já se recuperou muito bem.

Precisarei realmente de uns convites a mais.

Queira aceitar, por seu esforço, meu agradecimento mais sincero. E leve em conta, por favor, ao julgar a presente carta, meu estado de saúde.

Cordialmente,
Freud

Sinceramente, não o invejo pela viagem ao sul da França antes do nosso Congresso.

1. "Hysterische Phantasien und ihre Beziehung zur Bisexualität", *Zeitschrift für Sexualwissenschaft*, I:1 (janeiro de 1908) = "Hysterical Phantasies and Their Relation to Bisexuality", SE IX. Freud dá uma lista de fórmulas de histeria na p. 163s.
2. Mathilde, nascida em 1887; cf. 112 F n. 1.

65 J

Burghölzli-Zurique, 25 de janeiro de 1908

Caro Professor Freud,

Ontem à noite (em nossa modesta reunião Freud), o Dr. A—— não só me transmitiu suas lembranças como também a exortação a que lhe escreva com maior frequência. Eis-me, como vê, a fazê-lo!

Devo agradecer as lembranças – e também acrescentar que sempre temo molestá-lo com minhas cartas demasiado seguidas. O senhor seria forçado a se queixar, por fim, de minha atividade maníaca. Talvez até já o tenha feito noutra circunstância, ou seja, com relação ao pretensioso título da circular. Em Londres, o Dr. Jones se mostrou escandalizado com ele[1]. Às poucas pessoas convidadas enviei, por conseguinte, uma circular especial, assinalando de maneira explícita o *caráter absolutamente confidencial do projeto*. Ainda que isso possa ser, de fato, supérfluo, acho que cuidado demais nunca é pouco. O Dr. Abraham já anunciou que está disposto a falar sobre as diferenças psicossexuais entre a Dem. pr. e a histeria.

Espero que as medidas sugeridas não o contrariem. Estou aflito por sua opinião. A esta altura o senhor há de ter recebido minha primitiva palestra[2] e se intrigado com os *sentiments* que aqui e ali perpassam nela – *sentiments d'incomplétude* compensados por afetação sentimental. O jeito é, talvez, buscar o coração, quando as pessoas não se deixam vencer pela cabeça. Sou uma estranha mistura de coragem e medo, ambos extremos, ambos desequilibrados.

Acabo de receber as provas da palestra de Amsterdam. Agora a publicação não deve tardar.

Por acaso leu a discussão de Berlim no *Neurologisches Zentralblatt*?[3] Verá que nosso amigo Bezzola descobriu o já erroneamente chamado método "Breuer-Freud". Formidável, pois não? Liepmann[4] anda a abrir com astúcia uma portinhola pela qual há de irromper de supetão no palco como o que já há séculos sabia de todas essas coisas banais. Ele deu a nota: "Notícias velhas!" No purgatório de sua teoria, tal será a inscrição a encimar o pórtico do primeiro círculo. Pena é que nunca haja por perto homens dispostos a aplaudir em uníssono sempre que esses pobres coitados, uma mistura de água morna e esterco, são obrigados a se rebaixar.

Tenho um pecado a confessar: mandei ampliar sua fotografia. Ficou maravilhosa. E alguns de nossos amigos adquiriram cópias. O senhor já fez, assim, seu ingresso, queira ou não queira, em muitos gabinetes tranquilos!

Cordiais saudações.

Atenciosamente,

Jung

1. Cf. Jones, II, p. 44-39.
2. "The Content of Psychoses"; cf. 82 F n. 4.
3. *Neurologisches Zentralblatt*, XXVIL2 (16-1-1908), p. 88s.: Juliusburger apresentou um trabalho sobre psicanálise à Sociedade Psiquiátrica de Berlim, em 14-12-1907, incluindo, sob o termo, o "método de Bezzola". Liepmann entrou na discussão.
4. Hugo Karl Liepmann (1863-1925), professor de Neurologia na Universidade de Berlim e psiquiatra no hospital a ela pertencente, o Charité (fundado em 1785).

66 F

27 de janeiro de 1908
Viena, IX. Berggasse 19

Caro amigo e colega,

Nem me venha com gracejos sobre seus *sentiments*! Seu texto é fascinante. Lamento apenas não o ter ao meu lado para dar-lhe um aperto, não, mais de um aperto de mão. Espírito do meu espírito, posso dizer com orgulho, mas ao mesmo tempo algo artístico e terno, majestoso e sereno, algo cativante que eu nunca poderia ter produzido, pois ainda sinto na carne o que o trabalho me custa. Farei todo o possível para o ter impresso *logo*; as negociações com a editora estão chegando ao fim.

Como pode imaginar que eu jamais me queixasse de suas cartas demasiado frequentes ou de sua atividade "maníaca"? Suas cartas, na realidade, fizeram-me falta nessas últimas semanas, e no que se refere à atividade devo ter uma propensão semelhante, ainda que não desenvolvida de todo, porque aprovo integralmente cada qual de seus gestos. Ótimo que o senhor seja impudente em atenção a mim; não é impudência o que me falta, são relações com pessoas que me permitam demonstrá-la.

Para fazer companhia a Bezzola e Liepmann ofereço-lhe Meyer no número de *Archiv für Psychiatrie* que saiu hoje[1]. Observações sobre seu *Dementia praecox*. A principal objeção dele: todo mundo tem delírios de ser insultado. Argumentos tolos como esse só se tornam possíveis porque os senhores em questão não aprenderam nada, nunca desenvolveram um discernimento psicológico com base nos sonhos ou na vida cotidiana[2]. Acho que se eles fossem analisados evidenciar-se-ia que ainda estão à espera da descoberta do bacilo ou do protozoário da histeria, tal como do Messias que há de, enfim, vir um dia para todos os verdadeiros crentes. Quando isso acontecer, um diagnóstico diferenciativo da Dem. pr. será coisa banal, pois, sem dúvida, o parasita da histeria há de ter apenas um apêndice teso em forma de chicote, enquanto o da Dem. pr. mostrará regularmente dois, tomando, ainda, uma coloração diferente. Poderemos confiar, então, a psicologia aos poetas!

Tudo indica que receberemos trabalhos de mais, e não de menos, para o nosso Congresso. Não podemos passar o dia inteiro só ouvindo palestras. Pedirei, em meu círculo, moderação e brevidade. Acho também que os prazos vão acabar muito cedo tendo em vista que o encontro não se dará senão daqui a nove meses[3].

Minha influenza não durou muito. O estado de minha filha permanece inalterado, interiormente ela se sente em forma.

Espero que toda a sua família passe bem. Prometo escrever-lhe algumas linhas depois da nossa sessão na quarta-feira. Com a estima de sempre de

Freud

---

1. Ernst Meyer, "Bemerkungen zu Jung, 'Über die Psychologie der *Dementia Praecox*'", *Archiv für Psychiatrie and Nervenkrankheiten*, XLIII (1908), 1312s. Meyer (1871-1931) era professor de Psiquiatria e Neurologia na Universidade de Königsberg.

2. Daqui ao fim do parágrafo, citado em Jones, II, p. 488-438 (a data, porém, não confere, e Jones supôs que "eles" se referisse aos discípulos de Freud).

3. Um lapso (ou piada?) por "nove semanas".

Ano 1908

67 F

31 de janeiro de 1908
Viena, IX. Berggasse 19

Caro amigo e colega,

Recebi sua encomenda. Oito ou dez membros de minha Sociedade tencionam ir a Salzburg, mas podemos contar com algumas desistências. Aceitei os pedidos de inscrição. Mandar-lhe-ei diretamente os trabalhos e propostas. Temo que possam vir em excesso e estou fazendo o possível para refrear os ímpetos. Meu contingente oriental provavelmente será inferior ao seu, o do Ocidente, em mérito pessoal.

Espero a 2 de fevereiro os dois colegas de Budapeste, Dr. Stein e Dr. Ferenczy [sic].

Segue amanhã uma pequena separata da *Zeitschrift für Sexualwissenschaft*.

Cordiais saudações de
Freud

68 F

14 de fevereiro de 1908[1]
Viena, IX. Berggasse 19

Caro amigo e colega,

The Content of the Psychoses foi hoje para a gráfica e aparecerá como o terceiro número de *Papers*, publicado por F. Deuticke, Viena.

Muito grato.
Freud

1. Cartão de correspondência impresso.

69 J

Burghölzli-Zurique, 15 de fevereiro de 1908

Caro Professor Freud,

Mais uma vez o senhor há de estranhar esse meu longo silêncio. O motivo é que me vi às voltas com um violento ataque de influenza. Hoje é a primeira vez em que me sinto mais ou menos normal e aproveito a oportunidade para lhe escrever. Embora continuasse a cumprir minhas obrigações na Clínica, sentia-me tão abatido e apático o tempo todo que tive de descurar de meus assuntos particulares. O trabalho científico se interrompeu por completo. Sinto a imperiosa necessidade de um descanso, mas as férias de primavera ainda estão longe; em detrimento de minhas férias de verão, hei de, então, tomar agora uma licença de 15 dias. Complicações psicogênicas de todo tipo insinuaram-se em minha influenza e isso teve um efeito negativo na convalescença. Primeiro foi um complexo relacionado à família, que fez comigo o diabo, e depois o desânimo causado pelas conversações sobre a revista. Morton Prince[1] fez algumas propostas inaceitáveis – nem com a melhor boa vontade do mundo se poderia fazer algo com elas. Claparède continua firme, mas as perspectivas para a revista na França são praticamente nulas. A revista de Claparède, por exemplo, é sustentada pelo bolso dele, uma vez que os assinantes são em número insuficiente para mantê-la viva. A de Prince também sofre de escassez de assinantes. Pode ser que no fim tenhamos de nos fixar numa publicação alemã, mas não posso cuidar disso senão depois de concluir meu *Diagnostic Association Studies*; de resto, minha capacidade de trabalho encontra-se em seu limite extremo devido às atividades presentes. A isso somam-se, ainda, as crescentes solicitações de outros periódicos que desejam artigos meus. Tenho horror aos trabalhos produzidos em série.

Seus seguidores se excederam na inscrição de trabalhos; nosso lado, em comparação, parece estéril. Mas graças a isso já temos com o que encher uma manhã decente, de 8 a 1. Estou dando os retoques finais no programa. Suponho já lhe ter dito que Bleuler, afinal, resolveu ir.

O Dr. Brill[2], de Nova York, que ainda se encontra aqui e agora traduziu para o inglês meu livro sobre Dem. pr., demonstra o maior entusiasmo pelos *Studies* de Breuer-Freud. Pede-me para lhe perguntar se concordaria com uma tradução. O interesse na América é atualmente muito grande. Não seria assim um mau negócio. O único problema é que ele não quer traduzir o livro todo, mas apenas as análises com as epicrises. Gostaria de deixar de fora a teoria de Breuer, por razões compreensíveis. Acho que se poderia fazer um livro excelente de seus históricos clínicos se o senhor acrescentasse seu artigo sobre psicanálise[3] (dos *Artigos breves)* e se se dispusesse a escrever talvez um curto epílogo definindo as mudanças já sofridas por ela e seu ponto de vista atual. A tradução de meu livro sobre Dem. pr. era tarefa ingrata para um iniciante e o Dr. Brill se saiu muito bem. Não hesito em recomendá-lo como tradutor. Com toda a propabilidade ele irá a Salzburg caso ainda esteja na Europa.

Frank, que em geral corre a todos os Congresso, abstém-se, por motivos ignorados, de comparecer a Salzburg – o que não deixa de ser significativo!

Ainda não estou *remis à neuf*, como, aliás, pode ver por meus garranchos deploráveis e o ânimo nebuloso desta carta.

Cordiais saudações.

Atenciosamente,
Jung

1. Morton Prince (1854-1929), psiquiatra de Boston, fundador e editor do *Journal of Abnormal Psychology* (1906-1929), em que recentemente Jung colaborara com "Sobre os epifenômenos psicofísicos no experimento de associações", I (1907); em OC 2. Cf. 59 J n. 6.
2. Abraham Arden Brill (1874-1948), psicanalista americano nascido na Áustria e tradutor de muitas obras de Freud, bem como, em colaboração com Frederick W. Peterson, de *The Psychology of Dementia Praecox*, de Jung (cf. 124 J n. 3). Fundou a Sociedade Psicanalítica de Nova York (1911).
3. Provavelmente, "Die Freud'sche psychoanalytische Methode" (orig. 1904) = "O método psicanalítico de Freud", Ed. Standard Bras., VII.

70 F

17 de fevereiro de 1908,
Viena, IX. Bergasse 19

Caro amigo,

Espero que, após uma preparação adequada, eu possa dispensar o "colega" ao exprimir satisfação por ver que sua influença foi vencida e que o silêncio em que esteve não resultou de um complexo. Compreendo suas queixas, pois desde minha doença que também não me sinto muito *bright*[1] e sou assaltado por probleminhas de todo tipo, sem os quais naturalmente preferiria passar. Aqui em Viena é particularmente fácil ceder à impressão de que nada pode ser feito, nada mudado, de que a gente está tentando o impossível, ajudando Sísifo a rolar sua pedra[2] etc. Mas esses estados são passageiros e sei que ainda há muito o que esperar até que as férias cheguem.

O senhor, sem dúvida, já recebeu meu pequeno texto com as fórmulas de histeria. Outras coisas como essas estão por vir; mas já tomei a decisão de não deixar que me arranquem mais nada, o trabalho feito assim sempre se revela muito inferior ao que brota espontaneamente. Aceite um conselho que dou com grande insistência: arme-se de má vontade contra todas as solicitações descabidas. Definitivamente, precisamos ter nossa revista. Estou certo de que retomará seus esforços tão logo sua temperatura volte ao normal. Não seria de todo ruim lançar uma publicação alemã; suponho que o senhor não teria dificuldade, com seu nome, em encontrar na Alemanha um editor decente. Deuticke, por certo, demonstraria interesse, mas o fato de nascer em Viena não é vantagem nenhuma para um empreendimento novo. Não vejo por que seu *Diagnostic Association Studies* atrapalharia. Os estudos do segundo volume poderiam continuar a ser publicados no lugar de sempre e o senhor cuidaria da mudança quando chegasse ao terceiro[3], se é esse ainda seu plano.

Providenciarei nossa acomodação em Salzburg tão logo me faça saber quantas pessoas são esperadas. Daqui haverá de 12 a 14; se bem espere que nem todos os inscritos sigam, pois nem todos merecem ser exibidos. Não raro tenho de me contentar aqui com muito pouco – Caso ainda haja tempo de mexer no programa, devo pedir-lhe que faça todo o possível para conter meus vienenses loquazes, senão nós nos afogaremos todos numa torrente de palavras.

O senhor poderia impor um limite de tempo e polidamente rejeitar como inapropriadas certas comunicações. Tenho, por exemplo, em mente, um trabalho sobre "Paralelismo psicofísico", que um membro do meu contingente, o Dr. Schwerdtner[4], quer apresentar; só pode ser uma amostra de diletantismo e, decerto, tomaria um tempo enorme. Com o homem não precisamos nos preocupar muito; além de novo no círculo, ele é meio apagado. Não me agradaria que déssemos aos seus olhos uma demonstração muito pobre, possibilidade que existe claramente. Talvez o senhor se pergunte por que não cuido eu mesmo de colocar-lhes um freio. Tento-o, faço o que posso, mas o pessoal é de uma suscetibilidade medonha e naturalmente eles não têm grandes *égards* por mim; bem mais provável é que demonstrem consideração pelo senhor, o "ilustre estrangeiro". Por certo sabe de que prestígio os estrangeiros desfrutam em Viena.

Para falar de algo mais agradável, a perspectiva da presença de Bleuler me deixa meio confuso. Tenho sentimentos dúbios em relação a ele e gostaria de homenageá-lo de algum modo. Não acha que seria uma boa ideia oferecer-lhe a presidência? Meus vienenses se comportarão muito melhor com ele e, a mim, por dar o grito de guerra, já caberia um bom papel. Conto com seu apoio ao sugerir essa mudança no programa. Frank faz muito bem em não comparecer; desconfio que seja um impostor.

Como ainda não tive a honra de me ver traduzido, é uma grande tentação o que o senhor escreve. Mas hei de resistir. Para essa disjunção[5] teria de pedir o consentimento de Breuer, e não quero. Sei, ademais, que ele ficaria ofendido. Meus históricos clínicos do *Studies* não são menos antiquados que as teorias de Breuer, por outro lado, e nem merecem ser traduzidos. E como é que eles poderão organizar o livro sem o "primeiro caso" de Breuer? Isso é impossível e historicamente injusto. Minha opinião seria outra se o Dr. Brill quisesse traduzir o livro inteiro. Caso ele esteja realmente disposto a apresentar alguma coisa minha ao público de língua inglesa, posso apenas sugerir *Três ensaios* ou *Artigos breves*, mas não iria querer nem um nem outro. *A interpretação dos sonhos* é, infelizmente, intraduzível e teria de ser reescrito em cada língua, tarefa digna de um *englishman*[6].

Por fim, chego à ciência. Estou em contato com alguns casos de paranoia em minha prática e posso lhe contar um segredo (escrevo paranoia, em vez de Dem. pr., porque encaro a primeira como um bom tipo clínico e a segunda como um pobre termo nosográfico). Sistematicamente, deparo-me com um desligamento de libido a partir de um componente homossexual que até então fora normal e moderadamente catexizado. O resto, retorno da libido via projeção etc., não é novo. O que me parece importante não é que o componente seja homossexual, mas que o desligamento seja *parcial*. Provavelmente, esse desligamento foi precedido por um aumento de libido e é uma espécie de repressão. As situações de desligamento total correspondem talvez à Dem. pr.; e a demência, como o resultado final, corresponde ao êxito do processo patológico (o desligamento de libido), após uma luta infrutífera contra ele, e ao retorno ao autoerotismo. A forma paranoide é provavelmente condicionada por restrição ao componente homossexual. Minha velha análise (1896) também mostrou que o processo patológico teve início quando a paciente se afastou das *irmãs* do marido dela[7]. Meu ex-amigo Fliess[8] desenvolveu uma paranoia horrível depois de se livrar da afeição por mim, que era, sem dúvida, considerável. Devo essa ideia a ele, *i. e.*, ao comportamento dele. Com toda e qualquer experiência devemos tentar aprender algo. O desajuste das sublimações na paranoia entra no mesmo contexto. Não são poucas, ao todo, as ideias incipientes e incompletas que tenho para lhe expor. Pena é que não haveremos de estar exatamente em paz em Salzburg!

Cordialmente,
Freud

1. Em inglês no original.

2. Hológrafo: *das Fass* (tonel), riscado e substituído por *den Stein* (pedra). A referência original pode ter decorrido de uma confusão com o mito das Danaides, que foram condenadas a carregar água em tonéis esburacados.

3. O terceiro volume não chegou a ser publicado.

4. Hugo Schwerdtner (1878-1936), médico, membro da Sociedade de Viena. Não há evidência desse trabalho nem de qualquer outra publicação sua.

5. Hológrafo: *Sejunktion.* O termo era de Otto Gross, que o tomara a Wernicke, e se aplicava ao isolamento de um complexo. Cf. Jung, *Tipos psicológicos*, OC 6, § 467; cf. 33 J n. 7 e 8.

6. Em inglês no original.

7. Cf. 11 F 5.

8. Wilhelm Fliess (1858-1928), otorrino de Berlim, o amigo mais íntimo de Freud até 1900; cf. Jones, I, c. 13, e Freud, *The Origins of Psychoanalysis: Letters to Wilhelm Fliess, Drafts and Notes*, 1887-1902 (Nova York e Londres, 1954). Após o término da amizade, Freud assumiu uma posição crítica em relação ao trabalho científico de Fliess devido ao seu caráter altamente especulativo.

71 F

18 de fevereiro de 1908,
Viena, IX. Berggasse 19[1]

Caro amigo,

Não se assuste: prometo, depois desta, uma longa pausa. O que aqui vai é um mero pós-escrito para reiterar minha sugestão feita ontem de que

Ano 1908

ofereçamos a Bleuler a presidência em Salzburg. Seria um grande favor se fizesse chegar a ele, como um pedido pessoal, esse desejo meu. Julgo não só conveniente como também, de certo modo, mais digno que seja ele, e não eu, a assumir o comando. Pareceria estranho que, como um paladino fora da lei, eu presidisse a assembleia convocada para defender meus direitos contra as autoridades do Império. Por outro lado, seria honroso para mim e também causaria melhor impressão no exterior se, como o mais velho e o mais importante dos meus partidários, ele tomasse a frente do movimento em meu favor.

Meus vienenses também se comportarão melhor sob o comando dele; tudo, em suma, estará resolvido, caso aceite. Espero que o senhor concorde comigo e se disponha a usar sua influência sobre ele.

Decidi que não falaria de mais nada ao começar esta nota. Aceite, assim, minhas lembranças e um sincero obrigado pelos seus esforços.

De
Freud

1. Publicada em *Letters*, ed. E.L. Freud, n. 136.

72 J

Burghölzli-Zurique, 20 de fevereiro de 1908

Caro Professor Freud,

Agradeço-lhe do fundo do coração essa prova de confiança[1]. A imerecida honra de sua amizade é um dos pontos altos de minha vida, que não consigo expressar com palavras. A referência a Fliess – decerto, não acidental – e seu relacionamento com ele impelem-me a solicitar que me permita desfrutar de sua amizade noutros termos, não como se fosse uma amizade entre iguais, mas, sim, entre pai e filho. Essa distância me parece adequada e natural e, por si, a meu ver, ela confere um cunho que haveria de prevenir mal-entendidos e capacitar duas pessoas teimosas a existir lado a lado num relacionamento fácil e livre de tensões.

Li com o maior prazer suas fórmulas de histeria. Em minha opinião são muito bem-sucedidas e removerão muitas incompreensões e ideias falsas. Lamento muitíssimo que essas teses não me tenham chegado às mãos mais cedo, ou seja, antes da palestra de Amsterdam. Meu trabalho tornar-se-ia, então, consideravelmente mais fácil; como poderá ver em breve, ele traz marcas de formulação e acabamento penosos, fracassando, contudo, em fazer justiça plena às suas ideias. Espero que o senhor tenha em mente, quando o ler, que meu desejo mais ardente foi apresentar as coisas de modo tal que atingisse, em meio à oposição, a linha de menor resistência. Se me permite a opinião, acho que o senhor não deveria enterrar suas teses nessa revista de segunda classe e prognóstico dúbio[2], mas, sim, ilustrá-las com exemplos e publicá-las em lugar mais conspícuo. Isso faria um grande bem e extirparia pela raiz todos os esquematismos e silogismos que presumivelmente hão de se ligar à minha palestra. Suas teses permitem um vislumbre realista e vivo ao extremo de seu modo de trabalhar e pensar; medindo-se sutilmente com os emaranhados e as asperezas do material, seu trabalho é a verdadeira pesquisa, no sentido mais profundo da palavra. Dessa maneira, o senhor desfez a lenda de que apenas propõe axiomas e demonstrou que sua ciência está eternamente viva e jovem, no que muito pouca gente até agora acreditara; em meu caso, por exemplo, só após eu ter tido a felicidade rara de o conhecer pessoalmente.

Aceitarei seu conselho para a rejeição do "Paralelismo", de Schwerdtner. Pareceu-me tão maçante quanto ao senhor.

Meu pessimismo sobre a revista foi em grande parte consequência do estado em que a influenza me deixou. Mesmo assim é provável que não tenhamos êxito na América. Mas pode ser que ainda se consiga alguma coisa com Claparède – e que isso acabe repercutindo na América mais tarde. Meu amigo Jones encorajou-me muito ao escrever de Londres. A necessidade, no fim, há de decidir. Seja como for, estou tão sobrecarregado no momento que tremo só de pensar em novas obrigações. Temo que uma publicação exclusivamente alemã possa com facilidade tornar-se unilateral – unilateral, claro está, aos olhos da oposição. Isso deve ser evitado a todo custo se quisermos permanecer no domínio prático.

Admiro muito sua ideia de oferecer a presidência a Bleuler, mas se o senhor conhecesse Bleuler não insistiria. Bleuler sentir-se-ia muito pouco à vontade nessa posição. Abominando todas as formas de reconhecimento exterior, ele se esquiva como pode a qualquer coisa do gênero. É motivado apenas por uma ambição verdadeiramente cristã de não se pôr no caminho dos outros e demonstra uma avidez juvenil de aprender, que, na idade dele, só um homem extremamente vivo e inteligente possui. O ideal, em nosso modesto encontro, seria dispensar o máximo de formalidades possível, como é costume em nossas reuniões mais republicanas na Suíça.

Não vejo bem por que os casos que o senhor publicou sob seu próprio nome não possam ser traduzidos sem que primeiro peça permissão a Breuer; há sempre a hipótese de, numa introdução, reconhecer os méritos dele. Ter-se-ia uma publicação nova e certamente ninguém poderia contestar sua contribuição pessoal. O Dr. Brill está disposto, se se chegasse a isso, a pôr-se diretamente em contato com Breuer. *Teoria da sexualidade* não conviria à tradução porque iria cair em terreno totalmente despreparado. E o senhor conhece a "resistência" inglesa!

Suas observações sobre a paranoia não jazem no abandono. Pude, de fato, confirmá-las sucessivas vezes. Só que a coisa ainda não está madura, por isso me mantive até agora em silêncio. O desligamento da libido, sua regressão às formas autoeróticas, são, provavelmente, bem explicados pela autoafirmação, a autopreservação psicológica do indivíduo. A histeria se mantém no plano da "preservação da espécie", a paranoia (Dem. pr.) no plano da autopreservação, *i. e.*, do autoerotismo. Um paciente me disse certa vez: "Tem um troço que *aperta tanto* em tudo que acontece!" O autoerotismo serve de defesa intencional contra isso. As psicoses (as incuráveis) deveriam, provavelmente, ser consideradas como encapsulações defensivas que falharam, ou melhor, que foram levadas a extremos. O caso de Fliess atesta isso. O autoerotismo, como uma supercompensação de conflitos com a realidade, é, em grande parte, teleológico. Essa concepção me permitiu alguns vislumbres valiosos. O histérico, além de reprimir a realidade, faz repetidas tentativas de ligar-se novamente a ela; o paranoico abstém-se mesmo disso e apenas se preocupa em sustentar suas defesas de libido[3]. Daí a fixação dos complexos. Não é se ligando à realidade, ao contrário do que ocorre na histeria, que os pacientes arriscam um salto em novas situações convenientes, mas, sim, trabalhando por décadas para se defenderem dos complexos mediante compensações interiores. O paranoico sempre procura

Ano 1908

soluções interiores, o histérico soluções exteriores, provável, e não raro obviamente, porque na paranoia o complexo se toma um fato absolutamente soberano e incontrovertível, ao passo que na histeria tem sempre algo de comédia, com uma parte da personalidade desempenhando o papel de um mero espectador. Mas essa riqueza de realidade psíquica dificilmente poderia ser expressa em apenas nove teses.

Acabo de receber sua breve carta[4] com essa afetiva insistência com relação a Bleuler. Farei o que o senhor deseja, mas devo adiantar francamente que, a despeito disso, e de assuntos similares, é muito pouco provável que ele me ouça. Não obstante, tentarei convencê-lo a, pelo menos, assumir a presidência quando o senhor estiver falando. Vindo a conhecer Bleuler, como eu já disse, verá, porém, que ele é um homem que está muito acima de tudo isso. Não tem nada, absolutamente nada, de um *Geheimrat*. Possui esse magnífico espírito de receptividade de Zurique, que considero uma das virtudes mais altas.

Ficaria muito contente se me dissesse algo sobre a paranoia em sua próxima carta, em particular o que pensa das opiniões que expressei.

Espero que se recupere em breve, tão completamente como eu, de sua influenza.

Queira aceitar meu agradecimento pela separata e as saudações mais sinceras.

Cordialmente,
Jung

P.S. Segue na mesma data uma separata[5] com alguns erros de revisão idiotas, escrita num estilo também idiota, e, assim, truncada.

1. Cf. a saudação inicial de 70 F.
2. *Zeitschrift für Sexualwissenschaft.*
3. Hológrafo: *Realität* (realidade), riscado e substituído por *Libido.*
4. Ao que tudo indica, a carta de Freud de 18-2 chegou a Jung a essa altura.
5. Do artigo de Jung escrito com Ricksher, cf. acima, 19 J n. 2.

73 J

[sem data][1]

Lembranças de
Jung & Jünger[2]
(Binswanger)

1. Um cartão postal com vistas de Iena; no carimbo: Iena 23-2-1908.
2. Em alemão, tanto "mais novo" quanto "discípulo".

74 F

25 de fevereiro de 1908, Viena, IX. Berggasse 19

Caro amigo,

Não deixa de ser tranquilizador o que o senhor escreve a respeito de seu chefe. O fenômeno merece ser admirado e a tanto me disponho; é, de fato, uma virtude rara, da qual eu mesmo não me sinto capaz.

Seu julgamento das fórmulas de histeria e, ainda mais, suas outras observações sobre meu trabalho deram-me uma satisfação raramente experimentada. Sei que o que diz é verdade, que minha maneira de trabalhar é, de fato, honesta, razão pela qual meu conhecimento é tão fragmentário e sou geralmente incapaz de conduzir uma apresentação mais extensa. Suprimi meu hábito de especulação consciente do modo mais radical possível e abjurei completamente a tentação de "preencher as lacunas no universo"[1]. Mas quem acredita em mim, a não ser o senhor?

O aparecimento desse texto da nova *Zeitschrift für Sexualwissenschaft* pode ser atribuído a uma atitude meio safada por parte dos editores. Pediram-me originalmente o artigo para o *Jahrbuch für sexuelle Zwischenstufen*[2] e só vários meses depois me disseram que ele seria publicado na *Zeitschrift für Sexualwissenschaft*, que estava, então, sendo fundada. Solicitei uma garantia de que esse novo órgão não ia ser uma crônica do W.H. Comitê[3], caso em que preferiria retirar minha contribuição, mas não recebi resposta. E sem mais nem menos me chegaram as provas, com a instrução de que eu não devia revê-las, mas apenas mandar pelo telégrafo meu imprimatur. É claro

Ano 1908

que me recusei a isso. Seja como for, tive a impressão de que Hirschfeld andava numa balbúrdia tremenda em decorrência do processo de Harden[4].

27 de fevereiro. Mas não faz mal. Quando for publicado um segundo volume do meu *Teoria das neuroses*[5] todos esses textos mais recentes hão de ser incluídos. O mais importante acerca do incidente é que ele prova uma vez mais que precisamos de nossa própria revista, meu *ceterum censeo!* Realmente, não compreendo seu temor à unilateralidade. Será possível que a respeito desse assunto o senhor ainda esteja dominado por seu "complexo de conciliação"?

Muito obrigado pelo cartão de Iena, que chegou hoje. Uns dias de mudança lhe farão bem. Suponho que sua viagem de férias ainda esteja de pé.

Nada a ser feito com o *Studies*. Não vejo como nos arranjarmos sem o primeiro histórico clínico de Breuer.

Suas observações sobre a paranoia me falaram de perto. O senhor é realmente o único capaz de dar uma contribuição original, excetuando-se, talvez, O. Gross, mas a saúde dele, infelizmente, não ajuda. Enviar-lhe-ei em breve minhas fantasias sobre a paranoia, em parte elas coincidem com suas ideias. Hoje estou muito cansado do trabalho duro e monótono, preciso de um domingo para recuperar o fôlego. O senhor tem razão, a coisa ainda não está madura e não posso trabalhar com as memórias obscuras atualmente ao meu dispor. Gostaria, por conseguinte, que o senhor se incumbisse de todo o problema.

Muito obrigado por sua separata em inglês. Hei de a ler no domingo. Lembre-se de dizer para quando precisa de minhas providências quanto à acomodação em Salzburg.

Com toda a estima de sempre de
Freud

---

1. Hológrafo: *"Stopfen der Lücken im Weltallbau"*, cf. "Stopft er die Lücken des Weltenbaus", último verso do poema LVIII na seção "Die Heimkehr" do *Buch der Lieder*, de Heine. / Essa passagem é citada em Jones, II, 488-438s.
2. Magnus Hirschfeld (1868-1935), sexologista berlinense e membro original da Sociedade Psicanalítica de Berlim (1908; afastou-se em 1911; cf. 278 F); fundador e editor desses periódicos.
3. = Wissenschaftlich-humanitäres Komitee, fundado por Hirschfeld para promover a legalização da homossexualidade.

Ano 1908

4. Cf. 27 F n. 7. Em seus ataques em *Die Zukunft* ao Conde Philipp Eulenburg e seu círculos (a "camarilha"), que exercia forte influência política sobre o Kaiser alemão, Harden insinuara que esses homens eram homossexuais. Eulenburg moveu uma ação cível por libelo contra Harden (outubro de 1907), na qual Hirschfeld serviu de testemunha; Harden foi isentado de culpa. Moveu-se, então, contra ele uma ação criminal, e Hirschfeld retirou seu depoimento anterior; dessa vez Harden foi condenado a quatro meses de prisão (3-1-1908). Para detalhes, cf. Hany F. Young, *Maximilian Harden: Censor Germaniae* (Haia, 1959), p. 82s., e Hirschfeld, "Sexualpsychologie und Volkspsychologie: Eine epikritische Studie zum Hardenprozess", *Zeitschrift für Sexualwissenschaft*, I:4 (abril de 1908).
5. O que foi feito em 1909.

75 J

Burghölzli-Zurique, 3 de março de 1908

Caro Professor Freud,

Não sei quantos vienenses comparecerão a Salzburg. Apenas quatro pessoas enviaram suas inscrições: Adler, Sadger[1], Stekel e Schwerdtner; incluindo-se o senhor são, portanto, cinco. Além desses cinco tenho 18 inscrições definidas e três indefinidas. Já se pode assim, com base nisso, providenciar o hotel. O local de reunião fica, decerto, a seu critério. Imagino que o hotel pudesse colocar uma sala à nossa disposição, ou teríamos de requisitar algum prédio oficial? Fico feliz por deixar esses problemas inteiramente em suas mãos. O esboço do programa segue anexo[2].

Dito isso, às notícias de Iena. Essa raposa velha, o "Geheimrat" Binswanger, recebeu-me com verdadeiro estardalhaço, dando em minha homenagem uma festa só para cavalheiros, com uniformes e outros esplendores. Valendo-se da ocasião que a noite lhe dava, fez o seguinte pronunciamento:

"Há casos de histeria que, de fato, evoluem como Freud diz. Mas devemos pressupor que há várias outras formas de histeria para as quais fórmulas diferentes terão de ser encontradas". Eu poderia subscrever a opinião. Aí se nota a influência de Binswanger, o moço, que, como o senhor não ignora. é excelente pessoa. Conheci também Warda; ele é um pouco irresoluto, predominantemente intelectual, e por isso nunca conseguirá produzir alguma coisa válida, há de se pôr sempre na retaguarda meneando prudentemente a cabeça. Travei relações, por outro lado, com um homem bem mais interessante, Strohmayer[3], assistente na clínica particular de Binswanger. Já

Ano 1908 ——

praticando a análise, tem uma grande capacidade de compreensão, uma cabeça ótima. Podemos esperar muito dele, pois além de ser bastante espontâneo sabe como ceder às intenções reais da própria psique. Possui, ainda, um notável dom, o da obstinação, porquanto tenha um pé aleijado. Pessoas assim, em regra, não se deixam amedrontar intelectualmente. Os demais assistentes são meras sombras informes. O senhor há de compreender logo que é com indescritível júbilo que tenho contemplado o impasse da psiquiatria alemã. É claro que entre tais indivíduos não houve um só que compreendesse uma simples palavra de meu livro sobre demência precoce. Mas não importa, estamos trabalhando para o futuro. É provável que Strohmayer também vá a Salzburg.

Espero ansiosamente suas ideias sobre a questão da paranoia. Cordiais saudações.

Atenciosamente,

Jung

1. Isidor Sadger (1867-194?), psicanalista vienense, um dos primeiros membros da Sociedade das Quartas-feiras; publicou prolificamente, sobretudo acerca de patologia sexual; desaparecido durante a II Guerra Mundial.
2. Cf. apêndice 4.
3. Wilhelm Strohmayer (1874-1936), livre-docente de Psiquiatria e Neurologia na Universidade de Iena; mais tarde em Berlim, onde foi sócio-fundador da Sociedade Psicanalítica. Afastou-se em 1911.

76 F

3 de março de 1908, Viena, IX. Berggasse 19

Caro amigo,

Partindo da neurose obsessiva, abordo da seguinte maneira o problema da escolha da neurose: os casos de neurose obsessiva são transparentes; giram em torno de apenas três (ou, se preferir, dois) instintos básicos, o instinto de ver e saber e o instinto de posse (sadístico). Podem, portanto, ser classificados segundo a predominância do pensamento obsessivo, *i. e.*, da ruminação, ou dos impulsos (ações) obsessivos. É interessante notar, contudo, que esses são os únicos componentes não autoeróticos do instinto sexual, os únicos componentes dirigidos desde o início para um objeto. A histeria, por outro lado, gira em torno de zonas erógenas, envolvendo geralmente uma repressão direta de impulsos genitais. Em sintonia com minha ideia de filiar as neuroses a perturbações evolutivas das vicissitudes libidinais, a histeria provém de perturbações (fixações e repressões) na esfera dos componentes erógenos, ao passo que a neurose obsessiva provém de perturbações na esfera dos componentes objetais (que provavelmente deveriam ser vistos como instintos "anaclíticos"); uma predisposição à paranoia, nesse contexto, é criada tão somente por uma falha na outra parte do desenvolvimento, na transição do autoerotismo para o amor objetal, enquanto falhas no desenvolvimento da primazia genital predispõem à histeria e à neurose obsessiva.

Isso nos remete à paranoia. Aqui percebo vagamente uma distinção entre um *teste de realidade* e um *teste de desprazer*, coincidindo o primeiro com nosso "julgamento", o segundo com nossa "repressão". A principal característica psicológica da paranoia seria, então, o mecanismo de *projeção* repressivo por meio do qual ela se furta ao teste de realidade, posto que o que vem de fora não requer esse teste. As características clínicas da paranoia que o senhor ressalta, sua estabilidade e sua severidade, são adequadamente explicadas por essa projeção. Na histeria e na neurose obsessiva permanece sempre uma noção da realidade; isso se explica pelo fato de o contato com o mundo exterior permanecer ileso enquanto os complexos submetidos à catexia libidinal criam a sublevação. Na paranoia, é do mundo exterior que esses mesmos complexos abordam a personalidade; por isso é que os pacientes são tão crédulos e inacessíveis, por isso são tão profundamente dominados pelos complexos.

Estou muito embotado no momento para seguir essas ideias até o fim. Dever-se-ia também considerar que a paranoia corresponde a um desligamento malogrado da libido, já que a libido retorna na projeção com a intensidade da catexia transformada em certeza, exatamente como na regressão do estado de sonho ela é transformada em realidade palpável. A Dem. pr. corresponde, então, a um retorno muito bem-sucedido ao autoerotismo. Tudo indica que ambos sejam geralmente parciais. Sua noiva de sapateiro[1] prova que mesmo após o desligamento mais pronunciado ainda permanece *um* elemento da velha ideia libidinal intensamente catexizado.

Suas ideias sobre "defesa" são, decerto, corretas, mas não apenas quanto à paranoia. Creio que se aplicam a todas as neuroses e psicoses.

Com as saudações mais cordiais
de *Freud*

1. Cf. "O conteúdo da psicose", OC 3, § 358.

77 F

5 de março de 1908, Viena, IX. Berggasse 19

Caro amigo,

Tão logo recebi sua carta pedi à minha cunhada[1] que escrevesse ao Hotel Bristol, de Salzburg (na Makartplatz). Se de seu lado contamos com 18 pessoas, de Viena haverá 10 ou 12, talvez até 15. Em suma, acomodações para 30. O correio nos dirá, dentro dos próximos dias, se há uma sala de reunião no próprio hotel, se o proprietário nos arranja uma em outro lugar ou se tenho de dar um pulo a Salzburg para decidir isso. Dar-lhe-ei de imediato a notícia para que parta livre de preocupações com negócios em sua viagem de abril. Quanto ao programa, permita-me algumas sugestões. Já que é seu intento dar-me a honra da primeira palestra, acho que a última lhe deve caber. Isso há de contrabalançar a perda de interesse que, de outro modo, é de se temer; na impaciência de ouvi-lo, os oradores de permeio hão de se apressar. Mas penso que, nesse caso, um estrangeiro, Jones, por exemplo, deva ser o segundo, seguido por um vienense e Morton Prince, ou, então, ambos os Englishmen[2] logo depois de mim. Ouço dizer que Sadger, esse fanático congênito da ortodoxia que só por mero acaso crê na psicanálise e não na lei ditada por Deus no Sinai-Horebe, sobrecarregou o trabalho dele de materiais clínicos e pode vir a retirá-lo. – na lista sinto a falta de Riklin, que o senhor tinha anunciado, e de Abraham, o qual há algumas semanas me escreveu que pretendia falar sobre as diferenças Ψ-sexuais entre histeria e Dem. pr.[3] – Tenho, ainda, uma sugestão a fazer. Gostaria de dar a palavra a um espírito nobre que só pode estar presente na forma de uma citação, ou seja, Friedrich Schiller, em cuja correspondência com Körner (carta de 1º de dezembro

Ano 1908

de 1788) nosso secretário Otto Rank encontrou uma deliciosa passagem para justificar a técnica psicanalítica[4]. Rank só levaria uns minutos para a ler e nossa manhã se encerraria, assim. com uma nota perfeita. Rank, que irá conosco, é um jovem inteligente e simpático. Já se habilitou em engenharia mecânica e agora estuda latim e grego para ingressar na universidade. Tem 23 anos. Deve ter lhe enviado a monografia que escreveu, "O artista"; nem tudo aí está claro, mas ela contém a melhor explicação de minhas complicadas teorias que já me veio às mãos. Espero que ainda nos dê muito depois que terminar seus estudos.

Ocorre-me outro ponto importante em relação ao programa. O senhor ainda não me disse se está disposto a permitir *discussão*, nem como ela há de ser controlada. É perfeitamente possível, se a última precaução não for tomada, que passemos uma manhã inteira sem ir além da segunda palestra. Mesmo que se dê a cada orador cinco minutos, dez oradores já dão para ocupar uma hora. Meus vienenses são loquazes demais. Talvez valesse a pena dispensar por completo a discussão, na sessão matinal, concedendo-se, em compensação, mais tempo para cada palestra. Como o senhor já viu em congressos oficiais, 20 minutos podem ser tempo bastante para recitar uns chavões, mas dificilmente para se expor um ponto de vista. Deixo essas decisões, de muito bom grado, a seu critério.

A respeito do que hei de falar, gostaria também que me aconselhasse. Apresentar um caso, como o senhor sugeriu, tomaria muito tempo e me daria um privilégio sobre os demais oradores, que pode ser ressentido. Esse tipo de coisa requer uma hora ou mais. Que tal um tópico mais geral, uma espécie de declaração de princípios? De nenhum modo há de ser fácil para mim, eis que tenho a cabeça cansada e quando isso acontece *ela* não se dobra, só trabalha no que bem quer; ainda agora, por exemplo, limita-se à neurose obsessiva, quando eu ficaria feliz se me entregasse a outra coisa. O senhor há de ter notado isso em minhas observações sobre a paranoia, que não contêm nada de realmente novo, exceto com relação à neurose obsessiva. Por certo que o deixaram muito decepcionado e lhe pareceram uma versão aguada das cartas que trocamos sobre a paranoia pouco após sua visita a Viena, faz quase um ano[5]. Mas minhas investigações sobre a neurose obsessiva, que em certos pontos vão bem fundo, dificilmente seriam inteligíveis quando não acompanhadas de históricos clínicos.

Bem, falemos, então, de Iena. A raposa Binswanger deve ter um ótimo faro. Tomara que cada vez mais gente admita que o homem tem o fígado do lado direito, o coração no esquerdo. Teríamos, assim, o prazer de deixar aos clínicos empregados pelo estado os casos de *situs inversus*. Ludwig Binswanger resolveu a coisa com acerto; dá-se com frequência que as enfermeiras sejam sádicas disfarçadas; espero que nosso jovem amigo não se tenha saído muito mal[6]. Compreendo como o senhor se divertiu ao ver com os próprios olhos a pobreza da psiquiatria de hoje. Podemos realmente nos gabar de termos tornado as coisas um pouco mais interessantes. Foi enorme meu contentamento ao saber que a recepção ao seu *Dementia praecox* lhe ensinou que estamos trabalhando para o futuro, que nosso reino não está neste mundo. Nunca nos esqueçamos disso!

Que lhe parece esse tópico que ainda agora me ocorre: "Transformações na (concepção e) técnica da psicanálise"?

Há de, em breve, receber três artigos meus, só um espontâneo e digno de sua atenção; os outros me foram arrancados e são menos importantes[7]. *The Content of the Psychoses* será impresso a tempo de o distribuir no Congresso. Caso não vá diretamente de casa, posso apanhar os exemplares com Deuticke e levá-los comigo.

Presumo que a noite seja exclusivamente dedicada à discussão dos tópicos propostos por nossos amigos de Budapeste[8]; com isso a coisa pegaria fogo. O senhor não pensa também numa reunião de negócios?

Às minhas saudações mais cordiais junto um agradecimento sincero por todo o trabalho que está tendo.

De

Freud

---

1. Minna Bernays (1865-1941), que viveu com a família Freud de 1896 até a morte.

2. Em inglês no original.

3. "Die psychosexuellen Differenzen der Hysterie und der *Dementia Praecox*", *Zentralblatt für Nervenheilkunde und Psychiatrie*, n.s., XIX (julho de 1908) = "As diferenças psicossexuais entre histeria e demência precoce", *Selected Papers* (1927).

4. A passagem, que Rank leu na reunião das quartas-feiras em 4-3-1908 *(Minutes*, I, p. 339) e em Salzburg (Jones, II, p. 46s./42), é a seguinte: "Parece uma coisa má e prejudicial ao trabalho criativo da mente se a Razão proceder a um exame muito íntimo das ideias à medida que elas chegam a fluir – na própria comporta, por assim dizer. Encarado isoladamente, um pensamento pode parecer muito trivial ou muito fantástico, mas pode ser tornado importante por outro pensamento que venha depois dele, e, em conjunção com

outros pensamentos que possam parecer igualmente absurdos, poderá vir a formar um elo muito eficaz. A Razão não pode formar qualquer opinião sobre tudo isso, a não ser que retenha o pensamento por bastante tempo para encará-lo em relação aos outros. Por outro lado, onde existe uma mente criativa, a Razão – assim se me afigura – relaxa sua vigilância sobre as comportas, e as ideias entram atropeladamente, e somente então ela as olha e as examina numa massa. – Vocês, críticos, ou outra denominação que deem a vocês mesmos, ficam envergonhados ou assustados com as extravagâncias momentâneas e passageiras que se encontram em todas as mentes verdadeiramente criativas e cuja duração, maior ou menor, distingue o artista que pensa do sonhador" – *Schillers Briefwechsel mit Körner* (1847), v. I, p. 382s. Freud citou-a na segunda edição (1909) de *A interpretação dos sonhos*; cf. Edição Standard Brasileira, IV, p. 110-111.

5. A partir de 20 F.

6. Aparentemente, uma referência ao casamento de Binswanger; cf. 83 J.

7. Talvez "Escritores criativos" (cf. 55 F n. 5); "Die 'Kulturelle' Sexualmoral und die moderne Nervosität", *Sexual-Probleme*, IV: 3 (março de 1908) – "Civilized Sexual Morality and Modern Nervous Illness", SE IX; e "Charakter und Analerotik", *Psychiatrisch-neurologische Wochenschrift*, IX:52 (março de 1908) = "Character and Anal Erotism", SE IX.

8. Cf. o programa do Congresso de Salzburg, apêndice 4. Para o trabalho de Ferenczi, cf. "Psychoanalysis and Education", *International Journal of Psycho-Analysis*, XXX (1949).

78 F

9 de março de 1908, Viena, IX. Berggasse 19[1]

Caro amigo,

Pode pôr "Hotel Bristol" no programa, sem susto. Definitivamente, eles nos garantem acomodações e um passadio de primeira. Resta apenas a sala, da qual ainda estou tratando.

Deuticke prometeu ter sua monografia[2] pronta a tempo de distribuir-mos alguns exemplares no Congresso. Escreva, por favor, a ele e diga para quando necessita das provas – tendo em vista sua viagem à França.

Cordiais saudações

De

Freud

1. Cartão de correspondência impresso.
2. "O conteúdo da psicose"; cf. 84 F n. 4.

79 J

Burghölzli-Zurique, 11 de março de 1908

Caro Professor Freud,

Desculpe-me se não consigo ser tão pronto e pormenorizado nas respostas quanto o senhor. Há sempre um monte de outras coisas a fazer antes que me possa pôr no estado propício para responder suas cartas. Nunca sei agir às carreiras; minhas ideias, em tal caso, instantaneamente se evadem.

Devo abordar, de início, a questão da paranoia. Quer-me parecer que será imprescindível conversarmos pessoalmente a respeito, pois eu deveria tomar contato com seu material; sua teoria me seria, então, mais inteligível. O caso de Fl.[1], por exemplo, ajudou-me grandemente na compreensão de suas ideias porque eu sempre soube o que o senhor tinha em mente. Sua linha de pensamento sobre a questão da paranoia dá a impressão de ser muito diferente da minha e, assim, tenho grande dificuldade em segui-lo. O problema da escolha da neurose parece desempenhar para o senhor um papel crucial. Eis aí algo em que não ouso tocar. No momento só estou interessado no modo como o *alívio do complexo pode ser obtido*. O seguinte caso talvez sirva de exemplo: uma mulher de 34 anos afirmou que o médico que a assiste, de comum acordo com a enfermeira e uma velha (uma paciente), tinha queimado uma criança (não se sabe se da enfermeira ou da própria paciente!). Tentativas de sedução do médico. A enfermeira é jovem, bonita, e a paciente gosta *muito* dela. A paciente está sexualmente insatisfeita no casamento e tem de amparar a mãe já idosa. Donde: transferência para o médico, identificação com a enfermeira, assimilação da paciente velha como mãe. Ela reprime o casamento, bem como os filhos, faz uma nova transferência inadmitida (para o médico), obtendo, simultaneamente, no papel da enfermeira bonita, a realização do desejo. Tudo isso na forma de uma acusação que poderia se converter facilmente em mania de perseguição. O complexo é assim aliviado pela asserção de que não se encontra nela, de que é representado até o fim, por outras pessoas, na realidade objetiva. Desse modo, é efetuada uma *dissociação muito firme*. O mecanismo é uma exageração do mecanismo normal de *despotencializar a realidade*, tendo por alvo tornar a dissociação absoluta; é essa a conclusão a que chego. Penso também que ele abriga suficientemente bem o componente teleológico do

Ano 1908

delírio. Ao falar de um "desligamento malogrado" de libido, eu preferiria, nesse caso, falar, justamente porque ela se torna reprimida, de uma "aplicação malograda" de libido. Há, indubitavelmente, casos em que a libido tem de ser desligada e isso, então, ocorre de maneira imprópria por meio do sentimento de perseguição, mas é de se presumir que existam também os outros mecanismos, pois dificilmente se poderia supor que a paciente ainda tivesse que desligar da família sua própria libido. Isso daria uma ideia errônea de todo o caso, que em si mesmo é dos mais comuns. Estou ansioso para saber o que o senhor pensa a respeito.

E agora Salzburg! Acabo de receber a inscrição de um Dr. Jekels[2], da Silésia, com o que sobe a 19 o número de participantes certos. Naturalmente, o diabo tinha de frustrar minhas intenções, com a conferência do colega Abraham; posso ouvir suas risadinhas. Tal trabalho me desagrada porque apresenta o que eu mesmo venho fantasiando abertamente, sob sua estimulação, e tencionava desenvolver mais tarde, quando a coisa amadurecesse. Concordo com sua sugestão de darmos a segunda vez a Jones e a quarta a Morton Prince, se é que ele vem (sua descrição de Sadger me divertiu muito, a carapuça serve à perfeição!) Riklin não há de falar. O caridoso preâmbulo de Rank me parece muito oportuno. Li o livro dele, compreendendo-o em termos, e estou bastante impressionado com a inteligência que tem. Rank é, decerto, um grande achado. Falta-lhe apenas o "contato empírico com a realidade". O livro me fez ver que teoricamente ele já se aprofundou muito, bem mais do que eu, em seu pensamento. Leve-se, porém, em conta, que teve o privilégio de sua estimulação pessoal, com o que se lhe terão abertos milhares de atalhos para o conhecimento.

As discussões são, em geral, improfícuas. O melhor seria que se dessem à noite, depois de se terem dissipado, assim esperemos, todas as questiúnculas, e apenas restarem as perguntas sérias. Hei de deixar isso explícito no programa. Podemos conceder meia hora para cada palestra. Para o senhor, naturalmente, já cogito de reservar uma hora ou mais, pois só nos interessa mesmo é ouvi-lo, e não a Stekel e Sadger e todo o resto da turma. É forçoso que tenha esse privilégio; por causa do senhor é que iremos a Salzburg, por causa do senhor é que, enfim, empenhamo-nos em em fazer tudo isso. Considero, portanto, de uma evidência sem par que o senhor deva falar por tempo bem mais longo do que os outros. Peço-lhe, encarecidamente, uma apresentação de *material clínico*, algo que todos tenhamos condições de acompanhar. Pessoalmente, eu preferiria que falasse disso, e não de psicanálise. Não me cabe, porém, pressioná-lo, pois não duvido que seu julgamento seja mais seguro do que o meu. Pode ter a bondade de me comunicar sua decisão em breve, devolvendo, ao mesmo tempo, o *esboço* do programa?

Falei com Bleuler sobre a presidência. Como era de se esperar, ele se esquivou com um sorriso, dizendo que tal coisa jamais lhe passaria pela cabeça.

Gostaria muito que *os exemplares fossem enviados para minha residência*, pois terei de voltar para casa antes de ir para o Congresso.

A sessão noturna pode tomar a forma de uma reunião informal, cuidando não só de diferentes aspectos dos trabalhos lidos pela manhã, como também das questões dos budapestenses. Podemos, ao mesmo tempo, pôr em ordem os assuntos de "negócios".

Minhas conversações quanto à revista voltam a parecer mais promissoras depois que me restabeleci da influenza. Espero que tenha apenas boas notícias para lhe dar em Salzburg.

Espanto-me com essa colossal capacidade de trabalho que lhe permite escrever artigos científicos à margem das obrigações cotidianas. Eu nunca chegaria a tanto.

Ainda não sei exatamente o que hei de dizer em Salzburg. Nenhuma novidade significativa, seja como for, anuncia-se. Sinto-me um pouco vacilante, porquanto ainda estejamos aqui presos aos rudimentos.

Não há de que me agradecer pelo trabalho – é um prazer para mim.

Mandarei imprimir o programa tão logo tenha seus dados em mãos.

Cordiais saudações.

Atenciosamente,
Jung

1. Fliess.
2. Ludwig Jekels (1867-1954), psiquiatra polonês educado em Viena, então no sanatório de Bistrai, perto de Bielitz (Silésia austríaca, hoje Polônia); tornou- se membro da Sociedade de Viena; mais tarde em Nova York.

80 F

13 de março de 1908, Viena, IX. Berggasse 19

Caro amigo,

Tendo em vista o caráter prático desta carta, espero que me perdoe por lhe responder tão depressa e, de resto, por escrever com tal frequência.

Já está tudo resolvido com o Hotel Bristol. Concordo integralmente com sua ideia de deixar a discussão para o fim (deslocamento para baixo). "Meia hora" pode ser considerado o "máximo". Não tinha pensado na passagem da correspondência de Schiller, que recebeu nesse ínterim, como introdução, mas, sim, como uma cadência final.

Quanto à minha preleção, bem, entrego os pontos, essa é a única maneira de mostrar como lhe sou grato. Só não consigo é mandar um título definitivo; talvez caiba numa hora, dependendo das circunstâncias, a exposição de um caso no qual estou trabalhando, mas esse caso ainda não foi concluído, a fase decisiva e a solução estão por vir, não se deve cantar vitória antes do tempo etc. Gostaria de ter a liberdade de falar de outra coisa, caso ele não evolua bem; quem sabe o que pode acontecer em seis semanas? Prefiro, assim, que anuncie algo vago, "Uma amostra de psicanálise" ou qualquer coisa do gênero, a seu critério. Assim o negócio fica resolvido. Nada lhe impede agora de vencer o programa anexo no molde da eternidade.

Claro está que terei muito mais a dizer sobre a paranoia noutra ocasião. É a Fliess que o senhor se refere com Fl.? Devo parar por aqui porque quero reler seu *Dementia praecox* para a última aula amanhã[1].

Cordialmente,
Freud

1. Na Universidade.

81 J

Grand Hotel Bellevue
Baveno, Itália[1], 11 de abril de 1908

Caro Professor Freud,

É como se tivesse passado um longo tempo desde que pela última vez lhe escrevi. Tudo andou conspirando contra mim; entre outras coisas, um horrível ataque de influenza que me deixou tão debilitado que tive de tomar banhos termais em Baden. Trato agora, no Lago Maggiore, de me recuperar o melhor possível.

Segue na mesma data uma separata de minha intervenção em Amsterdam. Receba-a, por favor, com indulgência. Se a escrevesse agora seria, em grande parte, muito diferente.

Ficarei aqui até 16 de abril, quando devo voltar para casa, findo este repouso tão curto. Então hei de escrever mais. No momento, estou muito dissociado.

Espero que esteja passando bem. Na ansiosa expectativa de o rever em Salzburg, envio-lhe as saudações mais cordiais.

Atenciosamente,
Jung

1. Timbre impresso.

82 F

14 de abril de 1908, Viena, IX. Berggasse 19

Caro amigo,

Esta carta há de estar à sua espera em casa. Lamento saber que não andou muito bem e que foi forçado a se contentar com uns poucos dias de folga. Com esse vigor juvenil nenhuma doença devia ser problemática para o senhor.

Tenho na mesa três de seus estudos. O primeiro, o que fez em colaboração com Bleuler[1], desagrada-me pelas hesitações que contém, a importância que dá à opinião de E. Mayer[2]; do segundo você me proibiu de falar, é a palestra de Amsterdam[3], há muito esperada; o terceiro, que vem a ser o terceiro número de *Artigos sobre psicologia aplicada*[4], é, de fato, um prodígio, com a resolução, a clareza que o caracterizam e uma linguagem que, como convém a esse pensar tão líquido, é deliciosamente bela e provocante. Com que audácia o senhor aqui proclama a etiologia psíquica das desordens psíquicas, da qual, nos outros trabalhos, retrai-se! Neste, falando a um público leigo, a damas e a cavalheiros, por certo que se sentiu à vontade para exprimir sua opinião; nos outros foi entravado por um espírito de compromisso e a preocupação quanto aos preconceitos dos médicos e a incompreensão dos nossos colegas!

Pode parecer singular, mas, ao mesmo tempo em que lia em seu trabalho de Amsterdam que a histeria infantil não entra nesse contexto[5], eu me deixava embalar pela ideia de preparar para o Congresso minha análise de uma fobia histérica num garoto de cinco anos[6]. Duvido, no entanto, que o plano seja levado avante.

Por melhor que eu esteja, o trabalho foi tão duro nestas últimas semanas que me sinto meio perplexo. Precisarei de um meio de solidão antes de mergulhar na roda-viva do nosso encontro em Salzburg. Durante esse período de trabalho duro meus vislumbres se tornaram cada vez mais firmes; a oposição unânime dos burocratas psiquiátricos do nosso mundo ocidental já não me causa a menor impressão.

Magnus Hirschfeld, faz algumas semanas, esteve aqui em visita; parece desajeitado, mas de boa índole, e tudo indica que seja um sujeito honesto. Aproxima-se gradativamente de nós e daqui para a frente, tanto quanto possível, há de levar nossas ideias em conta. As separatas que enviei a Ludwig Binswanger foram devolvidas de Iena com a indicação "Mudou-se, endereço ignorado".

Espero encontrar um momento em Salzburg para uma conversa a sós com o senhor sobre paranoia. Trate de se apresentar em plena forma.

Cordialmente,
Freud

---

1. "Komplexe und Krankheitsursachen bei *Dementia Praecox*", *Zentralblatt für Nervenheilkunde und Psychlatrie*, n.s., XIX (março 1908) = "Complexos e etiologia em *dementia praecox*" (não incluído na OC, posto que seja pequena a contribuição de Jung).

Ano 1908 —————————

2. Cf. 66 F n. 1.

3. "Die Freud'sche Hysterientheorie", *Monatsschrift für Psychiatrie und Neurologie*, XXIII:4 (março 1908) = "A teoria de Freud sobre a histeria", OC 4. Cf. 43 J.

4. *Der Inhalt der Psychose* (*Schriften zur angewandten Seelenkunde*, 3; 26 p.) = "O conteúdo da psicose", OC 3.

5. "A Teoria freudiana de histeria", § 62: "Seja como for, a histeria infantil e as neuroses psicotraumáticas formam um grupo à parte".

6. Primeira referência ao caso do "pequeno Hans"; cf. 133 J, n. 1. Freud o abordará em "The Sexual of Children" (1907), SE IX.

83 J

Burghölzli-Zurique, 18 de abril de 1908

Caro Professor Freud,

Sua última carta me deixou intranquilo. Li muito nas entrelinhas. Estou certo de que chegaríamos a um entendimento básico se pelo menos eu pudesse *conversar* com o senhor. A escrita é um pobre substituto da fala. Tentarei oferecer, no entanto, umas explicações algo incoerentes.

1. *Palestra para leigos.* O objetivo era tornar o público cônscio das conexões psicológicas encontradas na psicose. Daí a forte ênfase no fator psicogênico. Não havia razão para falar da etiologia verdadeira.

2. *Etiologia da Dem. pr.* Aqui a intenção foi definir nossa concepção da etiologia. Por falta de experiência analítica, Bleuler ressalta o lado orgânico, eu o outro. Penso que *muitíssimos* casos de Dem. pr. são exclusivamente devidos a conflitos puramente psicológicos. Mas além desses há, sem dúvida, não poucos casos em que uma debilidade física qualquer precipita a psicose. Para se acreditar aqui numa etiologia exclusivamente psicogênica, ter-se-ia de ser um espiritualista, coisa que nunca fui; para mim, a "constituição" sempre desempenhou um papel de significativa importância. Por tal motivo é que, de fato, experimentei certo alívio quando vi que o senhor tinha modificado sua visão anterior da gênese da histeria. Como observou, ao discutir a etiologia somos envoltos em dificuldades sem fim, as quais, sem exceção, parecem-me ter um mesmo ponto de origem: nossa concepção totalmente errônea da função cerebral. Em toda a parte somos assediados por psique = *substantia*, martelando *à la piano* no cérebro. O enfoque monista – psique = função internamente percebida – talvez aju-

dasse a esconjurar esse fantasma. Mas não vou continuar filosofando. O senhor mesmo, há muito, já terá extraído as consequências lógicas. Toda a questão da etiologia é-me extremamente obscura. Será difícil que o segredo da constituição seja desvendado apenas a partir do aspecto psicológico.

3. *Palestra de Amsterdam.* Fiz aqui um mau trabalho, sou o primeiro a admitir. Mas, mesmo assim, aceitarei de bom grado qualquer crítica. É um contra-senso que o tenha proibido de falar a respeito! Eu só tenho a aprender com suas críticas. O principal inconveniente é a brevidade do texto. Tive de cortar muita coisa. Some-se a isso um fator ainda mais importante, a abordagem primária que me foi imposta pela ignorância do público.

A histeria infantil deve escapar à fórmula que se aplica aos adultos, para os quais a puberdade tem um papel de realce. É forçoso que, para a histeria infantil, estabeleça-se uma fórmula especificamente modificada. Tudo o mais que escrevi me foi ditado pela consciência. Não sou, de fato, um propagandista; apenas detesto todas as formas de supressão e injustiça. Estou ansioso para saber de meus erros, espero aprender com eles.

Binswanger se casou[1] e, assim, não está mais em Iena. O novo endereço dele é: Kreuzlingen, cantão de Thurgau.

Muito obrigado pelas separatas[2], que chegaram durante minha ausência. Ainda não as li por falta de tempo. Eu também desejo muito que possamos arranjar uma hora em Salzburg para uma conversa sobre algumas das coisas que continuam no ar.

Cordiais saudações.

Atenciosamente,
Jung

Pode ser que me engane, mas esta carta me parece ter um tom estranhamente seco. Tal não é a intenção, pois um homem pode também admitir seu mau humor com um sorriso. Infelizmente, o sorriso não transparece no estilo – imperfeição estética que me levou a redigir o P.S.

1. Em 1907, com Hertha Buchenberger. Seu novo posto era no Sanatório Bellevue (particular); cf. 16 J n. 1.
2. Cf. 77 F n. 6.

84 F

19 de abril de 1908, Viena, IX. Berggasse 19[1]

Caro amigo,

Feliz Páscoa! O sentimento, quando é áspero, não deve ser alimentado. Se fui impertinente, e o demonstrei, é muito mais provável que a etiologia – no caso – seja somática e não psicogênica. Ando tão extenuado pelo trabalho e pela falta de lazer que certamente lhe causarei a *mesma* impressão em Salzburg. Devo ressaltar que não estou em absoluto zangado com o senhor. Esta carta é escrita sob a impressão de uma segunda leitura de seu *Content of the Psychoses*, trabalho pelo qual tenho grande afeição e que me dá um retrato seu em vários ângulos distintos. Vejo aí muito do que estimo em sua própria pessoa: não apenas seu discernimento, mas também uma apurada sensibilidade artística e as sementes da grandeza. Notável é o contraste entre ele e um manuscrito de seu rival berlinense (A.), que há de constituir meu quarto número[2], firme no apoio, é verdade, mas com a grande falha de não ter exatamente aquela centelha a mais (e, aqui, o ics. sorri, quer no remetente, quer no destinatário), bem como entre ele e sua colaboração com Bleuler. Em meu cansaço fracassei em tornar clara a constelação verdadeira; meu desprazer se evidenciou, assim, muito mais do que o prazer, o qual, como eu me sentia, não vibrava em mim uma só corda. Creio que essa era a situação na qual excluí com efeito seu estudo de Amsterdam; é claro que eu poderia ter igualmente expresso minha gratidão pelo entusiasmo que o senhor consagrou a essa tarefa tão penosa e arriscada. Apenas a opinião sobre a histeria infantil me pareceu incorreta. As condições aqui são as mesmas, provavelmente porque todas as etapas do crescimento (quero dizer, todos os aumentos de libido) criam as mesmas condições do grande salto da puberdade. Meu hábito, afinal, nunca foi reprovar suas discordâncias parciais, mas, sim, extrair contentamento do que de aprovação me concede. Sei que o senhor precisará de tempo para se pôr em dia com minha experiência dos últimos 15 anos. Ando um pouco aborrecido com Bleuler devido à propensão dele de aceitar uma psicologia sem sexualidade, com o que fica tudo no ar. Temos, nos processos sexuais, a indispensável "base orgânica" sem a qual um médico só pode se sentir inseguro no domínio da psique.

Ano 1908

A noção de que minhas opiniões são corretas, a não ser quanto a uma parte dos casos, causa-me grande desagrado[3] (em lugar de opiniões, leia pontos de vista). Isso é impossível. Forçoso é que seja ou uma coisa ou outra. Tais características são fundamentais, não podem variar desse para aquele grupo de casos. Ou melhor: são tão vitais que, aos casos a que não se aplicam, dever-se-ia dar um nome totalmente diferente. Até agora, como sabe, ninguém viu essa outra histeria, essa outra Dem. pr. etc. Se um caso não é fiel ao tipo, nada se sabe sobre ele. Estou certo de que, fundamentalmente, o senhor concorda comigo.

Um bate-papo com o senhor me fará pelo menos um tremendo bem. No mais, não esqueçamos de falar também sobre Otto Gross; ele precisa urgentemente de sua ajuda médica. Que pena! Um homem tão talentoso, tão decidido! Está viciado em cocaína e, talvez, já na primeira fase de uma paranoia tóxica de cocaína. Tenho a maior simpatia pela mulher dele: uma das poucas teutônicas de que até hoje gostei. – Pretendo chegar domingo de manhã para me permitir umas horas de solidão. E também me darei um dia de lazer depois do Congresso – caso não chova[4]. Estou tendo grande dificuldade com meu texto, porque um caso real completo não pode ser narrado, mas apenas descrito, como o sei pela experiência de minhas aulas em Viena. E não tenho um só caso que esteja completo e possa ser enfocado como um todo. Desisti da ideia do garoto de cinco anos porque a neurose dele, embora se resolva esplendidamente, contraria o prazo previsto. É provável que me fixe, assim, num *pot pourri* de observações particulares e comentários gerais baseados num caso de neurose obsessiva[5]. Há um ponto em que seguirei implicitamente sua diretiva; o que vou falar não será nada de especial. As contribuições dos meus companheiros vienenses estão me dando grande trabalho, não quero que contenham muitos erros nem julgamentos apressados. Por certo não estou talhado para ser um chefe, a *"splendid isolation"*[6] de meus anos decisivos deixou a marca em meu caráter.

Mantenha-se em forma. Espero vê-lo bem tranquilo quando nos encontrarmos em Salzburg.

Cordialmente,
Freud

1. É impossível saber se essa carta foi espontânea ou se Freud a escreveu após receber a de Jung datada de 18/4. As cartas de Zurique a Viena podiam chegar no dia seguinte (cf. a de Jung de 20-2-1907, respondida por Freud em 21/2) e havia entrega aos domingos, como o foi 19-4 (cf. Freud em 2-1-1910: "Hoje [sua carta] chegou").

2. Abraham, *Traum und Mythus* (*Schriften zur angewandten Seelenkunde*, 4, 1909) – "Sonhos e mitos", *Clinical Papers* (1955); traduzido originalmente em 1913 por William Alanson White. Abraham enviara o ms. a Freud em 4-4-1908; cf. carta desta data, *Freud / Abraham Letters*, p. 31s.

3. Esse parágrafo é citado por Jones, II, p. 488/439.

4. Salzburg é proverbialmente chuvosa.

5. O caso do "Homem dos Ratos", como ficaria conhecido; cf. o comentário editorial que se segue a 85 J e 150 F n. 1.

6. Em inglês no original.

85 J

Burghölzli-Zurique, 24 de abril de 1908

Caro Professor Freud,

Não dê atenção às minhas rabugices. Se não há muito o que esperar de mim pessoalmente, é comum que eu me ponha, em tais ocasiões, na melhor forma. Só uma coisa me incomoda, o problema de Gross. O pai dele[1] me escreveu pedindo que o trouxesse comigo de volta para Zurique. Por azar, no dia 28 tenho assunto urgente a tratar com meu arquiteto em Munique[2]. É claro que nesse meio tempo Gross já me terá escapado. Infelizmente, ele não confia em Bleuler que, se não fosse isso, poderia trazê-lo. Gross toma não só cocaína como também grandes quantidades de ópio.

À parte esse doloroso *intermezzo*, mantenho-me na expectativa de o rever. Espero que tenhamos ocasião de conversar em nossos passeios. Duas pessoas já desistiram: Morton Prince (Riklin há de falar no lugar dele) e um *deus minorum gentium* em cuja vez entra na onda uma dama – Frau Prof. Erismann[3], mulher do famoso higienista anteriormente na Universidade de Moscou. Ela é médica e partidária entusiasta de sua psicologia.

Por culpa de nossa correspondência recente minha palestra sobre Dem. pr.[4] acabou por se converter numa formulação de minhas ideias sobre D. pr. e, assim, num ensaio teórico, a despeito de eu ter, de início, a intenção de apresentar materiais clínicos. Tive a maior dificuldade em impedir que ela se transformasse simplesmente numa peroração endereçada ao senhor.

Caso chegue a Salzburg meio dia antes, procure, por favor, indagar o dono do hotel quanto à questão da *sala para o encontro* – a menos, é claro, que isso já esteja resolvido. Meu plano, por enquanto, é chegar a Salzburg no trem das 9 horas, via Munique.

Espero que esta carta ainda o alcance em Viena. Por ora, reafirmo-lhe a estima de sempre.

Cordialmente,
Jung

O Congresso de Salzburg

O que, na realidade, foi o Primeiro Congresso Internacional, realizou-se em Salzburg em 27 de abril, uma segunda-feira, tendo chegado na véspera os 42 participantes (inclusive Bleuler). Nove trabalhos foram lidos, entre eles o de Jung, sobre demência precoce, e o de Freud sobre um histórico clínico (cf. apêndice 4). O último – Freud falou por mais de quatro horas – foi uma primeira versão das "Notas sobre um caso de neurose obsessiva" (o chamado caso do "Homem dos ratos"), publicadas no *Jahrbuch*, I:2 (1909); cf. 150 F n. 1. Tomou-se, em Salzburg, a decisão de lançar um periódico dedicado à psicanálise – o *Jahrbuch*, do qual sairiam dois números por ano; cf. 133 J n. 1. Para detalhes do Congresso, cf. Jones, II, p. 45 s./40 s (nem sempre acurados: *e. g.*, Freud não poderia ter chegado de Veneza), e a carta de Freud à esposa, 29-4-1908, em *Letters*, ed. E.L. Freud, n. 138.

1. Hanns Gross; cf. 49 J n. 3.

2. Ernst Fiechter, primo de Jung, projetava a nova casa de Küsnacht (informação de Franz Jung).

3. Sophie Erismann, doutora em Medicina (1847-1925), mulher de Friedrich Erismann (1842-1915), oftalmologista e higienista suíço ativo em São Petersburgo e Moscou, 1869-96, mais tarde em Zurique. Ao arrolar os participantes do Congresso de Salzburg, Jones (II, p. 45/40) a considera de Viena: o *Bulletin*, n. 1 (julho 1910) a dá, porém, por membro da Sociedade de Zurique. Para seu enteado Theodor, cf. 312 J n. 4.

4. Segundo Jones (p. 156/138; cf. 52/47), em seu texto sobre demência precoce Jung "ignorou as sugestões que Freud lhe havia dado sobre o assunto e preferiu a ideia hipotética de uma 'toxina psíquica' que afetava o cérebro..." (Jones cita uma carta a ele enviada por Jung em 21-1-1908, hoje extraviada). O texto não sobreviveu, mas Jung forneceu uma súmula para o informe de Rank sobre o Congresso de Salzburg, *Zentralblatt*, I:3 (dezembro 1911), p. 128: "A despotencialização do processo de associação ou *abaissement du niveau mental*, que, consequentemente, tem uma qualidade em tudo semelhante ao sonho, parece indicar que um agente patogênico [*Noxe*] contribui para a demência precoce e está ausente, digamos, na histeria. As características do *abaissement* foram atribuídas ao

Ano 1908 —————————————————————————————

agente patogênico, tomado por virtualmente orgânico em efeito e comparado a um sintoma de envenenamento (e.g., estados paranoides no envenenamento crônico)". Jones pode ter tomado *Noxe* por *Toxin*. Uma teoria da esquizofrenia com base em toxinas na verdade nunca interessou a Jung ao longo de toda a sua carreira; para suas declarações sobre a teoria no período 1907-1958, cf. OC 3, índice.

86 J

Burghölzli-Zurique, 30 de abril de 1908

Caro Professor Freud,

Não consigo saber ao certo se convém avaliar o Congresso de Salzburg pelo lado emocional ou pelo prático. No todo, os resultados foram muito bons e isso é um indício promissor para o sucesso dos nossos *Jahrbücher.* Já estive com Reinhardt em Munique; mostrou-se muito indeciso, falando em lançar o primeiro volume de 250-300 páginas *como uma experiência*, sem pagar nada, e estipulando um título pomposo que de algum modo aluda a "subconsciente". Hei de, agora, dar preferência a Marhold. Talvez o senhor pudesse averiguar as possibilidades que teríamos com Deuticke. Reinhardt praticamente nada sabe a seu respeito, e também muito pouco de mim, o que complica consideravelmente as negociações. Marhold, pelo menos, está a par da vendagem dos meus livros[1].

No que tange aos sentimentos, eis que ainda estou sob o resplandecente impacto de sua palestra, aos meus olhos a própria perfeição. Tudo o mais foi só para encher o tempo, não passou de um palavreado estéril nas trevas da inanidade.

Com relação à Dem. pr., agora me dou conta (na realidade sempre o fiz) de que ainda é preciso escavar muito para desenterrar alguma coisa e apresentá-la com certeza. Infelizmente, não houve oportunidade física nem psicológica em Salzburg para a discussão de meu caso particular. Para isso preciso de paz de espírito e concentração. Entrementes, com paciência, vou fazendo meu trabalho; o qual também ficou mais fácil, pois Bleuler fez notável progresso em Salzburg, já começando a duvidar agora que haja sintomas orgânicos primários na Dem. pr., como sempre admitiria sem prévia qualificação. O senhor abriu uma grande brecha nas defesas dele. A mim, só o trabalho mais duro há de trazer mais clareza. Talvez eu

Ano 1908

tenha feito muito pouco trabalho analítico sobre Dem. pr. nestes últimos nove meses, e o resultado é que o material impressivo tornou-se, em grande parte, uma imposição para mim. Meu maior obstáculo são os alunos; meu tempo se consome em formá-los e rever os trabalhos que escrevem. Enquanto vão à frente, à minha custa, fico na mesma. Esse conhecimento me pesou tremendamente em Salzburg. Peço que tenha paciência comigo e que confie no que fiz até agora. Não sou apenas um seguidor fiel, tenho sempre um pouquinho mais a fazer. Esses, por sinal, não lhe faltam. Mas não é com eles que a causa progride, pois com a simples fé nada prospera em longo termo.

Aceite, junto ao meu agradecimento, as saudações mais cordiais.

Atenciosamente,

Jung

1. Carl Marhold, de Halle, não só publicara a monografia de Jung *Die Psychologische Diagnose des Tatbestandes* (1906), como também seu livro *Über die Psychologie der Dementia Praecox* (1907).

87 F

3 de maio de 1908, Viena, IX. Berggasse 19

Caro amigo,

Então o senhor também está satisfeito com o encontro de Salzburg? A mim ele tranquilizou muito, e ainda agora sinto as agradáveis impressões que deixou. Contente de o encontrar tão exuberante, notei que todo o ressentimento se dissipou quando voltei a vê-lo e o compreendi. Sei que o senhor está numa fase de "oscilação negativa" e agora sofre os efeitos secundários da grande influência que, esse tempo todo, tem exercido em seu chefe. Impossível empurrar sem ser empurrado. Mas tenho plena certeza de que, tendo se afastado de mim alguns passos, o senhor há de encontrar o caminho de volta e, então, seguir comigo mais longe. Não lhe posso dar uma razão para essa certeza; provavelmente, ela brota de um sentimento que tenho quando olho para o senhor. Já me satisfaz, porém, sentir que estamos de acordo e não tenho mais medo de que possamos ser separados. Basta que o senhor seja paciente com algumas das minhas idiossincrasias.

Sua queixa de que está quase perdendo o hábito do trabalho psicanalítico e de que os estudantes lhe consomem o tempo é, decerto, bem fundamentada, mas isso pode ser superado. Muito me alegra sua convicção de que impressionei Bleuler, tornando, consequentemente, mais fácil seu trabalho futuro. Ele é um homem muito estranho!

O *Jahrbuch* figura agora em primeiro plano nas minhas cogitações. Ofereço-lhe dois casos, os textos podem ser intitulados "Aforismos concernentes à neurose obsessiva" e "A fobia do pequeno Herbert"[1]. Tenho certeza de que poderemos fazer a publicação com Deuticke; direi a ele que aguarde suas propostas por escrito. Ainda assim, parece-me que seria melhor um editor alemão.

Jones e Brill vieram duas vezes me ver. Decidi com Brill a tradução de uma miscelânea (*Selected Papers on Hysteria*)[2]. Ele também procurou estar com Breuer, tendo uma recepção muito estranha. Jones é, indubitavelmente, uma pessoa das mais interessantes e um homem de valor, mas me dá uma impressão de, eu já ia dizendo, singularidade racial. É um fanático e não come o suficiente. "Que eu me possa cercar de homens gordos", diz César etc. De certo modo, ele me lembra o magro e faminto Cássio. Renega toda a hereditariedade; aos olhos dele, mesmo eu sou um reacionário. Como, com sua moderação, o senhor conseguiu se entender com ele?

Tenho um grande favor a lhe pedir. Não deixei de perceber que há uma brecha se abrindo entre o senhor e Abraham. Somos tão poucos que devemos nos manter unidos e uma rusga por motivos pessoais, entre nós, psicanalistas, fica mais feio que entre quaisquer outros. Considero-o um homem de grande valor e não gostaria de ser forçado a abrir mão dele, embora seja evidente que não possa substituir o senhor aos meus olhos. Tenho, por conseguinte, este pedido a lhe fazer: seja prestigioso se ele o consultar sobre a publicação do trabalho dele sobre a demência, e aceite o fato de ele ter, dessa vez, tomado o caminho mais direto, ao passo que o senhor hesitou. À exclusão disso, tudo pende a seu favor[3]. Nessa questão o mérito há de, provavelmente, estar no trabalho minucioso, e não na proclamação. Não devemos brigar enquanto assediamos Troia. Lembre-se

Ano 1908

dos versos do *Filoctetes*: "αίρεὶ τὰ τόξα ταῦτα τὴν Τροίαν μόνα (essas flechas sozinhas hão de tomar Troia?)"[4]. Minha autoconfiança aumentou tanto que já penso em usar esse verso como epígrafe para uma nova edição de *Artigos sobre a teoria das neuroses*.

Jones está querendo ir a Munique para ajudar os Grosses. Parece que a mulher está apaixonada por ele, e que é grave. O melhor seria que não cedesse à insistência de Gross para que trate da mulher dele, mas, sim, tentasse conquistar influência sobre ele. A impressão que se tem é de que tudo vai acabar mal.

Volto a estar com Jones e Brill na quarta-feira que vem, na reunião da Sociedade Psicanalítica de Viena[5].

Com a estima de sempre de
Freud

1. = Os casos "O Homem dos Ratos" (cf. 150 F n. 1) e "O Pequeno Hans" (133 J n. 1).
2. Em inglês no original. Quanto à publicação, cf. 160 F n. 9.
3. Cf. a carta de Freud a Abraham no mesmo dia: *Freud/Abraham Letters*, p. 33s.; também em Jones, II, p. 52s./47.
4. Sófocles, *Filoctetes*, 113 (Ulisses). Freud, de fato, usou a epígrafe (vol. 2, 1909).
5. Hológrafo: *Wiener Vereinigung für Psychoanalyse*. A Sociedade das Quartas-feiras adotou oficialmente esse nome na reunião de 15-4-08, paralelamente à proposta de Magnus Hirschfeld para que se fizesse um questionário "com o objetivo de explorar o instinto sexual" (cf. 138 J n. 7). Esse daria ensejo ao primeiro aparecimento público da Sociedade e, assim, era preciso um nome. / Para a visita de Jones e Brill, cf. *Minutes*, I, p. 392s. (6-5-1908).

88 J

Burghölzli-Zurique, 4 de maio de 1908

Caro Professor Freud,

Tenho agora uma proposta *muito vantajosa* de Marhold, de Halle. Ele aceita os *Jahrbücher* em forma de dois volumes semestrais. Oferece 40 marcos por folha impressa (16 páginas grandes em oitavo). Caso um trabalho, por seu interesse geral, seja simultaneamente publicado como separata, o pagamento é de 60 marcos. Para os trabalhos do senhor, os de Bleuler e os meus são oferecidos 60 marcos por folha impressa. Custo do preparo editorial de cada volume: 100 marcos. Para uma publicação

Ano 1908

científica essas condições são verdadeiramente fantásticas. Bleuler está inclinado a aceitar. Ele gostaria também de estipular a eventual publicação de trabalhos em francês e inglês. Diga-me, por favor, sem demora, se concorda em fazer negócio com Marhold ou se prefere que eu estude ofertas de outros editores.

É um prazer ver que o valor comercial do nosso projeto aumentou consideravelmente.

Cordiais saudações.

Atenciosamente,
Jung

89 F

4 de maio de 1908, Viena, IX. Berggasse 19

Caro amigo,

Deuticke[1] está disposto a publicar o *Jahrbuch*. Há de lhe escrever a respeito, não decida nada com ninguém até receber a carta dele. Diz estar ofendido por não termos pensado nele primeiro e se intitula um editor *alemão*. Não discuti as condições, pois prefiro que o senhor cuide disso. Não creio que 200-300 páginas deem para nossa produção. D. é um sujeito decente, embora precavido nos negócios.

Cordialmente,
Freud

1. Franz Deuticke (1850-1919) publicou a *Sammlung kleiner Schriften zur Neurosenlehre* e os *Schriften zur angewandten Seelenkunde*, estes como sucessor de Hugo Heller.

90 F

6 de maio de 1908, Viena, IX. Berggasse 19

Caro amigo,

Segue anexo o atestado para Otto Gross. Se conseguir scgurá-lo, não o deixe escapar antes de outubro, quando poderei me encarregar dele.

Sua notícia sobre a oferta de Marhold é excelente. A polidez aconselha que o senhor espere por Deuticke, se bem duvide que ele venha a fazer melhor oferta. Dois volumes semestrais parecem-me uma ideia muito melhor que um só por ano. Que acham o senhor e Bleuler de

(ou ⌣2⌢1⌣)[1]

"Anuário de pesquisas psicossexuais e psicanalíticas"

como título? Sem dúvida, vocês estão certos quanto às línguas estrangeiras; devemos manter um vestígio – ou uma semente – de seu projeto internacional do começo. Rogo-lhe que não seja muito modesto em relação ao número de páginas, seria preferível ceder na questão do pagamento. Lembre-se de que nossas análises são demoradas.

Bem, tenho ainda uma notícia a lhe dar. Faço hoje 52 anos; supondo-se que tenha outros dez anos de trabalho pela frente, ainda serei capaz de dar uma contribuição de peso à nossa obra.

Com um cordial abraço de
Freud

---

1. Hológrafo: *"J.f. psychosexuelle u. psychoanalytische Forschungen"*, com (*oder* ⌣2⌢1⌣) escrito depois acima, numa clara indicação de que a ordem dos adjetivos poderia ser invertida.

91 J

Burghölzli-Zurique, 7 de maio de 1908

Caro Professor Freud,

Conforme sua vontade fico à espera de notícias de Deuticke. Ou seria melhor que eu escrevesse a ele? Temo que a coisa evolua muito devagar se o não fizer. Deuticke me parece bem mais interessante do que Marhold, pois é mais sólido. Esperemos que ofereça condições ainda mais vantajosas.

No primeiro volume, quer dizer, na primeira parte dele a ser publicada, deveria, inquestionavelmente, haver uma lista, *i. e.*, uma compilação de breves resumos de todas as obras relacionadas com a nossa causa, pelo que entendo, principalmente, os livros e os numerosos artigos do senhor que por aí andam espalhados a esmo, bem como os de seus discípulos[1]. Para garantir um levantamento completo, o melhor seria que um dos seus se incumbisse de esboçar os resumos, em ordem cronológica, *sob sua supervisão*. Eu faria o mesmo quanto aos trabalhos da Clínica de Zurique, à medida que entram em consideração, pondo também todo o material em ordem. Jones cuidaria da bibliografia inglesa, Maeder ou Riklin da francesa. Convém levar ainda em conta as obras dos nossos adversários, desde que sejam originais.

Tenho em mente o seguinte esquema para os resumos: a orientação geral sobre a obra em questão seria dada em poucas linhas. Por exemplo: 1896. VIII. "Further Remarks on the Neuro-psychoses of Defence"[2]: – contendo: I. formulações suplementares sobre a etiologia "específica" da histeria, especialmente sobre a significação do trauma sexual; II. formulações sobre a natureza e a gênese de vários tipos de ideias obsessivas; III. *a análise de um caso de paranoia crônica* considerado como uma neuropsicose de defesa.

Essa é a minha ideia a respeito. Os resumos deveriam ser feitos por alguém que já tenha experiência nisso e seja capaz de destacar com imparcialidade os pontos essenciais. Acho que nenhum de seus discípulos é tão indicado como Abraham, que está familiarizado com essas coisas. Tenho certeza de que aceitaria de bom grado, a seu pedido. Deixemos, assim, que cuide de *todas* as obras vienenses – nisso, incluindo-se, as dele, é claro! O senhor me faria um grande favor se o sondasse.

Essa sugestão lhe fará ver que meu julgamento objetivo de A. não é em nada depreciativo. E por isso mesmo é que tenho um indisfarçável desprezo por algumas das idiossincrasias do colega A. Ainda que possua qualidades estimáveis e virtudes diversas, simplesmente ele não é um *gentleman*[3]. Isso é, a meu ver, uma das piores coisas a que se fica sujeito. Estou sempre pronto a subordinar meu julgamento a alguém que saiba mais, mas nesse caso encontro-me de acordo com um grande número de pessoas cujas opiniões respeito. Só fui capaz de evitar um escândalo em Salzburg rogando a certa pessoa, decidida a lançar luz sobre as fontes da palestra de A., que abandonasse essa ideia. Essa pessoa não era um suíço nem um de meus alunos, os quais (como eu) apenas podem contemplar num mudo espanto essas produções, inevitavelmente tomando nota dos fatos. Até agora nada jamais foi feito do meu lado que pudesse levar à desavença; é A., pelo contrário, quem age nesse sentido. O último atrevimento (do qual, diga-se de passagem, nunca o imaginara capaz) é a notícia de que ele me enviará a palestra dele, sem alterações, para publicação. Naturalmente, não posso compactuar com isso, pois uma revista editada por mim tem de ser limpa e honesta e não há de publicar plágios, sejam eles quais forem, do seu ou do meu trabalho intelectual[4].

Tudo do meu lado continuará na mesma, esteja certo, enquanto A. se comportar com decência. Mas se ele for muito longe uma explosão será inevitável. Meu maior desejo é que A. saiba claramente até onde se pode ir. Um rompimento seria uma lástima e em nada serviria aos interesses da nossa causa. É *muito fácil* que ele evite essa hipótese, basta-lhe um *pouquinho* de decência.

Ficar-lhe-ia muito grato se conseguisse fazer com que A., ou outra pessoa a seu ver ainda mais indicada, desse início aos resumos o mais cedo possível.

Desde já, muito obrigado! Cordiais saudações.

Atenciosamente,
Jung

---

1. Os resumos finalmente publicados no *Jahrbuch* foram os seguintes: (I:2, 1909), o de Abraham sobre os textos de Freud e as bibliografias austríaca e alemã; (II:1, 1910), o de Jones sobre as bibliografias inglesa e americana, o de J. Neiditsch sobre a atividade na Rússia, o de Assagioli sobre a atividade na Itália e o de Jung sobre a bibliografia suíça. Cf. apêndice 2.
2. Cf. 11 F n. 5.
3. Em inglês no original.
4. Na versão publicada da palestra de Abraham (cf. 77 F n. 2a) ele reconheceu seu débito com Freud, Jung e Bleuler numa nota de pé de página; cf. *Selected Papers*, p. 65, n. 1. Para os comentários de Abraham sobre esse assunto, cf. *Freud/Abraham Letters*, 11-5-1908.

92 F

10 de maio de 1908, Viena, IX. Berggasse 19

Caro amigo,

Muito obrigado pela mensagem de aniversário[1]. O futuro parece promissor, tenhamos sempre confiança ao enfrentá-lo.

Andei cogitando, nestes últimos dias, em como poderíamos estabelecer uma ligação científica mais íntima entre Zurique e Viena, de modo a evitar que de agora até o próximo Congresso nos percamos de vista. Acha que seria uma boa ideia fornecer regularmente ao senhor, ou à sua Sociedade de Zurique, as atas da Sociedade Psicanalítica de Viena? Ou é talvez preferível uma troca semanal de notícias científicas entre nós dois? Isso não iria sobrecarregá-lo? De minha parte, sempre arranjo tempo. Mas não gostaria que suas ocupações múltiplas o desviassem por completo do trabalho Ψanalítico nas neuroses, que, afinal, é a base de toda a nossa obra.

Desde que tenhamos o *Jahrbuch*, presumo que seja possível publicar as atas de nossas sociedades.

Em Salzburg não conseguimos conversar o suficiente a propósito de A. Uma experiência por que passei há pouco[2] dá-me uma vaga ideia de como o senhor se sente, mas acho que, dessa vez, está sendo um pouco duro com ele. Tenho certeza de que não houve qualquer *animus injuriandi* da parte de A. Eu lancei a sugestão, ele a ouviu do senhor e se correspondeu comigo a respeito. O fato de se ter apropriado dessa sugestão é perfeitamente aceitável para mim, só lamento que o *senhor* não o tenha feito. Creio que a maneira como reage a ele deve ser interpretada como uma soma de suas reações anteriores.

Para o levantamento da bibliografia vienense, gostaria de propor o jovem Rank, em vez de Ab. O senhor já viu, pelo "Artista" dele, como é seguro ao formular minhas ideias. Espero ansiosamente o fim de suas negociações.

Cordialmente,

Freud

---

1. Carta ou telegrama não localizado.
2. Cf. 94 F n. 2.

Ano 1908

93 J

14 de maio de 1908[1]

Caro Professor Freud,

Deuticke oferece 50 marcos por folha impressa, 60 marcos pelos textos do senhor, os de Bleuler e os meus – custo editorial: 200 marcos. É ainda melhor que com Marhold! Se concordar, passaremos para Deuticke. Dê, por favor, sua aprovação. O título que nós, isto é, Bleuler e eu, sugerimos é: "Jahrbücher für Psychoanalyse und Psychopathologie". O primeiro, sobretudo, em atenção ao senhor, o segundo a nós mesmos, *i. e.*, aos trabalhos oriundos do nosso laboratório.

Que pensa do hiato em Psic*o-a*nálise?[2] Posso saber suas razões?

A carta é rápida, pois Gross agora está comigo. O tempo que toma é extraordinário. Parece tratar-se de uma neurose obsessiva bem definida. A obsessão noturna com a luz já passou. Vemo-nos agora às voltas com os bloqueios de identificação infantil de natureza especificamente homossexual. Estou ansioso para ver no que vai dar.

Atenciosamente,

Jung

1. Numa pequena folha de apontamentos sem timbre.
2. Hológrafo: *Psycho-analysis.* Jung recorre à forma grega, ao que parece, como ilustração. Fixou-se, em seguida, na forma *Psychanalyse*, sem o hiato.

94 F

19 de maio de 1908, Viena, IX. Berggasse 19

Caro amigo,

Segue em anexo uma carta de Moll[1], que passo ao senhor e a Bleuler com o conhecimento dele. Já a respondi dizendo que aprovo o plano, mas que estou preso à decisão tomada em Salzsburg de fundar uma "Revista de ΨA e Ψpatologia" e que antes de dar uma resposta definitiva devo submeter o assunto a vocês dois. Em minha opinião, o órgão de Moll não pode ocupar o lugar da nossa revista, pois, para as análises e para os experimentos de associação, precisamos de mais espaço do que o que ele nos daria com o programa mais abrangente que tem. Por outro lado, nada nos impede de colaborar com a revista dele e utilizá-la, caso tome o caráter de um órgão central, para a inserção de resumos meticulosos e breves artigos originais que exijam publicação rápida. O senhor prefere dar a resposta a Moll diretamente, após consultar Bleuler, ou por meu intermédio? Considerando-se que partimos de premissas muito diferentes e trabalhamos com uma técnica própria, imagino que o senhor concorda comigo que o melhor por enquanto será ficarmos à parte, *i. e.*, independentes.

No tocante a Gross, posso imaginar o tempo que ele está lhe tomando. A princípio pensei que o senhor só o conservaria durante o período de recuperação e que eu pudesse dar início, no outono, ao tratamento analítico. É um vergonhoso egoísmo de minha parte, mas devo admitir que é melhor para mim assim; pois sou obrigado a vender meu tempo e minha reserva de energia já não é a mesma de antes. Mais problemático, no entanto, e o digo com seriedade, é que a linha divisória entre nossos respectivos direitos de propriedade em ideias criadoras desapareceria inevitavelmente; nunca seríamos acapazes de desenredá-las com uma consciência clara. Desde que tratei do filósofo Swoboda[2], tenho horror de situações assim tão difíceis.

Acho que seu diagnóstico de Gross é correto. A mais remota memória de infância que lhe ficou (comunicada em Salzburg) é a do pai dizendo a uma visita: "Cuidado que ele *morde!*". Foi a propósito do meu caso do "Homem dos ratos" que ele se lembrou disso.

Prefiro escrever *Psicoanálise*[3] sem hífen. Acho que uma pequena alteração tornaria o título mais sonoro:

"Jahr*buch* für psychoanalytische u. psychopathologische Forschungen".

Mas isso são coisas de pouca importância.

Recomende-me a Bleuler e aceite a estima de sempre,

de

Freud

P.S. ΨA curou definitivamente a fobia do meu paciente de cinco anos[4].

---

1. Albert Moll (1862-1939), sexologista de Berlim, fundador (1909) e editor da *Zeitschrift für Psychotherapie und medizinische Psychologie*, que parece estar em pauta aqui. Cf. 112 F n. 7 e 131 J n. 1.

2. Hermann Swoboda (1873-1963), psicólogo e paciente de Freud; envolveu-se em uma disputa com Fliess (1904-1906) sobre a prioridade de uma ideia publicada, e Freud foi envolvido. Cf. Jones, I, p. 346s./315s., e *Letters*, ed. F.L. Freud. n. 122.

3. Freud supôs que Jung estivesse mais preocupado com o hífen do que com a grafia.

4. Cf. 133 J n. 1.

95 J

Burghölzli-Zurique, 25 de maio de 1908

Caro Professor Freud,

Aí vai o esboço de contrato com Deuticke. Quatrocentas páginas devem ser suficientes. Remeta, por favor, a Deuticke o documento em anexo, caso concorde com os termos em que está vazado. Binswanger me disse que quer publicar o manuscrito dele[1] (um ótimo caso de histeria) nos *Jahrbücher*, com uma introdução do Prof. Binswanger. Eis aí uma oportuna ampliação das perspectivas.

Decerto anda o senhor estranhando a demora com que lhe escrevo. Deixei tudo de lado para levar adiante a análise de Gross, à qual, dia e noite, consagrei o tempo de que dispunha. Trata-se de uma típica neurose obsessiva com muitos problemas interessantes. Sempre que eu embatucava, ele é quem me analisava. Desse modo, minha própria saúde psíquica se beneficiou. Gross está decidido, por ora, a largar *voluntariamente* o ópio. Até anteontem continuei a dar-lhe a dose completa para não despertar sentimentos de privação que pudessem perturbar a análise. Ontem, voluntariamente e sem demonstrar tais sentimentos, ele reduziu a dose diária de seis para três[2]. O futuro parece menos sombrio, pois, psiquicamente, o estado dele melhorou muito. Sendo um sujeito extraordinariamente decente, é fácil trabalhar com ele desde que os nossos próprios complexos não se interponham no caminho. Hoje é o primeiro dia em que descanso; a análise acabou ontem. Tanto quanto posso julgar o que agora resta são vestígios de uma longa série de obsessões menores de importância secundária.

A análise permitiu múltiplos resultados cientificamente válidos que tentarei formular em breve.

Agradeceria muito se me desse uma data para o texto que prometeu para os *Jahrbücher*, tendo em vista um começo antecipado. Caso seja possível, incluirei o levantamento da bibliografia no primeiro número semestral.

Cordiais saudações.

Atenciosamente,
Jung

Concordamos com sua proposta: "Jahrb. für psychanalytische u. psychopatholog. Forschung".

1. "Versuch einer Hysterieanalyse"; cf. 167 F n. 2.
2. Gramas.

96 F

29 de maio de 1908, Viena, IX. Berggasse 19

Caro amigo,

Apesar de muito impaciente durante a longa espera de sua carta (ação sintomática: rasguei um pedaço dela ao abri-la), dei-me a explicação certa para seu silêncio. E não posso lamentá-lo: Gross é um homem tão valioso, tão inteligente, que seu trabalho deve ser considerado um benefício à sociedade. Seria ótimo se essa análise viesse a ser o começo de uma amizade e da colaboração entre vocês dois. Devo dizer que me surpreende a rapidez com que os mais moços trabalham – eu não faria um trabalho desses em apenas duas semanas. Mas o julgamento que se faz de um homem está fadado a ser incerto enquanto ele recorrer a drogas para superar as próprias resistências.

Hei de enviar o documento a Deuticke; estou completamente de acordo. Se o número de páginas do volume se mostrar insuficiente, tenho certeza de que ele não fará objeção a aumentá-lo. A colaboração de Binswanger é das mais desejáveis, "não há de nos causar nenhum dano ao olhar dos probos"[1]. Darei para o primeiro número a "Analysis of a Phobia in a Five-year-old Boy". Abraham, com a ajuda de Rank, apresentará a bibliografia vienense; hei de instar para que seja o mais sucinto possível e de dar uma olhada no texto dele. Pretendo escrever o meu em Berchtesgaden; no início de setembro ele estará em suas mãos. 1º de janeiro e 1º de julho parecem-me boas datas de publicação para o *Jahrbuch*.

O senhor não me deu resposta a propósito de Moll. O assunto realmente não é muito importante, mas eu gostaria de saber o que o senhor e Bleuler pensam para que possa concluir minha correspondência com ele.

Tal como esperado, nosso movimento deu um grande salto com a fundação do *Jahrbuch*. Em seu círculo também as coisas ficaram muito animadas. Espero que o senhor e os demais em breve me forcem a passar para a segunda linha de combate, com o que se dissolve uma de minhas duas grandes preocupações.

No mais, conto os dias que faltam para as férias, quando poderei trabalhar em paz e também repor meu corpo em forma. Mas seria melhor contar semanas, em vez de dias. Espero que, então, alguns de meus casos já tenham trazido solução para certos problemas clínicos muito interessantes. Disponho de bastante material, mas tudo é ainda uma "colcha de retalhos"; as sínteses custam-me a vir, só as consigo efetuar em meus melhores momentos.

Mas a verdade é que nunca tive um paciente como Gross; com ele deve ser possível enxergar diretamente o cerne da questão.

Desejando-lhe tudo de bom no trabalho, reafirmo a estima de sempre.

Freud

1. Fonte não localizada.

97 J

Burghölzli-Zurique, 1º de junho de 1908

Caro Professor Freud,

Desculpe-me a distração: junto a esta segue a carta de Moll. Bleuler e eu somos da opinião que, tendo em vista nossa própria revista, só deveríamos fazer uso desse novo órgão dentro dos limites já fixados pelo senhor. O nome de Moll não me soa muito bem ao ouvido; com a longa

Ano 1908

experiência que tem, realmente ele deveria ter uma melhor compreensão de sua obra.

Estou escrevendo às carreiras, mas logo hei de lhe mandar uma carta mais longa sobre Gross.

Desculpe-me uma vez mais.

Cordialmente,
Jung

98 J

Burghölzli-Zurique, 19 de junho de 1908

Caro Professor Freud,

Eis que, enfim, tenho um momento tranquilo que me predispõe mentalmente a escrever esta carta. Até agora o caso de Gross me consumia na verdadeira extensão da palavra. Sacrifiquei-lhe dias e noites. Durante a análise ele voluntariamente se absteve de *qualquer* medicamento. Nosso trabalho, nas últimas três semanas, concentrou-se apenas num material infantil muito remoto. Pouco a pouco cheguei à compreensão melancólica de que os complexos infantis, embora todos eles pudessem ser descritos e entendidos, embora o paciente os enxergasse em vislumbres momentâneos, eram esmagadoramente fortes, estando permanentemente fixados e extraindo afetos de profundezas inexauríveis. Com um tremendo esforço de ambos os lados para conquistar compreensão interna (*insight*) e empatia, éramos capazes de interromper por um instante a dispersão; mas já no instante seguinte ela de novo se fazia sentir. Nenhum desses momentos de empatia profunda deixou atrás de si um vestígio; logo se tornavam memórias diáfanas, insubstanciais. Não há, para ele, um desenvolvimento, um ontem psicológico; os fatos da infância remota permanecem eternamente novos e atuantes, de modo que, não obstante todo o tempo e toda a análise, ele reage aos fatos de hoje como um garoto de seis anos para quem a esposa é sempre a mãe, cada amigo, todos que lhe querem bem ou mal, é sempre o pai, e cujo mundo é uma fantasia infantil preenchida sabe-se lá de que medonhas possibilidades.

Temo que em minhas palavras já o senhor tenha lido o diagnóstico, no qual muito me neguei a crer, que agora vejo à minha frente com uma clareza terrível: Dem. pr.

O diagnóstico foi-me amplamente confirmado por uma anamnese muito cuidadosa e a psicanálise parcial da esposa dele. O modo como saiu de cena confirma o diagnóstico: anteontem, deixado a sós por um momento, Gross pulou o muro do jardim e, sem dúvida, em breve há de aparecer em Munique para buscar o crepúsculo do próprio destino.

A despeito de tudo ele é meu amigo, pois, no fundo, é um homem muito bom, fino e de espírito invulgar. Vive agora na ilusão de que o curei e já me escreveu uma carta transbordante de gratidão, como um pássaro que fugiu da gaiola. Nem desconfia, no êxtase em que se acha, da vingança que a realidade, que nunca entreviu, há de tirar dele. Tomo-o por um desses que a vida está *fadada* a rejeitar. Jamais será capaz de viver com alguém por longo tempo. A mulher só o tolera ainda porque Gross representa, para ela, os frutos de sua própria neurose. Agora a compreendo também, mas nem por isso a posso perdoar.

Não sei com que sentimentos o senhor receberá essa notícia. A experiência foi uma das mais duras de minha vida, pois em Gross descobri muitos aspectos de minha própria natureza, a tal ponto que frequentemente ele parecia meu irmão gêmeo – a não ser quanto à demência precoce. Isso é trágico. O senhor, decerto, imagina as forças de que me armei com a intenção de curá-lo. Em que pese a tristeza de tudo, por nada eu me esquivaria, no entanto, a essa experiência; pois, enfim, ela me deu, com a ajuda de uma personalidade única, uma compreensão interna (*insight*) invulgar dos abismos mais recônditos da Dem. pr.

O que é fixado pela doença não é um tipo qualquer de complexo que desperta tarde na vida, mas, sim, o complexo sexual infantil mais remoto. A ostensiva "eclosão" posterior da doença nada mais é que um conflito secundário, um "enchevêtrement"[1] resultante da atitude infantil e, como tal, resolúvel apenas até certo ponto. Na histeria há Pompeia e Roma, na D. pr. só Pompeia. A desvalorização da realidade na D. pr. parece devida ao fato de o refúgio na doença ocorrer num período infantil remoto, quando o complexo sexual é ainda completamente autoerótico; daí o autoerotismo persistente.

Ano 1908 ───────────────────────────────────────

O trabalho se acumula à minha espera, nem dá para descrevê-lo, pois tenho de atacar todos os assuntos que, nesse ínterim, deixei em suspenso.

Rank e Abraham já estão dando início à tarefa? Olhei apenas por alto o livro de Stekel[2]. Tem-se falado muito sobre ele, tanto + quanto −. Ainda não me permito um julgamento. Posso contar com sua colaboração para o *Jahrbuch* no outono?

Bleuler, lamento dizer, está engalanado de complexos dos pés à cabeça; ainda há pouco voltou a questionar a explicação sexual de ritmo. Mas ele não se deixa dobrar, fala uma linguagem de resistência, de modo que a comunicação cessa em si mesma e, então, compensa-se com uma delicadeza e uma afabilidade fanáticas. No fim, isso dá nos nervos, pois o que a gente quer é se cercar de seres humanos, não de máscaras-complexos.

Se Gross o procurar mais tarde, não mencione, por favor, meu diagnóstico; não tive coragem de falar-lhe. Mas a mulher dele sabe de tudo.

Cordiais saudações.

Atenciosamente,

Jung

1. = emaranhamento.
2. *Nervöse Angstzustände und ihre Behandlung* (1908) = *Condições de ansiedade nervosa e seu tratamento* (Londres, 1922). (Cf. tb. 61 F n. 5). Freud escreveu um prefácio (datado de março 1908) para a edição original, omitido, porém, após a segunda edição (1912); em SE IX.

99 F

21 de junho de 1908[1], Viena, IX. Berggasse 21

Meu caro amigo,

Sinto que lhe devo um agradecimento sincero – e aqui o expresso – pelo tratamento de Otto Gross. Era para ter recaído em mim o encargo, mas meu egoísmo – ou talvez deva dizer meu mecanismo de autodefesa – rebelou-se contra ele. Pelo lapso acima o senhor pode ver o estado de fadiga e a necessidade de férias em que me encontro – mesmo sem O. Gr. – e esse estado não deixa de ter efeitos físicos colaterais. Em 21 de agosto espero dar por encerradas várias questões de trabalho; mais tarde falarei disso.

De qualquer jeito eu lhe escreveria hoje, domingo, pois recebi anteontem um telegrama de Frieda Gr., que está em Heildelberg, pedindo o endereço do hospício de Nassau ou quaisquer outros e acrescentando que o marido pretendia deixar o Burghölzli. Fiquei, assim, a cogitar o que teria acontecido, mas agora o senhor satisfez minha curiosidade. Não sei bem o que pensar disso. O comportamento dele antes da cura era totalmente paranoide; o senhor há de perdoar esse termo ultrapassado – na paranoia reconheço um tipo psicológico-clínico, ao passo que a Dem. pr. ainda não tem para mim um significado preciso. Não se pode dizer que a incurabilidade ou um mau fim seja uma característica regular da Dem. pr. nem que a distinga da histeria ou da neurose obsessiva, mas atribuo isso [o comportamento dele] aos medicamentos, especialmente a cocaína, que, como eu mesmo bem sei[2], produz uma paranoia tóxica. Não tenho, contudo, motivo para duvidar de seu diagnóstico, fundamentalmente em vista da sua grande experiência da D. pr., mas também porque D. pr. não é, de ordinário, um diagnóstico real. Parece que estamos de acordo quanto à impossibilidade de influenciar o estado dele e à maneira como há de, enfim, evoluir. Mas não poderia esse estado ser outra psiconeurose (obsessiva) com transferência negativa causada pela hostilidade dele ao pai, que mostra a aparência de ausência ou prejuízo da transferência? Infelizmente, é muito pouco o que sei do mecanismo da Dem. pr. ou paranoia, se a comparo à histeria ou à neurose obsessiva. Há muito que anseio por uma forte impressão nesse campo. A necessidade de ganhar a vida e as exigências da terapia barram-me, porém, o caminho.

Simpatizando profundamente com Otto Gr., não posso subestimar a importância de o senhor ter sido obrigado a analisá-lo. Nenhum outro caso jamais lhe ensinaria tanto, e um bom resultado adicional, pelo que vejo, é que, de novo, suas opiniões se aproximaram muito mais das minhas. Não me preocupei, porém, com isso. A não ser uma vez, antes do nosso último encontro. Assim que o vi em Salzburg, malgrado as poucas chances de conversa, soube, contudo, que nossas opiniões em breve se reconciliariam, que o senhor não tinha sido alienado de mim, como eu chegara a temer, por algum processo interior derivado do relacionamento com seu pai e as crenças da Igreja, mas, simplesmente, pela influência de seu chefe. Confesso que não estava inteiramente satisfeito com Bleuler, que, às vezes, deixava-me meio arrepiado, mas dentro em pouco me senti seguro de que não o

Ano 1908 —————————————————————————————————

perderia para ele. "Máscara-complexo", a propósito, é um termo magnífico; o simples fato de o ter encontrado indica que, no íntimo, o senhor já se libertou dele por completo.

A diferenciação de fixação e repressão e a relação temporal entre as duas têm me preocupado frequentemente em meus casos de delírio; ainda não cheguei ao cerne do problema. Parece-me duvidoso que a precocidade da fixação infantil crie a predisposição à Dem. pr.; o assunto requer uma investigação profunda. Mas temos, afinal, o direito de procurar essa predisposição e as condições para a escolha da neurose em tais distúrbios de desenvolvimento no caminho tomado pela libido? Em minha opinião, nada há a ganhar com a especulação; devemos esperar por casos particularmente reveladores, que hão de mostrar claramente o que até agora apenas suspeitamos.

Recebi recentemente o artigo de Baroncini[3] sobre o qual o senhor me falou. Um excelente começo para a Itália. Diria que é boa a descrição que ele faz de seu trabalho; e o que diz do meu também está excepcionalmente isento de incompreensão. Credita-me certas ideias que se originaram com Breuer e ressalta a primeira fase de nossa teoria em detrimento da segunda, cujo alcance é bem maior, e isso o leva a dar muito pouca atenção à *Interpretação dos sonhos* e à *Teoria da sexualidade*, mas, mesmo assim, fiquei sinceramente feliz.

Abraham já se pôs a trabalhar, secundado por Rank. No domínio particular, quero inteirá-lo do seguinte programa: A 15 de julho (se "minha constituição aguentar"[4] até lá) parto para:

Berchtesgaden, Dietfeldhof.

Tenho para aí os seguintes projetos: 1) A segunda edição de *Interpretação dos sonhos*; 2) "Análise de uma fobia em um menino de cinco anos"; 3) "Os aforismos em neurose obsessiva", que você já conhece de Salzburg; o projeto 2) requer um breve ensaio complementar: "Das teorias sexuais das crianças"[5], no qual serei capaz de incluir um bom material útil aos analistas. Como definitivamente não posso ocupar todo o *Jahrbuch*, darei esse ensaio a Hirschfeld ou Marcuse[6] (*Sexual-Probleme*). Se lhe parecer satisfatório, reservo a "Fobia" para o primeiro e os "Aforismos em neurose obsessiva" para o segundo número do *Jahrbuch*. Hei de dar prioridade ao que primeiro se faz necessário. A 1º de setembro pretendo fazer uma viagem, talvez à Inglaterra e, lamento dizer, provavelmente sozinho.

Por fim, um pequeno item pessoal: recentemente dei com a data de seu nascimento num guia médico: 26 de julho, um dia que há muitos anos celebramos; é o aniversário de minha mulher!

Com a estima de sempre de
Freud

De outra feita trocamos notas sobre Stekel.

1. Depois de escrever 21.8.08, Freud emendou para 21.6.
2. Cf. Jones, I, c. VI: "The Cocaine Episode (1884-1887)"; e Freud, *The Cocaine Papers*, ed. A.K. Donoghue e J. Hillman (Viena e Zurique, 1963).
3. Luigi Baroncini, "Il fondamento ed il meccanismo della psico-analisi", *Rivista di Psicologia Applicata*, IV:3 (maio-junho 1908). No número seguinte, Baroncini (psiquiatra de Imola) traduziria um artigo de Jung "Le Nuove Vedute Della Psicologia Criminale" – "Novos aspectos da psicologia criminal", OC 2, apêndice.
4. "Uma dessas engraçadas anedotas judaicas, ricas de uma profunda e não raro amarga sabedoria de vida, que gostamos tanto de citar em nossas conversas e cartas... Um judeu muito pobre tinha se escondido, sem passagem, no rápido para Karlsbad. Foi, porém, descoberto e toda vez que as passagens eram inspecionadas retiravam-no do trem e o tratavam com crescente severidade. Numa das estações dessa *via dolorosa* encontrou um conhecido que lhe perguntou para onde viajava. 'Para Karlsbad', respondeu, 'se minha constituição aguentar.' " – *A interpretação dos sonhos*, Ed. Standard Bras. IV, p. 206.
5. Cf. 118 F n. 1.
6. Max Marcuse (1877-19-), sexologista de Berlim, editor da revista *Sexual-Probleme* (originalmente intitulada *Mutterschutz*), que recentemente publicara o ensaio de Freud "'Civilized' Sexual Morality" (cf. 77 F n. 6).

100 J

Burghölzli-Zurique, 26 de junho de 1908

Caro Professor Freud,

Agradeço-lhe de todo coração sua última carta.

Houve novas complicações no caso de Gross. Segundo o último informe de Frau Dr. Gross ao meu chefe, as atitudes de Gross no momento são realmente paranoides. Declarou, por exemplo, que não podia continuar no hotel dele, em Zurique, porque notara que alguns homens, no andar de cima,

Ano 1908

estavam a espionar-lhe o estado mental (!); no apartamento em Munique ouviu uma voz gritando da rua "O doutor está em casa?"; depois ouviu batidas nas paredes e no andar de cima. Tal como antes, ele atormenta a esposa. A pobre mulher acha-se provavelmente a caminho de um colapso. Embora tenha traços admiráveis, é uma dessas pessoas que preferem ser feridas a escutar a razão. Quer ligar a essa ação sintomática, ao que parece, todo o seu[1] destino.

Caso consiga dar um jeito, hei de visitá-lo de novo, ano que vem, por alguns dias. Não vejo outro modo de discutir o conceito de D. pr. *sive* esquizofrenia *sive* paranoia que pesa em minha mente. Em minha opinião, a transferência negativa de pai nada explica, primeiro por não ser absoluta no caso de Gross e depois por termos exatamente o oposto em quase todos os outros casos de D. pr., como de resto na histeria. Acho que as únicas diferenças são a fixação infantil, as associações infantis e a incurabilidade absoluta, mas longamente adiada – a exclusão permanente de porções substanciais da realidade. Estou tratando agora de um grande número de histéricos com alto nível de instrução e posso ver nesses casos a absoluta diferença entre D. pr. e histeria, limitando-me, no mais, a me surpreender com a profundidade de suas ideias. Corresponderia ao meu desejo se Gross voltasse a procurá-lo, dessa vez como paciente[2], não porque lhe queira impor um episódio Gross, mas simplesmente a bem da comparação. Isso seria um benefício para a ciência, pois com o problema da D. pr., $9/10^3$ dos problemas psiquiátricos seriam solucionados (um lapso nessa frase tão singular?). Provavelmente porque estou zangado pelo fato de o senhor ver meus esforços para solucionar o problema da D. pr. sob uma luz diferente.

Fico felicíssimo com o paralelo de 26 de julho! Cordiais saudações.

Atenciosamente,

Jung

1. Hológrafo: *Ihr*, lit., "seu, do Senhor".
2. Não há registro de relações anteriores de Gross com Freud nem evidência de que ele tenha sido paciente de Freud. Martin Green é da mesma opinião (cf. 33 J n. 7).
3. Hológrafo: *während 1/10*; Jung riscou e escreveu *wären 9/10*.

101 F

30 de junho de 1908, Viena, IX. Berggasse 19

Caro amigo,

Ora viva! Não estamos vivendo em séculos diferentes, nem mesmo em continentes diferentes. Por que não nos juntarmos para discutir um assunto de tamanha importância para ambos? Resta apenas saber qual a melhor ocasião e se eu devo ir vê-lo, ou o senhor a mim.

Estarei em Berchtesgaden a partir de 15 de julho. Espero sentir-me suficientemente descansado em poucas semanas para pôr minhas ideias em ordem. Nosso colega Ferenczi[1] anunciou uma visita para 15 de agosto. O plano dele é fazer umas escaladas em B. e, então, ir comigo até a Holanda, ainda não sei bem quando, depois de 1º de setembro. Temos aí uma primeira possibilidade; nenhum obstáculo de 1º a 15 de agosto, depois de 15, Fer., obstáculo dos mais relativos que umas palavras gentis podem remover. Estarei, então, viajando, dessa vez para a Holanda e para a Inglaterra, a fim de visitar meu velho irmão[2]. Poderia visitar o senhor em Zurique nos primeiros dias de setembro, ainda com Fer., ou na última semana de setembro, quando estarei a caminho de casa e sozinho. A vantagem, se vier me ver, é que o senhor também estará desimpedido; já se eu for vê-lo, a vantagem é que me poderá mostrar alguma coisa. Bem, compare meu programa com o seu, veja como eles se combinam e tome uma decisão. O melhor seria fazermos um trecho de viagem juntos, se bem que isso, provavelmente, seja o mais complicado para resolver. Mas se pudermos dar um jeito tudo o mais é flexível, o destino, outros companheiros etc.

Passemos, então, ao trivial.

Recebi há pouco de R. Vogt[3], de Christiania, alguns fascículos de um *Psykiatriens grundtraek*. Sob "Paranoiske tilstande" citam considerável parte de nossa nova mitologia, espero que com aprovação. Infelizmente, não entendo uma só palavra da língua de Ibsen. Dá a impressão de ser um manual; se o for, é da Noruega que vem o primeiro a condescender conosco! (separata de *Nord. mag. f. laegev.* VS. 1908)[4].

Já encarreguei Abraham de sumariar as bibliografias vienense e alemã, à exceção do material puramente *polêmico*. Entendi o senhor dizer que esse último deveria ser tratado à parte; estarei certo?

Continuo à espera das respostas editoriais às perguntas[5] que lhe fiz em minha última carta. Tive notícias de Gross por Jones, que suponho esteja agora com o senhor. Infelizmente, não há nada a dizer dele. Está viciado e só pode causar grande dano à nossa causa.

Na grande alegria da perspectiva aberta pelo senhor para os próximos meses, envio-lhe as saudações mais sinceras.

Do amigo
Freud

1. O primeiro contato de Ferenczi com Freud deu-se em 2-2-1908, quando ele o visitou em sua casa com Philip Stein, que fez as apresentações (cf. 67 F; também Jones II, p. 39/34).
2. O meio-irmão de Freud, Emanuel (1834-1915), então com 74 anos, que vivia em Manchester. Os dois tinham se encontrado inesperadamente em Salzburg (Jones, II, p. 49/44: *Letters*, ed. E.L. Freud, n. 138).
3. Ragnar Vogt (1870-1943), então lente de Psiquiatria na Universidade de Christiania (hoje Oslo), Noruega; mais tarde diretor da Clínica Psiquiátrica da Universidade. Jung mencionou o trabalho dele em "A psicologia da *dementia praecox*", OC 3, § 12.
4. "Psykiatriens grundtraek", uma série de artigos de Vogt publicados em *Norsk magazin for laegevidenskaben,* 1903-1908; o 8° era "Paranoiske og paranoiforme tilstande", V, 5ª série (1907). Os artigos foram publicados em livro, 2 volumes Christiania, 1905, 1909. O texto em questão estava no último volume e as referências que fazia a Freud eram, de fato, favoráveis.
5. Hológrafo: *Antworten*, "respostas", riscado e substituído por *Fragen*.

102 J

Burghölzli-Zurique, 12 de julho de 1908

Caro Professor Freud,

Uma vez mais tive de o manter em longa espera de uma resposta minha. Não trabalho por conta própria, tenho sempre de ajustar minhas decisões à vontade de uma meia dúzia de pessoas. E com isso lá se vai o tempo.

Em agosto[1] meu chefe há de sair por quatro semanas e durante esse tempo fico, naturalmente, preso à Clínica. Em setembro (1-15) saio de férias. Em 16 volto para casa, até 28, quando começa meu serviço militar, prolongando-se até o fim de outubro. Ficaria, assim, muito feliz se o senhor se dispusesse a passar uns dias conosco, entre 16 e 28. Eu gostaria de passar numa solidão preguiçosa as férias miseravelmente curtas que tenho; Deus sabe o quanto preciso disso. O verão foi extenuante. Caso eu esteja de volta à Clínica no fim de setembro, espero que meu chefe me libere da maioria de minhas obrigações para que possa devotar ao senhor todo o meu tempo.

Perdoe-me por não ter entrado em detalhes quanto aos seus planos de trabalho em minha última carta. É que, simplesmente, tomei-os por decididos. Claro está que concordo com a inserção da "Fobia" no primeiro número e dos "Aforismos na neurose obsessiva" no segundo. Por outro lado, espero que não leve a mal um pequeno protesto contra o fato de esbanjar suas ideias e seus artigos, cedendo-os a Hirschfeld ou Marcuse, ou mesmo Moll. Naturalmente, não tenho a pretensão de o impedir, pois desconheço seus motivos. Por difíceis que sejam para a compreensão de um leigo, suas ideias têm uma continuidade de desenvolvimento lógico e creio que é de mau alvitre espalhá-las a esmo, sem distinção, em terra boa e rochosa. Umas caem à beira do caminho e, aí, são espezinhadas; outras caem entre espinhos, e os espinhos as sufocam[2]; espero, porém, que os *Jahrbücher* venham a juntar todas as sementes disseminadas e, assim, dar um quadro fiel da construção que o senhor ergueu.

Ficaria muito grato se me pudesse enviar sua contribuição para o primeiro número no começo do inverno. Espero que a de Binswanger também já esteja, então, terminada, bem como os resumos.

Todo o meu tempo disponível, na semana passada, foi dedicado ao Dr. Campbell[3], que o senhor também conhece. Tive grande trabalho para o dispor a nosso favor e, assim, contar com mais um homem que pode ser influente, dado a posição que ocupa em Nova York. Não há grandes coisas a esperar dele, mas sim, talvez, uma boa ajuda nas pequenas.

Jones é um enigma para mim. A dificuldade em compreendê-lo é tamanha que já cai no domínio do fantástico. Há nele mais do que o olhar divisa ou absolutamente nada? Seja como for, está longe de ser simples; um mentiroso intelectual (sem que haja nisso um julgamento moral!) trabalhado em muitas facetas pelas visissitudes do destino e das circunstâncias. E o resultado qual é? Por um lado muita adulação, por outro muito oportunismo?

Dei à minha paciente Frl. B—— o prazer de lhe escrever *primeiro* que ela se encontra aqui. Acho que há de estragar todos os planos com o passar do tempo.

Cordiais saudações.

Atenciosamente,

Jung

N.B. Chegou um emissário da Clínica de Tübingen[4].

1. Hológrafo: *Juli*, riscado e substituído por *August*.
2. Cf. Mc 4,5-8.
3. Charles Macfie Campbell (1876-1943), de Edimburgo; acabara de estar com Freud (Jones, II, p. 51/46) e se achava agora a caminho para assumir um cargo de adjunto em psiquiatria clínica no Instituto Psiquiátrico de Nova York (Ilha de Ward). Mais tarde, na Universidade John Hopkins e em Harvard. Cf. tb. 125 F n. 3.
4. Wolf Stockmayer (1881-1933), assistente de Gaupp na Clínica de Tübingen; mais tarde praticou em Stuttgart a psicologia analítica. Foi um amigo pessoal de Jung (seu nome é mencionado pela primeira vez em 113 J).

103 F

Berchtesgaden, Dietfeldhof[1], 18 de julho de 1908

Caro amigo,

Acho-me aqui há alguns dias e rapidamente me recupero de todos os meus achaques.

Estou felicíssimo com a perspectiva de o ver e passar uns dias conversando. Naturalmente, aceito as datas que sugere e hei de estar com o senhor em Zurique na segunda metade de setembro. Espero que o encontre descansado, pois sei quão sobrecarregado andou e também não ignoro que Otto Gross foi um peso terrível em seus ombros. Não fosse pela minha confiança em sua força e em sua resignação, hesitaria em castigá-lo ainda mais com dias inteiros de discussão. E o que me dita essa ideia não é o sentimento da amizade, mas, sim, a consciência de que eu preciso do senhor, de que o senhor é indispensável à causa – mais do que nunca depois da fundação do *Jahrbuch*.

Aqui, neste lugar ideal, hei de levar a cabo o que se espera de mim, provavelmente os dois artigos para nosso *periodical*[2]. Permita-me explicar minha política em relação a Marcuse-Hirschfeld; creio que, assim, o senhor há de desistir de sua objeção. O estudo sobre a fobia do pequeno

Herbert deve ser complementado por um artigo sobre as teorias sexuais infantis, um tema que, a meu ver, oferece a possibilidade de um importante passo à frente. Mas, decerto, não corresponde ao meu interesse, nem ao do próprio *Jahrbuch*, que eu sozinho o ocupe todo; quanto a isso estamos seguramente de acordo. Preciso, por conseguinte, de outras vias, e essas não podem determinar o destino final de meus artigos, como o senhor teme, pois são meras estações intermediárias. Os textos curtos, tão logo se tenham acumulado em bom número, serão reunidos num segundo volume de *Artigos sobre a teoria das neuroses*. Isso já foi decidido com o editor, será feito no máximo em dois anos, e somente sob essa condição é que cedo os textos a terceiros. Espero que a explicação o satisfaça, mas, de qualquer modo, diga-me, por favor, o que pensa; não quero fazer nada que o senhor desaprove.

Esses contatos são ainda úteis sob outro aspecto, capacitam-me a dar vazão aos trabalhos de nossos seguidores para os quais não haja espaço no *Jahrbuch*, colocando-os, pouco a pouco, em lugar dos meus.

Pensava que o senhor conhecesse Jones melhor do que eu. Vi-o como um fanático que sorri de minha fraqueza de ânimo e é afetuosamente indulgente com o senhor no que respeita às suas vacilações. Não sei o quanto de verdade há nesse retrato, mas inclino-me a acreditar que ele mente para os outros, não para nós. Acho das mais interessantes a mistura racial em nosso grupo; sendo um celta, é inevitável que ele não seja inteiramente acessível a nós, o homem leutônico e o mediterrâneo.

Fräulein B—— não é apenas homossexual; ela também desperta a homossexualidade nos outros.

Cordiais saudações.

Sinceramente,
Freud

---

1. Esse endereço figura no timbre impresso junto a "Prof. Dr. Freud". A família já passara férias em Berchtesgaden em 1899 e 1902-1904 (Jones, I, p. 369/335s., e II, p. 16/15, 57s./51s.). Martin Freud relata um verão em Berchtesgaden em *Sigmund Freud: Man and Father* (1958), c. VIII.

2. "Periódico". Em inglês no original. / Os dois artigos são os textos sobre "O Pequeno Hans" e "O Homem dos Ratos".

104 F

Berchtesgaden, Dietfeldhofen, 5 de agosto de 1908

Caro amigo,

Segue em anexo a "Fobia do pequeno Hans". Trabalhei com afinco, mas nem por isso há de ter saído melhor. Está pronta para a gráfica, excetuando-se algumas pequenas alterações que podem ser feitas na prova (inserção de números de referência, verificação de citações, ligeiras melhorias estilísticas). Se estiver de acordo, podemos economizar espaço usando tipos de dois corpos. As observações em oito, os comentários e todo o restante num tamanho maior.

Foi a isso que até agora dediquei minhas férias. E o senhor, como tem passado?

Cordialmente,
Freud

P.S. Queira ter a bondade de acusar o recebimento.

105 J

Burghölzli-Zurique, 11 de agosto de 1908

Caro Professor Freud,

Recebi seu manuscrito ontem, ao cair da noite, e apresso-me a agradecer por o ter enviado com tamanha rapidez. Hei de dar início à leitura assim que as circunstâncias o permitam. Grande é a minha ansiedade de aprender, pois grande é a necessidade que sinto de tomar contato com sua maneira de tratar de cada caso isolado. O que maior falta nos faz é o material clínico. Nunca me satisfaço totalmente com o meu, sempre quero saber como evoluem os casos sob o crivo de outros. Já li até o meio o livro de Stekel. O material clínico é precioso. É lamentável, porém, que as análises fiquem incompletas, bem como a igual frequência com que ele se esquece do conflito, a meu ver muito mais importante do que as desordens sexuais; estas, como sabemos, podem ser toleradas por anos a fio, enquanto

Ano 1908

não houver ainda um conflito a encimá-las. Alguns casos chegam mesmo a demonstrar claramente que os sintomas não provêm de deficiências sexuais, mas do conflito (caso das salsichas judaicas!)[1]. A leitura do livro dá prazer, graças ao material clínico, mas quanto ao resto minhas impressões variam muito. Muitas das interpretações são, ou parecem ser, arbitrárias; seja como for, não estão suficientemente fundamentadas. Gostaria de ver provados os palpites de Fliess[2]. A técnica de prova soa-me totalmente inadequada e de resto não creio que as ideias de Fliess acrescentem algo de essencial ao livro de Stekel. Deveriam ter sido omitidas. Mesmo o diabo é forçado a transigir um pouco. Estou ansioso para saber como os críticos hão de reagir a ele. Tenho de comentá-lo para a *Medizinische Klinik*, Bleuler para a *Münchener med. Wochenschrift*[3].

É forte a impressão de que a teoria foi "anexada", ao longo de todo o livro, pois, na realidade, ela nunca permeia os casos. A concepção de "histeria de angústia" a que Stekel chega parece-me muito ampla. A julgar por alto, equivalentes da ansiedade jamais deixam de ocorrer, em posição de realce, em qualquer caso de histeria. Mas ainda não entendi muito bem o que ele quer dizer.

Conto definitivamente com sua vinda a Zurique em meados de setembro (por volta de 10-20). As perguntas a lhe fazer se amontoam. Prefere ficar comigo ou num hotel? Tenho bastante espaço e o senhor não será incomodado; meus filhos estão viajando com minha mulher. Veja, por favor, o que mais lhe convém.

Cordiais saudações.

Atenciosamente,

Jung

1. Uma mulher cujo sintoma é um vômito incontrolável desentende-se com a família por causa de seu noivo judeu, e em sinal de provocação come salsichas judaicas – *Conditions of Nervous Anxiety*, p. 91.
2. Stekel (*ibid.*, p. 49) declara que a teoria da conexão entre os genitais e o nariz fora irrefutavelmente provada por Fliess em *Beziehungen zwischen Nase und weiblichen Geschlechtsorganen* (1897).
3. Jung em *Medizinische Klinik* (Berlim), IV:45 (8-11-1908), 1735s. (cf. OC 18/1); Bleuler em *Münchener medizinische Wochenschrift*, LV:32 (11-8-1908), 1702s.

106 F

Berchtesgaden, Dietfeldhof, 13 de agosto de 1908

Caro amigo,

Obrigado pela presteza de sua comunicação; como não é possível registrar encomendas daqui para a Suíça, eu não tinha prova de haver mandado o pacote. Quanto à leitura, não se afobe; temo que ela seja penosa em manuscrito.

Mantenho-me na expectativa ansiosa da visita a Zurique-Burghölzli. Aceito prazerosamente o convite para hospedar-me em sua casa; suponho que, na ausência de sua pequena família, eu não vá ser um estorvo. Tenho em mente vários planos, antes de tudo dissipar o ressentimento fadado a se acumular no decurso de um ano entre duas pessoas que se exigem muito, obter do senhor algumas concessões pessoais e discutir certos pontos em profundidade – para isso não estou preparando nada. Meu propósito egoísta, que confesso francamente, é persuadi-lo a continuar e completar meu trabalho, aplicando às psicoses o que eu inicialmente desenvolvi com as neuroses. Com seu caráter forte e independente, com o sangue alemão que o capacita a atrair a simpatia do público mais rapidamente do que eu, o senhor parece mais indicado que qualquer outro que eu conheço para levar essa missão a cabo. Além disso, gosto muito do senhor; mas já aprendi a subordinar esse fator.

Permita-me recapitular nosso programa. De 1 a 15 de setembro o senhor estará em férias, o que deve ser respeitado. De 15 a 26 estará no Burghölzli, exposto à minha visita. Eu tencionava chegar ao fim desse período, pois estarei na Inglaterra a partir de 1 de setembro e gostaria de aproveitar ao máximo meu tempo lá. Caso três semanas me bastem, hei de estar com o senhor em 23 ou 24 de setembro; não posso incomodá-lo, afinal, por mais de dois ou três dias. Se eu chegar mais cedo, partirei também mais cedo e aproveitarei a última semana de setembro para me tratar ao ar do Sul, que detestaria ter de perder esse ano. Nada digo de Bleuler, abandonei a ideia de conquistá-lo porque a participação em nosso grupo é claramente contrária aos seus interesses práticos. O senhor não me convidaria se não soubesse que Bleuler não faz objeção e não há de interferir conosco.

Subscrevo nos detalhes, mas não no todo, sua crítica ao livro de Stekel. Não tendo espírito crítico, ele permite que todas as distinções se fundam; o jornalismo deu-lhe uma tendência incorrigível de se contentar com aproximações, as análises de sonho que faz são, ou parecem ser, arbitrárias; desde que a ele propus a "histeria de angústia" devo manter uma ansiosa vigilância sobre todo o material em que a ansiedade ocorre por temer que o rotule logo de "histeria de angústia". Tudo isso é verdade, é tão evidente quanto o senhor diz, senão mais. O padrão que lhe ocorreu aplicar é, no entanto, por demais rigoroso. O livro é endereçado ao médico praticante, que não necessita do que Stekel fracassa em fornecer, mas que nele pode aprender muitas coisas das quais nem desconfiaria de outro modo; e o quadro que Stekel traça, afinal, é bastante válido. A superficialidade não compromete a impressão geral; os pontos essenciais estão todos corretos, não há necessidade de complemento quando o que se deseja são resultados rápidos; a queda desse autor para a ΨA permite-lhe cometer impunemente erros que seriam mais perniciosos na obra de um homem menos talentoso. A aura de otimismo que paira sobre todo o trabalho – estamos sempre certos, todos os nossos achados se harmonizam à perfeição, são úteis, e assim por diante – pode nos causar aversão, mas os clínicos não se importarão em absoluto com ela; os clínicos acolhem muito bem as ilusões. Espero, assim, que sua crítica não afugente o público; de Bleuler, que na realidade é avesso a uma forte ênfase no fator sexual, teremos, provavelmente, outro repúdio disfarçado.

Decerto ele poderia ter omitido os palpites de Fliess, mas eles o impressionaram. Com efeito são impressivos, se bem que difíceis de provar. Desde meu rompimento com Fliess deixei, naturalmente, de tentar influenciar os outros com relação a ele, seja contra ou a favor; e nem assim, para falar a verdade, tornou-se mais fácil formar uma opinião própria. Suponho ser de seu conhecimento que praticamente não tive influência sobre o livro de Stekel; sei de há muito que não se pode mudar as pessoas. Todos têm em si alguma coisa que vale a pena. Devemos nos contentar com trazê-la para fora.

Recupero-me gradativamente dos estragos da lida deste último ano, mas minha vida à noite é ainda presa de uma atividade molesta. Foram-se-me as ideias dar pouco a pouco na mitologia e já começo a suspeitar de que a neurose e o mito tenham uma essência comum.

Moll me pediu uma pequena colaboração para a nova *Zentralblatt*[1]. Prometi algo sobre ataques histéricos[2], obviamente uma aplicação dos vislumbres ganhos em conexão com a interpretação de sonhos. Nosso colega Ferenczi, que tem grande encanto pessoal, está aqui em Berchtesgaden e vem frequentemente nos ver. Costuma escalar montanhas com meus filhos. Brill parece andar muito ocupado com as traduções em Nova York. – De Gross, nem uma só palavra.

Recebi as provas da segunda edição de *A interpretação dos sonhos* e de *Estudos*. Será considerável, nesse outono, nossa demanda no mercado.

Espero ter notícias suas antes do nosso encontro.

Com a estima de sempre de
Freud

1. Um lapso, ao que parece, com a *Zeitschrift* de Moll; cf. 94 F n. 1.
2. Cf. 131 J n. 1.

107 J

Burghölzli-Zurique, 21 de agosto de 1908

Caro Professor Freud,

E com grande impaciência que aguardo sua visita, que o senhor há de estender por vários dias. Temos muito o que conversar – pode estar certo. Devo agora estar em casa de 8 a 28 de setembro. Venha quando lhe for mais profícuo durante esses 20 dias. Podemos contar com a paz, pois hei de evitar toda e qualquer intrusão que seja uma ameaça para nossas sessões. O Prof. Bleuler nada tem contra sua visita e se algo tem a favor não há quem saiba, muito menos ele. Não é preciso, assim, preocupar-se mais. Ele é extremamente obsequioso e educado o tempo todo, e há de ficar de fora para nos garantir um complacente ambiente tranquilo (o tom inequivocamente venenoso dessas frases refere-se a certos acontecimentos de natureza interna e justificam meus sentimentos).

O senhor tem toda a razão: no todo fui injusto com o livro de Stekel. Mas apenas ao lhe escrever. O outro lado há de emergir em meu comentário. Ainda agora estou tratando de um caso de histeria de angústia, e vejo que o problema está longe de ser simples e que o otimismo de Stekel encobre um número infindo de dificuldades. Excetuando-se isso tenho perfeita noção do valor do livro.

Recebi recentemente a visita do Prof. Adolf Meyer[1], do Instituto Patológico Estadual de Nova York. *Muito* inteligente e lúcido, está totalmente do nosso lado a despeito do problema da toxina na demência precoce. Além disso, é anatomista. Ainda agora recebi algumas separatas de Sir Victor Horsley[2] e, de uma outra pessoa, a notícia de que ele está muito interessado em nosso trabalho.

Minhas férias, graças a Deus, começam ao anoitecer de amanhã. Pretendo aproveitá-las ao máximo refugiando-me na inacessível solidão de uma casinhola alpina no monte Säntis.

Estou muito contente com sua vinda, pois há um sem-fim de coisas a aclarar.

Recomende-me, por favor, a Ferenczi, que, sem sombra de dúvida, faz jus à sua boa vontade.

Caso escreva de novo no futuro próximo, envie, por favor, a carta para o endereço costumeiro; tudo me será remetido.

Cordiais saudações.

Atenciosamente,

Jung

---

1. Adolf Meyer (1866-1950), de início em Zurique, aluno de Forel e J.J. Honegger pai (cf. 148 J n. 3); foi para os Estados Unidos em 1892. Na época era também professor de Psiquiatria na Faculdade de Medicina da Universidade Cornell. Nova York; depois de 1910 na Johns Hopkins. Considerado "o decano dos psiquiatras americanos".
2. Sir Victor Horsley (1857-1916), fisiologista e cirurgião cerebral britânico.

108 J

Burghölzli-Zurique, 9 de setembro de 1908

Caro Professor Freud,

Cheguei ontem das férias, meio cedo demais para meus sentimentos subjetivos. Ainda assim as férias deram ensejo a uma ligeira recuperação

Ano 1908 ———————————————————————————————————

e o ânimo para o trabalho se renovou em parte. O ímpeto, contudo, é insuficiente.

Espero que minha última carta, escrita há uns 18 dias, tenha-lhe chegado normalmente às mãos. Envio esta para Viena porque não sei seu endereço na Inglaterra. Avise-me, por favor, sem demora, quando pretende chegar. Gostaria de ajeitar tudo para me envolver o mínimo possível com a Clínica e não trabalhar feito um burro durante sua visita. Anseio por conversar de novo em paz com o senhor, pois desde que o visitei em Viena muita coisa mudou, muitas são as novidades e considerável o progresso feito. Por mais difícil que fosse digeri-lo, Gross me fez, a esse respeito, como contraste, um grande bem. Conversar com ele, malgrado toda a aspereza, é incrivelmente estimulante. A falta que isso me faz é imensa. Desde então só uma vez tive a sorte de conversar com um homem, de fato, inteligente, o Prof. Meyer, de Nova York. Acho que já lhe falei de suas opiniões radicais em minha última carta. Bleuler é difícil de suportar em longo prazo; os infantilismos que demonstra são intoleráveis e é por meio de substituições (naturalmente!) que dissimula os complexos. Ainda é penoso conversar com ele, já que o ponho muito em dúvida quanto à boa vontade etc. etc.

Espero que a Inglaterra o brinde com um tempo bom e *omnium rerum satietatem*[1].

Cordiais saudações.

Atenciosamente,

Jung

Freud na Inglaterra e em Zurique

Enquanto Jung descansava sozinho num refúgio alpino ao sul de Appenzell, cerca de 65 quilômetros a leste de Zurique, Freud partia de Berchtesgaden para a Inglaterra, a 1º de setembro, viajando via Holanda (só uma vez antes havia estado na Inglaterra, no verão de 1875, quando Jung nasceu, e não voltou a fazê-lo até 1938). Freud passou uma semana visitando seus meios-irmãos Emanuel e Philipp, em Manchester, Blackpool e alhures, e outra semana sozinho em Londres; a 15 de setembro partiu com Emanuel para Berlim, onde visitou sua irmã Marie, ou Mitzi (casada com Moritz Freud). Esteve em Zurique de 18 a 21 de setembro, hospedando-se no apartamento

Ano 1908

de Jung no Burghölzli. No hospital, Jung lhe mostrou a paciente B. St. (ver 110 F n. 2 e *Memories*, p. 128/128. Freud seguiu, então, para a Itália (cf. Jones, II, p. 57 s./51 s., e *Freud/Abraham Letters*, Freud, 29-9-1908).

1.= "abundância de todas as coisas". Talvez uma passagem mal lembrada de Cícero. *De senectute*. 20.76: "studiorum omnium satietas vitae facit satietatem". "a saciedade das próprias ocupações causa a saciedade da vida" (por gentil sugestão de Gilbert Highet).

109 F

Salò, 23 de setembro de 1908[1]

Com meus melhores agradecimentos pelos dias felizes em Zurique.

Freud

1. Cartão postal endereçado a *Herrn u. Frau Dr. C.G. Jung.* Salò fica no lago de Garda, no norte da Itália, e Freud lá esteve de 21 a 28 de set., em companhia de sua cunhada Minna Bernays (Jones, II. p. 58s./52s., e *Letters*, ed. E.L. Freud. n. 142).

110 F

15 de outubro de 1908,
Viena, IX. Berggasse 19

Meu querido amigo e herdeiro,

Os dias tão auspiciosos que juntos passamos em Zurique deixaram-me num excepcional bom humor. Diga, por favor, à sua esposa, que uma passagem da carta dela[1] deu-me um prazer à parte.

Sei que ainda está às voltas com suas obrigações militares e que eu devia deixá-lo em paz, mas já não tenho nenhuma desde que, há pouco, fiz uma observação. Ontem, um de meus pacientes, o homem ansioso, um caso clássico, bem situado agora no caminho da cura, muito inteligente, sob todos os aspectos o contrário da Dem. pr. e familiarizado com nossas publicações, saiu-se com a seguinte ideia, que ele mesmo logo classificou de paranoide: eu sou um corpo de oficiais. Não soa isso tal qual as fórmulas de sua paciente[2] que, nos encontros de Salzburg, o senhor declarava diferirem fundamentalmente das de um caso de histeria ou neurose obsessiva? A explicação aqui está. Não se tornando oficial, conheceu um fracasso do qual muito se ressente, e essa é a sua compensação. O significado, primeiro, é que ele é um corpo de oficiais, porque o pai sempre lhe disse que era inadequado para outra profissão, e depois que é tão bonito como só um oficial pode ser – era, de fato, um rapaz bonito, e a desgraça dele foi justamente a beleza; estragado em casa, esperava subir no exército graças apenas à sua boa aparência, nada poderia dar errado, estava certo de ser o queridinho de todos e, a princípio, ao que parece, o foi; – por outro lado, ele é uma *"Soldatenmensch"*[3] – um catamito de oficiais. Logo depois fez a declaração normal: "Todo o corpo de oficiais pode comer meu..."[4], que apenas requer uma projeção e uma mudança de sinal para exprimir a correta ideia paranoide de perseguição. Obviamente, o caso está cheio das mais perfeitas fórmulas de condensação histérica. Temos aqui um encadeamento de ideias em processo de regressão como preparo para sua expressão em sintomas. O "corpo de oficiais", via *cor, cordis*, haveria de levá-lo a sintomas cardíacos.

Há, em outras palavras, uma paranoia inconsciente que na psicanálise tornamos consciente. Sua desconfiança de que na análise guiamos os pacientes de histeria no caminho para a Dem. pr. encontra casualmente, nesse caso, uma confirmação magnífica.

Tenho também oportunidade de estudar no momento um caso autêntico de Dem. pr. Moça muito inteligente e, por enquanto, uma transferência enorme.

Sexta-feira passada, à noite, seu chefe nos visitou com a esposa. Ele é, sem sombra de dúvida, o mais suportável dos dois. Foi tão amável quanto a rigidez lhe permite. Pôs-se em defesa da sexualidade infantil, a qual há apenas dois anos "não compreendia". Ambos se precipitaram, então, sobre mim, insistindo para que eu substituísse a palavra "sexualidade" por outra (na linha de autismo); isso, no dizer deles, daria fim a toda a resistência, a todos os mal-entendidos. Falei de minha descrença num fim assim tão feliz e eles se atrapalharam e não souberam propor um termo melhor.

Recomendo-me à sua esposa e aceite as saudações mais cordiais

De
Freud

1. Falta

2. Em "A psicologia da *dementia praecox*", uma fórmula típica da paciente B. St. é "Sou uma Suíça" (OC 3, § 253).

3. = "puta de soldados".

4. Hológrafo: *kann mich im...*

111 J

Casernas de Yverdon,
Cantão de Vaud, 21 de outubro de 1908

Caro Professor Freud[1],

A surpresa do pacote de livros foi naturalmente, para minha mulher, uma alegria imensa. Vejo, por sua carta, que ela já lhe agradeceu devidamente. Estando em serviço militar, sou um correspondente ainda pior do que antes e, assim, mais uma vez o senhor se antecipou a mim. Sua visita me fez um bem tão grande que já estou firmemente resolvido, caso as circunstâncias o permitam, a visitá-lo rapidamente em Viena na primavera que vem, desde que não haja outras solicitações de seu tempo. Muito obrigado por me falar a respeito dessa ideia paranoide. Nunca duvidei da possibilidade de que produtos dessa espécie sejam psicogênicos na origem, posto que costumeiramente são também encontrados em pessoas normais; apenas não ousara admitir que a substituição da realidade por tais produtos fosse também psicogênica.

Já tenho em mãos os resumos de Abraham[2]. O senhor chegou a vê-los? Meu chefe escreve que o visitou, mas não entra em detalhes[3]. [...]

Já reconquistei, a essa altura, a animação para o trabalho, e espero me dedicar todo a ele tão logo acabe meu serviço militar (30 de out.). Há, no entanto, três alunos que se mantêm à espreita como abutres. Terei de dar uma atenção especial ao homem de Tübingen.

A última notícia de Gross é que sua esposa não quer se separar dele porque supostamente ele está em boa forma. A propósito, viu no *Zukunft*, de Harden[4], o tipo de coisa que Gross anda escrevendo agora? Se ele continuar assim, o resultado ainda pode ser bom. A família dele aceitou por fim meu diagnóstico – um grande alívio para a esposa.

Binet quer que eu escreva sobre sua teoria do sonho para *L'Année psychologique*[5].

Cordiais saudações.

Atenciosamente,
Jung

1. Hológrafo: *Lieber Herr Professor.* Aqui empregando "Lieber" pela primeira vez, Jung continuaria a fazê-lo até 27-10-1913 (cf. 357 J). / A presente carta está em papel timbrado (de Jung) do Burghölzli.

2. Em *Jahrbuch*, I:2 (1909). Cf. apêndice 2.

3. Cf. a descrição da visita de Bleuler feita por Freud em carta de 11-10-1908 a Abraham: "Tanto quanto o permitiram a inacessibilidade dele e a afetação dela, foram muito simpáticos" *(Freud/Abraham Letters)*, p. 54).

4. *Die Zukunft*, 10-10-1908, publicou uma carta de Gross (então docente de Psicopatologia em Graz) sobre um caso dele – a garota fora mandada pelo pai para um hospital psiquiátrico, mas Gross sustentava que ela deveria ter sido psicanalisada.

5. "L'Analyse des rêves"; cf. 152 F n. 2.

112 F

8 de novembro de 1908, Viena, IX. Berggasse 19

Caro amigo,

O trabalho é tanto que me tira o fôlego, e é isso, somado a um acontecimento familiar, que me tem impedido de escrever. Minha filha[1] ficou noiva de um homem que ela mesma escolheu, para se casar daqui a uns meses, e os jovens estão fazendo uma confusão enorme. Espero que já não haja obstáculos a impedir seu trabalho; quer em nosso pensamento, quer em nossa atividade, devemos fazer grande progresso no decorrer deste ano.

Comecei a trabalhar num ensaio. O título – "Exposição geral do método da psicanálise"[2] – já diz tudo. Mas vai indo muito devagar; atualmente, só posso escrever aos domingos, sempre não mais do que algumas páginas. Seja como for, ele há de completar o segundo volume dos *Artigos*, que Deuticke está disposto a publicar e no qual "Dora"[3] deve reaparecer. Um tal de Mr. Parker, da Universidade de Colúmbia[4], insiste absolutamente em ter um texto meu; talvez lhe ofereça este, mas como, segundo escreve nosso tradutor Brill, ele se opõe, em princípio, a qualquer menção à sexualidade, é bem provável que isso não dê em nada. Brill diz ainda que o senhor há

Ano 1908

de colaborar com um artigo. E acrescenta que Morton Prince não se cansa de fazer advertências contra nossa "corrente".

Não há muito o que dizer da onda de invectivas mais recente. Os ataques de Forel[5] visam, principalmente, ao senhor, talvez por ignorância. O Professor Mehringer, de Graz (lapsos de língua)[6], anda a se exceder numa polêmica odiosa. O livro de Moll[7], que ficamos de discutir em nossa próxima quarta-feira, é desonesto e incompetente. Do lado positivo já posso anunciar que a segunda edição de *A interpretação dos sonhos*[8], da qual tenho um exemplar sobre a mesa, chegar-lhe-á às mãos em poucos dias.

Frau C—— me procurou realmente há umas duas semanas; a melhora está destinada a ser lenta, é um caso muito sério de neurose obsessiva. Se ela me deu preferência foi porque Thomsen[9] a predispôs contra mim, dizendo que o tratamento comigo só iria agravar o estado dela. Isso veio a calhar para a necessidade de punição que tem.

Muito ansioso por notícias suas e do Burghölzli, faço votos de que sua estimada esposa, que se sentiu na obrigação de escrever uma segunda carta de agradecimento, esteja passando bem.

Com as saudações mais cordiais de
Freud

1. Mathilde; em 7-2-1909, casou-se com Robert Hollitscher (1876-1959).

2. Hológrafo: *Allg. Methodik der Psychoanalyse*. Cf. Jones, II, p. 258s./230s., para um relato do trabalho de Freud nesse projeto até 1910, quando ele "se desfez". Em vez disso, Freud escreveu os seis "Papers on Technique"; cf. 280 F n. 2 & 3 e 318 I n. 1.

3. "Fragmento da análise de um caso de histeria" (orig. 1905; escrito cm 1901), Ed. Standard Bras. VII.

4. William Belmont Parker (1871-1934), docente da Universidade de Colúmbia; editor literário de *World's Work* (Nova York), uma revista "edificante" publicada em 1908-1909. O primeiro número anunciava uma colaboração de Freud que não chegou a aparecer. Brill colaborou mais tarde. Cf. Hale, *Freud and the Americans*, p. 231s.

5. Um artigo de Forel, "Zum heutigen Stand der Psychotherapie: Ein Vorschlag", *Journal für Psychologie und Neurologie*, XI (1908), fora discutido na reunião de 4/11 da Sociedade das Quartas-feiras: "Esse artigo tão inteligente também encerra um ligeiro ataque (a Jung)" (*Minutes*, II, p. 39).

6. Rudolf Meringer (1859-1931), autor, com C. Mayer, de *Versprechen und Verlesen, eine psychologisch-linguistische Studie* (Viena, 1895), abundantemente citado em *The Psychopathology of Everyday Life* (orig. 1901), SE VI. Freud se equivocou na grafia do nome.

7. Albert Moll, *Das Sexualleben des Kindes* (Leipzig, 1908) = *A vida sexual da criança* (Nova York, 1912). Cf. a reunião de 11/11 em *Minutes*, II, p. 43s.

8. Revista e aumentada: datada de 1909.

9. Provavelmente, Robert Thomsen (1858-1914), psiquiatra-chefe do sanatório particular Hertz, em Bonn.

113 J

Burghölzli-Zurique, 11 de novembro de 1908

Caro Professor Freud,

Magna est vis veritatis tuae et praevalebit![1] As notícias supostamente funestas de sua última carta – Meringer, Morton Prince, Dr. Parker –, na verdade, fortaleceram-me o ânimo. Nada é mais detestável do que se gabar da aclamação pública instantânea e repousar em solo densamente povoado. Fico, portanto, feliz com a enérgica oposição que suscitamos. É claro que muitos outros também aguardam a vez de fazer um papel ridículo. Até Forel, na última hora, pode entrar em cena. Já há algum tempo notei soprar da América, à qual Morton Prince parece consagrar um porta-voz todo especial, o brando vento do puritanismo. Cada qual teme terrivelmente pela própria prática, cada qual só espera uma oportunidade de passar a perna no outro. É por isso que temos tão poucas notícias dos que trabalharam comigo e o visitaram. Na América eles estão simplesmente imprensados contra a parede. Esquivei-me aos avanços do Dr. Parker apesar da melosa carta de três páginas que ele me escreveu; não há nada que recomende o projeto. A propósito do Dr. Parker, recebi também uma informação do Dr. Hoch[2] que em absoluto não me deixa entusiasmado. Foi por simples indicação de Peterson[3] que ele se dignou a procurar-nos e, assim, não sabe realmente como andam as coisas.

Aguardo na maior impaciência a segunda edição de *A interpretação dos sonhos*, bem como o ensaio que o senhor anuncia. Por que não tenta colocá-lo na revista de Ebbinghaus[4] ou, então, na *Zeitschrift für Psychiatrie*, que é ainda melhor em termos de circulação? Terminei há pouco um breve trabalho para Binet, alguns exemplos de sonhos com análises rápidas. Não deixa de ser superficial, mas foi escrito de tal modo que até um francês, se quiser, pode entendê-lo. Infelizmente, vai circular apenas entre psicólogos, que não terão dificuldade em se descartar dele. Os franceses desancaram também nosso pobre Maeder. A boa opinião que Binet faz de mim – até agora inabalada – deve-se a Larguier des Bancels, livre-docente em Lausanne, contaminado por Claparède.

Já disponho de bastante material para o *Jahrbuch*. Falta-me apenas o ensaio de Binswanger, mas é provável que o tenha no início de dezembro. Se possível, colocarei no primeiro número o texto de Maeder[5] sobre a sexualidade dos epilépticos, que tem algumas coisas notáveis. Não acha que o trabalho de Binswanger pode ser dividido em duas partes, caso seja muito extenso?[6] No segundo número, se tudo der certo, espero colaborar com materiais clínicos sobre Dem. pr. por meio de Maeder[7]. Estou agora trabalhando nas associações da Dem. pr. com o Dr. Stockmayer. Além disso, tenho dois jovens no laboratório. Os alunos, como o senhor bem sabe, são umas pestes! O prazer que *um* bom aluno dá impõe um alto preço.

Queira aceitar meus cumprimentos, e os de minha mulher, pelo noivado da filha!

Cordialmente,
Jung

1. "Grande é o poder de tua verdade, e ele há de prevalecer". Adaptação feita por Jung de "Magna est veritas, et praevalet". – Vulgata, Apêndice (Esdras 4,41).

2. August Hoch (1868-1919), de início em Basileia; nos Estados Unidos, em 1887. Professor de Psiquiatria, Faculdade de Medicina da Universidade Cornell (Nova York), 1905-1917; em 1910, sucedeu a Adolf Meyer como diretor do Instituto Psiquiátrico de Nova York (Ilha de Ward).

3. Frederick W. Peterson (1859-1938), então professor de Psiquiatria Clínica na Universidade de Colúmbia, Nova York; poeta e colecionador de arte; estivera recentemente no Burghölzli fazendo pesquisas em colaboração com Jung (cf. 19 J n. 2, "Psychophysical Investigations") e na época trabalhou com Brill na tradução de seu *Dementia Praecox* (cf. 124 J n. 3). Mais tarde se tornou um adversário da psicanálise (Brill, *Freud's Contribution to Psychiatry*, Nova York, 1944, p. 27).

4. Hermann Ebbinghaus (1850-1909), professor de Psicologia em Breslau e Halle; fundou com König, em 1890, a *Zeitschrift für Psychologie*.

5. "Sexuality and Epilepsy"; cf. 132 F n. 1.

6. Assim foi feito; cf. 167 F n. 2.

7. *I. e.*, no texto de Maeder, "Psychologische Untersuchungen an *Dementia Praecox*-Kranken", de fato em *Jahrbuch*, II:1.

Ano 1908

114 F

12 de novembro de 1908, Viena, IX. Berggasse 19

Caro amigo,

Concordo inteiramente com o senhor. Quanto mais inimigos, maior a honra![1] Agora que podemos viver, trabalhar, publicar nossas coisas e desfrutar de certa camaradagem, a vida não é de todo má nem gostaria eu que ela tão cedo mudasse. O dia do reconhecimento, quando vier, será para o presente o que a mágica hedionda do Inferno é para o tédio sagrado do Paraíso (ou melhor, é claro, o inverso).

Eu estava sem saber como agir com Parker. Diante das informações de Brill, resolvera me fazer de difícil; agora que recebi e li o primeiro número dele, e, sobretudo, depois do que o senhor disse, vou recusar. O ensaio progride muito lentamente; de oito às oito fico preso à rotina. O senhor o aceitaria para o segundo meio-volume do *Jahrbuch* caso minha íntima repulsa à indiscrição impeça-me de escrever o outro texto – sobre o Homem dos Ratos com neurose obsessiva? (ele, aliás, vai indo esplendidamente). Desagrada-me dar a outras revistas uma coisa tão específica que só para nosso círculo mais imediato pode ser inteligível, por pressupor um conhecimento dos *Estudos*, de sabe-se lá mais o que. Acolherei de bom grado seu franco parecer editorial. Lembre-se, porém, que o ensaio, seja como for, há de ser publicado no segundo volume de *Artigos*[2].

Já que me pergunta, não vejo por que não dividir a análise de Binswanger. A esta altura, o rapaz a deve ter pronta. O modesto nimbo dado pelo prefácio há de ser muito bom para o *Jahrbuch*.

Abraham me informa que sobreviveu à primeira batalha em Berlim[3]. Ele se acha em terreno perigoso nesse posto avançado.

Meu homem ansioso, o que era um corpo de oficiais, como sem dúvida o senhor se lembra, acha-se, por sua vez, em meio às soluções mais belas que ele mesmo descobre agora; realmente, merece um grau de doutor, tanto quanto o *malade imaginaire*. Diz ele que pretende concluir a recuperação com uma obra literária que há de servir aos nossos propósitos.

O livro de Moll sobre a vida sexual da criança não só é fraco, como desonesto. Que alma vil e maliciosa, que espírito estreito ele deve ter! Até

Ano 1908

seu chefe já aceita a sexualidade infantil. Se bem queira, por medo de ofender os melindrosos, arranjar para ela um nome novo, talvez sexidade, na mesma linha de autismo.

Seu bom humor me encanta. O senhor, não tenho a menor dúvida, há de ser igualmente capaz de enfrentar alunos e inimigos.

A interpretação dos sonhos já saiu, mas não disponho ainda de exemplares. Dentro de mais uns dias com ela irão as lembranças

deste que muito o estima,
Freud

P.S. Esperamos que sua esposa continue bem.

1. Hológrafo: *Viel Feind, viel Ehr!* – um dito popular, originalmente lema do general germânico Georg von Frundsberg (1473-1528). / Este parágrafo é citado por Jones, II, p. 49s./44s.

2. O ensaio, na verdade, nunca foi concluído; cf. 112 F n. 2, no que tange ao título inicialmente pensado.

3. Abraham falara em 9/11 na Sociedade Berlinense de Psiquiatria e Doenças Nervosas sobre a neurose e os casamentos consanguíneos (= "Die Stellung der Verwandtenehe in der Psychologie der Neurosen", *Jahrbuch*, I:1, 1909), sendo atacado por Ziehen, Braatz e outros. Cf. sua carta de 10-11-1908 em *Freud/Abraham Letters*, p. 55; também Jones, II, p. 128/114.

115 J

Burghölzli-Zurique, 27 de novembro de 1908

Caro Professor Freud,

Tendo abandonado hoje todas as obrigações, pois minha esposa está prestes a dar à luz, encontro, enfim, um tempo para lhe escrever. Há muito estou para lhe perguntar se prefere fazer sozinho, ou em colaboração com Bleuler, a apresentação da revista. É normal que haja um prefácio, cada um, afinal, deve apregoar o que tem. Gostaria que me dissesse logo para que eu possa colocar Bleuler a par de suas intenções. Pensando por alto, ocorreu-me que o senhor desse início à coisa, do ponto de vista da psicanálise, e Bleuler a arrematasse, do ponto de vista da psicoterapia. O preâmbulo seria assinado pelos dois. À exceção do ensaio de Binswanger, a matéria para o primeiro número está completa: 1) seu ensaio; 2) Abraham: "Casamentos consanguíneos"; 3) Maeder: "Sexualidade e epilepsia"; 4) Binswanger; 5) eu: "A significação do pai no destino do indivíduo"[1]. Resolvi deixar os resumos para o segundo número, pois quero tornar o primeiro mais interessante para efeito de publicidade. Apesar da utilidade deles, os resumos não ajudariam muito. Calculo que o primeiro número chegue a cerca de 250 páginas, o que, com o segundo, daria mais ou menos 500. Sem dúvida, um volume imponente. Para o segundo número tenho alguns históricos clínicos de Dem. pr. (na verdade, paranoia é um termo mais feliz, mas é impossível nos fazermos entender aqui com ele)[2].

A esta altura, o senhor já terá recebido o ensaio de Brill[3]. É bom, como prova de lealdade, mas ele omitiu o que eu recomendara como interessante e insistiu na objeção por mim feita a ($\frac{Pennsylvania}{Parsifal}$).

Acho que de uma primeira tentativa se podia esperar algo melhor. Ainda assim, a sublimação do pai é significativa, para os que usam a cabeça, e nada de melhor adiantaria, seja como for, para os que a têm muito dura. Recebi algumas separatas e uma carta de Morton Prince. A aurora ainda está por vir. Meu amigo Peterson fez uma palestra sobre a "Sede da consciência" (fica no *corpus striatum*, se lhe interessa saber) que nem mesmo o ouvinte mais empedernido foi capaz de aguentar[4]. Um novo ataque de flanco saiu nas *Grenzfragen*, de Löwenfeld[5]: Veraguth[6] incumbiu a mulher dele de traduzir o livro abissalmente insignificante de Waldstein, *O eu subconsciente*[7], apenas para mostrar quem foi o primeiro a se inteirar do "subconsciente". Está cheio de trivialidades, mesmo considerando que a publicação é de 1897. No prefácio, Veraguth fala da crescente exclusividade da escola freudiana, querendo dizer com isso que deixamos de convidá-lo para nossas reuniões, já que nunca se dignou em responder aos convites iniciais. Monakow também está se tornando conspícuo. Fundou uma sociedade de neurologistas com Dubois[8], para a qual nem o mais ínfimo montanhês de nossa linda terra deixou de ser convidado, incluindo-se o psicólogo experimental de Zurique[9]; este, de todo o programa, só entendeu o jantar. A mim ignoraram solenemente, bem como, digo-o com enorme prazer, a Frank; de nada lhe valem os subterfúgios, ele está marcado pela reputação de ser um seguidor de Freud.

Toda essa agitação, seja como for, não afetou minha prática; muito pelo contrário, estou cheio de clientes.

Como vai Frau C—— ? Frl. D—— está com o senhor? Ela nunca me procurou. Quem certa vez veio me ver, com um pretexto devoto, foi, por estranho que pareça, o irmão dela.

Chegou-nos uma carta maravilhosa da mulher de Muthmann. Sem dúvida, eles são gente de bem.

Recebemos com o maior prazer *A interpretação dos sonhos*. Saiu, de fato, o livro de Ruths que o senhor menciona: o subtítulo é "Sobre os fantasmas da música"[10]. O homem é meio zureta e terrivelmente pomposo. Bem que o moto dele podia ser *parturiunt montes, nascetur ridiculus mus*[11].

Com as saudações mais cordiais do

Jung

1. Cf. 133 J n. 1.

2. Cf. 12 J n. 1 e 122 F n. 2.

3. Cf. 116 F n. 5 & 6.

4. Na Sociedade Neurológica de Nova York, 6-10-1908; publicada em *Journal of Abnormal Psychology*, III (1908-1909). / O *corpus striatum* (corpo estriado) é uma massa de substância cinzenta na base de cada hemisfério cerebral.

5. *Grenzfragen des Nerven- und Seelenlebens* (Wiesbaden: Bergmann), ed. L. Löwenfeld e H. Kurella.

6. Otto Veraguth (1870-1944), neurologista, professor de Fisioterapia na Universidade de Zurique.

7. Louis Waldstein (1853-1915), *O eu subconsciente e sua relação com a educação e a saúde* (Nova York, 1897); tradução de Gertrud Veraguth, *Das unbewusste Ich und sein Verhältnis zur Gesundheit und Erziehung* (Wiesbaden, 1908); criticado por Jung, *Basler Nachrichten*, 9-12-1909 (em OC 18/1). O prefácio de Veraguth foi incluído na edição nova-iorquina de 1926.

8. Paul Charles Dubois (1848-1918), professor de Neuropatologia em Berna; consagrou a persuasão e outros meios racionais ao tratamento da neurose.

9. Não identificado.

10. Freud incluiu o seguinte adendo na primeira edição (1900): "Quando eu revia as últimas provas, em setembro de 1899, vim a saber de um opúsculo do Dr. Ch. Ruths, *Inductive Unterstichungen über die fundamentalgesetze der psychischen Phänomene*, 1898, que anunciava obra mais vasta sobre a análise de sonhos. As sugestões feitas pelo autor permitem que eu me arrisque a antecipar que suas descobertas, em muitos pormenores, correspondem às minhas". O subtítulo dessa obra, título de seu V. I, era *Experimentaluntersuchungen über Musikphantome* (Darmstadt, 1898); o autor, Christoph Ruths (1851-1924). Freud manteve o adendo até a terceira edição de *Die Traumdeutung*, mas posteriormente ele foi suprimido. Nenhum outro volume de Ruths sobre a análise de sonhos foi localizado.

11. "As montanhas parem, nasce um rato ridículo" (Horácio, *De arte poética*, 1.139).

116 F

29 de novembro de 1908, Viena, IX. Berggasse 19

Caro amigo,

Não, a aurora ainda não rompeu. Devemos tomar todo o cuidado com nossa modesta lâmpada, pois a noite há de ser longa. Às coisas que o senhor leu, e para as quais chamou minha atenção, acrescento uma publicação de Steyerthal na série de Hoche, *O que é histeria*[1]. Vale a pena ler. O afortunado autor é de Mecklenburg, se ele tiver uma camisa o resto não será problema[2]. Ignorando as circunstâncias pessoais, interpretei do mesmo modo que o senhor a obra de Waldstein-Veraguth; já a notícia sobre a sede da consciência me deixou perplexo. Mas, na verdade, estou acostumado a declarações irresponsáveis por parte de meus seguidores. Não faz muito tempo um dos meus companheiros de quarta-feira se armou de coragem e leu um estudo sobre a natureza das perversões[3]; soava como se em *Três ensaios* eu nunca tivesse dito uma palavra a respeito, e nosso amigo Stekel o apoiou. A essência das perversões, diz ele, é desconhecida, e por longo tempo há de assim permanecer[4]. Vejo que os que proclamam erros prestam à humanidade um grande serviço porque incitam os homens a procurar a verdade; já os que dizem a verdade são os que maior malefício causam, pois, com isso, levam outros a se opor à verdade. A originalidade pode também ser um objetivo na vida.

Permito-me defender de suas críticas o ensaio de Brill[5]. Julguei-o bastante bom, mas não sei, é claro, quanto do que o senhor recomendou ele omitiu. Penns-Parcival[6], a meu ver, não está nada mal. Arrisquei-me a traduzi-lo do paranoico. A leitura é, então: Estou ainda amando **[7], que está/é (na) Penns (com) Thaw? Ainda tenho o direito de me identificar com ela? Há, ao que parece, um abandono da heterossexualidade pela homossexualidade que o impele para o pai. É verdade que ele [Brill] não interpretou corretamente a significação do pai. Este é o principal personagem do drama. Com a ajuda da doença, ele [o paciente] chega a uma obediência tardia para, assim, tornar-se um filho que corresponde ao coração do pai. Osíris e Ísis são de novo os pais dele. Deificação, mas também a vontade de que o pai tivesse morrido (como o banqueiro O.)[8] e deixado uma herança para ele. Fiquei muito contente em saber que o senhor se dispôs a enfrentar o complexo paterno. Tenho grandes esperanças quanto ao volume. Estamos a apenas um mês da data de publicação.

Nesse ínterim, assim o espero, o destino mais uma vez o fez pai e talvez tenha surgido para o senhor a estrela da qual falou em nosso longo passeio. A transferência das próprias esperanças para um filho é, decerto, um excelente meio de alguém apaziguar seus complexos não resolvidos, embora, para o senhor, ainda seja cedo. Mande-me logo notícias; fico, por ora, a presumir que a corajosa mãe esteja bem; para o marido ela, de fato, deve ser mais preciosa que todos os filhos, tal como o método deve ser mais valorizado do que os resultados obtidos por ele.

Não só não vi como também nada soube de Fräulein D——. Frau C—— será, provavelmente, um osso duro de roer. É claro que é fácil ver o que a aflige, mas a outra parte do problema, fazê-la compreender e aceitar isso, sem dúvida será difícil. Um exemplo: desde que a carruagem dela quase esmagou uma criança durante um passeio (ou desde que ela inferiu de um grito que isso tinha acontecido) que se sente muito infeliz ao andar de carruagem, querendo a todo instante virar-se para ter a certeza de que nada ocorreu; gostaria de desistir de vez do transporte. Em ajuntamentos tem medo de dar encontrões nos outros. Tudo isso é muito simples: ela é um homem, na fantasia dela, que *guia para diante – para trás* e gera (mata)[9] uma criança; o ato de *empurrar* significa que ela mesma empurraria violentamente. É um homem porque precisa de um homem, mas não quer arranjar um e, em vez disso, identifica-se com um homem. A doença começou quando descobriu que uma epididimite tinha deixado o marido impotente. E por aí vai. Tudo está claro, tão claro, que é de arrepiar os cabelos. Não obstante a terapia produz resultados muito insatisfatórios. À noite ela se prende com alfinetes para tornar os genitais inacessíveis; o senhor pode imaginar quão acessível é, intelectualmente.

Conheço o livro de Ruths sobre os fantasmas da música: não é o anunciado livro sobre sonhos.

Estou disposto a escrever o preâmbulo se o *senhor* acha que é preciso. Eu mesmo não tenho vontade. Parece-me que esse *Jahrbuch*, que realmente oferece algo novo e encontra justificação no próprio índice, não está sujeito às mesmas exigências de mais uma simples revista de psiquiatria e doenças

Ano 1908

nervosas que artificialmente tem de apresentar um programa no primeiro número. Mas seja como quiser. Outra solução seria dar o artigo programático no fim do primeiro volume. O motivo de minha relutância é, talvez, simples: estou numa terrível estafa e as energias, por isso, não são muitas.

Estou pronto a acreditar que a agitação contra o senhor não o afeta. De toda essa hostilidade podemos deduzir que a impressão que causamos é muito mais forte do que imagináramos. Moral: continue a trabalhar como um escravo.

Às minhas saudações mais cordiais junto às congratulações pelo feliz acontecimento.

De

Freud

---

1. Armin Steyerthal, *Was ist Hysterie? Eine Nosologische Studie* (Sammlung zwangloser Abhandlungen aus dem Gebiet der Nerven- und Geisteskrankheiten, ed. Alfred Erich Hoche, VIII:5; Halle, 1908). Discutido na reunião de quarta-feira de 9-12-1908(*Minutes*, II, p. 79).

2. Cf. o provérbio "Wenn er ein Hemd hat, so ist der Rock nicht weit" = "Quem tem uma camisa, com pouco mais tem um casaco". Mecklenburg era um estado notoriamente pobre.

3. Fritz Wittels, "Sexual Perversity", *Minutes*, II, p. 53s. (18-11-1908). As observações de Freud, bem semelhantes às que aqui figuram, estão na p. 60. / Wittels (1880-1950), psicanalista vienense, sobrinho de Isidor Sadger; desligou-se da Sociedade de Viena em 1910, aliando-se a Stekel, e mais tarde escreveu uma biografia algo crítica: *Sigmund Freud, sua personalidade, seus ensinamentos e sua escola* (tradução de E. e C. Paul, 1924); mas em 1925 foi readmitido na Sociedade e, subsequentemente, publicou um livro inteiramente favorável, *Freud e sua época* (tradução de L. Brink, Nova York, 1931). Após 1928, em Nova York.

4. O resto desse parágrafo é citado por Jones, II, p. 489/439. Jung o parafraseou em "Novos caminhos da psicologia" (orig. 1912), OC 7, ed. rev., fim do § 411. Cf. tb. 290 F n. 5.

5. Brill, "Psychological Factors in *Dementia Praecox* (An Analysis)", *Journal oj Abnormal Psychology*, III:3 (outubro-novembro 1908). Brill dá uma descrição mais legível do caso em *Freud's Contribution to Psychiatry* (1944), p. 93 s, citando as cartas que Freud e Jung lhe escreveram em relação à análise. Freud discutiu o artigo na reunião de 9-12-1908 (*Minutes*, II, p. 78s.).

6. Penns = abrev. de Pennsylvannia. O paciente recebera em Zurique (Brill tratara do caso quando no Burghölzli) uma carta da ex-namorada, então empregada de uma família de Pittsburgh chamada Thaw. "Pennsylvania, Thaw" desempenhou um papel em seu delírio alucinatório. Na análise de Brill, o paciente converte "Pa" (abrev. de Pennsylvania) em "Parsifal" e "Thaw" no alemão "Thor". Durante seu episódio psicótico, o paciente se ajoelhava em prece e constantemente repetia: "Será que eu sou Parsifal, o tolo mais completo?" (no drama musical de Wagner, Parsifal é chamado de *reiner Thor*, "o tolo mais completo").

7. Tal qual no hológrafo.

8. Segundo o artigo de Brill, um rico banqueiro de Basileia. As notícias sobre sua morte tinham interessado o paciente, um ex-bancário. Tratar-se-ia, ao que parece, dc Daniel

Osiris, um filantropo franco-grego que morreu em fevereiro de 1907. Foi ele quem comprou e doou ao governo francês o castelo de Malmaison. perto de Paris.

9. Hológrafo: (*umbringt*), sublinhado com pontos.

117 J

Burghölzli-Zurique, 3 de dezembro de 1908

Caro Professor Freud.

Muito obrigado pelo telegrama de felicitação![1] O senhor pode imaginar nossa alegria. O parto foi normal, mãe e filho[2] vão indo bem. Pena é que não mais sejamos camponeses, pois se assim fosse me caberia exclamar: "Agora que tenho um filho posso partir em paz". Muito mais se poderia dizer sobre esse tema de complexos.

No que tange a Brill, minha oposição não quer dizer que eu considere Penns.-Parsifal impossível. Concordo em teoria com isso, mas, na prática, penso que é inoportuno apresentar paralelos tão inconclusivos – para o leigo – no trabalho de um principiante. Na véspera da explosão do delírio, o paciente visitou a mulher de um grande amigo, um homem que há muito tempo se encontrava num hospício (e a mulher, ao que parece, não foi de todo indiferente!). Ainda em companhia dela, leu uma carta que há pouco ela recebera do marido e que nele causou forte impressão. Daí foi ter a uma taberna e manteve com um estranho uma violenta discussão sobre a religião católica, e depois ainda houve outra coisa que me trouxe à lembrança a magia-de-amor[3], de Parsifal (?), ou algo do gênero; infelizmente, os detalhes me escapam no momento. Tudo se encaixava muito bem e aconselhei Brill a não deixar isso de fora. Já a esta altura conheço minha impertinência, mas sempre fico feliz quando o senhor a assinala. Com Abraham, por exemplo, eis que agora prevalece um ajustamento bem razoável.

Vou tratar de conseguir logo o livro sobre histeria que mencionou, na série de Hoche. É preciso ver de quando em quando se os corvos ainda estão voando ao redor da montanha[4]. Mesmo que não seja nenhuma maravilha, meu ensaio sobre o complexo paterno, acredito, é um trabalho decente. Espero que lhe agrade. A fidelidade dele à causa, seja como for, não deixa nada a desejar. Agora que interiormente cada vez me desligo mais de meu

Ano 1908 ———————————————————

modo anterior de existência, começo a perceber como a Clínica e o ambiente que aí reina têm restringido minha liberdade intelectual. Tornei-me consideravelmente mais flexível e, assim, um estímulo maior para meus alunos. O resultado é que a análise da Dem. pr. está fazendo progresso. Temos agora na mira outro caso fantástico. Parece ser enorme, nos homens, o papel que toca à homossexualidade.

Desisti naturalmente da ideia de um preâmbulo para o *Jahrb.*; não há, de fato, necessidade. Bleuler também não faz questão. Felizmente, o conteúdo há de falar por nós, se é que me posso permitir um pouco de imodesta autossatisfação.

Com as saudações mais cordiais do

Jung

1. Falta
2. Franz Karl Jung.
3. Hológrafo: *Minnezauber*, como no drama musical de Wagner; aparentemente incerto de ter usado o termo correto, Jung pôs uma interrogação.
4. Alusão a uma lenda germânica: o imperador Frederico Barbarroxa (m.1190) dorme dentro da montanha de Kyffhäuser, na Turíngia, onde há de ficar até que lhe chegue o tempo de sair e restaurar a velha glória do império. A cada 100 anos ele envia um anão para ver se os corvos ainda estão voando ao redor da montanha; se assim for, o imperador deve esperar outros 100. A lenda foi registrada pelos irmãos Grimm (Deutsche Sagen, I, 1816, n. 23) e popularizou-se através de um poema de Friedrich Rückert, "Barbarroxa", escrito logo depois.

118 F

11 de dezembro de 1908, Viena, IX. Berggasse 19

Caro amigo,

Segue na mesma data uma separata de "Teorias sexuais de crianças"[1]. Posso atribuir minha reação retardada – falta que, de ordinário, não me caracteriza – ao excesso de trabalho e a certa indisposição. Não é preciso procurar de seu lado uma explicação. A nota de liberdade em suas cartas, desde que se patenteou que o mestre de seu destino há de ser o senhor mesmo, soa como uma resposta aos meus desejos mais sinceros. Prescindir de um mestre, como verá, é com efeito uma felicidade rara. A conjunção – liberação social, nascimento de um filho, ensaio sobre o complexo paterno – sugere-me que o senhor se encontra num ponto-chave de sua vida e que tomou a direção acertada. Meu próprio paternalismo não lhe há de ser um fardo penoso, é pouco o que posso fazer pelo senhor e a dar tudo o que tenho estou acostumado.

Sua lamentação de não ser capaz de representar o pai-herói ideal ("Meu pai gerou a mim e morreu")[2] soa-me, devo dizer, muito prematura. Por muitos e muitos anos a criança há de o achar indispensável como pai, num sentido a princípio positivo e, afinal, negativo! Nossa alegria é grande por saber que a mãe e o filho vão bem. Sua mulher está amamentando o bebê? (curiosidade feminina).

Deuticke me informa que já recebeu os manuscritos do *Jahrbuch*. Ao mesmo tempo mandou para a gráfica o segundo volume do meu *Artigos sobre a teoria das neuroses*; para o senhor não há nada aí de novo (exceto duas páginas sobre ataques histéricos que também sairão na revista de Moll)[3]. Em tudo, por tudo, os negócios vão se ajeitando, mas nem sempre minhas forças aguentam. Já suportei muita coisa e agora, de quando em quando, preciso de uma trégua.

Estou tão obcecado pela ideia de um complexo nuclear[4] nas neuroses, tal como ocorre no âmago do caso do Pequeno Herbert, que já não posso fazer nenhum progresso. Fui tentado, por uma observação recente, a filiar o complexo deletério, quando presente, à interpretação dada pela criança à náusea matinal da mãe. Tenho também algumas vagas noções sobre a teoria da projeção na paranoia; espero que as possa desenvolver a tempo de sua anunciada visita na primavera que vem.

Recebi há dias um ensaio de Frank[5] no qual ele abaixa a crista e, não contente com isso, faz graciosos rapapés. Mas é óbvio que quem lança mão da hipnose não poderá descobrir a sexualidade. Ela se gasta toda, por assim dizer, no processo hipnótico.

Com a estima de sempre de
Freud

---

1. "Über infantile Sexualtheorien", *Sexual-Probleme*, IV:12 (dezembro 1908) = "On the Sexual Theories of Children". SE IX.
2. Alusão ao herói do drama musical *Siegfried de Wagner*; cf. Ato II, cena 3.
3. Cf. 131 J n. 1.

Ano 1908 ─────

4. Hológrafo. *Kerncomplex.* A primeira vez (nas cartas) em que ocorre esse termo, substituído por Freud, em 1910, por "complexo de Édipo". Cf. "Um tipo especial de escolha de objetos feita pelos homens", Ed. Standard Bras. XI, p. 154, n. 6; também "Sexual Theories of Children", SE IX, p. 214, n. 1.

5. Ludwig Frank, "Zur Psychanalyse" (homenagem ao 60° aniversário de Forel), *Journal für Psychologie und Neurologie*, XIII (1908). Cf. a extensa crítica de Jung em seus "Resenhas".

119 J

Burghölzli-Zurique, 15 de dezembro de 1908

Caro Professor Freud,

Seguem anexos dois modelos para a página de rosto do *Jahrbuch.* Diga-me, por favor, qual lhe parece mais indicado. Em defesa da sugestão dele, Bleuler argumenta que não pode pôr o nome na mesma linha que o seu, visto que a colaboração que há de dar é forçosamente modesta. Minha objeção a isso é que não tenho a *menor vontade* de ser guindado tão conspicuamente ao primeiro plano, pois sei que não seria bom para nós. Sou muito moço e o sucesso é o que menos se perdoa. Por essa razão, temo que alguns colaboradores, felizes em publicar sob *sua* égide, mostrem-se avessos à minha presença à frente do projeto. Espero, assim, que o senhor opte pela versão que mais de perto corresponde à minha sugestão. Claro está que é muito a contragosto que o nome de Bleuler vem antes do seu; só me decidi a tanto porque Bleuler tem a vantagem de ser professor *publicus ordinarius*[1]. Não há muito o que escolher entre a terceira e a segunda versões dele, embora a terceira seja um pouco melhor.

Muito obrigado pela separata. É ótimo ter, enfim, todas as teorias juntas. Ontem, sem mais nem menos, dei com uma nova teoria (num caso de histeria) – a teoria da incubação: só esquentando o corpo é que se pega filho. Acho que de quando em quando isso é feito.

Agradeço-lhe muito pela última carta, que espero poder responder detalhadamente em breve.

Às pressas, reafirmo meu apreço.

Cordialmente,

Jung

1. *I. e.*, por nomeação legal.

120 F

17 de dezembro de 1908, Viena, IX. Berggasse 19

Caro amigo,

Aprovo seus argumentos e encampo sua sugestão. Oponho-me à atitude de Bleuler, tendo em vista que a modéstia dele contraria a própria intenção, ou seja, pode apenas melindrar a nós dois. É fácil notar que o nome dele, vindo primeiro, não reflete uma ordem de importância, mas, sim, alfabética, como soe acontecer em publicações do gênero. Pela mesma razão seria uma ordem de importância, e altamente objetável, se meu nome aparecesse primeiro.

Gostaria de propor uma ligeira modificação em seu modelo. Ela se refere aos títulos e apenas visa disfarçar minha nudez.

Direção de

Prof. Dr. E. Bleuler
Diretor da Clínica Psiquiátrica
de Zurique

Prof. Dr. Sigm. Freud
de Viena

Meu "professor"[1] é um mero título e não pode ser usado noutras circunstâncias. Espero que o tenha convencido da importância dessa alteração.

Bem, seja qual for a solução de vocês dois, meus votos mais sinceros pelo nascimento do *Jahrbuch*, de Jung, como todos hão de chamá-lo.

Cordialmente, mas às pressas,

Freud

---

1. Freud recebeu, em 1902, o direito de usar o título de professor, mas isso não lhe conferia um *status* acadêmico na Universidade (cf. Jones, I, p. 372s./339s.). Bleuler, por outro lado, era professor por nomeação legal e titular de uma cadeira de Psiquiatria.

121 J

Burghölzli-Zurique, 21 de dezembro de 1908

Caro Professor Freud,

Muito grato por sua decisão. Estou certo de que assim será melhor. Neste ínterim já o senhor terá visto que o tipógrafo trabalha sem descanso. Não colocarei os resumos nesse número, mas no segundo, pois o número de páginas já ultrapassou em muito minhas expectativas: cerca de 320, o que equivale a dizer mais de 600 páginas para o ano todo, um volume com o qual eu realmente não contava.

Por aqui tudo bem. Minha mulher, é claro, está amamentando o bebê, o que é um prazer para ambos. Sinto que a conjunção do nascimento de um filho e a racionalização do complexo paterno é uma encruzilhada extremamente importante em minha vida, inclusive porque agora também me desenredo do relacionamento sócio-paternal. E isso, devo dizer, não me contrista. Bleuler tem em sonhos delírios de perseguição homossexual e já começa a se vangloriar de fantasias heterossexuais intensificadas. É do lado dele que o vínculo parece ser mais forte.

O Dr. Stockmayer, de Tübingen, está analisando pacientes de D. pr.; há ampla oportunidade de discussão e sou compelido a formular minhas ideias. Inquestionavelmente, o autoerotismo é o que causa, na D. pr., a impressão mais forte. Deve-se, contudo, notar que isso só é característico quando se evidencia na tentativa de compensação. É apenas a tentativa malograda, por tudo quanto posso ver no momento, que produz a imagem impressiva. Uma forma de autoerotismo encontra-se também na histeria; na realidade são autoeróticos todos os complexos reprimidos. Desse autoerotismo, que priva o objeto de certa quantidade de catexia libidinal, decorre, ou assim me parece, a hipercatexia histérica do objeto, *i. e.*, o aumento de libido objetal, devido ao fracasso da compensação. Na histeria isso é frequentemente logrado à perfeição, das maneiras como todos sabemos. A Dem. pr. começa de modo muito semelhante, mas o autoerotismo só se evidencia como um fator específico na tentativa de compensação, que é sempre um fracasso e geralmente "louca". Tivemos, ainda há pouco, um excelente caso, clássico em sua simplicidade: uma mulher de 40 anos, anêmica, teve de ser internada porque abordava os homens na rua propondo o coito.

A libido pelo marido já declinava há anos quando (em circunstâncias trágicas) veio-lhe uma gravidez exaustiva e um parto muito difícil; todos os vestígios da libido desapareceram. Mas em proporção direta a esse desaparecimento cresceu, no íntimo da paciente, a convicção de que o marido tinha mudado e não mais a amava. Ocorreu-lhe que a libido dele era um fingimento, que ele andava às voltas com outras mulheres e não lhe concedia o tipo certo de amor. Por conseguinte, forçou-o, valendo-se de todos os meios, a ter relações com ela até quatro vezes por noite, bem como durante o dia, e observou-se que, embora muito arrebatada até o momento da ejaculação, entregava-se depois a uma apatia lassa. Mal acabava o coito e já queria começar de novo. Parecia insaciável. Finalmente, na presença do marido, propôs que o cunhado o praticasse com ela. Também tentou ir com o cunhado para a cama enquanto ele dormia com a esposa; mesmo ao próprio irmão propôs o coito e passou a implorá-lo nas ruas. Mas nunca o conseguiu desse modo (histeria!!) e ela mesma se surpreendeu quando um homem, certa vez, seguiu-a. Disse saber muito bem que nem o irmão nem o cunhado jamais sonhariam em ter relações com ela; queria apenas mostrar-lhes que eles *tinham de ajudá-la* porque alguma coisa andava errada.

Nesse caso podemos ver perfeitamente a falsidade da compensação. Parece-me, por conseguinte, que a diferença entre as duas doenças há de se encontrar, sem exceção, na tentativa de compensação. Na histeria ela é bem-sucedida, dentro dos limites conhecidos, e nessa medida é genuína; na D. pr. se malogra e é sempre falsa. Não é senão da tentativa de compensação que colhemos a impressão de autoerotismo. Que acha o senhor do fracasso na produção de libido? As pessoas, quando estão cansadas, tornam-se autoeróticas, sofrem de ansiedade, têm alucinações etc., mas basta que durmam ou comam para que o espectro da ansiedade desapareça. As melancolias senis e os estados de ansiedade são, por exemplo, as contrapartes negativas da sexualidade, o óbvio resultado de uma *subprodução* de libido. Certa vez, vi uma neurose obsessiva típica, que se arrastara por anos, converter-se numa melancolia senil de ansiedade. Em muitos casos jovens de D. pr., o que se vê a princípio é uma ansiedade patente que não raro se desenvolve mais tarde em mania de perseguição. Já as doenças físicas exaustivas favorecem o desencadear da catatonia aguda e outros problemas do gênero. Posso contar com suas ideias a respeito quando lhe for possível?

Com minha estima, os melhores votos pelo Natal e pelo Ano Novo.

Cordialmente,

Jung

122 F

26 de dezembro de 1908, Viena, IX. Berggasse 19

Caro amigo,

Acabo de rever as primeiras provas de "Fobia" e as 16 páginas iniciais da reimpressão de "Dora". Ferenczi, que sempre me causa grande prazer, chegou de Budapeste e trouxe-me um excelente estudo sobre transferência[1]; à minha frente, por outro lado, está sua carta com soluções de paranoia[2]; tudo, pois, vai caminhando, não terá sido em vão que trabalhamos.

(Abraham me falou de sua recente desavença com ele[3]. Fiz-lhe uma boa reprimenda, pois ele está inteiramente errado. É de se lamentar, mas não há quem não precise de alguma indulgência).

O que o senhor escreve sobre paranoia corresponde exatamente a certas hipóteses que nós, Ferenczi e eu, desenvolvemos em Berchtesgaden, mas com as quais não quisemos perturbar seu trabalho. Nosso primeiro teorema foi: o que nos dizem os paranoicos é falso; *i. e.*, a verdade é o oposto (há aqui duas antíteses: homem e mulher, amor e ódio). O segundo teorema: o que tomamos por manifestações das desordens deles (tudo o que atrai o olhar, as explosões, a agitação, bem como as alucinações) é uma tentativa de se curarem – o senhor a chama de tentativa de compensação, o que vem a dar no mesmo. Os pacientes parecem saber da excelente fórmula concebida pelo senhor durante nossos passeios porque eles tentam se curar tornando-se histéricos.

Por outro lado, eu não diria que só vemos o autoerotismo na compensação tentada. Nós o *vemos* antes, na culminância bem delineada da demência; e é de se esperar que o encontremos sob os conflitos e os empenhos de compensação. Na autêntica paranoia, a recaída no

Ano 1908

autoerotismo foi um completo fracasso, a libido pode retornar integralmente ao objeto, mas distorcida e transformada, pois desde que o desligamento tenha ocorrido ela não pode ser restaurada no todo. Eis, portanto, a conclusão a que chego: Em todos os casos: repressão por desligamento da libido.

a) Bem-sucedido, autoerotismo – simples Dem. pr.

b) Malsucedido, restabelecimento completo da catexia libidinal, mas após projeção e transformação – paranoia típica.

c) Fracasso parcial – compensação tentada – falsa histeria – conflito culminando em autoerotismo parcial – formas intermediárias entre Dem. pr. e paranoia.

Se me permite a sugestão, acho que o senhor não deveria usar o termo autoerotismo tão abrangentemente quanto H. Ellis[4], pois esse termo não deveria abranger as utilizações histéricas da libido, mas apenas os estados verdadeiramente autoeróticos, nos quais tenham sido abandonadas todas as relações com objetos. Desde que estabeleçamos diferença entre realidade e fantasia, seremos capazes de evitar essa extensão do conceito.

Não gostaria, outrossim, de operar, quando não absolutamente necessário, com a noção de subprodução na demência. Desconfio que esse fator possa entrar na síndrome da mania de melancolia. Mas podemos também passar sem ele.

Salve 1909!

Cordialmente,
Freud

1. "Introjection and Transference"; cf. 168 J n. 1.

2. Na carta anterior, o termo que Jung emprega é "demência precoce".

3. Abraham se ofendeu porque em lugar dos resumos por ele feitos Jung resolveu publicar, no primeiro número do *Jahrbuch*, seu próprio ensaio. Cf. a carta de A. de 18-12-1908 e a resposta de Freud, 26-12-1908, em *Freud/Abraham Letters*.

4. Havelock Ellis (1859-1939), cientista inglês, autor de *Studies in the Psychology of Sex*. A referência é a "Autoerotism: a Study of the Spontaneous Manifestations of the Sexual Impulse" (orig. 1899), no vol. 1 da obra em pauta.

123 F

30 de dezembro de 1908, Viena, IX. Berggasse 19

Caro amigo,

Antes de mais nada, um viva efusivo ao ano de 1909, tão promissor, ao que tudo indica, para o senhor e para a nossa causa. Um voto à parte para seu filhinho, que se aventura agora a trabalhos psíquicos dos quais ainda nem suspeitamos. Muito obrigado pelo atencioso presente de Natal, que por associação me trouxe à mente os dias esplêndidos no Burghölzli[1]. Ficou todo para mim – fato incomum –, pois a família em peso rejeitou-o, indignada. Achei-o bem mais gostoso do que o que provei em sua casa. Espanta-me saber que o senhor nada soubesse sobre Abraham[2], Então ele não lhe escreveu que retira os "outros" resumos e reitera o pedido de publicação, no primeiro número, da súmula que fez de minha obra? A carta que ele me mandou dava a entender que *já lhe tinha escrito.* Se mudou de ideia, só posso me alegrar; como o erro em que ele incide é tão grande, perdoá-lo agora há de ser para o senhor mais fácil do que na hora final. Faça de conta que não sabe de nada. Eu já cuidei de o chamar às falas, dou-lhe minha palavra. É uma lástima!

Chego, enfim, à notícia de que fui convidado pela Clark University, Worcester, Mass., pres. Stanley Hall[3], para fazer de quatro a seis palestras na primeira semana de julho. No entender deles, essas palestras poderiam dar um grande incentivo ao desenvolvimento local da psicoterapia. A ocasião: o vigésimo (!) aniversário de fundação da universidade. Recusei o convite, sem o consultar nem a mais ninguém, pela simples razão de que teria de parar de trabalhar duas[4] semanas antes do normal, o que significa uma perda de vários milhares de coroas. Naturalmente, os americanos só pagam $400 pelas despesas de viagem. Não sou rico o bastante para gastar cinco vezes isso a fim de dar um incentivo aos americanos (estou exagerando; duas e meia a três vezes isso!). Janet, cujo exemplo eles invocam[5], provavelmente é mais rico, ou mais ambicioso, ou, então, não tem clientes a perder. Mas lamento que, em vista disso, eu tenha deixado a oportunidade escapar, pois talvez fosse divertido. Realmente, não creio que a Clark University, uma instituição modesta, mas séria, pudesse adiar por três semanas as festividades.

Ferenczi me trouxe um ensaio *muito* bom sobre transferência, que escreveu para o segundo número, mas que no próprio interesse dele eu gostaria de publicar *mais cedo*, já que se aproxima muito da seção correspondente de minha "Exposição geral do método da psicanálise". Caso não seja aceito por outros – já me brindaram com uma recusa –, não teremos outra alternativa senão o impingir ao senhor.

Cordialmente,
Freud

Que em 1909 continuemos unidos!

1. Anna Freud se lembra de que o presente foi um queijo.

2. Parece estar faltando uma carta ou outro comunicado de Jung.

3. G. Stanley Hall (1844-1924), professor de Psicologia e Pedagogia na Clark University, bem como seu presidente (= reitor). Simpatizando de início com a psicanálise e sócio-fundador (1911) da Associação Psicanalítica Americana, aproximou-se mais tarde da escola de Adler. Cf. Dorothy Ross, *C. Stanley Hall: The Psychologist as Prophet* (Chicago, 1972).

4. Hológrafo dúbio: talvez 3.

5. Janet aceitara convites para falar na Exposição Internacional de St. Louis, Missouri, em 1904, e em Harvard, em 1906. Cf. Ellenberger, p. 344.

124 J

Burghölzli-Zurique, 7 de janeiro de 1909

Caro Professor Freud,

Isso é um autêntico triunfo e sinceramente o felicito! Pena é que ocorra em momento tão impróprio. Talvez o senhor pudesse dar um jeito de ir depois do aniversário; suas palestras haveriam de, mesmo então, interessar aos americanos. Pouco a pouco sua verdade vai se infiltrando no público. Se de todo possível, o senhor deveria falar na América, quando mais não fosse pela repercussão que isso teria na Europa, onde as coisas, de igual modo, vão ficando animadas.

Suponho que já tenha recebido o estudo de Strohmayer[1]. É uma grande alegria ver que em Iena a semente pegou. Não há de faltar muito para que escritos *pro et contra* surjam também de outros setores. Juliusburger me informou, por exemplo, de uma publicação sobre Dem. pr. a sair em breve[2]. Parece que na América, Jones[3] trabalha com afinco, bem como Brill. Meu livro sobre Dem. pr. está para ser lançado em inglês[4]. Meu homem de Tübingen[5] não brinca em serviço, folgo em dizer, e certamente se tornará um firme sustentáculo em mais uma clínica alemã.

Ontem uma paciente morreu de catatonia da seguinte maneira: há alguns meses, após décadas de apatia, entrou repentinamente num estado de ansiedade no qual ela sentiu que ia ser morta ("Quero ir ver meu tio para plantar um jardim com ele" – era casada, mas sem filhos). A ansiedade chegou ao ponto de uma desordem aterrorizada com tremenda excitação e, então, cedeu um pouco; a febre foi a 40°C, e, então, sintomas de paralisia bulbar aguda seguidos de morte. Achados post-mortem: corpo: negativos; cérebro: ligeiro edema da pia[6] na região parietal, circunvoluções aparentemente atrofiadas, hiperanemia da pia. E mais nada. Solicitamos ao Dr. Merzbacher[7], de Tübingen, que examinasse o cérebro. O problema é que, a depeito de toda a grita dos anatomistas, não sabemos praticamente nada de "psicofísica".

Essa questão com Abraham é com efeito deprimente. Não lhe guardo o menor ressentimento, pois, afinal, as intenções que ele tinha não foram postas em prática. Mesmo assim isso há de se tornar muito desagradável para mim mais tarde, pois diante das circunstâncias não lhe ouso pedir novos resumos. Eu gostaria de viver em paz com ele, mas é preciso que também demonstre um mínimo de boa vontade.

No tocante à América devo observar que as despesas de viagem de Janet foram amplamente compensadas pela clientela americana que em seguida lhe veio. Recentemente, Kraepelin deu uma consulta na Califórnia pela bagatela de 50.000 marcos. Acho que esse lado também deveria ser levado em conta.

Já escrevi ao Dr. Brodmann[8] sobre Ferenczi. Talvez o ensaio dele possa ser colocado lá; podíamos tentar também a *Allgemeine Zeitschrift für Psychiatrie*. Em geral, eles gostam de coisas novas. Um trabalho de um de meus alunos[9] foi aceito de bom grado.

Aqui o docente (de Psicologia Experimental) Wreschner[10] [...], anunciou umas palestras sobre sua teoria na Associação de Professores. O pastor Pfister[11], homem inteligente e amigo meu, deu início a uma grande

Ano 1909

campanha de propaganda de suas ideias. E o que Wreschner quer é monopolizá-la. Mas já deixei Pfister de sobreaviso quanto às ursadas de que sinceramente julgo W. capaz. [...]

Não faz muito uma jovem senhora disse-me em conversa: "A gente tem de acreditar no senhor, é tão convincente[12] quando olha as pessoas". O acento na primeira sílaba foi tão imprevisto que não pude conter uma gargalhada.

Cordialmente,

Jung

1. "Über die ursächlichen Beziehungen der Sexualität zu Angst- und Zwangszuständen", *Journal für Psychologie und Neurologie*, XII (1908-1909).

2. Talvez "Zur Psychotherapie und Psychoanalyse", *Berliner klinische Wochenschrift*, 8/2/09, p. 248-50 (cf. Jones, II, p. 32 n. 4/29 n. 10).

3. Desde outubro de 1908, professor-adjunto de Psiquiatria na Universidade de Toronto.

4. A psicologia da *dementia praecox*, tradução de A.A. Brill e F.W. Peterson (Nervous and Mental Disease Monograph Series, 3; Nova York, 1909). Brill reviu a tradução sozinho (*ibid.*, 1936). Para o original, cf. 9 J n. 1.

5. Stockmayer.

6. = *pia mater*, uma das meninges que protegem o cérebro.

7. Ludwig Merzbacher (1875-1942), psiquiatra alemão; após 1910, em Buenos Aires.

8. Korbinian Brodmann (1868-1918), editor do *Journal für Psychologie und Neurologie*. Cf. a carta de 6-1-1909 a Ferenczi em Jung, *Letters*, ed. G. Adler, vol. 1.

9. Provavelmente, Richard Bolte; cf. 33 J n. 4.

10. Arthur Wreschner (1866-1931 +), médico e psicólogo experimental alemão, após 1906 na Universidade de Zurique e na E.T.H. Jung faria menção ao seu trabalho com o experimento de associação; cf. OC 2, índice, s.v. Wreschner.

11. Oskar Pfister (1873-1956), pastor protestante de Zurique, sócio-fundador da Sociedade Psicanalítica da Suíça (1910); continuou ao lado de Freud após 1914. Fundador (com Emil Oberholzer) da nova Sociedade Suíça de Psicanálise (1919). Cf. sua correspondência com Freud, *Psychoanalysis and Faith* (1963).

12. Hológrafo: *überzeugungsvoll*. Com acentuação normal na terceira sílaba = "cheio de convicção"; com acentuação na primeira = "cheio de poder procriador".

125 F

17 de janeiro de 1909, Viena, IX. Berggasse 19

Caro amigo,

Enfim um domingo em que posso conversar com o senhor. Durante a semana o trabalho não me deixa tempo livre.

Estou realmente feliz com Strohmayer. O ensaio dele veio acompanhado de uma carta muito modesta, à qual dei a resposta mais amigável. Disse-lhe que, a despeito das objeções que faz, ele é um dos nossos, que não pedimos uma repetição impensada de nossas ideias e que os meus seguidores, todos eles, limitam-se a um julgamento reservado até que o próprio trabalho os convença. Strohmayer concorda conosco em tantos pontos que facilmente eu poderia me iludir pensando que é só para causar mais impressão que ele se contém. Mas, naturalmente, isso seria uma ilusão.

Seu corajoso amigo Pfister me enviou um artigo[1] que hei de agradecer com vagar. A atitude dele – um pastor protestante – é, de fato, louvável, embora para mim seja meio desconcertante ver a ΨA arrolada na luta contra o "pecado".

O texto de Peterson sobre a sede da consciência me repugnou. Sobre a América há muito o que dizer. Jones e Brill escrevem sempre; as observações de Jones são argutas e pessimistas, Brill vê tudo cor-de-rosa. Estou propenso a concordar com Jones. Acho também que assim que descubram o fundamento sexual de nossas teorias psicológicas eles hão de desistir de nós. O puritanismo deles[2] e sua dependência material em relação ao público são muito grandes. É por isso que não tenho vontade de arriscar-me a essa viagem em julho. Não posso me fiar em consultas. Kraepelin teve muita sorte. Seja como for, não tive mais notícias da Clark University. Mas recebi uma carta muito simpática de Campbell[3] pedindo colaborações etc.

Folgo em dizer que há notícias mais satisfatórias de Abraham. Nega absolutamente ter levado a mal minha reprimenda; andou doente, daí seu longo silêncio. É verdade que ele não explica por que me disse que tinha feito a queixa quando, na realidade, não a fizera, mas pelo menos isso lhe permite considerar todo o incidente como *non arrivé*. Devo dizer que foi muito gentil de sua parte dar ao ensaio dele, no *Jahrbuch*, o primeiro lugar depois do Pequeno Hans.

Muito obrigado pelos esforços para colocar o artigo de Ferenczi. Acabei de rever as provas do Pequeno Hans há apenas 15 minutos. O segundo volume de *Artigos sobre a teoria das neuroses* também sairá em fevereiro. Decididamente, Deuticke é muito camarada e não costuma se fazer de inocente, o que é bom sinal. Karger[4], de Berlim, ofereceu-se para publicar uma *terceira* edição de *Vida cotidiana*.

Estamos indo adiante, não há dúvida; se sou Moisés, o senhor é Josué, e tomará posse da terra prometida da psiquiatria, que só poderei entrever de longe.

Frau C—— é extremamente interessante e o caso está se tornando bem claro. Espero que, em breve, possamos passar algumas horas conversando a respeito dela.

Que Franz Karl progrida em paz, são os meus votos. O senhor há de receber uma participação do casamento de minha filha, marcado para 7 de fevereiro.

Não me faça esperar muito pela resposta, como certa vez já o fiz.

Cordialmente,

Freud

---

1. "Wahnvorstellung und Schülerselbstmord", *Schweizer Blätter für Schulgesundheitspflege*, 1909, n. 1. A carta de agradecimento de Freud, 18-1-1909, deu início a uma correspondência de quase 30 anos.

2. O lapso mencionado por Jung na próxima carta – que Freud tenha escrito *Ihre*, "seu", em vez de *ihre*, "deles" – é problemático. No hológrafo, Freud fez ponto-final depois de *uns fallen lassen*, "desistir de nós", de modo que a próxima palavra, *Ihre*, começa com maiúscula, tanto podendo significar "deles" quanto "seu"; mas o ponto é obscurecido pela palavra que figura abaixo. O segundo *ihre* está claramente em minúscula e, portanto, é "deles". Cf. o fac-símile 5.

3. Charles Macfie Campbell (cf. 102 J n. 3), na época em Nova York, era editor (1905-15) da *Review of Neurology and Psychiatry* (Edimburgo), que esporadicamente publicava artigos sobre psicanálise. / O nome no hológrafo (cf. fac-símile 5) também poderia ser lido "Pampleca", mas por esse ninguém foi identificado.

4. S. Karger (m. 1935), editor berlinense.

126 J

Burghölzli-Zurique, 19 de janeiro de 1909

Caro Professor Freud,

Conforme sua vontade, apresso-me em responder sua carta. As boas novas que mandou deixam-me satisfeitíssimo. Conosco tudo igualmente bem, excetuando-se os dois últimos dias, tomados pela influenza e por uma inatividade forçada. Hoje minha cabeça está um pouco melhor.

Alegro-me que tenha reconhecido meu esforço para ser tão indulgente quanto posso com relação a Abraham. Minha gratidão seria imensa se, com o correr do tempo, o senhor pudesse curá-lo. Desde que este ano passei a saber mais da prática de um especialista em nervos compreendo muito bem a suscetibilidade de Abraham. Que mistura amarga! Sempre que sou assediado por uma resistência sem trégua não é para o senhor que meu pensamento se volta (pois sei com que rapidez encontra uma saída), mas, sim, para meus outros companheiros de padecimento analítico, obrigados a ganhar a vida com as resistências dos pacientes e tão pouco sábios quanto eu para bater em retirada.

Pfister, um excelente sujeito, é, decerto, um neurótico, mas não dos piores. Tem uma inteligência estupenda, não teme nada e é temível na defesa de nossa causa. Com ela há de fazer alguma coisa. O quê? Não sei nada. Essa mistura de teologia e medicina, por estranho que pareça, é de meu agrado. A atual preocupação dele, perfeitamente admissível num homem tão inteligente, é, decerto, a sublimação. Dentro em breve o senhor há de receber mais um longo estudo que escreveu[1]. Ele não para. Outro homem muito valioso, recrutado pelo jovem Binswanger, é o Dr. Häberlin[2], ex-diretor de uma escola normal e agora livre-docente de Filosofia[3] em Basileia. *Ali* fundou uma escola para crianças-problema na qual ensina "analiticamente". Para ele, a psicologia se divide em "pré-freudiana" e "pós-freudiana"! Isso já diz muito.

Nosso pequeno círculo floresce. Da última vez houve 26 participantes. Monakow de novo fez *acte de présence*, mas continua bitolado como sempre. Há uma revolução em marcha entre nossos pedagogos. Fui convidado a fazer um ciclo especial de palestras de introdução à sua psicologia. Enquanto isso, Bleuler, com um ar de inocência, entregou calmamente a cadeira de higiene mental a Riklin, sem sequer me consultar. Essa é a segunda vez que um cargo de professor me escapa com a passiva conivência de Bleuler. O senhor compreende, tais cargos são importantes para nós porque não temos posição honorífica como professores. Minhas perspectivas acadêmicas são, assim, mais do que limitadas, se bem que isso não me preocupe muito no momento. Outros sucessos me consolam.

Os americanos são uma espécie diferente da nossa. Mas, antes, devo assinalar, com uma exultação diabólica, o lapso que o senhor cometeu: em vez de "puritanismo deles", escreveu "seu puritanismo"[4]. Tivemos ocasião de notar esse p, que já foi pior do que agora; hoje eu me sinto capaz de suportá-la. Não mais atenuo a sexualidade.

Quanto à viagem à América, é provável que esteja certo. Peterson rompeu relações comigo – ostensivamente e sem razão. Subscrevo na íntegra o pessimismo de Jones. Essa gente nem desconfia, por enquanto, de nossas intenções. É inevitável que um dia desses se metam, rígidos e embaraçados, em algum beco sem saída. Há, no entanto, os que se hão de fazer receptivos a nós, e isso já está acontecendo, malgrado seu audível silêncio (Meyer e Hoch!). O material médico americano, seja como for, não é lá grande coisa (faça-me o favor de não pensar na raposa e nas uvas).

E, agora, algumas observações:

Primeiro, a chamada "aflição dos bebês", as breves síncopes com ligeira eclâmpsia durante e após a amamentação. A convulsão é em geral muito fraca, consistindo em revirar os olhos, repuxar os músculos faciais em torno da boca e talvez contrair ainda uma perna ou um braço. Dá a impressão de um "orgasmo do sugar" (ação rítmica – orgasmo) ou, quem sabe, de um "orgasmo de saciedade" (?). A convulsão dos músculos faciais produz não raro uma espécie de riso, mesmo quando os bebês ainda não podem rir. As primeiras ativas tentativas miméticas são: fitar um objeto brilhante, abrir a boca, estalar a língua, rir ou chorar – convulsão mimética. No curso do desenvolvimento normal, esse pouco da convulsão reflexa infantil é retido. As crianças sujeitas a ataques eclâmpticos mais tarde, no início da dentição ou com vermes intestinais, são as que retêm uma parte maior desse mecanismo; *epilépticas* na maioria das vezes (aura abdominal). Acho que essas coisas merecem uma investigação mais atenta.

Contribuições de minha [filha] Agathli, com quatro anos: na véspera do nascimento de Fränzli, ao anoitecer, perguntei-lhe o que acharia se a cegonha lhe trouxesse um irmãozinho. "Mato ele", disse com a rapidez de um raio, numa expressão sonsa e atrapalhada, e não quis mais conversar sobre o assunto. O bebê nasceu durante a noite. De manhã cedo levei-a à cabeceira de minha mulher; estava tensa e olhou alarmada a visível palidez da mãe, sem demonstrar o menor contentamento; nada teve a dizer da situação. Na mesma manhã, quando a mamãe estava só, a pequenina bruscamente se atirou a ela, passou-lhe os braços no pescoço e perguntou com ansiedade: "Mamãe, você não vai ter de morrer não, vai?". Esse foi o primeiro afeto adequado. O prazer dela quanto ao bebê estava meio "disfarçado". Até então, a problemática sempre fora assim: por que a vovó é tão velha? O que acontece com os velhos? "Morrem e vão para o céu" – "Então eles viram crianças de novo", acrescentava a menina. Alguém tem de, portanto, morrer para fazer uma criança. Depois do nascimento, A. foi passar umas semanas com a avó, onde a nutriram exclusivamente com a teoria da cegonha. Ao voltar para casa, de novo se mostrou retraída e desconfiada com a mãe, mas as perguntas não tinham fim: "Eu vou virar mulher como você?", "A gente, então, ainda vai conversar?", "Você ainda gosta de mim ou só gosta do Fränzli?". Forte identificação com a ama; cerca-se de fantasias, *começa a fazer versinhos e a se contar histórias*. Não raro, sem mais nem menos, é impertinente com a mãe, atormentando-a com perguntas. Quando a mamãe diz, por exemplo: "Venha, vamos até o jardim", A. diz: "É verdade? É verdade mesmo? Não é mentira sua? Eu não acredito" etc. Cenas do gênero repetiam-se uma infinidade de vezes, surpreendendo ainda mais porque diziam respeito a coisas totalmente irrelevantes. Mas uma vez ela nos ouviu conversando sobre o terremoto de Messina[5] e o grande número de mortos. Atirou-se, literalmente, ao assunto, foi preciso que ouvisse à exaustão a mesma história; qualquer pedaço de pau, qualquer pedra do caminho, poderia ter vindo abaixo num terremoto. A mãe era obrigada a garantir a cada momento que em Zurique não havia terremotos, e eu também, mas a toda hora ela voltava a ter medo. Recentemente, minha mulher se precipitou pelo meu gabinete à procura de livros; A. não lhe dava um só minuto de paz, minha mulher teve de mostrar a ela todas as imagens de vulcões e terremotos. A. passava horas a fio consultando as imagens geológicas dos vulcões. Por fim, a conselho meu, minha mulher contou tudo a A., que não demonstrou a menor surpresa ao ouvir a solução (as crianças crescem na mãe como as flores nas plantas). No dia seguinte, caí de cama com influenza[6]. A. entrou no quarto com uma expressão entre espantada e tímida, não quis se aproximar da cama, mas perguntou: "Você também tem uma planta na barriga?". Quando a possibilidade foi afastada, saiu correndo alegre

Ano 1909

e despreocupada. No dia seguinte uma fantasia: "Meu irmão [um herói imaginário] também está na Itália e tem uma casa feita de vidro e de pano que não cai". Durante os dois últimos dias nenhum vestígio de medo. Ela se limita a perguntar às mulheres que nos visitam se têm uma criança ou se estiveram em Messina, sem quaisquer sinais de ansiedade. Grethli, que está com três anos, ridiculariza a teoria da cegonha, dizendo que ela não só trouxe o irmãozinho como também a ama[7].

Que maravilha é uma criança assim! Não faz muito A. elogiou para a avó a beleza do irmãozinho: "Und luog au, was es für es herzigs Buobefüdili hät" (E olha só que lindo bumbum de garotinho ele tem). "Füdili = duplo diminutivo de "Füdli" – traseiro, esse um termo vulgar que só como duplo diminutivo soa decente às crianças. "Füdli", um diminutivo simples, deve vir de um já não existente "Fud" ("pfui"/"furzen" [peidar]?), que teria como significado traseiro. Uma palavra muito grosseira, "Futz", foi preservada para os genitais femininos. "Füdili" é usado pelas crianças no sentido de "cloaca"; A., naturalmente, quis dizer os genitais.

Cordialmente,

Jung

1. "Psychanalytische Seelsorge"; cf. 129 F n. 3 e 160 F n. 6.
2. Paul Häberlin (1878-1960), de Basileia, renomado mais tarde como filósofo e pedagogo. Nasceu em Kesswil, terra natal de Jung. Cf. Ellenberger, p. 683s.
3. Jung escreveu *Psychiatrie*, riscou, pôs um ponto de exclamação e escreveu *Philosophie*.
4. Cf. a carta anterior, n. 2.
5. Em 28-10-1908; 75 mil mortos.
6. No hológrafo, aqui começa uma nova folha com data de 20-1-1909.
7. Cf. Jung, "Sobre os conflitos da alma infantil", OC 17; cf. 209 F n. 2.

127 F

22 de janeiro de 1909, Viena, IX. Berggasse 19

Caro amigo,

Esta não é uma resposta à sua carta, que, ao chegar hoje cedo, deu-me enorme prazer; é minha reação apressada – daí o tom seco e eminentemente prático – a uma comunicação que, ao mesmo tempo, recebi de Deuticke.

Deuticke me telefonou ontem, está em dúvida quanto a uma ou duas passagens em seu rascunho[1], as quais me aponta com interrogações no ms. A primeira objeção dele é que seu *"ferner"*[2] parece criar uma oposição ou, pelo menos, uma linha divisória entre minha escola e a Clínica de Zurique; a segunda se refere à sua declaração de que textos vindos de outras fontes serão comentados, mas não aceitos para publicação. O senhor, sem dúvida, preocupar-se-á mais com a segunda objeção; eu me interesso mais pela primeira. E acho que seria bem razoável se fizesse ambas as alterações. Para dizer a verdade, preferiria que não identificasse comigo nenhuma escola particular, pois se o fizer logo serei obrigado a confessar que meus pseudoestudantes ou não estudantes estão mais perto de mim do que meus estudantes *sensu strictiori*. Não gostaria também de ser tomado como mais diretamente responsável pelo *trabalho* de Stekel, Adler, Sadger etc. do que por minha *influência* sobre o senhor, Binswanger, Abraham, Maeder etc.

Se aceitar minhas ponderações, estou certo de que posso deixar a redação por sua conta.

Minha intromissão nos problemas editoriais foi absolutamente involuntária. D. achou que ganharia tempo comunicando-se comigo, e não com o responsável, coisa que espero não volte mais a fazer.

Ele me deixou dar uma olhada em alguns dos próximos cadernos do *Jahrbuch*, com os quais fiquei muito orgulhoso; acho que o senhor se vingou brilhantemente de Amsterdam. Ali temos uma coisa digna de ser vista! Tudo o que espero é que possamos manter esse nível.

Sei que no domingo hei de ter tempo para responder sua carta, e com isso me alegro. Até lá, aceite minhas lembranças mais sinceras.

De

Freud

---

1. A nota editorial de Jung ao primeiro número de *Jahrbuch*: cf. 130 F n. 2.
2. = "além disso".

Ano 1909

128 J

Burghölzli-Zurique, 24 de janeiro de 1909

Caro Professor Freud,

Sua intromissão em minhas atividades editoriais é-me, decerto, perfeitamente aceitável, posto que ainda não[1] me sinta com os pés no chão. Em particular, não me sei haver corretamente com o estilo publicitário. Segue anexa a nova versão do preâmbulo, que espero lhe agrade mais. Levei fielmente em conta sua vontade, bem como a de Deuticke.

Posso lhe pedir um favor? Fui há pouco consultado sobre um jovem (ao que parece um grave caso de histeria com fugas) que, no momento, encontra-se em Viena. É de família mais ou menos abastada. Minha vontade era confiá-lo a um de seus discípulos. Por várias razões ele não quer Stekel (com o qual, de resto, já esteve uma vez), assim eu preferi enviá-lo a outro. A quem o senhor recomenda? Posso valer-me da oportunidade para pedir-lhe os endereços de Sadger, Adler e Federn?

Agathli sonhou que estava a bordo da *Arca de Noé*, cujo fundo se abria e deixava cair alguma coisa[2]. A filha, assim, confirma a interpretação dada pela mãe, como o senhor há de lembrar-se ainda do outono passado.

Cordiais saudações.

Atenciosamente,
Dr. Jung

---

1. Jung esqueceu da negação, escrevendo depois: *nicht* (!) (*zu dumm!*) – "não (!) (que burro!)". Cf. 130 F § 1.
2. Cf. "Sobre os conflitos da alma infantil", OC 17 § 32.

129 F

25 de janeiro de 1909, Viena, IX. Berggasse 19

Caro amigo,

Sei muito bem que, deixando os primeiros sucessos para trás, logo um psicanalista envereda por uma fase dura e mais amarga durante a qual há de maldizer a ΨA e o criador dela. Mas depois as coisas se ajeitam e

303

ele chega a um *modus vivendi*. Essa é a realidade! *C'est la guerre*. Talvez meu artigo sobre Metodologia[1] (que está dando um trabalho enorme para terminar) ajude todos vocês na consideração dos problemas mais óbvios, se bem que, provavelmente, numa escala modesta. Entretanto só lutando com as dificuldades é que a gente aprende, e não chego a me entristecer por Bleuler tê-lo privado de um cargo de professor. De qualquer jeito o senhor será um professor, mais cedo ou mais tarde há de ter certamente todo o ensino que quer, mas é bom que uma experiência nos seja imposta. É bom não ter alternativa. "Só os que não têm alternativa dão o melhor de si", como (mais ou menos) C.F. Meyer põe na boca do homem de Ufenau[2]. Costumo tranquilizar minha parte consciente dizendo-me: "Desista logo de querer curar; aprenda e ganhe dinheiro. São esses os objetivos conscientes mais plausíveis".

Recebi outra carta de Pfister, muito inteligente e cheia de substância. Ora veja só, eu e os *Protestantische Monatshefte*![3] Mas se é assim, para mim está bem. Sob certos aspectos, um psicanalista que ao mesmo tempo é um clérigo trabalha em melhores condições; além disso, suponho, não há de estar interessado em dinheiro. Na verdade, todos os professores deveriam familiarizar-se com a nossa temática quando mais não fosse em benefício das crianças sadias. É assim, com o maior entusiasmo, que dou um viva ao seu curso para professores!

Não posso conter o riso ao reconhecer meu lapso de redação. De nada valem as boas intenções contra essas graçolas do demônio, o único jeito é se resignar a elas.

Agathli é realmente um encanto. Mas, decerto, o senhor distingue as principais facetas da história do Pequeno Hans. Tudo aí não poderia ser típico? Tenho muita fé num complexo neurótico nuclear que dá origem às duas resistências básicas: o medo do pai e a descrença nos adultos, ambas integralmente transferíveis para o analista. Estou convencido de que descobriremos ainda mais e que nossa técnica há de se beneficiar com isso.

Vislumbrei recentemente uma explicação para o caso de fetichismo. Por ora, ela se aplica apenas a sapatos e roupas, mas é, provavelmente, universal. Aqui, mais uma vez, repressão, ou, antes, idealização do substituto do material reprimido. Se vierem outros casos, não deixarei de lhe falar deles.

Lembranças para o senhor e para sua família já agora completa.

De *Freud*

1. Publicado parcialmente em *Letters*, ed. E.L. Freud, n. 145.
2. Cf. "Das Grösste tut nur, wer nicht anders kann!" – Meyer, *Huttens letzte Tage*, XXXII. Ufenau é uma ilha no lago de Zurique onde Ulrich von Hutten, o herói do poema, passou seus últimos dias e morreu (1523).
3. Nos quais (XIII, janeiro de 1909) foi publicado o ensaio de Pfister "Psychanalytische Seelsorge und experimentelle Moralpädagogik".

130 F

26 de janeiro de 1909, Viena, IX. Berggasse 19

Caro amigo,

Muito gentil que me mande o texto, depois de tudo isso, e ainda dê uma retribuição condigna à minha última *gaffe*. De agora em diante hei de usar q.b. (que burro)[1] como fórmula já consagrada para tais incidentes.

Para remediar sua insatisfação com seu próprio produto, recorri a "condensação e ao desligamento" para fazer uma alteração em suas frases, a qual lhe submeto como o último passo ilícito que eu dou nesse assunto. Gostaria que o senhor inserisse "da psicologia criada... e sua aplicação e relevância nas (na teoria das) desordens nervosas e mentais", ou algo do gênero. Fica tudo a *seu* critério, é claro; e pode mandar as ordens diretamente para a gráfica[2].

Dr. Adler, II. Czerningasse 7.

Dr. Federn, I. Wollzeile 28.

Dr. Sadger, IX. Lichtensteinstrasse 15.

Adler anda muito ocupado. Federn é o mais simpático e competente para lidar com problemas humanos. Sadger, o de maior tarimba profissional; ele está precisando muito de um pouco de incentivo.

Da próxima vez que beijar Agathli, dê-lhe também um beijo extra do tio-avô ausente. A linha de hereditariedade me deixou muito impressionado.

Cordialmente,
Freud

1. Hológrafo: *Z.d.* (*zu dumm*). Cf. 128 J n. 1.

2. A nota editorial de Jung no *Jahrbuch*, I:1:

"Na primavera de 1908 realizou-se em Salzburg um encontro reservado de todos os que se interessam pelo desenvolvimento da psicologia criada por Sigmund Freud e sua aplicação às doenças nervosas e mentais. Nesse encontro se reconheceu que a formulação dos problemas em questão já começava a ultrapassar as fronteiras do interesse puramente médico e expressou-se a necessidade de um periódico que pudesse reunir os estudos já efetuados no campo, mas até então completamente dispersos. Tal foi o ímpeto que deu origem ao nosso *Jahrbuch*. O seu desígnio há de ser a publicação progressiva de todos os estudos científicos voltados de maneira positiva para a maior compreensão e a solução de nossos problemas. O *Jahrbuch* não só propiciará, assim, uma visão do progresso constante do trabalho nesse domínio tão promissor como também uma orientação sobre o estado atual e o escopo de questões de importância fundamental para todas as ciências humanas.

Zurique, janeiro de 1909.

Dr. C.G. Jung"

131 J

Burghölzli-Zurique, 21 de fevereiro de 1909

Caro Professor Freud,

Sua separata[1] chegou hoje e com avidez a li de imediato. Tenho também minhas dúvidas quanto ao *arc de cercle*[2]. Gosto de falar aos meus alunos de um grupo *arc de cercle* de sintomas histéricos. Em escala ascendente, aí se incluem: dores na parte posterior da cabeça, na nuca, nas costas ("irritação espinhal"), pseudomeningite histérica, enrijecimento do pescoço e das costas, espasmos clônicos dos braços e pernas e, finalmente, o genuíno *arc de cercle*. O componente espástico vai de par com a mostra de excitação libidinal; o componente de dor diz mais respeito ao complexo de gravidez. Ambos os componentes se combinam no estufamento do ventre. Acho que o *arc de cercle* é uma provocação direta com defesa infantil – pode-se observá-lo na dança e em outras situações eróticas. O *arc de cercle* pode igualmente ser uma curvatura da parte superior do corpo para trás, em sinal de repulsa, ou um estufamento dos genitais, como exibição sexual. Provavelmente ambos. No tocante às convulsões epiléticas, gostaria de lembrar-lhe minha modesta hipótese quanto às primitivas convulsões do sugar (– orgasmos).

É triste, mas também dessa vez não pode ser: impossível que nós, isto é, minha mulher e eu, estejamos em Viena na Páscoa[3]. É justamente nessa época que pretendo me transplantar para o norte da Itália, por umas duas semanas, para ver se descanso um pouco. Não podemos ir mais cedo por causa do tempo nem mais tarde por causa do reinício do trabalho e da mudança de casa[4]. Em nenhuma hipótese o senhor deve descuidar de sua clientela em atenção a mim. Acho que já seria ótimo se eu pudesse desfrutar de sua companhia à noite e aproveitar, ainda, um de seus domingos. Seria conveniente para o senhor se nos fixássemos por ora em meados ou fim[5] de março?

Minha mulher e eu ficamos muito felizes em saber que sua filha nos visitará (q.b.)[6] com o marido durante a lua de mel. Contamos com a presença deles. Seja antes ou depois, estamos tentando resolver nossa viagem a Viena de modo a poder recebê-los condignamente em Zurique.

Seu julgamento de Morton Prince é correto. O alicerce não suporta uma construção. De Muthmann tive a mesma impressão que o senhor: muito sem energia, muito derrubado, provavelmente pelas exigências da vida, mas honesto e competente.

Aceite minhas lembranças mais sinceras.

Cordialmente,

Jung

1. "Allgemeines über den hysterischen Anfall", *Zeitschrift für Psychotherapie und medizinische Psychologie*, I:1 (janeiro de 1909) = "Some General Remarks on Hysterical Attacks", SE IX.

2. *Ibid.*, p. 230 (3). / *Arc de cercle* = "Postura patológica caracterizada por uma curvatura pronunciada do corpo... observada às vezes como sintoma da histeria" – L.E. Hinsie e J. Shatzky, *Psychiatrie Dictionary* (1953).

3. Ao que parece, falta uma carta de Freud convidando os Jungs a irem a Viena e mencionando os assuntos dos dois parágrafos seguintes. / Em 1909, a Páscoa caiu em 11 de abril.

4. Para a nova, que Jung construía em Küsnacht.

5. Hológrafo: *Anfang*, "começo", riscado e substituído por *Ende*.

6. Hológrafo: *uns* inserido após, com: (*z.d.*). Cf. 130 F n. 1.

132 F

24 de fevereiro de 1909, Viena, IX. Berggasse 19

Caro amigo,

Meados ou fim de março, para mim, dá no mesmo. Faça como lhe for mais conveniente. Ótimo que o senhor traga a esposa. Ou será que me engano ao estender o "nós" de uma para a outra viagem? Durante sua visita não poderei abandonar por completo minha clientela, mas hei de mantê-la dentro de certos limites. Desde que o panorama não se altere, não estarei tão ocupado como estive, nessa mesma época, dois anos atrás.

É com imensa alegria que me ponho à espera de sua segunda visita: da última para cá as coisas mudaram para melhor. Minha gente (refiro-me, sobretudo, à família) também se mostra impaciente por vê-lo e já atarefadamente discute o que o senhor gosta ou não de comer. Saiba que também como conviva tem uma ótima reputação firmada.

Meus filhos são esperados aqui no domingo e devem passar por Zurique no sábado. Não sei se poderão parar, mas se o fizerem pode estar certo da visita deles. Possivelmente, chegarão aí logo depois desta carta; a não ser que a saudade de casa se converta em pressa ou que tenham ficado em Lyon mais do que o previsto.

Li com interesse suas notas a respeito das convulsões histérico-epilépticas. Se não reagi logo foi porque, sob esse ângulo, meu conhecimento é nulo. A ideia de Maeder de começar a atacar a epilepsia com base na histeria[1], em vez de ao contrário, soa-me muito promissora. Por sinal, ele é um sujeito excelente.

Consagrei todas as folgas que a correspondência com o senhor me deu, nessas últimas semanas, à correspondência com Pfister e os americanos. O primeiro parece ser ótima pessoa. De Jones – e sobre ele – recebi notícias muito estranhas e me acho mais ou menos na mesma situação que o senhor quando ele esteve com Kraepelin[2]. Brill, nosso tradutor, é, decerto, uma alma profundamente honesta. Nós teremos muito o que conversar.

A presença de Ferenczi há de ser uma alegria para todos. É provável que ele apareça no domingo; nos outros dias poderemos conversar a sós, o que é também importante.

Suas respostas às minhas perguntas sobre a família foram muito indiretas. Espero que tudo esteja em paz.

Lembranças de

Freud

1. Presumivelmente, uma referência a Maeder, "Sexualität und Epilepsie", *Jahrbuch*, I:1 (1909), então no prelo.

2. Jones estudara com Kraepelin em Munique em novembro de 1907 e em meados de 1908. Cf. suas memórias *Free Associations* (1959), p. 163s. e 170-74.

133 J

Burghölzli-Zurique, 7 de março de 1909

Caro Professor Freud,

Fiquei hoje na maior agitação com seu telegrama[1]. Espero que o meu longo silêncio não tenha dado uma interpretação errônea. Há umas duas semanas que aguardo este domingo a fim de lhe escrever em paz. Fui terrivelmente solicitado, dia e noite, durante todo esse tempo. A correspondência se avolumou e tive de dedicar-me a ela nas poucas noites em que fiquei livre. As outras foram todas tomadas por convites, concertos, três conferências etc. Também a construção de minha casa dá muito o que fazer. Não queria lhe escrever enquanto não pudesse dizer definitivamente quando devo ir. A fixação dessa data é sobremodo difícil, pois que, *ainda* preso pelo pé, tenho de também levar em conta a vontade de meus colegas. A última novidade – e a pior de todas –, é que um complexo anda a fazer de mim o diabo: uma paciente que há anos tirei de uma neurose incômoda, sem poupar esforços, traiu minha confiança e minha amizade da maneira mais mortificante que se possa imaginar. Resolveu armar um torpe escândalo simplesmente porque me neguei ao prazer de lhe fazer um filho. Sempre procedi com ela como um perfeito cavalheiro, mas perante o tribunal de minha consciência por demais sensitiva não me sinto realmente imaculado, e é isso o que mais dói, porque minhas intenções nunca deixaram de ser dignas. Mas o senhor sabe como são as coisas – mesmo o que há de melhor pode servir ao diabo para a fabricação de imundície. Nesse ínterim aprendi uma indescritível parcela de sabedoria conjugal, pois até então tinha uma ideia totalmente inadequada de meus componentes polígamos, a despeito de toda a autoanálise. Agora eu sei onde e como deitar a mão ao diabo. Esses vislumbres dolorosos, não obstante extremamente salutares, puseram-me num infernal tumulto interior, mas por isso mesmo garantiram-me, assim espero, qualidades morais que ainda hão de me ser do maior proveito na vida. Meu relacionamento com minha mulher ganhou enormemente em profundidade e firmeza. O destino, que obviamente tem um fraco pelas confusões, depositou à minha porta como paciente, na mesma ocasião, um conhecido americano (amigo de Roosevelt e Taft, dono de vários grandes jornais etc.). Claro está que ele tem os mesmos conflitos que acabo de dominar e, assim, pude-lhe ser de grande valia, o que é gratificante sob vários aspectos. Foi um bálsamo para minha dor. Esse caso me apaixonou de tal forma, durante a última quinzena, que esqueci das demais obrigações. De modo geral, ainda não possuo o alto grau de firmeza e serenidade que são peculiares ao senhor. Inúmeras coisas que lhe soam banais atingem-me como experiências totalmente novas que tenho de ficar revivendo até que me dilacerem. Esse anseio de identificação (passei aos 11 anos por uma assim chamada: neurose traumática)[2] cedeu bastante nos últimos tempos, embora de quando em quando me incomode ainda. Mas acho que entrei agora no estádio de convalescença, graças aos tabefes que levei do destino.

Sua alegria quanto ao *Jahrbuch é* também minha. As comportas estão abertas, agora é deixar a água rolar.

Agathli continua alegremente a fazer descobertas. Em resultado, novas e maravilhosas tentativas de explicação[3]. Agora ela já entende o nascimento, como o anunciou com uma brincadeira engraçada. Meteu a boneca entre as pernas, debaixo da saia, mostrando apenas a cabeça, e gritou: "Olha, está vindo um bebê!". Depois, puxando-a bem devagar: "E agora ele está todo de fora". Só o papel do pai permanece obscuro e é tema de sonhos. Hei de lhe falar disso em Viena.

Sairei daqui a 18 de março e a 19 devo estar em Viena. É provável que nessa mesma noite vá procurá-lo em casa.

Ainda não posso imaginar quais são as notícias sobre Jones. De qualquer modo, ele é bem esperto. Mas, na verdade, ainda não o entendo. Há pouco me enviou uma carta judiciosa e interessante. Demonstra grande afeição por mim, bem como pela minha família. Por certo ele anda muito nervoso com a ênfase dada à sexualidade em nossa propaganda, ponto que desempenha grande papel em nossas relações com Brill. Por natureza, ele não é um profeta nem um arauto da verdade, mas, sim, um conciliador com desvios ocasionais de consciência que podem desconcertar os amigos.

Não sei se será pior do que isso; custa-me acreditar na hipótese, embora conheça muito mais o interior da África que a sexualidade dele.

Meu filhinho floresce e minha mulher anda em boa forma, como o senhor verá em Viena. Lamentamos muito que sua filha não tenha tido tempo de nos visitar. Mas compreendemos.

Pfister é, sem dúvida, uma excelente aquisição, pelo lado teórico, embora Häberlin seja ainda melhor. Tem uma inteligência espantosa, uma sólida cultura geral. Para o próximo semestre ele anunciou um *privatissimum* na Universidade de Basileia: "Leituras da *Interpretação dos sonhos*, de Freud". Descobrimos um novo amigo no pastor Adolf Keller[4], de Genebra, que já se dedica com afinco à psicanálise.

Leu por acaso o informe de Schultz sobre psicanálise na *Zeitschrift für angewandte Psychologie*?[5] A aurora, na verdade, ainda não se fez.

Grande é a expectativa em que fico, não só por ir a Viena como também por me recuperar dos reveses a que estive exposto.

Com as lembranças mais sinceras do
Jung

Por favor, não ralhe comigo
pela minha negligência.

---

1. Não encontrado. Presumivelmente, anunciava a publicação do V. I, parte 1, do *Jahrbuch für psychoanalytische und psychopathologische Forschungen* (cf. o fac-símile do frontispício). O primeiro ensaio era de Freud, "Analyse der Phobie eines fünfjährigen Knaben" = "Analysis of a Phobia in a Five-year-old Boy", SE X; o quarto, de Jung, "Die Bedeutung des Vaters für das Schicksal des Einzelnen" = "A importância do pai no destino do indivíduo", OC 4. Para a lista completa, cf. apêndice 2. / Cf. tb. os adendos.

2. Cf. *Memories*, p. 30s./42s. ("Meus 12 anos foram na realidade fatais...").

3. Cf. "Sobre os conflitos da alma infantil", OC 17 § 40.

4. Adolf Keller (1872-1963), então pastor de uma congregação de língua alemã em Genebra, transferiu-se depois, no mesmo ano, para a igreja de S. Pedro, em Zurique. Após 1914, continuou interessado na escola junguiana de psicologia, voltando-se, porém e sobretudo, para o movimento ecumênico. Mais tarde nos U.S.A.

5. J.H. Schultz, "Psychoanalyse: Die Breuer-Freudschen Lehren, ihre Entwicklung und Aufnahme", *Zeitschrift für angewandte Psychologie*, II (1909). Johannes Heinrich Schultz (1884-1970), neurologista e psiquiatra em Berlim, Charlottenburg, é conhecido, sobretudo, por seu *Das autogene Training* (1932).

134 F

9 de março de 1909, Viena, IX. Berggasse 19

Caro amigo,

Muito obrigado por[1] seu telegrama e pela carta, que (o próprio telegrama surtiu efeito) puseram termo à minha ansiedade. Evidentemente, ainda tenho uma hiperestesia traumática no que se refere ao declínio de correspondência. Lembro-me bem de onde ela surge (Fliess) e não gostaria de repetir a experiência sem esperar por isso. Por fim – embora pudesse imaginar uma sobreposição de obstáculos em sua existência atarefada e embora rejeitasse como muito neurótica a ideia de doença –, era preciso ouvi-lo para ficar em condições de informá-lo do assunto em que meu pensamento se detém agora e sobre o qual já escrevi a outros.

Começo, assim, por ele. É melhor ter a mente despreocupada para responder sua carta tão cheia de interesse. Em dezembro p.p., como o senhor não ignora, recebi da Clark University, de Worcester, Mass., um convite que não pude aceitar porque as festividades durante as quais minhas palestras seriam feitas estavam marcadas para a segunda semana de julho e eu perderia um bom dinheiro com a coisa. O senhor mesmo lamentou na época que eu não conseguisse dar um jeito. Pois bem, há uma semana o reitor da Clark University, Stanley Hall, fez-me um segundo convite e, ao mesmo tempo, informou que as festividades haviam sido adiadas para a semana de 6 de setembro. A ajuda de viagem foi também aumentada de $400 para $750, o que não deixa de ser considerável. Dessa vez aceitei, pois no fim de agosto devo estar livre e descansado. A 1º de outubro espero estar de volta a Viena. Confesso que isso me empolgou mais do que qualquer fato acontecido nesses últimos anos – exceto, talvez, o aparecimento do *Jahrbuch* – e que não tenho pensado noutra coisa. As considerações práticas se aliaram à imaginação e a um entusiasmo juvenil para perturbar a serenidade que o senhor acaba de louvar em mim. Em 1886, quando dei início à minha prática[2], tinha em mente apenas um período experimental de dois meses em Viena; caso não desse certo, minha intenção era ir para a América e tentar um tipo de vida que pudesse em seguida propor à minha noiva, então em Hamburgo. O fato é que nenhum de nós tinha nada, ou melhor, eu tinha uma família grande e arruinada e ela uma pequena herança, cerca de 3.000

florins que lhe deixara seu tio Jacob[3], outrora professor de Filologia Clássica em Bonn. Mas, felizmente, tudo correu tão bem em Viena que decidi ficar, e no outono do mesmo ano nos casamos. Agora, 23 anos depois, eis que, enfim, vou à América, decerto não para ganhar dinheiro, mas atendendo a um honroso convite! Teremos muito o que falar dessa viagem e das várias consequências dela para nossa causa.

Também ouvi falar da paciente por meio da qual o senhor entrou em contato com a gratidão neurótica dos rejeitados. Quando veio me ver, Muthmann aludiu a uma senhora que se apresentara a ele como sua amante, pensando que ele se deixaria impressionar fortemente com a liberdade que o senhor conservava. Mas ambos presumimos que a situação fosse muito diferente e que a única explicação possível era uma neurose na informante. Sermos difamados e causticados pelo amor com que operamos – tais são os riscos de nosso ofício, mas não será por causa deles que vamos abandoná-lo.

Navigare necesse est, vivere non necesse[4]. E outra coisa: "Estás, então, aliado ao diabo e ainda queres te poupar ao fogo?"[5]. Foi seu avô[6] quem disse algo do gênero. Trago essa citação à baila porque ao relatar a experiência o senhor definitivamente descamba para o estilo teológico. O mesmo me aconteceu numa carta a Pfister[7] – ao complexo flama-pira-fogo etc. tomei todas as metáforas concebíveis. Não havia outro jeito, o respeito pela teologia já me fixara nessa citação (!): "O judeu será queimado, tanto faz assim como assado"[8]. Eu ainda não estava acostumado a andar em bons termos com teólogos protestantes.

O curso de Häberlin é realmente um sinal dos tempos. Talvez acabem logo nossos 15 anos de provações. O *Jahrbuch* ainda é para mim uma inesgotável fonte de alegria. Teria muito a escrever sobre o assunto se eu não soubesse que daqui a dez dias poderei abordá-lo ao conversar com o senhor.

Espero que Agathli esteja sendo original e não tenha ouvido a história do Pequeno Hans. Se assim for, é surpreendente a concordância entre as duas ações sintomáticas e o resíduo irresolvido.

Também eu não penso mal de Jones, mas lhe mostrarei a carta de Brill, que causa forte impressão quando comparada à dele. Escreve sobre o harém que ele tem, vive com a mulher e várias irmãs (dele).

Ótimo. Então espero o senhor e sua estimada esposa para jantar na sexta-feira, 19. Divirta-se de dia como melhor lhe pareça, de noite e no domingo havemos de cuidar da experiência colhida nestes últimos meses. Desnecessário que eu diga o quanto significam para mim, profissional e pessoalmente, esses encontros com o senhor. Lamento que só possa retribuir uma pequena parte de sua hospitalidade, mas espero que não tenha aqui outros compromissos.

Cordialmente,
Freud

1. Hológrafo: *und* por *für.* / Falta o telegrama.
2. No domingo de Páscoa, 25 de abril.
3. Jacob Bernays (1824-1881). Cf. Jones, I, p. 112/101, em que os detalhes sobre ele não coincidem com os fatos aqui mencionados por Freud.
4. "Navegar é preciso, viver não é preciso" – Plutarco, *Pompeu*, 50. Foi a marujos covardes que Pompeu dirigiu essas palavras, as quais servem de lema às cidades hanseáticas de Hamburgo e Bremen.
5. Hológrafo: "Bist mit dem Teufel du und du Und willst dich vor der Flamme scheuen?" – *Faust 1*, 2585-2586.
6. Da lenda de que o avô de Jung, também chamado Carl Gustav Jung, era filho natural de Goethe, cf. *Memories*, p. 35 n./47 n. ("Nenhuma prova desse item de tradição familiar foi encontrada...") e p. 234/222.
7. Carta de 9-2-1909, último §, em *Freud/Pfister Letters*, p. 17.
8. Hológrafo: *Macht* [por *Tut*] *nichts, der Jude wird verbrannt.* – Lessing, *Nathan der Weise*, IV, 2.

135 J

Burghölzli-Zurique, 11 de março de 1909

Caro Professor Freud,

Forçoso é que lhe responda logo. Suas palavras amáveis me aliviam, consolam-me. Agora e no futuro pode o senhor estar certo de que nunca há de acontecer nada na mesma linha de Fliess. Já experimentei de perto esse tipo de coisa, e com isso aprendi a sempre fazer o contrário. Excetuando-se alguns momentos de paixão, minha afeição é constante e digna de confiança. Não houve nada, só que nos últimos 15 dias o diabo resolveu me atormentar na forma de ingratidão neurótica. Mas nem por isso hei de ser infiel à ΨA[1]. Pelo contrário, aprendo a proceder melhor no futuro. Não se ofenda com meu estilo "teológico", era assim que eu me sentia. De quando em quando, reconheço, o diabo dá uma fisgada em meu coração – no todo – inatacável. A história que Muthmann andou apregoando é chinês para mim. Nunca tive, na verdade, uma amante, e sou o mais inocente dos maridos. Daí minha violenta reação moral! Simplesmente não consigo imaginar de quem se trata, mas não acho que seja a mesma senhora. Tenho horror a tais histórias.

Devo me congratular com o senhor por seus triunfos americanos. Acho que acabará conquistando uma clientela lá. Meu americano tem se comportado muito bem por enquanto. Ansioso, aguardo novas notícias.

O que me diz sobre Jones é espantoso, mas em nada contradiz certas expressões dele que retive.

Os portentos de Agathli têm garantia de originalidade: ela nunca ouviu falar do Pequeno Hans. Limitamo-nos a ouvir e a nos intrometer o mínimo possível. Hoje cedo uma gritaria incrível: "Mamãe vem cá!" – "Quero entrar no seu quarto!" – "Que é que papai está fazendo?" – Mas a mamãe não queria saber dela no quarto – "Então você tem de me dar um doce". Mais tarde, quando já tínhamos levantado, Agathli entra às carreiras, pula em minha cama, deita-se de barriga para baixo, remexe-se e bate as pernas como um cavalo – "É isso que papai faz? É assim que papai faz, não é?"[2]. No fim da semana que vem estarei em Viena e hei de lhe mostrar o material. Meus colegas estão insistindo para que eu desenvolva a coisa para o *Jahrbuch*. Mas primeiro quero sua opinião, porque a autoconfiança que me resta, depois do Pequeno Hans, não é muita. Seja como for, algumas coisas parecem ter se encaixado magnificamente bem. Falei sobre[3] isso duas vezes em nossas reuniões com grande sucesso – antes de "O Pequeno Hans" ser conhecido.

Fiz uma bela descoberta em "O elixir do diabo"[4], de Hoffman (boa parcela de minha "teologia" evidentemente provém daí). Penso em escrever algo a respeito para o *Papers*. Um verdadeiro labirinto de problemas neuróticos, mas todos palpavelmente reais. Tenho uma infinidade de planos de trabalho para o ano que vem e aguardo com ansiedade a nova era de independência externa (e interior) que é tão importante para mim.

Nesse meio tempo meu cartão[5] já lhe terá chegado. O Grand Hotel é meio "grande" para mim e, além disso, fica longe demais da Berggasse.

Alimento a esperança, já que vai à América em setembro, de que faça uma escala aqui e passe uma semana conosco. Estaremos morando, então, no campo, *procul negotiis*[6], e o senhor terá toda a tranquilidade, toda a paz que se possa desejar. Ousamos admitir que não recusará o convite, afinal, o caminho para a América passa também por Zurique (essa amostra de insolência foi apenas semi-intencional, pois de outro modo eu teria riscado a frase).

Às minhas lembranças, junto as de minha mulher.

Cordialmente,
Jung

1. Hológrafo: Ψ(sem A).
2. Cf. "Sobre os conflitos da alma infantil", OC 17 § 47.
3. No hológrafo aqui começa uma nova folha com data de 12-3-1909.
4. *Die Elixiere des Teufels* (1815-1816), um conto de E.T.A. Hoffmann (1776-1822) sobre uma sinistra figura de irmão. Citado por Jung em vários lugares, a começar pela revisão de 1917 de "New Paths in Psychology" (cf. 290 F n. 1), que passou a intitular-se "A interpretação do incosciente", OC 7/1 § 51. Não há indício de que tenha publicado um estudo anterior do conto de Hoffmann.
5. Não encontrado.
6. = "longe dos negócios" (Horácio, Epodo II).

136 J

Burghölzli-Zurique, 17 de março de 1909

Caro Professor Freud,

Parece que o destino volta a conspirar contra minha ida a Viena. Acabo de receber um telegrama da mulher de um paciente intimando-me com urgência a Berlim. Infelizmente, o caso é tal que não posso recusar, trata-se de uma pessoa à qual também devo obrigações como amigo. Não sei ainda o que é, mas parece ser sério. A viagem fica, pois, adiada, não esquecida! Irei tão logo possa, *i. e.*, tão logo o problema esteja mais ou menos resolvido. Na pior das hipóteses abro mão de uns dias na Itália. É claro que essa alteração no programa também não agrada à minha mulher. Não é sem certa irritação que ambos lamentamos o acontecido, limitando-nos por ora a saudá-lo de longe.

Cordialmente,
Jung

137 J

Burghölzli-Zurique, 21 de março de 1909

Caro Professor Freud,

Acho que, finalmente, todos os obstáculos foram afastados. Na próxima quinta-feira (25 de março) estarei sem falta em Viena ao cair da noite. Minha viagem a Berlim transcorreu sem incidentes, foi muito rápida, e, no fim das contas, como sói acontecer, não era realmente necessária. Mas pelo menos me resta uma perspectiva agradável. Já confirmei nossa reserva de quarto no Hotel Regina.

Um neurologista de Munique, o Dr. Seif[1], perguntou-me recentemente por carta se poderia trabalhar umas semanas comigo. Parece que, enfim, o panorama se altera. Meu homem de Tübingen fez um grande progresso. Honesto e boa-praça, há de realizar o trabalho dele na maior discrição. No mais não há muitas novidades; a calmaria das férias teve início, mas pouco é o tempo de que disponho para pensar em trabalhos úteis, pois a construção de minha casa e os clientes particulares já me dão muito o que fazer. Aguardo o verão, quando hei de mergulhar no trabalho com entusiasmo total. Os grilhões que me prendem ao instituto pesam dia a dia mais.

Visitei Häberlin recentemente. É um homem de visão com um futuro imprevisível. Não sei até que ponto seu impulso criador será capaz de se manter. Só espero que os problemas materiais não o esmaguem; nada brilhante a situação financeira em que se acha. Caráter forte, porém cheio de disposição para a luta. Filho de um mestre-escola, eu de um pastor, nascemos na mesma aldeia. E agora nos reencontramos nesse campo. Ele ganha de Pfister em acuidade psicológica e conhecimento biológico, estudou Teologia, bem como Filosofia e Ciências Naturais. Não lhe falta também certa veia mística, pelo que lhe concedo um crédito à parte, posto que isso garante um aprofundamento do conhecimento além do ordinário e a apreensão de sínteses de longo alcance.

Ainda não sei o que os críticos estão dizendo do *Jahrbuch*.

Na alegria de o rever em breve,

Cordialmente,
Freud

Os Jungs mais uma vez em Viena

Carl e Emma Jung estiveram em Viena de quinta-feira, 25 de março, a terça-feira, 30 de março (Jones, II, p. 57/51). Além do que dizem as duas próximas cartas, nada mais se sabe sobre essa visita.

Informam os registros familiares (segundo comunicação de Franz Jung) que Jung terminou no fim de março seu trabalho no Burghölzli. A visita a Viena deve, pois, ter tido um cunho de celebração, como de resto o *tour* de bicicleta que Jung fez na Itália em meados de abril. Após se demitir do Burghölzli, ele continuou a lecionar como livre-docente na Universidade até abril de 1914 (cf. 358 J n. 2).

1. Leonhard Seif (1866-1949) fundou um grupo freudiano em Munique em 1911; desligou-se da psicanálise em 1913; conheceu Adler em 1920 e se tornou, então, uma figura de relevo na Sociedade de Psicologia Individual. Mas na década de 1930, Adler rompeu com ele depois de o grupo de Seif se comprometer com os nazistas.

138 J

Burghölzli-Zurique, 2 de abril de 1909[1]

Caro Professor Freud,

Preocupações, pacientes e todos os demais encargos do cotidiano de novo me assediaram, envolvendo-me por completo nos últimos dois dias. Devagar volto à tona e começo a me deleitar na lembrança dos dias em Viena. Espero que minhas separatas lhe tenham chegado a tempo para a reunião de quarta-feira[2].

12 de abril[3].

Após uma interrupção de dez dias, enfim, pude continuar minha carta. O interlúdio deixa claro que a queixa acima era prematura, pois o pior, como de costume, ainda estava por vir. Hoje dou por encerrada essa fase difícil. Durante a Páscoa inteira, quando outros flanavam ao ar livre, houve apenas um dia em que pude espairecer um pouco. A 15 do corrente liberto-me de vez das amarras e começo meu *tour* de bicicleta. Desde Viena que sequer cogito o trabalho científico, mas em minha prática realizei muita coisa. No momento, um caso loucamente interessante anda a me dar tratos à bola. Alguns dos sintomas aproximam-se aparentemente da fronteira orgânica (tumor cerebral?), não obstante todos pairam sobre um abismo psicogênico indistintamente intuído, de modo que, ao analisá-los, os pressentimentos que se tinha são esquecidos de vez. Fenômenos espiritualistas de primeira ordem ocorrem nesse caso, se bem que até agora só uma vez em minha presença. A impressão que se tem, no todo, é muito estranha. O paciente é uma Sara chacinadora de homens, filha de Raquel[4].

O caso sobre o qual lhe falei – mau-olhado, impressão paranóica – esclareceu-se como se segue. Ela foi abandonada pelo último amante, que é inteiramente patológico (Dem. pr.?); abandonada também por um amante anterior – esse, inclusive, passou um ano no hospício. Agora o quadro infantil: mal conhecendo o pai e a mãe, amou o irmão, oito anos mais velho do que ela e, aos 22, catatônico. O estereótipo psicológico assim se mantém. A paciente, segundo o senhor disse, estava apenas *imitando* a Dem. pr.; pois o modelo já foi encontrado.

Alguns *sentiments d'incomplétude* afligiam-me quando saí de Viena, tendo em vista a última noite que passamos juntos. Parecia-me que meu interesse nos fantasmas[5] lhe soara absolutamente estúpido e talvez desagradável em virtude da analogia com Fliess[6] (insanidade!). Não faz muito, contudo, a impressão que colhi da paciente mencionada por último encheu-me de uma força renovada. O que eu disse à minha mulher a respeito também causou-lhe forte impressão. Ocorreu-me intuir que, por baixo de tudo isso, haja um complexo inteiramente singular, um complexo universal relacionado às tendências prospectivas do homem. Se há uma "psicanálise" deve também haver uma "psicossíntese" que cria os acontecimentos futuros segundo as mesmas leis (noto que escrevo como se as ideias me acudissem num ímpeto). O salto para a psicossíntese processa-se através da pessoa de minha paciente, cujo inconsciente ainda agora prepara, sem nada que aparentemente o estorve, um novo estereótipo no qual tudo o que vem de fora, por assim dizer, entra em conformidade com o complexo (daí a ideia do efeito objetivo da tendência prospectiva!).

A última noite com o senhor, afortunadamente, libertou-me no íntimo da opressiva sensação de sua autoridade paterna. Meu inconsciente celebrou essa impressão com um grande sonho que me preocupou por alguns dias e cuja análise acabo justamente de concluir. Espero que eu agora esteja livre de todos os empecilhos desnecessários. Sua causa deve e há de prosperar, é o que me dizem minhas fantasias de gravidez que o senhor por sorte pôde apreender afinal. Assim que volte da Itália hei de iniciar algum trabalho positivo, antes de tudo para o *Jahrbuch*.

Faço votos de que tenha aproveitado bem a Páscoa para descansar um bocado.

N. Ossipow[7], médico-chefe da Clínica Psiquiátrica da Universidade de Moscou, publicou um bom informe sobre nosso trabalho. Parece que eles estão seguindo nossa linha.

Ouvi dizer que Abraham, com alguns outros, lançou um "questionário psicanalítico"[8]. Tomara que seja só um boato!

Com as melhores lembranças do
Jung

---

1. Publicada em *Letters*, ed. G. Adler, vol. 1.

2. Faltam outros indícios sobre tais separatas. Os *Minutes* não as mencionam na reunião de 31/3.

3. Segunda-feira de Páscoa.

4. Tobias 3,7s.; cf. tb. Jung, "A importância do pai no destino do indivíduo", OC 4 § 742s.

5. Enquanto Freud e Jung discutiam precognição e parapsicologia no gabinete do primeiro, e depois de Freud ter rejeitado o tema como "absurdo", um barulho muito forte se fez ouvir na estante. Jung predisse que outro se seguiria num instante e isso, de fato, aconteceu. O relato é feito por Jung em *Memories*, p. 155s./152s.; Jones menciona o incidente em III, 411/383s. É discutível se ocorreu durante a mesma visita outra experiência relatada por Jung: segundo ele, Freud lhe disse que deveriam erguer uma inabalável barreira da teoria sexual "contra a negra maré de lama do ocultismo". Cf. *Memories*, em p. 150/147s., em que Jung declara que a conversa se deu em Viena "uns três anos depois" do primeiro encontro, fevereiro de 1907. Não há, contudo, outra evidência de que Jung tenha visitado Freud em Viena após 1909. Cf. 187 F n. 1.

6. No tocante a Fliess, cf. 70 F n. 7. A "analogia com Fliess" é pouco clara. Jones (I, p. 320/290) refere-se às "facetas místicas" da obra de Fliess, bem como ao fato de ele

ter considerado Freud "apenas um leitor do pensamento" (p. 345/314); cf. *Origins*, carta 143. Além do que, o próprio Freud lhe teria dito em conversa, Jung pode ter tomado contato com essa divergência por meio de um livro de Fliess, *In Eigener Sache; Gegen Otto Weininger und Hermann Swoboda* (Berlim, 1906), e de A.R. Pfenning, *Wilhelm Fliess und seine Nachentdecker: Otto Weininger und H. Swoboda* (Berlim, 1906); cf. tb. Ernst Kris, introdução a *The origins of psychoanalysis: Letters to Fliess* (1954), p. 41s.

7. Nikolai Evgrafovich Osipov (1877-1934), ou Ossipow, cofundador da Sociedade Psicanalítica Russa em 1911 (Jones, II, p. 97/86) e tradutor de Freud (Grisntein 10432, 10575). O informe aqui mencionado era, provavelmente, "Trabalhos recentes da escola freudiana" (em russo; Moscou, 1909). Em seguida, ele escreveu sobre "praticamente todos os textos de Freud" (M. Wulff, *Zentralblatt*, I:7/8, abril/maio 1911). Após a Revolução, diretor do Instituto Bechterew, Leningrado (C. P. Oberndorf, *A History of Psychoanalysis in America*, 1953, p. 192); após 1921, docente de Psicanálise na Universidade Karl, em Praga.

8. O questionário foi publicado por Magnus Hirschfeld num artigo, "Zur Methodik der Sexualwissenschaft", *Zeitschrift für Sexualwissenschaft*, I:12 (dezembro de 1908); contém 127 questões em 12 páginas. Pela ajuda prestada em sua elaboração, Hirschfeld agradece a Abraham, Stein, Iwan Bloch, Otto Juliusburger, van Römer e outros. Uma tradução inglesa de uma versão anterior, discutida na Sociedade de Viena em abril p.p. (ver 87 F n. 5), figura em *Minutes*, I, p. 379-88.

139 F

16 de abril de 1909[1], Viena, IX. Berggasse 19

Caro amigo,

Espero que esta carta não o alcance logo. E estou certo de que o senhor entende o que digo. Seja como for, prefiro escrever agora, sob o impacto dos sentimentos despertados por sua última carta.

Mandei à sua mulher um cartão de Veneza, aonde fui numa viagem de Páscoa com a vã esperança de surpreender a primavera em prenúncio e descansar um bocado. Pensava que o senhor já andasse pedalando pelo norte da Itália.

É estranho que, na mesma noite em que formalmente o adotei como primogênito e o sagrei – *in partibus infidelium*[2] – sucessor e príncipe herdeiro, o senhor me tenha despido da dignidade paterna, ato que lhe parece ter dado o mesmo prazer que eu, pelo contrário, extraí da investidura de sua pessoa. Temo que agora recaia no papel de pai com o senhor se lhe falo de como me sinto em relação ao problema do fantasma travesso. Mas é forçoso que o faça, pois minha atitude não corresponde, talvez, ao que lhe ocorre pensar. Não nego que suas histórias e seu experimento tenham causado em mim forte impressão. Depois que o senhor se foi, decidi continuar minhas observações, e aqui estão os resultados. Em meu primeiro cômodo, onde as duas pesadas esteias egípcias repousam nas prateleiras de carvalho da estante, o ranger é constante. Fácil, muito fácil de explicar. No segundo, onde o ouvimos, os ruídos são raros. Inclinei-me, a princípio, a aceitar isso como prova caso o som, tão frequente enquanto o senhor estava aqui, não fosse ouvido de novo depois de sua partida – mas desde então o ouço repetidamente, sem qualquer conexão com meus pensamentos e nunca quando estou pensando no senhor ou nesse particular problema seu (não o ouço agora, acrescento à guisa de desafio). Mas essa observação em breve seria desacreditada por uma consideração de outra ordem. Minha credulidade, ou pelo menos minha propensão a acreditar, dissipou-se com a magia de sua presença pessoal; e uma vez mais, por razões interiores que não sei indicar com exatidão, parece-me absolutamente improvável que tais fenômenos possam existir; confronto a mobília desespiritualizada como o poeta confronta a Natureza que, com a partida dos deuses da Grécia, dessacralizou-se[3]. Volto, por conseguinte, a pôr meus óculos paternais de aro de chifre e aconselho meu querido filho a se manter de cabeça fria, pois mais vale não compreender uma coisa que fazer tamanho sacrifício à compreensão. E também meneio minha sábia cabeça para a psicossíntese, pensando: é assim que são os moços, os únicos lugares que realmente têm prazer em visitar são os que podem atingir sem a gente, lá onde nosso fôlego curto e as trôpegas pernas não nos permitem segui-los.

Invocando o privilégio da idade, eis que, então, torno-me tagarela e falo de ainda mais uma coisa entre o Céu e a Terra que não podemos compreender[4]. Há alguns anos descobri em mim a convicção de que morreria entre os 61 e os 62, idade que na época me parecia muito remota (hoje faltam apenas oito anos). Viajei, então, com meu irmão[5] para a Grécia, e realmente foi misteriosa a frequência com que o número 61, ou 60 em conexão com um ou dois, surgia nos mais diversos objetos numerados, sobretudo quando em relação a transportes. Conscienciosamente, tomei nota disso. A coisa me deprimia, mas tive esperança de respirar em paz quando chegamos ao hotel em Atenas e nos destinaram quartos no primeiro andar. Aqui, pensei, não poderia haver um n. 61. E estava certo. Mas me deram o 31 (que, com licença fatalista, poderia ser considerado a metade de 61 ou 62), e esse número mais moço, mais ágil, mostrou-se um perseguidor ainda mais persistente do que o primeiro. Desde a época de nossa viagem de volta até bem recentemente, o 31 se apega fielmente a mim, não raro com um dois na vizinhança. Como minha mente também inclui áreas que apenas anseiam por conhecimento e não são de todo supersticiosas, tentei, em seguida, analisar essa crença, e aqui está minha conclusão. Foi em 1899 que ela apareceu. Na época houve dois acontecimentos. Em primeiro lugar, escrevi *A interpretação dos sonhos* (que saiu pós-datado de 1900); em segundo, recebi um novo número de telefone, que ainda hoje conservo: 14362. É fácil encontrar um fator comum a esses dois eventos. Em 1899, quando escrevi *A intepretação dos sonhos*, tinha 43 anos. Era, assim, plausível supor que os outros algarismos significassem o fim de minha vida, daí 61 ou 62. De repente entrou método em minha loucura[6]. A noção supersticiosa de que morreria entre 61 e 62 anos coincide com a convicção de que, com *A interpretação dos sonhos*, eu tinha completado a obra da minha vida, que nada mais me restava a fazer, que, assim, seria indiferente se eu me prostrasse e morresse. O senhor há de admitir que, depois dessa substituição, isso já não soa tão absurdo. Além do mais, a influência oculta de W. Fliess se encontrava em ação; a superstição se manifestou no ano do ataque dele contra mim.

Nisso o senhor há de ver outra confirmação da natureza especificamente judaica de meu misticismo. No mais, inclino-me a explicar obsessões como a do número 61 por dois fatores: o primeiro, uma atenção aumentada e inconscientemente motivada, do tipo da que vê Helena em todas as mulheres[7]; o segundo, a inegável "condescendência do acaso", que desempenha, na formação de delírios, o mesmo papel que toca à condescendência somática na de sintomas histéricos, e à condescendência linguística na geração de trocadilhos.

Consequentemente, hei de receber novas notícias de suas investigações sobre o complexo de fantasmas com o interesse que se concede a um delírio que fascina, mas do qual nos abstemos de participar.

Lembranças para o senhor, à mulher e às crianças, de
Freud

---

1. Publicada em Jung, *Memories*, Apêndice I (sem os parágrafos 1 e 2) e em Schur, *Freud: Living and Dying*, p. 230s. (sem o § 1), em que é discutida amplamente. Ambas as versões

Ano 1909

contêm discrepâncias decorrentes de leituras errôneas do hológrafo. Ver também K.R. Eissler, *Talent and Genius* (Nova York, 1971), p. 145.

2. = "nas terras dos infiéis".

3. Schiller, no poema "Die Götter Griechenlands".

4. Cf. *Hamlet*, I, 5.

5. Alexander, em setembro de 1904. Cf. Jones, II, p. 26s./23s.

6. Cf. *Hamlet*, II, 2.

7. Cf. *Faust*, I,2603-2604, em que Mefistófeles diz a Fausto: *Du siehst, mit diesem Trank im Leibe, / Bald Helenen in jedem Weibe.* ("Com essa dose no corpo, logo vês, / Helena de Troia em qualquer mulher").

140 J

Burghölzli-Zurique, 12 de maio de 1909

Caro Professor Freud,

Mais uma vez devo lhe dar satisfações por um pecado de omissão. Mais uma vez o deixo, por longo tempo, sem notícias minhas. Pois bem, voltei da Itália são e salvo e encontrei sua carta à minha espera. Subscrevo inteiramente sua opinião de que devemos ter cuidado para não sermos arrastados pelas impressões nem condescendermos com expectativas e planos que vão longe demais. O problema é que o anseio de descobrir é muito forte na gente. Não me converti, porém, ainda a nenhum sistema e hei de também ser prudente no que se refere à fé que possa ter em tais fantasmas.

Pfister esteve aqui anteontem e me transmitiu suas lembranças. Soube por ele que sua filha[1] foi recentemente operada. Espero que não seja algo sério, *i. e.*, complicações. Naturalmente, P. estava cheio de entusiasmo pelo senhor e sua calorosa acolhida em sua família. Espero que tenha tido uma boa impressão dele. É um teólogo dos mais aceitáveis, com traços admiráveis de caráter. Ele também me disse que Moll esteve na mesma ocasião com o senhor. Que podia querer em sua casa *esse* espírito maligno? Espantoso que essa figura, depois de apoquentar tanto, não tivesse vergonha. Logo se vê que lhe falta fibra. Morro de curiosidade de saber detalhes da calorosa recepção que o senhor fez *a ele*.

O "questionário psicanalítico" é uma tragédia que agora pude ver com meus próprios olhos. Uma miscelânea absolutamente idiota que a Hirschfeld não concede o menor crédito. Acho imperdoável a profanação da palavra "psicanalítico". É de todo lamentável, para não dizer mais, que Abraham e Stein tenham compactuado com essa triste mistificação. Tenho uma grande vontade de protestar contra essa infame tapeação do público. Em Zurique, todos estão escandalizados, e com razão.

Continuo no Burghölzli, pois, naturalmente, minha casa não ficou pronta a tempo. Mudamo-nos em 25 de maio. Depois disso, meu endereço é Küsnach bei Zürich.

Tenho novamente dois assistentes: o Dr. Décsi[2], de Budapeste (por cinco meses), e o Dr. Gibson[3], de Edimburgo (por seis semanas). O primeiro muito inteligente, o segundo menos, mas bem recomendado. O inteligente é neurologista, ótima formação, mandado por Stein; o outro, mandado pelo Dr. Mott[4], de Londres, é psiquiatra, mas do gênero inglês: sabe pescar salmões e lúcios, rema e veleja muito bem, mas tem da psique apenas umas noções de bárbaro. Prognose, portanto, *dúbia*; não obstante, um fio de esperança. Stockmayer já está de volta aos seus deuses domésticos e me mandou um informe pormenorizado sobre a Clínica de Tübingen. Gaupp diz que se as coisas continuarem assim, leva-lo-ão à concepção de uma psicose individual e que ele provavelmente continuaria se tivesse 20 anos, mas etc. Diz-se que a psicanálise saiu-se um pouco melhor que antes na nova edição do *Lehrbuch*, de Kraepelin[5]. Forel teria observado, ainda há pouco, que é mesmo bom que eu esteja deixando o Burghölzli, pois só assim Bleuler poderá ficar livre de minha perniciosa influência. Apesar disso, ele mandou a Stein, em Budapeste, um caso de neurose obsessiva para psicanálise. Só o diabo sabe o que pensar disso tudo.

Meu tempo continua dividido entre a construção da casa e os clientes particulares, de modo que o trabalho científico ainda não entrou no ritmo desejado. Dedico-me, em vez disso, a um ruidoso ciclo de conferências sobre psicoterapia, bem como a um *privatissimum* sobre psicologia freudiana para cerca de *10 pastores*[6] e dois pedagogos a começar segunda-feira que vem. Ademais, tenho quatro trabalhadores voluntários em minha clínica de pacientes externos. E essa azáfama toda, na verdade, às vezes pesa.

O Prof. Foerster[7,] o conhecido "pedagogo," atacou o senhor há pouco e ainda tem mais de reserva. É um sabichão perigoso, um pedante malévolo. Espero que Pfister dê-lhe umas boas cacetadas.

Por aqui tudo bem. Com minhas lembranças.

Cordialmente,
Jung

1. Mathilde.
2. Imre Décsi (1881-1944), húngaro de origem alemã, neurologista e autor de livros de divulgação sobre psiquiatria; chefe da seção neurológica do Hospital dos Trabalhadores de Budapeste. Afastou-se depois do movimento psicanalítico. Foi assassinado pelos nazistas.
3. George Herbert Rae Gibson (1881-1932), médico escocês; na época psiquiatra, mais tarde administrador. Em 14-1-1910 falou na Real Sociedade Médica de Edimburgo sobre "The Association Method as an Aid in Psychotherapy". Cf. 151 J.
4. Frederick Walker Mott (1853-1926), psiquiatra e neurologista inglês.
5. 8. ed. (1909), vol. I, p. 498s.: "Obviamente, por um lado, esse método penetrante é capaz de permitir ao médico uma visão bem profunda da vida mental do paciente. Por outro lado, contudo, os poucos informes abrangentes até agora publicados demonstram que o médico exerce uma influência incomumente forte, totalmente determinada por suas próprias preconcepções, e que a obtenção do resultado desejado requer uma arte interpretativa só dominada por poucos. Não há, por conseguinte, indícios de que o método, pelo menos com seus atuais desígnios, venha a se tornar um bem comum". Uma avaliação similar está na p. 612s.
6. Hológrafo: sublinhado com três traços.
7. Friedrich Wilhelm Foerster (1869-1966), educador, pacifista e filósofo alemão; exilado por lesa-majestade, radicou-se na Suíça, 1897-1913, lecionando na Universidade de Zurique; mais tarde em Nova York, onde morreu, na pobreza. Seu texto aqui mencionado é "Neurose und Sexualethik", *Hochland* (Munique), VI:3 (dezembro de 1908), um ataque ao ensaio de Freud em *Sexual-Probleme*; cf. 77 F n. 6. Cf. tb. 160 F n. 6 e 170 J n. 4.

141 F

16 de maio de 1909, Viena, IX. Berggasse 19

Caro amigo,

Uma vez mais escrevo para o Burghölzli. O senhor não ignora o prazer que suas cartas me dão, mas longe de mim querer prendê-lo à obrigação de uma correspondência formal quando o senhor tem outros afazeres e nada a me dizer. Espero, porém, que não se espante em receber notícias minhas com a frequência ditada pela própria necessidade que me induz a escrever.

Todos nós gostamos muito de Pfister. Realmente, ele é um padre aceitável e até mesmo me ajudou um pouco, exercendo, sobre meu complexo paterno, uma influência moderadora. Logo nos sentimos como velhos amigos. Seu grande entusiasmo torna-o um pouco aborrecido, mas não há nada de falso ou de exagerado em sua veemência. Duvido que consiga preservar em longo prazo os resíduos de fé; está apenas no começo de um longo desenvolvimento e a má companhia em que ele anda inevitavelmente há de surtir efeito. A visita de Moll propiciou um contraste encenado pelo destino. Para ser franco, ele é uma besta; na realidade, não chega a ser um médico, tem a constituição intelectual e moral de um advogado velhaco. Descobri, para meu grande espanto, que se considera uma espécie de patrono do nosso movimento. Não me fiz de rogado; investi contra a passagem desse notório livro[1] em que ele afirma que compomos nossos históricos clínicos para apoiar nossas teorias, em vez de ao contrário, e tive o prazer de ouvir suas untuosas desculpas: a afirmação não pretendia ser um insulto, todo observador é influenciado pelas próprias ideias preconcebidas etc. Queixou-se, então, de que eu era suscetível demais, de que devia aprender a aceitar a crítica que se justifica; quando lhe perguntei se tinha lido "O Pequeno Hans", ele se enroscou todo, tornou-se ainda mais venenoso e finalmente, para minha grande alegria, aprumou-se disposto a bater as asas. À porta arreganhou os dentes para perguntar-me, numa malograda tentativa de se redimir, quando é que eu ia a Berlim. Podia imaginar a avidez dele por retribuir minha hospitalidade, mas, ao mesmo tempo, ao vê-lo partir, não me sentia de todo satisfeito. Ele tinha empesteado a sala como o próprio demônio e eu, em parte por falta de prática, em parte porque era meu hóspede, não o desancara o bastante. Podemos agora esperar dele, é claro, os golpes mais traiçoeiros. Foi só então que chamei Pfister à sala.

O abscesso de minha filha, enfim, está curado e ela até está melhor que antes do incidente. Vem hoje nos ver pela primeira vez. Achei ótimo que se atacasse o problema agora, e não mais tarde, nalguma ocasião séria, como um parto.

Foerster fez uma conferência aqui, mas sequer se referiu a mim. Kurt Redlich[2], que[3]

---

1. *The Sexual Life of the Child*; cf. 112 F n. 7 e *Freud/Abraham Letters*, p. 73s.
2. Provavelmente Kurt Redlich, Edler von Vezeg (1887-1939 +), natural de Brno; mais tarde industrial em Viena e patrono das atividades editoriais e artísticas de Hugo Heller. Jones (II, p. 46/41) menciona um "von Redlich" entre os participantes do Congresso de Salzburg (1908).
3. Falta o resto da carta.

142 J

Im Feld[1], Seestrasse, Küsnach bei Zürich,
2 de junho de 1909

Caro Professor Freud,

Frl. E—— me fez uma breve visita. Muito grato por sua amável atenção, bem como pelo lembrete sobre Adler, para o qual junto uma carta. Poderia me fazer o favor de a remeter a ele? Na confusão em que minhas coisas andam, não consigo encontrar seu endereço. Dias de festa hão de vir depois dessa semana ingrata[2], pois com efeito ela foi dura e apenas minha mulher não sucumbiu no atropelo. Felizmente, esse ingresso em meu *tusculum* à beira do lago foi um clímax *a minori ad majus*. Só espero agora que o senhor tenha uma oportunidade de vir pessoalmente abençoar esta casa. Mal começo a, de novo, conduzir meus pensamentos por canais retilíneos, pois durante todo esse tempo não pude me concentrar em nada. Embora a mudança tenha começado na terça-feira passada, apenas quatro cômodos já estão realmente prontos. Na sala de jantar, por exemplo, nem mesmo o assoalho foi terminado.

Mas chega disso! Sua última carta demonstrava um certo aborrecimento[3], causado, sem dúvida, pelo afeto que exprimi sobre o infeliz questionário. Não creio, porém, que eu realmente esteja em maus termos com Abraham. Pedi-lhe que continuasse com os resumos e ele aquiesceu com a maior boa vontade. Acho que, enfim, chegamos a um *modus vivendi*. De Seif, em Munique, tenho ótimas notícias; trabalha sem descanso com psicanálise e está cheio de entusiasmo. O senhor viu o ensaio de Marcinowski?[4] Conheço-o[5] apenas por ouvir dizer, mas hei de escrever a Marcinowski para que, se quiser, ponha-se em contato conosco. Sabendo que gostou de Pfister, minha alegria é *imensa*. Ele é extraordinariamente vivo e aliciou uma brilhante audiência para o *privatissimum*; temos, inclusive, entre nós, um professor universitário (Prof. Schweizer[6], um germanista). Resolvi começar pelas associações, pelas quais cheguei eu mesmo a entender seus ensinamentos. Creio que, para mim, esse é o melhor caminho.

Stekel há de mandar materiais clínicos sobre sonhos para o próximo *Jahrbuch*; e há outras coisas ao largo, suponho já lhe ter dito. Posso contar com seu estudo[7], ou prefere reservá-lo para o meio-volume do

Ano 1909

inverno? Penso na hipótese de que esteja muito cansado depois da longa luta do inverno e de que não lhe sobre tempo nem vontade para trabalhar ainda mais. Estou muito interessado em saber como pretende organizar suas conferências na América. Que tal se as deixasse de reserva para o *Jahrbuch* que virá depois do próximo? Desculpe meu apetite insaciável, mas realmente gostaria de sempre apresentar as últimas produções de sua lavra. O público anseia por elas e, de resto, é urgente a necessidade a que suprem. Tenho agora comigo um homem da Clínica de Moscou que se inicia (dando um trabalho enorme, com a ajuda de uma intérprete) logo no desenvolvimento mais recente, qual seja, a "análise de resistência" (penso que é também assim que o senhor a chama). O Dr. Asatiani[8] (o nome dele) queixa-se da falta de resultados terapêuticos. Além da imperfeição com que maneja a profissão, acho que o problema reside no próprio material russo, em que o indivíduo se distingue tão pouco quanto os peixes de um cardume. Lá são as necessidades das massas que primeiro exigem solução. Esta semana inicio, com Décsi, experimentos (com o galvanômetro) sobre a "atitude" na demência precoce, ao passo que com Stockmayer colaboro em associações "parafrênicas". Só depois de estabelecidos esses fundamentos gerais é que eu posso me lançar aos problemas maiores da metamorfose da libido na Dem. pr. Vejo desde já que o problema da escolha da neurose é aqui crucial.

Minha clientela está melhorando de novo, com clientes vindos de outros países – coisa com a qual eu não contava.

Aceite minhas lembranças.

Cordialmente,

Jung

1. A nova casa de Jung ficava numa zona rural de Küsnach chamada Im Feld, à beira do lago de Zurique e a menos de 1 km da aldeia. Küsnach (grafia posterior: Küsnacht) está a cerca de 12 km a sudeste do centro de Zurique. Em suas cartas, Jung não mencionaria a rua e o número (Seestrasse 1003) senão um ano depois (196 J). A numeração das casas foi posteriormente alterada e a de Jung passou a ser, como ainda hoje, a 228. Sobre a porta principal, ainda durante a construção, Jung mandou gravar este lema: "Vocatus atque non vocatus deus aderit" (Invocado ou não, o deus se faz presente) – Dos adágios de Erasmo, dos quais Jung adquirira, aos 19 anos, uma ed. de 1563 (E.A. Bennet, *C.G. Jung*, 1961, p. 146); originalmente do oráculo de Delfos (cf. Tucídides 1.118.3, sobre a guerra dos lacedemônios contra Atenas). / Até 186 J, Jung continuou a utilizar papel timbrado do Burghölzli, riscando o endereço impresso e escrevendo à mão o novo.

Ano 1909

2. Hológrafo: *Auf die letzte saure Woche sollten nun eigentlich frohe Feste folgen.* Uma alusão ao verso "Saure Wochen! Frohe Feste!" do poema de Goethe "Der Schatzgräber".

3. Evidentemente, a parte que falta de 141 F.

4. Jaroslaw (ou Johannes) Marcinowski (1868-1935), trabalhava, então, num sanatório em Holstein. O ensaio em pauta é provavelmente "Zur Frage der infantilen Sexualität", *Berliner klinische Wochenschrift*, 1909. Ao contrário do que afirma Jones (II, p. 79/72), não foi membro original da Sociedade Psicanalítica de Berlim (1910); cf. *Bulletin*, n. 2 (setembro de 1910), p. 1, e 204 J n. 2.

5. Hológrafo: Depois de escrever *Sie*, "o senhor", Jung corrigiu para *sie*, "ele", ensaio, colocando depois: (!)

6. Eduard Schweizer (1874-1943), professor de Filologia Indo-europeia e Sânscrito em Zurique; depois de 1932, em Berlim. Participou de reuniões da Sociedade em 1910-1911.

7. A "exposição geral"; cf. 112 F n.2.

8. Mikhail Mikhaylovich Asatiani (1882-1938), natural da Geórgia, então como interno na clínica psiquiátrica da Universidade de Moscou. Depois de 1921, chefe do departamento de psiquiatria da Universidade de Tiflis e fundador do Instituto de Pesquisas Psiquiátricas Asatiani. Escreveu sobre psicanálise em 1910-1913, mas, posteriormente, tornou-se seguidor de Pavlov.

143 F

3 de junho de 1909, Viena, IX. Berggasse 19

Caro amigo,

Parabéns pela casa nova! A saudação iria com mais ênfase se eu não soubesse que os suíços detestam as efusões emotivas. A viagem à América me priva do prazer este ano, mas espero que logo venha a surgir uma oportunidade de admirar sua casa e desfrutar da companhia de todos.

Compreendo perfeitamente seu silêncio e não lhe responderia assim, tão rápido, se outra carta – que mando junto – não me tivesse chegado ao mesmo tempo que a sua. Que diabo é ela? Uma intrometida, uma faladeira ou uma paranoica? Se o senhor souber algo da autora da carta, ou tiver uma opinião sobre o assunto, mande-me, por, favor um telegrama, mas em caso contrário *não* dê maior importância. Tomarei seu silêncio por uma indicação de que não sabe de nada. Sua carta para Adler já foi remetida. E agora, graças à coincidência acima mencionada, dou-lhe uma resposta imediata às suas sugestões e perguntas. Minha irritação quanto às críticas que fez ao questionário não foi muito séria. Por acaso eu me achava, então, meio "tonto", como se tivesse sucumbido à parte mais substancial de meus próprios complexos. *Pfister* acaba de receber de Spielmeier[1] uma primeira homenagem; espero que não tenha ficado muito enfurecido. Recebi informações muito boas sobre Marcinowski, em caráter reservado. Sou de opinião de que devíamos recrutá-lo e, nesse sentido, já escrevi a Abraham. Seif me surpreende. Sei que ele ainda não esteve com o senhor; onde terá aprendido essas coisas? Seu russo (e mais uma vez devo dizer como admiro sua paciência, ou melhor, sua resignação) provavelmente tem algum sonho utópico de uma terapia para a salvação do mundo e acha que o trabalho não está indo com a rapidez necessária. Acredito que os russos sejam particularmente imperfeitos na arte do trabalho sofrido. A propósito, o senhor conhece o caso do "traseiro de vidro"?[2] Um médico praticante nunca deveria esquecê-lo. Em breve poderei dizer-lhe onde ele se encontra.

Mais uma novidade: ontem recebi um livro de Otto Gross: *On Psychopathic Inferiorities*[3]. Ainda não o examinei detidamente, mas tudo leva a crer que é outra obra notável, cheia de sínteses ousadas e transbordante de ideias. Mais uma vez, dois diferentes recursos para indicar ênfase (negrito e tipos espacejados), o que cria uma primorosa impressão paranoide. Não tem jeito, o homem é mesmo inteligente! Para dizer a verdade, não sei se serei capaz de compreender o livro. Uma boa parte me soa extravagante demais e de modo geral creio que ele se afastou de mim alguns passos para voltar às fases anteriores (Anton, Wernicke). Será uma regressão neurótica nele[4] ou *minha própria* obtusidade?

É de bom grado que deixo para o ano que vem o meu ensaio sobre o método, não só porque deseje que o de Ferenczi saia primeiro[5] como também porque não posso prometer acabá-lo nas quatro semanas das férias de julho. Os leitores terão de esperar um pouco mais para se pôr em dia conosco. Por outro lado, de repente me dá vontade de escrever sobre "O Homem dos Ratos", de Salzburg, e, se você quiser, posso lhe dar o texto para o segundo número. *Não* há de ser longo, pois em letra de forma terei de ser bem mais discreto do que numa conferência. Trata-se de um caso que me permitirá lançar plena luz sobre certos aspectos do fenômeno verdadeiramente complicado da neurose obsessiva. Já não me sinto cansado; em junho meu programa estará completo, mas nas duas primeiras semanas de julho trabalharei apenas parte do dia e estou certo de que posso terminar o artigo antes das férias de verão.

Recentemente fiz um balanço e vi que tenho em andamento oito trabalhos, alguns dos quais ainda precisam amadurecer bastante. Agathli vai aparecer no número de janeiro? Correspondi-me com Binsw sobre a segunda parte do texto dele e só agora compreendi integralmente a análise. Até onde ela vai, é engenhosa e bem feita[6].

Sua decisão de começar pelo experimento de associação parece-me excelente. Outro caminho poderia tomar por base a vida cotidiana.

Gostaria imensamente de conversar com o senhor sobre a América e receber sugestões. Jones me ameaça, e não de todo sem motivos inconfessos, com a ausência dos psiquiatras mais importantes, mas não conto em absoluto com os medalhões. Pergunto-me se não seria uma boa ideia concentrar-me em psicologia, já que Stanley Hall é um psicólogo, e dedicar minhas três-quatro palestras inteiramente a sonhos, dos quais é possível partir em várias direções. Mas é claro que essas cogitações têm pouco interesse prático, considerando-se minha incapacidade de fazer uma conferência em inglês.

Para o senhor, à mulher e às crianças, na casa nova, as lembranças mais sinceras

de Freud

---

1. Walter Spielmeyer (1879-1935), patologista e psiquiatra de Freiburg, mais tarde em Munique. O ataque dele a Pfister a que Freud se refere não foi localizado. Em 1906, Spielmeyer criticara o "Fragment of an Analysis" de Freud *(Zentralblatt für Nervenheilkunde und Psychiatrie*, XXIX, 15-4-1906).

2. Cf. adendos.

3. *Über psychopathische Minderwertigkeiten*. Cf. 33 J n. 7.

4. Hológrafo: *in ihm* inserido depois.

5. "Introjection and Transference", que Ferenczi decidira não mais publicar com Brodmann (cf. 124 J e a carta de Freud a Ferenczi, 18/1/1909, em *Letters*, ed. E.L. Freud; cf. tb. 168 J n. 1).

6. Cf. 167 F n. 2.

144 J

Im Feld, Küsnach bei Zürich
4 de junho de 1909

Caro Professor Freud,

Conforme sua vontade, mandei-lhe um telegrama[1] hoje de manhã, dando-lhe a redação mais clara possível. Não sabia, então, o que mais dizer. A pessoa sobre quem lhe escrevi é Spielrein[2]. Em forma resumida, ela foi publicada em minha palestra de Amsterdam de saudosa memória[3]. É que, por assim dizer, foi meu caso-teste, razão pela qual guardei por ela um carinho e uma gratidão especiais. Como eu sabia por experiência prévia que sofreria uma recaída imediata caso lhe retirasse meu apoio, prolonguei o relacionamento por anos e acabei por me sentir na obrigação moral de consagrar-lhe grande parcela de amizade, até notar que as coisas tinham tomado um rumo indesejado, quando, enfim, rompi com ela. É claro que sistematicamente planejava me seduzir, o que julguei inoportuno. Agora está querendo se vingar. Ultimamente, andou a espalhar o boato de que vou me divorciar da minha mulher para casar com uma estudante, o que deixou vários de meus colegas na maior vibração. Ignoro o que ela agora trama, mas desconfio que não seja nada de bom, a menos que pretenda usar o senhor como intermediário. Acho que eu nem preciso dizer que o rompimento foi total. Como Gross, ela é um caso de guerra-ao-pai que em nome de tudo o que é mais sagrado eu tentei curar *gratissime* (!), com enorme paciência, chegando a abusar, para tanto, de nossa própria amizade. Naturalmente, para cessar, um complexo de generosidade veio a sabotar o trabalho. Como indiquei anteriormente, minha primeira visita a Viena teve uma consequência inconsciente *muito* longa; de início a paixão compulsiva em Abbazia[4], depois o reaparecimento da judia nessa nova forma, a pessoa de minha paciente. É claro que, agora, essa caixa de mágicas não me propõe mais mistérios. Durante toda a história, as noções de Gross[5] me passavam pela cabeça com demasiada insistência. Gross, por sinal, não me mandou o livro dele. Vou ver se o compro. Pode me dar o nome da editora? Tanto Gross como Spielrein são experiências amargas. A nenhum de meus pacientes ofereci tanta amizade e de nenhum colhi tanto dissabor.

Agradeço de todo o coração os votos por minha casa! Para mim não há presságio melhor.

Folgo em saber que o senhor também costuma ficar meio "tonto". Imaginava-o permanentemente de posse da mais alta sabedoria esotérica, com a qual, como seu *famulus*, eu tivesse de emular. Ainda bem que nem todos os meus objetivos são inatingíveis.

Se não tem o intuito de manter as conferências na América apenas num nível didático elementar, concordo que o material mais indicado são os sonhos. Não tenho grande esperança na psiquiatria americana, o que há de melhor está entre os psicólogos, mas são poucos os que se salvam. Seja como for, seu sucesso está previamente garantido, o convite em si é uma honra e os que o fizeram não poderão voltar atrás, quando mais não seja por interesse próprio. Se o senhor falar em alemão mesmo, ninguém poderá objetar. Acho que o único de comportamento imprevisível é Münsterberg[6].

O que o senhor diz dos russos assenta como uma luva. A paciência é pouca, a superficialidade muita, muitas as evasivas e as prosápias, uns genuínos preguiçosos. Os poloneses são um tanto melhores, mas nem assim menos desenxabidos.

Agathli há de figurar no número de agosto; por falta de tempo não dei andamento ao texto. Semana que vem ponho-me a trabalhar nele.

Contaram-me uma vez o caso do "traseiro de vidro", mas já não sei qual é a graça. Pelas razões expostas anteriormente, gravei, contudo, em meu íntimo, com todas as letras, seu clássico dito "Desista logo de querer curar"[7]. Acho que aprendi de vez a lição.

A dama polonesa[8] que o senhor me mandou não quis mais saber de conversa depois da primeira sessão, mas hoje voltou e prometeu retornar novamente amanhã. Ao que parece, ela usa a doença como um pretexto para viajar. Esteve também com Kocher[9], em Berna, para fazer um raio-X da pélvis.

Lembranças do
Jung

---

1. Não encontrado.

2. Sabina (ou Sabine) Spielrein (1886?-1934), de origem russa. Estudou Medicina na Universidade de Zurique, 1905-1911, doutorando-se em 1911. Mais tarde, ainda em 1911,

tornou-se membro da Sociedade de Viena. A partir de 1912, em Berlim. Em 1921-1923, a Dra. Spielrein (então chamada Spielrein-Scheftel) praticou em Genebra; foi com ela que Jean Piaget fez sua análise didática. Em 1923, regressou à União Soviética e lecionou na Universidade do Cáucaso do Norte, Rostov, sobre o Don, sendo mencionada pelo *International Journal* como membro da Sociedade Russa até 1933, quando o movimento psicanalítico foi oficialmente abolido na União Soviética. Grinstein arrola 30 publicações em francês e alemão, a começar por artigos no *Jahrbuch*, em 1911-1912; o último artigo inventariado data de 1934.

3. Cf. "A teoria freudiana da histeria", OC 4.

4. Hológrafo: *in Abbazia*, que poderia significar também "por Abbazia" (balneário adriático, hoje Opatija, na Iugoslávia).

5. Cf. 46 I.

6. Hugo Münsterberg (1863-1916), psicólogo de origem alemã; após 1892, em Harvard.

7. Cf. 129 F.

8. Presumivelmente, Frl. E——.

9. Theodor Emil Kocher (1841-1917), cirurgião suíço, especialista em pesquisas tireóides; Prêmio Nobel de Medicina em 1909.

145 F

7 de junho de 1909, Viena, IX. Berggasse 19

Caro amigo,

Já que está pessoalmente interessado na questão de Sp., coloco-o a par dos últimos acontecimentos. É claro que não precisa responder a isso.

Entendi muito bem o telegrama, sua explicação confirmou minhas suposições. Bastou recebê-lo para que eu escrevesse a Fräulein Sp. uma carta, na qual fingi ignorância, dando a entender que tomava a sugestão dela pela de uma entusiasta por demais solícita. Disse que não podia assumir a responsabilidade de encorajá-la a fazer uma viagem nem via a razão de ela se dar a tal incômodo, já que era eu mesmo o maior interessado no assunto a respeito do qual queria me ver. Seria, por conseguinte, preferível que me esclarecesse primeiro sobre a natureza do assunto. Até agora não tive resposta.

Embora penosas, tais experiências são necessárias e difíceis de evitar. É impossível que, sem elas, conheçamos realmente a vida e as coisas com as quais lidamos. Eu mesmo nunca estive em tais apuros, conquanto tenha chegado, não poucas vezes, bem perto, divisando por fim *a narrow escape*[1]. Acho que só as necessidades implacáveis que me tolhiam o trabalho e o fato de ser dez anos mais moço do que o senhor quando me dediquei à ΨA salvaram-me de experiências análogas. Mas o dano que causam não perdura. Elas nos ajudam a desenvolver a carapaça de que precisamos e a dominar a "contratransferência" que é, afinal, para nós, um permanente problema; ensinam-nos a deslocar nossos próprios afetos sob o ângulo mais favorável. São uma *"blessing in disguise"*[2].

A maneira como essas mulheres arranjam para nos atrair com toda a perfeição psíquica, até que atinjam o alvo, é um dos grandes espetáculos da Natureza. Uma vez que isso seja feito, ou o contrário se torne uma certeza, a constelação muda espantosamente.

Mas vamos às novidades:

Gross, *Über psychopathische Minderwertigkeiten*, Viena, Braumüller, 1909. Recebi o livro do pai dele, o qual, em resposta à minha carta de agradecimento e louvor, pediu-me que escrevesse a Otto dizendo que o livro me agradara muito e que eu gostaria de discutir algumas partes com ele. Depois de o encontrar deveria escrever ao pai minha opinião. Recusei-me, porém, com firmeza, aludindo aos resultados de seu exame. É muito grande o respeito que tenho por Otto Gross.

Hoje recebi uma maravilhosa carta de Marcinowski, na qual nos garante um apoio decidido e se declara um companheiro de lutas. Diz-me que três outros ensaios estão sendo publicados em diferentes lugares. Está tentando fazer contatos com nosso grupo, pede endereços. O dele: Sanatorium Haus *Sielbeck a. Uklei*, Holstein. Acho que é uma aquisição valiosa, um homem capaz. Ainda não recebi o ensaio dele.

Também ainda não vi nada sobre o *Jahrbuch* como um todo. Nosso caro Ferenczi escreveu um comentário para um jornal de Viena[3]. A primeira investida contra "O Pequeno Hans" saiu, enfim, no *Neurologisches Zentrablatt* de hoje. Quem a assina é Braatz[4]; o exemplo de imbecilidade emotiva que ele dá é tão belo que a gente é tentado a perdoá-lo por tudo. Logo depois vem uma crítica do pequeno estudo de Fräulein Chalewsky[5] por Kurt Mendel[6] em pessoa – imperdoavelmente atrevida. O acaso também me trouxe hoje às mãos o novo *Lehrbuch der Nervenkrankheiten* (Curschmann)[7]. É Aschaffenburg quem se encarrega das neuroses. Sua costumeira acrimônia dessa vez ficou de fora, mas é claro que a coisa é insípida vazia etc.

Um dia cheio, como vê. A história sobre o "traseiro de vidro" saiu no *Zukunft*[8], não me lembro quando. O contexto de sua carta mostra que o senhor não esqueceu o significado.

Com as lembranças mais sinceras e um abraço cordial de

Freud

1. Em inglês no original.
2. Em inglês no original.
3. Não localizado; talvez não publicado.
4. Emil Braatz (1865?-1934), psiquiatra de Berlim, em Neurologisches Zentralblatt, XXVIII (7-6-1909), 585. No mesmo artigo, Braatz criticava também a palestra de Jung em Amsterdam. Para o ataque dele a Abraham, em 8/11, cf. 114 F.
5. Fany Chalewsky, "Heilung eines hysterischen Bellens durch Pshychoanalyse", *Zentralbatt für Nervenheilkunde und Psychiatrie*, n.s. XX (1909). Chalewsky, de Rostov, sobre o Don (Rússia), doutourou-se em Medicina em Zurique em 1907.
6. Kurt Mendel (1874-19 –), psiquiatra de Berlim, editor do *Neurologisches Zentralblatt*. Ver Jung, "A respeito da crítica à psicanálise", OC 4 (orig. *Jahrbuch*, II:2, 1910): numa discussão do antagonismo profissional à psicanálise, ele reproduz na íntegra um artigo em que Mendel atacava satiricamente o ponto de vista freudiano, em *Zentralblatt*, XXIX:6 (1910).
7. Hans Curschmann (1875-1950), com F. Kramer, *Lehrbuch der Nervenkrankheiten* (1909).
8. Cf. 143 F n. 2.

146 J

Im Feld, Küsnach bei Zürich
12 de junho de 1909

Caro Professor Freud,

Obrigado pela carta. Fui levado a me dizer que eu escreveria nesse mesmo espírito caso um amigo ou um colega meu se visse em situação igualmente embaraçosa. Obriguei-me a me dizer isso porque meu complexo paterno teimava em insinuar que sua reação não seria a que foi e que o senhor me passaria um bom pito, disfarçando-o como lhe fosse possível sob o manto do amor fraterno. Seria, na realidade, uma suprema tolice que eu, logo eu, seu "filho e herdeiro", esbanjasse tão insensatamente sua herança, como se nada soubesse dessas coisas. O que o senhor diz da superestima intelectual é correto sob todos os aspectos e eu, para rematar, ainda nutro a

Ano 1909

absurda ideia de algum tipo de obrigação moral. Tudo isso é muito maçante, mas útil (a última palavra em negrito e com tipos espacejados).

Nem uma palavra de Adler. Frl. E——, que voltou ao tratamento, disse-me que ele está se afastando do senhor e *já* se aventura por um caminho próprio, talvez até em direção contrária[1]. Será verdade?

Recebi hoje uma carta de Marcinowski (em resposta ao meu pedido de uma colaboração para o *Jahrbuch*). Realmente não sei, mas tenho sentimentos dúbios quanto a essa carta (em anexo).

No tocante à América, que mais dizer senão que é magnífico?[2] Já reservei uma cabine no *G. Washington* – é, infelizmente, caríssima a única que ainda estava disponível. Devo partir de Bremen com o senhor. Agora que estou pronto para entrar em cena, que hei de falar? Que se *pode* falar de tudo isso em apenas três palestras? Ficaria muito grato se me desse um conselho.

O *Lehrbuch* de Curschmann acaba de chegar. O que Aschaffenburg escreve sobre histeria é de uma indigência única. E a histeria não ganha mais do que umas páginas! Então isso é tudo o que essa gente tem a dizer sobre a doença em comparação com a qual são raridades todas as outras afecções nervosas? Foerster publicou um livro sobre ética sexual[3] em que o senhor é evocado como uma caricatura hedionda, um "teórico sem firme sentido de realidade". Realmente, já é mais do que tempo de o senhor compilar uma seleta alfabética de seus *epitheta ornantia*[4].

Seif esteve aqui em Zurique quase três semanas comigo, donde o conhecimento dele. Nas férias de verão há de vir de novo.

Só hoje meus filhos vieram para a casa nova. Tudo está indo bem, inclusive minha clientela, o que me deixa muito feliz. Frl. E – é um caso aparatoso. Por acaso ela lhe falou das suas experiências com médicos? Dá a impressão de ser perigosa (e eu, ao dizer isso, dou-me um puxão de orelha).

Lembranças do

Jung

---

1. Na reunião de 2-6-1909 da Sociedade de Viena, o estudo de Adler sobre "The Oneness of the Neuroses" foi severamente criticado por Freud e outros, e "as discordâncias latentes com Adler tornaram-se pela primeira vez manifestas" (*Minutes*, II, p. 274, n. 5).

2. Evidentemente, Jung enviara a Freud a notícia de que também fora convidado pela Universidade Clark, mas está faltando a carta ou o telegrama. Em 13/6, Freud escreveu

a Pfister: "O senhor também deve ter se alegrado com a boa nova de que Jung irá comigo a Worcester" *(Freud/Pfister Letters*, p. 25). Em *Memories*, Jung diz que ele e Freud foram convidados "simultânea e independentemente" (p. 120/121). Não foi possível, porém, documentar o convite de Hall a Jung. Ross, em *G. Stanley Hall: The Psychologist as Prophet*, indica que nos papéis de Hall não há "qualquer evidência concreta de quando Jung foi convidado" (p. 387, n. 43).

3. *Sexualethik und Sexualpädagogik* (Munique, 1907).

4. Epítetos ornamentais, como em Homero.

147 F

18 de junho de 1909, Viena, IX. Berggasse 19

Caro amigo,

Seu convite para a América é a melhor coisa que nos aconteceu desde Salzburg; dá-me enorme prazer pelas razões mais egoístas, mas também, decerto, porque demonstra o prestígio que, nessa idade, o senhor já conquistou. Um começo assim há de levá-lo longe, e uma certa quantidade de favor por parte do destino e dos homens jamais deixa de ser oportuno para quem aspira realizar grandes feitos.

Naturalmente, sua alegria já começa a ser toldada pelas mesmas preocupações que alimento e culminam nesta questão: que dizer a essa gente? Tive, porém, uma ideia que nos pode salvar, e não pense que eu vá guardá-la em segredo. É simples: podemos tratar disso a bordo, em longas conversas durante os passeios no convés. No mais, só posso remetê-lo à astuta observação com a qual não faz muito o senhor mesmo acalmou meus pressentimentos: o que interessa é o convite, a audiência fica à nossa mercê, obrigada a aplaudir o que bem queiramos levar-lhe.

Um pormenor dos mais gratificantes é que o senhor também vai pelo *G. Washington*. Ambos faremos boa companhia a Ferenczi.

No que se refere a Marcinowski posso tranquilizá-lo. É um homem bom e sincero, as cartas que me mandou (e que também posso passar ao senhor) não pecam por falta de calor. Acho que a carta que lhe escreveu foi ditada, daí o tom inexpressivo de algumas passagens; em suas cartas há sempre uma clara vibração metálica. Talvez se sinta um pouco sozinho, o que se explica pelas dificuldades que encontrou no começo. Não discordo dele na questão que levanta; as análises longas, como a de "O Pequeno Hans" ou a da "Irma de Binswanger"[1], podem facilmente se tornar cansativas, levando o leitor a desistir da leitura como uma forma de resistir ao impacto. Essencialmente, no fim das contas, o *Jahrbuch* não é apenas feito por nós, mas também *para nós*, para nossa edificação mútua. Artigos curtos aqui e ali inseridos em meio às mais diversas matérias podem, de fato, exercer sobre os leigos uma influência sensível. Tenho certeza de que M. não deixará de colaborar com o *Jahrbuch* quando tiver algo novo ou de interesse mais amplo a dizer.

Numa segunda carta, Fräulein Spielrein admitiu que o assunto dela tem relação com o senhor; mas ficou nisso, eximindo-se de revelar intenções. Minha resposta foi bastante sensata e penetrante; dei a entender que à moda de um Sherlock Holmes eu me valera de uma pista indistinta para desvendar o mistério (é claro que depois de suas informações isso até foi fácil) e sugeri um procedimento mais adequado, algo, por assim dizer, endopsíquico. Não sei se essa sugestão será eficaz. Devo exortá-lo, por ora, a não ir muito longe nesse rumo de reação e contrição. Lembre-se da oportuna frase de Lassalle sobre o químico cujo tubo de ensaio se quebrara: "De sobrancelha franzida para a resistência da matéria, ele prossegue no trabalho"[2]. Tendo em vista o tipo de matéria com o qual trabalhamos, jamais será possível evitar pequenas explosões no laboratório. Ora não damos ao tubo a inclinação necessária, ora o aquecemos muito depressa. Mas, assim, descobrimos que parte do perigo jaz na própria matéria e parte em nossa maneira de lidar com ela.

Por mais uma semana ainda trabalho o dia todo, depois só a metade, até 15 de julho, e hei de terminar nesse período a "Obsessional Neurosis"[3]. Faça-me, de quando em quando, um lembrete para que não deixe sair muito canhestra. Minha mulher ainda está em Hamburgo com Sophie[4], retida pela doença da avó[5], mas é provável que volte na semana que vem. Meu segundo filho[6] está se saindo muito bem nos exames finais.

O que levou Fräulein E—— à questão Adler? Ele nunca ouviu falar dela. Acredito, sim, que haja verdade na história. Teórico astuto e original, ele, no entanto, não está afinado com a psicologia; passa ao largo dela e se concentra no aspecto biológico. De qualquer forma é um tipo honesto, não há de desertar no futuro imediato nem de participar como gostaríamos. Tanto quanto possível devemos segurá-lo.

Junto a carta de M. Quando quiser mando-lhe as outras cartas mencionadas (Fräulein Sp. e Dr. M.); a não ser que as pedisse, achei melhor não o importunar com essas coisas.

Para você e a dona da casa nova mando minhas melhores lembranças.

Cordialmente,
Freud

1. O sujeito de "Versuch einer Hysterieanalyse"; cf. 167 F n. 2.
2. Ferdinand Lassalle (1825-1864), socialista alemão. A citação é extraída de sua autodefesa ("A ciência e o trabalhador") perante a Corte Criminal de Berlim, 16/1/1863: *Reden und Schriften*, ed. E. Bernstein, V. II (Berlim 1893), p. 110s. Freud usou a citação como um exemplo "excepcional" de uma analogia que "eu não me canso de admirar e a cujo efeito jamais fiquei imune", em *Jokes and Their Relation to the Unconscious* (1905), SE VIII, p. 82. / Esta passagem da carta de Freud é citada por Jones, II, p. 492/442s.
3. O caso "O Homem dos Ratos"; cf. 150 F n. 1.
4. A segunda filha (1893-1920) de Freud, que depois se casou com Max Halberstadt (cf. 329 F n. 7).
5. Emmeline Bernays, *née.* Philipp (1830-1910).
6. Oliver Freud (1891-1969).

148 J

Im Feld, Küsnach bei Zürich
21 de junho de 1909

Caro Professor Freud,

Tenho boas notícias a dar sobre meu problema com Spielrein. Eu vi tudo de forma obscura. Estava quase certo de que se vingaria depois que rompi com ela e só me surpreendi com a banalidade da forma que essa vingança assumiu. Anteontem ela veio à minha casa e tivemos uma conversa *muito decente*, durante a qual transpirou que o boato que corre ao meu respeito não parte em absoluto dela. Foram minhas ideias de referência, bem compreensíveis nas circunstâncias, que lhe atribuíram tal boato, mas desejo me retratar incontinente. Além disso, ela se libertou magnificamente bem da transferência e não sofreu recaída (excluindo um paroxismo de choro após a separação). A vontade de estar com o senhor não visava a uma intriga, mas apenas preparar o caminho para uma conversa comigo. Agora, após sua segunda carta, ela resolveu me procurar diretamente. Embora sem me deixar levar a um remorso infundado, deploro os pecados que cometi, pois, em grande parte, posso ser incriminado pelas extravagantes esperanças de minha ex-paciente. Com efeito, em obediência ao meu princípio fundamental de levar todas as pessoas a sério até o limite extremo, discuti com ela o problema do filho[1], imaginando que falava em termos teóricos quando, na realidade, Eros se agitava sorrateiramente nos bastidores. Atribuí, pois, apenas à minha paciente todos os outros desejos e esperanças, sem ver em mim a mesma coisa. Quando a situação se tornou tão tensa ao ponto de a prolongada persistência no relacionamento só poder ser resolvida por atos sexuais, defendi-me de uma maneira que não encontra justificativa moral. Possuído pelo delírio de ser vítima dos estratagemas sexuais de minha paciente, escrevi à mãe dela dizendo que eu não era o gratificador dos desejos sexuais da filha, mas simplesmente seu médico, e exortando-a a libertar-me dela. Tendo em vista o fato de que pouco antes a paciente fora minha amiga e gozara de toda a minha confiança, meu gesto foi uma autêntica safadeza que só com muita relutância confesso ao senhor como meu pai. Gostaria, agora, de lhe pedir um grande favor: que mandasse algumas linhas a Frl. Spielrein dizendo-lhe que o informei de todo o assunto, e em particular da carta aos pais dela, que é o que mais lamento. Quero dar à minha paciente pelo menos uma satisfação: a de que tanto ela quanto o senhor sabem de minha "perfect honesty"[2]. Peço-lhe mil perdões, foi só minha tolice que o envolveu nessa confusão. Estou, no entanto, contente por, afinal, eu não ter me enganado sobre o caráter de minha paciente, pois, de outro modo, ficaria em dúvida quanto à firmeza de meu julgamento e isso poderia me estorvar consideravelmente em meu trabalho.

É grande a expectativa com que penso na América. Já reservei a passagem para o *G. Washington*, mas a cabine é cara demais. Quanto a Marcinowski, o senhor me deixou tranquilo, não preciso de mais nenhum documento.

Suponho que nesse ínterim tenha recebido uma carta do *studiosus* Honegger[3] que certamente o divertirá. O rapaz é muito inteligente e sutil, quer se dedicar à psiquiatria. Certa vez, consultou-se comigo devido a uma perda do sentido de realidade que durou alguns dias (psicastenia =

Ano 1909

introversão da libido = Dem. pr.) Tento levá-lo indiretamente à análise para que possa analisar a si mesmo *conscientemente*; desse modo, ele talvez se antecipe à autodesintegração automática da Dem. pr.

Sua carta chegou ainda há pouco – obrigado! A realidade já me consolou. Mas, mesmo assim, fico grato por seu bondoso interesse.

Mantenho-me na expectativa de seu ensaio para o *Jahrbuch*. Adler aquiesceu de bom grado, prometendo mandar alguma coisa[4]. Frl. E—— vai se saindo muito bem, é interessante. Ela conhece uma paciente de Adler, mas não disse o nome.

Com as mais gratas lembranças
do *Jung*

1. Cf. 133 J § 1; também 35 J § 2.
2. Em inglês no original.
3. Johann Jakob Honegger, F.° (1885-1911), psiquiatra de Zurique, trabalhou no Burghölzli e no Territet. Seu pai, também psiquiatra, foi professor de Adolf Meyer. A presente correspondência é uma importante fonte de informações sobre Honegger; outra é Hans H. Walser, "J.J. Honegger (1885-1911) – ein Beitrag zur Geschichte der Psychoanalyse", *Schweizer Archiv für Neurologie*, CXII (1973), 107s. = "An Early Psychoanalytic Tragedy: J.J. Honeger and the Beginnings of Training Analysis", *Spring 1974* (Zurique). / Aparentemente, Freud se refere à carta de Honegger aqui mencionada quando, escrevendo a Pfister, diz: "Honegger me compreendeu bem" *(Fred/Pfister Letters*, 12-7-09); cf. tb. 177 F. A carta de Honegger não foi localizada.
4. "Über neurotische Dispositionen", *Jahrbuch*, I:2 (1909).

149 F

30 de junho de 1909, Viena, IX. Bergasse 19

Caro amigo,

É mais do que tempo de lhe mandar outra carta. Mesmo em face de piores delitos a sua me teria acalmado; já devo estar predisposto, e muito, a seu favor. Logo após recebê-la escrevi a Fräulein Sp. umas linhas amáveis, dando-lhe satisfações, e hoje tive resposta. Uma resposta espantosamente canhestra – por acaso ela é estrangeira? – ou, então, muito inibida, difícil de entender. Tudo o que posso inferir é que ela não está brincando, que atribui grande significação à coisa. Não se sinta culpado de me ter envolvido; foi dela, não do senhor, que partiu o gesto. E, afinal, o problema se resolveu de maneira satisfatória para todos. A meu ver, o senhor andou oscilando entre os extremos Bleuler e Gross. Quando penso que devo sua conversão final, sua convicção profunda, à mesma experiência com Gross, não posso em absoluto zangar-me, posso apenas admirar a profunda coerência de tudo o que há neste mundo.

Com relação a mim, as notícias são estas: a energia está no fim, no máximo dá agora para realizar um trabalho. Parto para Munique dentro de duas semanas e de lá para Ammerwald (segue o endereço). O trabalho em questão é meu ensaio sobre o Homem dos Ratos. Está difícil, muito difícil, quase além de minha capacidade de apresentação; é provável que o texto só seja inteligível em nosso círculo imediato. Como saem estropiadas nossas reproduções, de que modo deplorável dissecamos as grandes obras de arte da natureza psíquica! Lamento que esse ensaio esteja se tornando também muito maçudo. Flui de mim de forma ininterrupta e fica, assim, incompleto, inadequado e, portanto, infiel à verdade. Uma luta medonha. Estou disposto a acabá-lo antes da próxima viagem e a não fazer mais nada antes de embarcar para a América. O cansaço me venceu este ano.

Lembro-me a tempo de que devo anunciar-lhe a chegada do Dr. Karpas[1] e recomendá-lo ao senhor, é um *good boy*[2], aluno de Brill. Pretende ir para Zurique em meados de julho e ficar alguns meses. Participou com interesse de várias de nossas quartas-feiras[3]. Um estranho ao nosso grupo deu-me um curto, mas significativo, texto sobre sonhos, a fim de que o submetesse ao senhor para o *Jahrbuch*. Se não houver mais espaço, deixe-o para o próximo número.

Estou atolado em meus ratos.

Para o senhor e os seus, as melhores lembranças
de *Freud*

1. Morris J. Karpas (1879-1918), sócio-fundador da Sociedade Psicanalítica de Nova York.
2. Em inglês no original.
3. 7-4/2-6-1909 (*Minutes*, II).

150 F

7 de julho de 1909, IX. Berggasse 19

Caro amigo,

Mando anexo o manuscrito do Homem dos Ratos[1] e o pequeno artigo de H. Silberer sobre a observação do mecanismo dos sonhos[2], ambos para sua apreciação editorial. O meu foi difícil de fazer e não saiu inteiramente ao meu gosto. Bem que o poderia prefaciar com os notáveis versos de Busch sobre a cena de infância do pintor Klecksel:

> Mostra-nos uma visão incomum
> Do que pode a índole de cada um[3].

Mas basta disso, vamos agora esperar que o leia.

Já é mais do que hora de essa fase chegar ao fim. Meu desprazer psíquico em trabalhar tornou-se realmente agudo, já não posso protelar as férias, que serão muito curtas. A 14 do corrente, à noite, partimos via Munique para Ammerwald, Post Reutte, Tirol. As cartas para o endereço de Viena naturalmente me serão remetidas. Pode ser que, nesse meio tempo, em atendimento a um chamado, ocorra uma viagem a Salonica. Mas cobrei tão caro pelos cinco dias que a necessidade de minha consulta há de provavelmente desaparecer. Sequer é um caso de ΨA.

Marcinowski me informa que Simon[4], de Londres, mandou-lhe um caso para analisar. Em nossa volta, M. quer ter um encontro em Hamburgo, onde, aliás, devo ficar mesmo uns dias por causa de minha velha sogra. Intencionalmente, não penso na América e em nossa viagem. Quero que cada experiência agradável chegue como uma surpresa, estou decidido a não estragar meu prazer com antecipações supercatexizadas e a encarar com serenidade as decepções. Faça o mesmo, não se deixe esmagar pela preocupação com suas palestras. Por acaso o senhor sabe quem mais foi convidado?

Identificando-se como seu paciente, um certo Mr. McCormick[5] solicitou recentemente uma entrevista comigo. Mas a hora foi marcada e ele não veio.

Meu segundo filho transpôs o obstáculo do exame final e pela primeira vez partiu sozinho em viagem. O mais velho[6] teve o rosto arranhado num

Ano 1909

duelo de estudantes e reagiu muito bem a toda a história. Os moços vão pouco a pouco se tornando independentes e eu já me tornei de súbito *the old man*[7].

Minhas melhores lembranças para o senhor e a esposa.

Cordialmente,
Freud

P.S. Os manuscritos seguirão em separado daqui a dois dias.

1. "Bemerkungen über einen Fall von Zwangsneurose", *Jahrbuch*, I:2 1909) = "Notes upon a Case of Obsessional Neurosis", SE X.
2. Herbert Silberer (1882-1922), psicanalista de Viena, autor especializado em simbolismo alquímico. Suicidou-se. O artigo em pauta é "Bericht über eine Methode, gewisse symbolische Halluzionations-Erscheinungen hervorzurufen und zu beobachten", *Jahrbuch*, I:2 (1909). / Mais de 40 anos depois, Jung escreveria: "Silberer foi o primeiro que tentou penetrar no aspecto mais importante da alquimia, que é o aspecto psicológico" (OC 14/1, p.10).
3. Hológrafo: *So blickt man klar, wie selten nur/ Ins innre Walten der Natur.* De Wilhelm Busch, "Maler Klecksel" (1884).
4. Não identificado.
5. Harold Fowler McCormick (1872-1941), industrial e filantropo de Chicago, mais tarde um generoso patrono da psicologia analítica.
6. Jean Martin Freud (1889-1967), mais tarde em Londres. Autor de *Sigmund Freud: Man and Father* (1958).
7. Em inglês no original.

151 J

Im Feld, Küsnach bei Zürich,
10 de julho/13 de julho de 1909[1]

Caro Professor Freud,

Devo-lhe resposta a duas cartas. Antes de tudo desejo agradecer profundamente sua amável ajuda na questão Spielrein, que, enfim, resolveu-se de modo tão satisfatório. Uma vez mais fiquei perturbado. Frl. S. é russa, daí a dificuldade dela em se expressar.

Os manuscritos chegaram nesse meio tempo; estou lendo-os com o maior interesse. Quem é Silberer? Compreendo perfeitamente as impressões do senhor sobre seu próprio texto. É também por isso que reluto tanto em

Ano 1909

apresentar meus casos. Simplesmente não podemos fazer coisas tão belas e verdadeiras quanto as da Natureza. Estou a ponto de acabar a análise de Agathli e logo hei de dar início às conferências na América. Não sei realmente o que falar. Começarei por sondar um ponto ou outro só para ver onde chego. Tenho uma vaga ideia de, em primeiro lugar, falar da constelação familiar, em segundo da significação das associações para o diagnóstico e em terceiro das questões educacionais suscitadas pela psicanálise. O fato de que o senhor há de estar presente, sabendo de tudo isso muito melhor do que eu, certamente não me incomoda pouco. Irei adiante de qualquer jeito. Desde que os fundamentos estejam lançados no papel, minha preocupação deixará de existir e serei capaz de dedicar toda a atenção às impressões da viagem. O único senão é que meu ex-paciente McCormick seguirá com a esposa[2] no mesmo navio. Ele, de fato, quis procurá-lo em Viena, onde uma recaída passageira o surpreendeu, mas foi interceptado pela esposa, a qual se deu ao trabalho de aclarar as resistências dele, nisso o esgotando tanto que, evidentemente, ele acabou por desistir da visita. Alguns dias depois partiu para Karlsbad. É uma pessoa interessante, mas foi sem meu conhecimento que ele preparou essa viagem a Viena.

De novo não me falta o que fazer: seis pacientes, dois laudos forenses e, agora, o *Jahrbuch* e as palestras na América. As aves de arribação, *i. e.*, os visitantes, também figuram no quadro. Entre eles nosso primeiro italiano, o Dr. Assagioli[3], da clínica psiquiátrica de Florença, pessoa agradável e talvez valiosa. O Frof. Tanzi[4] indicou-lhe nosso trabalho para uma tese. O jovem é *muito* inteligente, parece extremamente culto e é um seguidor entusiástico que ingressa no novo território com perfeito *brio*. Quer visitá-lo na primavera que vem. Meu inglês se foi; há de falar em Edimburgo, na Associação Médica, sobre as novidades que chegam do senhor[5]. A compreensão dele deixava a desejar. Esteve ainda comigo um ignorantão de Coimbra, também professor de Psicologia[6]. Em casa tudo bem.

Queira aceitar minhas lembranças.

Cordialmente,

Jung

---

1. Após a data *10.VII*, Jung escreveu acima 13.VII, quando, aparentemente tendo feito uma interrupção, deu segmento à carta com o segundo parágrafo.

Ano 1909 ——————————————————————————————————

2. Edith Rockefeller McCormick (1872-1932), protetora da psicologia analítica e de músicos e escritores; em particular, cf. Richard Ellmann, *James Joyce* (1959), p. 435, 480-483.

3. Roberto Assagioli (1888–), cuja tese de doutoramento, "La Psicosintesi", foi aceita pela Universidade de Florença em 1910 e publicada parcialmente numa revista que ele mesmo fundou, *Psiche: Rivista di Studi Psicologici*, I:2 (1912). Afastou-se mais tarde do movimento psicanalítico e desenvolveu seu próprio sistema, estimulado pela Fundação de Pesquisas sobre Psicossíntese (Florença e Nova York). Cf. seu *Psychosynthesis: A Manual of Principles and Techniques* (Nova York, 1965).

4. Eugenio Tanzi (1856-1934), psiquiatra de Reggio d'Emilia e Florença; autor, com Ernesto Lugaro, de um compêndio de higiene mental.

5. Cf. 140 J n. 3.

6. Não identificado.

152 F

19 de julho de 1909, Ammerwald[1]

Caro amigo,

Até hoje não lhe agradeci esse inesperado presente, seu artigo sobre interpretação de sonhos[2], que eu trouxe para cá, em minha pasta. Aqui minha intenção é não fazer absolutamente nada, nem mesmo pensar na América; estou muito cansado. Ontem, depois de arrastar meu corpo exausto por uma encosta de morro onde a Natureza se prodigaliza em efeitos com os mais simples recursos, uma pedra branca, campos vermelhos de rosas alpinas, uma nesga de neve, a cascata e o verde em profusão, tive dificuldades em reconhecer-me. O senhor poderia ter diagnosticado Dem. pr. Infelizmente, a casa, que em tudo é esplêndida, está situada em meio ao arvoredo e não tem vista, coisa que me faz muita falta. Os primeiros dias, nublados, foram uma verdadeira provação. Agora o tempo está firme, mas, mesmo assim, não tencionamos ficar além de 1º de agosto.

No mais, diante de suas notícias tão interessantes, tenho pouco a contar. Silberer é um jovem desconhecido, provavelmente um degenerado da alta roda; o pai dele é em Viena uma figura famosa, membro da câmara municipal e "negocista". Mas o trabalho dele é bom e lança luz sobre um aspecto da elaboração do sonho. Recebi há dias uma carta agridoce de Morton Prince, em agradecimento por algo que lhe havia mandado; devo estar ciente (diz ele) de que não concorda comigo em todos os pontos, o problema das neuroses admite vários tipos (!) de solução, os que ele prefere são diferentes; lamenta já ter reservado[3] passagem para Gênova (ou Genebra?), de modo que há de se desencontrar de mim em ambos os continentes etc. Minha alegria em não vê-lo será a mesma.

Acabo de escrever a um colega da Prússia, o Dr. Hundertmark[4] – não é um belo nome, ainda que rico demais em associações? – em resposta ao pedido de uma lista de livros que o possam ajudar no caminho para a terra prometida da ΨA. Perguntou-me se terá forças para chegar até lá. Trataremos de o defender de McCormick; eu, quando quero, posso ser abominável. Suas palestras hão de ser inteiramente novas para mim, não conheço o material senão mediante uma leitura muito superficial. Quando chegar a minha vez, hei de me consolar com a ideia de que pelo menos o senhor e Ferenczi estarão ouvindo.

Aqui, na fronteira noroeste do Império, estou muito mais próximo do senhor do que quando estou em Viena. Lembranças para o senhor e para sua estimada esposa, e também para a pequena heroína Agathli.

Cordialmente,

Freud

1. Para um relato do verão da família nessa estação da fronteira austro-bávara, cf. Martin Freud, *Sigmund Freud: Man and Father*, cap. XVIII-XIX.
2. "L'Analyse des rêves", *L'Année psychologique*, XV (1909) = "A análise dos sonhos", OC 4. Jung o menciona pela primeira vez em 111 J (21-10-1908).
3. Hológrafo: *gebookt*.
4. Não identificado.

153 J

Im Feld, Küsnach bei Zürich, 5 de agosto de 1909

Caro Professor Freud,

Acabo de passar uma semana em Munique, onde ludibriei um seguidor de Kraepelin e me empanturrei de arte. Agora me encontro em casa diante de um monte de trabalho. Sabendo que a paz de suas férias é para ser respeitada, atrevo-me a incomodá-lo apenas com um pequeno problema: tenho uma aluna, Frl. Dr. Gincburg[1], uma judia polonesa, que é realmente

Ano 1909

brilhante e tem um talento estupendo para analisar crianças. Assistiu-me com a maior eficiência, durante todo o verão, na clínica de pacientes externos. Agora está procurando um trabalho na mesma área. Lembrei-me que não raro se impõe ao senhor a necessidade de recomendar uma pessoa indicada para crianças. Vê alguma possibilidade para Frl. G.? Infelizmente, eu não sei de nada. As exigências que ela faz não são grandes.

Espero que até 11 de agosto eu já tenha terminado as palestras americanas. Parto, então, em meu barco a vela numa excursão de cinco dias. Saio daqui a 18, passo um dia em Basileia com alguns velhos amigos, visito Häberlin (cujo ciclo de conferências, pelo que ouvi dizer, está indo muito bem).

As conjecturas de Agathli prosseguem[2]: sonhou agora com uns homens urinando em fila, e o Papá entre eles. Para me dar as boas-vindas, quando voltei de Munique, meteu uma vara entre as pernas. À Mamã perguntou se os genitais dela (de A.) não deveriam ser "aplainados". Tinha visto o carpinteiro alisar com a plaina umas gavetas que não corriam bem. Lembro-me de um delírio de Dem. pr. em que os genitais eram aparelhados e "estendidos" para o Pastor X. A Dem. pr. é, em suma, um embelezamento colossal dos genitais.

Com minhas melhores lembranças, *auf Wiedersehen*.

Cordialmente,

Jung

1. Mira Gincburg (1887-1949), de Lodz, aperfeiçoou-se em medicina em Zurique e praticou em Schaffhaussen; foi um dos primeiros membros da Sociedade de Zurique. Casou-se com Emil Oberholzer (cf. 319 F n. 2) e ambos emigraram para Nova York em 1938. Ela foi um dos primeiros psicanalistas a tratar de crianças.
2. Cf. "Sobre os conflitos da alma infantil", OC 17 § 65-66.

154 F

Ammerwald, 9 de agosto de 1909

Caro amigo,

Escrevo na esperança de alcançá-lo antes que o senhor dê início à sua complicada viagem para o deixar ciente do que já foi combinado. Saio de Munique às 4:25 do dia 19 e chego a Bremen às 5:35 da manhã de 20.

Ferenczi chega na mesma manhã, só falta combinar a hora de encontro. Naturalmente, deixaremos nossos endereços no escritório do North German Lloyd para que possamos entrar em contato assim que o senhor chegue. Seria bom que me mandasse um cartão para lá informando a hora de sua chegada.

Em Munique, o senhor esteve muito perto de nós, pelo menos teoricamente. Duas horas e meia de trem até Oberammergau e depois outro tanto em carruagem. Mas, enfim, fez bem em não aparecer por aqui, já que mais um pouco e estaremos juntos por muitos dias.

Hei de pensar em Fräulein Gincburg tão logo volte ao trabalho. Tive grande necessidade de um assistente assim no último semestre. No momento, naturalmente, não sei de nada*. Só um chamado casual do dia a dia prosaico interrompeu meu descanso, que, no mais, foi profundo. Por sugestão de Eitingon, um russo de Genebra escreveu-me pedindo permissão para traduzir *Vida cotidiana*[2]; ontem chegou um telegrama de Bazhenov[3], de Moscou, anunciando que uma senhora, gravemente doente, virá analisar-se comigo. Várias fontes me informam que Oppenheim[4] anda a pregar uma cruzada contra nós; Jones escreve de Genebra e diz ter encontrado lá, no Congresso[5], partidários dos quais nós nem sabíamos. Convida-nos, a ambos, a Toronto; ele chega em Nova York a 4 de setembro e irá conosco até Worcester etc.

Agathli é muito interessante; a nossa paciência deve ser infinita, eles merecem o máximo de compreensão. O carpinteiro me lembra muito o bombeiro de O Pequeno Hans. Durante uma interessante incursão pela arqueologia concebi algumas ideias sobre a natureza do simbolismo, mas ainda não estão bem claras. Até agora não fiz meus preparativos para a América, sou incapaz para essas coisas.

Dou-lhe também um alegre *Auf Wiedersehen* e mando minhas melhores lembranças para sua mulher e para as crianças.

Cordialmente,
Freud

* Minha mesa nos bosques está capengando.[1]

---

1. Caligrafia irregular no trecho acima.
2. Grinstein menciona uma tradução russa de "Medem" publicada em 1910.

Ano 1909 ⎯⎯⎯⎯⎯⎯⎯⎯⎯⎯⎯⎯⎯⎯⎯⎯⎯⎯⎯⎯⎯⎯⎯⎯⎯⎯⎯

3. Nikolay Nikolayevich Bazhenov (1857-1923), ou Bagenov, então à frente do Hospital Psiquiátrico Preobrazhenskoye, Moscou. Mais tarde um líder na reforma das instituições psiquiátricas.

4. Oppenheim publicara recentemente um ensaio, "Zur Psychopathologie der Angstzustände", *Berliner klinische Wochenschrift*, XLVI (12-7-1909), no qual apoiava um ataque de Dubois à psicanálise e clamava por uma "guerra" contra ela. Cf. Jones, II, p. 128-114.

5. Sexto Congresso Internacional de Psicologia, de 2-7 de agosto, sob a presidência de Claparède.

A Conferência de Clark

Freud encontrou Jung e Ferenczi em 20 de agosto, em Bremen (cf. 329 F § 2), e no dia seguinte os três embarcaram no navio *George Washington*, do North German Lloyd. Durante a viagem analisaram os respectivos sonhos e Jung descreveu um dos seus (*Memories*, p. 158s.), prenúncio do conceito de inconsciente coletivo que viria a formular.

Chegaram a Nova York na noite de 29 de agosto, um domingo, e a eles se juntaram Brill e depois Jones. A semana foi dedicada a diversões e passeios; na noite de sábado, 4 de setembro, o grupo embarcou num vapor para chegar no dia seguinte a Fall River, Massachusetts, daí seguindo de trem, via Boston, para Worcester, sede da Universidade Clark.

Freud e Jung se hospedaram na casa de Stanley Hall. Freud fez cinco palestras, sempre às 11 da manhã, de terça a sábado; Jung fez três durante a semana; ambos falaram em alemão. Entre os participantes da conferência estavam William Stern, de Munique (cf. 208 F n. 3), e Leo Burgerstein, de Viena; dos Estados Unidos, William James, Adolf Meyer, Franz Boas, E.B. Titchener e, em particular, James Jackson Putnam (cf. 166 F n. 4). Na solenidade de encerramento, sábado, 11 de setembro, títulos de doutor *Honoris causae* foram concedidos a Freud (em psicologia) e a Jung (em educação e higiene social). Ver foto V.

Nos dois dias seguintes, Freud, Jung e Ferenczi viajaram bastante: para oeste, até as cataratas do Niagara, e de novo para leste, até Keene, Nova York, nos montes Adirondack, perto do lago Placid, onde passaram quatro dias na propriedade da família Putnam[1]. No fim de semana voltaram a Nova York, onde embarcaram no *Kaiser Wilhelm der Grosse* na manhã de terça, 21. Chegaram a Bremen em 29 de setembro; Jung foi direto para Küsnacht e Freud parou em Hamburgo e Berlim (para visitar uma médium

352

com Ferenczi [cf. +158 F n. 8]), antes de chegar a Viena, na manhã de sábado, 2 de outubro.

(O relato completo do episódio americano encontra-se em Jones, II, p. 59 s./53 s.; em Jung, *Memories*, p. 120-121, 156-152, 158, e em particular em suas cartas da América à esposa (*ibid.*, Apêndice II), bem como nas reminiscências que escreveu a V. Payne, em 23/7/49, em *Letters*, ed. G. Adler, v. 1; também em Ross, G. *Stanley Hall: The Psychologist as Prophet*, p. 384-94, que se baseia nos papéis de Hall, em entrevistas e jornais da época. Ainda, cf. Freud, "A história do movimento psicanalítico", Ed. Standard Bras. XIV, p. 42-43, e Halle, *Freud and the Americans*, c. I).

As palestras de Freud, intituladas *Über Psychoanalyse* e dedicadas a Hall, foram publicadas por Deuticke em 1910 e no mesmo ano traduzidas por H.W. Chase como "The Origin and Development of Psychoanalysis", em *American Journal of Psychology*, XXI: 2, 3, sendo reimpressas em *Lectures and Adresses Delivered before the Departments of Psychology and Pedagogy in Celebration of the Twentieth Anniversary of the Opening of Clark University* (Worcester), Parte I. Em Ed. Standard Bras. XI, intitulam-se agora "Cinco lições de psicanálise".

As conferências de Jung, intituladas "O método das associações", apareceram nas mesmas publicações americanas em tradução de A.A. Brill. Apenas a terceira palestra foi publicada em alemão: "Über Konflikte der kindlichen Seele", *Jahrbuch*, II (1910) = "Sobre os conflitos da alma infantil", OC 17. As duas primeiras estão em OC 2.

1. Para uma vívida descrição da propriedade e da visita dos psicanalistas, tal como lembrada por membros do círculo familiar, cf. George E. Gifford, Jr., "Freud and the Porcupine", *Harvard Medical Alumni Bulletin*, 46:4 (março-abril, 1972); cf. 177 F n. 3.

155 J

Küsnach bei Zürich, 1º de outubro de 1909

Caro Professor Freud,

Eis que bato à sua porta com uma carta cujo objetivo é saudá-lo no regresso a Viena e à costumeira lida. De minha parte já a enfrento a sério.

Sinto-me em plena forma e me tornei bem mais sensato do que talvez imagine. Minha mulher reage esplendidamente à psicanálise[1] e tudo vai *à merveille*. Na viagem de volta à Suíça não parei um só instante de analisar sonhos e descobri alguns gracejos impagáveis. Pena que o tempo agora não dê para contar. Como vai o senhor? E o estômago? Bem, espero.

Folheei a obra de Stransky[2] e, na verdade, achei bastante cretina. Uma longa carta de Forel me esperava convidando-me a participar de uma organização de psicoterapeutas. A perspectiva não me anima. Que fazer? Gostaria de saber logo o que pensa, pois ainda não dei resposta a Forel[3].

Até agora nada de provas do *Jahrbuch*.

É curioso como nosso trabalho se difunde aqui entre os professores primários. Um jovem professor esteve hoje comigo à procura de conselho; há meses ele mesmo trata da própria mulher, gravemente histérica, com bons resultados e extraordinária compreensão; trata também de um aluno que sofre de uma fobia. O bisturi vai sendo assim arrancado, a sangue frio, das mãos do médico. Que acha o senhor disso? O mesmo rapaz me diz que já há gente me difamando em Zurique, principalmente colegas. Compreensível, pois a reputação deles corre perigo. O jeito é deixar o circo pegar fogo, não há mais como evitá-lo. Em Zurique, um tal de Dr. *Bircher*[4] (tome nota do nome!) estabeleceu-se como psicanalista. Antes disso ele acreditava em ácido úrico, compotas de maçã e papinhas. Não tem um pingo de conhecimento, é claro. É bom ficar de sobreaviso com ele, sobretudo porque está muito na moda e renitentemente se esquiva a relações pessoais comigo.

Em casa tudo bem. Espero que o mesmo aconteça aí.

Com as lembranças mais cordiais
do *Jung*

---

1. Aqui Jung começou a usar regularmente a grafia *Psychoanalyse*, em vez de *Psychanalyse*.
2. Erwin Stransky (1877-1962), neurologista de Viena. A obra mencionada é provavelmente *Über die Dementia Praecox* (Wiesbaden, 1909).
3. Cf., contudo, a carta de Jung a Forel, 12-10-1909, em *Letters*, ed. G. Adler, v. 1: "Seu projeto para a união de todos os psicoterapeutas conta com minha simpatia, mas dada a atual inconciliabilidade dos opostos duvido muito que nós, da escola freudiana, possamos vir a ser bem recebidos". Com Oskar Vogt, Ludwig Frank e outros, Forel fundara a Sociedade de Psicologia e Psicoterapia Médica em Salzburg, 19/25-9-1909. O primeiro presidente foi o Professor Fulgence Raymond, da Salpetrière, Paris (Forel, *Out of my life and work*, 1937, p. 271).

4. M.O. Bircher-Benner (1867-1939), médico de Zurique que se especializou em dietética e fisioterapia numa clínica fundada em 1897. Tornou popular uma dieta conhecida como *Birchermüsli*, mistura de cereais, frutas e leite.

156 F

4 de outubro de 1909, Viena, IX. Berggasse 19

Caro amigo,

Primeiro devo agradecer sua carta. Depois acrescentar alguns adendos aos prodígios de nossa viagem. No dia seguinte à nossa separação, um número incrível de pessoas se parecia espantosamente com o senhor; por toda parte em que eu ia, em Hamburgo, seu chapeuzinho de faixa preta se deixava entrever. E o mesmo em Berlim. Nosso amigo Ferenczi fez-se uma estranha confissão, mas só depois do regresso. Trouxe a chave do quarto dele no Manhattan Hotel![1] É claro que isso significa que tomou posse do/da (*Frauen*) *zimmer*[2] de modo a manter todos à distância até que volte por lá. Baseado, nessa dedução, pudemos partir para um bocado de análise. Ele também desenvolveu as fantasias de transposição sobre as quais falamos. Muitas das ideias que comunicou ao senhor e a mim na realidade se relacionam ao seu complexo de mulheres (minha miserável caneta resolveu fazer greve hoje!)[3].

Cheguei aqui sábado de manhã e encontrei tudo bem – exceto minha velha mãe[4] e minhas duas filhas mais velhas. Mathilde provavelmente terá de fazer outra operação. Ela é muito corajosa e sensata, nosso genro não tanto. Bruscamente sou de novo arrasado às surpresas da vida.

Logo se seguiram outros fatos. Hoche parece ter agido com acerto ao suspender a palestra dele, pois minha prole vienense já se ajuntara em indignação ou medo e tramava os planos mais diversos para uma contraofensiva. Minha raiva previsível ante uma tática tão pobre não parece tê-los demovido em nada. Sábado e domingo foram ainda relativamente tranquilos, hoje a agitação começou e dentro em pouco estarei ocupado oito ou nove horas por dia. Só Deus sabe como hei de trabalhar em meus projetos científicos, numerosos e absolutamente necessários. Felizmente, consegui restaurar a pobre digestão de Konrad[5], tratando-o com o maior carinho em Hamburgo e Berlim.

No tocante à minha estada em Berlim devo também dizer que Abraham foi extremamente simpático e afetuoso, e de modo algum paranoide; quase me envergonhei diante de Ferenczi por há pouco me ter voltado contra ele. Tolerou até mesmo os elogios ao senhor, dos quais eu não me pude abster. Está se saindo muito bem, embora trabalhe em solo hostil. No fim, tomou o trem comigo até Frankenberg, hora e meia de viagem. O que ele me diz dos medalhões de Berlim, Oppenheim, por exemplo, é um grande consolo. Após um começo difícil a clientela está melhorando e isso, indubitavelmente, surtiu sobre ele um bom efeito.

Ao chegar aqui encontrei uma carta de Pfister que me impressionou como todas as cartas dele sempre o fazem[6]. A princípio acredito em tudo, sou crédulo sobre as boas novas – tudo parece maravilhoso. Mas logo recaio em meu mísero estado costumeiro. Espero, mesmo assim, que ele passe uma boa descompostura em Foerster[7].

Também eu encontrei à minha espera a circular de Forel. Escrevi explicando que nossa ausência em tais e tais datas nos impedira de responder a tempo. Folgo em dizer que escapamos ao pior, porque agora o encontro se realizou durante nossa ausência. Se Forel nos convidar para um posterior ingresso também prefiro dizer não, mas hei de responder primeiro que tenho de consultar o senhor e Bleuler.

Estou certo de que aprovará o que eu fiz ontem (domingo). Revi O Homem dos Ratos. E ainda não foi dessa vez que gostei dele. Assim que o vir diga-me se por acaso a sua impressão é outra. Acho muito desagradável que o senhor e Adler, e também outros, sem dúvida, até agora não tenham recebido provas. A resposta a esse abuso que periodicamente se repete deve ser: um novo volume do nosso *Jahrbuch*.

Realmente, na Suíça devem estar amaldiçoando o senhor. Encontrei em minha volta nada menos de cinco cartas de seu país – tão importante para nós, apesar de pequeno – que ou anunciavam a chegada de pacientes ou pediam informações e conselhos. No primeiro dia escrevi nada menos de 11 cartas para o exterior. Em longo prazo isso acabará se tornando monótono e *a nuisance*[8]. Mas o senhor está com a razão, o circo tem que queimar. Faz bem aos médicos. Vamos ficar de olho no Dr. Bircher. Felizmente, não precisamos ter direitos reservados sobre a psicanálise, ela é difícil demais de imitar.

Hoje troquei meus dólares por moeda da terra. Espero que agora todas as pequeninas chateações se despeçam de nossa lembrança da América para que apenas permaneçam em nós as impressões surpreendentemente grandes e belas. Minha mulher e meus filhos lhe agradecem pela companhia que o senhor me fez na viagem e graças à qual eu nunca me senti no meio de estranhos.

Boa sorte em seu novo ano de trabalho!

De *Freud*

1. Em Nova York, esquina de 42nd Street e Madison Avenue; já demolido.

2. *Zimmer* = quarto; *Frauenzimmer* = mulher (pejorativo).

3. Estava falhando.

4. Amalie Freud, *née* Nathansohn (1835-1930).

5. No romance *Imago* (1906), de Carl Spitteler, o herói se refere ao próprio corpo como Konrad, "porque estava em bons termos com ele". Jung também adotou o termo. Cf. Jones, II, p. 92-83, 437-391 (Jones supôs, no entanto, que ele só se aplicasse aos intestinos); cf. tb. 196 J n. 3 e 212 F.

6. Para a resposta de Freud, cf. *Freud/Pfister Letters*, p. 29.

7. Cf. 170 J n. 4.

8. Em inglês no original.

157 J

Küsnach bei Zürich, 14 de outubro de 1909

Caro Professor Freud,

Ocasionalmente sinto um tanto de saudade de estar com o senhor, mas é só de vez em quando; no mais prossigo em minha luta. Fez-me grande bem a análise empreendida na viagem de volta. Tenho muita animação, mas pouca oportunidade para o trabalho científico, no qual, naturalmente, não incluo a instrução de alunos. A esse respeito estou atarefado demais agora. Que lhe parece se eu pensasse em organizar as coisas de modo a tirar algum proveito financeiro da situação? Acho tão necessário que eu me proteja das pessoas ditas normais quanto das neuróticas (as diferenças entre elas são extraordinariamente pequenas). Considero-me justificado nessa maldade, pois essa gente há de auferir mais tarde grandes lucros, enquanto apenas perco tempo e energia para trabalhar.

Como andam as coisas com sua filha, ou melhor, suas duas filhas? O senhor disse ter encontrado doentes as filhas mais velhas.

Chegou a ver o último artigo de Friedländer?[1] E o de Siemerling, acho que no *Archiv*[2], sobre o *Jahrbuch*? Imagine que Friedländer esteve ainda ontem comigo, todo suavidade e feliz da vida. O senhor tinha toda a razão, o que ele quer é ser respondido *à tout prix*. A não ser que ele tenha a firme intenção de me converter, simplesmente não compreendo a finalidade real da visita dessa figura. Disse que gostaria imensamente de ter mais contato conosco a fim de saber alguma coisa sobre nosso trabalho (a grande desgraça é que há pacientes demais que parecem estar necessitando de tratamento psicanalítico, o senhor não acha?). Vai ver que ele tem um parafuso frouxo que não o deixa funcionar em paz. De tudo isso, deduzo que nossos adversários ficam inconsoláveis diante de nosso inviolado silêncio. Ele tentou despertar meu entusiasmo por um aparecimento em público e, naturalmente, fiz-me de desinteressado. Desconfio do tipo, sobretudo porque não consigo acreditar que tenha autênticos interesses científicos. Deve estar em busca de um alvo diferente, que me é ainda obscuro. Ficou de aparecer de novo amanhã para participar de uma reunião com meus alunos. Quase chego a desejar que essa gente continue por muito tempo a nos fazer oposição.

Estou lendo com prazer o livro de Inman sobre símbolos[3]. Em Reibmayr (*Entwicklungsgeschichte des Genies und Talentes*)[4] encontrei valiosas *estatísticas* sobre a esterilidade das mulheres americanas. Seu Homem dos Ratos me encheu de satisfação, é escrito com uma inteligência terrível e transbordante da mais sutil realidade. A maioria há de, porém, ser muito burra para compreendê-lo em sentido profundo. Que magnífico encadeamento de ideias! Lamento sinceramente não ter sido eu a escrevê-lo (nas provas revisadas há alguns erros tipográficos que, por certo, não lhe escaparão à atenção). Como frequentemente já pude observar com meus alunos, o que entra em causa não são tanto resistências devidas a complexos, mas uma simples incapacidade intelectual de compreender a sequência lógica dos fatos psicológicos e as conexões entre eles. O que a uma pessoa inteligente sugere conexões espantosas, a eles não diz absolutamente nada, são incapazes de seguir uma linha lógica de pensamento e permanecem carrancudos, de orelhas murchas. Com O Homem dos Ratos o senhor há de ver, vai se dar o mesmo, embora cada sentença seja feita sob medida e corresponda à perfeição ao real. Lamento, muitas vezes, cada palavra que inutilmente gastei com esses palermas. Pode ser que ao fim das provas (ainda não as tenho completas) tenha algumas perguntas teóricas a lhe fazer. Já pôde ler as provas de Stekel[5] e aplicar-lhes com benevolência o lápis azul? Recebi apenas uma parte delas.

Estou obcecado pela ideia de escrever um dia um texto que abarque todo esse campo; é claro que após anos de preparo e levantamento de fatos. Convém atacar em várias frentes. A arqueologia, ou mais propriamente a mitologia, já deitou garras sobre mim, é uma mina de materiais fantásticos. Não poderia o senhor lançar um pouco de luz nessa direção, ao menos uma espécie de análise espectral *par distance*?

Recebi hoje uma carta de Forel na qual participa que a Sociedade já está constituída, com 49 membros. Se eu "quiser ingressar" devo dirigir--me a ele. Devo? Minha vontade não é muita, sabemos o que por lá está se passando. Mas talvez o senhor tenha razões táticas.

O Dr. Maeder descomprometeu-se de Fräulein Dr. Chalewsky[6]. Merece felicitações. Tais casamentos, como se sabe, nunca dão certo.

Riklin ganhou um filho[7].

Tenho seis palestras a fazer no inverno sobre distúrbios mentais na infância[8] e é justamente nelas que trabalho no momento. Depois disso, as palestras americanas. Mas falta também escrever o meu discurso de guerra[9].

Os pacientes, neste outono, não me apertam tanto. Por ora tenho apenas dois, o que não deixa de ser uma mudança agradável. Mas meu tempo está todo tomado por outras coisas.

Em casa tudo bem, graças a um bom humor intenso e a muitas análises de sonhos. O diabo, ao que parece, caiu na própria armadilha.

Mando-lhe minhas melhores lembranças.

Cordialmente,
Jung

Novo sinônimo de pênis:
"o Grande Eleitor"[10].

Ano 1909

1. Adolf Albrecht Friedländer (1870-1949), psiquiatra então no Hohe Mark Sanatorium, perto de Frankfurt am Main; um crítico agressivo da psicanálise. Cf. Jones, II, p. 131s./I 17. O artigo de Friedländer não foi localizado.

2. *Archiv für Psychiatrie und Nervenkrankheiten*, XLV:3 (julho, 1909), 1251; editado pelo psiquiatra alemão Ernst Siemerling (1857-1931), que escreveu um breve comentário contra o *Jahrbuch* e a segunda edição de *Studien über Hysterie*.

3. Thomas Inman, *Ancient Pagan and Modern Christian Symbolism Exposed and Explained* (Nova York, 2. ed., 1974).

4. Albert Reibmayr, *Entwicklungsgeschichte des Talentes und Genies* (Munique, 1908).

5. "Beiträge zur Traumdeutung", *Jahrbuch*, I:2 (1909).

6. Cf. 145 F n. 5.

7. Franz Riklin, doutor em Medicina, morto em 1969. Formado no Burghölzli, tornou-se um dos grandes expoentes da psicologia junguiana na qualidade de presidente do Instituto C.G. Jung, Zurique, e coeditor das Gesammelte Werke – a ed. suíça da Obra Completa de Jung.

8. Cf. 175 J n. 1.

9. Presumivelmente, no encontro dos psiquiatras suíços em novembro; cf. 164 J.

10. Hológrafo: *Der grosse Kurfüst*. O epíteto pelo qual Friedrich Wilhelm (Frederico Guilherme, 1620-1688), eleitor de Brandemburgo, é conhecido na história. Na palavra composta, *Kur* = "eleição"; fora disso, "cura, tratamento".

158 F

17 de outubro de 1909, Viena, IX. Berggasse 19

Caro amigo,

É bom ver que em sua carta há alguns pontos que exigem resposta imediata. Hoje é domingo e depois de uma dura semana de trabalho faço jus a um descanso. Na verdade, tenho muitas coisas a lhe dizer e a discutir com o senhor. Comecemos pelas questões práticas.

Espero e acredito que Friedländer não lhe tenha podido arrancar nada. Mesmo nos negócios particulares *é* um sujeito asqueroso; saiu da terra dele por causa de uma desonestidade qualquer, deve a clínica ao casamento com uma mulher da qual se divorciou depois e é para o ex-sogro que ele agora a dirige etc. Tudo o que queria de nós, a meu ver, era uma espécie de reabilitação mediante a nossa hostilidade. Agora está inconsolável porque demonstramos com nosso silêncio que não o considerávamos, por assim dizer, à altura de um duelo. Ou tinha algum plano infame ao visitá-lo ou é mesmo dono de uma estupidez incomum; será que ele acha que não notamos o contraste entre as gentilezas em que se desmancha e as declarações feitas em público? Se no trato pessoal merece toda a rispidez possível, em nossos textos devemos simplesmente ignorá-lo; ele é um resto qualquer.

Como agir com Forel? Na breve resposta que me deu ele diz, entre outras coisas, que deixei de responder à sua principal pergunta, se quero ou não aderir. Decidi esperar por sua carta e sugerir que respondamos – tanto faz que seja o senhor ou eu a escrever – que não nos sentimos muito propensos a cooperar tendo em vista que alguns dos colegas dele se permitem toda espécie de insolências em relação a nós, contando, ao que parece, com o mutismo conivente de outros; que, como estivemos ausentes, não sabemos que decisões a Sociedade tomou nem a que obrigações ficam os membros sujeitos e, finalmente, que poderemos estudar o assunto caso ele se disponha a nos esclarecer a respeito. Sei, contudo, que Forel é diferente de nossos demais adversários; retrocedo em meu intento se o senhor achar melhor uma abordagem menos brusca.

Siemerling é, em resumo, um incompetente e, a julgar pelo que me diz Abraham, o mesmo se dá com Oppenheim. A melhor política é, a meu ver, ignorá-los polidamente.

Há dias recebi do primeiro Congresso Polonês de Neurologia um telegrama de louvor assinado, "após violento debate", por sete nomes poloneses ilegíveis e impronunciáveis. Só um me é conhecido, o Dr. Jekels; Frau Dr. Karpinska[1], ao que me dizem, estudou com o senhor. Dos outros cinco nunca ouvi falar; anoto os nomes para sua informação:

Luniewski – Sycianko – Kempinski – Chodzko – Rychlinski[2].

Um tal de Dr. F——, de Estrasburgo, pediu-me que reagisse por escrito à neurose dele; neguei-me em termos peremptórios. O senhor há de admitir que só se pode tratar de um esnobe enjoado. – Há algum tempo que andamos meio chateados com a *Sexual-Probleme*[3] devido ao tom e ao conteúdo dos comentários de Birnbaum[4]. Recentemente escrevi ao Dr. Marcuse dizendo que, embora não questione o direito de ele publicar as críticas que bem queira, gostaria que meu nome fosse excluído da lista de "colaboradores regulares". Agora o Dr. Marcuse me manda uma carta implorativa na qual resolve chamar Birnbaum de "objetivo", mas se declara disposto a dispensar esse crítico objetivo e substituí-lo por alguém de minha escolha. É estranho que só os "adversários" sejam considerados "objetivos". Caso lhe parecesse oportuno garantir a posição para nós, teria um nome a indicar?

Mas basta de ninharias! Sua ideia de obter algum lucro com os alunos parece-me absolutamente justificada. O senhor não poderia organizar um curso – uma "Introdução à Técnica da ΨA", digamos assim – e condicionar a inscrição dos "visitantes" ao pagamento de uma módica taxa?[5] De nenhum modo isso iria afetar a normalidade de suas relações.

O senhor é o primeiro a criticar O Homem dos Ratos. Aguardava ansiosamente sua opinião, já que eu mesmo estava insatisfeito com ele. Muito me alegro com seu elogio, embora saiba que há óbvias imperfeições que não lhe hão de escapar. Cheguei à conclusão de que após o aparecimento do *Jahrbuch* nada mais me impediria de mudar o modo de apresentação dos meus trabalhos. A ΨA tem agora um público e sinto-me justificado em escrever para ele. Já não é necessário repisar nas asserções elementares e refutar todas as objeções do início em cada um de nossos textos. Querer compreendê-los sem certo preparo prévio seria tão absurdo quanto enfrentar o cálculo integral sem antes ter aprendido aritmética elementar. – Semana passada O Homem dos Ratos anunciou pelos jornais o noivado dele com a "Dama"; está preparado para a vida e não lhe falta coragem. Tudo o que ainda o incomoda (complexo paterno e transferência) se tornou bem claro em minhas conversas com esse homem inteligente e grato.

Folgo em saber que o senhor compartilha minha crença de que devemos conquistar por completo o campo da mitologia. Até agora temos apenas dois pioneiros: Abraham e Rank. Não há de ser fácil encontrá-los, mas precisamos de homens para campanhas mais longas. Convém entrarmos também pelo domínio biográfico. Tive uma inspiração depois de minha volta. O enigma do caráter de Leonardo da Vinci tornou-se-me subitamente claro. Com isso poderíamos dar um primeiro passo no domínio em questão. Mas o material referente a L. é tão escasso que temo não ser capaz de demonstrar minha convicção com clareza. Deposito grande esperança numa obra italiana sobre a juventude dele[6], que já encomendei. Por ora me limito a lhe contar o segredo. Lembra-se de eu ter observado em "Teorias sexuais de crianças" (*2nd Short Papers*)[7] que as primitivas explorações infantis nessa esfera estavam destinadas a fracassar e que esse primeiro fracasso poderia ter sobre as crianças um efeito paralisante? Releia o trecho; na época não considerei o assunto com a mesma seriedade de agora. Bem, o grande Leonardo foi um homem assim; em idade muito tenra transformou sua sexualidade em necessidade intensa de conhecimento e, desde então, sua incapacidade de terminar qualquer coisa que empreendesse tornou-se um padrão ao qual teve de se sujeitar em todas as suas atividades: era sexualmente inativo ou homossexual. Não faz muito tempo encontrei um neurótico que era um fiel retrato dele (sem o gênio).

Eitingon está agora em Viena e se deixa analisar por mim ao longo de passeios que damos ao cair da noite. Em colaboração com Ferenczi trabalho numa nova ideia[8], da qual o senhor será informado tão logo ela comece a tomar forma.

Meus vienenses me receberam com uma noite festiva coroada de êxito[9]. Stekel contou com muita graça o caso de um "abominável paciente gratuito" (ele mesmo), no qual observou uma estranha fobia ocasionada por minha viagem à América. Adler fez algumas observações curiosas sobre ΨA e *Weltanschauung*, enquanto outros, preparados de antemão, complementavam-nas. Ao café servi com fartura nossa análise da América. Tinha lido antes da viagem as provas de Stekel; agora ele não me deixa cortar nada.

Devo agradecer-lhe pelas "notícias familiares", também em sentido lato. Minha filha, que ontem completou 23 anos[10], está de novo às voltas com inflamação pós-operatória, mas pelo menos não se deixou abater e de modo geral vai muito bem. O que está por vir ninguém sabe. À segunda de nada adiantou a temporada em Karlsbad. Ambas as avós andam combalidas[11]. Mas em nenhum dos casos, pesando bem, a coisa é grave.

O trabalho da semana me deixou meio atordoado. Eu inventaria agora o sétimo dia, se o Senhor não o tivesse feito há muito. Perdoe-me esta carta tão longa; graças a ela pude tomar pé da minha própria situação atual. Creio que só domingo à tarde me será possível trabalhar para Worcester; uma vez que essa penosa tarefa esteja finda pretendo dedicar-me de novo ao trabalho metódico para o *Jahrbuch*. É bem pouco o que de mim se pode esperar nas noites dos dias úteis. Muito contra a minha vontade devo viver como um americano: não há tempo para a libido.

É uma alegria saber que em sua casa tudo anda na mais perfeita ordem.

Ano 1909

Com as lembranças mais sinceras
de *Freud*

1. Luise von Karpinska (1871-1936), psicóloga de Zakopane, Polônia, participou da reunião de 15-12-1909 da Sociedade das Quartas-feiras *(Minutes*, II, p. 353). Publicou um longo artigo sobre os fundamentos psicológicos do freudianismo em *Zeitschrift*, II (1914). Mais tarde professora na Universidade de Lodz.

2. Witold Luniewski (1881-1932), psiquiatra do Hospital de Doenças Mentais, perto de Varsóvia. Quanto nos outros não há informações disponíveis. Em 12-10, Jung também recebeu um telegrama desses sete poloneses: "Freudianos poloneses enviam do atual Congresso expressões de elevada estima" (cópia fotostática na Library of Congress, incluída entre as cópias das cartas de Freud obtidas em Zurique no início da década de 1950 pelos Sigmund Freud Archives; *i. e.* Jung provavelmente o arquivou junto às cartas de Freud.)

3. Cf. 99 F n. 6.

4. Karl Birnbaum (1878-1950), psiquiatra e criminologista de Berlim. Em 1908-1909, publicou críticas de obras de Abraham, Jung ("Die Freud'sche Hysterietheorie", IV, 1908) e Strohmayer em *Sexual-Probleme*. Após 1939, na Filadélfia, Pennsylvannia.

5. Numa carta indédita a Ferenczi, 4-11-1909, Jung escreveu: "Agora estou pedindo 100 francos por um curso de três semanas".

6. N. Smiraglia Scognamiglio, *Ricerche e Documenti sulla Giovinezza di Leonardo da Vinci* (1452-1482), Nápoles, 1900; citado em Ed. Standard Bras., XI, *passim*.

7. Cf. 118 F n. 1; o ensaio fora reimpresso em *Sammlung kleiner Schriften zur Neurosenlehre*, II (fevereiro de 1909). A passagem mencionada está na p. 219; também citada em "Leonardo", Ed. Standard Bras. XI, 73.

8. Ideia que, segundo Anna Freud, talvez se ligue a este fato: ao regressarem dos Estados Unidos, Freud e Ferenczi estiveram em Berlim por volta de 1-10, visitando uma médium que o último conhecia. Graças ao desempenho dela surgiu um interesse por "transmissão de pensamento" e a 6 do mesmo mês, Freud escrevia a Ferenczi: "Temo que o senhor esteja a caminho de uma grande descoberta" (cf. Jones, III, p. 411s./384s.); cf. tb. 254 J n. 6 e 293 F n. 6.

9. Ao que parece, em 12-10-1909, no Hotel Residenz, com 27 presentes. Cf. *Minutes*, II, p. 275.

10. Mathilde, na verdade, fez 22 anos em 16-10-1909.

11. Para Emmeline Bernays, cf. 147 F n. 5. Para a mãe de Freud, 156 F n. 4.

159 J

Küsnach bei Zürich, 8 de novembro de 1909

Caro Professor Freud,

Suponho que já lhe tenha ocorrido uma explicação justa para meu longo silêncio. Os afazeres são tantos! Decerto esse é também o caso em que o senhor se encontra. Muito obrigado pela longa carta. Nesse meio tempo vieram à tona outras novidades. Mas vejamos primeiro o que estava em pauta.

Friedländer: tratei-o à moda "nobre" ou soberba, recebendo-o no círculo de meus quatro estrangeiros[1]. Puseram-se a falar em inglês e acabou ficando claro que não entende uma só palavra. Ele, no entanto, disfarçou tão bem que em nenhum momento notei essa incapacidade. Limitei-me, no mais, a dispensar-lhe uma fria polidez. Esteve ainda em visita a Pfister, bem como, é claro, a Foerster.

Sociedade de Forel: o Dr. Seif, de Munique, esteve comigo, trabalhando com afinco em ΨA. Ele já é membro da nova Sociedade e me disse que Frank falou abertamente ao nosso favor. S. insistiu para que tanto eu quanto o senhor ingressássemos. Embora não saiba ao certo o que a Sociedade se propõe a fazer, ele acredita que no fim tudo levará água para o nosso moinho. Que tal pensar na hipótese?

O Dr. F—— recebeu do senhor o que merece. É, ou parece ser, um neurótico obsessivo que esteve comigo umas três semanas (também com Dubois[2] etc. etc.), mostrando-se, porém, inabordável devido às mais incríveis e risíveis resistências. Bateu, por conseguinte, as asas depois de me confessar que normalmente *só* chega ao auge da volúpia com prostitutas *imundas*. Tendo ouvido a confissão, eu não poderia ser perdoado por ele.

Bleuler me comunicou há pouco que está disposto a esclarecer em definitivo as relações dele conosco, ou seja, até que ponto quer ou se julga capaz de nos seguir. Sinto-me naturalmente ansioso pelas obliquidades que hão de vir. O esforço de comunicação que o envolve não é nada mau em si mesmo. Mas?... Acho que se poderia aparar as rebarbas do texto dele[3] (que, ao que me consta, ainda não existe) se a intenção for publicá-lo no *Jahrbuch*. De qualquer jeito não será tão ruim assim. É inevitável que mais cedo ou mais tarde a polêmica surja em nosso campo. Será difícil suportar em longo prazo, por exemplo, o método de apresentação de Stekel, muito embora ele normalmente esteja certo. Teremos de ressaltar a distinção entre a genuína psicanálise e a variedade de Stekel. Sou obrigado a lutar com meus alunos para poder incutir neles[4] que a ΨA é um método científico e não uma adivinhação intuitiva. Meu fonoterapeuta inglês[5], por exemplo, baseia-se nas cartas de Stekel para achar que a interpretação de sonhos é uma coisa muito simples, uma espécie de tradução com ajuda da *clef de songes*. Vendo como o trabalho é complexo, o pobre coitado agora é vítima de uma triste decepção. Quem lê Stekel fica, em geral, com uma noção muito vaga de nossas realizações, para não dizer mais. Sem dúvida, St. também se inclina às interpretações estereotipadas, como frequentemente atesto aqui com meus alunos. Em vez de se darem ao trabalho de analisar, eles dizem apenas: "Isso é...". Como se não bastassem as resistências comezinhas, tenho também agora de lhes tirar Stekel da cabeça. Não pretendo, contudo, alijá-lo de vez; como de hábito o ensaio dele para o *Jahrbuch* traz coisas surpreendentemente corretas. Pelas descobertas que faz, ele é valioso, mas para o público é deletério.

Um dos motivos que me levaram a deixar de escrever por tanto tempo foi que passei as minhas noites imerso na história dos símbolos, *i. e.*, na mitologia e na arqueologia. Andei lendo Heródoto, em que achei coisas maravilhosas (p. ex., Livro II, culto de Papremis)[6]. Agora estou lendo os quatro volumes do velho Creuzer[7], nos quais há uma mina de material. Todo meu interesse pela arqueologia (latente há anos) voltou a se manifestar. Aqui se encontram fontes valiosas para a fundamentação filogenética da teoria da neurose. Tenho a intenção de mais tarde aproveitar algo para o *Jahrbuch*. É uma lástima que até mesmo em Heródoto já desabrochem as flores exóticas do puritanismo; ele é o primeiro a admitir que encobre muitas coisas por "razões de decência". Onde, tão cedo, terão os gregos aprendido isso? Descobri uma obra capital nos *Two Essays on the Worship of Priapus*[8], de Knight, bem melhor que a de Inman, que não é lá muito digno de confiança. Se eu for na primavera a Viena, espero levar-lhe várias novidades antigas.

Estou tratando de um jovem americano (médico) que fornece novos subsídios para a análise do modo de vida americano. O complexo materno volta a se situar aqui em primeiro plano (cf. o *Mother-Mary cult*)[9]. Na América, a mãe parece ser, sem dúvida, o membro dominante da família. Na realidade, a cultura americana é um abismo infindo; os homens se tornaram um rebanho de cordeiros, ao passo que às mulheres toca o papel de raposas vorazes – é claro que dentro do círculo familiar. Pergunto-me se jamais existiram antes no mundo condições como essas. E realmente acredito que não.

Com as melhores lembranças

do *Jung*

---

1. Desse círculo participavam Hoch e Trigant Burrow (1875-1950), de Baltimore, que em sua prática psicanalítica se afastou mais tarde tanto de Jung como de Freud. Suas cartas

seletas, *A Search for Man's Sanity* (Nova York, 1958), p. 23-35, referem-se ao ano que passou em Zurique e à sua análise com Jung.

2. Cf. 115 J n. 8.

3. Às vezes, citado mais tarde como a "apologia" de Bleuler. Cf. 226 F n. 1.

4. Hológrafo: *Ihnen* (no Senhor) em vez de *ihnen* (neles).

5. Hológrafo: *Mein englischer Stottererlehrer.* Tanto sua identidade quanto a referência às cartas de Stekel permanecem obscuras. Em *Conditions of Nervous Anxiety and Their Treatment,* Stekel apresenta vários casos de gagueira que haviam sido curados. Ernest Jones, que tinha "uma vastíssima experiência clínica" do problema, escreveu, por sua vez, a Putnam: "Aceito integralmente o que Stekel diz a respeito, ou seja, que se trata de uma histeria de ansiedade, sempre de origem sexual..." (13-1-1910, em *Putnam and Psychoanalysis,* p. 213s.)

6. Cf. *Símbolos da transformação,* OC 5, § 390. (também na ed. de 1911-1912).

7. *Ibid.*, § 354s. / Friedrich Creuzer, *Symbolik und Mythologie der alten Völker* (Leipzig e Darmstadt, 1810-23).

8. Em inglês no original. / Richard Payne Knight, *A Discourse on the Worship of Priapus, and Its Connection with the Mystic Theologie of the Ancients* (Londres, 1865).

9. Em inglês no original.

160 F

11 de novembro de 1909, Viena, IX. Berggasse 19

Caro amigo,

Por certo não é muito gentil de sua parte manter-me 25 dias à espera de resposta (de 14 de outubro a 8 de novembro; fiz as contas por presumir um intervalo à moda Fliess de 23 dias, mas de novo não confere) – como se a presteza e a extensão de minha última carta o tivessem assustado um pouco. Não me cabe importuná-lo, se o senhor não experimenta a necessidade de se corresponder a intervalos mais curtos. É, porém, inevitável que eu me submeta ao meu próprio ritmo e, no máximo, posso assumir um compromisso, o de só colocar no correio domingo, esta carta que escrevo hoje. Terei, por sinal, de reservar o domingo para as palestras americanas, a primeira das quais já se encontra agora em alto-mar.

No tocante a Forel, voto também por nosso ingresso e peço-lhe a gentileza de o dizer em meu nome. É provável que ele, então, comunique-nos o que pretende com a Sociedade.

Sua ideia sobre Bleuler é magnífica. Devemos persuadi-lo a dar para o *Jahrbuch* (terceiro meio-volume) essa declaração de princípios. Se achar conveniente, eu mesmo posso pedi-la; diga-me apenas quando devo fazê-lo.

Isso o obrigará a demonstrar uma moderação especial e, ademais, é a única solução compatível com a posição dele como diretor. Não há nada a dizer contra as discussões em nosso próprio campo desde que sejam construtivas. Uma discussão com Stekel, sem dúvida alguma, também será inevitável. É um sujeito desleixado e destituído de senso crítico, que solapa toda a disciplina; minha opinião sobre ele é idêntica à sua. O azar é que nenhum de nós tem um faro tão bom quanto ele para os segredos do inconsciente. E isso porque ele não passa de um porco, enquanto nós somos pessoas decentes que relutam em se deixar arrastar pela evidência. Não raro eu contradisse as interpretações dele para mais tarde me dar conta de que estava certo. Devemos, portanto, conservá-lo, não confiar nele e aprender com ele. Não creio que a partir do segundo volume do *Jahrbuch* seja possível evitar a inclusão de comentários críticos. As publicações selecionadas por nós merecem uma crítica especial para os resumos bibliográficos. Por enquanto não são muitas. Mas Stekel já planeja um dicionário de símbolos do sonho[1] e, sem dúvida, lançá-lo-á em breve, dada a rapidez com que trabalha. Na crítica dessa obra teremos uma oportunidade de lhe dizer abertamente o que pensamos dele. Sugiro dividirmos entre nós a redação dos comentários, o senhor cuidando de chamar os vienenses às falas, e eu a turma de Zurique, tão logo eles se deem à produção de versões próprias. Tais críticas devem ser a expressão de nossas convicções pessoais; trata-se de uma tentativa de ditadura literária, mas, na verdade, o pessoal merece pouca confiança e precisa de disciplina. Às vezes, meus vienenses me enfurecem tanto que chego a desejar que você/eles* tivessem um só traseiro para que os pudesse espancar com a mesma vara.

Folgo em saber que o senhor se interessa pela mitologia. A solidão já não é tanta. Estou ansioso para saber de suas descobertas. Encomendei o livro de Knight em julho, mas até agora não chegou. Espero que em breve o senhor compartilhe minha crença de que a mitologia, ao que tudo indica, está centrada no mesmo complexo nuclear das neuroses. O problema é que não passamos de uns pobres diletantes. Precisamos urgentemente de colaboradores capazes.

> "O Diabo, embora o ensinasse a ela,
> não sabe fazer o mesmo sozinho"[2].

* Desforro-me de um lapso similar em sua carta ("para poder incutir no senhor/neles que a ΨA é um método científico" etc.)! Será que tem graça?[3]

Não faz muito o acaso trouxe à minha presença um jovem professor de *Gymnasium* que anda imerso no estudo da mitologia. Tem ideias semelhantes às nossas, mas se baseia numa sólida erudição. Chama-se também Oppenheim[4] e é, sem dúvida, inteligente, não obstante me dê por ora a impressão de ser pouco receptivo a ideias novas. Vim a saber por ele, em nosso primeiro encontro, que Édipo pode ter sido de início um gênio fálico, como de resto os dátilos do Ida (!), cujo nome significaria simplesmente ereção. E também que a lareira é um símbolo do ventre, porque os antigos consideravam o fogo um símbolo do falo. As vestais eram, assim, como perfeitas freiras, as noivas desse falo da lareira etc. Tentei explicar-lhe a significação apotropaica do pênis ereto, mas logo me dei conta de quão radicalmente nosso pensamento difere do dos demais mortais.

Um espírito nobre, Leonardo da Vinci, tem posado regularmente para mim a fim de que o psicanalise um pouco. Por enquanto não sei no que vai dar, se um artigo breve ou um número de *Papers*. Seja como for, deixo-o momentaneamente de lado. Por acaso não recebeu nada que pudesse servir para essa série? Agora, depois do texto de Sadger (nº 6)[5], estou sem material, e devo admitir que esperava mais cooperação.

O ataque de Foerster em *Die Evangelische Freiheit*[6] é muito interessante, podendo ser visto como um misto de idiotice e de clarividência (mais para o fim). Num ponto ele está certo. O verso do *Oedipus* citado é realmente o 944 e não o 995[7]. Atribui-me, por outro lado, a denúncia de K.F. Meyer, que partiu, ao que parece, de Sadger[8]. Mas Édipo causou forte impressão, e isso é positivo. Alguns dos nossos sabichões já se apressam a declarar agora aos jornais vienenses que Hamlet não constitui problema: é impossível que ele se convença do crime, pois os fantasmas não merecem crédito, e assim age com acerto ao eximir-se de tomar vingança. A única solução sensata seria bater às portas de uma agência de detetives de Copenhague. Veja só quanto absurdo pode se acumular em três semanas.

De Jones uma bela carta contrita; a tradução inglesa[9] parece ter se extraviado, pois até agora não me chegou às mãos. Eitingon é o único com quem posso conversar aqui; analiso-o sem muita profundidade durante as caminhadas que empreendemos à noite. Mas ele parte amanhã.

Para o senhor e a família, as lembranças mais sinceras
de *Freud*

1. *The Language of Dreams*; cf. 240 F n. 3.

2. Hológrafo: *Der Teufel hat sie's zwar gelehrt, / allein der Teufel kann's nicht machen.* – Goethe, *Faust I*, 2376-77.

3. Freud escreveu *Ihnen* (você) em vez de *ihnen* (eles), inserindo a nota logo depois.

4. David Ernst Oppenheim (1881-1943), professor de Línguas Clássicas num *Gymnasium* de Viena, ligou-se ao movimento psicanalítico em 1910-1911 e, mais tarde, aderiu à escola adleriana. Morreu durante a II Guerra num campo de concentração. Para sua colaboração com Freud, cf. 246 F n. 4.

5. *Aus dem Liebesleben Nicolaus Lenaus (Schriften zur angewandten Seelenkunde*, 6; 1909).

6. "Psychoanalyse und Seelsorge", Evangelische Freiheit, n.s., IX (setembro-outubro, 1909), 335-46, 374-88. O ataque de Foerster visava a, particularmente, dois artigos de Pfister, "Psychanalytische Seelsorge und experimentelle Moralpädagogik" (cf. 129 F n. 3) e "Ein Fall von psychanalytischer Seelsorge und Seelnheilung", *Evangelische Freiheit*, n.s., IX:3-5 (março-maio, 1909).

7. Na verdade, Foerster escreveu (p. 342) que as palavras de Jocasta estão no verso 954 e não, como citara Freud, no 995; aludia com isso à *Traumdeutung*, 1906, talvez um erro por 1909. (A segunda edição, datada de 1909, saiu, na realidade, antes de 23-11-1908, quando Abraham escreveu a Freud para agradecer o envio de um exemplar). Freud comete um lapso, na presente carta, ao escrever 944 por 954; a passagem se encontra nos versos 954-956 na tradução de J.J.C. Donner do *Oedipus Rex* (6. ed., Leipzig, 1868) e está marcada a lápis no exemplar de Freud, como confirmou Anna Freud. Na terceira edição (1911) Freud corrigiu a citação para "955s.". Na tradução de L. Campbell, citada na Ed. Standard Bras., IV, p. 280, bem como na ed. Loeb, a numeração correspondente dos versos é 982-984. Em interpretação livre da tradução de Holderlin (*Sämtliche Werke, Kleine Stuttgarter Ausgabe*, v. 5, p. 182s.), a passagem diz: "Já muito em sonhos / mais de um mortal chorou a mãe: / quem não liga para isso / vive porém muito melhor".

8. Sadger, *Konrad Ferdinand Meyer: eine pathographisch-psychologische Studie* (Grenzfragen des Nerven und Seelenlebens, 59; Wiesbaden, 1908). Sadger discutia a influência da mãe e da irmã na vida sexual de Meyer.

9. Provavelmente, a tradução de Brill, *Selected Papers on Hysteria* (Nova York, 1909); para comentários sobre sua atividade como tradutor, cf. Jones, II, p. 50s./45.

161 J

Küsnach bei Zürich, 12 de novembro de 1909

Caro Professor Freud,

O portador desta carta é o Dr. Décsi[1], de Budapeste, que acaba de sair de Zurique, onde, por cerca de seis meses, submeteu-se com paciência a um trabalho enfadonho. Talentoso e com uma clara compreensão dos mistérios da ΨA, ele agora quer conhecer o Mestre que nos prodigaliza tais coisas. O Dr. Décsi dispõe não só de um bom treinamento profissional como também de um notável conhecimento literário, o que o torna, sem dúvida, uma aquisição valiosa.

Espero que o senhor tenha recebido minha última carta, que, evidentemente, cruzou com seu cartão[2].

Com minhas melhores lembranças.

Cordialmente,

Jung

1. Cf. 140 J n. 2. Décsi foi recebido pela Sociedade de Viena em 17-11-1909 (*Minutes*, II, p. 325).
2. Não encontrado.

162 J

Küsnach bei Zürich, 15 de novembro de 1909

Pater, peccavi[1] – é realmente um escândalo deixá-lo 25 dias à espera de resposta. A necessidade de abreviar os intervalos ressalta com absoluta clareza no último parágrafo de sua carta: o senhor parece estar muito isolado em Viena. De modo algum a companhia de Eitingon figura entre os prazeres mais altos. Há algo de enervante em seu insípido intelectualismo. Por estar envolvido com pessoas e obrigações sociais de todo tipo é que me torno um correspondente, preguiçoso e estéril. Dediquei grande parte de meu tempo ao jovem Honegger, que é muito bem dotado de inteligência e perspicácia. É muito raro haver um dia que não me dê ocasião para uma troca de ideias. Preenchendo assim todos os meus momentos, nem notei a passagem desses 25 dias. Meu comportamento, porém, foi abominável e não há de se repetir.

Acertarei logo as coisas com Forel, também em seu nome. Dizem-me que Bleuler já aderiu. Anda remoendo as mais espantosas resistências e o grande problema dele conosco se reduz a isto: é incapaz de fazer ΨA. Ao que parece, acredita ainda que damos a Stekel um apoio irrestrito (fico muito feliz por ver que estamos de acordo quanto a St. Um dicionário de símbolos do sonho! Era, de fato, o que nos faltava, santo Deus! Pena é que, normalmente, ele esteja certo).

Mas passemos a um tópico mais agradável – ou seja, à mitologia. Já não tenho dúvidas sobre o que os mitos mais antigos e mais naturais querem dizer. É do complexo nuclear da neurose que, com absoluta "naturalidade", eles falam. Um exemplo particularmente brilhante encontra-se em Heródoto: em Papremis, durante o festival em honra da mãe de Ares (Tífon), encenou-se um grande entrevero de duas facções opostas armadas de clavas de madeira. Muitos feridos. Na verdade, isso é a repetição de um acontecimento lendário: Ares, criado em terra estranha, volta para casa a fim de *dormir* com a mãe[2]. Os serviçais, não o reconhecendo, proibem-lhe a entrada. Ele vai à cidade, procura ajuda, domina os serviçais e, enfim, dorme com a mãe. Essas cenas de flagelação repetem-se no culto de Ísis, no de Cibele, onde há também autocastração, no de Atárgatis (Hierápolis) e, ainda, no de Hécate; os jovens de Esparta fustigados com açoite. O deus morrente/ressurgente (mistérios órficos, Tamuz, Osíris [Dioniso][3], Adônis etc.) é fálico por toda a parte. No festival de Dioniso, no Egito, as mulheres punham o falo num cordão, puxando-o para cima e para baixo: "o deus morrente/ressurgente". Penosamente cônscio de meu extremo diletantismo, temo a toda hora que esteja a lhe expor banalidades. Não fosse isso e talvez me ocorressem mais coisas a dizer a respeito. Consola-me, porém, saber que os gregos há muito tempo deixaram de compreender os próprios mitos e que nunca os interpretaram como nossos filólogos. Um dos mais deploráveis me parece ser Jeremias[4] (dessa vez, *lucus a lucendo*)[5], que reduz tudo à astronomia, quando o contrário nos é evidente. Enveredo agora, a duras penas, pelos componentes do mito de Artemis, a que o sincretismo conferiu uma invulgar distorção. Malgrado os queixumes da filologia, o sincretismo grego, tendo criado uma mistura estapafúrdia de teogonia e teologia, pode nos prestar bons serviços: como as análises de sonhos, ele permite as reduções e o reconhecimento das semelhanças. Se A for posto em lugar de C, é então válido que se conjecture uma conexão de C para A. Uma das maiores dificuldades reside na fixação da época dos mitos, tão importante para a gênese dos cultos. Parece-me extremamente difícil distinguir o que foi folclórico e se disseminou amplamente e o que não passa de uma variante poética, sem dúvida muito interessante para o filólogo, mas que nenhuma importância tem para o etnólogo.

Interessei-me muito por suas notícias sobre Édipo. Dos *dátilos* nada sei; soube, porém, que São Cosme[6] é beijado no *dedão* do pé e que são falos de cera os ex-votos que os fiéis lhe consagram. Poderia indicar-me fontes sobre o mito de Édipo e os dátilos? Um equivalente das vestais virgens como freiras seriam os sacerdotes autocastrados de Cibele. Que origem terá essa afirmação do Novo Testamento: "E há outros que a si mesmos se fizeram eunucos por causa do Reino dos Céus"?[7] A autocastração não era praticamente ignorada entre os judeus? Na vizinha Edessa[8], a autocastração dos sacerdotes de Atárgatis era, no entanto, de regra. Lá havia, por sinal, "torres" ou minaretes em forma fálica de 180 pés de altura. Por que a costumeira representação alada do falo? (Uma piada: "É o pensamento que o levanta"). Por acaso conhece uns medalhões de chumbo da baixa Idade Média que estão agora em Paris, trazendo de um lado a cruz cristã e do outro um pênis ou uma vulva? E o pênis-cruz de Sant'Agata de' Goti?[9] (Em Inman há uma ilustração pouco acurada). Ao que parece há indícios de uma adoração do falo na baixa Idade Média.

Recomendei Frl. Dr. L. von Karpinska ao Dr. Jekels. Mas não consegui localizar Frl. Gincburg[10].

Com as lembranças mais sinceras
do *Jung*

---

1. Lucas 15,21.

2. Cf. *Símbolos da transformação*, OC 5, § 390. Também na ed. de 1911-1912.

3. Os colchetes são de Jung, que logo depois escreveu *Adon*, riscando o que talvez fosse um começo indeciso para se fixar em *Adonis*.

4. Alfred Jeremias, *Das Alte Testament im Lichte des alten Orients* (Leipzig, 1906).

5. Paráfrase de um exemplo de etimologia ridícula dado por Quintiliano, *lucus a non lucendo* (*De institutione oratoria*, I, 6, 34): "o bosque se chama bosque (*lucus*) porque não brilha (*non lucet*)".

6. Sec. III; protetor dos médicos, invocado em certas regiões da Itália por problemas ou necessidades sexuais.

7. Mateus 19,12.

8. Hoje Urfa, no sudeste da Turquia.

9. Hológrafo: *Sta. Agnata di Goti.* / Há um desenho da cruz em Inman, *Ancient Pagan and Modern Christian Symbolism*, prancha XI, 4; ela "foi encontrada em St. Agati di Goti, perto de Nápoles" (p. 15).

10. Cf. 153 J n. 1. As alusões são obscuras, excetuando-se o fato de serem polonesas as três pessoas citadas.

163 F

21 de novembro de 1909, Viena, IX. Berggasse 19

Caro amigo,

Enfim o senhor percebe o que sou obrigado a engolir em Viena, depois do bom passadio das seis semanas de ausência, e, assim, creio que não preciso dizer mais nada a respeito.

Stanley Hall me escreveu recentemente: "I am a very unworthy exponent of your views and of course have too little clinical experience to be an authority in that field; but it seems to me that, whereas hitherto many, if not most pathologists have leaned upon the stock psychologists like Wundt, your own interpretations reverse the situation and make us normal psychologists look to this work in the abnormal or borderline field for our chief light"[1]. Ainda estamos muito longe disso na Alemanha. Mas um cumprimento assim tão circunspecto, partindo dos mais velhos, é uma imensa alegria.

Por pura gratidão já remeti a ele o texto de três palestras e trabalho a todo vapor nas outras. Faço alguns acréscimos e modificações e também não esqueço de encaixar umas observações defensivas, ou melhor, agressivas. Deuticke quer publicá-las em alemão, mas não sei se Hall gostaria; além do mais fico em dúvida porque não trazem nada de novo.

Seus estudos mitológicos me entusiasmam. Para mim é totalmente novo muito do que o senhor conta, p. ex., a atração sexual pela mãe e a ideia de que os sacerdotes se emasculavam para se punirem por isso. Tais fatos clamam por compreensão e até que surjam especialistas dispostos a colaborar conosco a solução é fazer tudo sozinhos.

Por exemplo, o complexo de castração no mito. Como decerto a castração era ignorada entre os judeus, também não sei explicar a passagem do Novo Testamento. Sobre os dátilos há uma monografia de Kaibel: *Die idaeischen Daktylen*[2] (o Ida de Creta). Hei de a ler assim que tiver tempo para respirar. Em particular, sempre considerei Adônis como o próprio pênis; a alegria da mulher quando o deus, que ela tomara por morto, levanta-se de novo é inequívoca! Mas não é estranho que não tenha surgido um só mitólogo, fosse em meio aos pedantes ou em meio aos lunáticos, que sentisse a necessidade de uma interpretação noutro nível? Chamá-los à consciência é, portanto, uma obrigação que se impõe a nós. Édipo, creio já lhe ter dito, quer dizer pé inchado, *i. e.*, pênis ereto. Recentemente dei, por acaso, com o que espero ser o grande segredo do fetichismo que toma o pé por objeto. O que se torna permissível adorar no pé é nada mais do que o pênis da mulher na etapa primordial da infância, há muito tempo perdido e ardentemente desejado. Evidentemente, algumas pessoas se dedicam à procura desse objeto precioso tão apaixonadamente quanto o inglês piedoso busca as dez tribos perdidas de Israel. Até agora continuo à espera do livro de Knight.

O fato de não poder tê-lo ao meu lado para mostrar-lhe minha análise de Leonardo da Vinci deixa-me profundamente triste. Ela é muito longa para explicar por carta, além disso, não tenho tempo disponível. Estou atribuindo uma importância cada vez maior às teorias da sexualidade infantil, que, por sinal, tenho abordado de modo deploravelmente incompleto. Como eu subestimei, por exemplo, a teoria —![3]

Minha prática agora me traz poucas novidades, poucas coisas realmente inéditas, e para os problemas profundos da escolha da neurose devo esperar um desses casos raros em que a análise é completada de fato. Esse é o motivo pelo qual eu me deixo levar por interesses secundários[4] e perco quase todo o meu tempo a pôr o material velho em roupa nova, a preparar trabalhos como o que faço para Hall etc. O progresso lento é, no entanto, a melhor salvaguarda contra o erro. Não me parece impossível um livro sobre os símbolos do sonho, mas, sem dúvida, teremos objeções a fazer à maneira como Stekel há de levá-lo a cabo. Já o antevejo em explorações desordenadas, recorrendo a tudo que lhe esteja ao alcance da mão, em detrimento do contexto, e ignorando o mito e a linguagem ou o desenvolvimento linguístico.

> Poder-se-ia citar:
> "Ai dos que a um cego eterno
> Dão a clara luz do céu"[5]
> etc.

Em minhas aulas na Universidade, que agora reorganizo em forma de seminário, marquei para o sábado que vem uma discussão crítica de seu trabalho "Father Destiny"[6]. Já tenho dois dos históricos clínicos de *Studies*[6] atualizados ao nível do conhecimento atual (quinze ans après)[8]. Hei de informá-lo a tempo do andamento de tudo.

De resto, o que me preocupa, sobretudo na prática, é o problema do sadismo reprimido nos pacientes, a meu ver a causa mais frequente do fracasso da terapia. Vingança contra o médico associada a autopunição. Se o sadismo se torna cada vez mais importante para mim, torna-se, porém, cada vez mais obscura a relação que teoricamente o vincula ao amor.

Algo para ter em mente: o mau olhado é uma boa prova da suposta evidência de que a hostilidade e a inveja sempre se ocultam sob o amor. As apotropeias nos pertencem, nunca deixam de ser, como o onanismo na infância, consolações de natureza sexual. Esclareceram-me, por outro lado, a razão pela qual se considera que o limpador de chaminés carrega consigo a boa sorte: *chimney-sweeping*[9] *é* uma ação que simboliza o coito, algo com que Breuer jamais terá sonhado. A supersticiosa sujeição a tudo isso – escada, porco, sapatos, limpador de chaminés etc. – é sempre uma consolação sexual.

Para o senhor e a família, as melhores lembranças
de *Freud*

P.S.[10] Ferenczi chama-me a atenção para o artigo de um major-médico de Detmold, o Dr. Drenkhahn, na *Deutsche militärärztliche Zeitschrijt* (20 de maio de 1909), o qual demonstra que, em conseqeência da propaganda antialcoólica, os casos de doenças devidas ao abuso do álcool no Exército caíram de 4.19:10 000 no ano 1886-1887 para 0.7:10 000, aumentando, porém, *na mesma proporção*, outros casos de neuroses e psicoses.

O autor diz literalmente: "Quase se poderia afirmar que quanto menos se bebe mais se fica exposto a distúrbios nervosos e mentais – mas isso seria ir longe demais...".

---

1. Em inglês no original = "Sou um intérprete muito indigno de suas ideias e naturalmente tenho muito pouca experiência clínica para ser uma autoridade nesse campo; parece-me, contudo, que, enquanto grande parte, senão a maioria dos patologistas, até agora se apoia em psicólogos ultrapassados como Wundt, suas próprias interpretações revertem a situação e, assim, fazem com que nós, os psicólogos normais, busquemos nesse trabalho no campo anormal ou fronteiriço um esclarecimento maior".

Ano 1909

2. Georg Kaibel (1849-1901), "Daktyloi Idaioi", *Nachrichten von der Königl. Gesellschaft der Wissenschaften zu Göttingen, Phil-hist. Klasse*, 1901 (publicadas em 1902), 488-518. / Os dátilos eram seres do tamanho de um dedo que serviam a Reia quando, no monte Ida, dela nasceu Zeus.

3. Ilegível no hológrafo.

4. Hológrafo: *So entsteht die Neigung zu den Allotriis*. Pouco afeito, em geral, a tais interesses secundários, Freud também descreveu seus estudos sobre a cocaína (1884-1887), como *Allotria* (cf. Jones, I, p. 92-83s.).

5. Schiller, "Das Lied von der Glocke". O etc. continua: "Para ele não há brilho, apenas chamas / Transformando países e cidades em cinzas".

6. "A importância do pai no destino do indivíduo", OC 4 (orig. *Jahrbuch*, I:1).

7. *Estudos sobre a histeria*, Ed. Standard Bras., II. Quatro históricos clínicos são de Freud e um de Breuer.

8. Cf. o romance de Alexandre Dumas pai, *Vingt ans après* (1845).

9. Em inglês no original. Uma paciente de Breuer, Anna O., tinha empregado a expressão *chimney-sweeping* (em inglês) nas conversas mantidas durante sua análise; cf. *Estudos sobre a Histeria*, Ed. Standard Bras., II, p. 73. A passagem é citada por Jones, II, p. 494-445.

10. Esse fragmento foi descoberto nos Sigmund Freud Archives da Library of Congress depois de já paginada a edição inglesa em que, por tal motivo, ele figura nos adendos. A cópia fotostática do hológrafo e uma transcrição à máquina encontram-se entre as cartas de Freud depositadas nos Archives em 1958 e ainda sob restrições. Na transcrição há uma nota de mãos desconhecidas: "Might be the P.S. to letter 13.1.1910" (174 F); porém a ligação com 163 F torna-se evidente com a resposta dada por Jung em 165 J, na altura da n. 4. / Ferenczi citou a estatística do artigo de Drenkhahn (*loc. cit.* XXXVIII: 10) um ano depois, em seu estudo da homossexualidade (cf. 281 J n. 2), provocando, assim, uma polêmica com Bleuler (*ibid.*, ns. 1, 3, e 284 F).

164 J

Küsnach bei Zürich, 22 de novembro de 1909

Caro Professor Freud,

Sem dúvida já lhe terá chegado o cartão postal[1] com os vários nomes. É do encontro dos psiquiatras suíços em Zurique. Foi um *momento histórico*! Gente em quantidade. Três palestras sobre ΨA constavam do programa e foi nelas que se centrou todo o interesse – Bleuler: Sintomas Freudianos na Dem. pr.; Frank: Tratamento Psicanalítico dos Estados Depressivos; Maeder: Sobre os Paranoides. As clínicas de Tübingen, Estrasburgo e Heidelberg estiveram oficialmente representadas por assistentes. Compareceram, ainda, o Dr. Seif, de Munique, bem como um assistente de Pick[2], de Praga; dois diretores de sanatório do Württemberg, um da Bergstrasse[3] etc. A oposição foi liderada por um médico amigo de Foerster, o qual se limitou, no entanto, a uma atitude hostil e inócua. Forel ficou do nosso

Ano 1909

lado, apenas relutando em aceitar a sexualidade infantil. Sua (ou melhor, nossa) causa *sai vitoriosa em toda a frente* e, assim, a última palavra tinha de ser mesmo nossa; já nos situamos, de fato, em primeiríssimo plano. Fui, inclusive, convidado por colegas alemães a dar um curso de férias sobre ΨA. Ainda tenho de pensar a respeito.

O primeiro golpe foi, portanto, aplicado[4]. Monakow & Cia. jazem por terra num isolamento total. Agora podem saborear o prazer das minorias. Em minha ajuda veio uma circunstância que não deixei de explorar. O primeiro ataque de Forel a Monakow foi motivado pela fundação da sociedade neurológica que a ele faz concorrência. Pondo-me resolutamente ao lado de Forel, conquistei-o de tal modo que a oposição dele, depois disso, abrandou-se muitíssimo. Essa manobra política causou uma impressão profunda, tão profunda, que a oposição não mais ousou manifestar-se. Toda a discussão, que foi animada, acabou por se centrar exclusivamente na ΨA.

A sociedade dos psiquiatras já é nossa. A sociedade rival dos neurologistas é uma aliança defensiva e ofensiva entre Monakow e Dubois. O programa (não escrito) de ambas há de ser bem simples: Freud e antifreud.

Agora é a vez da Alemanha.

Com as lembranças mais sinceras
do *Jung*

1. Não encontrado.
2. Arnold Pick (1851-1924), professor de Psiquiatria na Universidade Alemã de Praga.
3. A parte ocidental do Odenwald entre Darmstadt e Heidelberg. O sanatório não foi identificado.
4. Hológrafo: *Dieses war der erste Streich*: uma citação de Wilhelm Busch, *Max and Moritz*, de que tanto Jung quanto Freud gostavam muito.

165 J

Küsnach bei Zürich, 30 de novembro de 1909

Caro Professor Freud,

Sempre tenho de estar a agradecer-lhe – desta vez pela nova edição de *Psicopatologia*[1]. Suas edições se sucedem com uma rapidez tão invejável que a oposição precisará de um esforço muito penoso para se manter no mesmo passo. Outro motivo de alegria é o novo número do *Jahrbuch*. As perspectivas são excelentes.

Sinto cada vez mais que uma compreensão aprofundada da psique (se de todo possível) não pode prescindir da História ou de uma íntima colaboração com ela, assim como a compreensão da anatomia e da ontogênese só se torna possível com base na filogênese e na anatomia comparada. Por isso é que a Antiguidade me aparece agora sob uma luz nova e significativa. O que hoje encontramos na psique individual – em formas comprimidas, atrofiadas ou unilateralmente distintas – pôde ser visto no passado em plena integridade. Feliz de quem puder interpretar os sinais! O problema é que nossa filologia foi sempre tão deplorável quanto a psicologia. Ambas se correspondem perfeitamente em inépcia.

Descobri, por fim, o que são os dátilos do Ida[2]: são os *cabiros* ou *curetes*. Provavelmente, o senhor está ciente dos velhos elementos cabíricos da mitologia grega. Os dátilos constituem um povo lendário do Ida frígio, descobridores de minas de ferro e inventores do ofício dos ferreiros, aparentados com os cabiros; eram, no entanto, também deuses, formando quase sempre uma pluralidade em que o indivíduo pouco conta (Héracles e os Dióscuros ou descendem deles ou lhes são aparentados). Primordialmente eram *Kruggötter*[3] ("kanobos")[4], representados sempre como pigmeus e usando capuzes, *i. e.*, como *invisíveis* (cf. nossos anões, duendes e trasgos, Pequeno Polegar etc.). Um filão de extrema importância e profundamente arcaico na mitologia helênica! Cabe-lhes o papel de animadores diretos da matéria inerte (*lares* e *penates* na Itália). Em vez de fálicos, relacionam-se, antes de tudo, aos elementos. Só os grandes deuses, *i. e.*, os deuses *épicos*, é que parecem ser fálicos.

A monografia de Kaibel sobre os dátilos do Ida saiu em forma de livro ou em alguma revista?

Por razões técnicas fiquei muito interessado ao saber que o senhor reorganizou suas aulas como um seminário. Esta é, a meu ver, a melhor forma de ensino, embora não admita uma grande audiência. De minha parte estou dando cerca de 12 horas de aula por semana, limitando-me sempre, naturalmente, à ΨA.

Foi com grande prazer que tomei nota da estatística do álcool[5]. Pessoalmente, vou me ajeitando muito bem como um não abstêmio.

Meu desejo de tê-lo por perto é muito frequente. Há tantas coisas a lhe perguntar! Em um momento adequado eu gostaria de lhe extrair, por exemplo, uma definição de libido. Até agora não cheguei a nada que me satisfaça.

Estou muito interessado na psicologia dos incuráveis. Tenho um pobre coitado que, apesar de toda a boa vontade, quase não faz progresso. O grande problema parece ser uma queda letárgica na atitude infantil devido a dificuldades externas. Embora tenha alguns vislumbres de compreensão interna, o sujeito não tem perspectivas na vida, pois é surdo.

Para minha grande satisfação, descobri em meu seminário americano que as ideias por mim mesmo desenvolvidas sobre a teoria da Dem. pr. já estão suficientemente claras para permitir a esperança de um progresso maior. Mas, infelizmente, meu tempo está tão tomado por pessoas e coisas que não é nada fácil eu me concentrar. Hoje cedo (2-12) recebi seu cartão de Budapeste[6].

Aceite minhas lembranças.

Cordialmente,

Jung

---

1. Terceira edição alemã (1910) de *Psicopatologia da vida cotidiana*. Ed. Standard Bras, VI.

2. Cf. *Símbolos da transformação*, OC 5, § 183.

3. O termo *Kruggöter* de Jung (lit., "deuses-jarros") é traduzido na ed. inglesa por *Toby jug* (= jarro ou caneca de cerveja em forma de um homem corpulento) *gods*, expressão que no dizer do editor "sugere o caráter grotesco das figuras de dátilos". (nota do tradutor brasileiro).

4. O termo *kanobos* de Jung parece resultar de uma confusão com o nome grego da cidade de Canopo, no baixo Egito, do qual deriva o termo "jarro canópico", vasilha em forma de cabeça humana que continha as vísceras dos mortos e era colocada nos túmulos (informação gentilmente prestada pelo Prof. e pela Sra. Homer Thompson).

5. Cf. o pós-escrito de 163 F.

6. Não encontrado.

166 F

2 de dezembro de 1909, Viena, IX. Berggasse 19

Caro amigo,

Que a vingança tenha algo a ver com o fato de eu só agora dar resposta à sua carta de vitória é uma hipótese que naturalmente nego e que o senhor pode sustentar, tendo em vista a costumeira divisão de papéis da ΨA. Mas o senhor há de admitir que o trabalho, o cansaço e a América juntos dão para constituir uma perfeita racionalização. A verdade é que estou bastante deprimido, com problemas de saúde e muito desânimo espiritual, mas conto com uma melhora, pois no fim do mês pude reduzir em duas horas meu dia de trabalho e enviei anteontem a quarta das palestras de Worcester. Como o senhor me prometeu um tratamento melhor, sei que minhas queixas não passarão por chantagem.

Uma pequena mudança foi proporcionada pela consulta que dei em Budapeste, onde tive oportunidade de visitar Ferenczi e participar do trabalho dele. Fiquei feliz por ver como ele se orienta bem num caso que é de fato difícil, feliz porque o dinheirinho que me coube foi muito salutar para o complexo sobre o qual, por razões que remontam à minha infância, tenho menos controle, e enfim – mas não menos – por ter podido rever uma opinião que antes me deixava preocupado. Ferenczi me apresentou à companheira e já não tenho por que o lastimar. Mulher esplêndida, que ainda conserva traços da mais pura beleza, ela é dona de grande inteligência e de um calor humano comovente. Desnecessário dizer que é versada em nosso ofício e nos concede um apoio ilimitado[1].

Ontem apresentei à Sociedade meu ensaio sobre Leonardo da Vinci[2]. Eu mesmo estava insatisfeito com ele, mas agora posso esperar que essa obsessão se acalme um pouco. Meus vienenses me exasperam cada vez mais – ou será que estou ficando "excêntrico"? Encontrei o *Jahrbuch* à minha espera ao voltar de Budapeste e senti toda a alegria que permite meu estado atual ("Ora, não é como outrora"[3] – sei que o senhor conhece isso, pois prometeu mandar-me o resto). Ainda não o pude pegar para ler, cheguei ontem – quarta – de manhã, mas acho que demonstramos ao respeitável público que sabemos muito bem do que é que estamos falando; mesmo que meu nome não apareça com frequência nos volumes vindouros, fica comigo essa prova de não ter vivido em vão. A cada novo volume ser-me-á grato pensar que a obra e o mérito são seus.

Recebi hoje uma carta de Putnam[4] que demonstra as melhores intenções e um interesse sincero, mas que, naturalmente, faz uma ressalva puritana à sublimação de que ele mesmo, aliás, ressentia-se. Para que complicar as coisas se a alegria de estar vivo já basta!

Sábado passado seu "Father Destiny" propiciou-nos uma noite agradável. O relator foi um partidário de tipo todo especial que a um só tempo é primeiro-tenente de cavalaria e Ph.D.[5] Ele também abordou os experimentos de associação dando o seguinte exemplo de reações incomuns: vocês talvez se surpreendam se alguém me disser "cavalo" e eu responder "biblioteca". O que não chegou a ver foi que a intenção real que tinha, ao expor esse exemplo, era apresentar-se ao auditório, onde não conhecia ninguém. Causei forte impressão ao assinalar isso. Uma boa ilustração para o fato de que nesse experimento tudo depende de uma atitude de transferência. A discussão ainda não terminou; por ora o que nos parece haver de mais significativo em seu estudo é o reconhecimento do tipo de distúrbio caracterizado por uma tentativa tardia de liberar a individualidade. Alguns paladinos ávidos por defender a causa das mães abandonadas já entraram em cena. Há de interessar-lhe saber que nos tornamos dignos do Dürerbund[6]. No catálogo de Natal, meus livros, em particular os que constam dos *Applied Psychology Papers*[7], merecem extensos comentários e são recomendados com ênfase, se bem que num estilo tão empolado e obscuro que minha pequena Sophie foi levada a exclamar: "É bom você saber o que quer, porque lendo isso aí não vai descobrir nunca". Seja como for, Heller acha que o reconhecimento do Dürerbund garante um significativo progresso no que diz respeito à opinião do povo alemão.

A vez da Alemanha pode, assim, vir agora! Não somos (com razão) infantis, deixando que a cada pequena parcela de reconhecimento a alegria nos domine, quando, na realidade, isso importa tão pouco e a conquista definitiva do mundo ainda está longe?

Para o senhor e sua mulher, as melhores lembranças
de *Freud*

Ano 1909

1. Gizella Palós (1863-1949), *née* Altshol, que se casou com Ferenczi em 1919.

2. Cf. *Minutes*, II, p. 338s.

3. Hológrafo: *"Doch ist es nicht wie ehedem"*. Provavelmente de um poema não identificado que Freud comenta em 171 F, na altura da n. 7; cf., porém, com "It is not now as it hath been of yore" – Wordsworth, "Ode on Intimations of Immortality" (1807), estrofe I.

4. Cf. *James Jackson Putnam and Psychoanalysis*, ed. N.G. Hale, Jr. (Cambridge, 1971), p. 86s., para a carta de Putnam, datada de 17-11-1909. Putnam (1846-1918), professor de Neurologia em Harvard, fora a Worcester com William James para assistir às conferências de Freud na Universidade Clark. Foi fundador e primeiro presidente da Associação Psicanalítica Americana (1911). Cf. tb. o comentário que se segue a 154 F.

5. Stefan von Madáy (1879-1959), psicoterapeuta húngaro então na Universidade de Innsbruck. Foi admitido em 4-5-1910 na Sociedade das Quartas- feiras, na qual é identificado como "Oberlieutnant Dr." (cf. *Minutes*, II, p. 507s.). Para seu afastamento como seguidor de Adler, cf. 273 F n. 1. Em seguida foi presidente da Sociedade de Psicologia Individual em Budapeste e especialista em psicologia infantil e animal.

6. Sociedade cultural conservadora, fundada em 1903 por Ferdinand Avenarius (1856-1923), que publicava um informe anual sobre a produção literária. Essa passagem da carta é citada por Jones, II, p. 495-445s.

7. *Schriften zur angewandten Seelenkunde*, dos quais a essa altura já tinham aparecido seis números.

167 F

12 de dezembro de 1909, Viena, IX. Berggasse 19

Caro amigo,

Suas cartas me entusiasmam porque sempre evidenciam um trabalho satisfatório e incessante. É assim que deve ser. Em meu caso a vibração é menor, mas nem por isso há falta de interesse. É raro que se passem dois dias sem uma nova indicação, mesmo pequena, de que nossas ideias se difundem. Ainda agora um italiano de Ancona, o Dr. Modena, que eu, por sinal, já conhecia através de um curioso ensaio, pediu-me permissão para traduzir um dos meus livros[1].

No tocante a Kaibel já expedi minhas ordens e logo poderei lhe passar a informação que pede.

O novo volume do *Jahrbuch* há de, por certo, impor-se. Mas no próximo seria bom que os suíços tivessem mais a dizer; a meu ver vocês ficaram num segundo plano modesto. A ausência de resumos da bibliografia de Zurique já, aliás, foi lamentada. Não me furtei a elogiar a análise muito boa e eficaz de Binswanger[2] quando indagado pelo próprio autor, mas,

383

Ano 1909

ao mesmo tempo, num acesso de mau humor, expressei minha objeção à referência absolutamente supérflua que ele faz a Ziehen[3], acusando-o também de ser um pouco diplomático demais. A resposta que me deu foi simpática. Abstive-me, porém, de escrever-lhe que o trabalho dele fatalmente me deixou a impressão de alguém da boa sociedade, que se junta aos boêmios e, então, escreve aos próprios pares para informar que a nova turba é bem interessante, é até meio honesta, e que talvez andar com ela não seja tão perigoso assim. As palavras finais com que agradece ao Geheimrat realmente me irritaram. Terá sido porque achasse que o elogio era devido a mim, que tomei idêntico interesse pelas neuroses sem recorrer, no entanto, às frases floreadas? Em suma, dei livre curso à minha irritação e não creio que isso tenha feito mal.

A nosso colega Brecher[4] (de Merano) acudiu um bom gracejo. No entender dele a análise requeria um subtítulo, o qual forjou tomando por base seu ensaio: "A significação do tio no destino do indivíduo".

Como anda Bleuler? Os "incuráveis" dariam excelente tema para uma longa noite de discussão. Com eles vêm à tona as mais diversas resistências insuspeitas, permitindo uma visão em profundidade da formação do caráter. Os casos ruins, como sempre, têm muito mais a ensinar do que os "bons".

Terminei, finalmente, meu trabalho nas conferências americanas e já posso começar a rever a *Teoria da sexualidade*, cujo caráter histórico não quero, porém, comprometer com alterações em excesso.

Ferenczi me falou de um bom caso de paranoia em que mais uma vez o fator homossexual é evidente.

Com as lembranças mais cordiais
de *Freud*

---

1. Gustavo Modena, psiquiatra de Ancona; cf. seu "Psicopatologia ed etiologia dei fenomeni psiconeurotici; Contributo alla dottrina di S. Freud", *Rivista Sperimentali di Freniatria*, XXXIV-XXXV (1908-1909). Segundo Jones, II, p. 85, Modena começou a traduzir o *Three Essays on the Theory of Sexuality*, mas a única tradução italiana arrolada por Grinstein é a de M. Levi-Bianchini, 1921.

2. "Versuch einer Hystericanalyse", *Jahrbuch*, I:1-2 (1909), 174-356 (parte no 1°, parte no 2° meio-volume). O ensaio não teve introdução de seu tio, o Prof. Otto Binswanger, mas levava o subtítulo "Aus der psychiatrischen Klinic in Jena (Geh. Rat Prof. O. Binswanger)" e se encerrava com uma citação de um livro dele, *Die Hysterie* (1904), e um agradecimento a ele.

3. Para as cartas de Binswanger e Freud discutindo o ensaio, e em particular a referência a Ziehen, cf. Binswanger, *Sigmund Freud: Reminiscences of a Friendship*, p. 11-21.

Ano 1909

4. Guido Brecher (1877-19–), membro da Sociedade de Viena, trabalhou em Bad Gastein e depois em Merano (então Áustria, hoje Itália). Seu gracejo é também mencionado por Jones (II, p. 49/44). Posteriormente, Brecher se afastou da psicanálise.

168 J

Küsnach bei Zürich, 14 de dezembro de 1909

Caro Professor Freud,

Sua carta chegou ontem à noite e já me apresso a respondê-la. Coincidem com as minhas as suas impressões sobre o ensaio de Binswanger, embora eu não tenha ousado me expressar com tal ênfase. A mim também incomoda ver que B. faz grande estardalhaço para simplesmente ressaltar a cautela; os preitos que rende a diferentes setores não podem querer dizer outra coisa. É bem verdade que ele está preso a um sanatório, merece, portanto, um crédito. E parece que, além do mais, há um forte complexo paterno irresolvido que o revolve no íntimo.

Posso contar com alguma coisa do senhor para o número de janeiro do *Jahrbuch*? Estão previstas colaborações de Maeder, Abraham, Sadger, Pfister e Riklin, além da minha. Já não sobra, assim, muito espaço. Se necessário, Pfister ou Riklin poderão ficar de reserva.

O ensaio de Ferenczi[1], por tudo quanto ouço, causa aqui boa impressão. Recebi dele uma carta tão simpática, tão compreensiva e amiga, que é bem provável que não lhe tenha dado uma resposta adequada[2]. Cartas assim deveriam ser respondidas com um simples travessão – mas talvez não parecesse muito polido.

Tomei algumas notas sobre sua discussão da neurose obsessiva. A noção de que as ideias obsessivas são em si mesmas *substitutos regressivos* da ação soa-me muito convincente. Para a Dem. pr. caberia outra fórmula: ideias que são substitutos regressivos *da realidade*. Ambas descrevem, a meu ver com grande precisão, a tendência dominante. Com relação à p. 415[3], o componente sádico da libido, devo observar que o sadismo como constitucional não me agrada. Encaro-o, antes, como um fenômeno reativo, pois, para mim, a base constitucional das neuroses é o desequilíbrio entre libido e resistência (autoafirmação). Se a libido demonstrasse de início uma atração muito forte ou uma necessidade de amor, o ódio apareceria em breve, como compensação, subtraindo da libido masoquista (que, por natureza, aparenta-se muito mais ao masoquismo do que ao sadismo) boa parte do trabalho de gratificação. Penso que essa é a base da imensa autoafirmação que aparece mais tarde na neurose obsessiva: sempre temendo perder o próprio ego, o paciente é levado a se vingar de cada ato de amor e só com grande relutância desiste do sistema obsessivo sexualmente destrutivo. A neurose obsessiva nunca se perde em ações e aventuras, como é o caso da histeria, em que a perda do ego é uma necessidade temporária. É evidente que a autoafirmação da neurose obsessiva é ultrapassada em muito na D. pr.

P. 411[4], *onipotência das ideias dele*. Essa expressão é, decerto, muito significativa nesse caso particular. Tenho, porém, certo receio em atribuir a ela uma validez geral, pois me parece por demais específica. Naturalmente, é uma tolice que eu queira pôr em dúvida sua terminologia clínica, à qual tem tanto direito quanto qualquer outro. Como o Héracles de outrora, o senhor é, no entanto, um herói humano, um semideus, e suas máximas estão fadadas, infelizmente, a carregar um valor eterno. Todos os fracos que seguirem o senhor terão de adotar necessariamente essa nomenclatura que originalmente se aplicava a um caso determinado. A "onipotência" há de, assim, ser incluída, mais tarde, na sintomatologia da neurose obsessiva. Limito-me a considerá-la, porém, uma expressão de autoafirmação sadisticamente colorida por hipercatexia reativa, na mesma linha dos demais sintomas de autossupervalorização, que sempre têm um efeito tão nocivo sobre todos os que se encontram próximos. Aqui temos também, a meu ver, a razão da ilimitada crença do neurótico obsessivo na veracidade das conclusões a que chega; a validez universal que lhes é conferida ignora por completo a razão e a probabilidade lógica: ele está certo, sempre certo, e assim tem de continuar. Desse apego irrestrito às próprias convicções fica-se a apenas um passo da superstição, que, por sua vez, não é mais do que um exemplo especial de auto-hipercatexia, ou melhor, de fraqueza na adaptação (uma sempre acompanha a outra). É desse solo que brota a superstição, arma com que desde tempos imemoriais o fraco ataca e se defende. Prevalece, em geral, a fé em bruxaria,

Ano 1909

sobretudo quando se trata de velhas que perderam, há muito tempo, o poder natural de enfeitiçar.

A questão da constituição sexual originária parece-me particularmente difícil. Não seria mais simples, no momento, tomar a sensitividade[5] por fundamento genérico da neurose e considerar todas as outras condições anormais como fenômenos reativos?

Terminei há pouco minhas conferências americanas e já as remeti a Brill para traduzi-las. Parabéns pela tradução italiana!

Com as melhores lembranças
do *Jung*

1. "Introjektion und Übertragung", *Jahrbuch*, I:2 (1909) = "Introjection and Transference", *First Contributions to Psycho-Analysis*, tradução de Ernest Jones (1952).
2. Cf. Jung a Ferenczi, 6-12-09, em *Letters*, ed. G. Adler, vol. 1.
3. SE X, p. 240.
4. *Ibid.*, p. 233.
5. Hológrafo: *Empfindsamkeit*.

169 F

19 de dezembro de 1909, Viena, IX. Berggasse 19

Caro amigo,

Acho que não preciso mais me considerar "rabugento", já que sua opinião sobre o ensaio de Binswanger coincide com a minha. Deve ser isso mesmo. Mas ao que parece ele não o percebe, a resposta que me deu foi bem amável e essencialmente evasiva – quando não ilegível. Ficou de, em janeiro, dar um pulo a Viena.

O desenvolvimento de Ferenczi é inegável. A viagem lhe fez grande bem. É sem nenhuma hesitação que o considero um homem superior, autêntico e digno de toda a confiança.

Para o *Jahrbuch*, dessa vez, prefiro não contribuir, ou, então, só com um pequeno trabalho. Talvez um ensaio modesto[1] na linha do "Erotismo anal". O primeiro volume ficou muito cheio de Freud. Espero que agora os suíços ascendam ao primeiro plano e também que os resumos venham a lhes fazer justiça. Sei que é grande o número de leitores ávidos por esses resumos, que os poderão orientar na escolha do material de leitura. Nossos colonizadores noutras terras, como Pfister, devem também se apresentar. Anseio por mitólogos, linguistas e historiadores da religião; caso não venham em nossa ajuda, teremos de nos arranjar sozinhos.

Ad vocem mitologia: por acaso o senhor já notou que as teorias sexuais infantis são indispensáveis à compreensão do mito? Finalmente recebi o Knight, mas até agora nada do estudo de Keibel.

Ontem, no seminário, alguns jovens analistas impetuosos apresentaram uns trabalhos que, após a devida purificação, talvez demonstrem que o estilo e o simbolismo de uma obra literária revelam no poeta a influência de complexos infantis inconscientes. Disso se poderia partir, com tato e senso crítico, para coisas bem interessantes. Pena é que tais fatores de moderação raramente se harmonizem com a faculdade analítica.

Diverti-me muito com sua hipótese de que meus erros passem a ser venerados como relíquias depois que eu saia de cena, mas de modo algum posso endossá-la. Creio, pelo contrário, que os jovens se inclinarão a demolir tudo o que não seja realmente sólido em minha herança. Muito do que ocorre na ΨA é justamente o oposto do que se espera encontrar em outros domínios. Como o senhor mesmo há de desempenhar nessa liquidação um papel de realce, tentarei confiar à sua guarda algumas de minhas ideias em perigo[2].

Vejamos de início sua dificuldade em relação à "minha" libido. Nas primeiras frases de *Teoria da sexualidade* há uma clara definição na qual acho que nada precisa ser alterado: o análogo de fome, para o qual a língua alemã não tem outra palavra, no contexto sexual, que não seja a ambígua *lus*[3].

Passemos, então, ao proveito extraído de meu trabalho sobre a neurose obsessiva, que eu preferiria discutir com vagar, pessoalmente, em meio a eventuais estalidos na parede e nos móveis; ótimo que o senhor aceite minha fórmula para a obsessão: "substituto regressivo da ação". De bom grado eu faria o mesmo no tocante à que propõe para a Dem. pr.: substituto regressivo da realidade. Sou, no entanto, impedido porque acredito que a realidade não é, como a ação, um processo psíquico; ou será que o senhor quer dizer "reconhecimento da realidade"?

Em defesa do sadismo permito-me observar que a natureza dele como componente original do instinto dificilmente pode ser questionada, pois nesse sentido é que aponta a função biológica. Os fenômenos reativos, longe de equivalerem em natureza ao sadismo, revelam-se sempre absolutamente passivos. Todos concordamos que o mecanismo de base na evolução neurótica é o oposto do instinto, que o fator regressor é o ego e o reprimido a libido. Tal ponto de vista foi exposto, pela primeira vez, em meu velho artigo sobre a neurose de angústia[4]. Note-se, todavia, que em nossa condição humana é-nos sobremodo difícil fixar nossa atenção igualmente nesses dois campos do instinto e expor à observação, sem ideias preconcebidas, a oposição entre libido e ego. Foi por sabê-lo novo e desconhecido que me concentrei até agora no material reprimido, defendendo como Catão a *causa victa*. Espero não ter esquecido de que há também uma *victrix*[5]. A psicologia de Adler só leva em conta o fator repressivo, descrevendo, portanto, a "sensitividade"[6], essa atitude do ego em oposição à libido, como a condição fundamental da neurose. Vejo que agora o senhor toma o mesmo caminho e emprega quase a mesma palavra; concentrando-se no ego, que não estudei devidamente, corre, porém, o perigo de esquecer a libido, à qual rendi pleno tributo.

Nesse aspecto, a neurose obsessiva oferece uma oportunidade invulgar, pois é caracterizada, sobretudo, por um represamento colossal de formações reativas no ego, sob as quais ela se esconde de um modo que se aproxima bastante do que a Dem. pr. faz com o autoerotismo e a projeção. É, contudo, por meio desse represamento que a ruptura é tentada. Outras coisas que o senhor me diz sobre a neurose obsessiva são enfocadas pelo ponto de vista do ego e é preciso considerá-las, por mais válidas que sejam, à luz dessa limitação.

O que diz sobre a onipotência dos afetos provavelmente pode ser atribuído a uma falta de clareza de minha parte. Não fui *eu* quem decretou a onipotência dos afetos como sintomas da neurose obsessiva, mas, sim, o próprio paciente, que acredita nessa onipotência – e, de resto, não é o único a fazê-lo.

Quanto ao Congresso[7] tenho um favor a lhe pedir. Se a ideia da primavera for abandonada, meu maior desejo é que ele não seja realizado em

Ano 1909 ———————————————————————

meados de setembro, mas nos primeiros ou nos últimos dias desse mês. São razões egoístas que me movem, pois quero realizar sem interrupção a viagem pelo belo mundo mediterrâneo que no outono passado tive de sacrificar à nossa exploração americana. A julgar pelas cartas de Putnam[8], tudo por lá vai indo bem.

Renuncio mais uma vez à ilusão de uma visita sua, e retorno a essa evidência – a de que escrevo uma carta – apenas para finalizar com uma saudação muito amiga à casa à beira do lago e seus moradores.

De
Freud

1. Freud talvez tivesse em mente o ensaio "A Special Type" (cf. 288 F n. 1), mas sua colaboração no *Jahrbuch*, II:1 acabou por ser "Antithetical Meaning" (cf. 185 F n. 1).
2. Esse parágrafo é citado por Jones, II, p. 495/446.
3. = "desejo".
4. "On the Grounds for Detaching a Particular Syndrome from Neurasthenia under the Description 'Anxiety Neurosis'" (orig. 1895), SE III.
5. Cf. "Victrix causa deis placuit, sed victa Catoni" (a causa vitoriosa apraz aos deuses, a vencida a Catão). – Lucano, *Pharsalia* (A. D. 62), I, 128.
6. Hológrafo: *Empfindlichkeit*.
7. Primeira referência ao Congresso de Nuremberg, março 1910.
8. Para suas cartas de 17-11 e 3-12-1909, cf. *Putnam and Psychoanalysis*, p. 86-89. Na última, Putnam enviava a Freud "algumas fotografias dos Adirondacks, como lembrança dos três dias que passou conosco". Cf. 171 F.

170 J

Küsnach bei Zürich, 25 de dezembro de 1909[1]

Caro Professor Freud

Minha tentativa de crítica, embora parecesse um ataque, foi, na verdade, uma defesa, motivo de eu me pôr tão ostensivamente contra a *"onipotência das ideias"*. Naturalmente o termo está, de fato, correto, e não lhe falta uma concisa e concludente elegância: é isso mesmo o que acontece, sobretudo na D. pr., em que novos fundamentos constantemente são revelados por ele. Tudo isso me atingiu muito, sobretudo na fé em minha própria capacidade. Nada, no entanto, deixou-me tão consternado quanto a observação de que o senhor anseia por arqueólogos, filólogos etc. Achei que o que queria dizer com isso era, provavelmente, que não estou qualificado para o trabalho em questão. Por a tais assuntos agora nutro, porém, um interesse apaixonado que só encontra precedentes no que consagrei à Dem. pr. Ocorrem-me as visões mais belas, ocorrem-me conexões de longo alcance que, por enquanto, eu me sinto incapaz de reter, pois a empresa é, de fato, muito grande e detesto a impotência do trabalho mal feito. Mas quem, então, deve realizá-lo? Naturalmente, tem de ser alguém que conheça a psique e nutra por ela uma paixão autêntica. A D. pr. não sofrerá prejuízo. Honegger, que já se apresentou ao senhor, trabalha agora comigo, com *grande* compreensão, e a ele hei de confiar tudo o que sei, na esperança de que disso resulte algo de positivo. Tornou-se-me absolutamente claro que não desvendaremos os segredos finais da neurose e da psicose sem a mitologia e a história da civilização, pois a *embriologia* vai de par com a *anatomia comparada* e sem a última a primeira não passa de uma contrafação da natureza que permanece incompreendida no âmago. É uma sorte ingrata ter de criar junto do Criador. Daí meus ataques à "terminologia clínica".

31 dez. Os dias de festa roubaram todo meu tempo e só agora me encontro em condições de continuar esta carta. O problema da Antiguidade não me sai da cabeça. É um osso duro de roer! Ainda que aí resida, sem dúvida, uma boa parcela de sexualidade infantil, isso não é tudo. Parece-me, antes, que a Antiguidade foi assolada pela luta com o incesto, que dá início à *repressão* sexual (ou vice-versa?). É necessário pesquisar a história do direito familiar. A história da civilização é em si mesma muito pobre, sobretudo se se pensa no nível em que hoje se encontra. A *Griechische Kulturgeschichte* de Burckhardt[2], por exemplo, permanece totalmente na superfície. Tópico particularmente significativo é a demonologia grega, na qual espero me enfronhar via Rohde (*Psyche*)[3]. Teria muito a lhe dizer sobre Dioniso se não fosse por carta. Nietzsche parece ter ido bem longe a esse respeito. Ocorre-me que a exaltação dionisíaca fosse um canal partido da sexualidade, e ainda insuficientemente explorado na significação histórica que apresenta, do qual fluíram para o cristianismo, mas noutra formação de compromisso, alguns elementos essenciais. Não sei se são banalidades ou hieróglifos o que estou a escrever-lhe, e isso é bem desagradável. Seria tão melhor conversar com o senhor pessoalmente!

A realização do encontro de Nuremberg na terça-feira de Páscoa lhe conviria? Assim que tiver sua resposta faço o rascunho de uma circular e o mando para comentários.

Devo observar que minhas dificuldades em relação à libido, bem como ao sadismo, provêm obviamente do fato de eu ainda não ter suficientemente ajustado minha atitude à sua. Até agora não compreendi muito bem o que o senhor me escreveu. O melhor é adiar a coisa até que possamos *conversar* em paz. Gostaria realmente de o interrogar sobre cada frase de sua carta.

O Dr. Seif, de Munique, esteve aqui por três dias e pus à prova a ΨA dele, do que, aliás, andava precisando muito. Trata-se de uma boa aquisição.

O Dr. Bircher-Benner veio me ver, com muitos bons modos, e espero que mais tarde possa arranjar com ele um lugar para Honegger. Peço, portanto, uma revogação do boicote.

O Prof. Hoch, o mais importante dos meus americanos, acaba de fazer comigo a própria ΨA e se tornou um firme partidário. Como é titular de um dos mais importantes cargos psiquiátricos dos Estados Unidos (sucessor de Meyer), o apoio dele é particularmente valioso. Mais uma pedra fundamental lançada.

Ainda não tive notícias de Meyer em Königsberg, o que me deixa intrigado.

No tocante a Nuremberg devo acrescentar que naturalmente espero, e muito, que o primeiro a falar seja o senhor. Essa é, aliás, a esperança de todos, como em Salzburg.

Ouvi muitas opiniões elogiosas ao novo *Jahrbuch*, mas, sem dúvida, os críticos logo voltarão a deblaterar.

A réplica de Pfister[4] a Foerster apresenta dificuldades por ser muito longa. Aconselhei-o a cortar tudo o que fosse possível.

Amanhã tenho de preparar uma aula sobre "simbolismo" para os estudantes. A perspectiva me apavora, pois só Deus sabe o que conseguirei alinhavar num todo coerente. Andei lendo Ferrero[5], mas não é em absoluto do nosso simbolismo que ele trata. Tomara que um espírito bom se coloque ao meu lado!

Com as lembranças mais sinceras e os melhores votos
do *Jung*

1. Publicada em *Letters*, ed. G. Adler, vol. 1.
2. Jakob Burckhardt (1818-1897), historiador suíço; sua *História da civilização grega* foi publicada postumamente (1898-1902).
3. Erwin Rohde (1845-1898), *Psyche, Seelenkult und Unsterblichkeitsglaube der Griechen* (1890-1894).
4. "Die Psychoanalyse als wissenschaftliches Prinzip und seelsorgerliche Methode", *Evangelische Freiheit*, n.s., X:2-4 (1910). Cf. os comentários de Freud a respeito em *Freud/ Pfister Letters*, p. 31-33 (cartas de 10, 19 e 24-1-1910).
5. Guglielmo Ferrero (1874-1942), autor de *I simboli in rapporto alla storia e filosofia del diritto* (1893). Jung usou uma citação da tradução francesa, *Les Lois psychologiques du symbolisme* (1895), como epígrafe a "Wandlungen und Symbole der Libido", em *Jahrbuch*, III (1911); cf. OC 5.

171 F

2 de janeiro de 1910, Viena, IX. Berggasse 19

Caro amigo,

Só por ter ficado à espera de sua carta é que mando com atraso minhas saudações pelo Ano Novo; eu não queria que nossa correspondência estivesse mais uma vez fora dos eixos. Hoje, após a recepção de suas novas, posso oficialmente expressar meus votos, e o faço com o maior entusiasmo, estendendo-os à bela morada que espero ter este ano ocasião de visitar. Já planejamos passar o verão num lugar qualquer da Suíça francesa, onde haja um bosque e um lago e o frio não seja tanto, e é claro que a caminho faremos em Zurique uma longa parada. Esse é, pelo menos, o plano. Que as forças do destino não o ponham por terra!

Sua carta deu-me um prazer especial nestes belos e tranquilos dias de festa. A leitura dela é gratificante sob todos os aspectos e maravilhoso é saber que o senhor experimenta a necessidade de discutir comigo alguns problemas fundamentais. Lembre-se de que prometeu[1] visitar-me na primavera que vem. Será que o Congresso vai atrapalhar as coisas? Por certo que não. Minha mulher sugere que o senhor passe por Viena primeiro, seguindo em minha companhia para Nuremberg, ou, então, de lá volte para Viena comigo; não sei que intenções o senhor tem em mente, mas suponho que as possa harmonizar com o Congresso, de modo a que, após o encerramento dele, tenhamos pelo menos um dia absolutamente sozinhos, em Nuremberg ou alhures, para aclararmos nossos problemas e os projetos embrionários. Aceito com prazer a data da Páscoa, embora eu faça as seguintes objeções à terça-feira: a viagem teria de ser empreendida na segunda-feira de Páscoa, o que a nem todos conviria. A verdade é que três dias de interrupção são necessários para que se possa estar descansado para um dia de trabalho; além disso, é importante haver tempo para contatos pessoais.

Sigo adiante, se não se importa, pois há mais a dizer sobre o Congresso. A situação mudou desde o primeiro encontro. Na época, a preocupação dominante era mostrarmos uns aos outros o que havia a dizer e a realizar; a consequência natural foi a fundação do *Jahrbuch*, que passou a assumir essa função. O próximo Congresso pode, portanto, ser dedicado a outras tarefas, como a discussão e a organização de alguns pontos de importância básica. Inclino-me por poucas e bem escolhidas palestras (desde que nos beneficiamos com a invenção da imprensa a tradição oral perdeu todo o valor) e por uma atenção maior a questões práticas que digam respeito ao presente e ao futuro imediato. Que lhe parece?

Minha posição pessoal sobre o Congresso: a primeira ideia que me ocorre é que não tenho nada a dizer. A segunda, que ao mesmo tempo vai como retificação, é que estou disposto a fazer tudo o que no seu entender seja necessário. Esteja certo de que em nenhuma hipótese eu lhe criarei dificuldades.

Como a Páscoa este ano há de cair tão cedo, acho que já é tempo de dar andamento à coisa.

O melindre que meu anseio por um exército de colaboradores filosóficos[2] lhe causa é música para meus ouvidos. Na realidade, fico feliz em saber que leva esse interesse tão a sério, que o senhor mesmo pretende ser esse exército; nada de melhor eu poderia querer e apenas ignorava que a mitologia e a arqueologia lhe tivessem falado tão a fundo. Mas é provável que o tenha desejado, pois desde outubro meu interesse se desviou desses domínios, não sei por que, já que nem por um momento sequer duvidei da importância que apresentam para os nossos propósitos. Tenho uma excelente opinião de Honegger, que, sem dúvida, oferece as melhores possibilidades.

Permite-me que eu lhe confie, porém, uma apreensão? Acho que a enfrentar diretamente o problema geral da mitologia antiga seria preferível abordá-lo pouco a pouco numa série de estudos distintos. Mas talvez sua ideia seja justamente essa. Foi apenas o conhecimento material, cuja conquista é para nós tão árdua, mas não de todo impossível, o que valorizei nos especialistas. Reli com a maior atenção suas observações detalhadas; sei que tudo fica mais fácil quando ninguém nos perturba.

Em resposta ao que me diz sobre conhecidos e amigos, informo de minha parte o seguinte: escreveu-me o Dr. Osipov, assistente da clínica psiquiátrica de Moscou; suas credenciais são duas volumosas separatas, numa das quais a bagunça de caracteres cirílicos é, de duas em duas linhas, cortada pelo nome Freud (também Freudy e Freuda) impresso à europeia, enquanto a outra se serve, com a mesma profusão, do nome Jung. O homem tem ainda no prelo outras duas obras inéditas e em março pretende concorrer a um prêmio da Academia de Moscou cujo tema específico é a ΨA. Em maio ele virá, então, a Viena, de onde o despacharei para Zurique. Caso o senhor queira informá-lo do Congresso, aí vai o endereço completo:

> Dr. N. Osipov
> Assistente da Clínica Psiquiátrica
> Dewitschje Pole, Moskau
> (parece que quer dizer "Campo de Virgens")

Modena, de Ancona, que se propusera a fazer a tradução, caiu agora em silêncio (tal qual se deu com seu conhecido de Konigsberg – ondas que vêm e voltam), mas ontem recebi uma carta simpática de Assagioli, de Florença, escrita por sinal em perfeito alemão. Numa carta que não precisava ser tão contrita, Jones também se manifestou há dias, dizendo que "vai ser bem comportado de novo". Parece que as resistências dele se esfacelaram de vez. Putnam prepara artigos favoráveis que há de enviar assim que acabar. Mandou-me umas fotografias dos Adirondacks que não são lá grande coisa; a mais interessante é a do chalé de madeira onde nós três ficamos. Posso passar-lhe a minha, caso não tenha recebido uma[3].

Estou firmemente decidido a, dessa vez, não ocupar muito espaço no *Jahrbuch*. Talvez venha a pedir-lhe que aceite um minúsculo ensaio meu, "Um tipo especial de escolha de objeto feita pelos homens", ou um *breve* trabalho de materiais clínicos de Rank: "Um sonho que analisa a si mesmo" – *or both*[4]. De nenhum modo quero limitar a participação dos suíços e gostaria de incitá-los contra as intermináveis baboseiras de Sadger sobre a biografia de homens *des*importantes. Conheço o texto[5] e, como os demais trabalhos de Sadger, merece ir para o barbeiro, como acertadamente diz Hamlet[6].

De meus rasgos de inspiração – estou de novo muito bem e correspondentemente improdutivo – posso lhe confiar apenas um. Ocorreu-me que o verdadeiro fundamento da necessidade religiosa é o *desamparo infantil*, tão mais acentuado no homem que nos animais. Passada a infância, o homem já não sabe se representar um mundo sem pais e então forja para si um deus justo e uma natureza bondosa, as duas piores falsificações antropomórficas que se revelou capaz de imaginar. Mas tudo isso é muito banal. Consequência, aliás, do instinto de autopreservação, e não do instinto sexual, cujo tempero só é acrescentado depois.

Não compreendi sua alusão à suspensão do boicote a Bircher. Mal sei quem ele é. Ou será que estou esquecido?

Já o poema que me mandou[7] é-me absolutamente ininteligível; não imagino quem seja o poeta, o que talvez não esperasse de mim, nem atino com a intenção que ele tem, fracasso que podemos atribuir a uma deficiência intrínseca ao poema.

No mais, se o senhor me disser de onde vem isto: "Isso é bem belo, isso é bem grato"[8], eu lhe direi, finalmente, onde foi publicada a monografia de Kaibel sobre os dátilos do Ida. Ambos deixamos de cumprir nossas promessas.

Com isso faço um prelúdio à conversa por que tanto anseio, mas que, naturalmente, ainda há de tardar. Prometo-lhe que hei de ser mais breve nas fases posteriores deste novo ano e mando minhas melhores lembranças para o senhor e à esposa. Não posso reprimir a esperança de que 1910 traga algo tão propício ao nosso relacionamento como o foi a viagem à América.

Cordialmente,
Freud

Ano 1910

1. Hológrafo: *zugesagt*, o que dá a entender que tenha sido de viva voz, talvez durante a viagem aos Estados Unidos.

2. *I. e.*, da "faculdade de filosofia".

3. Tais fotos não foram encontradas.

4. Em inglês no original.

5. Presumivelmente, "Ein Fall von multipler Perversion mit hysterischen Absenzen", *Jahrbuch* II:1 (1910): o caso anônimo de um nobre dinamarquês. Sadger lera parte de seu trabalho na Sociedade de Viena em 3 e 10-11-1909 e o resto em 5-1-1910 *(Bulletin*, n. 2, p. 2).

6. *Hamlet*, II, 2,507.

7. Evidentemente, o poema do qual Freud cita um verso em 166 F.

8. Hológrafo: *"Es ist ganz schön, ganz angenehm"* – de um poema não identificado de Dominik Müller; cf. 173 J n. 1.

172 J

[Carimbo: Unterwasser, 8 de janeiro de 1910][1]

Caro Professor Freud,

Neste aprazível recanto passamos, ao sol do inverno, seis dias maravilhosos. Assim que esteja de regresso a Zurique responderei com vagar sua carta tão cheia de novidades.

Com as melhores lembranças de
C.G. Jung – Emma Jung

1. Cartão postal com uma vista alpina do lugar. Unterwasser é um lugarejo abrigado nas montanhas no cantão de St. Gallen, a leste de Zurique.

173 J

Küsnach bei Zürich, 10 de janeiro de 1910

Caro Professor Freud,

Muito obrigado por sua carta tão encorajadora. A mitologia por certo me falou a fundo e a ela se soma uma boa parcela de interesse arqueológico que me vem do passado. Prefiro não dizer muito por ora e esperar que a coisa amadureça. Ainda não sei no que vai dar. Compartilho, no entanto, sua opinião de que o assunto deva ser submetido de início a um tratamento monográfico, o que de resto não há de ser tão difícil, pois o que é típico em termos de material surge com extraordinária abundância, ora aqui, ora ali, em variantes. Isso, portanto, não será problema. O grande *impedimentum é* a limitação de meu cabedal, que tento remediar com escrupulosas leituras. Fico-lhe grato por sua promessa sobre a monografia de Kaibel. O motivo que me impede de retribuir desde já com o poema de Dominik Müller[1] é que ele, infelizmente, não figura na antologia, como afirmei há certo tempo. Tomei, contudo, a providência de escrever à redação do periódico em que foi publicado.

É com a maior alegria que tomo conhecimento de seu plano de vir à Suíça no verão. *Quando* será? Minha mulher se entusiasma tanto quanto eu com a perspectiva de os ter como hóspedes. Sua sugestão de que eu vá a Viena antes ou depois de Nuremberg caiu igualmente em solo fértil. Só não sei ainda se será antes ou depois porque este ano estou muito comprometido com meu serviço militar – devo contar com sete semanas ou mais. Dentro de mais uns dias hei de saber minha sentença e dou-lhe, então, uma data definitiva.

Recebi uma resposta de Königsberg, acompanhada de um convite. Mas não sei ainda se há um meio de harmonizar isso com Nuremberg.

O que segue anexo é para o senhor corrigir[2]. Agradeço-lhe se o senhor se dispuser a apresentar materiais clínicos em Nuremberg e mais ainda se conseguir arrancar de seus discípulos uma ou outra palestra. Farei o mesmo com meu pessoal. Vou ver se também preparo alguma coisa, embora me sinta muito inseguro, com a impressão de que só agora estou começando a aprender. Acho que esse *sentiment d'incomplétude* decorre de meu novo namoro com a mitologia. Mas a "cour d'amour" há de, sem dúvida, pôr minha coragem à prova.

O nome do Dr. Osipov foi devidamente anotado. Conheço-o por meio de separatas e referências pessoais. Assagioli há de colaborar no *Jahrbuch* (resumos). Jones também me escreveu: uma carta terrivelmente longa, com um tormento tamanho que me faz seguidamente adiar a resposta.

O Dr. Bircher-Benner é o homem sobre o qual já lhe escrevi certa vez que pratica a psicanálise à moda *dele*; na ocasião fiz uma advertência a respeito. Tudo o que quero agora é que essa advertência seja encarada com reserva, pois não lhe faltou correção ao entrar em contato conosco.

Um novo americano, o Dr. Young[3], apareceu por aqui. O artigo altamente pessoal de Putnam acaba de sair no *Journal of Abnormal Psychology*![4]

Com minhas melhores lembranças.

Cordialmente,

Jung

1. Pseudônimo de Paul Schmitz (1871-1953), poeta que escreveu no dialeto da Basileia e cujos trabalhos saíam costumeiramente em *Samstag*, um semanário humorístico dessa cidade.
2. Não encontrado; talvez o texto do convite para o Congresso de Nuremberg.
3. G. Alexander Young (1876-1957), de Omaha, Nebraska; nascido na Inglaterra. Sócio-fundador da Sociedade Psicanalítica Americana (cf. 257 J n. 1).
4. "Personal Impressions of Sigmund Freud and His Work, with Special Reference to His Recent Lectures at Clark University", parte 1, *Journal of Abnormal Psychology*, IV (dezembro 1909 – Janeiro 1910). A parte 2 seria publicada no número de fevereiro-março 1910.

174 F

13 de janeiro de 1910, Viena, IX. Berggasse 19

Caro amigo,

Respondo-lhe com a maior presteza tendo em vista o Congresso.

Antes de tudo, umas palavras sobre a mais recente correspondência da América, que é tão rica a ponto de levar facilmente a uma impressão de triunfo. Além do artigo de Putnam que o senhor menciona, recebi cartas de Stanley Hall, Jones, Brill e do próprio Putnam. Hall descreve o Congresso de Psicologia em Harvard[1], que dedicou uma tarde inteira à ΨA, durante a qual ele e Putnam desarmaram completamente o matreiro Boris Sidis[2]. Suponho que o senhor tenha recebido as mesmas notícias, mas se tal não for o caso remeto-lhe de bom grado as cartas. O velho, que é, de fato, um excelente sujeito, escreve que em abril há de nos dedicar um número especial do *American Journal of Psychology*, no qual constarão suas palestras, a tradução do ensaio de Ferenczi sobre a elaboração do sonho, o texto mais curto de Jones e talvez, ainda, minhas cinco palestras[3]. Putnam parece *truly ours*[4]. A contrição que emana das cartas de Jones é tão sincera que acho que realmente devemos dar-lhe um novo crédito. Anda fazendo um bom trabalho. O artigo dele "ΨA in Psychotherapy"[5] é exatamente o que o pessoal de lá precisa. Brill me comunica que Peterson agora o mantém ocupado e que num só mês ganhou $ 660. Minha profecia se realiza! Nossa viagem à América parece ter surtido um bom efeito, o que me consola de ter deixado por lá parte de minha saúde.

Folgo em saber que o senhor interrompe o ano de trabalho para se distrair um pouco, negando-se a viver tão insensatamente como eu. É imperioso que resista por mais tempo e conduza nossa causa à vitória. Espero que de fato, antes ou depois do Congresso, possamos passar um dia a sós. Se o senhor não tem tempo, não precisa ser em Viena. Temos muito o que conversar.

Ocorre-me agora uma sugestão: talvez o senhor pudesse falar sobre nossa viagem à América e a situação em que lá se encontra a psicanálise[6]. Isso iria impressionar e estimular nossa gente. Ando a pensar num trabalho sobre as perspectivas da terapia ΨAtica que me permitisse abordar também uma discussão de técnica. Se o senhor insistir em materiais clínicos, provavelmente terei de retomar meu pequeno estudo da vida amorosa do homem, que talvez seja muito especializado para a ocasião e que as pessoas daqui, além do mais, já conhecem. Por ora não disponho de outra coisa. Estou, porém, convencido de que a bandeira da ΨA deve tremular sobre o território da vida amorosa normal, que, afinal, está tão perto de nós, e não afasto a hipótese de reservar para o *Jahrbuch* essas poucas páginas. O "Sonho" de Rank ainda não está em condições de ser apresentado.

Aos membros da Sociedade de Viena solicitei trabalhos que sejam de meu conhecimento prévio para que eu possa eliminar, assim, essa ou aquela proposição. Acho que um trabalho sobre as deficiências na técnica de interpretação e o perigo de sucumbir a certas tentações não seria, aliás, nada inoportuno.

Envie-me, por favor, 30 convites.

No sábado, Binswanger deve aparecer por aqui. No próprio interesse dele não o hei de poupar a algumas verdades ΨAticas. As cartas que me manda estão cheias de ataques a Stekel, com quem, no entanto, ele ainda tem muito a aprender. Pensando bem já há quem me coloque entre os reverendos, sob diversos aspectos, e os que sentem a necessidade de me atacar costumam substituir meu nome pelo de Stekel ou outro. Quando o noto, domino minha resistência interior e francamente me solidarizo com quem é atacado.

Pergunto-me, embora a ideia ainda não esteja amadurecida, se nossos partidários não poderiam filiar-se a uma organização maior com um ideal prático de trabalho. Explico-me, para que me dê a sua opinião. Há uma Fraternidade Internacional pela Ética e pela Cultura que no momento se constitui com esse ideal em vista e cujo grande incentivador é um farma-cêutico de Berna, Knapp[7], que esteve em visita a mim. Não seria oportuno que ingressássemos todos? Com a organização antialcoólica não quero ter nada a ver. Pedi a Knapp que procurasse entrar em contato com o senhor. Um dos expoentes da Fraternidade é Forel.

Tenho grande esperança de que muita coisa boa aconteça nesses três meses que nos separam do Congresso.

Lembranças
de *Freud*

---

1. Décimo-oitavo encontro anual da Associação Psicológica Americana, Cambridge, Massachusetts, 29/31-12-1909. Putnam apresentou um trabalho sobre "Freud's and Bergson's Theories of the Unconscious", Jones sobre "Freud's Theory of Dreams" (cf. abaixo, n. 3). Cf. *Psychological Bulletin*, VII: 2 (15-2-1910), 37s. Erroneamente, Jones (II, p. 129s./l 15) dá Baltimore como local do encontro.

2. Boris Sidis (1876-1923), nascido na Rússia, aluno de William James em Harvard; mais tarde diretor de seu próprio sanatório em Portsmouth, New Hampshire.

3. Para as palestras de Jung e Freud em *Journal*, XXI:2 (abril, 1910), cf. o comentário que se segue a 154 F. Foram, de fato, incluídos textos de Ferenczi, "On the Psychological Analysis of Dreams," e Jones, "Freud's Theory of Dreams".

4. Em inglês no original.

5. "Psychoanalysis in Psychiatry", *Journal of Abnormal Pschology*, IV (1909); o trabalho fora lido perante a Sociedade Terapêutica Americana, New Haven, Connecticut, em 6-5-1909.

6. Cf. o comentário editorial que se segue a 183 J.

7. Alfred Knapp; um apelo dele em favor de sua Internationaler Orden für Ethik und Kultur foi publicado em *Zentralblatt*, I:3 (dezembro, 1910).

175 J

Küsnach bei Zürich, 30 de janeiro de 1910

Caro Professor Freud,

Finalmente, tenho um momento para escrever-lhe em paz. Os últimos dias foram um verdadeiro tormento. Na mesma semana tive de enfrentar duas vezes o público. A primeira palestra integra um ciclo de seis sobre os distúrbios mentais na infância[1], ao passo que a outra, com o simbolismo por tema[2], foi feita para estudantes, ou melhor, para várias sociedades científicas de estudantes. Ao elaborá-la tentei assentar o "simbólico" numa base psicogenética, ou seja, mostrar que na fantasia individual o *primum movens*, o conflito individual – matéria ou forma, como se prefira – é mítico ou mitologicamente típico. Os dados em que me apoio não são muito significativos. Acho que a coisa está razoável, embora pudesse ter saído melhor e mais convincente. Gostaria de a submeter ao senhor, quando a ocasião surgir, para ouvir seus conselhos. A hipótese de a destinar ao *Jahrbuch* não me desagrada, pois quer-me parecer que o ensaio de Honegger sobre demência precoce evolui na mesma direção. O trabalho que ele faz é excelente e, até agora, supera o de qualquer outro aluno. Pessoalmente, também já fez muito por mim: vi-me na contingência de confiar-lhe alguns dos meus sonhos. Detesto cartas lamurientas e no período em que deixei de escrever ao senhor fui esmagado por complexos. A vítima do diabo, dessa vez, não fui eu, mas minha mulher, que deu ouvidos ao espírito maligno e se entregou sem razão a várias cenas de ciúme. De início minha objetividade se desarticulou (regra número um da psicanálise: os princípios da psicologia freudiana se aplicam a todos, exceto ao analista), mas depois voltou a entrar nos eixos, ao passo que minha mulher também se recompunha com brilho. A análise da própria esposa é uma tarefa verdadeiramente ingrata, a menos que esteja garantida uma liberdade mútua. A infidelidade consentida é, a meu ver, uma cláusula indispensável a um bom casamento. Mas com isso eu aprendi muita coisa. O ponto capital vem, como sempre, no fim: por propósito deliberado, após madura reflexão, minha mulher está de novo grávida. Malgrado a inclemência dos complexos, meu entusiasmo pelo trabalho não diminui. O novo *Jahrbuch* está quase pronto e no começo de fevereiro deve entrar no prelo. Sólido e muito variado.

Em 25 de janeiro enviei um valoroso apóstolo à diáspora na pessoa do Prof. Hoch, que por mais de três meses trabalhou comigo e agora assume na ilha de Ward[3] o lugar de Meyer. Excepcionalmente correto, ele já me inspira grande amizade. Andei a tratá-lo contra umas depressões periódicas, espero que com sucesso.

Lamento não poder enviar de imediato os convites para Nuremberg, pois ainda não os recebi da gráfica. É provável que sigam no decorrer da semana. Hei de fazer amanhã uma reclamação.

Peço que, se possível, indique-me a extensão eventual de sua colaboração para o *Jahrbuch* de julho de 1910 e também se algum de seus vienenses pensa em mandar alguma coisa. Espero já ter recebido até então o artigo de Bleuler (ele esteve hospitalizado, há pouco, com uma peritiflite[4]). Devo também colaborar, e talvez Riklin. Duvidosa é a situação de Honegger, contra quem o tempo conspira.

As notícias da América são extraordinárias. Jones, de fato, está fazendo um bom trabalho. E o sucesso de Brill é ricamente merecido. Acabo de receber uma carta dele em que me fala do brilhantismo com que Morton Prince interpreta sonhos. Esse, o que merece, é a extinção pura e simples.

Espero que o senhor tenha recebido o *poema*.

Obrigado pela informação sobre Kaibel[5]. Devido à pressão de outros trabalhos meus, estudos mitológicos passam por ora ao segundo plano.

Infelizmente, as autoridades militares ainda não me informaram quando devo entrar em serviço, o que me impede de dizer se será antes ou depois de Nuremberg que terei tempo livre.

Sua sugestão para que eu fale sobre a América em Nuremberg já começou a agir em mim. Creio que o poderia fazer em forma de um relatório sobre o desenvolvimento geral do movimento.

Com as melhores lembranças
do *Jung*

---

1. O pastor Blocher (cf. 48 J n. 6) anotou em seu diário ter assistido às primeiras palestras de Jung sobre os distúrbios mentais na infância – imbecilidade, insanidade moral, epilepsia e histeria – em 12, 19, 26-1 e 2-2-1910. As duas restantes foram provavelmente proferidas em 9 e 16-2. Nenhuma delas jamais foi publicada.

Ano 1910

2. Como se evidencia em seguida, essa palestra serviria de esboço a "Wandlungen und Symbole der Libido", 1911-1912. Cf. 193 I § 3.

3. O Instituto Psiquiátrico do Estado de Nova York, na ilha de Ward, East River, em Nova York.

4. Antiga designação da apendicite.

5. Enviada ao que parece em separado, como o poema.

176 J

[Carimbo: Zurique, 31 de janeiro de 1910][1]

Caro Professor Freud,

Os convites para Nuremberg seguiram hoje. Peço-lhe que se encarregue de fazer aí todos os convites, pois não mandarei nenhum para Viena. Segue nos próximos dias a lista das pessoas que convidei; queira ter a bondade de fazer os acréscimos que julgar convenientes.

Lembranças
do *Jung*

1. Cartão postal com os dizeres "1909 Inauguration du Monument commemoratif de la Fondation de l'Union Postale Universelle" e uma ilustração que talvez reproduza o monumento.

177 F

2 de fevereiro de 1910, Viena, IX. Berggasse 19

Caro amigo,

Por mais que a experiência já me tenha ensinado a não ceder à expectativa de suas cartas, enchi-me de alegria e até me consolei um pouco com a variedade de conteúdo da que ontem chegou. A distância nos obriga a vivências de todo tipo que não podemos compartilhar. O senhor vive em alto-mar e a mim não resta alternativa senão pensar com frequência em nossas ilhotas dálmatas onde uma segunda-feira sim, outra não, aporta um barco.

A companhia de Ferenczi, domingo passado, foi um alívio para mim, pois nele deposito uma integral confiança e pude conversar novamente sobre as coisas que, de fato, importam-me. Os dois domingos anteriores foram ocupados por Binswanger; a despeito de ser muito simpático, correto e mesmo inteligente, falta-lhe aquele vigor que eleva o ânimo, e a mulher dele, ou a relação que os une, na verdade não é de todo agradável.

Eu sempre considerara impossível a análise da própria esposa, mas o pai do Pequeno Hans provou-me que ela pode ser feita. A grande dificuldade no caso é superar a contratransferência, um preceito técnico que há pouco se tornou evidente.

Espero que Honegger o acompanhe a Nuremberg; com uma tentativa de me analisar[1], a mim também ele causou boa impressão, e pode ser que na interpretação do inconsciente traga-nos a argúcia de Stekel, mas sem a brutalidade e a falta de espírito crítico com que trabalha.

Sua concepção aprofundada do simbolismo merece toda a minha simpatia. Talvez se lembre de como me senti insatisfeito quando, de comum acordo com Bleuler, o senhor se limitou a encarar o simbolismo como uma espécie de "pensar pouco nítido". É verdade que o que agora me escreve é um simples indício, mas sinto-me na mesma linha de minhas próprias pesquisas, qual seja, a da *regressão arcaica*, que espero dominar por meio da mitologia e do *desenvolvimento da linguagem*. Seria ótimo se o senhor escrevesse sobre o tema para o *Jahrbuch*.

Para o *Jahrbuch* não penso em absoluto em meu ensaio sobre o método geral, que ficando mais um pouco de lado só terá a lucrar. Assim, ou não lhe submeto nada ou um ou dois pequenos trabalhos como os que lhe mandei ontem, a não ser que me ocorra, antes de o senhor decretar que *rien ne va plus*, alguma coisa da qual nem desconfio por ora. Transmitirei seu apelo aos vienenses, cujos ímpetos normalmente refreio. O único aceitável sem censura, mas não sem críticas, é Adler. Sadger é intragável, só iria comprometer nosso belo volume; Stekel apresentou-nos de viva voz um ensaio sobre obsessões, absolutamente frívolo e deficiente quanto ao método, e acabou por ser massacrado, como Binswanger lhe poderá confirmar[2].

Os convites chegaram hoje. Muito obrigado pelo poema; a terceira estrofe, que continua em minha mesa a obcecar-me, corresponde perfeitamente a todas as expectativas. Da América, além da cãibra abominável por escrever em excesso, trouxe comigo a dor no apêndice que tinha tido no *Camp*[3], mas meu senso de humor, até agora, resiste galhardamente à prova. A propósito, Bleuler foi operado?

Para o Congresso conto, então, com o seguinte: o senhor, sobre o desenvolvimento da ΨA (mas, sobretudo, na América, pois com o resto a maioria está bem familiarizada); eu, sobre as perspectivas da psicanálise, combinação que não deixa de ser curiosa já que é o senhor quem representa o futuro e eu o passado da dama; Ferenczi está disposto a falar sobre organização e propaganda, tendo ficado de lhe escrever a respeito; e Adler promete uma tese sobre hermafroditismo psicossexual que há de ser rica em substância. Talvez ainda surjam mais coisas. Deixei intencionalmente claro que em vista da abundância de material a direção se reserva o direito de efetuar uma seleção e que ninguém deve se sentir ofendido. A mitologia e a pedagogia não constarão do programa? Hoch é, sem dúvida alguma, um bom substituto de Meyer, que é meio insidioso. Aguardo agora uma palavra da América para saber quando devo lançar a versão alemã das conferências.

A viagem de verão à Suíça desperta grande entusiasmo na família. Talvez já lhe tenha escrito que pretendemos ficar num lugar de altitude média na Suíça francesa, mas é certo que façamos em Zurique uma parada de um ou dois dias. Minhas maiores esperanças, este ano, são o Congresso e essa viagem. Como sempre preciso querer bem a uma coisa, o *porcupine*[4] foi substituído agora por uma maravilhosa árvore-anã japonesa com a qual desde o Natal divido meu gabinete. Meu crepúsculo erótico, do qual falamos na viagem, desfez-se lamentavelmente sob a pressão do trabalho. Resignei-me à velhice e já nem me detenho a pensar na passagem dos anos.

Li em provas o artigo bem intencionado e fraco de Löwenfeld[5], que é, no entanto, um homem bom e correto.

De bom grado hei de passar os olhos na lista. Por certo vão querer saber aqui se há condições impostas aos "convidados", e quais são elas.

Com minhas melhores lembranças para o senhor e para a família em crescimento.

Cordialmente,
Freud

---

1. Provavelmente, na carta de Honegger a Freud; cf. 148 J, na altura da n. 3.

2. Binswanger participou como convidado da reunião de 19-1 da Sociedade, quando Stekel apresentou "The Psychology of Doubt" *(Minutes*, II. 394s.). Provavelmente – "Der Zweifel", *Zeitschrift für Psychotherapie und medizinische Psychologie*, IV (1912).

3. Freud sofrera uma ligeira crise de apendicite durante os dias passados na propriedade (*o camp*) da família Putnam. Cf. Jones, II, p. 65/59.

4. Em inglês no original. / Na propriedade da família Putnam, Freud quis ver um porco-espinho e recebeu ao partir, como lembrança de seus anfitriões, uma miniatura desse animal em latão (ver a propósito o artigo de Gifford, citado na n. 1 do comentário que se segue a 154 F). Anna Freud informou que o pai sempre manteve a miniatura em sua mesa, servindo-se dos espinhos para prender cartas que aguardavam resposta. Cf. tb. o relato de Jones, II, p. 65s./59.

5. "Über die hypermnestischen Leistungen in der Hypnose in bezug auf Kindheitserinnungen", *Zeitschrift für Psychotherapie und medizinische Psychologie.* II:1 (1910).

178 J

Küsnach-Zürich, 11 de fevereiro de 1910[1]

Caro Professor Freud,

Sou um correspondente preguiçoso, mas, desta vez (como sempre), tenho uma excelente desculpa. O preparo do *Jahrbuch* tomou-me um tempo inacreditável, pois tive de, a todo instante, usar o lápis azul. Hoje segue a maior parte dos manuscritos. A coisa há de ser imponente.

Em anexo a lista de endereços. Diga-me, por favor, se me esqueci de alguém do exterior. O senhor verá que agi em termos bem amplos, no que espero contar com sua aprovação. Nossa causa continua a expandir-se. Ainda hoje soube por um médico de Munique que os estudantes de Medicina de lá já se interessam em massa pela nova psicologia; alguns chegam mesmo a zombar dos medalhões da Clínica pelo fato de eles não a compreenderem.

Recebi também nesse ínterim um convite do farmacêutico Knapp, de Berna, para ingressar na I.O.[2]. Pedi tempo para pensar e prometi submeter o convite ao Congresso de Nuremberg. Knapp também queria que eu fizesse conferências, perspectiva que me aterra. Estou convencido de que ando bem precisado de fazer a mim mesmo as mais longas preleções éticas e não teria um pingo de coragem para promover o tema em público, sobretudo do ponto de vista psicanalítico! Mantenho-me num equilíbrio tão instável entre o dionisíaco e o apolíneo que me pergunto se não valeria a pena reviver algumas burrices culturais do passado, como os mosteiros. Quero dizer que, na realidade, não sei qual o menor mal. O senhor acredita que essa Fraternidade possa ter uma importância prática? Não será ela uma dessas coalizões de Forel contra a burrice e o mal – mal que devemos amar para nos livrarmos da obsessão com a virtude que nos deixa doentes e proíbe as alegrias da vida? Para que uma coalizão seja eticamente significativa é imprescindível que em vez de ser artificial ela brote dos instintos profundos da raça. Um pouco como a Christian Science, o islamismo, o budismo. A religião só pode ser substituída por religião. Por acaso há um novo salvador na I.O.? Que novo mito nos é aí proposto para que vivamos por ele? Por pura desfaçatez intelectual só os sábios são éticos, a nós é indispensável a verdade eterna do mito.

Dessa torrente de associações há de o senhor inferir que a coisa não me deixou nada apático. O problema ético da liberdade sexual é realmente imenso e digno do suor dos nobres[3], mas os 2.000 anos de cristianismo só podem ser substituídos por algo equivalente. Uma fraternidade ética que propõe um Nada mítico, absolutamente isento da força impulsiva arcaico--infantil, é um puro vácuo e jamais despertará no homem um resíduo que seja da primitiva força animal que arrasta pelo mar as aves migradoras e em cuja ausência não pode vir à luz um movimento de massa irresistível. Concebo para a ΨA uma tarefa bem mais ampla e sutil que a aliança com uma fraternidade ética. Creio que precisamos dar-lhe tempo para que em diferentes centros ela se infiltre no povo, para que vivifique nos intelectuais o sentido do mítico e do simbólico, para que lentamente reconverta o Cristo no profético Deus da vinha que ele foi e, desse modo, absorva as forças instintuais extáticas do cristianismo com objetivo *único* de fazer do culto e do mito sagrado o que eles eram outrora – um ébrio festival de alegria em que ao homem fora dado existir no *ethos* e na santidade animal. Tal o desígnio e a incomparável beleza da religião antiga, que por necessidades biológicas temporárias que só Deus sabe quais são, foi transformada numa instituição de misérias. Mas que delícias infindas, que volúpia jaz ainda latente em nossa religião, à espera de um retorno ao verdadeiro destino! Um desenvolvimento ético genuíno e exato não pode abandonar o cristianismo; forçoso é que se articule dentro dele, levando à realização mais perfeita o próprio hino de amor, a agonia e o êxtase quanto ao deus morrente/ressurgente[4], a força mística da vinha e o tremor antropofágico da Última

Ceia – só *esse* desenvolvimento ético tem condições de servir às forças vitais da religião. Já um sindicato de interesses morre ao fim de 10 anos[5].

A ΨA deixa-me "orgulhoso e insatisfeito"[6]; a vinculá-la a Forel, esse penitente joão-ninguém, prefiro vê-la associada a tudo o que sempre foi dinâmico e vivo. O melhor, portanto, é esperar mais um pouco. Para ser prático, penso em submeter ao Congresso de Nuremberg essa questão crucial para a ΨA.

Meu coração não se aguentava e acho que por hoje já fiz uma ab-reação muito longa. Peço-lhe que não leve a mal esse tempestuoso desabafo.

Com minhas lembranças mais sinceras.

Cordialmente,

Jung

1. Publicada em *Letters*, ed. G. Adler, vol. 1.
2. Hológrafo: I.O. = Knapp's Internationaler Orden für Ethik und Kultur.
3. Cf. 51 J 2.
4. Uma referência a Dioniso-Zagreu; cf. *Símbolos da transformação*, OC 5, § 527. (também na ed. de 1911-1912).
5. Para um comentário de 1959, cf. *Letters*, ed. G. Adler, vol. 1, p. 19, n. 8.
6. Hológrafo: *stolz und unzufrieden. –* Goethe, *Faust 1*, 2178.

179 F

13 de fevereiro de 1910, Viena, IX. Berggasse 19

Caro amigo,

Sim, a tempestade ruge no senhor; e chega até mim como um distante trovão. E embora devesse tratá-lo diplomaticamente e acomodar-me com um atraso deliberado na resposta ao seu evidente desagrado em escrever, sou incapaz de refrear minhas próprias reações precipitadas. Posso oferecer-lhe apenas, à guisa de desculpa, as necessidades práticas.

Por favor, diga a Knapp que, por enquanto, é impossível submeter ao nosso Congresso a questão da Fraternidade, que ainda somos muito poucos e nem de nos organizar já cuidamos, o que, aliás, é verdade. O senhor não deve me considerar, no entanto, o fundador de uma religião, minhas intenções não vão tão longe. Foi por razões de ordem prática, ou talvez diplomática, que fiz essa tentativa (a qual, de resto, não mais figura em minhas cogitações). Vi em Knapp um homem potencialmente bom, que a poderia liberar, e, então, pensei que de nosso ingresso na Fraternidade, ainda *in statu nascendi*, decorresse talvez a conversão dos moralistas à ΨA, nunca a dos psicanalistas à moralidade. Pode ser que a ideia tenha sido por demais diplomática. Abandonemo-la, então, de bom grado. Deixei-me atrair pelo aspecto prático, a agressividade preventiva do programa, o compromisso de atacar diretamente a autoridade do Estado e da Igreja, sempre que cometam injustiças palpáveis[1], propenso a recorrer, assim, em guarda contra os futuros grandes adversários da ΨA, a um número maior de pessoas e a métodos outros que não os propiciados pelo trabalho científico. Não estou pensando num substituto para a religião; essa necessidade deve ser sublimada. A conversão da Fraternidade numa organização religiosa sempre me pareceu tão remota quanto a de um corpo voluntário de bombeiros!

Devolvo-lhe a lista hoje mesmo sem comentários. A maioria dos estranhos não virá, devemos manter aceso o entusiasmo de nossa própria gente. A única omissão que me ocorre é a de O. Gross, mas não sei o endereço dele. Acrescentei o de Eitingon. Quanto ao programa e às propostas de organização, temos de nos pôr antecipadamente de acordo.

A rápida publicação do novo *Jahrbuch* há de aturdir os adversários, já que nem lhes deixa tempo de deblaterar contra o número anterior. Reviso agora as provas da edição alemã das palestras de Worcester. Parece-me que em certas passagens fui um pouco agressivo. A segunda edição de *Teoria da sexualidade* talvez lhe chegue dentro de uma semana. Nada foi alterado. Trabalho diariamente até a exaustão e depois ainda acrescento ao *Leonardo* uma linha ou outra. Fiquei contente com Riklin por me ter enviado um ensaio sobre a "Bela Alma"[2], mas o estilo é tão frouxo e descorado que hesito em incluí-lo no *Papers*. Deuticke mostrou-me um novo artigo de Friedländer na revista de Bresler[3], petulante e estúpido como os anteriores.

Na expectativa de saber que tanto o senhor quanto a família vão bem, mando-lhe minhas melhores lembranças.

Cordialmente,
Freud

1. Citado por Jones, II, p. 74s./67s.
2. Cf. 47 J n. 3.
3. "Hysterie und moderne Psychoanalyse", *Psychiatrisch-neurologische Wochenschrift*, XI: 48/50 (1910). Para a tradução em inglês, cf. 237 J n. 2.

180 J

Küsnach-Zürich, 20 de fevereiro de 1910

Caro Professor Freud,

Na realidade eu não ignorava que com a proposta sobre a I.O. o senhor tinha em mente um objetivo prático. Falei a propósito com diversas pessoas daqui e todos são muito céticos quanto à popularidade da organização. Creio, entretanto, que não haveria mal algum em levar o assunto ao Congresso de Nuremberg. A adesão pessoal de um ou outro talvez produzisse a efervescência necessária. Por acaso o senhor se opõe? Minha última carta foi naturalmente mais um desses arrebatamentos de louca fantasia a que, de quando em quando, entrego-me. É lamentável que agora o alvo tenha sido o senhor, mas essa era provavelmente a intenção. Em meu íntimo fervem as coisas mais díspares, em particular a mitologia, ou melhor, é a mitologia que por fim sairá lucrando, pois nada ferve tanto, como evidentemente convém à etapa da vida em que me acho, quanto o complexo matrimonial. Meus sonhos se comprazem em símbolos de estarrecedora eloquência: minha mulher, p. ex., teve o braço amputado (na véspera eu cortara o polegar, dando, assim, uma ajuda à autocastração). Felizmente, as Noites de Valpúrgia do meu inconsciente não afetam minha capacidade de trabalho, embora a mitologia esteja momentaneamente parada, não só por causa do *Jahrbuch*, mas também do afluxo de pacientes, que só esta semana, ainda bem, começou a decrescer. No mais estou em boa forma e ainda experimento resistências em lhe escrever a tempo, com a motivação consciente de que para tanto preciso de um momento de paz, o qual, por certo, só surge quando decididamente o buscamos. A causa de tal resistência é esse complexo paterno, esse temor de não corresponder às expectativas (tudo o que você faz, diz-me o diabo, é "uma droga"). Dessa vez, Binswanger também tem certa culpa, pois não confio muito nele; pródigo ao elogiar algumas pessoas (p. ex., Veraguht)[1], é exigente

Ano 1910

demais com relação a outras e isso me deixa assustado. Subscrevo em termos gerais seu veredicto. Nunca me dei tão bem com ele quanto, por exemplo, com Honegger, cuja honestidade é indubitável e, ao que presumo, bem maior do que a minha.

No tocante a Nuremberg já me pus em contato com o Dr. Warda que, para local de reunião e hospedagem sugeriu o Grand Hotel. De minha parte não tenho nada a objetar. Só faremos reservas para os inscritos[2] (22 por enquanto). Comunique-o, por favor, aos prezados vienenses, dos quais só Jekels e Stekel já se manifestaram. Marcinowski anuncia uma palestra: processos sejuntivos como a base da psiconeurose; Abraham sobre fetichismo[3]. Até agora ninguém mais se inscreveu para falar. Hei de preparar um relatório sobre a América, concentrando-me no aspecto interno.

O Dr. G— tem estado aí? Ouvi dizer que o senhor o analisa. A outra parte do complexo dele, a babá do menino, vem me ver com frequência e vai indo bem. Fräulein E——, de quem estará lembrado, também se encontra em boa forma. Um caso de neurose obsessiva abandonou-me no auge da resistência homossexual. Isso me leva à questão que realmente me importa: a sequência e o curso das resistências. É óbvio que existe muita coisa típica. Não lhe parece que as resistências seguem forçosamente um curso mais ou menos típico na dependência do sexo, da idade, da posição social? Espero encontrar atalhos e caminhos diretos, como os que o senhor provavelmente já encontrou, bem como valer-me de sua experiência. A homossexualidade é, no meu entender, uma das maiores fontes de resistência nos homens; nas mulheres, as perversões ou variações da sexualidade *sensu proprio* (variações do coito etc.). As resistências homossexuais nos homens são simplesmente espantosas e dão margem a possibilidades infindas. A aceitação moral da homossexualidade como meio anticoncepcional mereceria ser sustentada com absoluta energia. Temos aqui um novo cavalo-de-batalha que transparece ao longo de toda a história da cultura – os métodos anticoncepcionais da etnologia: mosteiros, autocastração (ritos de castração dos aborígenes australianos). A homossexualidade apresentaria uma extraordinária vantagem, pois muitos homens inferiores hoje forçados ao casamento permaneceriam de bom grado, e com sensatez, no nível homossexual. E ela também conviria à perfeição para as grandes aglomerações masculinas (negócios, universidades etc.). Só nossa falta de visão impede-nos de reconhecer os serviços biológicos prestados pelos sedutores homossexuais. Na verdade, eles fazem jus a um pouco da santidade dos monges.

Ainda não sou dono do meu futuro, pois continuo sem saber quando devo me apresentar ao serviço militar.

Com minhas melhores lembranças,

Cordialmente,
Jung

Obrigado pela excelente crítica de "The Content of the Psychoses". O homem parece ser talentoso[4].

---

1. Veraguth foi o primeiro a utilizar o galvanômetro para a medição de estímulos psíquicos, fato que Jung reconhece numa emenda ao seu trabalho "Psychophysical Investigations" (cf. 19 J n. 2), feito em colaboração com Peterson. Cf. OC 2, § 1043.
2. No hológrafo aqui começa uma nova folha, datada de 22-2.
3. Marcinowski, "Sejunktive Prozesse ais Grundlage der Psychoneurosen", por ele mesmo resumido em *Jahrbuch*, II:2 (1910); Abraham, "Bemerkungen zur Analyse eines Falles von Fuss- und Korsettfetischismus", *Jahrbuch*, III: 2 (1911) = "Remarks on the Psycho-analysis of a Case of Foot and Corset Fetishism", *Sel. Papers*.
4. Não identificado / O pós-escrito figura no alto da primeira folha.

181 J

Küsnach/Zürich, 2 de março de 1910

Caro Professor Freud,

Fiquei aturdido com sua carta[1] – tudo indica que há muitos mal-entendidos no ar. Como poderia o senhor se enganar tanto a meu respeito? Não entendo bem isso. E por ora nada mais posso dizer, pois a palavra escrita é uma coisa traçoeira e nem sempre conseguimos o tom exato.

Obrigado pelas muitas notícias. A primeira observação que me ocorre, no que tange à sua concepção do ics., é que ela se encontra em perfeita harmonia com o que eu disse em janeiro em minha palestra sobre simbolismo. Expliquei, então, que o pensamento lógico é um pensamento *em palavras* voltado, como o discurso, para fora. O pensamento "analógico" ou fantástico tem uma entonação emocional; pictórico, desprovido de palavras, não é nunca um discurso, mas, sim, uma ruminação para dentro sobre materiais do passado. O pensamento lógico é um "pensar verbal". O analógico é arcaico, inconsciente, inapreensível em palavras e de formulação quase impraticável.

Mas tratemos de Nuremberg! É claro que estou muito grato por suas sugestões e concordo inteiramente com elas, excluindo-se a questão do tempo. Até agora foram anunciadas cinco palestras mais as duas propostas de Ferenczi e Stekel[2]. Essas cinco palestras, às quais conto somar-se a que ainda espero do senhor, mal darão para encher duas manhãs. Proponho, assim, que marquemos a primeira sessão para a *tarde* de 30 de março, ou o encerramento oficial para a tarde de 31, ou, ainda, que façamos a discussão (Stekel) pela manhã e deixemos a tarde livre para conversas informais. Mais ou menos assim: 30 março, manhã, 8:30-13h, palestras; 5 da tarde, Ferenczi. 31 março, manhã, palestras restantes mais Stekel; tarde em aberto. Concorda com isso?

Endosso sua sugestão para que Löwenfeld[3] seja instado a falar sobre o uso da hipnose e hei de escrever a ele em seguida, pois ele ainda não se inscreveu para Nuremberg. Também não conheço o trabalho do qual o senhor fala. Agradeço se me disser onde se encontra. O comparecimento de Bleuler é bastante duvidoso. Pretende ser operado agora e isso talvez o impeça. Solicitei de Honegger uma palestra sobre D. pr. Já penso, por minha vez, em atacar o informe, mas gostaria de saber primeiro o que, a seu ver, devo falar da América. Quero me pôr em perfeita sintonia com o senhor. A *pesquisa coletiva sobre simbolismo* é uma excelente ideia. Há muito tempo venho pensando em algo semelhante. Não só para a técnica da ΨA, como também, é claro, teoricamente, isso seria da maior importância. Acho que Warda merece toda a confiança e não há de nos decepcionar. Por garantia, posso, no entanto, entrar diretamente em contato com o hotel. Aconteça o que acontecer hei de ir ao Congresso. Os militares, sem dúvida, dar-me-ão permissão.

Recebi há dias uma carta de Isserlin, de Munique, perguntando se poderia participar do nosso encontro. Já divergiu de nós, mas etc... Como o senhor não ignora, esse indivíduo pertence à pior claque de Munique e nunca perde uma ocasião de nos difamar. Diga-me, por favor, *sem demora*, se devemos permitir a ida de um tal verme a N. De minha parte preferiria

Ano 1910

dispensar o sacripanta, cuja presença só servirá para nos embrulhar o estômago. Mas nossa *splendid isolation*[4] tem de chegar um dia ao fim.

Acho que o senhor fez muito bem em recusar o convite de Vogt[5]. Tais solicitações são por demais ingênuas e totalmente "arriérées" (junto a carta dele).

Até agora tenho cerca de 30 inscrições para N. (Frank também pretende ir). Se vierem mais uns 20 sem comunicação prévia, como em Salzburg, teremos um total de mais ou menos 50.

Na expectativa de o rever em breve, aí vão as lembranças deste que não está vacilante,

Jung

1. Não encontrada.

2. Stekel propôs que se instituísse um estudo coletivo do simbolismo e Ferenczi que se fundasse uma associação internacional, para a qual apresentou um projeto de estatuto; cf. apêndice 4. (cf. "On the Organization of the Psycho-Analytic Movement" (publicação original 1972), *Final contributions to the problems and methods of psycho-analysis*, ed. Michel Balint, 1955). Para resumos, ver o relatório de Rank sobre o Congresso, *Jahrbuch*, II:2 (1910); também Jones, II, p. 75s./68s.

3. No hológrafo, aqui começa uma nova folha com data de 3-3. / Löwenfeld fez uma palestra, "Über Hypnotherapie", não publicada, mas resumida por Rank em *Jahrbuch*, II:2 (1910).

4. Em inglês no original. / No tocante à solicitação de Isserlin, cf. Alexander e Selesnick, p. 4 (carta de Freud a Bleuler, 16-10-1910).

5. Oskar Vogt (1870-1959), psiquiatra e patologista cerebral alemão; de início colaborador de Forel, foi diretor do Instituto Kaiser Wilhelm de Pesquisas Cerebrais. Como presidiria o próximo Congresso de Psicologia e Psicoterapia Médica, a realizar-se em Bruxelas em 7-8 de agosto, tudo indica que tivesse convidado Freud a fazer uma palestra.

182 F

6 de março de 1910, Viena, IX. Berggasse 19

Caro amigo,

Creia que já não há mal-entendidos entre nós e que não o tomo por "vacilante". Não sou tão esquecido nem tão melindroso assim e sei o quanto nos unem a simpatia pessoal e o fato de estarmos os dois no mesmo barco. Apenas de quando em quando me irrita – permito-me a franqueza – que o senhor não tenha ainda vencido as resistências que emanam de seu complexo paterno, impondo à nossa correspondência, por conseguinte, uma limitação que jamais seria tão drástica se esse não fosse o caso. Tranquilize-se, meu querido filho Alexandre, pois à sua conquista deixo muito mais do que pude, a psiquiatria toda e a aprovação do mundo civilizado, que já se afeiçoou a me considerar um selvagem! Espero que com isso sua alma sossegue.

Sem dúvida, o senhor aplicou minha proposta a Isserlin em forma modificada. Também acho que nosso isolamento tem de chegar um dia ao fim, livrando-nos da obrigação de realizar congressos separados. Mas me parece que esse dia ainda está longe e que podemos muito bem passar sem Isserlin, convidando, em vez dele, outras pessoas. Transcorre o tempo, mas J.G. Borkmann[1], que talvez não viva até lá, continua placidamente a cismar no gabinete dele.

Creio que seu informe sobre a América, como o senhor mesmo sugeriu, deve ser parte de um levantamento dos destinos internos e externos da ΨA, com o objetivo básico de encorajar o pessoal. Minha palestra pode intitular-se: "As perspectivas futuras da terapia ψAtica". Suponho que não esperasse outra coisa. Lamento saber da operação de Bleuler. Vou indo bem a esse respeito e talvez me safe de vez com uma cura em Karlsbad. O artigo de Löwenfeld encontra-se na *Zeitschrift* de Moll, V. II, N. 1; é fraco como tudo o que escreve, embora pessoalmente ele seja muito correto.

A segunda edição da *Teoria da sexualidade*, em que as únicas alterações são algumas notas, ser-lhe-á enviada amanhã. Peço-lhe encarecidamente que não ponha em primeiro lugar palestras heréticas como a de Adler[2] (e talvez a de Marcinowski), que poderiam comprometer o clima.

No mais me entrego ao Leonardo sem reservas. Preocupo-me com o futuro imediato de minha filha, que deve sofrer outra operação, e me mantenho na ansiosa expectativa de seus planos; quero saber se além das poucas horas do Congresso ainda poderemos passar algum tempo juntos.

Lembranças
de *Freud*

---

1. Referência ao herói que dá título à peça *John Gabriel Borkman* (1876), de Ibsen. Como escreveu Bernard Shaw, "a noção da própria força torna-se hiperbólica e napoleônica na solidão e na impotência", de Borkman (*Dramatic Opinions*, 1907). (Na primeira inicial do nome, Freud escreveu D. e depois corrigiu para J.).

2. "Über psychischen Hermaphroditismus", resumido por Pfister em *Jahrbuch*, II:2 (1910); publicado como "Der psychische Hermaphroditismus im Leben und in der Neurose", *Fortschritte der Medizin*, XXVII (1910).

De Emma Jung

Küsnacht, 8 de março de 1910

Ilustre Professor Freud[1],

Escrevo-lhe em nome de meu marido, que hoje teve de partir subitamente para Chicago, onde um ex-paciente dele, McCormick, encontra-se em estado grave. Segundo as notícias poderia tratar-se de paralisia ou mania; mas meu marido achou que o problema talvez fosse psicogênico e resolveu, assim, atender ao chamado. Pede-lhe que não se preocupe em absoluto com Nuremberg, pois *com toda a certeza* ele estará lá. Deve chegar às 9:34 da noite de 29 de março ou às 5 da manhã de 30, a tempo, num caso ou noutro, de participar da abertura do Congresso. O navio em que segue, *Kronprinzessin Cäcilie*, apanha-o amanhã em Cherbourg e chega a Nova York no dia 15. A 22 ele regressa pelo mesmo vapor, desembarcando em Cherbourg a 28 e em Nuremberg, via Paris-Colônia, a 29.

Devo agora perguntar-lhe que título pretende dar à sua palestra em Nuremberg e se lhe convém ser o primeiro orador na manhã de 30. Fico-lhe imensamente grata se me der a resposta num cartão-postal, com toda a brevidade possível, para que os programas sejam impressos e expedidos.

Exatamente na hora da partida chegou uma carta de Vogt, de Berlim, indagando pelo trabalho sobre a teoria da neurose para Bruxelas[2]. Devo pedir a ele que aguarde um pouco mais a resposta, já que a carta não chegou a tempo, e espero que nesse ínterim o senhor queira transmitir ao meu marido sua opinião a respeito. Pode ser que o serviço militar torne a coisa absolutamente impraticável.

Porventura lhe interessa saber que Isserlin pediu para participar do Congresso de Nuremberg na qualidade de "ouvinte" (decerto, objetivo!), mas que isso lhe foi negado por razões muito convincentes?

Para o senhor e toda a família, as lembranças mais sinceras de

Emma Jung

As cartas devem ser endereçadas a Oelrichs & Co., Broadway 5, New York[3].

1. Hológrafo: *Sehr geehrter Herr Professor!*
2. Após a recusa de Freud (cf. 181 J n. 5), Vogt fez o convite a Jung, que naturalmente também não o aceitou. Cf. 283 J n. 4.
3. Agentes do North German Lloyd.

183 J

Grand Hotel Terminus, Rue St. Lazare[1]

Paris, le 9 Mars 1910

Caro Professor Freud,

Não se zangue com minhas trapalhadas! Estou a caminho da América, como minha mulher já lhe terá informado, mas *ajeitei tudo de modo a voltar a tempo para Nuremberg*. Tudo o mais foi deixado em condições de funcionar automaticamente, *i. e.*, com a ajuda de minha mulher e a assistência de Honegger, ao qual confiei meus pacientes.

Só me decidi à viagem após um grave conflito quanto ao cumprimento do dever. Mas a viagem *tinha* de ser feita, inclusive porque na tarde de 28 de março estarei de volta a Cherbourg, depois de seis-sete dias na América, que dão folgadamente para a ida a Chicago e ainda mais alguma coisa. Para meu estado mental também ela será benéfica.

Löwenfeld se comprometeu a preparar o informe. Também instei com Honegger para que fale sobre delírios paranoides[2]. Teremos, assim, um bom programa.

Nessa viagem à América hei de repetir o que da última vez dissemos juntos. Agora conto com um bom amigo lá na pessoa do Prof. Hoch. Se as circunstâncias o permitirem, farei uma rápida visita a Putnam. Mas a hipótese de ir a Worcester é muito remota.

Meu endereço em Nova York é: Messrs. Oelrichs and Co.

Broadway 5, N.Y. City

Queira aceitar uma calorosa despedida e perdoe, por favor, todas as minhas loucuras.

Cordialmente,

Jung

1. Timbre impresso.
2. "Über paranoide Wahnbildung", resumido pelo próprio em *Jahrbuch*, II:2 (1910).

De Emma Jung

Küsnacht, 16 de março de 1910

Ilustre Professor Freud[1],

Aqui consta, enfim, o programa de Nuremberg, no qual o senhor verá que sua palestra vem em primeiro lugar. Meu marido nunca disse que tinha a intenção de falar no primeiro dia; como o título é apenas "Informe sobre a América," creio que isso não há de atrapalhar os planos. Creio também que ele achará bom não ser o primeiro a falar, pois deve chegar a Nuremberg às 5 da manhã e provavelmente estará bem cansado.

Muito obrigada por sua carta tão amável[2] e pela ajuda que oferece, à qual não hesitarei em recorrer se as coisas se complicarem. Posso, porém, participar-lhe, para sua tranquilidade, que um jovem amigo e aluno de meu marido, o Dr. Honegger, não só cuida dos pacientes como também se encarrega comigo das questões de Nuremberg, sem o que eu me sentiria muito insegura quanto ao sucesso de tudo.

Hoje devo saber se meu marido chegou bem a Nova York; tomara que a notícia não demore! A América, por sinal, já não o atrai tanto como antes, e isso me tirou um peso do coração. Acho que tudo agora não passa de uma satisfação que ele dá ao desejo de aventura e de viagem.

Lamento muito saber que Frau Hollitscher terá de fazer outra operação. Espero que ela se recupere logo e que dessa vez haja um sucesso definitivo. Queira ter a bondade de transmitir-lhe minhas lembranças e os melhores votos.

Para o senhor e todos os seus, envio as saudações mais sinceras.

Emma Jung

O Dr. Honegger manda lembranças.

1. Hológrafo: *Verehrter Herr Professor!*
2. Não encontrada.

O Congresso de Nuremberg

O Segundo Congresso Psicanalítico Internacional realizou-se em Nuremberg em 30-31 de março de 1910. A ansiedade de Freud quanto à presença de Jung na América, imediatamente antes, patenteia-se na carta que em 17/3/1910 ele escreveu a Pfister: "Ainda não me conformei com o fato de o senhor não ir a Nuremberg. Bleuler também não vai e Jung está na América, o que me causa temor em relação à sua volta a tempo. O que acontecerá se meus zuriquenses me abandonarem?". Após o Congresso, Freud escreveu, contudo, a Ferenczi (3/4): "Não há dúvida de que foi um grande sucesso" (Jones, II, p. 77/70).

Freud abriu os trabalhos com uma palestra sobre "As perspectivas futuras da terapia psicanalítica" (cf. 217 J n. 5). O "Relatório sobre a América", de Jung, foi apresentado no dia seguinte e dele resta apenas um breve resumo, "Bericht über Amerika", *Jahrbuch*, II:2 (1910); em OC 18/2. Para os outros oradores, mencionados nas cartas precedentes, ver o programa no apêndice 4.

A principal decisão do encontro foi a fundação da Associação Psicanalítica Internacional (Internationale Psychoanalytische Vereinigung), da qual Jung foi eleito presidente e Riklin secretário; a sede ficou sendo no local de residência do presidente, *i. e.*, na ocasião, Zurique. Jung e Riklin foram escolhidos para editores de uma nova publicação oficial da Associação, a *Correspondenzblatt (Bulletin)*, a ser publicada mensalmente. Outro mensário fundado na mesma ocasião, a *Zentralblatt für Psychoanalyse: Medizinische Monatsschrift für Seelenkunde*, seria dirigido por Freud, editado por Adler e Stekel, e publicado por J.F. Bergmann, de Wiesbaden. As sociedades psicanalíticas locais já existentes filiar-se-iam à Associação Internacional. Para os estatutos aprovados em Nuremberg, cf. apêndice 3.

Após o Congresso, Freud e Jung fizeram uma excursão a Rothenburg, cidade intramuros a oeste de Nuremberg, admirada pela beleza de sua arquitetura gótica.

184 J

Küsnach-Zürich, 6 de abril de 1910

Caro Professor Freud,

Ponho-me, desta vez, a escrever sem demora para impedir que o diabo leve a cabo um desses experimentos já bem conhecidos de extensão do tempo. Com grande relutância deixei que Honegger se fosse para o sanatório dele em Territet[1] e agora minha libido erra às tontas, procurando de novo um objeto adequado. Riklin será, de certo modo, um substituto para essa perda temporária. Nuremberg lhe fez grande bem e ele está muito mais próximo de mim do que antes. Mas, apesar disso, não abro mão de Honegger e farei tudo o que estiver ao meu alcance para realizar o plano[2].

Por enquanto, nada de novo a informar sobre a Associação Psicanalítica Internacional. A nota para o *Jahrbuch* foi enviada a Deuticke. As provas já estão chegando e, assim, podemos esperar que a publicação não tarde. Tão logo se inicie o semestre nosso grupo tratará aqui de se organizar.

Como lembrança da América ainda estou lendo o interessante livro de Maurice Low, *The American People, a Study in National Psychology*[3]. Ele atribui em grande parte ao clima a responsabilidade pela frequência das neuroses na América[4]. Isso talvez seja uma pista, pois é, de fato, muito estranho que os indígenas tenham sido incapazes de povoar mais densamente essa terra tão fértil. Low acredita que as brutais diferenças de temperatura entre o inverno e o verão sejam responsáveis por esse fato. Talvez um clima continental muito ingrato realmente não convenha a uma raça originária do mar. "Something is wrong"[5], como diz Low.

Assim que termine essa tarefa (a leitura dessa obra) hei de voltar aos inesgotáveis prazeres da mitologia, que sempre reservo como sobremesa para minhas noites.

Encontrei tudo em ordem – mulher, casa e crianças – e já trabalho feito um condenado.

Esqueci de perguntar se Deuticke lhe fez alguma indagação sobre a publicação em separado de minha análise infantil[6]. Que acha o senhor disso? É claro que para mim seria muito agradável, mas sei que tenho de levar em conta os interesses práticos e seu conselho.

Lembranças
do *Jung*

1. A leste de Montreux, no lago de Genebra.
2. Cf. 200 J n. 5.
3. Vol. 1, Boston e Nova York, 1909.
4. Cf. p. 60, em que Low se refere à "correspondência entre severidade climática... e insanidade".
5. Em inglês no original.
6. "Psychic Conflicts in a Child", a terceira das conferências de Jung na Universidade Clark, logo depois publicada no *Jahrbuch*; cf. 209 F n. 2. Deuticke reimprimiria o texto em forma de opúsculo.

185 F

12 de abril de 1910, Viena, IX. Berggasse 19

Caro amigo,

Por que haveria eu de ficar contra a publicação em separado de sua análise infantil? Se não fiz o mesmo com O Pequeno Hans e O Homem dos Ratos foi por temer uma eventual interferência com a vendagem do *Jahrbuch*. Mas tudo indica que o período crítico está findo. Deuticke, aliás, não me perguntou nada. As provas de minha colaboração[1] e de *Leonardo* ainda não chegaram. Presumo que Deuticke já lhe tenha escrito sobre a transformação do *Jahrbuch* numa revista bimensal e também que o senhor esteja informado do plano conflitante para uma *Zentralblatt* de Adler-Stekel. Talvez até sua decisão seja tomada nesse exato momento.

Lamento saber que o senhor tenha deixado Honegger partir. Espero que não seja por muito tempo e que sua autoconfiança possa corresponder sem demora à nova situação, pois em muitos momentos críticos isso será de grande importância. Em menos de um ano, acredito, o mundo lhe confirmará quem o senhor é agora, e um sábio se prepara para tudo. Quarta-feira passada, quando se reuniu nossa Sociedade[2], passei a presidência a Adler. Todos se comportaram da maneira mais afetuosa e, assim, assumi o compromisso de presidir ainda as sessões científicas. Acho que eles foram bem sacudidos e fico por ora satisfeito com o êxito obtido sob meu comando. Uma concorrência leal entre Zurique e Viena só poderá ser benéfica à nossa causa. Os vienenses, apesar de mal comportados, sabem muito e ainda poderão desempenhar um bom papel no movimento.

Espero hoje à noite o Prof. Modena, de Ancona, que é um moreno judeu italiano. Toda a semana me foi tomada pelo cumprimento de uma obrigação, um artigo[3] para o número especial de uma revista médica em homenagem a Königstein (60° aniversário). Produzi, ou melhor, abortei algo sobre distúrbios psicogênicos da visão – fraco como tudo o que faço sob encomenda. Voltei um pouco deprimido de nossa bela dieta de Nuremberg. A análise [dessa depressão] vai longe, levando ao pesar que me inspira o estado de minha filha, a qual tenho tentado em vão substituir. O senhor há de perceber a nota de resignação em *Leonardo*.

Jones manda ótimas cartas. Que tal se o animasse a constituir grupos em Boston e Nova York? Isserlin até parece que tem alguns momentos lúcidos, se é que pensa e fala como escreve[4]. Contente como sempre em receber notícias suas, mando-lhe minhas melhores lembranças.

Cordialmente,
Freud

1. "Über den Gegensinn der Unworte", *Jahrbuch*, II:1 (1910) = "A significação antitética das palavras primitivas", Ed. Standard Bras. XI.

2. Cf. *Minutes*, II, p. 463s., para uma calorosa discussão que tem por título "An Epilogue to the Congress", e que prosseguiu na reunião seguinte, 14-4.

3. "Die psychogene Sehstörung in psychoanalytischer Auffassung", = "A concepção psicanalítica da perturbação psicogênica da visão", Ed. Standard Bras., XI: original no número especial de *Aerztliche Standeszeitung* (1910) em homenagem a Leopold Königstein (1850-1924), professor de Oftalmologia em Viena e velho amigo de Freud.

4. Max Isserlin, "Die psychoanalytische Methode Freuds", *Zeitschrift für die gesamte Neurologie und Psychiatrie*, I (1910).

186 J

Küsnach-Zürich, 17 de abril de 1910

Caro Professor Freud,

Também li o artigo de Isserlin, mas vejo que o camarada desceu ainda mais baixo que antes. Por trás de tudo lá está em ação a mesma cabeça deturpada, só que agora ele leu um pouco e se mostra preocupado com a crítica da roda a que pertence e com o nosso sucesso. Ainda no outono passado, no curso de férias em Munique, ele comparou a escola freudiana ao obsessivo amante de Titânia, que acordou um dia com uma cabeça de burro – coisa que, naturalmente, o próprio demônio dele há de lhe ter soprado. Não faltará muito para que se converta; pois sabe, pelo menos no inconsciente, que Puck já "miraculou"[1] a Oppenheim e Ziehen essa cabeça de burro. E depois quantas ambiguidades! A repressão não é nada, descoberta pelo *senhor*, mas vira de súbito um portento na concepção *dele*. O método psicanalítico é também imprestável, embora ele o aplique à própria clientela para aclarar-lhe os complexos. No fim das contas, Herr Isserlin vive à custa do que o senhor e eu descobrimos, e ainda assim nos insulta, não em voz alta e com o atrevimento de antes, mas em particular e, portanto, com baixeza maior, lembrando-se, ainda, de pleitear um convite para Nuremberg. Além do mais, ele me atribui um disparate que eu realmente nunca disse. Mas será que valeria a pena enviar uma retificação à *Zeitschrift*?

Friedländer voltou a vomitar na *Umschau*, onde fulmina um tal de Herr Gallencamp que anda a se ocupar do "Hamlet" de Jones[2]. Parece que ele ficou com nosso "tratamento" atravessado na garganta, pois já não diz coisa com coisa. O fato de Abraham não se deixar impressionar por Ziehen nem por Oppenheim é também para Fr. um motivo de queixa. Há um pouco de tudo na efervescência atual. O velho Binswanger (o tio)[3] esteve com Oppenheim em Meran, onde desancaram o senhor à vontade. Alguns pormenores – via Kreuzlingen – chegaram depois ao meu conhecimento. Também em Munique as discussões são veementes e a clínica anda em pé de guerra. O fermento já age independentemente de nossa ajuda e os medalhões, com isso, não podem mais dormir em paz. A negativa que enderecei a Isserlin feriu, por sinal, a suscetibilidade de Kraepelin; por ocasião de uma consulta na Suíça ele voltou a nos acusar de místicos e espiritualistas (Bleuler também é um místico!!). No Burghölzli minha política caiu em desagrado, como polidamente me fez saber meu sucessor Maier. A hesitação entre os dois lados vai se tornando cada vez pior, pois já não contam com ninguém que entenda o que quer que seja de ΨA. Honegger, que esteve lá como voluntário, passou tão decididamente para o meu lado que logo perdeu todo o contato com a clínica.

Ainda não realizamos nossa assembleia constituinte porque resolvi aguardar a volta de Bleuler (depois de uma operação bem-sucedida). Já escrevi a Nova York. Folgo muito em saber que em Viena tudo transcorreu em ordem. Stekel e Adler pediram minha colaboração. Apesar de não querer aumentar desnecessariamente meu volume de trabalho, também não quero recusar, mas o fato é que só poderei colaborar muito pouco, pois a própria rotina e os alunos já tomam todo o meu tempo. Por outro lado descobri recentemente que tenho uma decidida resistência à publicação. É com um crescente desagrado que eu "aborto". No momento, com um prazer quase autoerótico, dou seguimento aos meus sonhos mitológicos, que só por alto comunico aos amigos. Notei também que meu desejo de publicação está concentrado no *Jahrbuch*, que me parece absorver toda a libido. Deve ser isso mesmo. Não raro me sinto como se estivesse numa terra estranha, vendo coisas maravilhosas que ninguém nunca viu e que ninguém precisa ver. Foi mais ou menos assim que a psicologia da demência precoce me ocorreu. Só que não sei onde chegar. Devo deixar-me ir, entregue a Deus, até que, por fim, aporte num lugar qualquer.

O estado de sua filha não sofreu nenhuma melhora? Que destino ingrato – para mim também seria duro suportar essa prova.

Aos meus melhores votos, junto as lembranças de sempre.

Cordialmente,

Jung

Quanto a Deuticke, fico decididamente

pela publicação bianual do *Jahrbuch*[4].

---

1. Hológrafo: *"angewundert"*, uma palavra da "língua básica" de Schreber em suas *Denkwürdigkeiten* (cf. a próxima carta, n. 5, e 197 F n. 2). Como Jung a escreve entre aspas, sem mais explicações, é lícito inferir que ainda em Nuremberg e Rothenburg ele e

Freud tenham discutido o livro de Schreber e sua surpreendente linguagem. Numa nota acrescentada a *Símbolos da transformação* (1952), a edição revista de "Wandlungen und Symbole der Libido", Jung declara: "Na época o caso [de Schreber] foi estudado muito insuficientemente por Freud, a quem eu indicara o livro" (OC 5, § 458, n. 65). Jung menciona o caso de Schreber pela primeira vez em "A psicologia da *dementia praecox*" (escrito em 1906; cf. OC 3, índice); também em "Wandlungen und Symbole", parte I (cf. OC 5, § 39, n. 41 e § 62, n. 4), no mesmo número de *Jahrbuch* (III:1) em que saiu o ensaio de Freud (cf. 225 F n. 1). / Outros "schreberismos" ocorrem com frequência nas cartas a partir daqui. / Puck e Titânia são personagens de Shakespeare, *A Midsummer Night's Dreams*; cf. ato 3, cena I.

2. No artigo "Hamlet – ein sexuelles Problem?", *Die Umschau*, XIX: 15 (9-4-1910), Friedländer investe contra uma resenha de Wilhelm Gallenkamp, "Hamlet – ein sexuelles Problem", *ibid.*, XIX:11 (12-3-1910), em que este trata da interpretação analítica feita por Jones em "The Oedipus Complex as an Explanation of Hamlet's Mystery: A Study in Motive", *American Journal of Psychology*, XXI:1 (janeiro, 1910); tradução, *Das Problem des Hamlet und der Oedipus-Komplex* (*Schriften zur angewandten Seelenkunde*, 10; 1911). A invectiva contra Jones e Abraham, Friedländer entremeava dúbios elogios a Freud.

3. Otto Binswanger; seu sobrinho Ludwig Binswanger estava então em Kreuzlingen.

4. Pós-escrito na primeira folha, perto da data, na vertical.

187 F

22 de abril de 1910[1], Viena, IX. Berggasse 19

Caro amigo,

Eu, de fato, mereceria ser considerado um bobo se o artigo de Isserlin tivesse me sugerido outra coisa além de uma boa gargalhada pelos protestos de respeitosa consideração. Não, não discordo de nada em sua crítica e rogo-lhe que persista em seu silêncio até que esses senhores aprendam a nos tratar *de outro modo*.

Friedländer cada vez se parece mais com aquele tipo que nos acompanhou no carro até Rothenburg. Está achando que vai nos enganar como enganou ao pobre Löwenfeld. Não, meu caro, nem por sombra!

Recomendo-lhe com insistência a *Hamburger Aerzte-Correspondenz* de 3 de abril[2]. Nela encontrará uma exclente mistura de aa[3] ignorância e arrogância, respeitabilidade hamburguesa e crença alemã na autoridade, com alguns elementos novos que conferem ao todo um sabor singular. Dizem eles, por exemplo, que não podemos ser levados em conta porque não nos dignamos a comparecer aos congressos, e que cometemos um erro crasso com nossa pretensiosa tentativa de aplicar noções derivadas da histeria aos estados obsessivos (!!) e à Dem. pr., que é causada por modificações no córtex cerebral (!). Com relação à Dem. pr., o senhor sequer é mencionado; a crítica, aliás, toma principalmente por objeto os "seguidores de Freud", talvez porque esses ainda possam ser chamados ao bom caminho, coisa que, comigo, graças a Deus, ninguém mais tenta.

Foi com o mais puro desprazer, por outro lado, que li o texto medroso e abjeto de Frank sobre psicanálise[4], no qual ele naturalmente me acusa de exagerar a importância da sexualidade e tenta, então, sobrepujar-me. *La sexualité c'est l'homme* – diz Frank.

Mas basta disso. Hoje chegou o *American Journal of Psychology*[5], e a edição alemã de minhas conferências lhe será enviada dentro em breve. Mais uma vez Jones está ótimo.

Folgo muito em saber que a mitologia novamente lhe confere o "sentimento de florestas e fadas" que brota de uma concepção genuína. Ao prazer autoerótico há de seguir-se a exibição, consequência que aguardo com ansiedade. Ótimo também que o senhor concentre a libido no *Jahrbuch*. Quero escrever para o mesmo, sem demora, uma primeira Contribuição à Psicologia do Amor. Decerto, ninguém espera que o senhor participe ativamente de *Zentralblatt*, bastaria que mantivesse algum contato para não dar uma impressão de competição. Os vienenses estão agora trabalhando com ânimo; vê-se que a emancipação dá bons frutos. Tento convencer Deuticke a ficar com a *Zentralblatt*, embora ele se incline por aumentar o *Jahrbuch*. É provável que o faça. Pessoalmente, não me oponho a isso; com uma divisão do trabalho, as cabeças intranquilas daqui teriam como se ocupar e poderiam ser chamadas à responsabilidade.

Já estou revendo as provas do *Leonardo*, sobre o qual tenho grande curiosidade em saber sua opinião. Em maio ele há de ver a luz do dia. No mais mergulho em nossos problemas psicológicos, sem dispor, no entanto, de coisas amadurecidas que mereçam comunicação. Com esses afazeres eu me distraio um bocado, reagindo contra um excesso de atividade ΨAtica: 13 casos em nove horas diárias. O Dr. G——, teoricamente muito interessante, é talvez o mais engraçado, porquanto na realidade não faça jus à neurose. Frau C——, que tem a mãe gravemente enferma, continua ao lado dela; ainda bem, pois caso contrário seria demais para mim.

Creio que estou a ponto de ingressar num período tranquilo de imersão no trabalho, durante o qual os atentados urdidos em Berlim e alhures hão de me encontrar absolutamente impassível. Minha filha parece estar um pouco melhor; ontem veio nos ver pela primeira vez em três meses.

Continuo à espera das provas de minha colaboração no *Jahrbuch*.

Havelock Ellis enviou-me o sexto volume dos estudos dele: *Sex in Relation to Society*. Pena é que toda minha receptividade consuma-se com as nove análises. Hei de, no entanto, reservá-lo para as férias, junto ao maravilhoso Schreber[6], que poderia muito bem ter sido feito professor de Psiquiatria e diretor de hospício.

O Burghölzli há de vir claudicante em nossa esteira como até agora sempre o fez. Bleuler não tem como voltar atrás nem como deter o senhor, e assim só se torna importante e útil como um "meio de ligação". Por acaso já lhe disse que o Dr. Modena esteve aqui? Anda a procurar um editor para *Teoria da sexualidade* (claro que sim. Lembro-me agora de lhe ter escrito sobre ele em minha última carta).

Resta-me acusar o recebimento do equivalente a 50 marcos, antes de enviar ao senhor, a sua estimada esposa e às crianças (Anna!)[7] minhas melhores lembranças.

Cordialmente,
Freud

1. Declara Jones (II, p. 158-140) que Jung e a mulher visitaram Freud em Viena em 19 de abril, mas nem o conteúdo da presente carta nem outras evidências confirmam essa hipótese.

2. Em 29-3-1910, "houve uma violenta troca de insultos numa reunião da Sociedade Médica de Hamburgo", conduzida por Weygandt (Jones, II, p 130/116, citando a *Hamburger Aerzte-Correspondenzblatt*, 4-4-1910).

3. Abreviatura farmacêutica = aná, que significa "em doses iguais".

4. Provavelmente, Ludwig Frank. *Die Psychoanalyse, ihre Bedeutung für die Auffassung und Behandlung psychoneurotischer Zustände* (Munique, 1910).

5. Cf. 174 F n. 3.

6. Daniel Paul Schreber, *Denkwürdigkeiten eines Nervenkranken* (Leipzig, 1903); tradução de I. Macalpine e R.A. Hunter, *Memoirs of My Nervous Illness* (Londres, 1955). Esse livro serviu de base a Freud para suas "Psychoanalytic Notes on... a Case of Paranoia"; cf. 225 F n. 1. / A despeito de constantes recaídas, Schreber (1842-1911) fez uma brilhante carreira na magistratura.

7. O pseudônimo de Agathli em "Psychic Conflicts in a Child"; cf. 209 F n. 2.

188 F

26 de abril de 1910, Viena, IX. Berggasse 19

Caro amigo,

Seu pedido de conselho por telegrama[1] deixou-me na maior perplexidade. Refaço-me, porém, a tempo e chego à reconfortante conclusão de que é absolutamente indiferente que Bleuler ingresse ou não: o resultado, em qualquer dos casos, há de ser o mesmo. Nada nos impedirá de levar a organização adiante e expandir os rumos da psicanálise. Resolvido isso, aí sim caberá pensar que o ingresso dele merece nossa irrestrita simpatia, e podemos até, para agradá-lo, dizer-lhe que uma recusa pura e simples impressionaria nossos adversários e causaria prejuízo à causa, coisa que, certamente, ele não quer. Caso se recuse apenas a assumir a liderança do grupo de Zurique, isso encontra um precedente no meu próprio afastamento da liderança em Viena, e dessa forma pode ser disfarçado. Não lhe seria, então, difícil imputar a dignidade a outro, talvez Pfister (?), já que o senhor e Riklin, creio, pelos termos do nosso acordo, ficam agora impedidos pelos cargos centrais que ocupam. É possível que ele se deixe persuadir a ingressar na qualidade de simples membro, como eu aqui. Os motivos que tem não me estão claros. Será apenas uma demonstração contra sua elevação? Porventura ele se opõe à sua política de alheamento a congressos e polêmicas? Ou, quem sabe, essa recusa brotou no inconsciente e é causada pela impressão de que, ao citar Freddy[2] *en passant*, o senhor investiu contra os direitos dele? Suponho que tenha algo a dizer para tirar-me da escuridão em que estou.

O último artigo que Strohmayer[3] mandou-me (na *Zeitschrift*, de Moll) veio acompanhado de uma carta que devo responder hoje. É bastante malicioso e demonstra que o autor talvez precise de um bom tratamento. Nenhum proveito tirou dos próprios sonhos e nunca soube provocar afetos nos pacientes, embora nem desconfie que isso pode depender mais dele do que da ΨA. À exclusão do senhor e de mim, provavelmente só Ferenczi leva a autoanálise a sério.

Ano 1910 —————————————————————————————

Mando-lhe minhas melhores lembranças e espero que as dificuldades que já se anunciam deem-nos, em breve, ocasião para um animado bate-papo.

Cordialmente,
Freud

1. Não encontrado.
2. "Fredi" (ou "Freddy") era o apelido de um dos filhos de Bleuler, Manfred (cf. 9 J n. 6), o qual, talvez, Jung tenha utilizado como pseudônimo do recém-nascido (*i. e.*, Franz) na versão original de "Über Konflikte der kindlichen Seele". Em comunicação pessoal, declara o Prof. Manfred Bleuler: "É certo que, com Freddy, Freud quisesse se referir a mim, pois mais certo ainda é que meu pai não tinha outro Fredi". Ao ser publicado o ensaio, o nome aparece como "Fritzchen"; na tradução de Brill no *American Journal* há pouco recebido (187 F, § 5), como "Freddy" (cf. tb. "Psychic Conflicts in a Child", § 20).
3. Wilhelm Strohmayer, "Zur Analyse und Prognose psychoneurotischer Symptome", *Zeitschrift für Psychotherapie und medizinische Psychologie*, II:2 (1910).

189 J

Grand Hotel Victoria & National[1],
Basileia, 30 de abril de 1910

Caro Professor Freud,

Depois da agitação dos últimos dias posso, enfim, prestar-lhe contas. Numa conversa prévia em particular, Bleuler me fez uma recusa formal, muito zangado e colérico, afirmando categoricamente que não ingressaria na Sociedade, ou seja, que se desliga de vez do movimento. Razões expostas: grande unilateralidade de objetivos, estreiteza na colocação dos problemas, exclusivismo; o senhor foi muito áspero com Frank em Nuremberg e por conseguinte o pôs à margem; ninguém vai querer entrar numa Sociedade de que qualquer um participa (alfinetada em Stekel). A decisão que tomou, em resumo, é definitiva. Fiz saber a ele quais seriam as consequências, mas de nada adiantou. Ontem realizamos nossa assembleia constituinte, com a presença de Frank. A mesma oposição foi exibida com as mesmas resistências infundadas; outra "razão" foi que ninguém gostaria de se comprometer com uma profissão de fé etc. Tornou-se claro, no curso da discussão, que Frank é a eminência parda que esteve a agir por trás de Bleuler. Deixei a discussão continuar até que Bleuler e Frank se vissem acuados e fossem forçados a admitir que simplesmente não queriam ingressar. Um trabalho prévio me garantia que o grupo se constituiria com 12 membros, antes mesmo da reunião, o que os deixou diante de um *fait accompli*. Tomando por modelo sua tática em Nuremberg, adiei a decisão final para o próximo encontro, na esperança de que até lá se dissolvam as resistências de Bleuler. No decorrer da noite ele foi se tornando sensivelmente mais cordato e com efeito não desanimo de ainda o vir a ter conosco. Já Frank pode muito bem sumir de vista, o que, aliás, ser-me-ia grato saudar com um alegre pontapé ... A coisa há de ir avante, com ou sem Bleuler, embora fosse melhor contar com ele. Os outros puseram-se em maioria ao meu lado e fizeram todo o possível para ajudar-me a colocar Bleuler contra a parede. Em particular, depois da reunião, ele de novo nos brindou com um sonho, evidentemente a fim de contestar a interpretação. Mas a que fiz não só contou com a aprovação integral dos dez presentes como também os levou a explodir em risos. O grande mistério é que Bleuler entende muito pouco de ΨA; tão pouco que sequer assimilou os elementos da interpretação de sonhos; não causa, assim, espanto que ceda de bom grado à influência perniciosa de Frank.

De resto toda a oposição que ele faz não passa de uma vingança contra minha saída das associações de abstinência (donde as referências a exclusivismo, estreiteza, unilateralidade etc.).

O fato de eu ter excluído Isserlin do Congresso de Nuremberg foi o pretexto de que Kraepelin se valeu, quando esteve aqui, para atormentar o pobre Bleuler. Em Munique, digo-o com prazer, tal fato repercutiu em cheio. O pessoal está começando a ficar nervoso.

Putnam informa que pretende organizar alguma coisa em Boston. Esperemos que em breve isso se concretize.

No mais tudo vai bem. Nuremberg produziu excelentes resultados para todos nós.

Lembranças
do *Jung*

1. Timbre impresso.

190 F

2 de maio de 1910, Viena, IX. Berggasse 19

Caro amigo,

Sua ideia de vincular as objeções de Bleuler às associações de abstinência é percuciente e plausível. Se em relação a elas tal atitude se justifica, em relação à nossa Internacional é um perfeito absurdo. Não podemos inscrever em nossa bandeira, lado a lado com o fomento da ΨA, objetivos como a doação de agasalhos a escolares com frio. Ficaria parecido demais com certas placas de hotel: "Hotel Inglaterra & Ao Galo Vermelho"[1]. Mas a coisa é engraçada, pois tudo não passou de uma oportunidade para que nossos supostos partidários trouxessem às claras as próprias resistências latentes. Estamos, contudo, numa posição vantajosa; quando um homem assenta os pés no chão, todos os que o rodeiam, vacilantes e trôpegos, acabam por se escorar nele. Assim há de se dar agora, e Bleuler, depois de ter bancado o difícil, logo irá conhecer o desconforto que existe em ficar entre dois fogos.

Frank é tão ambíguo quanto a "psicanálise" que faz. Anda simplesmente com a consciência culpada em relação a mim. Talvez o senhor estivesse por perto quando alguém o trouxe à minha presença (ou terá sido o senhor mesmo?) e eu disse: "Já ouvi falar muito (ambiguamente) do senhor", e ele se foi sem mais palavras. No tocante a Isserlin, acho que podemos compartilhar o mérito.

De Jones, que dia a dia se torna mais capaz e correto, recebi hoje cópias de uma correspondência com Adolf Meyer e Warren[2] sobre a censura de um artigo que lhe mando em anexo. É de grande interesse, culturalmente, e também como material para sua "América". – De Löwenfeld, duas obras-primas de nosso vira-lata raivoso, igualmente muito engraçadas[3]. Para falar a verdade, é incorreto que eu as passe adiante, mas espero que logo o senhor as mande de volta para que o legítimo dono possa divertir-se com elas mais um pouco.

Na frente científica, apenas uma curiosidade. Dois de meus pacientes, em cujos complexos nucleares coube um papel importante o fato de terem testemunhado uma infidelidade por parte da mãe (histórica num caso, no outro talvez fantasiada), fizeram-me no mesmo dia os respectivos relatos, ambos estruturados a partir de sonhos com *madeira*[4]. No primeiro, desabava uma construção com esteios de madeira; no segundo, a mulher era *diretamente* representada por madeira velha, *i. e.*, móveis antigos. Sei agora que tábua, bem como naturalmente armário, significa mulher, mas ignoro se entre madeira e complexo materno há uma relação íntima. Ocorre-me que em espanhol, a palavra é *madera* = matéria (donde o nome português da ilha da Madeira) e, indubitavelmente, *mater* se encontra na raiz de *matéria*. Força e matéria seriam, então, pai e mãe. Mais um disfarce para o querido casal.

Em Viena, a animação é grande; tratam-me com muita ternura. Os dois editores concordaram em discutir previamente comigo cada número de *Zentralblatt*, atribuindo-me um direito de veto. Quanto à editora ainda não se resolveu nada. Deuticke está vacilante e prefere aguardar o resultado de nossas negociações com Bergmann. Se elas não tiverem sequência, acho que ele acabará aceitando, pois a boa vendagem das publicações de ΨA já o torna bastante acessível. O *Jahrbuch* está com um atraso vergonhoso e ele põe a culpa na tipografia. É uma pena. Um novo volume sempre estimula os amigos e incomoda os adversários; na situação atual, viria mesmo a calhar.

Nossos planos para o verão estão tomando forma. A saúde instável da avó[5] de Hamburgo (80 anos) obriga-nos a encurtar a distância que nos separa dela e, assim, decidimo-nos por uma praia na Holanda, a um dia de Hamburgo. Por intermédio da enfermeira de minha paciente holandesa, correspondemo-nos agora com o lugar, Nortwyige[6] (ou algo parecido), perto de Leiden. Concretizando-se o plano, as visitas seriam lá, naturalmente, uma bela fantasia, mas permito-me a insinuação.

O estado de minha filha realmente fez algum progresso, mas não me atrevo a esperar muito. Tornamo-nos tão apreensivos e resignados com a velhice!

Um sinal dos tempos: uma carta que recebi dá-me ciência de que o Geheimrat Ostwald[7] teria imenso prazer em contar com um artigo de minha autoria para os *Annalen der Naturphilosophie*. Se eu fosse mais ambicioso já teria aquiescido e saberia o que escrever, mas a verdade é que estou longe de tomar uma decisão.

Espero que tenha chegado bem em casa e peço que a todos os seus transmita minhas melhores lembranças.

Do amigo fiel,
Freud

1. Citado por Jones, II, p. 80/73.
2. Howard Crosby Warren (1867-1934), professor de Psicologia na Universidade de Princeton e um dos editores de *Psychological Bulletin* (Baltimore). O número de 15-4-1910 (VII:4), dedicado à psicopatologia e "preparado sob a direção editorial" de Adolf Meyer, traz um artigo de Jones, "Freud's Psychology", em que em nada se revela uma impressão de censura. A correspondência a que Freud alude não foi recuperada.
3. Não identificadas; talvez publicações de Friedländer. Cf. 191 J, § 1.
4. Freud trataria do simbolismo da madeira ao falar na Sociedade de Viena em 1-3-1911 *(Minutes*, III).
5. Emmeline Bernays; cf. 147 F n. 5.
6. Noordwijk, no litoral ao norte de Haia.
7. Wilhelm Ostwald (1853-1932), filósofo e professor de Química alemão; Prêmio Nobel de Química, 1909.

191 J

Küsnach-Zürich, 5 de maio de 1910[1]

Caro Professor Freud,

Junto a esta devolvo os documentos de escolhidos dos novos tempos: Alemanha e América! O contorcionismo do segundo é impagável. Vê-se com que zelo é tratada, nesse país livre, a chamada liberdade de pesquisa – sequer pode ser dita a palavra "sexual". Sobre Friedländer, que é um mentiroso e um palhaço, nada mais a dizer, senão que foi uma verdadeira lástima que Löwenfeld o trouxesse à baila. Tomara que não lhe conceda uma segunda vez a mesma honra.

Hoje à noite devo ter uma conversa sobre a Sociedade com o Dr. Maier, meu sucessor junto a Bleuler. A nova proposta é esta: por pura gratidão, já que eles[2] foram tão amigos e nos ajudaram tanto, deveríamos realizar nossas reuniões em conjunto, oferecendo-lhes tudo numa bandeja de prata, sem qualquer risco e sem qualquer esforço sério da parte deles. Tamanha ingenuidade deixou-me absolutamente perplexo. Os pobres coitados estão imitando as evasões neuróticas dos alcoólatras que eles mesmos se acostumaram a massacrar com razoável frequência. A queixa de coação que nos lançam torna-se perfeitamente compreensível para quem já presenciou o interrogatório de um alcoólatra por Bleuler. A decisão será tomada na semana que vem. E com isso finda toda a clemência. Que Bleuler e Frank partam, então, para uma Sociedade própria; sem dúvida, as consequências serão maravilhosas para a ΨA.

Ainda não recebi notícias da América; não sei, portanto, quais as reações provocadas por minhas cartas.

Deuticke é realmente um aborrecimento. Nunca houve uma demora tão desagradável assim na impressão. Devo escrever a ele ainda hoje.

A madeira como símbolo é extraordinariamente interessante. Os "móveis velhos" não me eram desconhecidos, mas da madeira eu nada sabia. Tenho dois sonhos com números de um paciente, ambos ótimos[3]. É comum que tais sonhos lhe sejam relatados? O senhor acredita que valeria a pena escrever a respeito para o *Jahrbuch*? (Tomei nota de "Holanda"[4]).

Com as melhores lembranças
do *Jung*

---

1. Tanto essa carta quanto 193 J não estão em papel do Burghölzli, mas em folhas comuns.
2. Hológrafo: *Sie*, "o senhor", lapso por *sie*, "eles".
3. Cf. Jung, "Ein Beitrag zur Kenntnis des Zahlentraumes", *Zentralblatt*, I:12 (agosto, 1911) = "Contribuição ao conhecimento dos sonhos com números", OC 4.
4. Para as férias de verão de Freud.

192 F

17 de maio de 1910, Viena, IX. Berggasse 19

Caro amigo,

Não sei se a prolongada espera de minha carta o deixa muito preocupado, caso em que me encontro quando se dá o contrário, mas depois dessa pequena maldade devo acrescentar, sem mais delongas, que no mesmo dia em que pela última vez me escreveu fui atacado por uma forte influenza, a qual, de início, deixou-me sem voz e, ainda agora, faz com que eu me sinta em petição de miséria. Juntando todas as forças para dar continuidade

Ano 1910

ao trabalho com meus pacientes, vi que nem para escrever uma carta me sobrava alguma. Passei em Karlsbad, com minha mulher e minha filha, os dois dias de Pentecostes[1]. Só voltei hoje cedo e não quero protelar ainda mais as notícias.

Já não há dúvidas quanto à nossa temporada em Noortwiyk, perto de Leiden. Chegaremos lá em 1º de agosto, mas nada foi resolvido para o período precedente. Pode ser que eu passe duas semanas em Karlsbad sozinho.

Uma longa carta de Jones vinda de Washington, que hoje encontrei à minha espera, participa os fatos auspiciosos ocorridos em 2 de maio na American Psychopathological Association[2], onde o clima, de modo geral, foi-nos favorável. Não hei de me demorar nisso, já que ele também lhe terá escrito a respeito. Mais uma vez, Putnam parece ter se saído muito bem e o próprio Jones soube compensar as tergiversações do ano passado com incansável zelo, com destreza e, já me escapa a palavra, com humildade. Ótimo que seja assim. Parece-lhe difícil, por ora, ou possível apenas em sentido formal, a fundação de uma sociedade americana filiada à nossa. Tais problemas de organização são, porém, de sua alçada. Acredito que também nos devamos contentar com uma organização formal (mensalidades e *Korrespondenzblatt!*).

Em Viena, o pessoal trabalha com grande entusiasmo, o que demonstra que eu estava certo. Bergmann insistiu para que eu assumisse a direção da *Zentralblatt*; o contrato foi assinado, condições muito vantajosas. De início, devo lançar meu trabalho de Nuremberg. Primeiro número em outubro.

Quanto a *Leonardo*, espero que Deuticke não me faça esperar ainda mais. Tão logo eu possa voltar à atividade hei de lhe enviar para *Jahrbuch* dois breves trabalhos. Uma primeira contribuição à Psicologia do Amor e uma excelente análise do sonho de Egmont pelo Dr. Alfred Robitsek[3].

Naturalmente, estou ansioso por saber como o senhor conseguiu resolver suas dificuldades. Meu palpite é que eles acabarão ingressando.

O senhor sabe por que me limito hoje a escrever tão pouco.

Queira recomendar-me aos seus e aceite as lembranças mais sinceras

do *Freud*

1. Pentecostes = 15 de maio.

2. Em seguida ao encontro anual da Associação Neurológica Americana, em Washington, foi fundada (2 de maio) a Associação Psicopatológica Americana, sob a presidência de Morton Prince; membros honorários: Claparède, Forel, Freud, Janet, Jung. Cf. Jones, II, p. 84/76.

3. Alfred Robitsek (1871-1937), de Viena, doutor em Filosofia; para seu estudo (sobre o sonho na tragédia de Goethe *Egmont*, ato V), cf. 209 F n. 6.

193 J

Küsnach-Zürich, 24 de maio de 1910

Caro Professor Freud,

Para que o paralelismo se mantenha é forçoso que haja agora um atraso de minha parte. Como o senhor custou tanto a responder-me, pensei em perguntar-lhe se havia algo de errado. Logo, porém, consolei-me com a ideia de que boas razões teria para não escrever. Espero que a influenza já tenha melhorado e não mais lhe dificulte seu estafante trabalho. Espero também que as notícias sobre o estado de sua filha sejam reconfortantes. Entre nós tudo vai bem, internamente, mas na fronteira persiste a guerra com Bleuler, que até agora se recusa a ingressar em nossa Sociedade. Por isso é que tudo se encontra tão despropositadamente em atraso. Em decorrência de nossa vitória pirrônica também não temos em Zurique uma pessoa adequada para elevar à presidência. Devo, portanto, assumir interinamente o comando, junto a Riklin. Para suavizar um pouco as condições de guerra que caracterizam esse período transitório, comprometi-me a realizar, tão logo a ocasião se ofereça, uma assembleia da qual poderão participar todos os "dissidentes". Mas a raiva recalcada em mim é tão grande que terei de me vingar de algum modo. Só espero uma oportunidade. Toda essa turma rebelde poderá ser dispensada, desde que sejamos suficientemente fortes. Seja como for, conto com 10-12 pessoas, todos muito "jovens", excetuando-se Pfister, Binswanger e Maeder. Pensei em Pfister para presidente, mas Binswanger ficou enciumado e se opôs por razões "objetivas". Devo, portanto, esperar que Maeder volte a Zurique para colocá-lo no cargo[1]. Sexta-feira que vem teremos definitivamente pronta a relação de membros.

Frau Prof. Erismann deixou de vir às nossas reuniões desde Nuremberg (??)[2].

Na segunda-feira de Pentecostes falei em Herisau, no encontro dos psiquiatras suíços, sobre "simbolismo"[3] – agradando em cheio com uma abordagem mitológica. Nossos adversários não se aventuram senão a defender-se agora em inexpressivos pasquins; e nenhum deles tem mais nada a dizer oficialmente. Só Bleuler fez reparos à ideia do pensamento verbal e não verbal, mas foi incapaz de trazer à baila alguma coisa positiva. Mandarei fazer uma cópia fiel da palestra e logo hei de enviá-la ao senhor, com todas as imperfeições atuais, para saber sua opinião.

Estou lendo agora o trabalho de Pfister sobre Zinzendorff[4], o qual me entusiasma muito. O material é excelente. Estou propenso a reservá-lo para o *Jahrbuch*, já que o caráter da apresentação é inquestionavelmente científico. Espero que o senhor o considere longo e científico demais para seus *Papers* – e não nego que esse é um desejo egoísta. Parte do material, desnecessário dizer, tem uma validade geral e é da maior significação mitológica.

Tenho grande vontade de ir domingo que vem ao Congresso em Baden-Baden, onde Hoche há de falar de uma "Epidemia de insanidade entre os médicos"[5]. Não posso perder esse momento histórico. Experimento de antemão o prazer que há em ser rotulado publicamente de insano, pois claro está que a epidemia em questão só pode estar grassando entre nós.

Deuticke é bem desagradável, até agora não mandou as provas de três ou quatro dos últimos ensaios do *Jahrbuch*. Já o apertei de todo jeito, mas ele se limita a pedir desculpas.

Ultimamente, as circunstâncias voltaram a conspirar contra mim, há um monte de coisas a fazer e não posso dispor de meu tempo como melhor me parece. Sem dúvida preciso de ajuda. Conto no momento com uma eficiente secretária, a noiva de Honegger. Ao contrário do que eu esperava, ela é impecável no trabalho. Honegger[6] sabe se fazer querido. Acredito que está fadado ao sucesso.

Com minhas lembranças,

Cordialmente,
Jung

1. Maeder integrava, então, a equipe do Sanatório Bellevue, em Kreuzlingen.
2. Cf. 85 J n. 3.
3. Cf. 175 J n. 2 (talvez a mesma palestra) e 199a F. / Herisau fica no cantão de Appenzell.
4. *Die Frömmigkeit des Grafen Ludwig von Zinzendorf*; cf. 212 F n. 7. / Zinzendorf (1700-1760), reformador religioso alemão, era chefe da seita dos "irmãos morávios", muitos dos quais se fixaram, com sua ajuda, nos Estados Unidos. Pfister relacionava seu fanatismo religioso a um erotismo pervertido.
5. No Congresso dos Psiquiatras Alemães do Sudoeste, 28-5. Cf. Jung, "Novos caminhos da psicologia" (original 1912), OC 7/1, § 411, e Jones, II, p. 131/116. Para a intervenção de Hoche, cf. 201 F n. 1.
6. Em Territet até o fim de junho.

194 F

26 de maio de 1910, Viena, IX. Berggasse 19

Caro amigo,

A notícia de que em breve poderei ler um belo trabalho seu deixou-me muito satisfeito. Devo estar bem mais folgado em junho e hei de mergulhar na leitura com a maior alegria, sobretudo porque espero que suas formulações possam ser de valia para que eu mesmo aclare algumas ideias minhas.

As dificuldades em Zurique promanam, decerto, de um ciúme humanamente compreensível e são, assim, uma confirmação indireta de seus méritos até então encobertos. Seu sonho, que Jekels se incumbiu de contar-me, parece trazer uma referência à época em que Bleuler morava no andar de baixo, o senhor no de cima, e eu – a seu conselho – deixei de fazer-lhe uma visita. O essencial, em nossa tática, é que Bleuler e os que o acompanham não notem que essa dissidência possa ser um incômodo. Um a um, então, eles virão procurar-nos. A organização da Associação Internacional e a rápida publicação de um boletim impõem-se-nos, assim, por razões táticas. A participação inicial de Zurique não há de ser relevante, mas não se preocupe com isso nem faça concessões apenas para ocultar dos adversários as divergências internas. Franqueza ΨAtica! Quanto mais fria, mais saborosa a vingança, e para ela não faltará oportunidade. Por enquanto, o senhor tem de pagar o preço da ajuda que já recebeu de Bleuler, tão gratuita quanto a que Breuer me deu.

Ano 1910 ——————————————————————————————

É uma pena que não tenha podido colocar Pfister como presidente! Que significa essa tola objeção de Binswanger? E onde andam os pastores e os professores de Pfister que estavam dispostos a ingressar? Na própria terapia há um paralelo para nossa situação atual. Depois de um importante passo à frente sempre ocorre uma pausa. É nessa fase que agora se encontra o movimento. Talvez tenhamos nos precipitado e o melhor fora esperar um amadurecimento maior. Mas creio que isso não atrapalhou nada e basta-nos um pouco de calma para aguardar a adesão dos restantes.

Em Viena, os resultados são claramente positivos. Melhorou o estilo e o entusiasmo é grande. Stekel se encontra em estado beatífico, sublimando-se, enfim, como jornalista. Minha influência sobre a nova *Zentralblatt* será ilimitada. Uma pequena subscrição para as despesas de instalação noutro lugar produziu rapidamente cerca de 1.000 coroas.

Com o trabalho de Pfister o senhor abre um conflito interno entre o editor dos *Papers* e o do *Jahrbuch*. Creio que os *Papers* merecem toda a atenção, já que ninguém, senão o próprio editor, preocupa-se com eles; tive, inclusive, de destinar o *Leonardo* a essa série para evitar uma interrupção de mais de seis meses. Em comparação, o *Jahrbuch é* como o rico que no Livro dos Reis[1] tenta apossar-se do único cordeirinho do pobre. A inclinação a deixar que me escape esse conde obsceno que Pfister retrata não é, assim, muito grande. Só na hipótese de o trabalho se mostrar inadequado, por motivos concretos, lembrar-me-ei de que a questão é tão simples quanto meter uma moeda nesse ou naquele bolso da calça. O autor prometeu mandar-me o manuscrito dentro de três semanas, a contar de hoje, e eu prometi tomar minha decisão logo depois[2].

O desânimo que atualmente me vitima impediu que meu breve trabalho sobre "Vida amorosa" fosse além da primeira frase; espero, porém, recuperar as forças nesses próximos dias e enviar-lhe esse texto, junto com o sonho de Egmont do Dr. Robitsek, a tempo para o próximo *Jahrbuch*.

Também eu reclamei com Deuticke, mas Heller garante-me que os impressores criam realmente grandes dificuldades. Ontem, Deuticke se comprometeu a imprimir uma exposição didática de minha ΨA – uma espécie de manual para escolas elementares (?) – de autoria do Dr. Hitschmann[3].

Invejo seu senso de humor no que se refere à magistral ideia de assistir à conferência de Hoche. Mas o senhor está certo de que os visados somos nós? A propaganda, nesse caso, há de ser excelente; em caso contrário, a chateação será infinda.

Lembro ainda, como sinal dos tempos, que o Geheimrat Ostwald e a *Wiener Neue Presse* me pediram artigos. Ao primeiro dei esperanças para mais tarde, à segunda recusei de pronto, pois é preciso que em Viena eu tenha um cuidado todo especial.

Minha filha está bem melhor. Conto os dias que faltam, 50, para as férias. É provável que de 14 de julho a 1º de agosto fiquemos com nosso colega Jekels, em Bistrai, perto de Bielitz[4].

Folgo em saber que as coisas estão dando certo com Honegger.

Obrigado pelas notícias. Espero que outras tantas já estejam por vir.

Lembranças
do *Freud*

1. 2Samuel 12,1-4. No cânon católico romano (mas não no hebraico e no protestante) os livros de Samuel são chamados de Reis I e II, seguidos de Reis III e IV.

2. Em 6-3-1910, Freud escrevera a Pfister que estava pronto a aceitar seu ensaio sobre Zinzendorf, e em 17-3 aceitara-o definitivamente *(Freud/Pfister Letters*, p. 34-35).

3. *Freuds Neurosenlehre; nach ihrem gegenwärtigen Stande zusammenfassend dargestellt* (1911). Eduard Hitschmann (1871-1957), de início especialista em medicina interna, ingressou na Sociedade das Quartas-feiras em 1905, permanecendo fiel à psicanálise; depois de 1940 em Boston. / Jung comentou seu livro em *Jahrbuch*, III:1 (1911); cf. OC 18/1.

4. Cf. adendos.

195 F

30 de maio de 1910, Viena, IX. Berggasse 19

Caro amigo,

Apresso-me a contar-lhe um fato muito engraçado que aconteceu no dia 28[1]. Eu estava feliz da vida porque Deuticke me dissera que planejava lançar a *terceira* edição de *A interpretação dos sonhos* no outono (depois de um ano!) e que o primeiro volume de *Artigos sobre a teoria das neuroses* seria reimpresso logo, quando me telefonou um tal de Hofrat

Schottländer, de Frankfurt, pedindo para marcar uma conversa comigo. Convidei-o para um café às 9 horas. Por volta dessa hora trouxeram-me um cartão no qual se podia ler: Hofrat *Fried*länder, Hohe Mark bei Frankfurt am Main. Pasmo, mandei que o homenzinho entrasse. Alegando que as incompreensões ao telefone são comuns, ele negou ter dito o nome errado, mas pouca era a emoção que demonstrava, não parecia surpreso nem aborrecido. Eu estava certo de que ouvira Schott, mas que fazer? Já tinha à minha frente nosso grande inimigo. Refeito do susto, logo pude elaborar uma excelente tática, que depois conto. Primeiro vamos ao homem. As denúncias começaram assim que ele se sentou. Investiu de início contra Ferenczi, por ele ter dito, no ensaio sobre a introjeção[2], que todos os nossos métodos de terapia – eletricidade, massagens, água etc. – só atuam por sugestão, *i. e.*, por transferência, quando, na realidade, o sucesso desses métodos é inegável, p. ex., nos reumatismos. Apanhei o *Jahrbuch* e mostrei ao demônio que F. tinha falado apenas do tratamento das psiconeuroses. O demônio encolheu os chifres, exalando seu conhecido mau cheiro, e prosseguiu nas denúncias. Queixou-se de uma pessoa – o senhor não ignora quem seja – que ele visitara em Zurique, observando (e com razão!) que pouco faltara para que o atirassem na rua. Nosso amigo Pfister veio à baila em seguida. Pediu-me que refreasse esse homem desprovido de espírito crítico e já comprometido com uma tentativa de análise. Chegou, então, a vez de Stekel e Sadger, segundo ele médicos novatos que, no máximo, terão dois anos de prática. O mais visado foi Stekel, que afirmara que o número 1 significa pênis. Estendendo minha proteção a todos, perguntei ao visitante, que é nascido em Viena, se não sabia, porventura, o que significava o "onze" para os vienenses (as duas pernas). É claro que ele nunca tinha ouvido falar disso. Voltou, então, à tentativa de análise de Pfister e identificou-me por completo com meus seguidores, traindo, assim, a intenção original de me envenenar com doçuras e me jogar contra os mais moços.

A conversa começou a me divertir[3] cada vez mais e, como já disse, elaborei uma excelente técnica. Aceitando o papel de pai que ele estava decidido a me impingir (Pfister tinha toda a razão), simulei um bom humor cordial e tirei partido do clima e da situação para dizer-lhe os maiores desaforos, com o que obtive o efeito desejado. Por mais que choramingasse, ele nada pôde contra minha franqueza ΨAtica. Fi-lo saber que ignora totalmente a técnica analítica, razão por que alcança apenas resultados negativos, que emprega os métodos de 1895 e desde essa data não progride porque está em situação muito boa para se dar ao trabalho, que era uma lástima não haver alguém por perto que lhe pudesse ensinar alguma coisa, que a conversão dele causaria forte impressão na Alemanha, que ele é essencialmente uma besta e um retardado mental (isso, é claro, na linguagem figurada da ΨA)[4], que só por puro fingimento se mostrava flexível e amável, que a ordem de não lhe dar resposta tinha partido de mim, pois o que ele queria era chamar a atenção etc.

Foi, em suma, uma festa. Como nada me bastasse, retive-o até a uma da manhã. Já não me lembro dos melhores detalhes e seria difícil contar tudo por carta. Mas há um ponto de interesse geral. Partindo, por mera hipocrisia, para uma autoanálise, ele se referiu a uma total amnésia sobre a infância até os sete-oito anos. Do período remoto conserva apenas uma lembrança: a paixão que, aos quatro anos, nutriu por uma moça de 18, *Pauline*, a qual o deixou muito infeliz ao se casar. Uma hora depois ele asseverava que fora eu mesmo, em minha análise de *Lina* H., quem abrira caminho para os ataques pessoais. Neguei a existência de tal Lina e fiquei sabendo que, na verdade, tratava-se de Dora. Agora a análise! "Por que essa lembrança errônea de Lina?" – Ele: "É que eu acabo de lhe falar de *Karoline*, a moça por quem me apaixonei aos quatro anos". – "Já não estamos ao telefone, caro colega. O nome que o senhor disse, tenho absoluta certeza, foi *Pauline* e não *Karoline*". Ele teve de concordar comigo! Não acredito, portanto, que eu tenha ouvido mal ao telefone; foi ele quem se enganou (ou melhor, mentiu) por temer que não o recebesse caso se apresentasse como Friedländer.

Há um ano, um de meus atuais pacientes, um russo[5], esteve uma semana com ele. Mencionei o fato, desviando a conversa, e recebi uma informação que ainda hoje o paciente, rapaz digno de toda a confiança, esclareceu em parte ser mentira. Espero que, em relação à parte restante, eu possa ter a mesma sorte quando a mãe desse rapaz vier me ver.

Julgamento final de minha visita: mentiroso profissional e hipócrita, lobo em pele de cordeiro, faroleiro e trapaceiro, estúpido, ignorante, moleque habituado a enganar o pai. São pessoas assim que moldam a opinião do público sobre nossa ΨA. Ele me confessou que não consegue "adentrar-se"

Ano 1910 ——————————————————————————

em minha *Vita cotidiana*, que não vê explicação para os casos de esquecimento e os lapsos de fala. O maior argumento dele é que, em função do inconsciente, *tudo pode ser provado*. As curas que apregoa demonstram que se vale da técnica por nós já descartada (1895), embora nunca a tenha entendido em profundidade. É, por assim dizer, um daltônico no que tange à percepção do próprio inconsciente, e isso com uma excelente motivação de complexos, pois de outro modo afundaria na lama.

E é com essa gentalha que temos de perder nosso tempo.

É com grande satisfação que me lembro de que somos de outra espécie e lhe mando minhas melhores lembranças.

De

Freud

Se "Karlchen" Schottländer não andou mentindo de novo, é, de fato, para nós que Hoche tem o pensamento voltado.

1. Cf. Jones, II, p. 132/117.
2. "Introjection and Transference"; cf. 168 J n. 1.
3. Hológrafo: *analysieren*; lapso por *amüsieren*.
4. Hológrafo: (*das doch verblümt*), com ΨA escrito imediatamente abaixo de *verblümt*.
5. Provavelmente, o paciente conhecido como "O Homem dos Lobos" que, em suas memórias, diz ter passado alguns dias num sanatório perto de Frankfurt no fim de 1908. Cf. 7 *The Wolf-Man, by the Wolf-Man*, ed. Muriel Gardiner (Nova York, 1971). p. 71, também 306 F n. 2.

196 J

1003 Seestrasse, Küsnach-Zürich,
2 de junho de 1910[1]

Caro Professor Freud,

Que notícias espantosas! A história de "Schottländer" é impagável; nem há dúvida de que o patife andou mentindo. Tomara que o senhor tenha conseguido acuar, esfolar e trucidar esse fulano com a ferocidade mais desabrida para que ele aprenda de vez a eficácia da ΨA. Subscrevo sem hesitação seu julgamento final. Essa gente é assim mesmo. Lendo a imundície que ele estampa na cara, eu, de bom grado, agarrá-lo-ia pela gola. Queira Deus que, ao lhe dizer suas verdades, o senhor tenha sido bem explícito, pois só assim, com aquele miolo de galinha, ele as poderia entender. Veremos agora que novo golpe prepara. Eu não me faria de rogado para ainda "abrandar", com uma boa surra à suíça, o complexo de moleque dele.

Hoche sentenciou com efeito que, para nós, só o hospício resolve. Stockmayer esteve lá e me contou tudo. A palestra girou em torno das acusações costumeiras: misticismo, sectarismo, jargão iniciático, epidemia histérica, *periculosidade* etc. Poucos aplausos. Nenhuma oposição. Stockmayer não ousou tomar a iniciativa, já que se viu absolutamente sozinho. O tom desagradou até mesmo a Gaupp e aos dois acólitos de Hoche, Bumke[2] e Spielmeyer. Mas nenhum dos 125 presentes murmurou um protesto. A simples descrição me causou náuseas. Que inferno![3] Não sei o que dizer além disso.

Já nos constituímos aqui com cerca de 15 membros. Por falta de um nome à altura o presidente ainda não foi escolhido. Do Burghölzli ingressaram apenas dois jovens assistentes. Bleuler e Maier continuam de lado. Frank também, felizmente! A fundação em Zurique foi um parto difícil. Mais uma vitória como essa –

Junto a última carta que Honegger mandou de Territet. Para que não regresse de imediato, sugeri que ele escrevesse a tese lá mesmo, valendo-se da própria energia. Não gostaria de o apresentar publicamente como meu assistente senão depois que ele termine essa tese e se doutore. Prometi-lhe, no entanto, que primeiro pediria sua opinião de avô para que nenhuma injustiça decorra de minha opinião pessoal. No que tange à disciplina de trabalho, é verdade, tenho cá minhas opiniões. Acho que ele lê muito pouco e se fia excessivamente em lampejos de genialidade. Em Territet não lhe faltaria tempo para trabalhar e, sobretudo, para ler, que no caso dele é a lacuna mais grave. A dependência permanente de estímulos parece-me um disfarce para a falta de confiança em si mesmo. Não gosto nada disso, oponho-me decididamente a essa conivência com a inépcia. Na realidade, não se pode deixar que o trabalho dependa, como diz Spitteler, apenas do "coelho"[4]. Se meu julgamento parece muito severo é, talvez, porque eu mesmo tenho de lutar com frequência para manter à mesa de trabalho

Ano 1910

o voluntarioso Konrad[5]. O trabalho é, não obstante, meu maior prazer e sempre fico feliz quando o tempo me permite dedicar-me a ele.

A mitologia me revolve o íntimo e significativos pormenores afloram de quando em quando. No momento, as "correntes de interesse"[6] inconscientes centram-se exclusivamente na inesgotável profundidade do simbolismo cristão, cuja contraparte parece ter se encontrado nos mistérios mitraístas (Juliano, o Apóstata, p. ex., reintroduziu-os como o equivalente do cristianismo). O "complexo nuclear" é, ao que tudo indica, o conflito profundo, causado pela proibição do incesto, entre a gratificação libidinal e a reprodução. O mito astral pode ser solucionado segundo as regras da interpretação de sonhos: assim como o Sol vai cada vez mais alto quando o inverno acaba hás de chegar à fecundidade a despeito da barreira do incesto (e dos efeitos odiosos sobre tua libido). Essa ideia é expressa claramente na canção de Tishtriya (*Zendavesta*)[7]. Por duas vezes o cavalo branco (Tishtriya = Sothis) tenta expulsar da lagoa-de-chuva o cavalo preto demoníaco, Apaosha, conseguindo finalmente êxito graças à ajuda de Ahura Mazda. Em breve o senhor receberá o material em que tudo isso é descrito.

Com minhas lembranças mais sinceras,

Cordialmente,

Jung

---

1. Para o novo papel timbrado de Jung, cf. o fac-símile 7. A abreviatura LL.D. (= *Legum doctor*) provém do título honorário concedido pela Universidade Clark.

2. Oswald Bumke (1879-1950), professor de Psiquiatria em Freiburg.

3. Hológrafo: *Pfui Teufel, Pfui Teufel!*

4. "E sentindo-se pequeno e humilde ele escreveu a uma amiga de outra cidade: 'Diga-me com toda a sinceridade, não seria possível um 'entendimento comigo?'. Na resposta constava: 'Sua pergunta me faz rir. Facílimo, como com um coelho. Só que é preciso gostar imensamente de você, da maneira que se aplica ao caso, e ainda por cima, de quando em quando, garantir-lhe isso'" – Carl Spitteler, *Imago* (Gesammelte Werke, Zurique, 1945, vol. IV), p. 322.

5. Cf. 156 F n. 5.

6. Hológrafo: *Interessenzüge*, neologismo do paciente esquizofrênico em "Über die Psychologie der *Dementia Praecox*"; cf. OC 3, § 234: em inglês o termo é traduzido por *interest-draughts*.

7. Cf. *Símbolos da transformação*, OC 5, § 395 (também na ed. de 1911-1912).

Ano 1910

197 F

9 de junho de 1910, Viena, IX. Berggasse 19

Caro amigo,

Felicito-o pelo novo papel de carta, que não me passou despercebido. Limitei-me, nesses últimos, dias a lhe remeter em silêncio numerosos pacotes[1]; e creia que, se me fosse possível, eu já teria respondido há mais tempo sua carta de 2 de junho. Interesso-me muito pelo jovem Honegger e é com prazer que falo dele, uma vez que o senhor pede minha opinião "de avô".

Os avós não costumam ser rigorosos e duvido que, como pai, eu o tenha sido. Acho que o senhor é muito exigente ao querer que os métodos de trabalho dele sejam tão independentes da libido humana quanto os seus: Honegger pertence a uma geração posterior, ainda não viveu o amor a fundo e de modo geral é menos rijo. Sob todos os aspectos seria indesejável que ele fosse uma cópia sua. Há de lhe ser muito mais útil tal como é. Considero-o muito receptivo, psicologicamente arguto e já bem enfronhado na "língua básica"[2]. A devoção que tem pelo senhor parece extraordinária e o valor pessoal dele se sobressai ainda mais na situação atual, que o força a se manter vigilante contra os adversários de Zurique. Não seria, pois, mais sensato, que o senhor o aceitasse tal como é e o formasse conforme a natureza dele, em vez de tentar moldá-lo a um ideal que lhe é estranho?

Nossos ínclitos adversários não merecem nossa indignação e já estão bem castigados pelo tratamento que lhes foi imposto. Basta-nos agora o silêncio e a imersão no trabalho.

Há de ser muito interessante o que Schottländer anda agora a dizer da experiência comigo. Estou pronto a desmentir tudo como se não tivesse ouvido nada. Em relação a um paciente meu que esteve com ele há tempos, disse-me, aliás, certas coisas que comprovei serem deslavadas mentiras – como eu já desconfiava – ao interrogar a mãe do paciente e o próprio, que é um rapaz muito íntegro. Só a intervenção de colegas que estudaram com ele e participam agora do círculo de Viena impediu-me de mandar por carta, como era minha vontade, esse complemento à autoanálise dele.

"Deixai que fuja, ó dona bela,

De vossa cólera o indigno"[3].

Na expectativa de sua mitologia, mando-lhe minhas melhores lembranças.

Cordialmente,
Freud

O *Jahrbuch* está terrivelmente atrasado.

1. Ao que tudo indica contendo manuscritos para o próximo número (II:2) do *Jahrbuch*. Cf. 209 F n. 6 e 210 J.
2. Hológrafo: *"Grundsprache"*. Designação dada por Schreber à sua própria terminologia fantástica; segundo ele, "a língua que Deus fala..., um alemão antiquado, mas, mesmo assim, cheio de força, em que o traço mais peculiar é a riqueza de eufemismos..." (*Memoirs*, p. 49s.).
3. Da ária de Leporello em Mozart, *Don Giovanni*, I, 4 (próximo ao fim, no texto padrão alemão).

198 J

1003 Seestrasse, Küsnach-Zürich,
17 de junho de 1910[1]

Caro Professor Freud,

Hoje respondi a Adler. A primeira carta dele foi entregue a Riklin para ser arquivada. Já a de 1º de junho ficou infelizmente sem resposta, pois era preciso que eu esperasse a constituição do grupo de Zurique para dar notícias positivas a Adler[2]. Como defendo a tese de que a Associação Internacional está fundada desde Nuremberg, é-me impossível conceber por que não se consolidou ainda o grupo vienense. Terei interpretado mal alguma coisa? Acreditávamos aqui que em Viena já existia um grupo, tal como em Berlim, e agora também em Zurique. Perdoe-me a demora em responder. O rompimento com Bleuler não deixou de me afetar. Mais uma vez subestimei meu complexo paterno. E além disso, trabalho como um louco. Mal tenho tempo para respirar. Preciso de ajuda – e com urgência. Infelizmente, Honegger só virá no fim da semana que vem. Até lá não há outro jeito senão deixar que as cartas se amontoem aguardando resposta. Consegui, enfim, livrar-me da Sociedade Jurídico-Psiquiátrica, da qual eu era presidente[3] etc. etc...

Foi penosa a fundação do nosso grupo. Temos cerca de 15 membros[4], muitos dos quais estrangeiros. Devido às dificuldades com o Burghölzli não discutimos ainda os estatutos, mas já escolhemos o presidente e o secretário: o primeiro é Binswanger, o segundo meu primo, Dr. Ewald Jung[5], que está se saindo muito bem. Há, porém, um senão: propus que *eventualmente* realizássemos reuniões abertas ao público e convidássemos, então, o Burghölzli etc., mas Binswanger declarou que só aceitaria a presidência se todas as reuniões fossem realizadas em comum com os que não são membros. Pus a coisa em votação e minha proposta foi derrotada. Temos, assim, uma Sociedade com alguns membros fixos e uma audiência que não pertence aos quadros, porém goza de todos os privilégios sem fazer absolutamente nada. A solução me desagrada. Mas que remédio? Sugeri que se recorresse primeiro aos seus conselhos paternos, mas não concordaram. É, pois, uma demonstração claudicante a que em Zurique nós damos. Sei que o senhor há de ficar insatisfeito. É assim que também me encontro.

O *Leonardo*[6] é maravilhoso. Pfister participou-me ter visto o abutre no quadro[7]. Eu também vi um, mas não no mesmo lugar: é exatamente na região púbica que o bico se localiza. Caberia dizer com Kant: um jogo do acaso que equivale às mais sutis lucubrações da razão. Li *Leonardo* de um só folego e logo hei de voltar a ele. Fica patente nesse ensaio que a transição para a mitologia promana de uma necessidade interior; o primeiro estudo seu, aliás, com cujas diretrizes eu me senti *a priori* em sintonia perfeita. Gostaria de me estender sobre essas impressões e expor com toda a calma as ideias cujo longo encadeamento apenas ameaça ter início agora. Mas a correria em que estou e que já perdura há semanas priva-me da paz necessária.

Mais uma vez devo agradecer-lhe por seu conselho tão amigo sobre Honegger, ao qual os fatos, por sinal, antepuseram-se. Eu já disse a Honegger que as coisas simplesmente não podem continuar como estavam. Será difícil que o senhor se dê conta do tumulto que se apossou do meu gabinete e da vozeria franco-alemã-inglesa trombeteada pelos que chupam meu sangue. Peço-lhe assim, mais uma vez, que perdoe o atraso. Tenha paciência comigo; quando Honegger estiver aqui eu poderei respirar mais à vontade e voltarei a cumprir minhas obrigações com um pouco mais de decoro.

Ano 1910

Creio já lhe ter agradecido pela remessa dos manuscritos, que chegaram em ordem.

Aceite minhas melhores lembranças e, enfim, mais um pedido de desculpa.

Cordialmente,

Jung

1. Publicada em *Letters*, ed. G. Adler, vol. 1.

2. Da ata da reunião da Sociedade de Viena em 14-4: "Adler nada tem a dizer em definitivo sobre o periódico planejado *[Zentralblatt]* porque ainda não recebeu resposta de Jung à participação de nosso plano nem à proposta de Deuticke para lançar o *Jahrbuch* mensalmente" (*Minutes*, II, p. 475). Jung, em 17-4 (186 J), refere-se ao pedido de colaboração a ele feito por Stekel e Adler. Na reunião de 1-6, Adler informou que "como nenhuma comunicação da Associação Internacional foi recebida até agora, tomou-se a decisão de perguntar a Zurique se a data de fundação dessa Associação pode ser dada a público" (*ibid.*, p. 553). Daí a carta de Adler de 1-6. Na reunião de 15-6, Adler voltaria a dizer que "nenhuma notícia referente à fundação da Associação Internacional foi recebida até o momento, propondo, por conseguinte, que se leve a cabo a fundação independente da Sociedade [de Viena] ... Se a Sociedade enviar ainda a Jung uma terceira carta, o responsável por ela deve ser o secretário" (ibid., p. 573s.).

3. Desde 1907.

4. Na realidade, 19, segundo o *Bulletin*, n. 1 (julho, 1910); entre eles estavam Assagioli (Florença), Burrow (Baltimore; estudando, então, em Zurique), Seif (Munique) e Stockmayer (Tübingen).

5. Psiquiatra, então no Sanatório Brunner, em Küsnacht; mais tarde em Winterthur e Berna (m. 1943).

6. *Eine Kindheitserinnerung des Leonardo da Vinci (Schriften zur angewandten Seelenkunde,* 7; Leipzig e Viena, 1910) = "Leonardo da Vinci e uma lembrança da sua infância". Ed. Standard Bras., XI.

7. Pfister descobrira o contorno de um abutre no panejamento de Maria, no quadro de Leonardo *Sant'Ana com o Menino e a Virgem* (Louvre); cf. seu "Kryptolalie, Kryptographie und unbewusstes Vexierbild bei Normalen", *Jahrbuch*, V: 1 (1913). Freud mencionaria o fato numa nota de pé de página na segunda edição (1919); Ed. Standard Bras., XI, p. 106 n.

199 F

19 de junho de 1910, Viena, IX. Bergasse 19

Caro amigo,

Lamento profundamente saber de seu excesso de trabalho e de sua irritação atuais e muito lhe agradeço pelas explicações tão amáveis. Não pense que eu tenha "perdido a paciência" com o senhor; sei que é impossível aplicar ao nosso relacionamento essas palavras. Diante de quaisquer dificuldades erguidas contra nosso trabalho é fundamental que permaneçamos unidos e de quando em quando convém que o senhor ouça este seu velho amigo, mesmo que a tanto não se sinta propenso. Muitos problemas poderiam ter sido evitados, veja bem, se me tivesse consultado a tempo, no que se refere a Honegger. Era de se prever que, com sua posição e sua clientela, o senhor viesse a precisar de um assistente. Nesse particular teria sido aconselhável que fosse mais generoso, sem pensar muito nos gastos, sobretudo porque, depois do belo rendimento da viagem à América, o senhor não tinha motivo para se preocupar com isso.

É claro que fiquei muito magoado ao ver que o senhor não demonstrou a necessária firmeza em sua primeira função oficial. Aqui e alhures, como não ignora, todos têm grande ciúme da preferência com que o trato (o mesmo se dá com Ferenczi, ou seja, todos invejam a posição dele junto a mim), e creio não me enganar quando acho que o que dizem contra o senhor também me atinge.

Cumpre-me, no entanto, colocá-lo ao corrente da situação em Viena. A Sociedade de Viena está constituída há muito tempo, mas em caráter extraoficial, e para registrar os estatutos é imprescindível anexar os da organização à qual ela se filia. Tendo em vista as decisões tomadas em Nuremberg, contávamos também com a cobrança das mensalidades e a publicação de *Korrespondenzblatt*. No que se refere à primeira carta de Adler, fico sem saber se Riklin a respondeu ou não; o senhor diz apenas que ela lhe foi entregue "para ser arquivada". Adler está desgostoso e se deixa levar por uma grande amargura porque eu rejeito sistematicamente as teorias dele. Patenteou-se, assim, a ameaça de uma dissidência em Viena, com a exortação a uma medida que colocaria em xeque a autoridade do presidente. Felizmente, pude evitar esse desfecho. Caso o senhor concorde com o *modus vivendi* sugerido por Adler, toda a diferença perderá o sentido e voltará a ser apenas formal.

O que está acontecendo em Zurique me parece pura tolice. Estranho que o senhor não tenha sabido usar de autoridade para impedir essa decisão absolutamente insustentável. Tudo se reduz a duas coisas: pagar uma mensalidade de 10 francos e pôr o nome na lista. Não faria sentido que algumas pessoas gozassem de todos os privilégios sem preencher essas exigências. Porque, então, iriam os outros aceitá-las? Não consigo compreender Binswanger. Que diabo é ele? Bitolado ou teimoso? Acha que devo escrever-lhe pedindo que declare quais as suas intenções? A meu ver, valeria a pena arriscar. Essa situação em Zurique é, de fato, insustentável.

Em seu lugar eu não cederia nunca. Se o senhor se dispuser agora a dar à *Korrespondenzblatt* o andamento mais rápido possível, tudo o que tem a fazer é enchê-la com notícias sobre o Congresso de Nuremberg, as novas organizações de Viena e os programas de nossas reuniões, adiando por ora a divulgação da lista de membros[1] para que os filisteus não se rejubilem com nossas lutas internas. Desde que o boletim esteja circulando, a lógica da obrigação de apoiá-lo tornar-se-á evidente até mesmo para esses suíços cabeçudos que o senhor comanda. Deixe bem claro que os que não aderirem como membros ficarão impedidos de comparecer ao próximo congresso e de tomar parte em qualquer decisão que eventualmente venha à baila!!

Nesse caso, ficarei curioso sobre o *audiatur et altera pars*[2]. Sequer imagino o que terão a dizer. Por acaso o senhor deu a impressão de não se interessar por eles como pessoas? Custe o que custar, isso deve ser evitado, pois na resolução de tais problemas, como na terapia, tudo depende da transferência pessoal.

Passemos agora a algo mais agradável. Fiquei felicíssimo com seu interesse por *Leonardo*, bem como por saber que o senhor já se considera mais próximo de minhas ideias. Li seu trabalho[3] no mesmo dia em que chegou – e o fiz com prazer; ando a pensar sobre ele e em breve lhe escreverei com vagar. Hoje não pude retomá-lo porque Ferenczi e Brill passaram o dia todo comigo, para minha grande alegria. Os amigos são, enfim, o que de mais valioso pode ser conquistado. Não se espante se reconhecer parte de suas próprias formulações num texto meu que pretendo rever nas primeiras semanas de férias, nem me acuse por isso de plagiário, ainda que a tentação se apresente. O título há de ser: "Os dois princípios da ação psíquica e da educação"[4]. Concebi-o para o *Jahrbuch*, escrevendo-o dois dias antes da chegada de seu "Simbolismo"; mas há muito tempo, naturalmente, tudo já havia tomado forma em meu pensamento.

Só hoje identifiquei seu abutre, decerto sob a influência de sua carta; mas ele não é tão "nítido e indubitável" como o de Pfister. Suponho que

Pfister já lhe tenha dito que não estou inclinado a lhe ceder o Conde Zinzendorf para o *Jahrbuch*. Não fique zangado; o texto se enquadra muito bem em *Papers* e nele há de despertar mais atenção. Ao contrário do que o autor desejava, não há motivo para mantê-lo longe do grande público.

Sofro de uma recrudescência do problema intestinal que se manifestou na América e já estou em tratamento. Dizem-me que é uma simples colite e que o apêndice não tem nada a ver com a história. No entanto a melhora é muito sensível; devo fazer uma dieta que é incompatível com as viagens e pode estragar meus planos para setembro. Faltam ainda 25 dias para as férias a que faço pleno jus e nesse ínterim tenho trabalho de sobra. Mas não me deixo abater e a energia é grande.

Com minhas melhores lembranças para o senhor e para a família, da qual há muito não me dá notícias,

Seu fiel amigo
Freud

1. No entanto o primeiro número de *Korrespondenzblatt* (julho, 1910) = *Bulletin*, publicou a lista de membros das três sociedades já então constituídas: Viena, Munique e Zurique.
2. = "Que a outra parte também seja ouvida". Preceito legal da Idade Média, derivado do juramento dos juízes atenienses; cf. Sêneca, *Medea*, II, 2, 199.
3. A palestra em Herisau (cf. 193 J), cujo conteúdo viria a ser aproveitado em "Wandlungen und Symbole der Libido".
4. Cf. 246 F n. 3.

199a F

[Sem data][1]

p. 2 "São simbólicos" – vago, quando não incorreto devido à generalização excessiva.

p. 8 O simbolismo costumeiro do nosso cerimonial (grinalda, anel, bandeira, em termos religiosos: Última Ceia) não foi aqui levado em conta.

p. 14 Aplicável apenas a percepções superficiais. Quando não nos refreamos, caímos, em geral, sob o mando de imagens inconscientes carregadas de intenção. Mas isso não afeta a essência de seu texto.

p. 23 Os opostos são, na verdade, fantástico-reais, não simbólico-reais.

p. 24 "A primeira causa" – o único ponto realmente insustentável que até agora encontrei. Cheira-me a arbitrariedade ΨAtica e ameaça reviver, no tocante ao sonho, a teoria médica a respeito.

p. 25 O sonho só faz isso na *aparência*, não na *forma*. No conteúdo ele é perfeitamente lógico e consistente. Arcaicos são, porém, os impulsos, as forças que nele estão em ação.

p. 26 A dúvida também se estende à conclusão tirada na frase precedente dessa página.

p. 38 O simbolismo do sonho de Schemer![2] No meu livro sobre sonhos não explorei a fundo o simbolismo, lacuna que é agora preenchida pelos trabalhos de Stekel[3].

p. 39 Isso soaria melhor se os homens da Antiguidade, que viveram na mitologia, não tivessem também sonhado. A frase sublinhada é a meu ver engenhosa, mas ambígua.

p. 46 A frase é muito bonita, mas o tema "fantasias" não combina muito bem com o conteúdo. As fantasias, os sonhos acordados são geralmente, sem dúvida, muito pessoais.

p. 65 A frase "A sexualidade destrói a si mesma"[4] suscita um enérgico meneio de cabeça[5]. Tal profundidade talvez não fique suficientemente clara para o pensamento mitológico. Não seria mais natural considerar todas essas representações de autossacrifício, que, no caso de Mitra[6], procedem com singular clareza da morte do ego animal pelo ego humano, como a *projeção mitológica da repressão*, na qual a parte sublimada do homem (o ego consciente) sacrifica (e não sem mágoa) a energia dos impulsos próprios? No fundo, uma parte do complexo de castração. A cobra, o cavalo[7] etc. são acumulações para o reforço da expressão que, não obstante, encobrem o sentido estrito.

p. 66 O mito, primordialmente psicológico, é sobrecarregado por adaptação ao calendário e assim projetado no reino dos fenômenos naturais, tal como na agorafobia, p. ex., a fantasia é projetada no espaço por meio de uma ponte verbal; aqui, contudo, mediante analogias de conteúdo. Típico.

p. 68 Aqui o senhor aceita, sem dúvida, a projeção mitológica da repressão ao invés de sua interpretação anterior de que a sensualidade destrói a si mesma.

Segui meu costume de apenas apresentar objeções, sem tecer comentários sobre as várias coisas de que muito gostei. Não sei se com tal procedimento torno-me benquisto a seus olhos. Mas estou certo de que o senhor não me mandou isso para receber aplausos.

O ensaio peca por falta de clareza, malgrado toda a beleza que encerra. O sonho não foi devidamente caracterizado. Essa é, de fato, uma grave objeção. O título, na realidade, não deveria ser "Simbolismo", mas "Simbolismo e mitologia", já que sobre esta é lançada mais luz que sobre aquele. Pergunto-me se não seria uma imagem de Mitra o que Miller[8] tinha em mente. A analogia, porém, não é tão grande. Nas pedras mitraístas que já tive ocasião de ver, um caranguejo pica os testículos do touro[9]. Naturalmente, o mito sofreu muitas modificações. – Em seu texto, tudo o que há de essencial está correto. Só que existe uma brecha entre as duas formas de pensamento, por um lado, e o contraste entre realidade e fantasia, por outro.

Fico-lhe muito agradecido.

Do amigo
Freud

1. Escrito e remetido em cerca de 22-6-1910 / Estas notas foram descobertas (depois de findo todo o trabalho editorial na correspondência) em dois estados: (a) como fotocópia de uma transcrição a máquina com uma observação à mão em inglês: "Undated fragment, between 19-6-1910 and 5-7-1910". Encontra-se em meio a várias outras fotocópias de transcrições originalmente em poder de Sigmund Freud Copyrights, Ltd.; (b) como fotocópia de um original manuscrito, em meio a fragmentos diversos, nos Sigmund Freud Archives, na Library of Congress. O hológrafo original não veio à luz. / Por não ter sido recuperada a palestra de Jung em Herisau (cf. 193 J, § 3), é impossível relacionar as críticas de Freud a ela ou ao texto do qual essa palestra foi uma primeira versão, "Wandlungen und Symbole der Libido". A resposta de Jung (200 J) talvez permita sustentar essa hipótese, mas é evidente que suas formulações iniciais foram muito revistas, dispersando-se, enfim, na obra publicada.

2. K.A. Scherner, cujo *Das Leben des Traumes* (Berlim, 1861) é frequentemente citado em *A interpretação dos sonhos*, cf. Ed. Standard Bras., V, bibliografia A. O único sonho de Scherner aí mencionado é com duas fileiras de rapazes, simbolizando dentes, que se atracam: cf. Ed. Standard Bras., p. 239. Na obra publicada de Jung não há referência a Scherner.

3. Cf. Stekel, *Die Sprache des Traumes* (Wiesbaden, 1911).

4. No original: "*Die Sexualität geht an sich selber zugrunde*". Não localizada na obra publicada de Jung.

5. No original: *Schütteln des Kopfes*. Alusão a uma epopeia burlesca de Carl Arnold Kortum (1745-1824), *Die Jobsiade* (1784, 1799): em I, 19, o herói é examinado por uma banca de

Ano 1910

clérigos que se limitam a menear a cabeça toda vez que ele dá uma resposta errada. Há uma edição (1874) ilustrada por Wilhelm Busch.

6. Deus do mitraísmo, antiga religião iraniana que as legiões romanas adotaram amplamente e que no século II d.C. tornou-se a grande rival do cristianismo. No mito referente ao culto, Mitra sacrifica o touro divino. Jung valeu-se abundantemente da mitologia mitraísta em "Wandlungen und Symbole"; cf. OC 5, índice.

7. A cobra e o cavalo ocorrem na fantasia de F. Miller em que aparece Chiwantopel; cf. adiante, n. 8, e 200 J n. 2.

8. Esta é a primeira referência às "fantasias de Miller", cuja análise serviu de base a Jung para "Wandlungen und Symbole der Libido". Frank Miller, uma paciente americana de Theodore Flournoy (cf. 31 J), registrou suas próprias fantasias, publicadas como "Quelques faits d'imagination créatrice subconsciente", com introdução de Flournoy, em *Archives de psychologie* (Genebra), V (1906). O original inglês, com prefácio de James H. Hyslop (cf. 50 J n. 4), saiu em *Journal of the American Society for Psychical Research* (Nova York), I:6 (junho, 1907). (tradução do francês em OC 5, apêndice).

9. Cf. 200 J n. 3.

200 J

1003 Seestrasse, Küsnach-Zürich,
26 de junho de 1910

Caro Professor Freud,

Como hoje é domingo posso cuidar em paz de sua crítica. Fico muito grato por ela e concordo inteiramente com o senhor. Eu deveria lhe ter dito antes que me apresento aí em mangas de camisa; ou seja, a coisa não passa de uma tentativa esquemática. O problema de Mitra, em particular, é abordado de maneira muito imprópria, e além disso o copista omitiu uma passagem básica sobre o autossacrifício. É inevitável que a impressão que o texto causa seja bem insatisfatória, pois dele também não consta a discussão do incesto. Meu agradecimento seria ainda maior se eu lhe pudesse submeter mais tarde, em forma completamente revista, a segunda parte. No que tange à frase "A sexualidade destrói a si mesma", devo observar que essa é uma formulação extremamente paradoxal que de nenhum modo considero válida ou viável. Nela há, porém, algo a que me apego ainda, porque por ora não me sinto satisfeito com sua hipótese seguramente mais simples (a parte sublimada sacrifica a própria mágoa), e isso pela seguinte razão: deve haver algum traço muito típico no fato de o símbolo da fecundidade, o útil e comumente aceito (não censurado) alter ego de Mitra (o touro), ser massacrado por outro símbolo sexual.

O autossacrifício é a um só tempo voluntário e involuntário (o mesmo conflito da morte de Cristo). Uma necessidade má lhe é intrínseca. E esse dualismo encontra-se em perfeita harmonia com o pensamento profundamente dualista das crenças iranianas. Na realidade, o que entra talvez em causa é um *conflito no âmago da própria sexualidade*. A única razão possível para esse conflito parece ser a *proibição do incesto* que a sexualidade primordial pôs em vigência. Poder-se-ia igualmente dizer: a proibição do incesto veda à libido a saída mais próxima e mais acessível, tornando-a, no todo, má. Forçoso é que a libido se liberte dessa repressão, já que a ela cumpre alcançar o objetivo da reprodução (luta entre Tishtriya e Apaosha, o qual guarda a lagoa de chuva)[1]. Nessa conhecida luta neurótica, o mito astral vem em ajuda dos antigos iranianos: assim como o Sol ou a fecundidade da Natureza sucumbem ao rigor do inverno, mas chegam finalmente ao triunfo, tu também te libertas e ingressas, então, na condição fecunda. Creio que a interpretação, até esse ponto, é o mais simples possível: Tishtriya = libido ativa, Apaosha = libido em resistência (incestuosa). Com a figura de Mitra vem à tona um novo elemento: Tishtriya e Apaosha simbolizam agora o aspecto dual de Mitra, como homem ativo e como libido em resistência (touro e serpente), assim como cavalo e serpente = irmão e irmã de Chiwantopel[2]. Esse conflito há de ter assumido uma gravidade imensa (autocastração dos sacerdotes no culto de Dea Syria etc.). Daí a imperiosa necessidade de um protótipo de herói que *por livre vontade entende como fazer* o que a repressão propõe – a saber, uma renúncia temporária ou permanente à fecundidade (o substrato social é discutível: explosão populacional?) – a fim de concretizar o ideal ético da sujeição do instinto. Os sofrimentos da humanidade durante as várias tentativas de "domesticação" hão de ter sido extraordinários. Daí se parte, então, para a saída reconfortante e verdadeiramente ditirâmbica do autossacrifício: voltamos, *a despeito de tudo*, a ser fecundos. Sobre o mito de Cristo incide, porém, uma obliquidade final: das ventas do touro aqui não brota o alho nem da cauda os cereais[3]. O cristão se identifica com o autoconquistador, devorando a si mesmo no cadáver dele, e só se reproduz na dor e à sorrelfa, destituído de uma convicção interna. Por isso é que Juliano, o Apóstata, meritoriamente e com toda a energia, tentou opor o mistério de Mitra (em que a saída é favorável) ao mistério de Cristo.

Por certo, o mistério de Mitra sofreu uma adaptação ao calendário: o *caranguejo* que pica os testículos do touro[4] é o *escorpião* do equinócio do outono, que o priva da fecundidade. A *ave* representada em certos monumentos é o corvo[5], o mensageiro dos deuses, que leva Mitra ao comando do autossacrifício, bem como o *daimonion* que se põe ao lado do homem e o admoesta enquanto ele se entrega às tentativas de autossujeição, ou – em outras palavras – *a força que o impele à cultura*.

Minha frase paradoxal que diz que a sexualidade destrói a si mesma encontra, aliás, algumas medonhas ilustrações arcaicas, que hão de ter impressionado o homem a fundo e das quais nossa mudança interna de sentimento, quando geramos um filho, é apenas um pálido reflexo. Ou os pais eram mortos e devorados pelos jovens quando não tinham mais serventia, ou eram os corpos atirados no mato. O advento da geração seguinte é o começo do fim. A ideia de mortalidade, que com a crescente domesticação adquiriu naturalmente o caráter de medo, já se evidencia com clareza no sacrifício mitraísta, mas é ainda contrabalançada pelo júbilo que a existência de uma saída propicia. Em níveis mais elevados e mais tardios de cultura, quando até mesmo na filosofia o pessimismo se fazia sentir, essa ideia necessitou de um mistério especial que lhe fosse próprio e ao qual Cristo deu início: o mistério da imortalidade conquistada pela supressão total do instinto (via identificação com o morto).

Não sei se me expressei com suficiente clareza, mas presumo que aí estejam várias conexões palpáveis, por mais esquemático que eu tenha sido ao lançá-las.

Passemos, então, à carta de Adler. Ao entregá-la a Riklin, pedi que ele a respondesse e dei o assunto por encerrado. Só há pouco R. me informou que se esquecera da carta. Uma tolice das mais desagradáveis, com efeito, mas compreensível se pensarmos na sobrecarga de trabalho com que R. tem de se haver no momento. A partir de agora deixarei que Honegger cuide dessas coisas. O senhor tem razão, eu deveria ter resolvido logo o problema de H. Mas sua sugestão de que o tomasse por assistente[6] chegou depois de ele ter assumido em Territet outros compromissos. Estou sempre disposto a ouvir um bom conselho.

No tocante à nossa Sociedade, as coisas entram paulatina e penosamente nos eixos. A verdade é que eu nada podia fazer contra a decisão. Minha autoridade não chega a tanto. À exceção de Riklin, todos queriam que Bleuler e cerca de nove outros tivessem acesso às reuniões, sustentando que para esse período de transição era preciso criar condições excepcionais. Alimentava-se, ao mesmo tempo, a esperança de que eles acabariam por pensar melhor e ingressar. Não desisti, porém, de meus planos, e no momento devido hei de apresentar minhas propostas caso até lá não o tenham feito. Quanto à autoridade, lembre-se de que o presidente sempre foi Bleuler; quando surge uma resistência assim, ele logo se vale dela contra mim. Binswanger sempre tem algo desagradável a me dizer e quer estar bem com todo mundo. Pfister também foi a favor da conciliação. Realmente, a situação era tal que eu *tinha* de ceder.

A *Korrespondenzblatt* deve ser impressa esta semana; desde a semana passada que minha parte do trabalho está completa. Quando a coisa começar a funcionar a Associação estará, enfim, assentada em bases sólidas.

Com minhas melhores lembranças,

Cordialmente,

Jung

---

1. Cf. o fim de 196 J.

2. Numa das fantasias de F. Miller, "Chiwantopel" é o nome dado a um guerreiro asteca que morre, como seu cavalo, de uma mordida de serpente. Cf. OC 5, § 459s.

3. No mito mitraísta, plantas e animais úteis ao homem jorram do corpo do touro sacrificado.

4. Cf. a carta precedente, na altura da n. 9. Para o uso que disso Jung fez em sua obra publicada, ver OC 5, § 665, n. 68; também na ed. de 1911-1912.

5. Cf. OC 5, § 369, n. 86; também na ed. de 1911-1912.

6. Entre cartas recentemente descobertas de Honegger ao seu amigo íntimo Walter Gut (1885-1961; em 1911, membro da Sociedade de Zurique; mais tarde professor de Teologia e, em 1952-1954, reitor da Universidade de Zurique), há uma, de 17-6-1910, que diz: "Será que você poderia ajudar minha noiva a encontrar um escritório adequado para a firma Jung-Honegger? O estágio em Küsnacht já não demora a acabar... Precisamos de uns três cômodos, sem mobília, mas com telefone...". Não se sabe por que esse plano de abrir um consultório comum em Zurique não se concretizou. Cf. o artigo de Walser sobre Honegger, 148 I n. 3.

Ano 1910

201 F

5 de julho de 1910, Viena, IX. Berggasse 19

Caro amigo,

Meu ano de trabalho chega ao fim, mas também minhas forças (faltam ainda nove dias). Na semana passada estive muito indisposto e só por isso não respondi sua carta tão substancial e rica em ideias. Vejo hoje que minha crítica foi muito precipitada, mas ainda assim acredito que interpretações de alcance tão profundo não podem ser apresentadas de modo tão resumido: requerem uma fundamentação mais ampla, a qual, por certo, o senhor não deixará de acrescentar agora. Naturalmente, terei imenso prazer em conhecer a obra em forma modificada. A maior dificuldade nesses trabalhos de interpretação não lhe terá escapado; é que não podemos tomar o todo da fachada por revelador, como no caso de uma alegoria; temos de nos limitar ao conteúdo, traçando a gênese dos elementos que o compõem para não sermos enganados por acréscimos posteriores, duplicações, condensações etc. Em suma, um procedimento muito semelhante ao que requerem os sonhos.

Embora o senhor não me tenha autorizado, creio que eu poderia assumir a responsabilidade de pedir a Binswanger alguns esclarecimentos sobre o comportamento singularmente esquizofrênico do pessoal de Zurique. Já vi o texto de Hoche[1], mas ainda não o li; encomendei três exemplares para passar adiante; à primeira vista, parece-me ser o maior reconhecimento que recebi até agora. Lá está, por escrito, que nos achamos 15 anos à frente dos adversários.

Nessas últimas semanas, todas muito sem graça, pouco me dei ao trabalho científico, não obstante os planos para três artigos teóricos[2] me martelem o cérebro. Brill acaba de introduzir a ΨA em Cuba; hoje recebi de Havana um dos artigos dele em tradução espanhola[3]. O tradutor é um tal de Dr. Fernandez. O problema do *Jahrbuch* é muito desagradável; terminei hoje minha colaboração para a *Zentralblatt* (a palestra de Nuremberg). – Tudo isso me faz lembrar o famoso Abc[4] de Busch:

"O burro é, de fato, um asno;
O elefante não vem ao caso"
ou

"A cebola é um manjar judeu,
A zebra anda sempre ao léu"[5]

Com essa disposição estilística, era melhor que eu parasse de escrever por aqui. Mas não é de se estranhar: estou muito cansado e até o último dia continuarei a trabalhar nove horas.

Não decidimos ainda onde passar a primeira quinzena, pois em Noordwijk a hospedagem só está garantida a partir de 1º de agosto. É provável que eu vá até Haia com dois de meus filhos, de lá viajando um pouco pela Holanda em companhia deles. As mulheres e a miuçalha se ajeitarão de outro modo; o filho mais velho vai para as montanhas. Minha filha se encontra surpreendentemente melhor e agora está em Tirol do Sul com o marido: Levico, Lavarone, lugares que conhecemos bem e adoramos.

É claro que pensei em dar um pulo à Suíça na segunda quinzena de julho, mas nossa necessidade de descanso é muito grande; além do mais, se eu fosse ao seu encontro, passaríamos o tempo todo discutindo. Já não posso assimilar coisíssima alguma, estou *full to the brim*[6], e em reação a isso é que me devo dar um pouco de folga.

Torno-me cada vez mais convencido do valor[7] cultural da ΨA e anseio por um espírito lúcido que dela possa extrair as inferências válidas para a filosofia e para a sociologia. A impressão que me domina – mas talvez isso seja apenas uma projeção de minha atual inquietude – é que fizemos uma parada momentânea à espera de algum novo ímpeto. Não me sinto, contudo, impaciente[8].

Continue, por favor, a me mandar notícias concretas para o endereço de Viena e aceite minhas melhores lembranças.

Do amigo fiel,
Freud[9]

---

1. "Eine psychische Epidemie unter Aerzten", *Medizinische Klinik*, VI (1910), 1007s.

2. Anna Freud sugere que esses "artigos teóricos" tomaram, finalmente, forma como "Abhandlungen zur Metapsychologie", publicadas em *Zeitschrift*, III (1915); = "Artigos sobre Metapsicologia", em Ed. Standard Bras., XIV.

3. Presumivelmente, "Las psico-neurosis concebidas por Freud", *Crônica médico-quirúrgica de la Habana*, 1910; tradução de "Freud's Conception of the Psychoneuroses", *Medical Record*, LXXVI (1909).

4. Hológrafo: antes de se fixar em *Abe*, Freud escreveu *Einma* (talvez o começo de *Einmaleins*, "tabuada"), que depois riscou.

Ano 1910 ——————————————————————————————

5. Hológrafo: *Der Esel ist ein dummes Tier; / Der Elephant kann nichts dafür. / Die Zwiebel ist der Juden Speis, / Das Zebra trifft man stellenweis.* – Wilhelm Busch. "Naturgeschichtliches Alphabet", *Münchener Bilderbogen*, n. 405-406.

6. Em inglês no original.

7. Hológrafo: *Welt*, "mundo", em lugar de *Wert*, "valor".

8. Citado por Jones, II, p. 498/448s.

9. No espaço em branco no fim dessa carta, Jung fez a seguinte anotação: "A. Dieterich. Eine Mithrasliturgie. Teubner"; cf. 210 J n. 1.

202 F

10 de julho de 1910, Viena, IX. Berggasse 19

Caro amigo,

De 19 de julho até o fim do mês meu endereço é *Hotel Wittebrug, Den Haag.* Vou para lá com meus dois filhos mais moços.

Prepare-se para receber dois trabalhos oriundos do círculo de Viena para o *Jahrbuch*. Um texto muito bom de Silberer, a quem agora já conheço pessoalmente, e uma análise de sonho de Rank, digna, a meu ver, de publicação. Presumo que o senhor há de entremear o material literário-psicológico que lhe chega por meu intermédio com textos estritamente clínicos, pois, caso contrário, poderá surgir a acusação de que estamos nos afastando muito da medicina. O *Jahrbuch*, aliás, está terrivelmente atrasado. Amanhã hei de reclamar com Deuticke.

Minhas próximas notícias seguirão da Holanda, em cartões postais.

Para o senhor, sua esposa e as crianças, as melhores lembranças

do amigo,
Freud

203 J

1003 Seestrasse, Küsnach-Zürich,
24 de julho de 1910

Caro Professor Freud,

Semana passada voltei a trabalhar como um louco. Mas minhas férias também começam agora, felizmente! Ponho-me hoje à noite a singrar o lago de Constança, para onde já mandei levar meu barco. Nesse ínterim, Honegger há de responder por mim em Zurique. Meu serviço militar está marcado para 14-29 de agosto. Do lago de Constança, tão logo eu recupere meu fôlego, espero lhe escrever novamente. O *Jahrbuch*, enfim, não deve tardar agora a sair. Foi um verdadeiro tormento!

Faço votos de que aproveite bem suas férias, *procul negotiis*. Com minhas lembranças,

Cordialmente,
Jung

O endereço continua a ser *Küsnach*.

204 J

Hotel Bodan, Romanshorn[1], 6 de agosto de 1910
O endereço é: Küsnach-Zürich

Caro Professor Freud,

Pus-me de novo a vagar como um louco. Durante duas semanas meu barco velejou à deriva pelo lago de Constança e arredores, propiciando-me a mudança e a paz que eu desejava. Os princípios básicos do modo de vida ΨAtica foram, porém, observados à risca. Minha devoção matinal era analisar sonhos. Nos últimos oito dias, Riklin me fez companhia, secundando-me ΨAticamente. Estou, a bem dizer, sem novidades – graças a Deus! No entanto soube por Abraham que Marcinowski negou em termos peremptórios que pertença à A. ΨA.I. A coisa parece assustar o pessoal. Muthmann retrocedeu também[2]. De Budapeste continuo sem notícias. Será que Ferenczi não encontrou ninguém? Em Zurique, quando saí de lá, tudo ia às mil maravilhas, à exceção de Bleuler, que continuava a fincar o pé. Na última reunião sustentei energicamente a necessidade de uma limpeza de regras ao iniciar-se o semestre de inverno; essa monstruosidade não deve continuar em vigor. Como não consigo mais me entender com Bleuler desde que abjurei a crença dele na abstinência, instruí a Binswanger que mantivesse o necessário nervicontato[3] e estudasse todos os chamarizes capazes de o atrair. Bleuler é um sujeito muito complicado, [...] em quem nunca se pode confiar. Sempre são obscuras as intenções que tem em mente.

Hoje saí do lago para visitar Binswanger[4]. No sanatório ele está muito isolado, o que é uma lástima, pois o componente homossexual dele organiza-se, assim, de maneira imperfeita. O "caso do calcanhar"[5] de B., de que o senhor já teve notícia, levou uma boa malhada em nossa última reunião, não só porque a ausência do problema da transferência fazia-se conspicuamente notar, como também por ele ter apontado a localização no calcanhar como *conversão* histérica, o que foi motivo de riso.

Estou sem notícias do *Jahrbuch*. Espero que o senhor concorde com a publicação dos anais do Congresso de Nuremberg na segunda metade. Paira no ar uma incerteza quanto ao âmbito da cobertura a ser dada pelo novo órgão vienense.

Com minhas lembranças e os melhores votos para as férias,

Cordialmente,

Jung

1. Timbre impresso.
2. Em *Korrespondenzblatt*, n. 1 (1910), o nome de Marcinowski foi erroneamente incluído na lista de membros da recém-fundada Sociedade de Berlim; no número seguinte seria feita a retificação (em 1912, porém, ele ingressou na Sociedade; cf. *Zeitschrift*, I, p. 112). O nome de Muthmann não constava.
3. Hológrafo: *Nervenanhang* – "schreberismo".
4. Kreuzlingen, onde ficava o Sanatório Bellevue, está à beira do lago, a menos de 2 km a sudeste de Constança e a cerca de 18 km a noroeste de Romanshorn (a terra natal de Jung, Kesswil, fica na mesma região).
5. "Analyse einer hysterischen Phobie", *Jahrbuch*, III:1 (1911).

205 F

Noordwijk, 10 de agosto de 1910
Pension Noordzee

Caro amigo,

Até agora eu respeitava suas férias, mas ontem o senhor suspendeu a trégua e, assim, sinto-me à vontade para voltar a escrever. A praia é linda – estou sentado diante dela – e o pôr do sol fabuloso, mas sinto falta de muitas coisas e não sei propriamente o que fazer aqui. Além disso, não tenho um canto só meu onde botar minhas ideias em ordem.

Ano 1910

A 29 do corrente – mas não está confirmado – devo tomar um navio em Antuérpia, com Ferenczi, e seguir até Gênova; nosso plano é passar o mês de setembro na Sicília. Amanhã é esperado em Noordwijk o nosso amigo mais distante no globo, Jones, de Toronto, que tem um parente que possui uma *villa* aqui. Sinto que minha afeição por ele cresceu consideravelmente no decorrer deste ano.

Aos meus ouvidos chegam as mais diversas novidades mundanas, as quais combinam com as suas próprias palavras e me dão a impressão de que estamos atravessando um período crítico, uma oscilação negativa na história da ΨA. Minha suspeita é confirmada pelo comportamento de homens que não estão destituídos de instinto nem de argúcia, como Marcinowski e Strohmayer (o qual, escreve-me Stekel, não quer que o nome dele figure na página de rosto da *Zentralblatt*). Talvez a culpa me caiba, se bem fosse impossível medir as consequências, e, no mais, seja fácil, depois que as coisas acontecem, dar-lhes explicação. Quando encaro objetivamente a situação creio, no entanto, que fui precipitado. Superestimei a compreensão alheia quanto à importância da ΨA e deveria ter esperado mais um pouco para a fundação da A.I. Minha impaciência por vê-lo no lugar certo e a intolerância ante a pressão de minha própria responsabilidade também entraram em consideração. Talvez fora melhor não ter feito nada. Os primeiros meses de seu reinado, meu querido filho e herdeiro, não se revelam propriamente brilhantes. Às vezes, tenho a impressão de que o senhor mesmo não levou suas funções muito a sério nem começou ainda a agir de modo condizente com a nova dignidade de que foi investido. Mas pode ser que tudo isso provenha da impaciência da velhice. Agora devemos fazer uma parada, deixar que os acontecimentos desagradáveis sigam seu curso e prosseguir, entrementes, com nosso próprio trabalho. Faço muita fé no novo órgão e espero que o senhor, em vez de assumir uma atitude hostil, garanta a ela um apoio decidido, quer pessoal, quer de seus colaboradores mais chegados. A arte de conquistar pessoas interessa a todos que almejam o poder e sempre o considerei bem dotado para o exercício dela. Quanto aos informes do Congresso, o ideal, a meu ver, seria a publicação nos dois periódicos – na *Zentralblatt* em forma resumida. Convém lembrar que a função dela é manter os leitores ao corrente de tudo o que se passa na ΨA, função que o *Jahrbuch* rejeitou expressamente. Só hoje, por sinal, recebi de Deuticke a notícia de que um exemplar do volume publicado há uma semana já me foi enviado. Precisamos ter uma palavrinha com ele para que esse abuso não se repita. Agosto, em vez de fevereiro, é demais!

Tanto o ambiente quanto minha disposição de ânimo impediram-me de fazer aqui qualquer trabalho. E o descanso não sou capaz de apreciar. Há muitas coisas – p. ex., o ensaio sobre os dois princípios do funcionamento psíquico – que me atormentam como uma evacuação contida (a metáfora, aliás, tem certo fundamento). Descobri ainda em Viena que não preciso plagiá-lo, pois posso me remeter a alguns parágrafos na parte de *A interpretação dos sonhos* . Recebi aqui alguns trabalhos filosóficos que hei de ler quando estiver me sentindo mais inteligente. Em relação ao simbolismo, tornou-se certeza objetiva uma suspeita sobre a qual já lhe falei, ou seja, a origem infantil, e portanto genética, que o caracteriza. Tenho de responder a uma carta muito idiota com a qual Löwenfeld pensa ter me ofendido. Sem nenhum motivo, pois eu o estimo muito, pessoalmente, e não espero que ele compreenda nada. Escreveu-me longamente sobre o horror que *Leonardo* inspirou em "simpatizantes em potencial". Isso, porém, não me afeta, pois *Leonardo* me agrada e sei que a opinião dos poucos capazes de o julgar – o senhor, Ferenczi, Abraham, Pfister – foi particularmente favorável. Não tenho notícias nem respostas da América; em minha última carta[1] pedi a Putnam que se pusesse à frente do grupo americano. Quanto aos acontecimentos em Bruxelas, Jones há de me esclarecer.

Meus interesses e preocupações, como vê, são secundários. De sua parte, o capitão estará agora a substituir o Augusto[2] *in partibus infidelium*, e fico um pouco contrariado com ele, posto que me priva de uma visita à Holanda quando a vontade de conversar com o senhor é tão grande. Já lhe escrevi que o primeiro volume de *Artigos sobre a teoria das neuroses* vai sair em nova edição e que Deuticke quer que eu escreva um prefácio? *Acha que devo fazê-lo e, nesse caso, gostaria de o ler*? Naturalmente, eu falaria do desenvolvimento da psicanálise e da oposição que se articulou contra ela, mas não creio que seja indispensável.

Espero que aproveite bastante o fim de suas férias.

Ano 1910

Lembranças do amigo
Freud

1. De 16-6-1910; cf. *Putnam and Psychoanalysis*, p. 100s.
2. Capitão: o posto de Jung no exército. Augusto: o título de Otávio, filho adotivo de Júlio Cesar.

206 J

1003 Seestrasse, Küsnach-Zürich,
11 de agosto de 1910

Caro Professor Freud,

Felizmente, posso ver agora que foi graças às resistências que contraí em Nuremberg contra Stekel e Adler que meu *début* como regente se revelou tão desastroso. Já me esforço, contudo, por agir com acerto. No tocante ao órgão vienense, pedi a cooperação de todos os que integram minha roda e eu mesmo hei de colaborar no primeiro número – nada muito significativo, pois estou de mãos vazias. Era de se esperar que *Leonardo* despertasse oposição, já que a liberdade intelectual dessa obra ultrapassa muito a das anteriores. Andei lendo sobre Leonardo para aprofundar a impressão de seu texto e me fundamentar, e permito-me dizer que o senhor acertou a cada passo. Não há como negar suas afirmativas, se são esses os fatos. O que a ralé apregoa é indiferente – o texto é magistral e nos remete a outras esferas de conhecimento. É preciso ser muito idiota para tropeçar diante das dificuldades propostas por um ou outro pormenor. É uma felicidade rara comprovar que estamos sabe lá Deus quantas décadas à frente desses animais.

Faço o possível para agradar as pessoas, mas seria preciso ficar dia e noite em serviço para obter resultados. Mal dou as costas têm início as demonstrações paranoides. E a culpa no caso não é minha, mas do progresso de sua ΨA. De uma observação circunstancial, é inevitável, muitas vezes parte um raio de luz que se reporta aos rápidos progressos do conhecimento dos quais desfrutamos até agora em silêncio. Cada centelha dessas é, em si mesma, uma ameaça e um insulto. Sabendo disso, prefiro ficar calado, mas de quando em quando "a boca fala do que o coração está cheio"[1]. Concordo inteiramente com sua opinião de que nos precipitamos. Mesmo entre os "simpatizantes em potencial" há muitos que não fazem a menor ideia do que realmente seja a ΨA e da sua significação histórica. Prestando agora atenção ao que dizem nossos adversários, ouço coisas bem curiosas, que podem nos servir para abrirmos os olhos. Toda essa gritaria sobre sectarismo, misticismo, jargão secreto, iniciação etc. quer dizer algo. A revolta arraigada, a indignação moral, não podem senão visar a uma coisa que realmente incomoda e em cujos caprichos, sem dúvida, há uma dose de religião. Nosso ideal, portanto, deveria ser $\mu\eta\delta\epsilon\grave{\iota}\varsigma$ $\dot{\alpha}\mu\alpha\theta\eta\mu\alpha\tau\iota\kappa\acute{o}\varsigma$ $\epsilon\dot{\iota}\sigma\acute{\iota}\tau\omega$[2]. Não ficará tudo isso como uma simples fase, ainda que inesperada, no desenvolvimento da ΨA? O grande interesse de nossos teólogos é suspeito. E, afinal, só numa estreita faixa ocupada por espíritos afins é que a ΨA viceja. A reclusão equivale para ela a um calor úmido. Por muito tempo ainda esse território deve ser, pois, defendido contra as ambições do público. Não me preocupo muito com esse período de depressão; como um belo e tranquilo vale ainda não descoberto por Thos. Cook & Co., ele é, em suma, uma garantia de prazeres sem mácula. Além do mais, a ΨA é uma verdade muito grande para que já seja publicamente reconhecida. Primeiro convém servir a rodo soluções bem diluídas e extratos generosamente adulterados. Falta, por outro lado, a necessária prova de que não foi o senhor quem descobriu a ΨA, mas, sim, Platão, Tomás de Aquino e Kant, com a ajuda eventual de Kuno Fischer[3] e Wundt[4]. A esta altura, Hoche será nomeado professor de ΨA em Berlim, função que em Munique deve caber a Aschaffenburg. Começará, então, a idade áurea. Depois do primeiro milênio, a ΨA há de ser descoberta como novidade em Paris, continuando a Inglaterra a fazer oposição, por mais 500 anos ainda, para, no fim, não entender nada.

Com essa visão apocalíptica, eu retorno ao presente. Há três dias estou em casa. De 14 ao fim do mês, serviço militar. Em setembro há o parto de minha mulher. No começo de outubro (1-14) toco-me de bicicleta para a Itália (Verona?). Se em setembro o senhor andasse mais perto, seria possível fazer-lhe uma visita de um ou dois dias, mas a Sicília está muito longe. Além disso, no que tange a Roma e ao sul, tenho alguns compromissos secretos com meu próprio inconsciente ("inconscient supérieur"), o que torna absolutamente impossível uma rápida viagem pelo país. Roma, em

Ano 1910

particular, não me é ainda permitida[5], mas cada vez se faz menos distante e de quando em quando chego a voltar para ela o pensamento.

Mandei uma carta para Jones, *poste restante*, em Bruxelas. Poderia perguntar se ele a recebeu? Estou esperando resposta.

Retribuo seus votos, desejando-lhe tudo de bom nas férias!

Cordialmente,

Jung

1. Mateus 12,34.
2. "Que aqui não entre quem ignora a matemática" – paráfrase de uma lendária inscrição à porta de Platão, em que a palavra seria "geometria", documentada a partir do séc. VI d.C. (Cf. P. Friedländer, *Platon*, 1954, vol. 1, p. 97; tradução inglesa de H. Meyerhoff, *Plato*, 1958, p. 92 e n. 12.)
3. Kuno Fischer (1824-1907), professor em Heidelberg, historiador da filosofia e crítico literário.
4. Cf. 9 J n. 8.
5. Para o tabu inconsciente de Jung em relação a visitar Roma, cf. *Memoires*, p. 287s./268s.

207 J

Küsnach-Zürich, 13 de agosto de 1910[1]

Caro Professor Freud,

À carta de anteontem devo acrescentar que há algum tempo escrevi a Putnam[2], mas não tive resposta. Nem do Prof. Hoch, de Nova York. Quanto ao prefácio da 3ª edição[3], minha opinião é que o senhor deve escrevê-lo. É claro que o lerei com prazer – e com "presteza".

Lembranças

do *Jung*

1. Cartão postal.
2. Sobre a Associação Internacional e a fundação de uma filiada nos Estados Unidos, cf. *Putnam and Psychoanalysis*, ed. Hale, p. 103: carta de Putnam a Freud no fim de julho de 1910.
3. Jung confundiu a terceira edição de *Die Traumdeutung*, que Freud mencionara antes (195 F), com a segunda edição de *Sammlung kleiner Schriften zur Neurosenlehre*, vol. I, para a qual Deuticke queria um novo prefácio (fim de 205 F). Freud, na realidade, não chegou a escrevê-lo.

208 F

Hotel-Pension Noordzee, Noordwijk aan Zee[1],
14 de agosto de 1910

Caro amigo,

Sua carta fez-me sentir envergonhado e restaurou meu bom humor. É provável que o senhor esteja certo quando diz que não podemos reger deliberadamente a marcha dos acontecimentos; lembre-se, todavia, que é preciso observar com interesse como eles são modelados por forças obscuras. Deixamo-nos envolver por algo superior a nós mesmos. Agora é preciso um pouco de modéstia.

Soube por intermédio de Ferenczi que o *Jahrbuch* está causando boa impressão; mas ainda não pude vê-lo. O senhor deixou sem resposta uma pergunta minha, qual seja, se devo ou não escrever um prefácio para a nova edição de *Collected Papers*. Estou pouco propenso. Jones[2] passou aqui dois dias e meio, deixando uma excelente impressão pessoal. Parece estar bem mais seguro e contou apenas *uma* história como experiência própria, história essa que meus filhos me disseram ser uma velha anedota. Seu pedido para perguntar-lhe sobre a carta chegou depois de ele ter ido embora.

Os detalhes de nossa viagem em setembro ainda estão por resolver, pois até agora não conseguimos lugar no navio que sai de Antuérpia no dia 29. De qualquer modo tomei nota de que o senhor estará em casa em setembro e lhe escreverei com frequência. Seria uma maravilha ver a turma de *Washington* (mas sem Stern[3]) reunida no Palatino!

Lembre-se de transmitir à sua esposa nossos votos de que tudo corra bem. O desenvolvimento do pequeno Franz, é o que espero, também já deve ser uma grande fonte de alegria.

Tudo aqui é lindo, mas continuo a me sentir preguiçoso. Estou lendo *Rise of the Dutch Republic*[4], de Motley, para ver se descubro como é que se torna grande, com determinação e persistência, uma coisinha de nada.

Cordialmente,
Freud

---

1. Timbre impresso.

2. Jones havia participado do Congresso de Psicologia e Psicoterapia Médica em Bruxelas, 7-8 de agosto. Para suas impressões, cf. a carta que em 14-8-1910 mandou a Putnam, em *Putnam and Psychoanalysis*, p. 224s.

3. William Stern (1871-1938), professor de Psicologia Aplicada em Breslau, que também fora convidado para o encontro na Universidade Clark, onde falou sobre a psicologia da evidência e a psicologia educacional. Jung, em 1905, fizera elogios ao trabalho de Stern sobre a psicologia da evidência, em "Die psychologische Diagnose des Tatbestandes" = "Sobre o diagnóstico psicológico da ocorrência", OC 2. § 728, 759-761. / Entre 1916-1933, Stern esteve em Hamburgo, e depois de 1934, na Universidade Duke, Durham, Carolina do Norte.

4. Obra do diplomata e historiador americano John Lathrop Motley (1814-1877) publicada em 1856.

209 F

Noordwijk, 18 de agosto de 1910

Caro amigo,

Uma decisão tomada no início do verão – a de não sobrecarregá-lo com minhas cartas – vai, enfim, por água abaixo e já de novo me ponho a lhe escrever. Recebi o *Jahrbuch* e é imperioso que expresse um agradecimento e um louvor. Vejo que, enfim, como editor, o senhor tem as rédeas na mão. Seus comentários sobre Wittels[1] não poderiam ser mais sábios – e aí está um programa que tomo por inscrito nas camadas mais fundas de minha alma. Entendemo-nos um ao outro. Reli com prazer a fascinante história das crianças (cf. Worcester: Anna e Sophie)[2], lamentando, entretanto, que o pesquisador não dominasse o pai por completo; ela é, de fato, um relevo frágil, quando poderia ter sido vigorosa estátua, e devido a tal sutileza talvez a lição se perca para a maioria dos leitores. No medo de que o pai as queira afogar percebe-se o simbolismo dos sonhos com água (mascaramento do parto). Pena que as analogias com O Pequeno Hans não sejam devidamente trabalhadas, senão aqui e ali, pois o leitor é, por definição, um simplório e é preciso que lhe esfreguemos as coisas no nariz. Suas críticas e resumos denotam uma liberdade humorística que gostaria de ver em *Zentralblatt*. Se nesta prevalecesse uma atitude assim, eu de bom grado removeria a focinheira cujo uso foi imposto aos que para ela escrevem críticas. Do resto, por enquanto, li pouca coisa. Como de hábito, Abraham se mostra impecavelmente claro e correto, digno de todo o respeito[3]. Pfister eu já tinha lido em provas[4]. E os suíços complicados resolvi deixar para depois.

Muito obrigado, muito sucesso no próximo volume! Valendo-me da ocasião, devo deixar bem claro, para evitar mal-entendidos, que nunca penso antecipar-me à sua decisão quando lhe submeto um texto para o *Jahrbuch*. Não se prenda à minha recomendação caso julgue o pequeno artigo de Rosenstein[5] mais indicado para a *Zentralblatt* – ponto de vista de que compartilho – e não se interesse pelo de Silberer. Nunca garanti a ninguém, em seu nome, uma aceitação definitiva. É provável que o senhor mesmo encare a análise de Egmont e o sonho de Rank como colaborações valiosas. De mim, excetuando-se "Vida amorosa", pode esperar o artigo de que já falamos e com o qual pretendo dar uma visão geral dos Dois Princípios do Funcionamento Psíquico[6].

Minha viagem com Ferenczi teve os planos ligeiramente alterados. Devido a datas desfavoráveis e à impossibilidade de obter boas acomodações, desisti de partir de Antuérpia por via marítima. Provavelmente vamos agora por terra, o que nos dará mais tempo para a Sicília, bem como um dia de descanso na Cidade Eterna.

Dentro de oito ou dez dias Ferenczi deve chegar aqui.

Sinto-me em boa forma, se é que lhe interessa saber de meu estado pessoal, mas ainda incapaz de formular uma ideia, incapaz de qualquer esforço mental. Comigo, aliás, o bem-estar físico e a atividade intelectual nunca se combinam.

De Bruine[7] convidou-me a visitá-lo em Leiden na terça-feira que vem e lá devo ser apresentado a um colega muito inteligente, Van Emden[8], que está interessado em se iniciar na ΨA.

Recomende-me à família e aceite minhas lembranças.

Do amigo
Freud

---

1. "Randbemerkungen zu dem Buch von Fr. Wittels: *Die sexuelle Not*", *Jahrbuch*, II:1 (1910). Uma crítica ("notas à margem") do livro de Wittels, publicado em 1909, Viena e Leipzig. Jung o elogia, mas dedica a maior parte do artigo a considerações filosóficas sobre a psicanálise: em OC 18/1.

Ano 1910

2. "Über Konflikte der kindlichen Seele", *Jahrbuch*, II:1 = "Sobre os conflitos da alma infantil", OC 17. A última das três conferências feitas por Jung na Universidade Clark e a única publicada em alemão.

3. "Über hysterische Traumzustände", *Jahrbuch*, II:1 = "Hysterical Dreamstates", *Selected Papers* (Londres, 1927).

4. "Analytische Untersuchungen über die Psychologie des Hasses und der Versöhnung", *Jahrbuch*, II:1.

5. " Gaston Rosenstein, mais tarde Roffenstein (1882-1927), membro da Sociedade de Viena desde 1911, colaborador frequente de *Zentralblatt*, 1911-1913. Segundo F. Wittels *(Freud and His Time*, 1931, 132), morreu atropelado por um automóvel.

6. Todos esses textos, à exceção de "Dois princípios", de Freud, saíram em *Jahrbuch*, II:2, e,. ao que parece, são os manuscritos cujo envio Freud comunica a Jung em 197 F; cf. tb. 198 J. Trata-se de: Rosenstein, "Die Theorien der Organminderwertigkeit und der Bisexualität in ihren Beziehungen zur Neurosenlehre"; Silberer, "Phantasie und Mythos"; Robitsek, "Die Analyse von Egmonts Traum"; Rank, "Ein Traum der sich selbst deutet"; e Freud, "Über einen besonderen Typus der Objektwahl beim Manne" (cf. 288 F n. 1). Para os "Dois princípios" de Freud, cf. 246 F n. 3.

7. Jan Rudolf de Bruine Groeneveldt (1872-1942), médico holandês. Consta que foi ele quem arranjou em Leiden o lugar onde Freud, nesse mesmo mês, deu uma consulta analítica ao compositor Gustav Mahler (informação do Dr. M. Katan). Cf. tb. Jones, II, p. 88s./80, e Alma Mahler Werfel, *And the Bridge Is Love* (Nova York, 1958), p. 53.

8. Jan E.G. van Emden (1868-1950), de Haia. Ele e sua mulher tornaram-se amigos pessoais da família Freud. Traduziu para o holandês as conferências de Freud na Universidade Clark: *Over Psychoanalyse* (Leiden, 1912). Em 1919, presidente da Sociedade Psicanalítica Holandesa.

210 J

1003 Seestrasse, Küsnach-Zürich
31 de agosto de 1910

Um moto para a ΨA:
ἐξάφες ὅ ἔχεις καὶ τότέ λήψει
"Dando tudo o que tens, muito hás de receber".
(Preceito místico de um "papiro mágico" ora em
Paris, a chamada Liturgia de Mitra)[1].

Caro Professor Freud,

É com imenso prazer que vejo que o *Jahrbuch* e, sobretudo, meus despretensiosos comentários sobre o livro de Wittels, mereceram sua aprovação. Eu sabia que, ao escrever sobre minha filha Agathli, não poderia renegar inteiramente o pai, mas não creio que essa nota pessoal crie problemas

473

Ano 1910 ———

para os iniciados. O desenvolvimento das analogias com O Pequeno Hans implicava a necessidade de o fazer em termos sucintos. Minha impressão era que havia muito a dizer, coisa que preferi evitar. Quanto mais longo, menos lido é um trabalho. Além disso, sempre se pode deixar algo para a imaginação do leitor. Estou muito curioso para saber que destino darão os críticos a esse correspondente feminino de O Pequeno Hans ("Pobre menino, pobre menina")[2].

Conto publicar no próximo *Jahrbuch* todos os textos que tão gentilmente o senhor me enviou. Bleuler acaba de anunciar-me uma colaboração volumosa, uma apologia de sua psicologia, a qual pensa imprimir também numa edição à parte para garantir uma ampla difusão. Ainda não vi o manuscrito[3].

Sexta-feira à noite parto para uma consulta em Londres (via Paris-Calais); poderia voltar por Hoek van Holland ou Vlissingen e aproveitar essa oportunidade para vê-lo, caso até lá o senhor ainda esteja na Holanda[4]. Presumo que a cólera na Itália[5] tenha atrapalhado seus planos. Quero estar de volta a Zurique na noite de terça e, assim, não poderia demorar muito. Abandonada a viagem de mar para a Itália, Zurique ficaria em seu caminho. Claro está que uma escala aqui seria para nós uma imensa alegria. O parto de minha mulher, como soubemos há pouco, é esperado para o fim de setembro. Não é certo que eu possa regressar pela Holanda, tudo depende do andamento das coisas na Inglaterra. Que tal se me escrevesse para Londres (Hotel Russell, Russell Square, W.C.) sobre seus planos de viagem?

Fiquei felicíssimo por saber que o senhor vai bem de saúde. A minha é também satisfatória. Por me ter estendido muito nos estudos preliminares, talvez eu não acabe o problema de Mitra a tempo de incluí-lo no *Jahrbuch*. Mas não quero correr, posso deixá-lo para depois do Ano Novo. A segunda metade do *Jahrbuch* atual vai para o prelo a 15 de outubro.

Com minhas lembranças mais sinceras,

Cordialmente,

Jung

---

1. Cf. Albrecht Dieterich, *Eine Mithrasliturgie* (Leipzig, 1905); a segunda edição, 1910, é citada frequentemente em *Símbolos da transformação*, OC 5, e na versão de 1911-1912 (primeira citação em Parte I, c. 4 = OC 5, § 102, n. 51). / Cf. o fac-símile 8.

2. Citação do artigo de Mendel mencionado antes, 145 F n. 5.

Ano 1910

3. Cf. 159 J n. 3 e 226 F n. 1.

4. A carta não chegou a Freud a tempo, pois a 31-8 ele partiu em companhia de Ferenczi para Paris, Roma e a Sicília. Cf. *Freud/Abraham Letters*, 30-8-1910: "Parto amanhã cedo".

5. Essa epidemia serviu de fundo ao romance *Tod in Venedig* = *A morte em Veneza* (1911), de Thomas Mann.

211 J

1003 Seestrasse, Küsnach-Zürich,
8 de setembro de 1910

Caro Professor Freud,

Muito obrigado pelos cartões[1]. Foi uma pena que tudo tivesse dado errado, pois acabei passando por Hoek van Holland.

Não consigo me lembrar se já lhe disse ou não que a irmã Moltzer[2] anda a se censurar por ter pintado Frl. Böddinghaus[3] de forma muito pejorativa. Ambas naturalmente se entregam a ciúmes a meu respeito. Como não sei até que ponto Frl. Böddinghaus, que é realmente muito distinta e simpática, foi desacreditada pela irmã Moltzer, não sei também como reabilitá-la. Posso apenas dizer que ela continua muito ocupada consigo mesma, mas agora arranjou um emprego com uma americana de Zurique e parece estar indo bem.

Passei apenas um dia na Inglaterra e me avistei com o Dr. Hart[4], que detém agora uma *lectureship of psychiatry*[5].

Mando anexa uma carta de Binswanger para que o senhor veja em que pé andam as coisas aqui. Se eu estivesse sozinho e respondesse apenas por mim mesmo haveria de chamar Bleuler às falas e fazer o que precisa ser feito. Participam-me, porém, de diferentes lados, que a perda de Bleuler seria perigosa. Naturalmente, não quero prejudicar a causa e, por conseguinte, estou pronto a qualquer compromisso. Cumpre-me decidir se ainda vamos tolerar a situação atual. Tentarei reduzir a um mínimo, seja como for, as reuniões em comum. Na verdade, não faz sentido distribuir nossas sementes *grátis* para colher apenas resistências.

Soube há pouco que Bleuler está mandando a Kraepelin gente interessada em receber treinamento psiquiátrico. Desde que desenvolveu a resistência contra mim, ele adquiriu um regular delírio de medo com re-

475

Ano 1910

lação a Kraepelin. Agora não hesita em rastejar diante do maioral alemão. Creio lhe ter dito em minha última carta que Bleuler reservou 90 páginas impressas do *Jahrbuch* para a apologia pró-Freud. Estou ávido por ler a coisa e, se necessário, acrescentarei algumas observações editoriais (desde que conte, claro, com seu *imprimatur*).

A situação atual é confusa e desagradável, como o senhor vê, e as perspectivas indicam que o cativeiro da Babilônia pode perdurar.

Faço votos de que suas férias se coroem de êxito e peço-lhe que transmita a Ferenczi minhas melhores lembranças.

Cordialmente,
Jung

1. Não encontrados.
2. Mary ou Maria Moltzer (1874-1944), filha do dono de uma destilaria holandesa, tornou-se freira em sinal de protesto contra o abuso alcoólico. Foi formada em psicanálise por Jung e após 1913 continuou como psicóloga analítica. Cotradutora de Jung, *Tentativa de apresentação da Teoria Psicanalítica* (OC 4, § 458).
3 Martha Böddinghaus, de Munique; participou do Congresso de Weimar, 1911. Mais tarde, com o nome de casada, publicou artigos sobre psicologia junguiana. Casou-se com Hermann Sigg (m. 1925), um homem de negócios de Küsnacht que frequentemente acompanhava Jung em escaladas e *tours* de bicicleta. Foi o amigo que em 1920, numa viagem de negócios à Argélia e à Tunísia, levou Jung com ele (cf. *Memories*, c. IX, 1) (informação de Franz Jung).
4. Bernard Hart (1879-1966), psiquiatra inglês; já em 1909 defendia a psicanálise; sócio-fundador da Sociedade Psicanalítica Britânica, 1913.
5. Em inglês no original; na University College Hospital Medical School.

212 F

Roma, 24 de setembro de 1910

Caro amigo,

Escrevo-lhe numa manhã cinzenta, chuvosa e fria que me traz à lembrança nosso mês de novembro. Hoje à noite pretendemos deixar a Cidade Eterna a caminho de casa. A esta altura o senhor, decerto, já é pai; espero que em Viena boas notícias me aguardem.

A viagem foi rica em conteúdo e deu margem a várias realizações de desejo cuja necessidade há muito tempo se fazia sentir em minha economia interna. A Sicília é o mais belo pedaço da Itália e preserva incomparáveis resquícios do passado grego, reminiscências infantis que claramente apontam para o complexo nuclear. A primeira semana na ilha foi maravilhosa; a segunda, devido ao incessante vento, uma dura provação para o pobre Konrad. Mas, enfim, vemos que tudo passou – o vento, a ameaça de malária e a cólera. Setembro não é a época certa para admirar as belezas que aqui se sucedem. Meu companheiro de viagem é uma criatura excelente, embora se mostre um sonhador incômodo e adote em relação a mim uma atitude infantil. Não se cansa de me admirar, o que me desagrada, e é provável que me critique com dureza no inconsciente quando eu me deixo comover. Passivo e receptivo demais, permite que se faça tudo por ele, como uma mulher, e minha homossexualidade não vai tão longe para que o aceite como tal. Em viagens como essa a saudade de uma mulher de verdade é muito forte.

Diferentes noções científicas que eu trouxera comigo combinaram-se para dar forma a um texto sobre paranoia[1] que ainda pede uma conclusão, mas que significa um grande avanço para explicar o mecanismo da escolha da neurose. Não sei se poderei acabá-lo antes do fim de outubro.

Segunda-feira, 26 set. 1910

Agora estou em casa, meio cansado da viagem e da mudança de cenário. Cumpre-me, não obstante, responder sua carta, parabenizá-lo pelo nascimento de sua terceira filha[2] e enviar à sua esposa meus cumprimentos mais sinceros.

Sugiro paciência com Bleuler. O senhor sabe como essa atitude é contrária ao meu temperamento, mas... o nome dele no *Jahrbuch* e o papel histórico que lhe coube forçam-nos a uma autonegação. Devemos, por assim dizer, pagar os custos da história de seu desenvolvimento. Acredito que ele há de se retrair pouco a pouco. Também estou muito curioso por essa apologia, sobre a qual falaremos no momento oportuno. Podemos, naturalmente, tirar uma conclusão lógica e não o convidar para o Congresso. Por ora, que o trabalho prossiga!

Junto a esta devolvo a carta de Binswanger. Frl. Moltzer está indo muito longe com a supercompensação – eu mesmo me arrisquei a observar que as cartas da outra moça parecem confusas. Tão logo ponha as coisas em

Ano 1910

ordem hei de lhe escrever novamente, inclusive sobre projetos científicos. No material impresso que estava à minha espera tive a atenção despertada por uma crítica característica do fugazfeito[3] Professor e Hofrat Schottländer na *Zeitschrift für Psychologie und Physiologie der Sinnesorgane*[4]; outro petulante safado brindou o *Leonardo*, no *Sturm*, de Berlim, com um artigo melindroso cujo título é "Uma cusparada no gênio"[5]. No mais, coisas boas e sérias que demonstram que o mundo já nos concede certa atenção, um artigo de Putnam[6] que o senhor também deve ter recebido, um número do *The Lancet* no qual, para variar, seus "complexos" são atribuídos a mim[7] etc.

Pfister está pronto[8] e será publicado em breve, bem como Hitschmann[9].

À minha frente tenho o livro de Häberlin[10], mais um volume da *Anthropophyteia*[11], pela qual tomamos agora um interesse mais ativo, e uma nova edição de Havelock Ellis (*Modesty-Autoerotism*)[12], como sempre com uma dedicatória muito simpática. Quando ler e responder a isso tudo? Só depois de 1º de outubro, pois até lá permito-me continuar em férias.

Ao enviar-lhe minhas lembranças devo expressar a certeza de que nada poderá acontecer à nossa causa enquanto se mantiver imperturbada a compreensão que nos une.

Do amigo
Freud

1. I.e., sobre o caso de Schreber; cf. adiante, n. 3.
2. Marianne (m. 1965); casou-se com Walther Niehus, vindo a ser coeditora de *Gesammelte Werke*, do pai; integrou também o comitê editorial de *Letters*, de Jung.
3. Hológrafo: *flüchtig hingemacht* – "schreberismo". A explicação do próprio Schreber: "... formas humanas que os milagres divinos criam por pouco tempo e logo são dissolvidas de novo..." (*Denkwürdigkeiten*, p. 4-69, n. 1). Na tradução inglesa da obra em pauta (*Memoirs*, p. 43), Macalpine e Hunter fixam-se em "fleeting-improvised-men", enquanto Strachey (Ed. Standard Bras., XII, p. 37) opta por "homens apressadamente improvisados" ("cursorily improvised men"). A primeira solução é adotada também por Ralph Manheim na tradução inglesa da presente carta.
4. LVII (1910), 142-51, comentando na íntegra o *Jahrbuch* I.
5. R.K. Neumann-Lankwitz, "Das bespuckte Genie", *Sturm*, 28-7-1910, p. 174. Fundado no mesmo ano e editado por Herwarth Walden (18787-1941), *Sturm* foi um dos primeiros periódicos expressionistas.
6. Cf. 214 F n. 2.
7. Não assinado, "The Antics of Sportsmen: A Psychological Note", *The Lancet* (Londres), 10-9-1910, p. 837s.: "O Professor Freud, de Viena, assinalou claramente a importância do que chamou de 'complexos'... os resíduos esquecidos de estados mentais que, talvez por acaso entrando em jogo, influenciam a ação... As manobras complicadas de um ágil lançador

[no críquete]. Ao correr longe e arremessar alto, são exemplos do 'complexo' freudiano..., o resultado de atos voluntários anteriores que se tornaram reflexos".

8. *Die Frömmigkeit des Grafen Ludwig von Zinzendorf (Schriften zur angewandten Seelenkunde*, n. 8; 1910). Pfister dedicou-o a Jung em sinal "de alto apreço e gratidão".

9. Cf. 194 F n. 3.

10. Provavelmente, *Wissenschaft und Philosophie, ihr Wesen und ihr Verhältnis*, vol. I (Basileia, 1910).

11. Anuário publicado em Leipzig, 1904-1914, sob a editoria de Friedrich S. Krauss; dedicado, sobretudo, a material antropológico de caráter sexual. Cf. carta de Freud a Krauss, 26-6-1910, em Ed. Standard Bras., XI.

12. *The Evolution of Modesty; The Phenomena of Sexual Periodicity; AutoErotism*, vol. I (orig. 1899) de *Studies in the Psychology of Sex*.

213 J

1003 Seestrasse, Küsnach-Zürich,
29 de setembro de 1910

Caro Professor Freud,

Então o senhor voltou são e salvo do país da cólera! Fosse como fosse gostaria de ter estado ao seu lado. Compreendo muito bem o que diz de seu companheiro de viagem. Essas coisas me enervam e ainda tenho nítida lembrança do que aconteceu na ida à América.

Seu conselho sobre a maneira de tratar Tio "Euler"[1] é oportuno e reforça minha inclinação natural à filantropia. Farei com que as provas do manuscrito dele cheguem às mãos do senhor; não o pude ler, pois na última hora seguiu diretamente para Deuticke.

O ensaio de Silberer sobre mitologia[2] é bom, embora a "categoria funcional" que ele propõe para a investigação dos mitos não se tenha convertido numa hipótese de trabalho totalmente válida. Creio que o senhor poderia recomendá-lo para uma edição à parte.

Trabalho "formidavelmente" e mergulho mais uma vez na Antiguidade iraniana. Acredito que minha conjetura sobre as fantasias da Miller[3] se incorpora a um mistério de redenção que pode ser cabalmente provado. Ainda há dias uma assim chamada paciente de Dem. pr., que eu já tinha quase posto em forma, saiu-se com uma enorme fantasia sobre a Lua até então ansiosamente guardada que é, de fato, um mistério de redenção composto inteiramente por imagens litúrgicas. Algo de extraordinária beleza,

Ano 1910

mas dificílimo, fundado num problema de incesto com o irmão. Noutra paciente pude detectar fragmentos de uma lenda de Pedro-Anticristo; origem obscura. O que de mais interessante há no primeiro caso é a total ausência de conhecimento prévio; a fantasia remonta à primeira infância (cerca dos sete anos). A paciente, judia, está agora com 18 anos e meio[4] – São pródigos, como eu disse, fico maravilhado.

É um contentamento enorme ver que o senhor reconheceu a grandeza do espírito de Schreber e a ιεροι λόγι liberadora da língua básica. Deixo-me ainda muito intrigar pelo destino daqueles infelizes irmãos-cadáveres que foram miraculados no céu e são, por conseguinte, descritos como "os pendurados sob Cassiopeia"[5]. Os maniqueus (padrinhos de Schreber?) chegaram à ideia de que alguns demônios ou "arcontes" eram crucificados, ou afixados, na abóbada celeste e são os *pais do gênero humano*.

Emprego a frase proverbial "Diga, então, isso (*scilicet* alto)"[6] no dia a dia da análise, em que sua eficácia é comprovada. O livro é notável e merece um lugar de honra em todas as bibliografias psiquiátricas, quando mais não seja em atenção ao "pequeno Flechsig"[7].

Recebi uma carta em que Jones se mostra muito desgostoso. Parece que estão dispostos a imprensá-lo. Os diretores suspenderam o *Asylum Bulletin*[8] por causa dos artigos dele sobre ΨA.

Schottländer anuncia um artigo no *Journal of Abnormal Psychology*: "Hysteria and Modern Psychoanalysis"[9]. O senhor poderá colher os frutos de seus esforços ΨAticos com ele. Não acha que em tais casos a minha técnica do pontapé é insuperável?

Com muitas lembranças,

Cordialmente,
Jung

1. Bleuler *(Eule* em alemão é "coruja").
2. Cf. 209 n. 6; no que tange a "categoria funcional", cf. "fenômeno funcional", 231 F n. 9.
3. Cf. 199a n. 8.
4. O caso está em "A esquizofrenia" (1958), OC 3, § 571s.
5. Schreber, *Memoirs* (tradução de Macalpine/Hunter), p. 71.
6. *Ibid.*, p. 70, n. 26, e p. 121.
7. *Ibid.*, p. 135; cf. 109: "superior (= *der obere*) Flechsig" e "middle *(= der mittlere)* Flechsig". / Paul Emil Flechsig (1847-1929), professor de Psiquiatria em Leipzig, era o médico de Schreber.

8. *The Bulletin of the Ontario Hospitals for the Insane* não deixou de ser publicado (Jones, II, p. 123/109), mas Jones foi afastado da editoria devido à objeção a um artigo dele; cf. Cyril Greenland, "Ernest Jones in Toronto". *Canadian Psychiatrie Association Journal*, VI: 3 (junho 1961).

9. Cf. 237 J n. 2.

214 F

1º de outubro de 1910, Viena, IX. Berggasse 19

Caro amigo,

O tom vibrante de suas cartas me alegra e permite inferir, embora o senhor não o diga *alto*, que a mãe e a criança estão passando bem. Satisfeito com tudo quanto escreve, acho que só no tocante a Schottländer o senhor é injusto comigo. Foi apenas para amofiná-lo e puni-lo que o retive daquela vez; se estivesse presente, o senhor veria que se contorceu como um verme. Na época, por sinal, o artigo dele já tinha sido mandado para a América, se não me engano chegou a mencioná-lo.

Ao Tio Bleuler – estou certo de que é a ele que se refere – mandei nesse ínterim uma longa carta[1], nem humilde nem suplicante, antes, até meio severa, se bem inspirada pela consideração de que talvez se ofendesse se eu não entrasse diretamente em contato com ele. Tentei mostrar-lhe quão injusto é que nos puna por rejeitarmos a presença inquisitorial de Isserlin e ao deixar que nossos adversários, ilustres colegas dele, saiam-se com declarações como as de Ziehen e Hoche; lamentando que renunciasse à influência que tem na evolução do movimento, garanti-lhe, porém, que continuávamos firmes. Fui enfático ao observar que o abismo que o separa dos colegas alemães é intransponível, salpicando-lhe, assim, um pouco de pimenta na zona erógena anal. Não creio que minhas palavras surtam efeito, mas acho que a medida foi acertada e não criará novos problemas para o senhor.

O artigo de Putnam no *Boston Medical Journal* de 21/julho/10[2] deixou-me no maior entusiasmo e eu o agradeci de imediato, pedindo a permissão de o traduzir para a *Zentralblatt*. Aliás, como não creio que se negue, já dei início à tradução; há de ser uma brilhante apologia da ΨA e uma boa resposta indireta ao último ou ao próximo insulto. O velho realmente fez um trabalho bem feito e entendeu quase tudo. Só é estranho que vacile, em meu próprio detrimento, ao falar do que constitui exatamente o cerne de minha contribuição – a repressão e o papel da sexualidade.

Esse trabalho interrompeu meu estudo de Schreber, que agora devo retomar. Na Sicília eu não passei da metade do livro, mas o mistério já ficava claro. A redução ao complexo nuclear é fácil. A mulher dele se apaixona pelo médico e conserva anos a fio, sobre a mesa, um retrato dele. Ele também, é claro, mas no caso da mulher há decepções, há o fracasso em ter filhos; desenvolve-se assim o conflito. Ele teria de odiar Flechsig como rival, mas na verdade o ama por força da disposição e da transferência oriundas da primeira doença. A situação infantil está agora completa e logo surge por trás de Flechsig a figura do pai. Para a felicidade da psiquiatria, esse pai era médico. Comprova-se, pois, mais uma vez, o que notamos em tantos casos paranoides quando estive em Zurique, a saber, a impossibilidade de evitar a recatexia das próprias inclinações homossexuais em que os paranoicos se encontram. Com isso, o caso se enquadra em nossa teoria.

Durante a viagem fiz algum progresso nessa teoria, o qual pretendo agora pôr à prova contra o histórico clínico de Schreber e várias outras publicações sobre paranoia. Comparada às intenções originais, a coisa está, porém, tão incompleta que não sei quando a poderei publicar nem que extensão virei a dar-lhe. É provável que se converta num estudo sobre Schreber e muita gente há de achar que eu extraí toda a teoria do livro.

Compartilho, de fato, de seu entusiasmo por Schreber; é uma espécie de revelação. Penso seriamente em me valer de "língua básica" como um termo técnico, aplicando-o à verbalização original da ideia delirante que a consciência do paciente (como no caso de O Homem dos Ratos) só experimenta em forma distorcida. Uma nova leitura talvez me capacite a desfazer todas as intrigantes fantasias, já que da primeira vez não logrei êxito. Como o homem ainda está vivo, poderia pedir-lhe algumas explicações (p. ex., quando se casou) e a autorização para trabalhar sobre a história dele, mas creio que isso seja arriscado. Que acha o senhor?

Vejo que o senhor anda a encarar o trabalho como eu, deixando o caminho óbvio para seguir sua própria intuição. Esse é, a meu ver, o procedimento mais correto; para nosso grande espanto, todas as voltas que

Ano 1910

damos revelam-se mais tarde absolutamente lógicas[3]. Desejo-lhe, assim, muito êxito em sua imersão na mitologia. Uma observação no ensaio de Putnam demonstra que ele também já utiliza o método de reinstaurar na psique o material projetado.

Hoje, voltando à minha rotina, revi uma primeira leva de doidos. Tenho agora de transformar em dinheiro, para encher minha minguada bolsa, a energia nervosa que se acumulou nas férias. Sempre se passa uma semana ou duas antes que todos voltem e a princípio ainda sobra um pouco de elasticidade e ligeireza mental para trabalhar com a ciência. Depois já damos graças por continuar vivos.

Queira aceitar minhas lembranças e transmitir à venturosa mãe meus cumprimentos.

De
Freud

1. Datada de 28-9-1910; extensamente citada em Franz Alexander e Sheldon T. Selesnick, "Freud-Bleuler Correspondence", *Archives of General Psychiatry*, XII:1 (janeiro 1965), 2-3.
2. "On the Etiology and Treatment of the Psychoneuroses" (lido perante a Associação Médica Canadense, Toronto, 1-6-1910), *Boston Medical and Surgical Journal*, n. 163 (21-7-10); traduzido por Freud como "Über Aetiologie und Behandlung der Psychoneurosen", *Zentralblatt*, I:4 (janeiro 1911). Cf. discussão do texto, Putnam a Freud em 4-8-1910, Freud a Putnam em 29-9-1910, em *Putnam and Psychoanalysis*, p. 104-109s.
3. Citado por Jones, II, p. 498/449.

215 J

1003 Seestrasse, Küsnach-Zürich,
20 de outubro de 1910

Caro Professor Freud,

Passaram-se quatro dias desde a minha volta[1] e acho que já é tempo de retomar nossa correspondência. Os dias na Itália foram esplêndidos e, sob vários aspectos, frutíferos. No Museu Cívico de Verona descobri coisas admiráveis: o senhor se lembra do sacrifício mitraísta em que a cobra morde o touro na pata dianteira? Pois bem, o círculo agora está fechado: achei uma esteia de Príapo em que o deus é mordido pela cobra no pênis. E

Príapo, sorrindo, aponta-a com o dedo[2]. Stockmayer tirou uma fotografia. Além disso, outras coisas de menor interesse.

Como o semestre já está começando, trabalho a todo vapor em meus estudos mitológicos, pois durante o semestre as distrações são muitas. O que lhe enviei antes há de ser totalmente retrabalhado com base em novos estudos que se adentram pelos mistérios da filosofia.

Ao chegar em casa encontrei um cartão[3] no qual o senhor diz não ter recebido a *Korrespondenzblatt*[4]. Alarmei-me a princípio, mas acabei por solucionar o enigma. A verdade, porém, é que a despeito de todos os meus esforços, ela custou a sair e a culpa cabe em parte à tipografia. Espero seus conselhos editoriais, que de antemão agradeço. Não recebi nada de Putnam; mas gostaria muito de anunciar na *Korrespondenzblatt* o artigo dele. Que tal se o senhor ditasse uma breve notícia ao seu secretário[5], com os dados bibliográficos?[6]

Ontem apareceu por aqui um *cand. med.* alemão (chamado Wein-mann[7]), aluno de Kraepelin, com a intenção de mais tarde estudar ΨA comigo – *rara avis*! Contou-me uma história muito engraçada que esclarece perfeitamente os nervicontatos de Hoche. H. anda atormentado por uma (minúscula) alma *freudiana*[8]: nos seminários clínicos *não se interessa senão por sonhos e chistes*, segundo narra um companheiro de estudos dele, o anatomista patológico Ernst, de Heidelberg[9]. Acho que estamos mais justificados do que nunca em aceitar seriamente, em língua básica, as opiniões de Hoche a nosso respeito.

Com minha família tudo na mais perfeita ordem. Espero que o mesmo aconteça aí.

Lembranças de
Jung

---

1. Após o *tour* de bicicleta que Jung menciona no fim de 206 J; provavelmente, o mesmo que descreve em *Memories*, p. 306/284s., em que consta a data de 1911, contrariando, no entanto, as evidências fornecidas pela presente correspondência. Jung diz ter empreendido esse *tour* com um amigo, obviamente W. Stockmayer; a caminho de casa passaram uma noite em Arona, no extremo sul do lago Maggiore, onde Jung teve um sonho que o fez sentir-se humilhado e o levou a pensar, mal acordou, em "Wandlungen und Symbole der Libido", o texto em que então trabalhava: "Tive sentimentos de inferioridade tão intensos... que imediatamente peguei um trem para casa a fim de retomar o trabalho".

2. Cf. *Símbolos da transformação*, OC 5, prancha LXI b. Na edição original (1911-1912) essa foi uma das seis ilustrações dadas.

3. Não encontrado.

4. N. 2, setembro 1910.

5. Otto Rank.

6. A notícia saiu; cf. próxima carta, n. 7.

7. Esse candidato à medicina não foi identificado.

8. Alusão aos "homenzinhos" (almas) que atormentam Schreber por nervicontato".

9. Paul Ernst (1859-1937), de Zurique; notabilizou-se por pesquisas bacteriológicas e bioquímicas.

216 F

23 de outubro de 1910, Viena, IX. Berggasse 19

Caro amigo,

Depois dos prazeres a mim propiciados pela Natureza e pela Antiguidade, não há por que invejar sua viagem, mas fico muito contente por tê-lo novamente ao alcance da mão. Novidade é o que não falta. Comecemos por Bleuler, que é talvez o que mais lhe interessa. Do nervicontato com ele decorreu uma farta correspondência[1] e ainda agora respondo a uma das cartas que mandou. É difícil lidar com ele, seus argumentos são tão vagos que não há como acuá-lo; e sei que apenas o ofenderia se lhe apontasse os próprios motivos secretos. Ele está sempre com um pé atrás, prodigalizando-se em declarações indiretas. Manifestou desejo de uma conversa pessoal, mas como acrescenta que não poderá ficar livre antes da Páscoa, quando provavelmente se realizará o próximo Congresso, ofereci-me para ir a Zurique no Natal, caso me dê esperanças de um entendimento. Meu ponto de vista é que ele é tão dispensável quanto qualquer outro, mas perdê-lo seria lamentável e apenas contribuiria para alargar ainda mais o abismo que nos separa da classe. A permanência dele vale, portanto, um sacrifício, só que ainda não sei qual; por certo não o da Associação, que custou tanto a ser fundada e agora tem pela frente um importante futuro. Há uma enorme desproporção entre as objeções de Bleuler ao nosso modo de agir e as conclusões que daí tira, preenchendo as lacunas com coisas imponderáveis e ininteligíveis. Mas ele se empenha por conquistar minha simpatia, acredita na causa e não quer romper conosco; e é a consciência do que lhe devemos por seu começo de carreira que me faz tomar o partido dele. Posso apenas sugerir que aguardemos os resultados de nossa correspondência e de um possível encontro.

Uma importância especial é atribuída por Bleuler ao nosso tratamento a Isserlim, que primeiro foi convidado e depois repelido. Queixa-se de que disso o senhor teria feito uma piada de mau gosto envolvendo também o nome dele. Como certamente essa piada não partiu do senhor, o incidente fornece mais um argumento para a necessidade de uma liderança unificada.

Não recebi as provas da apologia da ΨA de Bleuler. Ele mesmo me pediu que as lesse e sugerisse alterações, mas acho ótimo que eu não me envolva, pois em quaisquer circunstâncias devemos impedir que vigore o mito de que sufocamos as opiniões divergentes entre os próprios companheiros.

Julgo importante chegarmos a um acordo quanto aos ataques que nos são desferidos. Vejo agora que não podemos simplesmente continuar a ignorá-los. Ainda que convenha à minha pessoa, essa política, decerto, não convém ao grupo. Diverti-me muito com as cacetadas que o senhor distribuiu na *Korrespondenzblatt*[2] e me pergunto se não valeria a pena sistematizar isso e, no caso, em qual de nossos órgãos.

A *Zentralblatt* saiu hoje[3]. Gostaria muito de que entre os três órgãos prevalecesse uma completa harmonia e, em vista disso, é com o maior prazer que atendo ao seu pedido de "sugestões" editoriais.

Creio que os informes de reuniões na *Korrespondenzblatt* devam ser bem curtos, dando apenas o tema dos trabalhos, e mais detalhados na *Zentralblatt*, porque na primeira eles não chegam ao conhecimento público.

Uma crítica ao "Negativismo" de Bleuler ficaria, a meu ver, deslocada na *Korrespondenzblatt*, pois as questões científicas são da alçada dos outros dois órgãos. Esse trabalho merece ser comentado pelo senhor. Caso não queira publicar sua crítica[4] na revista na qual ele é diretor (embora não haja nada demais nisso), a *Zentralblatt* está, naturalmente, como sempre, ao seu dispor. Seu ensaio[5], aliás, vai ser publicado no próximo número. Como presidente da Associação Internacional, o senhor está qualificado a uma influência sobre esse periódico, a qual não deve deixar de exercer. Espero, por outro lado, que a lembrança dos acontecimentos que precederam sua eleição levem-no a reconhecer os direitos especiais dos vienenses.

Ano 1910

À falta de informações rotineiras sobre a vida da Associação ou de itens pessoais e bibliográficos para encher a *Korrespondenzblatt*, uma boa ideia seria o senhor lançar um "manifesto" "ao seu povo"[6], definindo e justificando a atitude que propõe em relação aos inimigos ou prescrevendo essa atitude aos outros membros.

O próprio Putnam lhe mandará o artigo dele e Rank se incumbirá da notícia que pediu[7].

Suas notícias científicas despertaram-me vivo interesse e espero ansiosamente o renascer de seu trabalho. Estou muito indisposto hoje (enxaqueca) para lhe falar de minhas várias atividades. Fica para outra vez.

Com minhas melhores lembranças para o senhor e para a família,

Cordialmente,

Freud

1. Alexander e Selesnick (p. 4) publicam passagens de uma carta de Freud a Bleuler, 16-10-1910, em que ele tenta esclarecer que "o incidente com Isserlin – em si mesmo desimportante – tornou-se uma espécie de caso-teste para o sectarismo" do movimento, citando a carta que Jung lhe mandara em 3-3-1910 (181 J, na qual o pedido de Isserlin para assistir ao Congresso de Nuremberg é mencionado pela primeira vez): "Mas nossa *splendid isolation* tem de chegar um dia ao fim". A resposta de Bleuler, 19-10-1910 tentando explicar sua hesitação em ingressar na Associação Internacional, é também citada extensamente.
2. No n. 2, p. 3s., Jung trata sarcasticamente da intervenção de Hoche em Baden-Baden (cf. 201 F n. 1) e cita outras críticas negativas.
3. *Zentralblatt für Psychoanalyse; Medizinische Monatsschrift für Seelenkunde*, dirigida por S. Freud, editada por A. Adler e W. Stekel (Wiesbaden: J.F. Bergmann). Para a capa do n. 1, cf. fac-símile. Cada volume *(Jahrgang)* era constituído por 12 números, a contar de outubro, às vezes duplos no primeiro ano. Para a renúncia de Adler, cf. 262 F n. 1.
4. A crítica de Jung a Bleuler, "Zur Theorie des schizophrenen Negativismus" *(Psychiatrisch-neurologische Wochenschrift*, XII, 1910-1911); cf. 252 J n. 6.
5. "Psychology of Rumour"; cf. 223 F n. 1.
6. Alusão ao manifesto "Ao meu povo", de Frederico Guilherme III, rei da Prússia, em 1813, durante a guerra de libertação contra Napoleão.
7. Em *Korrespondenzblatt*, n. 3 (dezembro 1910), p. 8.

217 J

1003 Seestrasse, Küsnacht-Zürich,
29 de outubro de 1910

Caro Professor Freud,

O caso de Bleuler foi discutido ontem numa reunião de nossa Sociedade. A decisão foi "esperar", mas nada se resolveu quanto ao séquito de assistentes que Bleuler arrasta e com os quais proclama estar solidário. Um segundo ponto importante foram as críticas feitas à *Korrespondenzblatt*. Andei mais tarde a refletir sobre o caso e achei melhor sugerir-lhe que renunciemos de vez a esse monstrengo. Nunca o teríamos trazido à luz se soubéssemos que o pessoal de Viena lançaria um órgão próprio e divulgaria separadamente os informes das respectivas reuniões. Com os recursos limitados de que dispõe, a *Korrespondenzblatt* só pode fazer má figura e, além disso, revela-se inútil, pois tudo o que contém poderia perfeitamente ser publicado na *Zentralblatt*. Uma significativa redução nas mensalidades tornar-se-ia, então, viável. Em minhas mãos a *Korrespondenzblatt* jamais se poderá converter numa obra-prima jornalística porque eu não sou um jornalista e apenas levo a cabo meu trabalho de pesquisa, ou o que como tal considero. Para a proposta acima mencionada conto com o apoio unânime da seção de Zurique, mas *não* para a *Korrespondenzblatt*. Achei melhor pedir seu conselho antes de abordar o assunto em público.

Em Zurique tomamos ainda a decisão de só aceitar como membros os *portadores de títulos universitários*. Estudantes, no máximo como convidados e apenas por períodos limitados. Digo isso porque temo que Ferenczi esteja partindo para alguma coisa com aquele diretor teatral[1]. Meu desejo é que nossa sociedade se restrinja a homens com credenciais acadêmicas, pois em caso contrário será uma Liga de Monistas[2]. Desde que tenha sua aprovação, submeterei o assunto à Associação (não é preciso um boletim, pois para as comunicações desse tipo bastam as circulares).

Estou também em dúvida quanto a continuar publicando no *Jahrbuch* os resumos (i.é., listas completas de publicações). Preferiria ficar de lado e deixar que a *Zentralblatt* se incumbisse disso, já que tacitamente ela o vem fazendo. Que lhe parece?

Espero que, se vier a Zurique, hospede-se comigo. O prazer em revê-lo seria enorme e estou disposto a empreender a viagem caso o senhor acabe não vindo. Bleuler é, além de tudo, um covarde. Recentemente, em Berlim, falhou, de modo melancólico, diante dos ataques de Oppenheim[3]. Mais uma vez, é claro, seu procedimento vergonhoso é dúbio, pois na apologia

Ano 1910

a ser publicada, ao que me consta, ele se põe francamente ao nosso lado. O manuscrito foi entregue a Binswanger, e não a mim. Causa-me certo mal-estar quando penso que tenho de me envolver com essas tramoias e sujar minhas mãos. Não sou político, creio no direito de defesa e, no mais, quero que nossos adversários se entredevorem. Se tivesse ouvido *como* falei com Bleuler, o senhor se convenceria de que qualquer criatura franca me teria escutado, ainda que fosse um inimigo mortal.

Dou-lhe meu integral apoio quando acentua a necessidade de discussão (como um meio de evitar "polêmica"). As críticas de Bleuler têm de ser respondidas. O senhor provavelmente se encarregará disso. Estou pensando em dar uma chamada em Morton Prince[4]. Claro está que, antes, submeterei o manuscrito à sua opinião. Depois, então, cuidarei de Janet. Hei de comentar no *Jahrbuch* o "Negativismo" de Bleuler.

Muito obrigado pelo envio de seu artigo na *Zentralblatt*[5]. Estão também imprimindo separatas? Não compreendo bem que influência eu possa ter sobre o órgão. Para tanto seria preciso que me pusesse em contato pessoal com os editores, o que, no caso de Adler, está fora de cogitações. Tal influência só pode ser exercida através do senhor. O máximo que posso fazer é criticar – em Stekel a própria pessoa e a superficialidade teórica, em Adler a falta de psicologia. Mas seria inoportuno dizer isso alto. Há outras coisas de somenos (como Schwedenborg em vez de Swedenborg)[6] que não merecem ser trazidas à baila. Fazer melhor é o único modo de ensinar com proveito.

Com minhas melhores lembranças,

Cordialmente,

Jung

---

1. Hológrafo: *Theaterregisseur*. Provavelmente, o Dr. S. Hevesi, diretor do Teatro Nacional de Budapeste que, nessa cidade, em 14-10, falara sobre "Observações Psicanalíticas no Teatro" num seminário realizado sob a direção de Ferenczi. Cf. *Korrespondenzblatt*, n. 3 (dezembro 1910), p. 3.

2. A Liga dos Monistas (Monistenbund) fora fundada em 1906, em Iena, sob os auspícios de Ernst Haeckel (1834-1919), biólogo e filósofo alemão, para a propagação do monismo materialista. A participação na Liga era indistintamente aberta.

3. Em carta de 18-10-1910 a Freud, Abraham relata o procedimento de Oppenheim, Bleuler e outros no quarto encontro anual da Sociedade de Neurologistas Alemães, 6-8 outubro, em Berlim; cf. *Freud/Abraham Letters*, p. 93s., e 253 F n. 2.

Ano 1910 ———————

4. Prince, "The Mechanism and Interpretation of Dreams," *Journal of Abnormal Psychology*, V (1910-1911). Para a crítica de Jung, cf. 235 J n. 1.

5. "Die zukünftigen Chancen der psychoanalytischen Therapie", *Zentralhlatt*, I: (outubro/novembro 1910) = "As perspectivas futuras da terapêutica psicanalítica," Ed. Standard Bras. XI.

6. Criticando Karl Abel, "Über den Gegensinn der Urworte", Stekel usara a grafia Schwedenborg (*Zentralblatt*, I: 1/2, 65, n. 1).

218 F

31 de outubro de 1910, Viena, IX. Berggasse 19

Caro amigo,

Espero que o tom impertinente de minha última carta não tenha tido sobre você um efeito duradouro e que as muitas minúcias se dissolvam no contexto final.

Sua carta chegou hoje, na hora certa para a fase atual de minhas "negociações" com Bleuler. Cansado[1] das intermináveis evasivas e zigue-zagues dele, apresentei-lhe uma espécie de *ultimatum*[2]. Pedi-lhe que declarasse explicitamente a que partes dos estatutos[3] se opõe, garantindo que, na medida do possível, levaremos em consideração (no próximo Congresso), e que dissesse o que acha da polêmica com os adversários, pois, de minha parte, eu estava pronto (e esperava influenciar o senhor nesse sentido) a dar-lhe uma palavra definitiva sobre nossa política externa. Condicionei, porém, tudo ao ingresso dele na Sociedade, a qual eu jamais colocaria em segundo plano ou sacrificaria. A carta foi remetida há três dias.

Essa correspondência (da qual não lhe posso mostrar minha parte) foi exaustiva; muito embora eu subscreva na íntegra os seus pontos de vista, considerações de ordem sentimental e egoísta, que o senhor não ignora, inclinaram-me à moderação e impediram-me, por exemplo, de fazer a ele, quando grande era a vontade, esta pergunta famosa que me sugeriu: "Por que, então, não o disse alto? (*i. e.*, em Berlim)". No fim de minhas cartas, a natureza sempre vencia e eu me punha a esbravejar. Não sendo um bom diplomata, duvido que tenha conseguido chegar a um entendimento com ele. Claro está que não poderei ir a Zurique se os resultados forem nulos. Fiando-me em sua palavra, espero que, nesse caso, o senhor dê um pulo a Viena. Naturalmente, hospedar-me-ei em sua casa se fizer a viagem; eu, aliás, já estava contando com esse convite tão amável.

Passemos, pois, à política e ao direito de defesa! O senhor, na verdade, tirou-me as palavras da boca. Deixar que os adversários se destruíssem mutuamente seria também minha tática se eu estivesse sozinho. Mas agora nos tornamos um pequeno bando, assumimos responsabilidades em relação aos partidários, temos uma causa a defender em público. Ainda que contrariemos nossa índole, é forçoso que nos adaptemos à realidade e do modo mais inteligente possível façamos o que tem de ser feito. Para o presidente da Associação Internacional e o respectivo mentor (!) o problema já não mais se limita ao direito de defesa; é hora de essas duas feiticeiras, a "diplomacia" e a "política", aliarem-se ao mutável "compromisso". Mas basta que falemos dessas "nojeiras" um dia para que logo encaremos tudo com bom humor. É claro que tem de haver certos limites. Facilmente surgem casos em que a abordagem diplomática se revela pouco sábia e é, então, que a própria índole deve seguir um livre curso. De braço dado com o senhor estou pronto a partir nessa hipótese em desafio do século[4]. Não me tornei medroso nem desonesto: estou apenas tentando ser impessoal.

Meu prazer seria imenso se o visse consagrar aos interesses da ΨA a mestria com que domina a arte de conquistar pessoas. Acredito que não lhe foi possível superar a antipatia pelos colegas vienenses, que agora estende também à *Zentralblatt*. Indubitavelmente, o senhor está certo com sua caracterização de Stekel e Adler; para o último encontrou, por sinal, a brilhante fórmula que eu mesmo sempre busquei. Posso confiar-lhe, como Montezuma o fez ao companheiro de infortúnio, que eu também não estou num leito de rosas[5]. Guardar rancor contra eles seria, porém, incompatível com sua superioridade. Aceite tudo com bom humor; é assim que procedo, a não ser nos dias em que a fraqueza me vence. Creio que, se pudéssemos contemplar por dentro outros grandes movimentos, veríamos que também ali a pureza nunca foi o forte. Sempre há apenas uma ou duas pessoas que encontram o caminho certo e não tropeçam nas próprias pernas.

Consideremos agora, um por um, nossos assuntos de Estado mais importantes.

Ano 1910 ——————————————————————————————————————

a) *Zentralblatt.*

Dessa vez fui eu quem lhe mandou o exemplar presidencial; da próxima será a própria editora. Segundo uma decisão já tomada, cada um de nós (o diretor e os dois editores) tem direito a três exemplares. Assim, o senhor não tem por que me agradecer. Lamento saber que não recebeu a separata, pois minha segunda filha[6] (a que se parece com sua mulher), agora minha secretária, passou todos esses dias cuidando de enviar os três últimos ensaios ("Distúrbios da visão", "Significação antitética" e "Perspectivas futuras") e não deve ter se esquecido da sua. Disparo amanhã uma segunda flecha, espero que atinja o alvo.

Como o senhor há de influenciar a *Zentralblatt*? Com declarações diretas como presidente. Caso não se incline a tanto, ponho-me ao seu inteiro dispor como intermediário. Posso cumprir suas determinações e sustar o que não lhe convenha, já que todos os números são submetidos a meu crivo de diretor. Com a passagem do tempo meu controle tornar-se-á mais severo; durante a composição do primeiro número eu estava ausente.

b) *Korrespondenzblatt.* Meu conselho aí vai, já que foi pedido: Alto lá! A *Korrespondenzblatt* é prevista no artigo 9 de nossos estatutos. Se o presidente desrespeitar um artigo não faltará quem desrespeite outros. Só uma decisão do próximo Congresso pode determinar a supressão desse órgão. Atenção à lei!

Os padrões pelos quais a julga me parecem muito altos. É impossível compará-la à *Zentralblatt*, não está em causa uma obra-prima literária ou jornalística, mas, sim, um veículo para transmitir as comunicações do presidente aos sócios, bem como certas notícias de caráter pessoal. Acima de tudo, ela não se destina ao público para o qual os outros dois órgãos estão fundamentalmente voltados. Depois de algumas tentativas e erros ficará patente que tipo de matéria convém à *Korrespondenzblatt* e sua existência se tornará indispensável. A não ser em ocasiões muito especiais, as circulares etc. serão, então, supérfluas. Pouco importa que tenha duas, quatro ou seis páginas; a necessidade o dirá. Desde que ela dê os programas das reuniões (mesmo sem entrar no conteúdo) estará justificada perante os informes mais detalhados da *Zentralblatt*, que se destinam a amigos e inimigos. Reduzir as mensalidades não é necessário nem vantajoso.

Como razão "política" para a manutenção da *Korrespondenzblatt*, devo assinalar finalmente que os adversários estão à espreita, prontos a tomar o abandono de uma iniciativa prevista nos estatutos por sinal inequívoco de um "inevitável colapso"[7].

c) *Restrição da admissão aos portadores de títulos universitários*. Aqui os estatutos nos dão inteira liberdade, embora o espírito que neles vigora não se incline a um exclusivismo tão grande. A Sociedade de Zurique pode, por conseguinte, adotar a medida sem tomá-la obrigatória para as outras. Em Viena é impossível, quando mais não seja porque teríamos de alijar nosso secretário de muitos anos (Rank). Seria também uma pena excluir novos membros ainda estudantes nos quais depositamos grande esperança. Essa medida "regressiva", por fim, mostra-se em total dissonância com a era da *University Extension*[8]. A boa orientação imprimida basta para afastar o risco de uma semelhança com a Liga dos Monistas. A restrição que o senhor tem em mente jamais seria aceita em Viena e também me desagrada pessoalmente.

d) *Listas de publicações.*

Este é o ponto menos importante. A *Zentralblatt* é obrigada, pelo próprio nome, a registrar tudo o que aparece sobre ΨA. O *Jahrbuch* é livre de o fazer ou não. A existência da *Zentralblatt* certamente não afasta a hipótese de uma crítica seleta. O próprio princípio de registrar apenas as publicações positivas dispensa o *Jahrbuch* da obrigação de ser completo.

Depois dessas desagradáveis questiúnculas posso finalmente lhe falar de ciência. Atravesso uma fase um pouco mais produtiva, que se reflete em vários trabalhos curtos. Dei um artigo altamente instrutivo sobre a Psicanálise selvagem[9] para o próximo número da *Zentralblatt* e para um número posterior já penso noutro, não menos significativo, sobre a compreensão dos conceitos neurótico, psicogênico e histérico[10]. Sentir-me-ia muito mais seguro se o senhor o lesse primeiro. Mas não o espere para já, as leis de minha periodicidade ainda não foram descobertas. Mais interessante é o que está em preparo para o *Jahrbuch*; um artigo: "Em que sentido se pode falar de sentimentos inconscientes?"[1] e o

Ano 1910

começo dos estudos sobre paranoia[2]. Primeiro, uma análise de nosso caro e engenhoso amigo Schreber, pois da leitura do livro é, de fato, possível extrair muita coisa (não me lembro se já lhe escrevi sobre isso). Primeiro o complexo paterno: Flechsig-pai-Deus-sol forma, evidentemente, uma série. O Flechsig "mediano" dá a entender um irmão que, como o pai, já estava "santificado", *i. e.*, morto, na época da doença. As antecortes do Céu, ou "reinos anteriores de Deus" (seios!), são as mulheres da família; os "reinos posteriores de Deus" (nádegas!), o pai e a sublimação que lhe corresponde, Deus. Não há menção de um "assassinato de almas" em *Manfred*[3], mas de um incesto com a irmã. O complexo de castração é superevidente. Não se esqueça de que o pai de Schreber era médico. Como tal fazia milagres, miraculava. A deliciosa caracterização de Deus, que só sabe lidar com cadáveres e nada entende de pessoas vivas, e os absurdos milagres processados nele[4] são, assim, uma sátira amarga à arte médica do pai. Em outras palavras, a mesma dose de absurdo que prevalece nos sonhos. A colossal significação da homossexualidade para a paranoia é confirmada pela fantasia de emasculação central etc. etc. – Continuo a esperar que Stegmann[5] mande-me notícias de nosso Paul Daniel.

(Em suma, o pai dele também berrava)[6].

Lembranças de
Freud

1. Hológrafo: falta uma palavra, supostamente *müde*, cansado.
2. Freud a Bleuler, 27-10-1910, citada parcialmente por Alexander e Selesnick, p. 4.
3. Para o texto dos estatutos, cf. apêndice 3.
4. Alusão a Schiller, *Don Carlos* (1787), I, 9: "De braço dado com você, / Desafio o século".
5. Cf. adendos.
6. Sophie.
7. Willy Hellpach (cf. 230 J n. 7) referira-se ao "inevitável colapso do movimento freudiano" num artigo em *Der Tag* (25-6-1910), citado em *Korrespondenzblatt*, n. 2 (setembro 1910), p. 4.
8. Em inglês no original.
9. Cf. 229 J n. 1.
10. Nunca publicado.
11. Anna Freud acredita que tal artigo tenha se tornado, afinal, um dos "Artigos sobre Metapsicologia", "Das Unbewusste", *Zeitschrift*, III (1915) = "O inconsciente", Ed Standard Bras. XIV.
12. Freud publicou mais um estudo sobre paranoia: "Mitteilung eines der psychoanalytischen Theorie widersprechenden Falles von Paranoia", *Zeitschrift*, III: 6 (1915) = "Um caso de

paranoia que contraria a teoria psicanalítica da doença", Ed. Standard Bras. XIV. Quanto a referências posteriores à paranoia, cf. a nota do editor ao estudo sobre Schreber, Ed. Standard Bras. XII, p. 17.

13. Schreber se refere ao poema dramático de Byron, *Manfred*. Cf. Ed. Standard Bras. XII, p. 63.

14. *I. e.*, Schreber.

15. Arnold Georg Stegmann, psiquiatra de Dresden (a cidade de Schreber): usara o método de Freud ainda em 1904 (Jones, II, p. 33s./30 e se tornou sócio-fundador da Sociedade de Berlim (1910). Jones sustenta que morreu em 1912, mas em uma carta de 1926 (Jones, III, p. 477/447), Freud opina que ele morreu na guerra. No tocante à sua esposa, cf. 286 F n. 3 / Para referências à informação sobre Schreber fornecida a Freud por Stegmann, cf. Ed. Standard Bras. XII, índice, s.v. Stegmann.

16. Schreber narra os berros que dava à noite e a esses acessos chamou de "milagritos" (*Brallwunder*); cf. *Memoirs*, p. 165 e 247.

219 J

1003 Seestrasse, Küsnach-Zürich,
7 de novembro de 1910

Caro Professor Freud,

Guardarei suas palavras num "coração fiel e íntegro"[1]. No momento estou terrivelmente ocupado. Em primeiro lugar com os pacientes, em segundo com meu trabalho científico, em terceiro com Honegger, cujas preocupações me oprimem. Enfim chegou a hora, aquilo de que falamos em Nuremberg, a questão da noiva dele, está na fase mais crítica. A situação se tornou doentia e insustentável. Parece-me que ele depende, pondo a si mesmo pendente, mas continua aferrado à tentativa[2]. Tudo é muito incômodo e deprimente. Em consequência, não tenho tido a menor ajuda de Honegger e sou obrigado a puxar o carro sozinho. Meu primo Ewald Jung, ao contrário, é um encanto. Estabeleceu-se em Winterthur e lá já anda a praticar a ΨA.

Seu cartão[3] acaba de chegar. A resposta de Bleuler é exatamente a que eu esperava. Vai dar uma grande *soirée* para a qual já convidou a mim e a Riklin. Isso talvez seja um mau sinal. Ele enfatiza nossas "relações pessoais" apenas para se esquivar mais facilmente às oficiais. As virtudes de Bleuler são distorcidas por seus defeitos e nunca suas atitudes são sinceras. É com grande pessimismo que encaro a situação. Os elementos mais jovens de nossa Sociedade pregam um desligamento total do Burghölzli, mas Binswanger se opõe ferrenhamente.

Quanto às minhas relações com o pessoal de Viena, admito que nem tudo é como deveria ser. A recepção pouco cordial em Nuremberg (não digo a eleição do papa, mas o aspecto pessoal) deixou-me bastante frio. Nunca ambicionei a presidência e, por conseguinte, não quero que me olhem de esguelha ou com inveja. Acho que hei de cumprir minha palavra e dar um pulo a Viena. Farei, então, uma visita a Adler e Stekel, tendo em vista, sobretudo, o problema da *Zentralblatt*.

Minhas observações sobre a *Korrespondenzblatt* foram, em grande parte, ditadas pelo mau humor diante de todos os obstáculos. Fico-lhe grato pelas sugestões. De acordo com elas, limitar-nos-emos ao mero noticiário, não mais incluindo resumos na *Korrespondenzblatt*.

Só escrevendo um parágrafo de cada vez consegui chegar ao fim desta carta tão sem graça. A toda hora me interrompiam. Parece que, finalmente, Honegger soltou as amarras, talvez agora ele salve a pele. Amanhã estarei com Bleuler[4]. Logo depois volto a escrever-lhe.

Com as mais sinceras lembranças do

Jung

1. Hológrafo: *"getreuen und aufrichtigen Herzen"* – fonte não identificada.
2. Hológrafo: *Mir scheint, er hängt ab, und sich auf, bleibt aber beim Versuche stehen.* A frase, de construção rara, é dada por ambígua na própria edição alemã. Provavelmente, acentua a ambiguidade de Honegger em romper o noivado.
3. Não encontrado.
4. Essa carta foi começada na segunda-feira, 7-11, mas essa frase e a primeira da próxima carta sugerem que tenha sido concluída na quinta-feira, 10-10.

220 J

1003 Seestrasse, Küsnach-Zürich,
13 de novembro de 1910

Caro Professor Freud,

A discussão com Bleuler deu-se na noite de sexta-feira passada. A primeira coisa que ele quis foi que eu analisasse um sonho que há cinco dias estava para me contar. Naturalmente, a análise tinha de ser encenada em público (para tornar a exibição mais eficaz). Aquiesci de bom grado e não medi as palavras: ele sonhara que *estava amamentando o próprio filho*. A resposta era óbvia. A esposa dele ainda está dando de mamar. Bleuler se transforma, assim, em mulher. Ainda é incapaz de se resolver (conscientemente) a pôr termo à produção de filhos. Afinal, conseguia me ter, a *mim*, que sou filho, de novo junto ao seio. Com uma incrível vontade de ser analisado, atormenta-se com ideias delirantes: não tenho tempo para ele, rejeito-lhe o amor etc. De nenhum modo se sente homossexual. Em consequência, converte-se em mulher, por amor a mim, e tenta se comportar exatamente como uma mulher: é *passivo* na participação em nossa Sociedade, espera ser *fecundado* cientificamente, já que não pode se expressar de *modo criador*, teme ser violado. É devido, sobretudo, às resistências homossexuais que continua se negando a ingressar. Perguntou-me, porém, se o aconselharia a encorajar o senhor a uma visita a Zurique. Toda a engrenagem posta em ação para conquistá-lo dá-lhe enorme prazer, de modo que se sentiria mortalmente ofendido se as negociações fossem interrompidas. Talvez até já lhe tenha escrito. Tanto Riklin quanto eu fomos gentilíssimos com ele. Esta semana hei de convidar à minha casa para ver se o "amoleço" mais um pouco. Tenho agora a impressão de que ele acabará ingressando, só que talvez isso nos custe bem caro.

Espero que, a esta altura, o senhor já tenha recebido de Deuticke as provas do texto de Bleuler. A advertência que ele faz aos adversários é boa, mas grande parte da coisa é insegura, quando não tortuosa, e a tudo falta a marca da experiência pessoal. É espantosa, p. ex., a dificuldade que ele tem com as análises de sonho.

De modo geral, Bleuler foi surpreendentemente simpático e solícito, porém não deu um motivo para a indecisão em que persiste. O "tom" que emprega é exasperante, "simplesmente não pode", pelo menos "por enquanto"; não tem *uma razão consciente*: mas o sonho nos diz qual é a razão real. Ele afirma que não é porque *Stekel* está na nossa Sociedade, que é *por causa de mim que se retrai*, atirando-me na cara a história de Isserlin, evidentemente para encobrir as resistências homossexuais. Bleuler se identifica com Isserlin; trata-se, em suma, de um amor desprezado! À luz dessa análise tenho agora umas coisas a botar em ordem.

Queira aceitar nesse ínterim minhas melhores lembranças.

Jung

221 F

25 de novembro de 1910, Viena, IX. Berggasse 19

Caro amigo,

Junto a carta de Bleuler[1]. Ele começa por confirmar o fracasso de todas as tentativas de uma solução racional, mas parece nos afiançar outra coisa, qual seja, que não quer desistir de nós nem da causa. A perspectiva de o manter só pode, assim, alegrar-nos. Creio que o senhor está habilitado a decidir o que deve ser feito, já que nos últimos encontros pôde estudá-lo bastante. Talvez fosse viável proceder a uma limpeza na Sociedade de Zurique, dispensar impiedosamente os outros e criar para ele um lugar honorífico, convidando-o para as reuniões científicas, mas não a todas, como um velho patriarca. Deveríamos evitar, no entanto, que comparecesse ao Congresso. Logo ele se sentiria isolado no Burghölzli e talvez aconselhasse aos outros o ingresso na Sociedade. Será que isso é exequível?

No tocante à minha viagem, sou agora vítima de minha insinceridade. Como lucro pessoal das transações diplomáticas, eu naturalmente pensava em passar um dia com o senhor, conhecendo sua casa e as crianças. Agora ele insiste para que me hospede com ele. Nessa hipótese não poderei estar com os seus; meu tempo é extremamente limitado pelo custo de um dia de trabalho e pela imperiosa necessidade de ganhar dinheiro para atender aos compromissos mais diversos. Não ouso, porém, recusar-me a ficar na casa dele[2]; isto, provavelmente, anularia todo o efeito da viagem; parece-me que essa atitude é, sem dúvida, uma vingança contra a situação criada quando me hospedei *com* o senhor, *acima* dele, e me furtei a visitá-lo. Foi realmente um erro, eu deveria ter reagido às suas intimações. Agora mereço isso.

Caso eu aceite a primeira sugestão dele e o encontre a meio caminho, a possibilidade de estar com o senhor desaparece de vez. Um dia inteiro a sós com Bleuler há de ser um suplício, mas é pouco provável que lhe ocorra a ideia de o levar com ele. Se isso acontecesse, eu preferiria Munique a Innsbruck, que, para mim, conserva tristes lembranças de outra experiência[3]. Mas talvez ele não queira Munique tendo em vista a presença de Kraepelin.

Em síntese, ainda estou muito indeciso. Devolva-me, por favor, sem demora, a carta de Bleuler, para que eu possa dar uma resposta provisória, e diga-me também o que pensa para que eu firme em definitivo minha posição.

Meu trabalho sobre Schreber, se eu tivesse tempo, já estaria longe. Mas disponho apenas do domingo à tarde, que, infelizmente, só chega uma vez por semana. As irritações com Adler e Stekel roubam-me, além disso, toda a paz; é difícil se entender com eles. O senhor conhece Stekel, e agora ele está numa fase maníaca, destruindo meus melhores sentimentos e me levando ao desespero; já estou cansado de tanto o defender contra todos. Recentemente, desenvolveu-se em nossa Sociedade uma forte oposição a ele. Adler, um homem muito correto e extremamente inteligente, é, no entanto, paranoico; na *Zentralblatt*[4] apega-se a teorias quase incompreensíveis que hão de deixar os leitores na maior confusão. Apregoa incessantemente a prioridade dele, dá a tudo um nome novo, queixa-se de estar ofuscado à minha sombra e me impinge o indesejável papel de velho déspota que impede aos jovens o progresso. No trato pessoal são também grosseiros comigo e de bom grado eu me livraria de ambos, mas não creio que isso seja possível. A mim pouco importaria renunciar também à *Zentralblatt*, hipótese em que poderíamos aumentar o *Jahrbuch* para dar vazão a todo o material. O problema é que eles não querem romper e são incapazes de mudar. Some-se a isso o risível bairrismo vienense e o ciúme do senhor e de Zurique! A ΨA, de fato, não conseguiu mudá-los em nada. Os outros, em Viena, são bastante corretos, só que pouco inteligentes.

Espero que essas lamúrias o consolem das dificuldades com que o senhor aí se defronta.

A *Zentralblatt*, aliás, parece estar despertando muito interesse, o que era uma necessidade.

Quanto ao nosso amigo Friedländer, vim finalmente a saber que durante o serviço militar ele foi rebaixado de posto por trapacear no baralho. Por isso é que saiu de Viena. Um artigo dele será agora publicado por Morton Prince; trata-se, ao que parece, de uma vil denúncia da psicanálise em proveito do puritanismo americano. Se for verdade, farei com que a *Zentralblatt* expresse numa crítica[5] a surpresa de que *"logo ele* inclua a denúncia entre os meios da discussão científica". Por fim, ele terá conseguido despertar nossa atenção.

Para o senhor, sua esposa e as crianças, minhas melhores lembranças. Aqui, depois da morte da avó (de Hamburgo)[6], as coisas voltam à normalidade.

Do amigo,
Freud

1. Não incluída no artigo de Alexander e Selesnick.
2. Hológrafo: *an sein Haus*, inserido após.
3. "Só pode se referir às discussões dele com Fliess em Innsbruck na Páscoa de 1899" (Jones, II, p. 80/73).
4. Adler, "Die psychische Behandlung der Trigeminusneuralgie", *Zentralblatt*, I: (outubro/novembro 1910).
5. Tal crítica nunca foi publicada.
6. Emmeline Bernays, em 27-10-1910.

222 J

1003 Seestrasse, Küsnacht-Zürich,
29 de novembro de 1910

Caro Professor Freud,

Tive uma ligeira desconfiança de que sua atual atitude perante as tendências divergentes de Stekel e Adler não é tão simples assim. Evidencia-se, de fato, uma notável analogia entre Adler e Bleuler: a mesma mania de, tanto quanto possível, alterar a terminologia e submeter a fecunda e flexível abordagem psicológica ao esquematismo grosseiro de um espartilho biofisiológico. Bleuler é outro que se esforça por não sumir à sua sombra. Domingo passado, no encontro dos psiquiatras suíços em Berna[1], ele falou sobre *ambivalência*, *i. e.*, sobre os pares de opostos. A coisa não poderia ter sido mais superficial e esquemática, dando a impressão de que a biologia estava a extrair da psicologia todo o espírito.

Agora a carta de Bleuler! Mais uma obra-prima de sinuosidade e "impressão diplomática". A falência do raciocínio dele é um princípio inconteste. Ao conversar comigo foi incapaz de dar um só *motivo*. Está patente que não é no senhor, em Stekel, nos estatutos, ou seja lá onde for, que reside a causa do negativismo dele, e, sim, única e exclusivamente, em *mim*, sob o ostensivo pretexto do problema com Isserlin. *O motivo real e único foi meu afastamento da seita abstinente.* Depois de eu ter desfeito, com a última análise de sonho, as resistências com as quais se protegia, os seguintes sonhos foram trazidos a público, de permeio com observações maldosas (eles os contou diante de todos – demonstração cabal de quão pouco entende da análise de sonhos!): Ele era *hóspede do Kaiser alemão*, o qual parecia, porém um *homem do povo, embriagado*. Num segundo sonho, Bleuler era chamado a Berlim *para analisar o Kaiser*, mas não o pôde fazer, pois *o Kaiser o trancou na adega*. Em virtude de meu afastamento, Bleuler adoraria ter uma briga comigo. Como a discrição o impede, recusa-se, então, a integrar a *nossa* seita. Quer-me, no entanto, parecer que, dissipada a fumaça dos primeiros tiros, ele acabará vindo a nós.

Lamento compartilhar sua opinião, mas se o senhor vier a Zurique terá mesmo de se encher de coragem e hospedar-se com ele; Bleuler está altamente suscetibilizado, embora proclame que isso lhe seja indiferente. Para nós, a solução seria tão aflitiva que devo aconselhá-lo a se encontrar com ele em Munique. É bem provável que o senhor não consiga passar um dia inteiro a sós com Bleuler: é por ser totalmente desumano que ele se faz tão cansativo. Ademais, considerando-se a incerteza da situação, o que conseguisse em Zurique, fosse muito ou pouco, também conseguiria em Munique. Não espero belos resultados, se bem me considere satisfeito com a hipótese do encontro em Munique; depois de duas-três horas, os argumentos de Bleuler já se esgotaram e ele começa a ficar desagradável, ou seja, entrega-se a uma infinda sucessão de "porquês". O melhor seria, assim, que o senhor ficasse apenas uma tarde[2] com ele, quatro ou cinco horas no máximo – digamos de seis ou sete até a partida do noturno para Zurique. Na mesma noite da partida de Bleuler eu chegarei a Munique, com a intenção expressa de passar o dia seguinte em companhia do senhor. É absolutamente desnecessário que sacrifique ainda mais seu tempo. O contato que voltei a ter com Bleuler é suficiente para que eu mesmo tente mantê-lo fiel à causa. O séquito de assistentes pode ser drasticamente podado. Mais uma vez recomendo-lhe *chaleureusement* esse plano, que há de atender a todas as exigências.

É bom saber dessa história com Friedländer, que, na verdade, não passa de um porco. Se ainda se dignar a procurar-me, hei de despedi-lo realmente com um pontapé. Dou graças a Deus por descobrir a tempo que espécie de pulha se intrometera sob meu teto e ter podido dispensar-lhe um tratamento condigno. Mais do que nunca estou convencido de que esses safados têm razões de sobra para se oporem a nós. Jamais compactuarei no futuro. A técnica em pauta já me satisfaz.

Conosco tudo anda em ordem. Em Berna há um *interesse exaustivo* pela ΨA. Nessa Sociedade ela deitou raízes profundas.

O senhor leu a apologia de Bleuler?

Com minhas melhores lembranças,

Cordialmente,
Jung

Esperamos que na primavera possa, então, dar um pulo aqui.

---

1. Encontro de Inverno dos Psiquiatras Suíços, 26-27 de novembro. Binswanger leu parte de um trabalho sobre uma fobia histérica (Cf. 204 I n. 5) e Riklin falou sobre a "onipotência dos pensamentos". Cf. *Korrespondenzblatt*, n. 3 (dezembro 1910), p. 5, e o informe de Riklin, *Zentralblatt*, I:5/6 (fevereiro/março 1911), 266s., com trechos da discussão conduzida por Jung.
2. Hológrafo: *Abend* riscada e substituída por *Nachmittag*.

223 F

3 de dezembro de 1910, Viena, IX. Berggasse 19

Caro amigo,

Se puder ser será ótimo. Escrevi a Bleuler sugerindo que nos encontremos num domingo em Munique; dei a entender, com *jeito*, que estaria apressado e já me sentiria satisfeito com algumas horas de conversa. Esperemos, agora, que ele não crie dificuldades nem desconfie de nada. Sua ida quase simultânea é mantida em segredo? A intriga é, de fato, impagável. Custar-me-á um dia de trabalho se porventura ele quiser ir na segunda, e não no domingo; por Bleuler o sacrifício é absurdo, mas pelo senhor é de bom grado que o faço. Caso realmente apareça, espero que me trate melhor do que os "velhos partidários" daqui, os quais começam, finalmente, a me encher as medidas.

Com Adler tudo vai de mal a pior. Se o senhor o compara a Bleuler, em mim o que ele desperta é uma lembrança de Fliess, mas uma oitava abaixo. A mesma paranoia. No segundo número da *Zentralblatt*, que também traz seu excelente texto sobre a tagarelice escolar[1], o senhor encontrará uma crítica dele à sua pequena Anna[2]. Leia-a com cuidado, pois de outro

Ano 1910

modo é difícil descobrir o que pretende. A apresentação de Adler sofre de uma imprecisão paranoide. Mas aí se vê claramente como ele tenta forçar a maravilhosa diversidade da psicologia pelo leito estreito de uma única corrente do ego, "masculina" e agressiva, como se a criança rejeitasse a própria feminilidade e só pensasse em ficar "por cima" e bancar o homem. Para tanto é obrigado a interpretar erroneamente certos pontos, como o aplainamento dos genitais, e a passar ao largo de outros, como o medo de que o pai também tenha um filho. O mais importante – e o que mais me alarma – é que ele subestima o impulso sexual, dando margem a que os adversários logo se ponham a falar de um psicanalista tarimbado cujas conclusões diferem radicalmente das nossas. Em minha atitude para com ele fico numa posição muito incômoda, lacerando-me entre a convicção de que tudo isso é oblíquo e lesivo e o medo de ser tomado por um velho intolerante que se compraz em sufocar os moços.

Hoje recebi a segunda das conferências de Putnam em louvor de nossa ΨA[3]. Aí está um homem íntegro, um homem de verdade, uma valiosa aquisição para a causa. Ele não se esqueceu de uma referência muito especial ao senhor. Jones me mandou também uma cópia da discussão a respeito[4]. Todas as objeções insípidas, estéreis e grosseiras a que nos acostumamos fazem-se igualmente ouvir além-mares, convindo à perfeição, ao que parece, ao puritanismo americano que tão bem conhecemos. Em nossas reflexões sobre a América, por acaso teremos perscrutado a fonte de onde emanam as energias lá desenvolvidas na vida prática? Creio que seja a precipitada dissolução dos vínculos familiares, a qual desterra as graças do país e impede que os componentes eróticos se manifestem na totalidade. O senhor conhece *Der Amerikamüde* do nosso caro Kümberger?[5] Seria bom que o lesse, é um repositório de terríveis verdades. Tudo está ali, excetuando-se sua descoberta do complexo de negro[6]. E só isso, a meu ver, torna o quadro incompleto.

Estou concentrado em Schreber e não me esquecerei de levar o manuscrito a Munique para que o senhor dê uma olhada. Meu trabalho não me satisfaz, mas aos outros é que compete julgá-lo. Alguns pontos tornam-se, porém, bastante claros. Terei de deixar para um estudo posterior outras partes de minha especulação sobre a paranoia. Nunca começo a escrever antes das 10 da noite e é raro que o faça na disposição adequada. Hoje

Ano 1910 ——————————————————————————————

tive de cancelar minha aula devido à rouquidão causada por uma influenza; amanhã devo ficar em casa, e nessa constelação, já que não tenho febre, espero escrever algumas páginas.

A expansão do nosso movimento parece realmente se processar com vigor. Não faz muito tempo recebi da França (!) uma primeira carta; vem de um tal de Dr. Morichau-Beauchant[7], professor de Medicina em Poitiers, que lê, trabalha e testemunha em favor da ΨA: "Cette lettre vous montrera que vous avez aussi des disciples en France qui suivent passionnément vos travaux". Outras cartas, devo admitir que de pessoas com nomes alemães, provam que *A interpretação dos sonhos* encontrou leitores em Paris e Madri. Naturalmente, o lado negativo de minha fama é ainda muito acentuado; às vezes me irrito ao ver que ninguém lhe lança impropérios, pois, afinal, o senhor também tem culpa no cartório. Mas é de se esperar que à próxima geração esteja destinado algo melhor do que esse papel de "estrume cultural".

Há muito estou sem notícias de sua família. Faço votos de que tudo ande em paz e mantenho-me na ansiosa expectativa do nosso próximo encontro.

Lembranças do amigo
Freud

---

1. "Ein Beitrag zur Psychologie des Gerüchtes", *Zentralblatt*, I:3 (1910) = "Contribuição à psicologia do boato", OC 4 (o primeiro número da *Zentralblatt* fora duplo: 1 e 2).
2. "Über Konflikte der kindlichen Seele", criticado em *Zentralblatt*, I:3 (dezembro 1910).
3. "Personal Experience with Freud's Psychoanalytic Method", *Journal of Nervous and Mental Disease*, XXXVII:11 (novembro 1910); lido perante a Associação Neurológica Americana, Washington, maio 1910.
4. Provavelmente, a discussão publicada em *Journal of Nervous and Mental Disease*, I:10 (outubro 1910), se bem talvez em cópia do próprio Jones.
5. Ferdinand Kürnberger, jornalista vienense, publicara o livro em 1855 – um romance parcialmente inspirado pelas experiências de Nikolaus Lenau nos Estados Unidos. O título (baseado no "europamüde", de Heine) significa "o (homem) cansado da América".
6. A teoria de Jung sobre um "complexo de negro" americano, baseada em impressões colhidas durante as visitas de 1909 e 1910, foi proposta em seu "Informe sobre a América", no Congresso de Nuremberg, março 1910 (cf. comentário editorial que se segue a 183 J); cf. tb. o breve resumo de Rank em *Zentralblatt*, I:3 (dezembro 1910), p. 130: "O conferencista vê na peculiaridade psicológica dos americanos traços que apontam para uma enérgica repressão sexual. As causas dessa repressão devem ser procuradas, sobretudo, na vivência em comum com o negro, que tem um efeito sugestivo sobre os instintos laboriosamente subjugados das raças brancas. Daí ser necessário o forte desenvolvimento de medidas defensivas que se manifestam nos aspectos peculiares da cultura americana". Jung aludiu à teoria numa longa entrevista ao *New York Times*, 22-9-1912 (em *C.G. Jung Speaking*), e numa conferência na Sociedade de Zurique, 22-11-1912 (cf. 323 J n. 3), mas só a publicou

em 1927, no ensaio "Die Erdbedingtheit der Psyche", em *Mensch und Erde*, ed. Conde Hermann Keyserling; cf. "Alma e terra", OC 10/3, § 95s.

7. Pierre-Ernest-René Morichau-Beauchant (1873-1930), "o primeiro francês a aderir publicamente à psicanálise" (Freud, "A história do movimento psicanalítico", Ed. Standard Bras. XIV, p. 44); mais tarde na equipe editorial da *Zentralblatt*.

224 J

1003 Seestrasse, Küsnach-Zürich,
13 de dezembro de 1910[1]

Caro Professor Freud,

Adiei minha resposta para lhe dar tempo de se entender com Bleuler. Presumo que a esta altura a combinação tenha sido feita. Qualquer dia entre o Natal e o Ano Novo me convém. A não ser o próprio dia de Ano Novo. Em Silvestre[2], se possível, eu gostaria de partir para uns dias de descanso nas montanhas.

É com a maior alegria que penso agora em Munique, onde há de ser importante o papel de Schreber. Espero que eu também não vá de mãos vazias, embora, infelizmente, não possa levar meu manuscrito[3]. Ainda falta copiá-lo e, além disso, só tenho a primeira parte. A palestra que lhe enviei antes[4] foi consideravelmente aumentada. A segunda parte, o assim chamado drama de Chiwantopel[5], mostrou-se, por outro lado, tão rica em material arqueológico que ainda não consegui pôr tudo em ordem. Ainda tenho muito o que ler e, assim, só no número de verão poderei publicar a segunda parte[6]. Parece-me, contudo, que dessa vez atingi o alvo, ou quase, pois o material se concatena de maneira espantosa. Não convém, por enquanto, revelar muito, mas prepare-se para coisas estranhas, que não têm um só precedente em tudo quanto eu já disse. Revi completamente e documentei a parte introdutória sobre os dois tipos de pensamento. Acho que a apresentação está agora fiel ao que eu queria dizer, ainda que lhe falte mestria. A evolução do trabalho foi penosa e o problema é realmente difícil. Hei de me proteger sob um moto de Guglielmo Ferrero[7] em defesa do sábio que se expõe à crítica. Tenho a consciência em paz, pois trabalhei honestamente e não tirei nada da manga.

Sobre nosso trabalho em Zurique tenho pouco a informar, não obstante haja um pouco de tudo em gestação. Gostaria apenas de lhe perguntar se o senhor concorda, em princípio, com a eventual publicação no *Jahrbuch* de *estudos experimentais* relacionados à psicofisiologia dos complexos.

Creio que o Dr. Beauchant é um conhecido do Dr. Assagioli. De meu martírio não posso me queixar. Não só me lançam impropérios como também não dei nesse inverno uma só aula – por falta de quem a queira.

Com minhas melhores lembranças,

Cordialmente,

Jung

1. Publicada em *Letters*, ed. G. Adler, vol. 1.
2. A Noite de São Silvestre = véspera de Ano Novo.
3. "Wandlungen und Symbole der Libido", parte I.
4. A palestra em Herisau; cf. 193 J e 199a F.
5. Cf. 200 J, n. 2.
6. A parte II não saiu no número de verão, III:2, mas em IV:1 (1912).
7. Cf. 170 I n. 5.

225 F

18 de dezembro de 1910, Viena, IX. Berggasse 19

Caro amigo,

O senhor deve estar curioso para saber em que pé anda o encontro com Bleuler. Pois aí está, nada foi combinado. Como ele até agora não me mandou uma só palavra, suponho que há de escrever na última hora e criar, então, mais dificuldades. Bleuler é realmente engraçado. Porém tomo por certo que o senhor e eu nos encontraremos em Munique em qualquer caso. Se for preciso, combinamos os detalhes por telegrama.

Suas misteriosas observações sobre seu trabalho deixam-me muito curioso. O senhor tem razão, não convém revelar muito. Meu Schreber está pronto[1], hoje há de tomar forma um breve complemento, ou melhor, prefácio, fixando os dois princípios. Mostrar-lhe-ei tudo quando nos encontrarmos. O texto é formalmente canhestro, fugazfeito[2], pois não tive tempo nem forças para o aprimorar, mas contém alguns belos momentos e brinda a + + + psiquiatria com o golpe mais atrevido desde o seu *Dem. Pr.* Sou incapaz de o julgar objetivamente, ao contrário do que se deu com trabalhos anteriores, uma vez que ao escrevê-lo tive de lutar com complexos que me perturbavam o íntimo (Fliess). – No próprio título do *Jahrbuch* concedemo-nos o direito de incluir trabalhos com seu *Diagnostic Association Studies.* O novo meio-volume me foi prometido para esta semana. Tenho de ler a apologia antes de o encontrar (Bleuler).

Ontem chegou a tradução inglesa de *Teoria da sexualidade*, com um curto, mas excelente, prefácio de Putnam[3]. A conduta e a compreensão desse velho puritano superam, de fato, todas as expectativas.

O Dr. Bjerre[4], de Estocolmo (já lhe falei dele), anunciou uma visita para o começo de janeiro. Está disposto a introduzir a psicanálise na Suécia.

O Dr. G—— está agora comigo. Em grandes dificuldades, tanto em relação a dinheiro (segredo!!) como à ΨA. Agora oferece resistência e talvez se torne, assim, flexível.

Recebi apenas dois exemplares da *Zentralblatt*. Espero que o terceiro lhe tenha sido enviado.

Voltarei a lhe escrever tão logo o irresoluto do Burghölzli me diga alguma coisa. Anseio por uns dias livres – e por palavras livres.

Cordialmente,
Freud

---

1. "Psychoanalytische Bemerkungen über einen autobiographisch beschriebenen Fall von Paranoia (Dementia paranoides)", *Jahrbuch*, III:1 (1911) = "Notas psicanalíticas sobre um relato autobiográfico de um caso de paranoia (Dementia paranoides)", Ed. Standard Bras. XII.

2. "Schreberismo"; cf. 212 F n. 3.

3. *Three Contributions to the Sexual Theory*, tradução de A.A. Brill, introdução de J.J. Putnam (*Journal of Nervous and Mental Disease Monographs*, 7; Nova York, 1910). Depois dos *Selected Papers on Hysteria* (cf. 160 F n. 9), o primeiro livro de Freud traduzido em inglês.

4. Poul Carl Bjerre (1876-1964), psicoterapeuta sueco; para sua visita a Freud e suas palestras na Suécia, cf. 231 F. Foi ele quem conquistou Lou Andreas-Salomé (cf. 291 J n. 3) para a psicanálise, levando-a ao Congresso de Weimar (1911); cf. Rudolph Binion, *Frau Lou* (Princeton, 1968), p. 400s. Bjerre se afastou depois da psicanálise. Em meados da década de 1930, trabalhou com Jung na Sociedade Médica Geral de Psicoterapia (cf. *Letters*, ed. G. Adler, vol. 1, índice).

226 F

19 de dezembro de 1910, Viena, IX. Berggasse 19

Caro amigo,

O dia de hoje me trouxe tudo de uma vez: uma carta de Bleuler, a resposta dele a um telegrama meu e o *Jahrbuch* com a apologia[1]. Apresso-me em colocá-lo a par da situação.

Bleuler escreve que chegará em Munique domingo de manhã às 6 horas (meu filho diz que é 6:55), e questiona onde nos encontraremos e quando pretendo partir. A última pergunta me deixou em apuros. Telegrafei assim: "Aceito agradecido, pergunto demora sua estada Munique". A resposta acaba de chegar: "Lamento ter ao todo dois dias apenas". As sábias mulheres cá de casa acham que isso quer dizer que ele regressa segunda ao meio-dia (1:50), pois não ia querer viajar duas noites. Em todo caso, terá de partir o mais tardar às 11 da noite de segunda e eu continuarei em Munique à sua espera. Caso o senhor saia de Zurique depois do almoço, chegará à noitinha e, na pior das hipóteses, terá de passar algumas horas ao largo. Ficarei no Park Hotel, para onde, naturalmente, mandarei que ele se dirija.

A Apologia chegou há uma hora e por enquanto só pude folheá-la. Mas é espantoso como, descarregando em particular a má educação, ele faz uma figura tão imponente ao aparecer em público. Acho que esse texto nos será de grande proveito. Tudo o que há de mais objetável parece ter se refugiado na última parte. Mas a coisa é boa e relevante.

Auf Wierdersehen. Hei de lhe agradecer pessoalmente por esse volume.

Do amigo,
Freud

---

1. "Die Psychoanalyse Freuds: Verteidung und kritische Bemerkungen", *Jahrbuch*, II:2 (1910).

227 J

1003 Seestrasse, Küsnach-Zürich,
20 de dezembro de 1910

Caro Professor Freud,

Apenas umas palavras apressadas! O *mais cedo* que posso estar em Munique é *segunda, 26, às 5* da tarde, pois os dias de festa e a própria família não me deixam ir antes. Eles dão muita importância a essas coisas aqui. Já ficarei satisfeito com pelo menos uma tarde em sua companhia. Depois do Ano Novo é de todo impossível.

Li, enfim, a resenha de Adler sobre meu "Psychic Conflicts in a Child". A observação de que meu enfoque depende totalmente da teoria freudiana da libido, como se isso fosse um defeito ou uma limitação, dá para desconfiar muito. Nesse caso, as valiosas conquistas de sua investigação seriam escamoteadas antes mesmo de chegarem à incalculável significação heurística que lhes está destinada. Com clareza cada vez maior vejo que elas são a verdadeira chave da mitologia, independentemente do problema da neurose.

A pergunta: "Como se faz de uma menina um homem?" foi, a meu ver, colocada de maneira errônea. O certo seria perguntar: "Como eu me torno uma mulher?". O aplainamento dos genitais é interpretado arbitrária e, pior ainda, *falsamente*, sem consideração pelo material.

Igualmente arbitrária é a suposição de que o material é "tendencioso no todo", pois na coleta e na organização dele a mãe foi tão envolvida quanto o pai.

Sobre o Dr. G——, prefiro falar pessoalmente.

Na expectativa de o rever, mando-lhe minhas lembranças mais sinceras.

Cordialmente,
Jung

228 F

22 de dezembro de 1910, Viena, IX. Berggasse 19

Caro amigo,

De igual modo, apenas umas palavras apressadas. Entendi que o senhor não viajará na terça-feira de manhã já que chega na segunda à tarde. Acho que seria mais correto não esconder de Bleuler que estarei à sua espera. Ele regressa na segunda ao meio-dia, antes de sua chegada, ou, então, à noite, depois dela. Nesse último caso – que é pouco provável – talvez pudéssemos, os três, passar algumas horas juntos. Seja como for, já deixei quartos reservados no Park Hotel.

É bom saber que o senhor vê Adler como eu. A coisa só me intranquiliza por reabrir as feridas do problema com Fliess. Foi o mesmo sentimento que perturbou a paz de que eu, no mais, desfrutava durante o trabalho sobre paranoia; dessa vez não sei bem até que ponto consegui manter meus próprios complexos ao largo, e de bom grado aceitarei críticas.

Não se espante se não me encontrar na melhor forma; revê-lo há de me fazer bem.

Peça às crianças que me perdoem por roubar-lhes o *Papa* na época de Natal.

Cordialmente,
Freud

229 J

1003 Seestrasse, Küsnach-Zürich,
23 de dezembro de 1910

Caro Professor Freud,

Escrevo-lhe ainda para Viena, na esperança de que esta carta o alcance.

Em qualquer hipótese chego a Munique na segunda-feira, 26, às 5:15 da tarde, e vou direto para o Park Hotel, onde também me hospedarei.

Sua ΨA"silvestre"[1] despertou-me o mais vivo entusiasmo.

Minhas impressões sobre Adler, na última carta, foram um pouco exageradas; o senhor pode ter pensado que o julguei às cegas numa explosão de afeto. Parece-me, contudo, que ele tenta substituir a libido, esse verdadeiro Proteu e πολύτροπος[2], por rígidas formas instintuais, esmagando, assim, o espírito e a vida extraídos de nossa teoria. Temo que em Adler a ΨA tenha encontrado um primeiro representante realmente "científico".

Falei[3] na Sociedade de ΨA sobre meu trabalho que está por sair. Os teólogos, Pfister em particular, ficaram muito impressionados. A orientação espiritual da ΨA que atualmente se define em Zurique parece-me bem mais promissora do que as tentativas de Bleuler-Adler para reduzir tudo à biologia (biofísica).

Com as melhores lembranças de
Jung

Deixe-me, por favor, um recado no hotel dizendo-me quando o senhor deseja me ver e como devo me comportar para não dar sem mais nem menos com Bleuler.

Os encontros em Munique

Freud narrou os encontros em Munique noutras cartas – a Ferenczi, 29-12-1910, citada extensamente por Jones, II, p. 158-140 ("Cheguei a um entendimento completo e estabeleci com ele [Bleuler] um bom relacionamento pessoal... Depois de ele partir, Jung chegou ... Mais do que nunca estou convencido de que ele é o homem do futuro"), e a Abraham, 20-1-1911, *Freud/Abraham Letters*, p. 98 ("Foi tudo bem com Bleuler... Despedimo-nos como amigos").

Na reunião da Sociedade de Viena, em 4 de janeiro, Freud anunciou que Bleuler, "que publicou no último *Jahrbuch* uma magnífica apologia da psicanálise, passou a integrar a Sociedade Psicanalítica [de Zurique] e talvez apareça oficialmente em breve como o líder dela" (*Minutes*, III).

1. "Über 'wilde' Psychoanalyse", *Zentralblatt*, I:3 (1910) = "Psicanálise 'Silvestre'", Ed. Standard Bras. XI.
2. *polytropos*, lit., "que gira em muitos sentidos", epíteto de Ulisses (*Odisseia*, I, 1).
3. Em 16-12; cf. *Korrespondenzblatt*, n. 4 (fevereiro 1911), p. 3.

230 J

1003 Seestrasse, Küsnach-Zürich
18 de janeiro de 1911

Caro Professor Freud,

Agora que já me livrei em parte do grande volume de trabalho que sempre ameaça sufocar-me após as férias, posso pensar em lhe escrever novamente. O fato que mais há de lhe interessar é que Bleuler já pertence à nossa Sociedade. Curvo-me diante de sua habilidade! É provável que Binswanger ceda a presidência a ele. Terei uma conversa com Binswanger a esse respeito. Domingo passado convidei Bleuler à minha casa, tudo transcorreu muito bem, ele foi muito simpático e passamos toda a noite conversando com um físico sobre algo totalmente alheio às nossas preocupações costumeiras – a teoria elétrica da luz. O médico-assistente da clínica, o Dr. Maier, ainda não se decidiu a ingressar, embora tenha feito uma verdadeira palestra em nossa última reunião[1].

Meu trabalho está agora sendo copiado. Às vezes, parece que não vai ter fim. Depois de ter assistido ontem a uma representação do Fausto[2], com trechos da segunda parte, sinto-me mais confiante no valor dele. Ao notar a coisa viva diante dos meus olhos, fui assaltado pelas ideias mais diversas e deixei-me dominar pela crença de que meu venerando bisavô[3] aprovaria meu trabalho, verificando com um sorriso que o bisneto deu continuidade e até mesmo uma extensão maior a essa linha ancestral de pensamento. De fato, é um grande atrevimento que o ovo queira ser mais inteligente do que a galinha. Mas o que está no ovo tem de munir-se de coragem para, eventualmente, pular fora. As fantasias a que recorro para me proteger de suas críticas, como o senhor vê, vão bem longe.

Dizem aqui que seu filho Martin quebrou o pé esquiando[4]. É verdade?

Ainda lhe devo um agradecimento pelo amável envio das duas separatas. Lamento ainda não lhe ter enviado a minha[5]. Estou atarefadíssimo, como já disse. Minha mulher há de remeter ao senhor as duas fotografias para o seu paciente, cujo endereço não sei onde coloquei. O endereço do fotógrafo é C. Ruf, Bahnhofstr. 40, Zürich. Ele já foi avisado (como combinamos em Munique). As fotografias custam 12 francos cada. A de Herr Bemays[6] já foi mandada há muito tempo para Nova York.

Li com prazer e espanto o artigo de Putnam. Que um homem da idade dele domine o material com tal destreza e se ponha em defesa de nossa causa é, de fato, surpreendente. Se pelo menos tivéssemos na Alemanha um "boxer"[7] igualmente valoroso que não temesse enfrentar o século...

O coro insultuoso parece ter feito na Alemanha uma parada momentânea, provavelmente apenas para respirar. Talvez o senhor tenha visto o último artigo de Hellpach, na *Neue Rundschau*[8]. Todos aqui estão perplexos com a incrível megalomania desse escriba miserável.

Estou curioso para saber dos acontecimentos em Viena – Adler. Binswanger me disse que Adler deu grande atenção a Häberlin, que ainda se mantém avesso a nós. O artigo dele[9] (registrado na última *Korrespondenzblatt*) sequer menciona o nome "Freud", como se o autor tivesse descoberto tudo sozinho.

Minha família está em ordem, eu também. Exercito de várias maneiras minha libido e ponho à prova a dose de burrice que devo me permitir.

Espero que Munique lhe tenha feito bem. Meu belo vaso não sofreu um só arranhão. Depois de sua partida não tive como furtar-me a alguns gastos excessivos. Seu exemplo foi contagiante. Comprei uma pequena pintura a óleo e três admiráveis desenhos, orçado o prejuízo em cerca de 1.000 francos. Assim, custou-me bem caro tranquilizar a consciência por seu belo presente. Em matéria de arte normalmente não tenho mãos a medir. A impressão de ter feito uma tolice dominou-me ao vir para casa e agora é penar no trabalho para ganhar mais um pouco.

Devo-lhe ainda um agradecimento infindo por tudo quanto diz respeito a Munique!

Cordialmente,

Jung

---

1. Em 13-1, Maier falou como convidado, apresentando um caso de demência paranoide (*Korrespondenzblatt*, n. 4, fevereiro 1911, p. 3).

2. No Pfauentheater; o papel de Fausto foi desempenhado pelo famoso ator Alexander Moissi (cf. 255 F n. 2).

3. Cf. 134 F n. 6. Em *Memories*, p. 234-222, Jung discute suas "curiosas reações" ao *Faust*.

4. No Schneeberg vienense, e não, como afirma Jones (II, p. 93s. 84), no Salzkammergut.

5. Tais separatas não foram identificadas.

Ano 1911

6. Eli Bernays (1860-1923), irmão da mulher de Freud, que se casou com a irmã de Freud, Anna (1858-1955), estabelecendo-se em Nova York em 1893.

7. Hológrafo: *"Boxer"*.

8. Willy Hellpach (1877-1955), professor de Psicologia e Psiquiatria em Karlsruhe e Heidelberg, mais tarde ativo na política alemã. O artigo aqui mencionado é "Die Psychoanalyse", *Die Neue Rundschau*, dezembro 1910. Para a crítica de Jung a um trabalho anterior dele, *Grundlinien einer Psychologie der Hysterie* (1904), cf. OC18/1. Cf. tb. 218 F n. 7.

9. Paul Häberlin, "Über zärtliche und strenge Erziehung", *Zeitschrift für Jugenderziehung*, I:1 (1910).

231 F

22 de janeiro de 1911, Viena, IX. Berggasse 19

Caro amigo,

Depois das agradáveis horas em Munique não queria lhe escrever de novo senão quando pudesse dizer que meu filho já estava livre de complicações e sem febre, como agora é o caso. De fato, ele quebrou a perna esquiando, ficou inerte na neve por cinco horas, até que chegasse ajuda, e certamente teria um membro congelado se um companheiro não[1] zelasse por ele. Dois dias e meio se passaram até que o levassem da altitude em que estava (2.000 m) para um hospital. Bem, acredito que acidentes desse tipo sejam determinados pelas mesmas causas que vitimam os filhos dos não ΨAlistas.

No mesmo dia esteve comigo o Dr. Bjerre[2], de Estocolmo, homem meio seco e lacônico, mas que, por fim, revela-se um pensador profundo e sério. Aconselhei-o a ingressar no grupo de Berlim[3]. Ele já fez uma conferência em Helsingfors[4] e tão logo regresse pretende realizar outra em Estocolmo[5]. Em Helsingfors, os ouvintes se interessaram, sobretudo, por "ab-reação" – porque, como ele mesmo observou com propriedade, são pessoas oprimidas.

Eu deveria ficar satisfeito com o resultado de minha entrevista com Bleuler, mas não se esqueça de todos os preparativos feitos em Zurique. De tempos em tempos, hei de agora "incensá-lo" com umas cartas para impedir que ele recue.

Minha saúde também me fez passar um mau bocado. Trabalho, visitas, excitação etc. logo se encarregaram de destruir os benefícios do *intermezzo* em Munique. Nem mesmo fui capaz de rever o pequeno estudo sobre os dois princípios[6]. Hoje é a primeira vez em que me sinto novamente normal neste novo ano e estou decidido a terminar o estudo antes do fim do mês. Naturalmente, o acidente foi um pretexto para que meu complexo de ganhar dinheiro se exacerbasse; o efeito que teve é, de fato, como o de um primeiro prêmio negativo na loteria.

Muito obrigado à sua estimada esposa por cuidar da fotografia e enviar os dois retratos. Devo-lhe agora 36 francos. Que imprudência a sua mandar-me aqueles 40 marcos pelo Banco de Schaffhausen! Agora tenho também de botar meu banco em ação. Tudo somado, devo-lhe ainda mais um marco.

Adler se mantém consequente e está por chegar a uma inevitável conclusão. Não faz muito tempo ele expressou a ideia de que mesmo no coito a motivação não é exclusivamente sexual, também inclui o desejo do indivíduo de parecer *masculino* aos próprios olhos. É, sem dúvida, uma paranoiazinha simpática. Até agora não lhe ocorreu que toda essa teoria não permite uma explicação para os sofrimentos reais, a infelicidade e os conflitos dos neuróticos. Em certa ocasião[7] (depois de Munique), ele defendeu na Sociedade parte do sistema dele e foi atacado por vários lados; não por mim. Agora que o compreendo bem tornei-me senhor de meus afetos: hei de tratá-lo com brandura e contemporizar, embora sem esperança de sucesso. — Mando anexo um artigo de Stekel que meu veto não permitiu sair na *Zentralblatt*. Não o mostre indiscriminadamente a outros, pois poderia me comprometer.

Meu trabalho científico não pôde, assim, progredir nessas últimas semanas, mas por estranho que pareça tive um êxito nunca antes visto em alguns casos de análise. Certos *insights* realmente espantosos, que a discrição me obriga a dar por perdidos, já terão, contudo, servido para reforçar minhas convicções.

Ontem recebi um pequeno texto sobre o culto de Mitra, da autoria de Kluge *(Der alte Orient*, v. 12, n. 3)[8]. Não sei por que o senhor teme a minha crítica em questões mitológicas. Minha satisfação será enorme quando o senhor cravar nesse domínio a bandeira da repressão e da libido e voltar como um conquistador vitorioso à terra natal da medicina. A percepção

Ano 1911

endopsíquica – o fenômeno funcional de Silberer[9] – está claramente destinada a, ainda, desfazer muitos enigmas.

Caso o senhor volte em breve a falar com seu bisavô, diga-lhe que há muito tempo estou interessado no mistério de Mignon[10] e que ele é um grandissíssimo mestre na arte de dissimular as coisas.

Com minhas melhores lembranças para o senhor e os seus,

Cordialmente,

Freud

1. Hológrafo: *nicht* ("não") omitido.

2. Cf. 225 F n. 4.

3. Ele o fez; cf. *Korrespondenzblatt*, n. 6 (agosto 1911), p. 1.

4. Nome antigo (sueco) de Helsinki; entre 1809-1917, a Finlândia era um grão-ducado sujeito ao Czar russo.

5. Bjerre falou sobre o método de Freud em 17-1-1911 na Sociedade dos Médicos Suecos, em Estocolmo; cf. 234 F n. 1.

6. Freud o apresentara em 26-10, na Sociedade de Viena (*Minutes*, III). 246 F n. 3.

7. Em 6-11, Hitschmann propusera que as teorias de Adler fossem discutidas a fundo, com ênfase em suas divergências de Freud, "para que, se possível, se chegasse a uma fusão dos dois enfoques ou, pelo menos, a um esclarecimento da diferença entre ambos". Por sua vez, Freud sugerira que a discussão se restringisse ao "protesto masculino". Adler deu início à sua posição com o estudo "Einige Probleme der Psychoanalyse" (ver 316 F n. 2) e Federn foi o primeiro a falar contra.

8. Theodor Kluge, *Der Mithrakult: seine Anfänge, Entwicklungsgeschichte und seine Denkmäler* (Der alte Orient, XII, 3; Leipzig, 1911).

9. Um conceito introduzido por Silberer em dois estudos – "Bericht" (cf. 150 F n. 2) e "Phantasie und Mythos" (209 F n. 6) – e depois desenvolvido em sua palestra "Magisches und anderes", em 18-1, na Sociedade de Viena (*Minutes*, III, e *Korrespondenzblatt*, n. 4, fevereiro 1911, p. 2). Cf. 251 F; e também Jung, *Símbolos da transformação*, OC 5, § 302.

10. Em *Wilhelm Meisters Lehrjahre* (1796), de Goethe, Mignon é uma moça italiana com aparência de ninfa e sexualidade um tanto ambígua. No tocante ao interesse de Freud, Philipp Sarasin escreveu num ensaio, "Goethes Mignon", *Imago*, XV (1929), que Freud o encorajara a supor que os irmãos de Goethe haviam morrido de tuberculose acompanhada por convulsões e que a lembrança disso poderia ter influenciado Goethe na descrição de um acesso sofrido por Mignon (p. 375, 389-390) (essa referência foi gentilmente fornecida por K.R. Eissler, que em seu monumental *Goethe: A Psychoanalytic-Study 1775-1786*, Detroit, 1963, II, p. 759s., propõe uma interpretação diferente para o ataque de Mignon). Sobre o tema da dissimulação, cf. tb. o discurso de Freud quando da concessão do Prêmio Goethe, Frankfurt, 28-8-1930: "... Goethe, como poeta, não foi apenas um grande revelador de si mesmo, mas também, a despeito da abundância de registros autobiográficos, um cuidadoso ocultador de si mesmo" (Ed. Standard Bras., XXI, p. 246).

232 J

1003 Seestrasse, Küsnach-Zürich,
31 de janeiro de 1911[1]

Caro Professor Freud,

Muito obrigado pelas notícias de sua última carta. – Como a influenza me causou um estrago, peço-lhe que se contente hoje com essa inexpressiva carta a máquina[2]. Os aforismos de Stekel são atrozes; é uma felicidade que não sejam impressos. – O verdadeiro motivo que me leva a escrever-lhe esta carta apressada e desconexa e a enviá-la por meio de um terceiro é apresentar ao senhor um ex-colega meu na Universidade de Basileia, hoje cirurgião. É uma pessoa muito simpática, com um interesse louvável, apesar de limitado, por psicanálise. Tenho certeza de que não irá incomodá-lo; tudo o que deseja é participar de algumas reuniões da Sociedade de Viena e aprender alguma coisa. O nome é Dr. Achilles Müller[3].

Eu não fazia ideia da desgraça que vitimou seu filho. Tendo em vista as circunstâncias, é um verdadeiro milagre que a coisa não tenha sido mais grave. Tais acidentes são perigosíssimos. – Minha mulher e eu externamos nossos melhores votos de pronto restabelecimento.

Espero que sua própria saúde também esteja em forma. Com minhas lembranças,

Cordialmente,
Jung

---

1. Datilografada e assinada. / Jones (II, p. 159-140) cita uma carta de Freud a Ferenczi, 8-2-1911, para apoiar a afirmação: "Em 1911... Jung regressou à América, o que levou Freud a lamentar que o 'Príncipe da Coroa' passasse tanto tempo fora de seu país". Tal hipótese não é, porém, confirmada pelas presentes cartas.
2. Segundo Franz Jung, a irmã de seu pai Gertrud (1884-1935), enfermeira no Burghölzli em 1906-8, mudou-se por volta de 1909 para Küsnacht, vivendo, então, com a mãe (Emilie, *née* Preiswerk, 1848-1923) e trabalhando como secretária de Jung até cerca de 1925.
3. Müller (1877-1964) conquistou grande renome em Basileia como cirurgião e urologista. Em *Minutes*, III, figura como convidado a várias reuniões a partir de 22-2.

233 F

9 de fevereiro de 1911, Viena, IX. Berggasse 19

Caro amigo,

Putnam (que encomendou por cabograma 400 separatas da tradução alemã do ensaio dele publicada na *Zentralblatt*[1]) escreve-me que está disposto a vir à Europa no verão, com a mulher e os filhos, para participar do nosso Congresso em Lugano[2], desde que criemos condições para que em 28 de setembro ele embarque em Gênova.

Acho que devemos aquiescer e fixar as datas do Congresso de acordo com a vontade dele, mas fico à espera de notícias suas para dar uma resposta. Depois da troca de um tubo de gás em meu gabinete[3], voltei a me sentir em forma e tão contente como ficaria em vê-lo antes de setembro; de acordo com o que foi combinado, não creio que eu ainda precise intimá-lo a Viena. Fui, de fato, envenenado. Meu filho está em casa, tentando andar.

A terceira edição de *A interpretação dos sonhos* é agora uma certeza. Por acaso o senhor tem alguma sugestão que eu pudesse aproveitar nos acréscimos?

Os debates com Adler na Sociedade até agora dão excelentes resultados, revelando os pontos fracos do inimigo[4].

Com minhas melhores lembranças para o senhor, sua esposa e as crianças.

Cordialmente,
Freud

---

1. Cf. 214 F n. 2.
2. O III Congresso Psicanalítico Internacional, que Jung propôs de início realizar em Lugano, acabou acontecendo em Weimar.
3. Cf. 236 F.
4. Na reunião de 1-2-1911 da Sociedade de Viena, Adler leu outro trabalho heterodoxo, "O protesto masculino como o problema nuclear da neurose"; a reunião de 8-2 foi dedicada a debater a posição de Adler, sendo retomado o mesmo tema em 22-2. Cf. Jones, II, p. 148s./131s.; também 238 F n. 5, e 316 F n. 2.

234 F

12 de fevereiro de 1911, Viena, IX. Berggasse 19

Caro amigo,

É imperioso que eu aproveite este domingo para lhe escrever. Os dias úteis são muito tumultuados. Não recebi sua carta "inexpressiva" senão em 10-2 e espero que, a esta altura, o senhor já esteja livre da influenza. Foi, de fato, estranho não encontrar sua letra acima de seu nome. Pedi ao novo Achilles que me procurasse na terça e de bom grado o apresentarei à Sociedade como meu convidado. Meu filho está em casa, aprendendo a andar. Meu estado realmente melhorou muito depois de ter passado o cheiro de gás.

No momento ocupo-me do sueco Bjerre, um homem sério e que sem dúvida alguma deve ser levado em conta. Além de um resumo da palestra que fez em Estocolmo, para a *Zentralblatt*, ele também me mandou parte de uma *vitoriosa* análise de um caso de paranoia, sobre a qual já me falara em Viena[1]. Devo agora ler o texto, dar-lhe minha opinião e depois encaminhar tudo ao senhor, para o *Jahrbuch*. Não acha que deveríamos arranjar espaço para ele? Como provavelmente não terá tempo de o aprontar para o primeiro número, o jeito seria dar continuidade, no seguinte, à campanha da paranoia. Quer-me parecer que se trata de um caso de paranoia histérica, coisa que, a meu ver, também existe, idêntica na forma à modalidade padrão, não obstante redutível por se fundamentar na *identificação* com um paranoico autêntico. Porventura o senhor já teve alguma firme evidência desse tipo? Tão logo tenha lido o texto voltarei a lhe escrever a respeito.

Há algumas semanas tenho em gestação uma grande síntese[2] que espero dar à luz no verão; mas para tanto preciso de um quarto onde possa estar sozinho e uma floresta por perto. Nossos planos de verão, no entanto, ainda não foram decididos. O verão aqui em casa é um desses problemas eternamente insolúveis.

Não faz muito tempo, uma paciente me contou um sonho que refuta brilhantemente a teoria. É curto. Ela sonhou que batiam à porta e acordou, mas não havia ninguém. Ausência total de associações. Como, então, resolver isso? Um complicado problema de xadrez?[3]

Para o senhor, as crianças e a mãe, as melhores lembranças de

Freud

O que há com Pfister? Há muito não me diz nada

1. O resumo saiu em *Zentralblatt*, I:7/8 (maio-junho, 1911). Para o texto sobre paranoia, cf. 263 J n. 3.
2. Ao que parece *Totem e tabu*, que Freud começaria a escrever no verão. Cf. 268 F n. 2, 270 F e 293 F n. 2.
3. O "problema de xadrez" é solucionado em "Um caso de paranoia que contraria a teoria psicanalítica da doença", Ed. Standard Bras., XIV, p. 305.

235 J

1003 Seestrasse, Küsnach-Zürich,
14 de fevereiro de 1911

Caro Professor Freud,

Antes de tudo devo expressar meu contentamento por saber que o senhor está bem novamente. Ninguém, então, sentia antes o cheiro de gás? Por intermédio de uma fonte muito discreta tomei conhecimento de parte da história do "complexo" de seu filho. Martin não é o favorito da mãe? Estou certo de que o senhor sabe do resto tão bem quanto eu.

Penso em fazer com que também em Zurique os textos de Adler sejam discutidos e criticados *in extenso*. Putnam é realmente admirável. Mesmo antes de receber sua carta eu escrevera a ele dizendo que, de comum acordo com o senhor, anteciparia a data do Congresso para que, em 28-9, ele pudesse partir de Gênova. Ficou de encontrá-lo em minha casa em Zurique, de modo que o senhor poderia dar o seminário em meu lugar – para Putnam em pessoa, é claro. Ele passará de duas a quatro semanas trabalhando aqui. É, com efeito, espantoso; para isso é preciso ter raça.

Com relação à terceira edição de A *interpretação dos sonhos* , tenho realmente algumas sugestões a dar: critiquei dura e pormenorizadamente o "Mechanism and Interpretation of Dreams"[1], de Morton Prince, e também submeti meus alunos a uma estrita observância do método freudiano. Noto agora que os alunos (e eu também) fazem ressalvas às seguintes passagens: p. 92 (2 ed.) "Os sonhos das crianças pequenas... são inteiramente desinteressantes em confronto com os sonhos de adultos[2]. À luz da própria interpretação de sonhos *freudiana* essa frase se torna questionável; de igual modo p. 94: "embora tenhamos em alta estima a felicidade da infância etc."[3], questionável à luz da teoria sexual *freudiana*. Os sonhos de crianças nas p. 92 e 93 parecem-me insuficientemente interpretados; a interpretação revela apenas a camada superficial do sonho, mas não o todo, que em ambos os casos é claramente um problema sexual em que a energia do instinto, sozinha, explica o dinamismo dos sonhos. Mas talvez o senhor tenha razões (didáticas?) para não revelar a camada mais funda da interpretação, tal como ocorre nos sonhos (do senhor mesmo) que vêm antes. Sinto também a falta de uma referência explícita ao fato de *não* ter sido dada a significação capital (pessoal) dos sonhos (p. ex., Irma[4], tio[5], monografia[6] etc.). Insisto para que meus alunos aprendam a compreender os sonhos do ponto de vista da libido, e em consequência disso é que a ausência do doloroso elemento pessoal, em seus próprios sonhos, é sentida grandemente por nós. A circunstância talvez fosse atenuada se o senhor complementasse o sonho de Irma com a análise típica do sonho de um paciente[7] cujos últimos motivos reais sejam *implacavelmente* revelados, para que o leitor se dê conta (desde o início) de que o sonho não se desintegra numa série de determinantes individuais, mas é uma estrutura construída em torno de um motivo central de natureza extremamente dolorosa. Há semanas que nos concentramos em *A interpretação dos sonhos*, em meus seminários, e noto sempre que a interpretação inadequada dos principais exemplos leva a mal-entendidos e dificulta em geral a compreensão do aluno, já que ele não pode conceber a natureza dos conflitos que são as fontes regulares dos sonhos (no sonho da monografia, p. ex., falta a conversa com o Dr. Königstein[8], ponto capital e indispensável à correta compreensão do sonho). Naturalmente, não podemos nos mostrar nus, mas talvez um modelo viesse a calhar nessa emergência. Seria também de meu agrado que o senhor acrescentasse uma bibliografia[9] relacionada com o seu trabalho.

Espero que não se zangue com minhas observações atrevidas e a expressão desses desejos.

Há uma infinidade de coisas a fazer antes que eu possa colocar o *Jahrbuch* em forma. Desta vez quero também escrever algo.

Com minhas lembranças mais sinceras.

Cordialmente,

Jung

1 A crítica de Jung ao artigo de Prince (cf. 217 J n. 4) saiu em *Jahrbuch*, III:1 (1911) = OC 4.

2. Ed. Standard Bras. IV, p. 136, no qual há notas que indicam as alterações feitas por Freud para a ed. de 1911, ao que parece seguindo as sugestões de Jung.

3. Ed. Standard Bras. IV, p. 140.

4. Ed. Standard Bras. IV, p. 114.

5. Ed. Standard Bras. IV, p. 146

6. Ed. Standard Bras. IV, p. 179.

7. Não acrescentado na ed. de 1911.

8. Ed.Standard Bras., IV, p. 181. A conversa não foi acrescentada.

9. A bibliografia foi acrescentada; cf. Ed. Standard Bras., IV, p. XIX, XXVII. Hoje incorporada à Bibliografia A, Ed. Standard Bras., V.

236 F

17 de fevereiro de 1911, Viena, IX. Berggasse 19

Caro amigo,

Vejo que o senhor não me dá crédito, tomando-me por sujeito a uma existência cíclica na qual de quando em quando é preciso ver o mundo cor-de-rosa. É, então, imprescindível que eu lhe dê mais detalhes. Durante o dia, com a torneira fechada, o gás não escapava e, assim, não havia cheiro. Mas de noite, das 10 à 1, quando eu me punha à mesa de trabalho, sob *a* lâmpada, o gás vazava pelo ponto de junção do cano metálico com o tubo de borracha conectado à lâmpada. Verificou-se que no citado ponto era possível fazer com que uma chama crepitasse. Sentado em meu lugar, imerso na fumaça do charuto, eu não percebia que pouco a pouco o gás se misturava à atmosfera. A consequência eram as misteriosas dores de cabeça que se manifestavam ou se tornavam mais fortes à noite, enquanto eu trabalhava, e uns incômodos lapsos de memória que a toda hora me forçavam, durante o dia, a perguntar-me quem me disse isso, quando se deu aquilo etc. Até hoje me orgulho por não ter atribuído tudo à neurose, mas devo confessar que cheguei a um diagnóstico de arteriosclerose, ao qual me resignei. Agora a trama foi desfeita. Três dias após a troca do tubo as dores de cabeça começaram paulatinamente a ceder[1].

Quanto aos motivos secretos de meu filho, os de caráter social ou, se assim melhor lhe parece, homossexual, eram-me bem conhecidos, e por isso eu contava com o acidente. Ele não me dissera nada sobre a projetada excursão pelas montanhas, mas eu sabia que se metera numa briga nas casernas, alguns dias antes, e esperava ser submetido a um inquérito. Dos motivos eróticos ou heterossexuais só vim a tomar conhecimento mais tarde, provavelmente pela mesma fonte que o informou. A aventura há de deixá-lo um ano inteiro de molho; eu espero que ele, pelo menos, conserve as duas pernas de tamanho mais ou menos igual. Em suas combinações há algo que não parece conferir; ele está longe de ser o filho predileto da mãe, que, por sinal, até o trata com alguma injustiça. Com isso a mãe se compensa pela excessiva indulgência que demonstra para com o irmão dela, com quem ele se parece muito, enquanto minha aspereza com relação ao meu cunhado (agora em Nova York)[2] é estranhamente compensada pela maneira como trato meu filho.

Também a mim parece aconselhável que vocês tomem posição em Zurique quanto ao trabalho de Adler. As duas noites de discussão aqui deixaram-no bastante ofendido. Putnam adiou a partida para 1º de outubro – suponho que também lhe tenha dito – e com isso torna-se mais ampla nossa liberdade de ação. A perspectiva do seminário em Zurique com a qual o senhor me acena é tentadora, mas no caso são dois contra um, pois ambos teríamos mais interesse em que o *senhor* fizesse uma exposição para nós.

Muito obrigado pelos comentários sobre *A interpretação dos sonhos*. Todos, em princípio, serão levados em conta, se bem que nem todos possam se refletir em mudanças na terceira edição. O complemento bibliográfico de que fala já havia sido preparado por Rank. A frase da p. 92, sobre os sonhos das crianças pequenas, será devidamente aclarada com a inclusão de um "parecem"[3]. É inegável que os sonhos infantis da p. 94 estão interpretados de modo superficial, sem que eu me refira à motivação sexual, mas o senhor mesmo encontra a razão disso ao acentuar meu propósito expositivo ou pedagógico. E impossível pressupor no leitor de *A interpretação dos sonhos* o conhecimento da *Teoria da sexualidade*, ou inculcar

Ano 1911 ——————————————————————————————————

esse conhecimento enquanto se propicia uma introdução elementar à nossa concepção dos sonhos. É por isso que não posso alterar o texto de 1899 à luz de minhas descobertas de 1905. O senhor notou com grande argúcia que a elucidação incompleta de meus próprios sonhos gera uma lacuna na compreensão de todo o assunto, mas também aqui deu com a motivação correta, que era, aliás, inevitável. O leitor não merece que a gente se dispa ainda mais diante dele. De cada sonho só explico, assim, o que se faz necessário para salientar um ponto específico; um aclara a deformação, outro o material infantil, o terceiro a realização de desejos, e em nenhum trago à baila tudo o que se espera normalmente de um sonho apenas porque são meus sonhos pessoais que estão em jogo. Quanto à *corpora vilia*[4], em cujos sonhos se deve revelar *implacavelmente* tudo, só é lícito incluir aqui os neuróticos, os pacientes; e a comunicação dos sonhos deles[5] se tornava impraticável, já que eu não podia pressupor os segredos da neurose, em cujo encalço se punha justamente a interpretação. (No sonho com a monografia a conversa fundamental com Königstein girava em torno do mesmo tema que abordamos em Munique. Cf. a estátua egípcia que consta ter custado 10.000 coroas. Quando eu era moço, meu pai costumava zangar comigo por gastar muito com livros, que representavam, então, minha maior paixão. Como o senhor vê, isso não é para o povo.)

Ainda que o crítico e o seminário estejam perfeitamente corretos, o autor não pode, pois, mudar nada. Os princípios da interpretação de sonhos são, por assim dizer, provados pela própria natureza do livro, pelas próprias deficiências que encerra. Mas o autor pretende remediar isso de outro modo. No prefácio, que já foi escrito, consta que esse livro não será reeditado e, sim, substituído por outro, novo e impessoal[6], para o qual hei de coletar material, com a ajuda de Rank, nos três ou quatro anos vindouros. Meu encargo será tratar dos sonhos, pressupondo ou talvez adiantando minhas descobertas concernentes à teoria das neuroses, enquanto Rank há de se consagrar às implicações literárias e mitológicas. Embora o projeto tenha sido concebido há algum tempo, sua crítica se mostra valiosa para aclarar-lhe o propósito, e caso não faça objeção hei de utilizá-la no prefácio, mais ou menos com suas próprias palavras.

O último número da *Zentralblatt* é uma bagunça medonha; é obra de Adler – ele e Stekel se revezam na editoria – e muito interessante do ponto de vista psicanalítico. Reclamei com Adler, mas é evidente que ele apenas me deu desculpas esfarrapadas em vez de esclarecer os motivos secretos por trás de suas aberrações. O senhor mesmo há de encontrar uma interpretação mais detalhada. É óbvio que Silberer não pode ter dito *isso* na palestra dele sobre mágica[7]. O ovo de cuco provém de um resumo da palestra de Adler, previsto para o próximo número.

A Society for Psychical Research[8] solicitou-me a apresentar minha candidatura como membro correspondente, o que me leva a supor que a eleição esteja garantida. O primeiro sinal de interesse nessa *dear old England*[9] A *list of members*[10] é, de fato, imponente.

Para o senhor e todos os seus, as melhores lembranças de

Freud

1. Esse parágrafo foi publicado em Schur, *Freud: Living and Dying*, p. 260.

2. Eli Bernays; cf. 230 J n. 5.

3. Hológrafo: *scheinen*. A palavra incluída foi, na verdade, *häufig*, "amiúde"; cf. Ed. Standard Bras., IV, p. 136.

4. "corpos vis". Cf. Filipenses 3,21: "... o qual transformará nosso corpo vil para que ele seja igual ao corpo de sua glória...". A frase latina reproduz naturalmente a da Vulgata. No tocante aos anos de *Gymnasium* de Freud e às suas leituras da Bíblia quando jovem, cf. Jones, I, p. 22s./19s.

5. Hológrafo: *Ihrer*, "seu".

6. Na verdade, isso não figura no prefácio da 3. ed. Ed. Standard Bras., (IV, p. xxxv); enquanto Freud ainda era vivo, *A interpretação dos sonhos* chegaria à oitava edição alemã. Cf. também 255 F, 1º §.

7. O relatório de Rank sobre as atividades da Sociedade de Viena até o fim de 1910 (*Zentralblatt*, I:4, janeiro 1911, 184s.) era seguido na página próxima por uma matéria circunstancial (não assinada) com o título "15. Sitzung am 18, Jan. 1911, Herbert Silberer: Magie und Anderes" e um resumo que obviamente pertencia à palestra de Adler em 4-1-1911 (cf. 231 F n. 7); no número seguinte (I:5-6, 271) ambas as palestras foram corretamente resumidas.

8. Segundo Jones (II, p. 99-88), Freud foi feito membro honorário, mas os *Proceedings*, XXV (1911), 479, da Sociedade o dão por membro correspondente. Entre os membros figuravam A.J. Balfour, Madame Curie, Henri Bergson, Nicholas Murray Butler, Stanley Hall, Pierre Janet etc.

9. Em inglês no original.

10. Em inglês no original.

237 J

1003 Seestrasse, Küsnach-Zürich,
28 de fevereiro de 1911

Caro Professor Freud,

O domingo passado, que teria sido o melhor dia para lhe escrever, foi comprometido por uma significativa ressaca do carnaval. Um sacrifício aos deuses ctônicos, em suma, para que eles não perturbem meu trabalho.

Muito obrigado pelas informações sobre *A interpretação dos sonhos!* Nas p. 128-129 (embaixo) há uma passagem em que o senhor faz dos sonhos de crianças uma exceção à regra[1]. A grande significação dos sonhos de crianças foi-me admiravelmente ilustrada por minha filha Grethchen, a qual sonhou que "o amiguinho Hans tinha esticado na cabeça um gorro de feltro (escondendo-a, assim, por completo) e que ela era obrigada a engoli-la". Sonhou também com uma loba "que se sentou no túnel". Ela agora está com cinco anos. O conhecimento do prepúcio e da glande é notável. "Consequentemente", foi tomada por fortes *vômitos* (aos quatro anos) quando o padrinho dela esteve em nossa casa com a noiva. Grethe ficou com um ciúme incrível.

Absorvo-me em minhas ideias sobre o problema do incesto e encontrei fantasias extraordinárias entre meus pacientes. Disso deve sair alguma coisa.

A notícia de um novo livro sobre sonhos interessou-me muito, sobretudo devido ao paralelismo dos nossos pontos de vista. Sempre considerei a análise de sonhos um dos nossos problemas mais difíceis e ricos em recompensa.

Passemos, então, às novidades! Acho que não preciso dizer nada sobre o *Journal of Abnormal Psychology*, no qual, decerto, o senhor terá encontrado nosso amigo Schottländer[2]. A controvérsia Jones-Prince é boa[3]. No *Jahrbuch* sou eu quem faz o baixo: também puxei a orelha de Prince e mostrei-lhe que não é *dessa forma* que se faz análise de sonhos. Espero que o senhor aprove esse gesto independente. O trabalho está firme, não contém senão críticas. Decididamente, acho que nosso papel é replicar tão logo alguém se meta em nosso território com um trabalho *positivo*, ou melhor, com os vícios de um remendão. Não hei de ser complacente com Prince, acima de tudo depois de ler a resposta incrivelmente arrogante que ele deu a Jones.

Um dos meus (jovens) alunos aqui, o Dr. Lenz[4], trabalha com o Geheimrat Kraus[5] na II Clínica Médica da Charité, em Berlim, para onde importou com sucesso a ΨA. Eis o que me escreve: "Kraus está muito entusiasmado no momento, querendo que a psicanálise seja adotada e promovida na Clínica de modo intensivo". Considerando-se a posição de Kraus, a coisa merece toda a atenção; parece também que ele está interessado em me conhecer. Acho que convém aproveitar os ventos favoráveis e, desse modo, penso em dar um pulo a Berlim (dentro de duas-três semanas). Não seria nada mal se abríssemos uma brecha lá.

Em nossa última reunião de ΨA, Pfister foi posto na berlinda porque sua "criptografia"[6] deixou muito a desejar. Algumas objeções básicas não tinham sido consideradas. Apesar de o fenômeno ser em si mesmo indubitável, as determinantes não foram expostas com suficiente clareza. Seria muito oportuno que o senhor desse uma olhada no texto antes de ele ir para o prelo.

Infelizmente, a colaboração de Rank[7] chegou tarde demais. É provável que também a de Silberer, a última[8], tenha de ficar de lado e aguardar o verão, pois o número atual do *Jahrbuch* já está muito volumoso.

Espero que em sua casa todos estejam bem. Por aqui tudo em ordem.

Com minhas lembranças,

Cordialmente,
Jung

1. Ed. Standard Bras., IV, p. 201.
2. Friedländer, "Hysteria and Modem Psycho-analysis", *Journal of Abnormal Psychology*, V (fevereiro-março, 1911). Cf. 179 F n. 3.
3. O mesmo número do *Journal* trazia um texto de Jones, "Remarks on Prince's Article: 'The Mechanism and Interpretation of Dreams'", e um de Prince, "Reply to Dr. Jones".
4. Emil Lenz (1886-1933) doutourou-se em Medicina em 1910, em Zurique, ingressou na Sociedade de Berlim em julho de 1911 e regressou a Zurique em março de 1912. Mais tarde, foi livre-docente de Farmacologia Experimental em Berna.
5. Friedrich Krauss (1858-1936), professor de Medicina na Universidade de Berlim; diretor da clínica médica da Charité.
6. Cf. 287 J n. 2.
7. "Ein Beitrag zur Narcissismus", *Jahrbuch*, III:1 (1911) – afinal incluído.
8. "Uber die Symbolbildung", *Jahrbuch*, III:2.

Ano 1911 ——————————————————————————

238 F

1º de março de 1911, Viena, IX. Berggasse 19

Caro amigo,

Sua carta chegou hoje e tenho boas razões para a responder em duas partes, com uma noite de quarta-feira pelo meio[1]. Mais uma vez obrigado por seus comentários sobre *A interpretação dos sonhos*. Concordo com o senhor em quase todos os pontos, mas, como já disse, não posso modificar o texto e penso em atender de outro modo às suas objeções. Enviar-lhe-ei o prefácio depois de fazer a inserção[2] baseada em sua carta.

É pelo menos com uma satisfação parcial que vejo que *A interpretação dos sonhos* está se tornando obsoleta e deve ser substituída por algo melhor, embora durante toda uma década eu a tenha julgado inatacável. Torna-se, pois, bem claro que algum progresso fizemos.

Só hoje à noite verei o *Journal*, de Prince. *Concordo integralmente* com sua crítica enérgica e as conclusões a que chega: ele, de fato, não tem talento nenhum e é bastante ardiloso. Eu mesmo lhe consagrei umas palavras ásperas na terceira edição[3] tendo em vista as objeções que fez a uma argumentação sobre o esquecimento de sonhos.

Eu já tinha ouvido falar que Kraus se interessava pela ΨA, mas não sabia que se inclinava a uma participação ativa. Antes de ir para Berlim, ele esteve em Viena, muito embora nunca o tenha visto aqui. Esperemos que essa aproximação conosco se fundamente numa sólida base pessoal, p. ex., uma franca hostilidade para com Ziehen. Seria ótimo se o senhor pudesse aparecer por lá, pois teria também uma primeira ocasião de inspecionar, como presidente, um dos nossos grupos locais. Os berlinenses (*i. e.*, Abraham) estão se saindo muito bem.

Graças à fundação do grupo de Nova York[4] devo parabenizá-lo pela extensão de seu império. A cada ano, a partir de agora, há de ser feito um novo acréscimo. É apoiado nessa convicção que já concebo um plano para criar vínculos mais estreitos entre a *Zentralblatt* e a Associação Internacional, o qual consiste em garantir a todos os sócios uma assinatura automática, abrir mão da *Korrespondenzblatt* e destinar uma rubrica na *Zentralblatt* para as comunicações do presidente. Escrevi sobre isso a Bergmann e assim que chegue a resposta dele, que está demorando, voltarei a lhe falar. A mudança poderia ser posta em votação no Congresso e entrar em efeito a partir do segundo ano da *Zentralblatt*.

3 de março de 1911

Depois de ter lido o *Journal of Abnormal Psychology* torno-me ainda mais favorável às lambadas que o senhor aplicou em Morton Prince; ele é, de fato, um asno arrogante que mesmo em nossa *ménagerie* se situaria em posição de relevo. A crítica de Jones é moderada e cortês, correspondendo, assim, à conduta e ao trabalho com que, desde Worcester, ele se tornou merecedor de nossa gratidão mais profunda. A escolha feita pelo senhor na época justifica-se agora plenamente.

Hoje recebi a resposta de Bergmann ao meu plano para a *Zentralblatt*; diz ele, de modo quase equivalente a uma recusa, que o melhor seria esperar. Não desisto, todavia, da ideia, e gostaria de saber sua opinião.

Desde anteontem assumi a liderança do grupo vienense[5]. Era impossível continuar com Adler; ele mesmo entendeu isso e admitiu que suas novas doutrinas eram incompatíveis com a presidência. Stekel, que agora é unha e carne com ele, acompanhou-o na decisão, e depois dessa tentativa malograda retomei as rédeas na mão, disposto a não afrouxá-las nem um pouco. É provável que já tenhamos de contar com prejuízos de monta. Hitschmann, que como o senhor sabe é um ortodoxo, passou a ser o substituto eventual do presidente. Entre os sócios mais antigos foi forte a oposição a Adler, ao passo que a simpatia por ele tornou-se bem evidente entre os mais novos e jovens. Inclino-me a vingar agora a injuriada deusa Libido e hei de ser mais cauteloso para impedir que a heresia conquiste muito espaço na *Zentralblatt*. Uma boa parcela de perplexidade ocultava-se sob a aparente firmeza com que Adler tomou essa resolução. Nunca esperei que um ΨAlista se deixasse levar assim pelo ego. Na realidade, o ego é um verdadeiro palhaço que está sempre metendo o nariz onde não é chamado para provar aos espectadores que tudo o que acontece no circo é obra dele.

Nos próximos dias espero nosso partidário mais exótico, o Lt.-Colonel Sutherland[6], de Saugor, na Índia, que, a caminho de Londres, pretende passar dois dias aqui. Ao que parece, a Inglaterra começou finalmente a se mexer.

Com minhas melhores lembranças para o senhor e a família,

Cordialmente,

Freud

1. *I. e.*, a costumeira reunião da Sociedade de Viena; cf. adiante, na altura da n. 5.
2. Cf. Ed. Standard Bras., XXXV; provavelmente a referência de Freud à expansão das edições futuras.
3. Ed. Standard Bras., V, 556.
4. A.A. Brill fundara a Sociedade Psicanalítica de Nova York, com 21 membros, em 12-2-11. Cf. Jones, II, p. 98-97; *Zentralblatt*, II:4 (1911-1912), p. 233, para o informe do presidente; e Hale, *Freud and the Americans*, p. 317, 527, em que o número de sócios--fundadores é dado por 15, com detalhes sobre 12 membros.
5. Numa reunião do comitê antes da reunião costumeira de 22-2, em que prosseguiu o debate de Adler (cf. 233 F n. 4), este renunciou à presidência, "devido à incompatibilidade de sua atitude científica com sua posição na Sociedade", e contou com a solidariedade de Stekel, que abriu mão da vice-presidência. Uma resolução, agradecendo-lhes os serviços prestados e formulando o voto de que permanecessem na Sociedade, foi unanimemente aprovada. Ambos continuaram a participar das reuniões, mas até 24 de maio nenhuma observação de Adler foi registrada (*Minutes*, III; cf. Jones, II, p. 149-132s.).
6. W.D. Sutherland (1866-1920), oficial-médico numa escola de cavalaria em Sagar (ou Saugor), nas antigas Províncias Centrais (hoje Madhya Pradesh). Ingressou na Associação Psicanalítica Americana e em 1913 transferiu-se para a Sociedade Psicanalítica de Londres como sócio-fundador.

239 J

1003 Seestrasse, Küsnach-Zürich,
8 de março de 1911

Caro Professor Freud,

Espero sinceramente que o senhor não tome meus comentários sobre a terceira edição de *A interpretação dos sonhos* por uma crítica depreciativa. Creio que o livro está longe de se tornar obsoleto. "Aquele que o fez o proveu de espada", está dito em Jó[1]. Dez fecundos anos de trabalho separam-nos, porém, de 1900, e é de se esperar que numerosos problemas se lhe tenham entrementes propostos.

Seu plano para a *Zentralblatt* é ótimo. Com ele chegaria ao fim o cisma com a *Korrespondenzblatt* que, do modo como vão as coisas, está condenada a uma pobre existência ao lado da *Zentralblatt*. A maior parte das mensalidades poderia, então, ser destinada a assinaturas da última.

Creio que isso poderia ser resolvido sem maiores delongas desde que eu sondasse os grupos locais. Primeiro quero, no entanto, contar com sua aprovação. Na América haverá dificuldades já que lá nem todos leem alemão. A assinatura teria de ser facultativa, reduzindo-se a mensalidade para os que não queiram receber a *Zentralblatt*. Diga-me, por favor, o que o senhor acha disso.

O Dr. Haslebacher[2] anda a insistir comigo para que transfira o Congresso para Locarno (onde ele passa o verão). Tecnicamente seria fácil arranjar acomodações lá, mas Locarno fica a meia hora de viagem da linha de Gotthard[3], de modo que as partidas e chegadas não seriam muito simples.

Proponho as datas de 24 e 25 de setembro para o Congresso.

Parabéns por sua elevação à presidência! Eu estava realmente espantado com as últimas reviravoltas aí. Talvez, em sua próxima carta, o senhor dê mais detalhes sobre essa rebelião. Adler está se tornando uma ameaça e Stekel se mostra profundamente irresponsável ao aliar-se a ele pelo simples fato de ambos terem os mesmos complexos. Que será da *Zentralblatt* se soprarem ventos contrários? O senhor pensa em substituir os editores?

Fui convidado a falar sobre ΨA no I Congrès International de Pédologie[4] (agosto, em Bruxelas). Irei com a garantia de um salvo-conduto, como Lutero à dieta de Worms, mas sem a ilusão de convencer alguém. Estou apenas curioso para saber o que pretendem. Há muito tempo não me ponho em contato com estrangeiros e desde Amsterdam não compareço a um Congresso. Como já se passaram quatro anos, acho que é tempo de ver se os corvos ainda voam ao redor da montanha.

A réplica de Prince a Jones é de uma arrogância ímpar e hei de acrescentar à minha crítica umas reflexões complementares. Tudo indica que o pessoal está se atracando pelo pescoço na América.

Tenho de admirar a coragem de Jones. O senhor também há de ter ficado pasmo com a presença do porco Schottländer no mesmo número[5]. Lamento a sorte de nossos jovens amigos, que serão tragados pelo dilúvio de hipocrisia que esse artigo desencadeia. Esperemos que Putnam entre em cena e distribua a torto e a direito umas boas lambadas. Hei de me arrepender eternamente por não ter dado uma surra em Schottländer e o atirado escada abaixo. Ele é uma besta!

Tirando isso, todos os números do *Journal of Abnormal Psychology* podem ser tomados por um motivo de contentamento. Nada, a não ser ΨA, por assim dizer. Quando será que a *Neurologisches Zentralblatt* vai enveredar pelo mesmo rumo?

Deuticke insiste em manter os manuscritos do *Jahrbuch* numa aflitiva incubação. Não lhe mandou nenhuma prova? Hoje escrevi-lhe um cartão, pressionando-o. É incerto que eu ainda possa incluir os trabalhos recém-chegados de Silberer e Rank dada a massa de texto que já compõe o *Jahrbuch*.

O senhor poderia ler com um olho crítico as provas do ensaio de Pfister e fazer as alterações que julgue necessárias? Esse ensaio, diga-se, é muito atrevido, e a segunda parte, que deixei de fora por falta de espaço, pode ser perigosa. Hei de enviá-la mais tarde para saber sua opinião.

Espero que o senhor esteja bem, como toda a família. Aqui tudo em paz.

Com minhas lembranças mais sinceras,

Cordialmente,

Jung

Bleuler não quer assumir a presidência já. Em vez disso, contrapõe-se às minhas tentativas de "amolecimento" com certa "baixeza inconsciente".

1. Jó 40,19, referindo-se a Behemoth.
2. Johannes Adolf Haslebacher, médico de Berna; membro da Sociedade de Zurique clinicando em Bad Ragaz.
3. Via férrea do norte da Suíça à Itália, à qual Locarno é ligada por um ramal.
4. Tal qual no hológrafo, quando o certo seria "de Pédagogie". Cf. 269 J n. 2.
5. Cf. 237 J n. 2.

240 F

14 de março de 1911[1], Viena, IX. Berggasse 19

Caro amigo,

O trabalho ainda não dá para me sufocar e por enquanto só uma coisa me perturba, meu complexo monetário. Prefiro ganhar muito dinheiro sozinho, já que sou avesso a confiar na gratidão do respeitável gênero humano.

As datas de 24 e 25 de setembro são perfeitas para mim. Mas Lugano é melhor que Locarno; se o som é quase o mesmo, a beleza difere e aponta inquestionavelmente a favor da primeira.

Disponho-me de bom grado a ler Pfister, desde que ele não se importe e que o senhor instrua Deuticke para me mandar as provas. Entreguei hoje a ele *A interpretação dos sonhos*, que me prometeu para amanhã as primeiras provas de meu trabalho[2]; no mais, reclamou da tipografia.

A situação da *Zentralblatt* é a seguinte: a primeira reação de Bergmann foi uma recusa polida, teria de pensar um pouco etc., mas isso não quer dizer nada. Cumpre agora ao senhor, como presidente da Associação, fazer-lhe proposta, baseando-se no número atual de sócios e na estimativa para o futuro. Quanto à América, temos de pensar melhor. Se abrirmos mão dos assinantes americanos, o que sobrar não será tão apetitoso para Bergmann. O pessoal que se ocupa da ΨA na América deveria, aliás, saber ler alemão. Para que não contrariem nossas intenções, basta que o representante deles no Congresso (Putnam) aceite-as em nome de todos. É pouco provável que se possa chegar a uma solução definitiva antes de iniciar-se um novo ano para a *Zentralblatt* e um novo período de cobrança de mensalidades para a Associação, o que, em ambos os casos, há de coincidir com o Congresso. Até lá o senhor já pode ter chegado a um acordo com Bergmann; teria apenas de incluir uma cláusula prevendo a ratificação do contrato pelo Congresso que, assim, ver-se-ia obrigado a discutir uma importante questão prática. Há umas duas semanas escrevi também a Bleuler sobre os problemas da *Zentralblatt* a fim de manter o nervicontato. Até agora nada de resposta. Temos de ser pacientes. É exatamente depois que fazem uma concessão que as pessoas como ele se tornam mais desagradáveis. Um passo à frente, meio passo atrás; caráter compulsivo.

A revolução palaciana em Viena pouco repercutiu sobre a *Zentralblatt*. Naturalmente, só espero uma oportunidade para me livrar dos dois, mas eles sabem disso e se mostram muito prudentes e conciliadores, de modo que, por enquanto, não há nada a fazer. Toleram, inclusive, o controle mais severo que evidentemente se torna agora necessário. Na verdade, estou cheio deles. Nenhum de meus vienenses jamais chegará a nada; só o pequeno Rank, que é inteligente e correto, tem um futuro pela frente.

Na literatura científica as consequências da rebelião de Adler hão de recair sobre nós. Era mais do que tempo de eu intervir, pois ele dissimula muita coisa que em breve viria às claras. Numa discussão saiu-se com o seguinte argumento: "Se você indaga de onde provém a repressão, a resposta será: da cultura. Mas se indaga de onde provém a cultura, a resposta só pode ser: da repressão". Um mero jogo de palavras, como o senhor vê. Dei, porém, minha paga pela astúcia, perguntando-lhe onde estaria o paradoxo se o indivíduo repetisse o mesmo trabalho de repressão que os antepassados levaram a cabo antes dele e que eventualmente acaba por se converter em cultura. De outra feita repreendi-o por dizer num trabalho que já estava no prelo que era ainda no período *assexual* da infância que se formava uma atitude hostil para com o pai. Ele o negou, mas mostrei-lhe a coisa impressa; tinha escrito, de fato, *pré-sexual*, mas pré-sexual não é o mesmo que assexual?

Como de hábito, o novo livro de Stekel[3] é rico em conteúdo – o porco sempre acha o que comer –, mas tirando isso é uma autêntica porcaria, sem qualquer esforço de coerência, cheio de lugares-comuns e novas generalizações tortuosas, tudo alinhavado com um relaxamento incrível. *Cacatum non est pictum*[4]. Ele representa o inconsciente perverso incorrigido, Adler o ego paranoide; a soma dos dois, à luz da ΨA, talvez produza *um* ser humano. O ego de Adler segue o comportamento típico do ego, análogo ao do palhaço que não se cansa de fazer caretas no circo para assegurar ao público que tudo o que acontece ao redor depende dele. Tanta tolice é de dar pena!

Contente por saber que tudo em sua casa vai bem, mando-lhe minhas melhores lembranças. Espero escrever-lhe em breve sobre os planos para o verão.

Do amigo,
Freud

---

1. Escrita, na realidade, em 13-3? Cf. o início de 241 F.
2. Cf. 246 F n. 3.
3. *Die Sprache des Traumes* (Wiesbaden, 1911).
4. = "O defecado não é pintado"; fonte não localizada.

Ano 1911

241 F

14 de março de 1911, Viena, IX. Berggasse 19

Caro amigo,

Itens suplementares para os quais não tive mais espaço ontem (a carta foi intencionalmente pré-datada).

a) Hoje as primeiras provas de Deuticke.

b) Hoje a resposta de Bleuler, com a irresolução habitual disfarçada em modéstia. Já respondi, oferecendo, à guisa de sequência para a "Apologia", a tarefa de criticar para a *Zentralblatt* os "melhores" (!) artigos de nossos adversários.

c) Primeiro sinal de vida da Austrália. O secretário da seção neuropsiquiátrica do "Australasian Medical Congress", Sydney 1911, um tal de Dr. Davidson[1] (o nome pelo menos soa familiar), apresenta-se como assinante do *Jahrbuch* e defensor da ΨA. "Como as minhas teorias ainda são totalmente desconhecidas na Austrália", pede-me um artigo introdutório para ser publicado nos anais do Congresso[2]. – O mais recente espécime exótico foi Sutherland, de Saugor (Índia), um escocês boa-praça que há dez dias esteve em minha casa e já traduziu parte de *A interpretação dos sonhos*. Por trás dele há um outro que andou psicanalisando os hindus e concluiu que também entre eles a libido está na origem de todos os "estados mentais": trata-se do Dr. Barkley (?) Hill[3], filho do famoso especialista em sífilis de Londres. Esse jovem há também de publicar algo dentro em breve.

d) Em que pé anda sua viagem a Berlim? Interesso-me mais por essa do que pela que o levará ao Congresso de Bruxelas.

e) Será que com essa fórmula o senhor poderia partir para alguma coisa: o símbolo é o substituto inconsciente de um conceito consciente; a formação de símbolos é a etapa inicial da formação de conceitos, assim como a repressão precede o julgamento?

Com as melhores lembranças de
Freud

---

1. Andrew Davidson (1869-1938), psiquiatra de Sydney, nascido na Escócia, secretário da seção de medicina psicológica e neurologia do Australasian Medical Congress; posteriormente, afastou-se da psicanálise.

Ano 1911

2. Cf. 255 F n. 1.

3. Owen A.R. Berkeley-Hill (1879-1944), oficial-médico em Bengala, mais tarde em Bombaim. Ingressou na Associação Psicanalítica Americana e em 1913 transferiu-se para a Sociedade Psicanalítica de Londres como sócio-fundador. Seu pai era o Dr. Matthew Berkeley-Hill, membro do Colégio Universitário de Médicos, Londres.

242 F

16 de março de 1911, Viena, IX. Berggasse 19

Caro amigo,

O senhor deve estar espantado com esse meu ataque epistolar. Mas a presente carta é um *comunicado oficial* que, na qualidade de presidente em Viena, endereço ao presidente da Associação Internacional. O conteúdo tem pouco a ver com minhas próprias ideias.

Na reunião de ontem recebi a incumbência de lhe transmitir o seguinte:

"Tendo em vista a importância do Congresso, seria desejável garantir o mais amplo comparecimento possível. A escolha de Lugano[1] acarretaria uma viagem extraordinariamente longa e gastos excessivos para os vienenses, impedindo talvez o comparecimento de muitos, sobretudo porque a data (24-25 de setembro) cai em pleno ano de trabalho médico. O grupo vienense opta, assim, por um local de encontro mais central, partindo da premissa de que, para os convidados americanos, isso não faria a menor diferença. Em caso de Lugano ou outra cidade suíça ser, não obstante, escolhida, solicitam que se tente obter um abatimento nas passagens dos trens suíços; no tocante à parte austríaca da viagem, consideram certa essa redução. Finalmente, propõem que um dos próximos congressos seja realizado em Viena".

Tal era a mensagem. Ao submeter-lhe esses desejos, apenas cumpro meu dever, ignorando por completo minhas preferências e complexos.

Cordialmente,
Freud

1. No extremo sul da Suíça, a cerca de 14 horas de trem de Viena.

Ano 1911

243 J

1003 Seestrasse, Küsnach-Zürich,
19 de março de 1911

Caro Professor Freud,

Com três cartas por agradecer, respondo em ordem cronológica aos assuntos nelas ventilados.

Disponho-me de bom grado a atacar o problema de *Zentralblatt*. Só que, primeiro, gostaria de resolver a situação americana. Mantenho uma animada correspondência com Jones[1] sobre a organização do "branch"[2] americano. De Nova York não tive mais notícias. O grupo só pode ser reconhecido depois que a lista de membros seja complementada pela "contribution"[3]. A quantidade de sócios europeus não dará para impressionar Bergmann. Ouvi dizer que em Munique está sendo fundado um novo grupo.

As notícias sobre Adler são muito interessantes. Também aqui em Zurique diferentes colegas notaram que os pacientes se valem dos escritos de Adler como uma fonte de resistência, bem como de observações de Bleuler sobre "certos" discípulos de Freud. A conjectura de Adler sobre repressão e cultura é uma típica "pergunta de examinador", intencionalmente lançada para confundir os outros e não para promover uma verdade.

O novo livro de Stekel ainda não chegou e eu, aliás, nem sabia que o havia escrito. A toda hora me pergunto se uma atitude francamente crítica não acabará por se tornar necessária em nosso próprio território. A tática do "vale-tudo" em que Stekel se compraz soa-me totalmente enganosa e não consigo engoli-la; uma oposição indiscriminada ao bom gosto carece, a meu ver, de sentido.

Como não tive mais notícias de Berlim, decresce meu otimismo quanto à situação local. Kraus é, de fato, um inimigo mortal de Ziehen, e até aí tudo bem. Se as notícias forem animadoras, naturalmente não hesitarei em empreender a viagem.

De Tübingen recebo a informação de que o livre-docente Busch[4] dispôs-se a dar-me a honra de uma visita em Zurique. Ao que parece, ele foi contaminado por Stockmayer.

No que tange aos seus planos de verão, atrevo-me a trazer-lhe à lembrança sua promessa anterior, qual seja, a de que o senhor e sua esposa seriam nossos *hóspedes*. Faço votos de que nada o impeça de cumpri-la. Pensando nisso já adiei, inclusive, meu serviço militar.

Só agora, tendo recebido as provas, posso apreciar o seu Schreber. É não só capaz de provocar gargalhadas como também brilhantemente escrito. Fosse eu um altruísta e estaria a dizer como me alegro ao vê-lo apegar-se a Schreber e mostrar à psiquiatria os tesouros que aí jazem. A verdade, porém, é que tenho de me contentar com o papel do invejoso por não ter sido o primeiro a fazê-lo, se bem que isso não seja propriamente um consolo. Não havia outro jeito, pois meu tempo era consumido por coisas que para mim tinham mais valor que os problemas especificamente psiquiátricos. É, por sinal, bem provável que eu retorne à psiquiatria depois de uma longa volta. Há mais de um ano, em meio a inenarráveis dificuldades, analiso um caso de Dem. pr. que produz estranhos resultados; tento torná-los compreensíveis por meio de uma investigação paralela da fantasia incestuosa com relação à fantasia "criadora". Hei de solicitar seus conselhos assim que minhas ideias tenham amadurecido. Por ora continuo a ruminar.

Também recebi o convite australiano. Que pretende o senhor escrever? Realmente, não sei o que fazer[5].

A definição de símbolo se justifica se considerada de um ponto de vista exclusivamente intelectual. Mas o que se daria se um símbolo fosse posto em lugar de um conceito claro com a intenção de ser reprimido? Por exemplo: à pergunta "Como foi criado o primeiro homem", um mito indígena americano responde: de um *punho de espada* e uma *naveta de tecelão*[6]. Aqui, a formação do símbolo parece objetivar algo totalmente diverso da formação do conceito. A formação de símbolos é, a meu ver, a ponte necessária para o *repensar* de conceitos há muito conhecidos, dos quais a catexia libidinal é parcialmente retirada pela canalização numa série de paralelos intelectuais (teorias mitológicas). Esse é exatamente um dos problemas que me preocupam no momento. Como o senhor vê, abordo-o de um ângulo um pouco diferente, e por isso é que a hipótese de Silberer, que fui forçado a rejeitar antes[7], não me satisfaz inteiramente.

Interessei-me a fundo por seu "princípio de prazer e de realidade" e tive de adotar sua terminologia. "Princípio de prazer e de realidade" é

Ano 1911

realmente uma expressão magnífica com um vastíssimo raio de aplicações. Só lamento não me ter apossado desse enfoque mais cedo.

No tocante ao Congresso, acho que de Lugano a Viena o pulo seria muito grande. Sugiro, em vez disso, que nos fixemos novamente em Nuremberg, onde nos ajeitamos tão bem no outro Congresso. Para os suíços, Viena fica, de fato, muito longe, observação que também se aplica aos americanos e mesmo aos berlinenses. Para mim, pessoalmente, Viena seria ótimo, pois gosto muito da cidade e não me importo com a viagem, mas a posição central de Nuremberg requer de todos mais ou menos os mesmos sacrifícios. Peço-lhe, por conseguinte, que submeta minha ideia ao seu grupo. Devo dizer que um abatimento nos trens suíços está fora de cogitações (a linha de Gotthard, p. ex., é de uma companhia particular!). Queira ter a bondade de informar ao seu grupo que (exercendo minha autoridade) eu gostaria que decidissem *por votos*, na próxima reunião, se Nuremberg convém ou se a preferência recai noutra cidade. Pedirei também a outros grupos que ponham o assunto em votação.

A 15 de abril parto de automóvel com minha mulher numa viagem pelo sul da França. Duração prevista: 16 dias. A perspectiva das férias já me entusiasma, pois nos últimos tempos trabalhei demais.

Folgo em saber que o senhor não se encontra sobrecarregado, o que, sem dúvida, há de ser benéfico para sua saúde; e espero que, no mais, tudo esteja bem. Com minhas lembranças,

Cordialmente,
Jung

---

1. A correspondência entre Jung e Jones, embora Jones a cite frequentemente no vol. II de seu *Freud: Life and Works*, desapareceu após a publicação deste livro (1955) (informação do Instituto de Psicanálise, Londres).
2. Em inglês no original. / Cf. 257 J n. 2.
3. Em inglês no original.
4. Alfred Busch (1876-1938), psiquiatra em Tübingen, mais tarde professor em Colônia.
5. Cf. 254 J n. 2.
6. Citado em *Símbolos da transformação*, OC 5, § 201, n. 28 (também na edição de 1911-1912). O mito em questão não procede da América e, sim, dos *kayan* de Bornéus, tal como consta em A.W. Nieuwenhuis, *Quer durch Borneo* (Leiden, 1904), vol. I, p. 129, e II, p. 113 (informação gentilmente prestada por Claude Lévi-Strauss e Nicole Belmont, Laboratoire d'Anthropologie Sociale, Paris).
7. Cf. 213 J, § 3.

244 F

25 de março de 1911, Viena, IX. Berggasse 19

Caro amigo,

Rank já lhe mandou o resultado da votação sobre o local do Congresso. Os vienenses estão firmemente decididos a conhecer novas cidades, e Nuremberg não conquistou um só voto. Ao escolher Munique esqueceram-se, sem dúvida, das multidões que para lá convergem no outono. Uma cidade suíça, se não fosse a distância, decerto seria do agrado de muitos. Conclusão: exerça sua autoridade! Sei que o senhor também se preocupa com a situação americana.

A crítica em nosso próprio território há de ser muito necessária. Stekel incumbiu Adler de comentar o livro dele na *Zentralblatt*[1] e não tenho como impedir isso, já que eles são os editores. Resta-nos, porém, o *Jahrbuch*. Gostaria de criticá-lo eu mesmo, mas tenho dificuldades em me moderar e sou, talvez, muito autoritário. Presumo que o senhor possa encontrar um crítico íntegro e bem informado; já o vejo, aliás, por perto. Em nosso círculo, por outro lado, é imperioso que cheguemos a uma decisão sobre Adler, antes que os adversários o atirem contra nós. À medida que o tempo passa as coisas dele parecem-me cada vez mais burras.

Seria difícil encontrar um motivo que me levasse a desistir do plano de visitá-lo antes do Congresso. A única incerteza diz respeito às datas, pois nossos complicados planos de verão ainda não foram decididos de vez. Devo passar as primeiras três semanas em Karlsbad, onde terei a paz de que preciso para escrever alguma coisa. Na primeira quinzena de setembro (por motivos inconfessáveis)[2] penso em fazer uma pequena viagem com minha mulher.

Como resolver o problema da Austrália? Ocorreu-me que talvez pudéssemos escrever – em conjunto – um pequeno texto programático, não mais do que algumas páginas, extraindo-o de nossas conferências em Worcester. Posso preparar uma parte e enviá-la para que o senhor a complete ou a modifique, com o quê se justificaria que assinássemos juntos. Escreva-me sobre isso depois de sua viagem, a qual desejo que o bom tempo e a boa disposição de ânimo tornem coroada de êxito para o senhor e sua estimada esposa.

Cordialmente,

Freud

1. O artigo não foi publicado.
2. Cf. 270 F n. 1.

245 J

1003 Seestrasse, Küsnach-Zürich,
28 de março de 1911

Caro Professor Freud,

Ainda que seja breve, não quero deixar de responder à sua carta recebida hoje. Hei de escrever a Seif, antes que aconteça mais alguma coisa, e perguntar-lhe quais as possibilidades para o Congresso em Munique, pois *é* disso que depende a decisão final dos vários grupos.

O manuscrito de Silberer, que, a meu ver, peca por falta de clareza, despertou tamanha contrariedade em Bleuler – como demonstra o que lhe mando em anexo – que antes mesmo de levar o golpe ele se pôs a gritar. Por acaso o senhor o leu? Se não, hei de enviá-lo imediatamente. Seja como for, Silberer terá de aguardar o segundo número do *Jahrbuch*. Participei por escrito a Bleuler que, a meu ver, justifica-se que ele exerça uma influência sobre as colaborações para o *Jahrbuch*, que é livre para exprimir quaisquer desejos etc. O senhor concorda?

Ficaria muito grato se o senhor ou um dos seus se dispusesse a comentar o livro de Stekel, bem como se definisse nossa posição em relação a Adler. O interesse por Adler é tão pequeno em Zurique que nem mesmo encontrei alguém na Sociedade para falar sobre as coisas dele.

Quanto à Austrália, também eu penso em algo na mesma linha da América. Com uma miscelânea de Dem. pr., teoria dos complexos e experimentos de associação ficarei imune ao risco de me intrometer em seus domínios!

Parto para o sul a 5 de abril e amanhã para Berlim. Como Kraus já entrou em férias (não é culpa minha!), serei recebido pelo Prof. von Bergmann[1] (o nome soa autêntico). O Dr. Busch, de Tübingen, está aqui e

Ano 1911 ——————————————————————————

diz-me que, à exceção do chefe, toda a clínica já foi contaminada pela ΨA. Mais um passo à frente!

Lembranças do
Jung

1. Gustav von Bergmann (1878-1955), aluno de Friedrich Kraus na Charite, mais tarde professor de Medicina Interna em Munique e Berlim. Cf. a próxima carta, n. 1.

246 F

30 de março de 1911, Viena, IX. Berggasse 19

Caro amigo,

Espero que não se zangue por receber, às vésperas de sua viagem, esta carta exclusivamente dedicada a negócios. Lembre-se de me dizer oportunamente quem é Bergmann (o velho[1] morreu há tempos) e o que ele queria do senhor.

Bleuler é *a nuisance!*[2] Mas temos de o tolerar. Minhas últimas e amáveis observações não produziram uma reação adequada. Não li o manuscrito de Silberer, ignoro o conteúdo, mas suponho que não seja tão detestável quanto o puritanismo de Bleuler imagina. Estou pronto a lê-lo, bem como o duvidoso Pfister sobre o qual me escreveu, tão logo os receba. Não posso senão concordar com os termos de sua carta a Bleuler. Estou revendo agora a segunda prova de meu artigo para o *Jahrbuch*[3]. Em colaboração com *nosso* Oppenheim, um filólogo clássico da maior seriedade, preparo também para o segundo número um pequeno trabalho que há de ser minha primeira incursão pelo folclore: "A propósito de um gênero de sonhos cômicos indecentes"[4]. Espero que meu companheiro de direção, que é totalmente amoral, não se oponha a isso. Para a Austrália eu havia pensado numa cooperação mais íntima; curvo-me, porém, à sua vontade e, de qualquer modo, mandar-lhe-ei meu extrato. A primavera se instalou aqui bruscamente e sinto-me um pouco preguiçoso nesses dias tão belos. – O prometido prefácio em *A interpretação dos sonhos*, noto, só será posto no fim. Bergmann quer publicar uma segunda edição de "Sonhos" em *Grenzfragen*[5].

Ano 1911

O senhor foi muito gentil com os vienenses ao cuidar do problema do Congresso. Mas, infelizmente, eles são uns grosseirões e não demonstrarei espanto nem arrependimento se tudo for por água abaixo; também não proclamarei com Horácio: *fractus si illabatur orbis* etc.[6]

Porventura a diplomacia me terá levado a cometer uma burrice com a agressiva nota à palestra de Putnam?[7] Tal é a impressão que fica. Quanto ao livro de Stekel, farei, então, a crítica, o que, decerto, contribuirá para aumentar a tensão. Mas não há outro jeito senão deixar o barco correr.

Mais uma vez desejo-lhe uma boa viagem.

Com as melhores lembranças
do *Freud*

1. Ernst von Bergmann (1836-1907), famoso cirurgião, um dos primeiros a sistematizar a assepsia.

2. Em inglês no original.

3. "Formulierungen über die zwei Prinzipien des psychischen Geschehens", *Jahrbuch*, III:1 (1911) = "Formulações sobre os dois princípios do funcionamento mental", Ed. Standard Bras., XII.

4. = "Über eine gewisse Gattung von indezenten Schwankträumen". O manuscrito do trabalho escrito em comum desapareceu – retido, evidentemente, por Oppenheim, que em outubro de 1911 se desligou da Sociedade de Viena (cf. 160 F n. 4) – e veio à luz em 1956, na Austrália, para onde emigrara a viúva de Oppenheim. Foi publicado em 1958; cf. "Os sonhos no folclore", Ed. Standard Bras., XII, e a nota do editor. / Na noite anterior (29-3), Oppenheim falara na Sociedade de Viena, abordando, entre outras coisas, a significação fálica do nome Édipo.

5. = *Über den Traum* (uma versão resumida de *Traumdeutung*), publicado inicialmente em *Grenzfragen des Nerven-und Seelenlebens*, série editada por Leopold Löwenfeld e H. Kurella (Wiesbaden: Bergmann, 1901; 2. ed., 1911) = "Sobre os sonhos", Ed. Standard Bras., V.

6. "Si fractus illabatur orbis, / impavidum ferient ruinae" (mesmo que o mundo desabasse, as ruínas me deixariam impávido) – Horácio, *Odes*, III, iii, 7-8.

7. Alusão a uma nota de pé de página incluída por Freud em sua tradução da palestra de Putnam, em *Zentralblatt*, I:4 (janeiro, 1911): "Putnam é não só um dos mais eminentes neurologistas da América como também um homem respeitado em toda parte graças ao seu inatacável caráter e à sua elevada estatura moral. Embora de há muito tenha se despedido da juventude, não hesitou em colocar-se na linha de frente dos defensores da psicanálise" (SE, XVII, p. 272). Freud se desculparia com Putnam por acrescentar "uma nota sobre suas qualificações à tradução de sua palestra sem saber que a versão alemã seria distribuída na América. Há de ter sido realmente muito estranho que um desconhecido como eu testemunhasse em seu favor" (carta de 14-5-1911, *Putnam and Psychoanalysis*, p. 121). Cf. tb. 253 F n. 9, bem como Jones, II, p. 82 s 75.

247 J

Central-Hotel[1], Berlim, 31 de março de 1911

Caro Professor Freud,

Apenas umas palavras apressadas! Pouco antes de sair de Zurique recebi por telefone a notícia de que Honegger se suicidara com morfina[2]. No dia seguinte ele deveria se apresentar ao serviço militar. O único motivo foi evitar uma psicose, pois em nenhuma circunstância ele queria desistir de uma vida segundo o princípio do prazer.

Fui bem recebido aqui e, embora não tenha estado com Kraus, encontrei toda a clínica contaminada pela ΨA. Creio que o começo não está nada mal em Berlim. Dei três consultas na Charité.

Cordialmente,

Jung

1. "am Central Bahnhof, Friedrichstrasse"; timbre impresso.
2. Em 28-3, com uma injeção de uma solução concentrada de morfina, na clínica cantonal de Rheinau, onde em 1-2 passara a trabalhar como médico- assistente. (cf. Walser, *op. cit.*, em 148 J n. 3). / Em *Minutes*, III, não há qualquer menção à morte de Honegger, noticiada, porém, em *Korrespondenzblatt*, n. 5 (abril, 1911), p. 5.

248 F

2 de abril de 1911, Viena, IX. Berggasse 19

Caro amigo,

Manda o destino que eu lhe escreva ainda uma vez antes de sua viagem de Páscoa. Lamento muito a morte de Honegger. Ele era muito simpático, inteligente, talentoso e dedicado. E eu alimentava a esperança de que se tornasse uma valiosa ajuda para o senhor; sei que a perda não deixou de afetá-lo bastante. A constituição dele parece ter se rebelado contra as necessidades da vida. Ocorre-me ainda pensar que o sacrifício de algumas pessoas nos seja, na verdade, imposto. Suas impressões de Berlim, por outro lado, são um motivo de contentamento. Sempre acreditei que, quanto maior a ofensa, menor o efeito.

Eu poderia ter aceitado o paciente sobre o qual o senhor me telegrafou de Berlim, pois estava justamente a ponto de dispensar a holandesa (cunhada de G——), que se tornara insuportável. Mas ontem recebi outro telegrama: H—— [1] não mais virá.

Fiquei triste ao saber que Jones está pretendendo sair de Toronto[2]. A presença dele na América é importantíssima para nós. É preciso que em Zurique façamos um trabalho pessoal junto aos americanos.

Pela última vez, faço votos de que a pequena viagem seja para o senhor e sua estimada esposa uma fonte inesgotável de alegria.

Cordialmente,
Freud

1. Ao que tudo indica um paciente em potencial.
2. Jones permaneceu na Universidade de Toronto até 13-11-1913, quando se demitiu de seu cargo (Hale, *Putnam and Psychoanalysis*, p. 206), embora tivesse saído de Toronto para a Inglaterra em junho de 1912 (Greenland, "Ernest Jones in Toronto, II", *Canadian Psychiatrie Association Journal*, XI:6, dezembro, 1966). Já em 1911, Jones se vira em situação difícil na Universidade em virtude de acusações à sua prática feitas por um paciente histérico; tais acusações se revelaram falsas, mas ele considerou Toronto "uma atmosfera imprópria para um livre pensador" (Jones a Putnam, 13 e 23-1 e 7-4-1911, em *Putnam and Psychoanalysis*).

249 J

1003 Seestrasse, Küsnach-Zürich,
3 de abril de 1911[1]

Caro Professor Freud,

Um breve comunicado ao *Praesidium*. O grupo berlinense faz a razoável proposta de que Weimar seja escolhida como local do Congresso. Houve grandes objeções a Munique devido à afluência de turistas em setembro. Se Weimar vier a ser aceita, o grupo de Berlim se encarregará dos preparativos para o Congresso. A direção central solicita que seu grupo dê um decidido apoio à proposta de Berlim para que o problema do local seja solucionado sem maiores delongas. Como Weimar é de fácil acesso para todos, não creio que possam surgir objeções válidas.

Muito grato por suas notícias. Com minhas lembranças mais sinceras,

Cordialmente,
Jung

Obrigado pela carta que acaba de chegar.

As intenções de Jones são novidade para mim. H—— é um patife, como eu, aliás, tinha dito ao pessoal da Charité.

1. Carta à máquina, assinada, com a saudação final e o pós-escrito à mão.

250 F

7 de abril de 1911, Viena, IX. Berggasse 19

Caro amigo,

Aí vai uma notícia que o senhor poderá saborear mais tarde ou agora, pelas estradas, caso sua correspondência lhe seja enviada. Otto Gross apareceu novamente. Do sanatório de Steinhof, perto de Viena, escreveu-me uma carta muito respeitosa com o pedido de que eu publique com *toda a urgência possível* um trabalho que vem junto. Escrito a lápis, sem muita ordem, intitula-se "Em causa própria. A propósito da assim chamada Escola de Bleuler-Jung". Duas acusações são feitas: que Bleuler roubou-lhe o termo Dementia sejunctiva, usando-o como designação para a esquizofrenia, e que seu estudo "A significação do pai etc." provém de declarações que fez ao senhor durante a análise dele. E isso é tudo.

Dei-lhe uma resposta negativa, dizendo que sempre me desagradaram as disputas sobre prioridade (um sinal de complexo!)[1], que o primeiro item se referia a um problema banal de terminologia, enquanto no segundo era abordada uma descoberta que qualquer um pode fazer por si mesmo. Asseverei-lhe, ainda, que eu nunca reclamara meus direitos sobre ideias eventualmente lançadas em conversas e que as recriminações em pauta eram dispensáveis porque todos, inclusive vocês dois, reconhecem a originalidade dele.

Por enquanto não me deu mais notícias. Weimar é uma excelente sugestão. Resta saber o que diria de nossa agitação o seu querido bisavô...

Espero que o tempo esteja sendo mais camarada com o senhor e sua esposa do que conosco aqui.

Lembranças de
Freud

1. Escrito à margem, na vertical, com uma seta.

251 F

11 de abril de 1911, Viena, IX. Berggasse 19

Caro amigo,

Já li o trabalho de Silberer e não consigo entender a razão da irritação de Bleuler. Trata-se de uma penetrante amostra de pintura psicológica em miniatura, no estilo dos trabalhos anteriores já conhecidos por nós, modesta e ponderada como convém que seja qualquer estudo sobre o tema. Devo dizer que o fenômeno funcional agora me parece exposto com segurança, e doravante hei de tomá-lo em consideração na interpretação de sonhos. No fundo, ele não é muito diferente de minha própria "percepção endopsíquica"[1]. Ponho-me decididamente a favor da aceitação do trabalho. – Que destino devo dar ao manuscrito?

Depois de o exigir de volta em termos furiosos, Gross já recebeu o artigo dele, "Em causa própria".

Na Páscoa encontro-me com Ferenczi em Bozen[2].

Lembranças de
Freud

---

1. Citado por Jones, II, p. 499-450 (com data errônea de 4-4). / Freud acrescentou discussões dos conceitos de Silberer em *A interpretação dos sonhos*; cf. Ed. Standard Bras., V, índice.
2. Bozen é agora a Bolzano italiana; a Páscoa caiu em 16-4.

Ano 1911

252 J

1003 Seestrasse, Küsnach-Zürich,
19 de abril de 1911

Caro Professor Freud,

Cheguei em casa ontem à noite, com a intenção de viajar amanhã para o Congresso de Stuttgart[1]. Como nós corríamos (e não apenas passeávamos) pelo campo foi impossível escrever-lhe com sensatez e tranquilidade a carta que eu lhe devia, pois não há como ser sensato escrevendo em cartões postais panorâmicos. Decerto o senhor imagina como a sombra de Honegger me acompanhou na viagem. Esse golpe, de fato, arrasou-me. As crianças ligam tão pouco para isso, essa vida preciosa e insubstituível que lhes foi dada! Quanto à amizade, à preocupação que causam aos outros, é melhor não dizer nada! Ao contemplar seu destino não posso senão admitir que o suicídio é mil vezes melhor do que o sacrifício das mais belas dádivas do espírito ao Moloch da neurose e da psicose. Se pelo menos ele tivesse deixado de questionar a ordem do mundo para se submeter tranquilamente às necessidades! É uma lástima que seu primeiro gesto de autossuicídio tenha sido o suicídio; mas um gesto perfeito, sem escândalo, sem complementos sentimentais como cartas etc. Limitou-se a preparar uma injeção de morfina, muito forte, e em nenhum momento traiu as intenções que tinha. Há nisso tudo um traço de grandeza. Tento agora apoderar-me dos manuscritos que porventura deixou (?), a fim de preservar para a ciência o que houver a ser preservado[2]. É uma infelicidade que tais pessoas marcadas pelos deuses sejam tão raras e que, quando existem, acabam sucumbindo à loucura ou à morte prematura.

Gross é um doido varrido para o qual Steinhof é uma benesse adequada. Melhor seria que se dedicasse a um trabalho produtivo em vez de escrever polêmicas. Essa dúvida quanto à prioridade não merece atenção, pois a passagem de meu texto em que menciono Gross[3] foi uma fórmula estabelecida de comum acordo. Além do mais, nada o impedia de usar as próprias ideias, e o problema é dele se não o fez. Na realidade, o que ele quer, sempre que possível, é ser um parasita.

Brill e Jones não conseguem chegar a um acordo; segundo as cartas de Jones, é Brill quem oferece certa resistência. Ao que tudo indica, os dois

Ano 1911

lutam pela liderança. Acho que um grande sucesso também faria muito bem a Jones. O problema é que jamais se cansa de dar passos errados; o próprio casamento dele foi um grande contra-senso[4].

Hoje comuniquei a Bleuler, numa carta, que o senhor é favorável à publicação de Silberer, instando-o a dar livre curso à opinião divergente dele em forma de uma crítica no *Jahrbuch*[5] (de outro modo, Bleuler poderia ser asfixiado pela própria resistência). O ingresso na Sociedade, até agora, não lhe fez nenhum bem. É com um profundo desdém que reage aos meus avanços polidos. Escrevi uma crítica à teoria do negativismo dele[6], concentrando-me na teoria dos complexos, à qual ele se esquiva renitentemente no texto. Acho que já é hora de arrumarmos a casa, uma vez que o temos na Sociedade. Não faz sentido que, como diretor do *Jahrbuch*, ele escreva estudos psicológicos em que o ponto de vista psicanalítico é simplesmente aniquilado em silêncio. Isso os nossos adversários também podem fazer.

Devolva-me, por favor, o manuscrito de Silberer, que quero examinar novamente, com mais espírito crítico. De qualquer modo, não será possível incluí-lo nessa edição por falta de espaço.

O Dr. G—— suporta tudo com coragem e a mulher dele está furiosa com o senhor e comigo. Devo iniciar em breve o tratamento de Frau Prof. I—— !

Com Seif na presidência foi fundado o grupo de Munique[7]. Riklin desistiu de tomar conta de doidos para trabalhar por conta própria. Não lhe falta o que fazer. Busch, de Tübingen, já voltou para casa envenenado com ΨA.

Antes de o senhor me escrever, Binswanger me contara essa deliciosa história (Putnam). É claro que eu não havia notado nada, para tanto era preciso a perspicácia de Binswanger, a qual é tornada sobremodo aguda por um complexo paterno descomunal. Como a observação não me causou estranheza, aceitei-a sem muitos comentários.

Assim que voltar de Stuttgart hei de escrever novamente para informar-lhe do que por lá se passou.

Com minhas lembranças mais sinceras,

Cordialmente,
Jung

1. Encontro anual da Sociedade Alemã de Psiquiatria, 21/22-4.

Ano 1911 ————————————————————————————————

2. "As pesquisas dele estão em minhas mãos e sua publicação se encontra em preparo", declarou Jung em "Wandlungen und Symbole der Libido", parte II, *Jahrbuch*, IV: 1 (1912), 184, n. 1 = tradução de Hinkle, parte II, c. 2, n. 33. Nenhuma publicação ou estudos remanescentes foram, porém, localizados. Jung atribuiu a Honegger alguns materiais clínicos por ele mesmo citados; p. ex., a alucinação de um "falo solar" (*Jahrbuch*, III: 1, 211; sem crédito na revisão de 1952: OC 5, § 151). Segundo Herman Nunberg (*Memoirs*, Nova York, 1969, p. 116), que na época pertencia à equipe do Burghölzli, fora o próprio Honegger quem tivera essa alucinação.

3. "A importância do pai no destino do indivíduo", OC 4, § 695.

4. Em suas memórias *Free Associations* (p. 139-140, 197), Jones narra sua relação com "Loe" (Kann) entre 1905-1912: "ela adotou meu nome", diz ele, embora nunca tenham se casado. Nas cartas a Putnam, Jones sempre a trata como "minha esposa" (*Putnam and Psychoanalysis*, p. 220, 249 etc.).

5. Bleuler não publicou tal crítica.

6. "Kritik über E. Bleuler: *Zur Theorie des schizophrenen Negativismus*", *Jahrbuch*, III:1 (1911) = "Crítica a E. Bleuler: sobre a teoria do negativismo esquizofrênico", OC 3.

7. Oficialmente, em 1-5, com seis membros (*Korrespondenzblatt*, n. 6, agosto, 1911, p. 1.)

253 F

27 de abril de 1911, Viena, IX. Berggasse 19

Caro amigo,

Na expectativa de suas impressões de Stuttgart, só lhe escrevo hoje para que o senhor não fique muito tempo sem notícias. Meu maior tormento – C—— –partiu em férias e me deixo dominar agora por uma reconfortante preguiça.

Já devolvi o texto de Silberer. Com Bleuler também não tive sorte; até parece que ele é revestido de linóleo por dentro. Mas não podemos perder a paciência. Caricatamente cortês como de costume, mandou-me a crítica dele a Stekel na *Münchener*[1], para "melhorar", e, a meu pedido, escreveu uma réplica muito louvável a Oppenheim que será publicada na *Zentralblatt* (n. 9)[2]. Na resposta tomei Silberer sob minha proteção. Mandei-lhe *minha* crítica[3] a Stekel para o *Jahrbuch*, retribuindo a cortesia, e pedi que a conservasse em poder dele até que o senhor a pedisse. Mas ele a devolveu, o que me dá a oportunidade de suavizá-la um pouco! Nesse meio tempo, Stekel se aproximou de nós, quero tratá-lo com maior amizade. Em primeiro lugar porque, pensando bem, tem um bom coração e é dedicado a mim; em segundo porque devo tolerá-lo como a uma velha cozinheira que há muito tempo está na casa; em terceiro, e é isso o mais importante, porque não há como saber o que ele poderá descobrir e deformar se realmente o repelirmos. De todo incorrigível, Stekel é uma ofensa ao bom gosto, um legítimo produto do inconsciente, um "extravagante filho do caos"[4], mas, em geral, acerta ao falar do ics., em que se encontra muito mais à vontade que qualquer um de nós. Ontem tivemos uma discussão sobre o livro dele; li a crítica em pauta e a maneira como ele reagiu dava a entender que sentia uns pingos de chuva, e não que eu lhe cuspia em cima. Tudo, assim, acabou bem. Como editor, julgo-o insubstituível, pois é consciencioso e capaz de se sacrificar.

O mesmo não se dá com Adler, cujo comportamento é pueril. De bom grado eu o dispensaria na primeira ocasião, mas Stekel quer conservá-lo e se compromete a trazê-lo ao bom caminho.

Ontem, o jovem Rank voltou da excursão universitária à Grécia em estado beatífico. O dinheiro para isso foi dado por mim, como pagamento pelo grande trabalho que fez para a terceira edição de *A interpretação dos sonhos*. Dinheiro ao qual tinha, pois, pleno direito, mas isso não impediu que o pobre rapaz, em sinal de gratidão, trouxesse-me dois vasos gregos, aliás, nada baratos. Aí está um homem de valor. Ele acaba de me dar, para o *Papers*, um excelente trabalho sobre a saga de Lohengrin[5].

Já preparei o informe para a Austrália, mas saiu tão ruim que não ouso incomodá-lo com ele. Naturalmente, o senhor receberá o prefácio de *A interpretação dos sonhos*. No inverno será publicada uma nova edição das Palestras de Worcester[6]. Um francês de nome russo (Jankelevitch)[7], de Bourges, pediu permissão para traduzir as palestras de Worcester, a *Teoria da sexualidade* e a *Vida cotidiana* –, com as quais deseja dar à *grande nation* uma visão panorâmica da psicanálise.

Não sei se foi ao senhor ou a outro que já tive oportunidade de expor o *cerne* da história com Putnam, que é, de fato, impagável. No primeiro caso, peço que me perdoe; nunca sei ao certo, agora, se escrevi ou não uma coisa. Minha suposta tirada diplomática foi simplesmente um ato de vingança contra Putnam. A ênfase recai na observação "embora há muito tempo tenha se despedido da juventude", porque no artigo dele no *Journal of Abnormal Psychology* consta que "Freud is no longer a young man"[8]

É, pois, o meu "complexo de velho", cuja base erótica o senhor conhece tão bem, o que entra em jogo. Daí também provém um belo exemplo de esquecimento de nome que aparecerá na *Zentralblatt*[9].

Eu não queria escrever sobre G— enquanto a coisa estivesse em andamento. A análise foi excelente; ele tem ótimas qualidades. Os holandeses, mais ou menos como os suíços, são donos de uma vitalidade incomum.

Afinal, decidimos passar o verão em Oberbozen[10], no Rittenplateau. A 9 de julho parto para Karlsbad. Mas ainda não sei se o visito antes ou depois do Congresso. A decisão de minha mulher, que não quer acompanhar-me, indica como mais provável a última semana de setembro. Tendo em vista seu serviço militar, presumo que o senhor queira me dizer algo a respeito.

Para toda a família, minhas melhores lembranças.

Cordialmente,
Freud

---

1. A crítica de Bleuler a Stekel, *Die Sprache des Traumes*, em *Münchener medizinische Wochenschrift*, LVIII:21 (23-5-1911), 1142s.

2. "Freud'sche Theorien in der IV. Jahresversammlung der Gesellschaft deutscher Nervenärzte, Berlim, 6-8 Okt. 1910", *Zentralblatt*, I:9 (junho, 1911), 424-27.

3. Cf. 262 F n. 3 284 F.

4. Hológrafo: "des Chaos wunderlicher Sohn"; cf. "des Chaos vielgeliebter Sohn", *Faust II*, Ato II (Klassische Walpurgisnacht, Am obern Peneios wie zuvor: verso 8029 na ed. Reclam).

5. Cf. 279 J n. 2.

6. *Über Psychoanalyse*, 2. ed., 1912.

7. S. Jankélévitch (1869-1951), otorrino nascido em Odessa; traduziu pelo menos oito obras de Freud.

8. Em inglês no original.

9. "Ein Beitrag zum Vergessen von Eigennamen", *Zentralblatt*, I:9 (junho, 1911), 407, acrescentado à quarta edição alemã (1912) de *The Psychopathology of Everyday Life* (SE, VI, p. 31): "Sei que não gosto de pensar que envelheço e tenho estranhas reações quando me lembro disso. Não faz muito, por exemplo, referi-me a um amigo, a quem devoto grande estima, com uma caracterização singular, a de que 'ele se despedira há muito tempo da juventude', pelo simples fato de esse amigo, em meio às observações mais lisonjeiras ao meu respeito, ter dito que eu 'não era mais um jovem'" Cf. tb. 266 F n. 1.

10. Hoje Soprabolzano, na Itália.

Ano 1911

254 J

1003 Seestrasse, Küsnach-Zürich,
8 de maio de 1911

Caro Professor Freud,

Mais uma vez deixo-o à minha espera, incorrendo em grave erro. O único motivo foi uma influenza terrível, que peguei com as crianças na semana passada. Só um esforço muito grande permitiu que eu atacasse os problemas mais urgentes. Minhas forças não davam para mais nada. Hoje, no entanto, posso dar, finalmente, um sinal de vida, pois já estou bem melhor.

Antes de tudo devo falar de Stuttgart. A coisa em si não teve muita importância, mas foi curioso observar que a psiquiatria já começa a olhar de esguelha para o problema causa, claro está que sob o aspecto físico. Bonhoeffer[1] (Dresden) apresentou um trabalho sobre distúrbios psicogênicos. Naturalmente, não disse uma só palavra sobre a ΨA, mas deixou escapar uma referência ao conceito de realização de desejos que, numa conversa posterior, tive a grande satisfação de lhe esfregar no nariz. A palestra de Kraepelin foi absolutamente estéril, cansativa e antiquada. A aparência dele era incrivelmente vulgar. À noite saiu-se com um discurso muito gaiato para o qual se valeu a princípio dos "complexos" etc. Lembrou-se de saudar os oradores, mas também de excluir-se, pelo que seria justo aplicar-lhe um diagnóstico de "megalomania autoerótica". Pouco faltou para que eu gritasse "Apoiado!". Como curiosidade devo mencionar um livre-docente de psiquiatria de Giessen que *nunca* teve em mãos um texto da escola freudiana. Tive-o, porém, nas minhas, sem que ele se desse conta, e durante umas duas horas diverti-me um bocado. A essa altura nada mais me irritava e eu, de fato, só queria rir. Estava em boa companhia – Seif, Binswanger, Stockmayer.

O grupo de Nova York, afinal, tomou forma, ao passo que na fundação do de Munique, Seif foi muito bem-sucedido. Boas novas!

Meu artigo australiano também está pronto. Abordei a "teoria dos complexos"[2], mas prefiro que o senhor não o veja, pois é muito idiota.

Há de interessar-lhe saber que Stockmayer vai trabalhar no sanatório de Binswanger. Quanto a Frau Prof. I——, suponho já lhe ter dito que ela se acha em tratamento comigo.

Ano 1911

No momento, minhas atividades intelectuais concentram-se num artigo popular sobre ΨA, cujo preparo me foi praticamente imposto por uma publicação literária, o *Zürcher Jahrbuch*[3]. Em meu próprio detrimento, como o senhor vê, tento mais uma vez ser popular, mas o fato é que sou atormentado pelos pobres-diabos que sobre mim já "desmijaram" (para falar em língua básica[4]) as mais excruciantes dissertações. Paralelamente à psicologia da religião e à mitologia, as "formas manifestas das fantasias inconscientes" me devoram vivo. Fiz algumas descobertas notáveis que penso em utilizar em parte no Encontro dos Psiquiatras Suíços, em 16 de junho[5], como também em Weimar (a *Korrespondenzblatt* que está por sair levar-lhe-á informações sobre as datas em discussão para o Congresso).

Ainda me lembro muito do encontro em Munique. Temos também de conquistar o ocultismo[6], ao que me parece a partir da teoria da libido. No momento incursiono pela astrologia, que se revela indispensável para a perfeita compreensão da mitologia. Há coisas realmente maravilhosas e estranhas nesses domínios obscuros. As plagas são infindas, mas não se preocupe, por favor, com minhas erráticas explorações. Hei de, em meu regresso, trazer um rico despojo para o conhecimento da alma humana. Por longo tempo ainda tenho de me intoxicar de perfumes mágicos a fim de perscrutar os segredos que se ocultam nas profundezas do inconsciente.

Por fim, e em caráter confidencial, devo dizer-lhe que Pfister, cansado de cozinhar em fogo lento os próprios complexos, está agora se analisando com Riklin.

Com minhas lembranças,

Cordialmente,

Jung

---

1. Karl Bonhoeffer (1868-1948), professor de Psiquiatria, mais tarde na Universidade de Berlim. Pai do teólogo protestante Dietrich Bonhoeffer, um antinazista assassinado pela SS em 1945.

2. "On the Doctrine of Complexes", *Transactions of the Ninth Session, Australasian Medical Congress* (Sydney), II (1913); em OC 2. / O congresso se reuniu em setembro de 1911; Havelock Ellis também mandou um trabalho.

3. Cf. 290 F n. I.

4. I.é., no jargão de Schreber.

5. Segundo 259 J, realizado, porém, em Lausanne antes de 1206.

Ano 1911

6. No encontro em Munique, Freud e Jung haviam discutido as experiências de Ferenczi (cf. 158 F n. 8). Depois de receber a presente carta, Freud escreveu a Ferenczi: "Jung me diz que devemos conquistar também o ocultismo e pede-me permissão para desencadear uma cruzada ao reino da mística. Sei que nenhum de vocês dois poderá ser detido; que pelo menos, então, mantenham-se unidos. A expedição é perigosa e não estou em condições de acompanhá-los" (11-5-1911; cf. Jones, III, p. 415-387). Cf. tb. 293 F n. 6.

255 F

12 de maio de 1911, Viena, IX. Berggasse 19

Caro amigo,

Foram suas cartas, mais do que as próprias notícias que contêm, que, desta vez, fizeram-me realmente falta. Folgo em saber que seu silêncio independia de motivos mais graves. Também atravessei uma fase negativa e posso dizer sem exagero que, do ponto de vista intelectual, no momento estou totalmente vazio. Segue amanhã para a Austrália o meu prospecto de propaganda[1], o qual se furta ao seu olhar por delicadeza e vergonha, tal como a mim se furta o seu artigo. Mas nos próximos dias o senhor receberá o prefácio de *A interpretação dos sonhos*. Será preciso modificá-lo, pois Deuticke acha que, assim como está, pode causar má impressão, e meu consolo é dizer-me que a ralé que lê essas coisas nem em doses modestas merece honestidade.

Dada à longa interrupção já não sei o que lhe disse ou o que lhe deixei de dizer. Mas não aconteceu muita coisa. Talvez seja novidade para o senhor que Stekel tentou uma reaproximação e que decidi tolerá-lo, mudando, assim, de atitude. Já a paranoia de Adler deixa-me cada vez mais impaciente e só espero uma oportunidade para me livrar dele. Sobretudo depois que eu assisti aqui a uma representação de "Édipo Rei"[2] – a tragédia da "libido combinada".

Sei que é uma legítima inclinação interior que o leva ao estudo do oculto e não duvido que, em seu regresso, o senhor venha coberto de riquezas. Contra isso não há nada a fazer, pois quem obedece à concatenação dos próprios impulsos sempre acerta. A fama já criada por seu *Dementia* há de mantê-lo por algum tempo impune à pecha de "místico". É bom, porém, que não se demore nas colônias tropicais, pois o senhor tem de governar em casa[3].

Sobre Frau Prof. I— eu já estava informado. Aguardo, nos próximos dias, a visita de um excelente colega, o Dr. van Emden, que conheci na casa de Debruine, em Leiden. Outro holandês, o Dr. van Römer[4] (veja os *Jahrbücher*, de Hirschfeld), escreveu-me a bordo de um navio de guerra em Padang[5], garantindo que apoia a ΨA e manifestando o desejo de vir a Viena no outono. *Talvez* eu já lhe tenha dito que em dois lugares (um dos quais é Maeder[6]) estão sendo empreendidas traduções francesas de minhas obras imortais.

Estou muito curioso pelo *Jahrbuch*; e é também com impaciência, tendo em vista o Congresso e a constituição dos novos grupos, que aguardo a *Korrespondenzblatt*. Com a *Zentralblatt* tudo vai indo bem. Stekel não poupa esforços, mas, naturalmente, ainda estamos longe da perfeição.

Meu terceiro filho, Ernest, com uma úlcera ou fístula duodenal, é um motivo de preocupação na família. Ao que parece não é grave, mas depois de fazer as provas finais ele terá de se hospitalizar por algum tempo. Minha mulher está em Karlsbad, para onde sigo a 9 de julho com meu irmão.

Finalmente recebi de Jones a notícia de que, dentro de um mês, ele receberá a *professorship*[7]. É, assim, de modo honroso, que deixa a América, mas para nós não deixa de ser uma perda, pois o fato é que ele se tornou insubstituível. A mulher de Brill[8] passou por momentos graves ao dar à luz uma menina, mas já voltou para casa e agora vai indo bem.

A ΨA, enfim, permitiu-me chegar a alguma coisa com a C— : seus sintomas se tornaram muito piores. Naturalmente, isso é parte de um processo, mas tenho minhas dúvidas quanto a estimulá-la a caminhar mais um pouco. A reação demonstra que estive bem perto do conflito central. O caso dela é grave, talvez incurável. Mas é preciso ser consequente e lembrar-se de que os casos como esse são os mais ricos em ensinamentos.

Na esperança de que me possa escrever a intervalos mais curtos, mando-lhe minhas lembranças mais sinceras.

Cordialmente,
Freud

---

1. "Sobre a Psicanálise", *Congresso Médico Australasiano, Atas da Nona Sessão* (Sydney), 2 (1913); em Ed. Standard Bras., XII. / Cf. tb. 254 J n. 2.

2. Pelo Berliner Deutsche Theater, sob a direção de Max Reinhardt, 5-10 de maio, no Zirkus Busch; com Alexander Moissi (cf. 230 J n. 1a) no papel-título (*Neue Freie Presse*, 3-5-11; informação prestada por K.R. Eissler).

3. Este parágrafo foi publicado em Jung, *Memories*, Apêndice I.

4. L.S.A.M. van Römer, neurologista de Amsterdam que colaborou com muitos artigos para o *Jahrbuch* de Hirschfeld, principalmente sobre a homossexualidade nos Países Baixos.

5. Em Sumatra, então colônia holandesa, hoje Indonésia.

6. Talvez não publicada; não mencionada em Grinstein.

7. Em inglês no original. Ao que parece, Jones não conquistou essa cadeira de professor; cf. 267 J, § 3.

8. K. Rose Owen Brill (1877-1963), médica que após o casamento abandonou a profissão. A filha é Gioia, Mrs. Philip G. Bernheim.

256 J

1003 Seestrasse, Küsnach-Zürich,
18 de maio de 1911

Caro Professor Freud,

Desta vez não o farei esperar tanto por minha carta quanto da última.

A mudança no comportamento de Stekel é uma excelente notícia. O simbolismo que traz à tona no livro é digno de toda a atenção e seria uma pena que não pudéssemos mais contar com o faro dele.

O mesmo Dr. Römer me escreveu de Padang. Conheci-o pessoalmente em Amsterdam; ele é um chefete de homossexuais, o Hirschfeld holandês. Como todos os homossexuais, não é flor que se cheire.

Felicito-o sinceramente por seu sucesso francês, embora eu não espere nada dos franceses. Como o senhor diz com grande acerto, os holandeses são muito melhores. Van Emden é gente boa. Frau I—— deixa a desejar. Desde que chegou aqui não perdeu tempo em instigar mais ainda o Dr. G——, que, por isso, deve ter ficado absolutamente pasmo comigo. Identificando-se por completo com o próprio inconsciente, ela assume ares de uma inocente criança maltratada. Sem dúvida faz jus a todas as observações de Möbius sobre o sexo feminino[1]. O Dr. G—— levou-a muito a sério. Quando é dominada pela impressão de que me conquistou, graças a estratagemas incontáveis, ela se sente feliz da vida; mas basta que perceba, no passo seguinte, que esse objetivo ainda se encontra longe e uma nova explosão de cólera é disparada contra o Dr. G——. Tudo muito

Ano 1911 —

desinteressante e inútil. Conforme a necessidade, mas num terreno sempre instável, ela faz o papel de santa, de pecadora (arrependida ou não), de bebê, de espirituosa. Para a felicidade do Dr. G——, é incapaz de ações realmente más, porém embora não tenha consciência disso, com seu jeito fingidamente inocente, ela pode ser ofensiva.

Suas notícias de Frau C—— me interessaram muito. É uma atitude francamente desafiadora o que, a meu ver, predomina em casos obstinados como esse. Tenho um caso que, por propósito deliberado, escondeu durante um ano inteiro uma mentira, criando-me dificuldades imensas. Naturalmente, a mentira era parte integrante de um sistema, uma pose que precisava ser mantida a todo custo, já que a eficácia dela foi antes provada na consecução das mais diversas *cochonneries*. A transferência deve ser, para o neurótico, algo tão precioso que ele faz questão de conservar como santuários invioláveis todos os caminhos que para lá levam, inclusive os abandonados.

Continuo a escrever minhas fantasias populares sobre ΨA para o *Zürcher Jahrbuch 1911*, mas sem grande convicção. *Odi profanum vulgus*[2].

Lamento muito saber da doença de seu filho. Que coisa mais estranha! Como terá começado?

Conosco tudo bem, excluindo o problema (felizmente, mais um alarme falso) que é suscitado pela bênção de uma prole numerosa. Com todas as mágicas possíveis, mas sem muita confiança, vai-se tentando controlar um pouco o fluxo vertiginoso dessa bênção. Sobrevive-se, poder-se-ia dizer, entre uma menstruação e outra. A vida do homem civilizado tem, de fato, alguns aspectos fantásticos.

Compreendo as aflições de Deuticke quanto ao seu prefácio em *A interpretação dos sonhos*. A honestidade levada a tais extremos é louvada no Céu, mas não na Terra. E é, talvez, a última, que se demonstra mais recomendável ao senhor.

Com a estima de sempre,

Cordialmente,
Jung

---

1. Paul Möbius (1854-1907), neurologista de Leipzig, conhecido por seus estudos sobre a patologia do gênio; autor de *Über den physiologischen Schwachsinn des Weibes* (Halle,

Ano 1911

1900), obra citada por Freud em "'Civilized' Sexual Morality and Modern Nervous Illness" (orig. 1908), SE IX, p. 199.
2. "Odeio o vulgo profano" – Horácio, *Ode* III, I, 1.c

257 J

1003 Seestrasse, Küsnach-Zürich,
24 de maio de 1911[1]

Caro Professor Freud,

Escrevo às pressas, não mais do que umas palavras! Anexa mando uma carta de Jones para que o senhor se inteire da situação na América[2]. Provavelmente, não há nada a fazer senão tentar induzir Brill a filiar a Sociedade de Nova York a essa organização mais central, com sacrifícios de ambas as partes. Acho que Brill foi, dessa vez, intransigente, o que o levou a cometer um erro. Agradeço de antemão seus conselhos e peço que também me fale sobre a data do Congresso. Berlim sugere 21/22 de setembro. Encampo a sugestão e tentarei obter ainda o apoio de Zurique. Teremos, assim, a data que o senhor prefere.

Com minhas lembranças,

Cordialmente,
Jung

1. Afirma Jones (II, p. 162-143) que "em maio de 1911, Jung disse a Freud que o termo libido só lhe parecia aceitável para designar a tensão *geral*". Nas cartas de Jung ao longo desse mês não se encontra, porém, tal afirmativa. É provável que Jones tenha tido em mente as cartas de Jung em maio de 1912, q.v.
2. Por iniciativa de Jones, principalmente, a Associação Psicanalítica Americana foi fundada em 9-5-1911, em Baltimore, antes dos encontros anuais da Associação Psicopatológica Americana e da Associação Neurológica Americana. Entre os oito sócios-fundadores estavam Putnam (presidente), Jones (secretário), Burrow e Young (cf. 173 J n. 3). Cf. Hale, *Freud and the Americans*, p. 317s.; "The American Psycho-Analytical Association", *Journal of Abnormal Psychology*, VI (outubro-novembro, 1911); e Jones, II, p. 98-87. Para a Sociedade de Nova York, fundada à parte por Brill, cf. 238 F.

258 F

27 de maio de 1911, Viena, IX. Berggasse 19

Caro amigo,

Parabéns pela nova unidade! Junto devolvo a carta de Jones. Há algumas semanas mandei a Brill uma carta comovente, valendo-me de meu tom mais patriarcal para tentar demovê-lo. Acho que deveríamos transferir o problema para Weimar, onde lhe seria fácil resolver tudo com sua influência pessoal.

No mais, apenas muito trabalho.

Cordialmente,
Freud

259 J

1003 Seestrasse, Küsnach-Zürich,
12 de junho de 1911[1]

Caro Professor Freud,

Pude tirar bom partido do tempo (longo, *hélas!*) transcorrido desde minha última carta. Estive no Encontro dos Psiquiatras Suíços em Lausanne, onde falei sobre "formas de fantasia inconsciente". Tais coisas se vinculam, quer como contribuições, quer como elaborações, ao meu trabalho para o *Jahrbuch* em preparo, que, por sinal, desenvolve-se com extrema lentidão (graças à abundância de matéria). Tudo o que faço agora gira em torno de conteúdos e formas de fantasias inconscientes. Creio já ter chegado a alguns bons resultados. O senhor verá que essas investigações são um trabalho preliminar necessário à psicologia da Dem. pr. O caso de Spielrein[2] (que está no *Jahrbuch*) é prova disso. Muitas vezes desejei que o senhor estivesse aqui para discutirmos um caso extraordinariamente difícil: Dem. pr. com, pode-se dizer, um colossal sistema de fantasias inconscientes que só com muita paciência e um esforço indescritível consigo trazer à luz do dia. Some-se a isso uma constante ameaça de suicídio. Um caso realmente maligno, mas interessante e instrutivo como poucos. E é porque agora começo a observar o que deixei de ver em Honegger que ele se torna particularmente doloroso. Tudo indica que na Dem. pr., custe o que custar, é preciso pôr a descoberto o mundo interior gerado pela introversão da libido, o qual, na paranoia, manifesta-se de súbito (deformado!) como um sistema delirante (Schreber). Se no presente caso pareço ser bem-sucedido, com Honegger fracassei por completo por não ter, então, a menor desconfiança disso. Digo-me que essa deficiência em meu conhecimento foi o que o levou à morte. Que seria de mim se a hipótese viesse a ser confirmada? Domina-me o sentimento de que pratico a vivissecção de seres humanos com grande resistência interior. A introversão parece levar não apenas a uma recrudescência das memórias infantis, como na histeria, mas também a um afrouxamento das camadas históricas do inconsciente, dando, assim, origem a perigosas formações que só em casos excepcionais vêm à luz.

Minhas noites são, em grande parte, tomadas pela astrologia. Faço cálculos com horóscopos a fim de encontrar pistas que me conduzam ao âmago da verdade psicológica. Certamente, há coisas notáveis que não lhe parecerão dignas de crédito. O cálculo da posição dos astros, no caso de uma senhora, indicou um quadro caracterológico perfeitamente definido, com numerosos detalhes biográficos que, todavia, não se aplicavam a ela, mas à mãe dela, a quem as características assentavam como uma luva. E a senhora em questão sofre de um extraordinário complexo materno. Atrevo-me a dizer que na astrologia um dia ainda será descoberta uma boa parcela de conhecimento que foi intuitivamente projetada nos céus. Há indícios, por exemplo, de que os signos do zodíaco são imagens caracterológicas ou, em outras palavras, símbolos libidinais que representam as qualidades típicas da libido num determinado momento.

Ainda não terminei minha exposição popular para o *Zürcher Jahrbuch*, mas esta semana já devo começar minha palestra para Bruxelas.

Bleuler abriu mão do cargo e agora o presidente do grupo de Zurique é Maeder. Todos a favor de 21/22 de setembro para a realização do Congresso. Não se esqueça, por favor, de dizer-me se pretende visitar-nos antes ou depois do Congresso. Para ser sincero, antes seria melhor, pois a 27 de setembro entro em serviço militar. Ao que parece, Ferenczi pretende vir à Suíça na mesma ocasião.

Conosco tudo em paz. Espero que o mesmo aconteça aí.

Obrigado por seu conselho![3] A preocupação era real – embora se revelasse, por fim, psicogênica, pois as mulheres adoram adular um homem, como se sabe, para extrair-lhe emoções.

Com minhas melhores lembranças,

Cordialmente,
Jung

1. Publicada em *Letters*, ed. Adler, vol. 1.
2. Sabina, Spielrein, "Über den psychologischen Inhalt eines Falls von Schizophrenie", *Jahrbuch*, III:1 (1911); foi sua tese de doutoramento e é citado frequentemente em "Wandlungen und Symbole", parte II (cf. OC 5, § 200s.).
3. Talvez numa carta de Freud não localizada.

260 F

15 de junho de 1911, Viena, IX. Berggasse 19

Caro amigo,

Cansado, limito-me a contar os dias, sem que possa falar, como o senhor, de trabalhos interessantes e descobertas espantosas. Por isso não me dei ao trabalho de escrever, por isso me abstive de lhe fazer novas imposições.

Antes de penetrar nos mistérios a que alude, respondo aos pontos mais fáceis de sua carta e livro-me do trivial variado.

O que mando anexo[1] lhe dará uma ideia do estilo e do conteúdo da "crítica vienense". Sem querer me pôr em primeiro plano, acho que as observações sobre o *Leonardo da Vinci* são as mais esquisitas. Não é preciso devolver o material.

Finalmente, livrei-me[2] de Adler. Depois de eu ter pressionado Bergmann a demiti-lo da *Zentralblatt*, ele andou meio desorientado e, afinal, saiu-se com um estranho fraseado que é lícito tomar por uma declaração de renúncia. Isso, pelo menos, adquire sentido ao lado de outro comunicado no qual ele diz que se desliga da Sociedade de ΨA, dando, então, vazão ao que, há muito tempo, reprimia: "Apesar de uma resolução expressa tomada em certo momento, a Sociedade não exerceu sobre o senhor a influência moral necessária para fazê-lo desistir de sua antiga luta pessoal (!!) contra mim. Como não estou disposto a levar avante essa luta pessoal com meu ex-professor, tudo o que me resta é participar meu desligamento". O prejuízo não é tão grande. As inteligências paranoides, sempre mais perigosas do que úteis, não são raras. Como um paranoico, ele acerta em muitas coisas, mas em todas comete um erro. É provável que alguns sócios perfeitamente dispensáveis sigam-lhe o exemplo[3].

Stekel, que agora se mantém fiel a mim, quer saudar o Congresso com um número especial da *Zentralblatt* e, para tanto, pede a todos uma pequena colaboração. Causaria má impressão se o presidente não mandasse uma notícia ou um comentário qualquer.

Não quero bater à sua porta em hora imprópria, mas para mim a semana posterior ao Congresso seria mais conveniente do que a que o precede. Caso eu fosse em sua companhia de Weimar a Zurique, poderíamos estar juntos de 22 a 27. Só na aparência o período de 14 a 21 de setembro é mais longo, porque nem a 14 nem a 15 terei condições de viajar. Outro senão é que eu *talvez* seja obrigado a reservar essa semana para a aniversariante[4], e se for mais cedo ficarei sem ter o que fazer na última semana de setembro. Devido aos complicados problemas de saúde na família e a compromissos inadiáveis na segunda quinzena de setembro, minha mulher não poderá acompanhar-me a Zurique. Espero, porém, que o senhor externe, com toda a franqueza, suas próprias possibilidades e desejos.

O *Jahrbuch* está realmente demorando. E *A interpretação dos sonhos* também não é para já. Presumo que, com o conteúdo do *Jahrbuch*, o senhor reserve grandes surpresas para mim. Em Karlsbad hei de o ler com atenção.

Quanto ao ocultismo, eu me tornei humilde desde a grande lição que me foi dada pelas experiências de Ferenczi[5]. Prometo acreditar em tudo que, pelo menos, assuma uma aparência sensata. Não de muito bom grado, como o senhor sabe. Mas minha ὕβρις[6] já não tem a rigidez de outrora. Seria bom saber de uma harmonia entre o senhor e Ferenczi caso um dos dois se decida a dar o passo arriscado de publicar alguma coisa. Acho que isso não é incompatível com a manutenção de uma total independência durante a elaboração do trabalho[7].

Sua comunicação sobre o sistema de fantasias inconscientes num caso de Dem. pr. despertou-me grande interesse. Na histeria e na neurose obsessiva já pude entrar em contato com essas construções, que não passam de devaneios cuidadosamente cultivados. Os sintomas não promanam diretamente das memórias, mas de fantasias construídas sobre elas. Tal foi a evidência a que cheguei, se bem que isso não exclui a existência de casos em que o processo é mais simples e a frequência dessas interpolações menor. Também a fantasia poética, na dependência das pessoas, é maior ou menor, e essa analogia provavelmente tem cabimento aqui. A ligação mais íntima entre a histeria e os paranoides é proporcionada, seja como for, por tais fantasias, cuja apreensão não é nada simples; nos últimos anos não me surgiu um só exemplo digno de atenção. Não acredito, porém, que o senhor pudesse ter salvo Honegger com a revelação desse sistema – se é que ele tinha um. Sempre que o encontrei, o que o sistema produzia não era mais importante do que a etiologia e os motivos e as recompensas reais da vida. Em qualquer hipótese, a formação de sintomas era dominada por esses elementos, de modo que os sintomas podiam persistir, mesmo havendo uma melhora geral, enquanto eles não fossem desmascarados. Quanto ao papel das fantasias – sua introversão da libido – tenho algumas ideias básicas ainda em gestação. Que os tempos me sejam favoráveis!

Para o senhor e a família, com a estima de sempre,

Lembranças de
Freud

---

1. Não encontrado.

2. Hológrafo: *endloss* ("sem fim", por *endlich*, "finalmente") *los geworden*. / Em 24-5, Adler compareceu pela última vez a uma reunião da Sociedade de Viena, tomando a palavra para reiterar que a própria Sociedade, em sessão plenária, tinha reconhecido que seus enfoques científicos não contradiziam em absoluto as descobertas de outros autores, em particular Freud; no mais, participou normalmente da discussão, cujo tema era o complexo de castração (*Minutes*, III). Na reunião de 31-5, a última realizada antes das férias de verão, já não há indícios da presença de Adler (*Korrespondenzblatt*, n. 6, p. 4).

3. Ao afastamento de Adler seguiu-se, na mesma época, o de D.J. Bach, Stefan von Madáy e Franz Baron von Hye, anunciados por Freud na primeira reunião da Sociedade no outono, em 11-10 (cf. 273 F). Em 20-6, Josef K. Friedjung, Carl Furtmüller (cf. 335 J n. 2), Franz Grüner, Gustav Grüner, Margarete Hilferding (cf. 270 F, n. 4), Paul Klemperer e Ernst Oppenheim (cf. 160 F n. 4) assinaram um documento no qual se diziam favoráveis a Adler, mas manifestavam o desejo de continuar na Sociedade. Para o afastamento desse grupo (à exceção de Friedjung), na reunião de 11-10, cf. 273 F n. 1. / O original datilografado do

documento em pauta, com as sete assinaturas, foi recentemente encontrado entre os papéis do pai por Anna Freud.

4. No tocante ao 25° aniversário de casamento de Freud, cf. 270 F n. I.

5. Cf. 254 J n. 6.

6. = *hybris*, altivez

7. Este parágrafo é citado em Jung, *Memories*, Apêndice I.

261 J

1003 Seestrasse, Küsnach-Zürich,
23 de junho de 1911

Caro Professor Freud,

Sua visita, naturalmente, fica tão bem após o Congresso quanto antes, e se pensei na segunda hipótese foi apenas por achar que o teria, assim, mais tempo aqui. Sua carta dá a entender que não lhe seria de todo impraticável vir antes, sem sua esposa, mas a alegria com que pensamos em recebê-los juntos é tão grande que me permito externar o desejo de que o senhor ainda possa persuadi-la a empreender a viagem. *Para mim, tanto faz que seja antes ou depois do Congresso*. Decida, pois, de acordo com sua conveniência.

O senhor já viu o livro de Havelock Ellis sobre sonhos?[1] Não teria vontade de escrever uma crítica para o *Jahrbuch*? Foi, de fato, uma mistura aguada o que Ellis conseguiu fazer. Em doses certas, exatamente o necessário para tornar tudo confuso.

Em relação a Honegger, o senhor provavelmente está certo. Embora os sistemas de fantasia da D. pr. possam constituir paralelos para os devaneios dos pacientes históricos, evidencia-se também, *a priori*, que nem todos os casos possuem tal sistema, ou que não o têm, pelo menos, *à disposição*. Parece-me, porém, discutível a proposição de que *não* é de grande importância terapêutica levar os pacientes à produção das fantasias latentes. As fantasias inconscientes contêm um material dos mais apreciáveis e são, talvez, ímpares na maneira como trazem à luz a vida interior, o que me faz acalentar a esperança de abordar por esse meio até os casos "inacessíveis". Nos últimos tempos meu interesse se concentra cada vez mais na fantasia ics. e é possível que nessas escavações eu deposite uma esperança excessiva. A fantasia ics. é um estranho caldeirão de bruxa:

Formação, transformação,
da mente eterna a eterna falação
em reunião de seres pela imagem.
Tu não és visto: és sombra de passagem[2].

Como o preclaro bisavô viu com acerto, essa é a matriz do espírito. Espero que saia daí alguma coisa.

Lembranças do
Jung

Obrigado pela crítica! O autor deve ser um bom pilantra[3].

1. *The World of Dreams* (Londres, 1911).
2. *Faust II*, Ato I, Finstere Galerie.
3. Escrito no alto da primeira folha.

262 F

27 de junho de 1911, Viena, IX. Berggasse 19

Caro amigo,

A amável renovação de seu convite sensibilizou minha mulher e ela se comprometeu a estudar o assunto. Como conheço todos os fatores que entram em consideração acho, porém, que manterá a decisão anterior e, nesse caso, eu irei *antes* do Congresso.

Junto a esta o rascunho da convocação para o Congresso, sem comentários. Já se sabe, presumo, que é o senhor quem o preside. Como no ano passado, acho que deveria destinar as manhãs à apresentação de trabalhos, com o quê o clima fica mais animado, e deixar para a tarde as questões práticas. Uma tarde provavelmente não dará para tudo, pois é preciso ter em mente as sugestões que deverão ser feitas quanto à organização da Associação Internacional. Não sei se é essa a ocasião para realizar as eleições previstas em nossos estatutos. No tocante aos trabalhos, é imperioso que o senhor os submeta a seu crivo, para que a festa não seja estragada por coisas de qualidade inferior.

Endosso suas asserções, bem como suas expectativas, quanto às fantasias inconscientes. Se, aliás, não era nisso que o velho pensava com aqueles versos, eu gostaria de saber a que diabo se aplicam.

Acho que, enfim, estamos livres de Adler. Ele saiu da Sociedade e demitiu-se também, com uma "declaração"[1], da *Zentralblatt*. Mas a batalha teve alguns lances penosos e desconcertantes.

Num desses próximos dias o senhor receberá a visita do bibliotecário de nossa Sociedade, o Dr. (advogado) Hanns Sachs[2], homem agradável e muito inteligente que, junto a Rank, planeja lançar um novo periódico *não* especificamente médico; há de chamar-se *Eros und Psyche* e a intenção é relacioná-lo ao *Papers on Applied Psychology* assim como a *Zentralblatt* se relaciona ao *Jahrbuch*. Peço que tenha boa vontade com ele.

Estou disposto a fazer críticas a Stekel e a Havelock Ellis para o *Jahrbuch*[3].

Lembranças a todos.

Cordialmente,
Freud

Seif mandou um excelente informe sobre Bruxelas[4].

1. O nome de Adler deixa de figurar no expediente de *Zentralblatt*, I:10-11 (julho/agosto 1911), que abre com esta declaração: "Comunico aos leitores deste órgão que, a partir de hoje, desligo-me da redação. Herr Prof. Freud, o diretor da revista, era de opinião que entre nós dois existiam fortes divergências científicas que tornavam inoportuno o prosseguimento da minha colaboração. Por minha livre vontade renunciei, por conseguinte, ao cargo de editor. Dr. Alfred Adler".

2. Hanns Sachs (1881-1947), advogado vienense, ingressou na Sociedade de Viena em outubro de 1910 (*Minutes*, III); em 1912, com Rank, tornou-se um dos editores de *Imago* (aqui chamada, ainda, de *Eros und Psyche*). Foi um dos membros originais do "Comitê": cf. o comentário em Berlim; depois de 1932, em Boston.

3. Não publicadas.

4. "Verhandlungen der Internationalen Gesellschaft für medizinische Psychologie und Psychotherapie, 7-8 August 1910, in Brüssel", *Zentralblatt*, I:12 (setembro 1911), 605-9.

263 J

1003 Seestrasse, Küsnach-Zürich,
11 de julho de [1911][1]

Caro Professor Freud,

O trabalho já me deixou exausto e também só penso nas férias. Nestes últimos tempos cometi o erro de me deixar envolver demais por minha prática, o trabalho científico foi, assim, postergado, e isso não me fez nada bem. Minha libido protesta energicamente contra qualquer tipo de ocupação unilateral.

O Dr. Sachs esteve aqui e me causou ótima impressão. Tudo indica que podemos esperar muito dessa nova revista.

Bleuler mandou para o *Jahrbuch* um artigo pormenorizado e muito favorável sobre as opiniões de Forel em relação à ΨA[2]. Um dia desses terei de submeter Bleuler a uma sabatina numa reunião da Sociedade. Em muitas coisas, por falta de experiência prática, ele está terrivelmente atrasado.

Recebi uma carta de Adler, que mando anexa. Ao que parece, ele agora estende a mim as ideias delirantes que o acometeram, pois refere-se a um boato que circula em Viena segundo o qual *eu teria pedido o afastamento dele da Sociedade*. Claro está que respondi de imediato, dizendo-lhe que isso era um despropósito e que, muito pelo contrário, eu lamentava a perda etc. etc. Quem terá lançado esse boato?

O Dr. Poul Bjerre mandou um trabalho para o *Jahrbuch*[3]. Matéria é o que não nos falta. O volume deste ano há de ser alentado.

Nossa querida Frl. D——[4] surgiu das sombras do passado para tratar-se comigo e até que se comporta muito bem.

Com isso minhas novidades se esgotam. Seu cartão[5] indica que o senhor começou com o pé direito suas merecidas férias. Morro de inveja. As minhas só começam em agosto, infelizmente com a viagem para falar em Bruxelas. Faço votos de que se recupere por completo e espero que, em breve, possa mandar-lhe o *Jahrbuch*, para que o leia em viagem. Estou aprontando as últimas folhas.

Com minhas lembranças mais sinceras,

Cordialmente,

Jung

1. Hológrafo: *11.VII.10.* Mas a numeração original (por mãos desconhecidas) atribui a essa carta a data acima, que é confirmada pelo seu conteúdo.
2 "Forels Stellungnahme zur Psychanalyse", *Jahrbuch*, IV:2 (1912).
3. "Zur Radikalbehandlung der chronischen Paranoia", *Jahrbuch*, III:2 (1911).
4. Cf. 115 J e 116 F.
5. Não encontrado.

264 F

Karlsbad, Haus Columbus, 13 de julho de 1911

Caro amigo,

De fato, já me encontro em férias, torturando-me "em obediência às leis"[1] para ver se recupero – como se diz – a saúde. Considere, por favor, a química anormal de meu corpo se eu me deixar vencer pela irritação no que digo a seguir.

Sei muito bem de onde partem tais boatos. Não é difícil adivinhar. São obras do próprio Adler, com uma intenção deliberada. Ao escrever-lhe coisas que, de antemão, sabia que o senhor poderia refutar facilmente, ele contava com o automatismo da polidez, ou seja, com a expressão de seu pesar diante do acontecido. E o senhor se deixou levar por ele, o que me coloca em situação difícil.

Adler teceu esse "boato" a partir de duas observações feitas por mim em caráter particular, se bem não confidencial: que era uma pena que, como editor da *Zentralblatt*, ele não mantivesse contatos pessoais com o senhor e os demais colaboradores estrangeiros; e que eu já deveria ter tomado providências desde a época em que ele se atreveu à inadmissível asserção de que o material da "pequena Anna" era "tendencioso no todo"[2] e as mitologias dele, por conseguinte, inconcludentes. Com isso – e nada mais – armou a intriga, e agora o senhor lhe diz que lamenta a saída dele, que a considera uma perda etc. Tudo muito propício para que ele constitua um bom capital; obteve uma declaração de que o senhor desaprova a maneira como o trato, jogou-nos um contra o outro etc. Como o mal

Ano 1911 ——————————————————————————

está feito, posso apenas pedir-lhe que, doravante, trate Adler com cautela psiquiátrica, pois, sem sombra de dúvida, ele tentará pregar outras peças.

A afirmação de que os melhores elementos da Sociedade lhe seguirão o exemplo[3] é puro disparate, como o senhor mesmo poderá comprovar.

Devolvo anexa a carta dele[4].

Conheço o trabalho de Bjerre, que é muito interessante, embora peque por falta de clareza. O senhor, de fato, precisa chamar Bleuler às falas, pois não são propriamente bombons o que Forel merece pelo tratamento que dá à ΨA no livro dele. Minha curiosidade pelo *Jahrbuch*, com o que me diz, já foi suficientemente aguçada.

O Dr. Van Emden se encontra aqui, continuando seu curso de ΨA comigo, de modo que durante a metade do dia tenho companhia. A outra é gasta na mais indigna das atividades, a preocupação oficial com o pobre Konrad. Karlsbad, e nisso concordo com o médico daqui, é um lugar ideal para curar o hábito da caça ao prazer, porque o prazer se torna obrigação.

Desejo que aproveite bastante suas merecidas férias e alegro-me com sua decisão de não se deixar escravizar no futuro por sua prática. Devo ser perdoado, se porventura o faço, graças à minha idade, aos meus complexos e à preocupação com a numerosa prole que depende de mim.

Se lhe for conveniente, chego aí a 16 de setembro – sozinho.

Para o senhor, sua esposa e as crianças, minhas melhores lembranças.

Cordialmente,
Freud

---

1. Hológrafo: *"den Gesetzen gehorchend"*, alusão a um epigrama clássico tornado popular por Schiller em seu "Der Spaziergang" ("wie das Gesetz es befahl"). A frase original é de Simônides, séc. V a.C., e figura no monumento aos espartanos tombados nas Termópilas; cf. *Greek Anthology*, epigrama sepulcral n. 249 (ed. Loeb, II, 1917).

2. Cf. 227 I.

3. Cf. 273 F n. 1.

4. Não localizada. / O resto da presente carta veio à luz nas mesmas circunstâncias de 199a (cf. n. 1 correspondente a ela).

265 J

1003 Seestrasse, Küsnach-Zürich,
19 de julho de 1911

Caro Professor Freud,

É uma lástima que eu me tenha deixado levar por Adler. Mais tarde ele saberá que me encontro muito mais longe dele do que agora imagina. É verdade que agi, em parte, baseado no princípio psiquiátrico de nunca discutir com um paranoico, desmentindo tudo apenas para tranquilizá-lo. Bleuler é farinha do mesmo saco e a diferença que os separa (embora importante) é, na prática, de poucos graus. A bem dizer, ele quase pôs termo ao relacionamento pessoal comigo, o que atribuo exclusivamente à questão alcoólica.

Estou afogado em trabalho e só um esforço hercúleo permite-me dar seguimento à minha prática. Agora já estou em condições de reservar para mim um dia da semana, além do domingo, com o que posso, enfim, consagrar mais atenção à ciência. Todas as horas que eu antes tinha livres são tomadas agora por cursos, seminários e correspondência (e, no momento, também por visitantes contumazes). Cheguei a um ponto em que nem mais posso aproveitar os domingos, para minha grande tristeza, pois é forçoso que os passe descansando. Essa situação lamentável há de findar em 1º de agosto. No dia 9 parto para Bruxelas, por uma semana, e em 19 para as montanhas, com minha mulher. No início de setembro estarei de volta a Zurique, pronto para recebê-lo no dia 15 e feliz por merecer a honra de receber sob meu teto tão ilustre hóspede. Durante esse período meu endereço continua a ser o mesmo.

Com minhas lembranças e os votos de que sua cura em Karlsbad seja coroada de êxito.

Cordialmente,
Jung

266 F

Karlsbad, 21 de julho de 1911

Caro amigo,

Se por um lado sua carta tranquilizou minha irritação, por outro me encheu de preocupações a seu respeito. Peço-lhe que não me tome por modelo e que se arme enquanto é tempo contra o dragão da prática. Deixe à sua estimada, inteligente e ambiciosa esposa o prazer de salvá-lo da funesta tentação de ganhar dinheiro. Minha mulher sempre diz que se orgulharia muito se pudesse fazer o mesmo por mim. Mas em meu caso já não há muito a mudar – e pouco resta para ser salvo. No n. 9 da *Zentralblatt* o senhor encontrará um exemplo de esquecimento de nome surgido durante uma conversa que tive com Ferenczi[1]; para o senhor a explicação terá, decerto, um sentido extra que a outros não transparece (*Giovane-Veterano*)[2]. Trata-se do velho motivo mitológico: o velho deus quer ser sacrificado e ressurgir no novo, rejuvenescido. É preciso que o senhor se saia melhor do que eu e não simplesmente me copie. Seu fraco pelo dinheiro já despontara em suas relações com a América e desde então me preocupa. No todo, talvez ainda faça um bom negócio, mas para tanto é indispensável que renuncie às ambições costumeiras. Estou certo de que recompensas extraordinárias hão de surgir, então, em seu caminho.

Muito obrigado por me participar seus planos; só estranho que não faça alusão ao serviço militar. Continuarei a usar o endereço de Zurique, segundo sua vontade, e peço-lhe ter em mente que, a partir de 31 do corrente, hei de estar (não em Oberbozen, mas) em:

Klobenstein am Ritten/Tirol[3]
Hotel Klobenstein

Fica no mesmo *plateau*, uma meia hora a mais.

Recebi os convites para o Congresso. Minha cura em Karlsbad, pensando bem, não é um autêntico prazer; já decidi até consagrar um ex-voto se eu, pelo menos, livrar-me de todos os achaques que me acometeram aqui. Tudo indica, porém, que acabe por tirar algum proveito.

Para o senhor e os seus, com a estima de sempre,

Ano 1911

Lembranças de
Freud

1. Tentando lembrar-se, com Ferenczi, do nome de um lugar na Sicília, Freud se fixou de início em Castrogiovanni, antes que lhe ocorresse o nome certo, Castelvetrano; observou então que *giovanni* soa como *giovane* e *vetrano* como *veterano*. A isso se seguiu seu comentário sobre Putnam citado em 253 F n. 9.
2. Alusão ao nome Jung = *giovane* = jovem.
3. A região pertence à Itália desde 1918; Klobenstein = Collalbo.

267 J

1003 Seestrasse, Küsnach-Zürich,
26 de julho de 1911

Caro Professor Freud,

Meu problema com o dinheiro não é assim tão grave, mas devo reconhecer que a razão está do seu lado. O sentimento de inferioridade a que não raro sucumbo, quando me comparo ao senhor, tem de ser compensado por uma crescente emulação. Creio precisar de uma grande prática para aumentar minha experiência, pois aos meus próprios olhos o que eu sei não é muito. Tive também de provar a mim mesmo de que sou capaz de ganhar dinheiro para livrar-me da ideia de que me falta aptidão para a vida. Tudo isso são tolices, mas só vivenciando-as poderei superá-las. No que tange à minha prática, acho que estou agora no ponto culminante. No semestre de inverno não terei comigo a menor complacência. Essa etapa precisa ser vencida. Como se sabe, passar pelo sucesso financeiro é uma dura prova. Nunca pensei em ficar nisso. O bem que o trabalho científico me faz é incalculavelmente maior.

Terminei, afinal, minha palestra para Bruxelas, que contém uma breve análise de criança, muito interessante. É uma pena desperdiçá-la num congresso.

Disseram-me que Jones voltará para Londres, pois, em virtude de intrigas, não obteve a *professorship* em Toronto. De qualquer modo, comparecerá a Weimar.

Em Zurique, a Dem. pr. tomou um grande impulso, tendência que se manifesta não só nesse *Jahrbuch* como também no seguinte. Os paralelos mitológicos são de extraordinária importância para a Dem. pr. e vejo com clareza cada vez maior quão úteis têm sido minhas andanças erráticas através da História. A perspectiva de voltar a desfrutar de sua companhia já me põe em grande alvoroço, pois tenho um sem-fim de coisas a lhe mostrar. Espero que a participação nos seminários com Putnam etc. não seja para o senhor um incômodo. Poder-se-ia ter assim, com efeito, um belo e significativo colóquio para o futuro da psicanálise.

Queira aceitar minhas lembranças e *auf Wiedersehen*!

Cordialmente,

Jung

268 F

Klobenstein am Ritten/Tirol,
Hotel Post, 20 de agosto de 1911

Caro amigo,

Hoje recebi, enfim, o *Jahrbuch*[1], que, naturalmente, ainda não tive tempo de ler: limitei-me a abrir as páginas e a folheá-lo. Aproveito a ocasião para confessar que o senhor me deixou envaidecido colocando-me à frente de coisas tão significativas e agradecer a maneira como conduz nossa causa, erguendo a bandeira bem alta e desferindo golpes cruentos nos adversários (com o mastro da bandeira, para ficar na mesma imagem!). Alegro-me com a perspectiva de o rever. Até 14 de setembro devo ficar aqui – a beleza do lugar é incomum – e a 15 viajo diretamente para Zurique.

Como minhas forças intelectuais se reanimaram, já trabalho num campo em que lhe causará espanto encontrar-me[2]. Consegui desentranhar alguns mistérios singulares e quase me sinto obrigado a *não* discuti-los com o senhor. Sua perspicácia lhe permitirá descobrir, porém, do que se trata, desde que eu acrescente que a minha curiosidade em ler seu "Transformações e símbolos da libido"[3] é enorme.

Desnecessário dizer que fico à espera de notícias suas; gostaria de saber como vai, como andaram as coisas em Bruxelas e que planos tem para as férias.

Hoje espero Ferenczi, que por algum tempo será meu hóspede.

Com minhas lembranças, vai aqui a expressão da mais sincera amizade

de

Freud

1. Vol. III:1, que abria com dois trabalhos de Freud – "Formulações sobre os dois princípios do funcionamento mental" e o caso de Schreber, "Notas psicanalíticas sobre um relato autobiográfico de um caso de paranoia" (ambos em Ed. Standard Bras., XII) – e incluía um texto capital de Jung (cf. n. 3, abaixo).
2. Alusão à obra que viria a ser *Totem e tabu*. Cf. 293 F n. 2.
3. *I. e.*, a parte I.

269 J

1003 Seestrasse, Küsnach-Zürich,
29 de agosto de 1911

Caro Professor Freud,

Sua carta foi uma grande alegria: sou muito suscetível ao reconhecimento concedido pelo pai. Suas palavras calam mais fundo que o vivo renome granjeado pela malevolência constante de nossos adversários. Mas sua carta também me deixou com a pulga atrás da orelha, e a despeito de minha "perspicácia", não consigo desvendar o enigma que o senhor me propõe. Quebrei a cabeça, junto a minha mulher, e as hipóteses aventadas foram tais que prefiro por ora me abster de contá-las. Resta-me formular a esperança de que o embargo à discussão seja suspenso durante sua estada conosco. Também eu tenho a impressão de que esse é um tempo cheio de prodígios; se a realidade não desmentir os presságios, suas antevisões farão sentido e graças às suas descobertas encontrar-nos-emos no limiar de algo realmente extraordinário a que, no máximo, consigo aplicar o conceito gnóstico de σοφία[1], um termo alexandrino particularmente adequado à reencarnação da sabedoria antiga na ΨA. Não ouso falar muito, mas atrevo-me a aconselhá-lo (modéstia à parte) a deixar que meu trabalho "Transformações e símbolos da libido" desencadeie suas associações e/ou fantasias: tenho certeza de que, se o fizer, dará com coisas muito estranhas (desde, é claro, que a misteriosa alusão em sua carta já não o tenha feito em forma anagramática. Devo admitir que, nessa carta, tudo me parece possível).

Em Bruxelas – vamos, então, a isso – estive entre 11-16/8. O Congresso e os respectivos trabalhos foram tão idiotas que preferi gazetear a maior parte do tempo. Só me fiz presente, por assim dizer, à minha própria palestra[2]. E fui muito petulante! Sabia que o público, depois de todas as chatices a que estivera exposto, era capaz de me engolir sem a menor resistência. O tempo fora fixado em 20 minutos, mas me alonguei por quase uma hora: é impossível dar uma visão correta da ΨA em apenas 20 minutos. Estava certo de que o presidente (Van Schuyten[3], que é avesso à ΨA) iria me cassar a palavra, e ele realmente o fez. Disse-lhe que estava pronto a concluir, mas expressei o desejo de que submetesse a decisão ao Congresso (cerca de 200 pessoas). Por aclamação, o Congresso me concedeu uma prorrogação, e o mesmo aconteceu *uma segunda vez*. O presidente teve um acesso de raiva, mas não lhe restou outra alternativa senão calar a boca. Minha palestra foi recebida como uma bomba. Os comentários posteriores eram desta ordem: "Vous avez déchaîné un orage", "Oh, c'est un homme odieux" etc. Algumas pessoas saíram da sala num silencioso protesto. Um médico dinamarquês se encheu de ódio por mim; não me dignei a responder-lhe e isso o deixou ainda mais doente, pois o que o canalha queria era ser respondido à altura. Não obstante algumas criaturas mais esclarecidas e bem dotadas farejaram algo e, doravante, podemos contar com uma colaboração tácita, ainda que silenciosa, por parte delas.

Depois da Bélgica fiz um *tour* pelas montanhas (Oberland bernense) com minha mulher. Desde ontem estou de volta a Zurique.

E agora um protesto contra sua intenção de só partir no dia 15, quando já deveria estar aqui nessa data. Há alguma possibilidade?

Por enquanto só conto com quatro palestras para Weimar[4] (Sadger, Abraham, Korber[5], Jung). Já falei com Bleuler, Sachs, Rank e também falarei com Pfister. O senhor, naturalmente, entra em meus cálculos e peço-lhe que me informe o título de sua palestra *com toda a brevidade possível*. Abraham me escreveu que as inscrições se fazem tardar (pelo menos as de Zurique).

Meros sintomas de preguiça, o pessoal acabará aparecendo. Dessa vez, o elemento feminino estará bem representado através de Zurique: a irmã Moltzer[6], a Dra. Hinkle-Eastwick (uma charmosa americana!)[7], Frl. Dr. Spielrein (!), bem como uma nova descoberta minha, Frl. Antonia Wolff[8], uma inteligência notável com excepcional agudeza filosófico-religiosa, e *last [but] not least*[9], minha mulher. Ao que parece, o Dr. Van Renterghem[10], de Amsterdam, também deseja ir. Em Munique conquistamos um livre-docente de Psicologia, o Dr. Fischer[11] (ex-aluno de Lipps[12] e Wundt).

Talvez o senhor ainda consiga em Viena uma ou outra palestra de interesse; seja como for, peço-lhe que insista com Ferenczi para apresentar alguma coisa.

Mantenho-me na expectativa de o rever em breve. Putnam deve chegar aqui na semana que vem.

Com minhas lembranças mais sinceras,

Cordialmente,
Jung

1. = *Sophia*, sabedoria.
2. "Über Psychoanalyse beim Kinde", *1er. Congrès International de Pédagogie [Anais]* (Bruxelas, 1912), II, 332-43. Esse trabalho seria incorporado a *The Theory of Psychoanalysis*, § 458s.; cf. o comentário editorial que se segue a 321 J.
3. M.C. van Schuyten,. diretor de um instituto de pedologia em Antuérpia.
4. Para a lista dos trabalhos apresentados no Congresso de Weimar, cf. apêndice 4.
5. Heinrich Körber (m. 1927), médico e funcionário da saúde pública em Berlim; sócio-fundador da Sociedade local.
6. Cf. 211 J n. 2. / A criança que serviu de tema à palestra de Jung em Bruxelas (acima, n. 2) era paciente da irmã Moltzer.
7. Beatrice Moses Hinkle (1872-1953), psiquiatra e psicóloga analítica americana da Califórnia; estudou com Freud e Jung; na época era casada com Eastwick. Traduziu Jung, *Psychology of the Unconscious* (1916). Por muitos anos foi líder do grupo junguiano em Nova York e diretora de um sanatório em Washington, Connecticut.
8. Toni Wolff (1888-1953) – nome por ela adotado em sua carreira de psicóloga analítica em Zürique – foi amiga e colaboradora de Jung por mais de 40 anos.
9. Hológrafo: *last not least* (em inglês).
10. A.W. van Renterghem (1845-1939), holandês, especialista em hipnose.
11. Aloys Fischer (1880-1937), professor de Filosofia a partir de 1914.
12. Theodor Lipps (1851-1914), professor de Filosofia em Munique, que adotou uma abordagem psicológica para sua disciplina.

270 F

Klobenstein, 1º de setembro de 1911

Caro amigo,

É um prazer livrá-lo das trevas, bem como à sua estimada esposa, cuja competência para decifrar enigmas já me é bem conhecida, informando-lhe que, nas últimas semanas, meu trabalho se concentra no mesmo tema que o seu, a saber, a origem da religião. Foi para não o confundir que eu tomara a decisão de não falar a respeito. Mas como vejo, por uma primeira leitura de seu ensaio no *Jahrbuch* (ainda tenho de o reler; Ferenczi desapareceu com o volume), que minhas conclusões lhe são conhecidas, creio que já não é necessário, para meu grande alívio, guardar segredo. Então o senhor também está ciente de que o complexo de Édipo se encontra na origem do sentimento religioso? Bravo! As evidências que tenho a comunicar podem ser expostas verbalmente em apenas cinco minutos.

Sua carta chegou num belo dia feliz, elevando-me ainda mais o ânimo. A experiência em Bruxelas foi realmente engraçada. Creio que para nós, por ora, basta de congressos. Seu amável desejo de que eu chegue aí no dia 15 é irrealizável, como, aliás, tem sido há 25 anos[1].

Os trabalhos (para o Congresso) não deverão constituir problema. Já falei com Ferenczi, que apresentará algo sobre a homossexualidade. Rank me escreveu demonstrando necessitar de um incentivo, que não me neguei a dar, para trazer-nos um "Motivo da nudez na Antiguidade"[2]. Como o senhor estará com Putnam antes de mim, creio que poderá persuadi-lo a apresentar ao Congresso os postulados e as apreensões filosóficas que ele já me comunicou num memorando[3]. A coisa não é válida, mas a meu ver pode constituir um bom ornamento. De minha parte, já que o senhor não me dispensa, penso num complemento à análise de Schreber que certamente lhe falará de perto. Para os que tenham bons ouvidos, aí figura, ademais, um prenúncio de coisas que estão por vir. Peço-lhe, contudo, que não me ponha *à la tête* com esse breve ensaio que, de fato, não poderá se estender por mais de 15 minutos. Talvez Putnam, ou o senhor mesmo, concorde em ser o primeiro.

Na realidade, as palestras não são, dessa vez, a parte mais importante do Congresso, que prescinde de um *clou* científico. A tônica recai nos

Ano 1911

problemas de organização. A situação mudou desde que nossos periódicos se firmaram.

Nós, de Viena, não temos nada que se compare à distinta delegação feminina a ser mandada por Zurique. Nossa única doutora participa como uma verdadeira masoquista da revolta de Adler e é muito pouco provável que se faça presente[4]. De fato, estamos nos desintegrando. Essa mudança para o Oeste, como o senhor bem sabe, não contraria de modo algum os meus desejos. Nessas circunstâncias, minha mulher lamenta profundamente não poder acompanhar-me, mas os compromissos que tem nessa época, a direção da casa e o próprio fato de ela não ser muito chegada a viagens tornaram-lhe outra decisão impraticável. Além disso, como o senhor sabe, ela não tem qualquer envolvimento pessoal com a psicanálise e é Zurique, mais do que Weimar, o que a deixa triste.

Aqui no Ritten tudo é divinamente belo e agradável. Meu maior prazer é não fazer coisíssima alguma, tirando umas duas horas que consagro a novas leituras, e nem gosto de pensar que, no início do mês que vem, estarei de volta à costumeira lida. Mas 25 anos de prática[5] ainda são uma condenação muito leve. Talvez o bom seja 40, talvez melhor que tudo seja "to die in harness"[6].

Hei de lhe escrever ainda antes de sair daqui. Por ora limito-me a mandar a todos minhas melhores lembranças. *Auf Wiedersehen*!

Cordialmente,

Freud

---

1. As bodas de prata de Sigmund e Martha Freud caíram em 14-9-1911. Declara Jones (I, p. 165-150) que o casamento civil se realizou em 13 de setembro de 1886, na *Rathaus*, de Wandsbek (Hamburgo), e o religioso no dia seguinte, na casa da mãe de Martha Bernays.
2. = "Über das Motiv der Nacktheit in Dichtung und Sage", *Imago*, II (1913). Para a recepção em Weimar, cf. Jones, II, p. 96-85.
3. Cf. Putnam a Freud, fins de março de 1911, em *Putnam and Psychoanalysis*, p. 116-19. O trabalho, "Über die Bedeutung philosophischer Anschauungen und Ausbildung für die wietere Entwicklung der psychonalytischen Bewegung", foi publicado em *Imago*, I (maio, 1912); uma versão em inglês, "A Plea for the Study of Philosophic Methods in Preparation for Psycho-analytic Work", figura em Putnam, *Addresses on Psycho-Analysis* (Londres e Nova York, 1921). A alta consideração de Freud pelo trabalho psicológico e psiquiátrico de Putnam não se estendia – como é aqui indicado – ao seu hegelianismo filosófico; cf. tb. Jones, II, p. 96/85s.
4. Margarete Hilferding (1871-1943); a primeira mulher eleita para a Sociedade de Viena, em 27-4-1910, por indicação de Federn. Casada com Rudolf Hilferding, líder da democracia

social alemã na década de 1920. Bem conhecida como médica dos trabalhadores vienenses, foi assassinada pelos nazistas em Auschwitz.

5. Cf. 134 F n. 2.

6. Em inglês no original.

O Congresso de Weimar

Segundo a descrição de Jones (II, p. 101 s./89 s.), Freud viajou sozinho do lugar onde passava as férias, perto de Bozen (Bolzano), até Zurique, sendo recebido na estação por Jung, de manhã cedo, em 16 de setembro. Hospedou-se na casa de Jung em Küsnacht por quatro dias, sobre os quais temos apenas a breve descrição de Jones: "Naturalmente, houve seminários, recepções, visitas constantes, o que indica não se ter tratado de simples férias. Putnam, que estava em Zurique, e não em Küsnacht, participou de todas essas atividades". Além disso, Putnam passou seis dias em análise com Freud (Hale, *Putnam and Psychoanalysis*, p. 39). É lícito supor que Freud tenha viajado para Weimar (a um dia de viagem de trem) em companhia de Carl e Emma Jung, provavelmente no dia 19; Putnam talvez fizesse parte do grupo. De Zurique seguiram também Bleuler e mais oito ou dez pessoas.

O III Congresso Psicanalítico realizou-se no melhor hotel de Weimar, o Erbprinz, instalando-se às 8 da manhã de 21 de setembro e prosseguindo no dia seguinte. Karl Abraham se encarregara dos preparativos. O informe oficial relaciona 55 presentes, 46 dos quais posaram em grupo para uma foto (ver foto VI). Foram apresentados 12 trabalhos – "de grande gabarito", escreve Jones (p. 95s./85s.), "incluindo vários clássicos da literatura psicanalítica". Os respectivos resumos foram feitos por Otto Rank em *Zentralblatt*, II:2 (novembro, 1911), 100-105. Ver apêndice 4.

A palestra de Freud, um breve adendo ao caso de Schreber (*Jahrbuch*, III:2), trazia esta referência ao trabalho de Jung na época: "Este breve pós-escrito... pode servir para demonstrar que Jung tinha excelentes fundamentos para sua asserção de que as forças criadoras de mitos da humanidade não se acham extintas, mas que, até o dia de hoje, originam nas neuroses os mesmos produtos psíquicos que nas mais remotas eras passadas" (Ed. Standard Bras., XII, p. 107s.). A palestra de Jung, contribuições ao simbolismo, sobrevive apenas no resumo de Rank; ao que parece continha material coletado por Jung para "Wandlungen und Symbole der Libido" (ver adendos).

Jung e Riklin foram reeleitos presidente e secretário, respectivamente, por aclamação, da Associação Internacional. Decidiu-se, ainda, fundir a *Korrespondenzblatt*, da qual seis números de quatro a oito páginas haviam sido publicados em Zurique desde julho de 1910, à *Zentralblatt*, na qual ela figuraria, com efeito, como a matéria final, em três números do vol. II (1912): 4, 8 e 9.

271 J

[Casernas de St. Gallen][1],
4 de outubro de 1911

Caro Professor Freud,

Enfim, consigo lhe escrever. Há mais de uma semana que me encontro nas casernas a cumprir meu dever do médico que é pau para toda obra, ungindo pés, extraindo calos, tratando de diarreias, e já de novo me sinto feio e pequeno. Felizmente, tenho algum tempo ao meu dispor, o que me impede de ser pulverizado de vez pelo espetáculo constante dessa odiosa corporalidade. Mesmo no que há de menos lisonjeiro – o que aqui chamam de "inspeção do pênis"[2] – revelam-se, todavia, alguns aspectos curiosos. De 500 soldados, nesta parada fálica, 14% tinham fimose. Uma boa motivação biológica para a circuncisão! A principal anormalidade parece ser uma tendência à hipospadia[3]. O aspecto é positivamente feminino.

Minha casa ainda viveu em grande turbulência depois de Weimar e os primeiros dias de serviço foram também agitadíssimos. No momento sofro com um detestável resfriado, mas, apesar disso, estou fazendo o possível para acelerar a impressão da segunda metade do *Jahrbuch*. Ainda agora apronto o texto de Silberer. A impressão começou há um mês. Envie, por favor, *diretamente a Deuticke*, o manuscrito[4] que o senhor acabou não me entregando em Weimar.

O Congresso de Munique[5] deve ter sido uma estupidez de primeira. Diferentes pessoas me mandaram notícias. Frank saiu-se com a seguinte declaração: "É da maior importância, na ΨA, que não apenas a paciente, mas também o médico, fiquem confortavelmente deitados". Jones e Seif se ergueram em protesto, mas ignoro os resultados.

Por acaso o senhor sabe o resultado das negociações entre Stekel e Bergmann?

Para nossa interpretação do episódio de Utnapishtim em Gilgamesh, encontrei alguns estranhos paralelos que lançam luz sobre os ditos gnômicos de Utnapishtim[6]. Porém, por enquanto, não revelo nada, pois primeiro quero que a coisa amadureça.

O próximo *Jahrbuch* há de trazer dois trabalhos profundamente enfadonhos[7], mas que, graças a uma aparência científica, estão fadados a impressionar o público que aprecia as declarações indiretas. É preciso que nos infiltremos um pouco mais nos círculos científicos.

Espero que tudo tenha transcorrido na mais perfeita ordem em seu regresso a Viena e que o senhor conserve em casa boas impressões da Suíça para que pense em voltar aqui no ano que vem.

Aceite minhas melhores lembranças e não se esqueça, por favor, de recomendar-me à sua esposa.

Cordialmente,

Jung

1. Esta carta e a seguinte estão no costumeiro papel timbrado de Jung, mas é óbvio que foram escritas nas casernas de St. Gallon, como 275 J.
2. Hológrafo: *der sog. "Schwanzvisite"*.
3. Abertura da uretra na face inferior do pênis.
4. "Nachtrag zu dem autobiographisch beschriebenen Fall von Paranoia (Dementia paranoides)", *Jahrbuch*, III:2 (1911) = "Pós-escrito ao caso de Schreber", Ed. Standard Bras., XII (a breve palestra de Freud em Weimar).
5. Congresso Internacional de Psicologia e Psicoterapia Médica, 25-26 de setembro; cf. Jones, II, p. 133/118, para a argumentação de Jones e Seif contra o presidente, Vogt.
6. Tais paralelos incluem o Hiawatha, de Longfellow *(The Song of Hiawatha*, 1855) e o Judeu errante. Cf. OC 5, § 293, 513 (também na versão de 1911-1912).
7. Presumivelmente, os trabalhos de Pfenninger e Aptekann; cf. 279 J n. 6.

272 J

[Casernas de St. Gallen],
6 de outubro de 1911

Caro Professor Freud,

Como o senhor terá notado, nossas cartas se cruzaram[1]. Também eu andei às voltas com um terrível resfriado, mas o pior, graças a Deus, já passou.

Devolvo anexa a carta de Specht[2]. O simples fato de ele ainda não se ter dignado a convidar um só representante a colaborar conosco esclarece que intenções reais tem em mente, malgrado seu enfático entusiasmo pela ΨA. Isso, a meu ver, fala mais alto do que todas as belas palavras encontradas em cartas pessoais. É um escândalo, reparável apenas por ações conspícuas, que ele prefira, ao senhor, pessoas como Münsterberg ou Sommer[3] (ou mesmo "Ach"[4], de Königsberg, Deus me livre, *ach*![5]). Nesse caso, como na guerra turco-italiana[6], uma neutralidade benévola é a melhor política. Mesmo assim, o documento tem importância histórica. Convém lembrar que é por ódio a Kraepelin que Specht está procurando contato com a esquerda. Sem dúvida, ele é pessoalmente talentoso, mas a vaidade o torna intolerável. Ocorre-me, por sinal, que já em 1905 me pedia colaborações, mas antes de saber que eu fora contaminado pela ΨA. Depois disso não mais deu sinal de vida.

Folgo em saber que o senhor não está disposto a emprestar sua colaboração a empreendimentos rivais desse gênero.

O tratamento que o senhor dispensa a Bleuler, cuja palestra foi, de fato, horrorosa[7], é digno de admiração. Já recebeu o livrão dele?[8] Nele se sai com algumas coisas realmente nocivas que, decerto, hão de turvar nossa clara concepção de demência precoce.

Como curiosidade, devo observar que as notícias que o senhor mandou encontraram aqui uma audiência extraordinária. Um de nossos oficiais conhecia seu nome e tinha a vaga ideia de que ele se liga a algo importante e digno de atenção. Nada o impede, agora, de usar o moto de *A interpretação dos sonhos* num sentido novo e inesperado: "Flectere si nequeo superos, Acheronta movebo"[9].

Ano 1911 ────────────────────────────────

Até agora o serviço militar me dá bastante folga para ler e examinar manuscritos. Ninguém também me perturba, o que é não só agradável como também oportuno depois dos penosos esforços que tive de envidar em Weimar. Desejo-lhe todo o sucesso possível em sua campanha contra o bando de Adler (*lucus a non lucendo*)[10].

Com minhas melhores lembranças,

Cordialmente,

Jung

1. Falta a carta de Freud.
2. Wilhelm Specht, editor da *Zeitschrift für Pathopsychologie* (Leipzig), cujo primeiro número (agosto, 1911) foi criticado em *Zentrallbatt*, II:7 (abril, 1912).
3. Robert Sommer (1864-1937), professor de Psiquiatria na Universidade de Giessen. Em *Estudos diagnósticos de associações*, Jung se reconhece em débito para com suas primeiras pesquisas; cf. OC 2, Índice onomástico, s.v. Sommer. Foi o primeiro presidente (1928-1930) da Sociedade Médica Geral de Psicoterapia. Cf. a homenagem que Jung lhe presta em seu discurso presidencial no Congresso de Copenhague de 1937, OC 10/3, § 1066.
4. Narziss Kaspar Ach (1871-1946), psicólogo e professor de Filosofia em Konigsberg, mais tarde em Göttingen.
5. A interjeição *ach* ("ai") serve aqui a um trocadilho.
6. A guerra tripolitana, entre a Itália e a Turquia, eclodiu em 28-9. A Itália invadiu e anexo Tripoli (norte da África); as potências europeias, embora desaprovassem, permaneceram neutras.
7. "Zur Theorie des Autismus", presumivelmente = "Das autistische Denken", *Jahrbuch*, IV:1 (1912).
8. *Dementia Praecox, oder die Gruppe der Schizophrenien*, um volume de 420 páginas em *Handbuch der Psychiatrie*, ed. G. Aschaffenburg (Leipzig e Viena, 1911) = *Dementia Praecox, or the Group of Schizophrenias*, tradução de J. Zinkin (Nova York, 1950).
9. = "Se eu não puder dobrar os deuses, comoverei Aqueronte" – Virgílio, *Eneida*, VII, 312.
10. Cf. 162 J n. 5.

273 F

12 de outubro de 1911, Viena, IX. Berggasse 19

Caro amigo,

Meio cansado da luta e da vitória, informo-lhe que ontem forçamos o bando de Adler (seis ao todo)[1] a se desligar da Sociedade. Fui duro, não propriamente injusto. Eles fundaram uma nova sociedade de ΨA "livre"[2], em oposição à nossa não livre, e planejam também lançar um periódico[3] etc.; insistiram, porém, no direito de permanecerem conosco, claro está que a fim de se apropriarem, como bons parasitas, de ideias e materiais, que acabarão deturpando. Tornei impossível essa simbiose. Na mesma noite admitimos três novos membros, Stärcke e Emden, da Holanda, e Fräulein Dr. Spielrein, que surgiu inesperadamente[4]. Ela achou que eu não pareço malicioso, como a princípio imaginara.

Com a clientela incompleta – por enquanto apenas sete pacientes –, ainda não me mobilizei intelectualmente; falta-me retomar, por exemplo, meus estudos sobre a religião. Houve também muitos problemas com a Sociedade e com vários membros em particular. Minha carta a Specht não foi mais do que uma colocação enfática da famosa pergunta: "Por que, então, não diz isso *scilicet* alto?"[5]. Caso ele não se dirija ao senhor, como sugeri, ficará claro que tudo se resume a uma tapeação.

De Eder, de Londres, recebi hoje o primeiro trabalho de psicanálise apresentado à British Medical Association *(British Medical Journal*, 30 de setembro de 1911)[6].

Recebi também uma carta em que Pfister se declara disposto a se divorciar. Boas novas! Se ele não quiser estragar a própria vida, acho que já é tempo, e pensando assim foi que o incitei a levar a coisa adiante.

Bleuler é um primor de incompreensão, mais ou menos como uma enguia espinhenta – se é que isso existe!

A lembrança dos dias passados em Zurique e Weimar torna-os ainda mais belos. Com a dor de dente e a tensão caídas no esquecimento, a troca de ideias, as esperanças e o contentamento que foram a essência desses dias adquirem um relevo sem mácula.

Faço votos de que seu repouso militar se prove benéfico e não venha a ser perturbado pela guerra no Mediterrâneo. Para o senhor, sua esposa e as crianças minhas melhores lembranças.

Seu sempre,
Freud

---

1. Na reunião de 11-10 da Sociedade (a primeira da nova temporada), Freud anunciou o afastamento de Adler, Bach, Madáy, Hye (cf. 260 F n. 3). Uma resolução aprovada depois de muitos debates estipulava que "a qualidade de membro da Sociedade de Livre Investigação Psicanalítica era incompatível com a permanência na Associação Psicanalítica"; a isso

Ano 1911 ——————————————

seguiu-se a renúncia (ou expulsão?) de Furtmüller, os dois Grüner, Hilferding, Klemperer e Oppenheim *(Minutes,* III: cf. Jones, II, p. 150-133). Freidjung permaneceu e é dado por membro em 1-1-1912 *(Zentralblatt,* II:8, maio, 1912, p. 475).

2. A Sociedade de Psicanálise Livre; cf. "A história do movimento psicanalítico", Ed. Standard Bras., XIV, p. 65.

3. *Zeitschrift für Individual-Psychologie,* fundada em abril de 1914, mas suspensa ao irromper a guerra; com Adler e Ladislaus Zilahi como editores e *Internationale* anteposto ao título, voltaria a circular em 1923.

4. August Stärcke (1880-1954), de Huister Heide, e Jan van Emden (cf. 209 F n. 7). A Dra. Spielrein residia, então, em Viena *(Zentralblatt,* II, 1912, p. 237).

5. "Schreberismo".

6. M.D. Eder, "A case of obsession and hysteria treated by the Freud psychoanalytic method", *British Medical Journal,* II (1911). Eder (1866-1936) foi sócio-fundador da Sociedade Psicanalítica de Londres (1913), dividindo seu interesse entre as escolas de Viena e Zurique; com sua mulher e Mary Moltzer traduziu Jung, *The Theory of Psychoanalysis* (cf. o comentário que se segue a 321 J), e sozinho fez uma notável tradução e adaptação de *Studies in Word-Association,* editados por Jung. Em 1920, após uma análise com Ferenczi, Eder retomou a linha freudiana. Destacou-se na Inglaterra como defensor do sionismo.

274 F

13 de outubro de 1911[1], Viena, IX. Berggasse 19

Caro amigo,

Para seus momentos de solidão militar envio a seguinte contribuição às nossas conversas sobre o material de Gilgamesh:

Embora eu não conteste a interpretação de Gilgamesh e Eabani[2] como homem e sensualidade grosseira, ocorre-me que tais pares, constituídos por um nobre e um complemento vulgar (em geral irmãos), são um motivo costumeiro no patrimônio lendário e na história da literatura. Dom Quixote e Sancho Panza (literalmente: pança) são a última grande manifestação do tipo. Dentre as figuras mitológicas avultam, em primeiro lugar, os dioscuros (um mortal, outro imortal) e vários pares de irmãos ou gêmeos do tipo Rômulo e Remo. Um é sempre mais fraco e morre antes do outro. Em Gilgamesh esse motivo antiquíssimo dos pares de irmãos desiguais serviu para representar a relação de um homem com a própria libido.

Esses velhos motivos são constantemente reinterpretados (inclusive em termos astronômicos), mas onde residirá a verdadeira origem deles?

No que toca ao motivo em pauta, a resposta é simples. O gêmeo mais fraco, que morre primeiro, é a *placenta*, o nascido após, isso simplesmente

Ano 1911

porque é natural nascer com a criança pela mesma mãe. Encontramos essa interpretação há alguns meses, na obra de um mitólogo moderno[3] que nada sabe de ΨA e que, ao esquecer a própria ciência em que é perito, conseguiu, enfim, ter uma boa ideia. Mas no *Golden Bough*, de Frazer, vol. I, pode-se ler que, entre muitos povos primitivos, a placenta é ainda hoje chamada de *irmão* (irmã) ou *gêmeo* e recebe um tratamento correspondente, ou seja, proteção e comida, por um prazo naturalmente curto. Se existe no indivíduo uma memória filogenética, o que, por lastimável que seja, há de em breve se tornar inegável, evidencia-se também a origem do aspecto misterioso do *doppelgänger*[4].

Meu intento era surpreendê-lo com a ideia de que Eabani é fundamentalmente a "placenta" de Gilgamesh. Ainda há muitas conexões e hipóteses a inferir desse tema. E é uma pena, pois só trabalhando juntos poderemos enfrentar esse problemas técnicos.

Cordialmente,
Freud

1. Citada em Jones, II, p. 500 s/451s.
2. Em geral, chamado de Enkidu pelos eruditos de hoje.
3. Paul Ehrenreich (1855-1914), etnólogo da Universidade de Berlim. A interpretação figura em seu *Die allgemeine Mythologie und ihre ethnologischen Grundlagen* (Mythologische Bibliothek, IV, 1, Leipzig, 1910), p. 239s. Cf. 275 J n. 2.
4. I.é., "o duplo"; na acepção filosófica, o termo alemão está generalizado.

275 J

Casernas de St. Gallen (até 31-10),
17 de outubro de 1911

Caro Professor Freud,

Muito obrigado pelas duas cartas tão ricas em conteúdo. As novidades de Viena me interessaram muito. Seria possível saber logo os nomes dos dissidentes? O expurgo foi, a meu ver, uma medida feliz.

A notícia sobre Pfister não me espanta, pois eu já contava com isso. Escapar de um casamento sem futuro ser-lhe-ia tão difícil quanto a Arquimedes mover o mundo se um ponto sólido não se materializasse subitamente no espaço vazio. Mas acontece que "um passarinho carregado de veneno letal"[1] foi miraculado em vida, recebendo um nome de moça, como impõe a regra, e Pfister se deixou levar pelo caminho dos ímpios. Conheço esse passarinho encantador. Tudo indica que ela só queria tirá-lo da gaiola, e não se casar. Mas é justamente isso o que mais importa. Se ela tiver sucesso, Pfister pode se considerar feliz.

Sua contribuição ao simbolismo dos irmãos, que o senhor já entrevira em Zurique, é extraordinariamente interessante e válida; a coisa está amplamente disseminada e remonta aos primórdios, como pude verificar depois. Sou muito grato por essa contribuição[2], pois ela corresponde de perto a outras observações que me levaram a concluir que as chamadas "memórias remotas da infância" não são em absoluto memórias individuais, mas, sim, filogenéticas. Refiro-me, decerto, às memórias *mais remotas*, como o nascimento, o sugar etc. Há coisas que só de um ponto de vista *intrauterino* se tornam explicáveis: boa parte do simbolismo da água, bem como o envolvimento, o entranhamento que parece vir acompanhado de estranhas sensações epidérmicas (cordão umbilical e âmnio). Ainda agora minha filha Agathli tem sonhos assim, intimamente relacionados a certos mitos negros do nascimento em que também ocorrem esses entranhamentos em substâncias viscosas. Creio que há muito mais coisas a tomar por memórias filogenéticas do que atualmente supomos.

Isolado do mundo como estou aqui, muito pouco me é dado ver e ouvir. As noites são consagradas forçosamente ao convívio. Mesmo em St. Gallen sou procurado por algumas pessoas com as quais não tenho nada a ver.

Espero que seu resfriado já tenha sido vencido. Com minhas melhores lembranças,

Cordialmente,
Jung

---

1. Cf. Schreber, *Memoirs*, p. 166s., e a interpretação de Freud em "Notas psicanalíticas sobre um relato autobiográfico de um caso de paranoia", c. II (Ed. Standard Bras., XII, p. 53s.), em que os "pássaros miraculados" são relacionados a moças.
2. Em "Wandlungen und Symbole der Libido", parte II, c. V, n. 56 *(Jahrbuch, IV:1, 1912)*, Jung escreveu: "Numa discussão pessoal, o Professor Freud exprimiu a ideia de que uma determinante suplementar para o motivo dos irmãos desiguais pode ser encontrada na observação elementar do nascimento e da placenta. É um costume exótico tratar a placenta como uma criança!" Na revisão de 1952 (OC 5, § 356), a íntegra da nota foi incorporada ao texto sem referência a Freud.

276 F

20 de outubro de 1911, Viena, IX. Berggasse 19

Caro amigo,

Ao contrário do senhor, já começo a me sentir cansado dos empenhos mundanos, depois de apenas um mês, sobretudo porque nem todo o meu trabalho é lucrativo. Durante dois terços de meu tempo tenho o que fazer, muito embora não tenha nada para meus filhotes famintos no ninho da ΨA. É principalmente por precaução que hoje escrevo esta carta. Ouvi dizer que o senhor está se correspondendo com Stekel e quero lhe afiançar, de antemão, que nada tenho a ver com as dificuldades e transtornos que ele, eventualmente, venha a lhe criar. Mas talvez o senhor me conheça bem e esteja inteirado das circunstâncias para, dispensando a advertência, dar-se conta disso. Tudo o que eu queria era que, já no primeiro número[1], o senhor iniciasse suas declarações presidenciais. Conte também com meu integral apoio caso não concorde com o corpo menor para a *Korrespondenzblatt*[2]. Como o senhor vê, passamos a nos importar com ninharias quando reduzido a um ambiente análogo ao de que disponho aqui na Sociedade. Na última quarta-feira pude ver novamente o grande trabalho educacional elementar que ainda está por ser feito[3].

Encontrei dificuldades inesperadas quanto à nova visita. Deuticke, que a princípio parecia entusiasmado, de súbito, recuou. Humildemente e já meio desanimado, espero agora uma resposta de dois outros editores, um dos quais é Johann Ambrosius Barth. A psicologia da religião vai indo muito devagar. É-me penoso ler depois das exigências impostas por um dia de trabalho, e Frazer é muito prolixo e cheio de detalhes que logo esquecemos.

Por acaso o Prof. Schrader[4], de Viena, procurou o senhor durante o verão (primavera)?

Interessei-me muito pelas notícias sobre Pfister. A ΨA já começa a modelar destinos.

Presumo que o senhor esteja ansioso por retornar à vida civil. Com minhas lembranças,

Cordialmente,
Freud

Ano 1911 ——————————————————————————————————

1. *I. e.*, no primeiro número (II: 1, outubro 1912) da *Zentralblatt* como órgão oficial da Associação Internacional, com a *Korrespondenzblatt* a ela incorporada. Mas a única "declaração presidencial" de Jung só apareceu no fim do n. 4 (janeiro), como parte da *Korrespondenzblatt*; cf. 279 J n. 1.

2. A *Korrespondenzblatt* foi impressa, de fato, em corpo 8, menor que o do texto principal da *Zentralblatt*.

3. Na reunião de 18-10, Tausk (cf. 348 F n. 4) leu um trabalho no qual sugeria que a significação dos sonhos, tal como interpretada por Freud, poderia também ser obtida sem a ajuda da psicanálise; cf. *Zentralblatt*, II:4 (1912), 237.

4. Hans Schrader (1869-1948), professor de Arqueologia Clássica na Universidade; depois de 1912, em Frankfurt.

277 J

[Carimbo: St. Gallen] 30 de outubro de 1911[1]

Caro Professor Freud,

A pressa em que estou não me permite senão pedir desculpa por não ter respondido sua última carta. Os últimos dez dias de serviço esgotaram-me completamente. Sem mais nem menos fui designado para um exercício nas montanhas, um verdadeiro fim de mundo, onde fiquei isolado do resto da humanidade. Volto para Zurique amanhã cedo. Para minha grande surpresa, serei substituído aqui pelo *Oberleutnant* Binswanger, S. ΨA[2]. Ele manda lembranças. Tão logo esteja livre da brutalidade da vida militar hei de lhe escrever uma carta sensata. Aqui é impossível pensar.

Lembranças do
Jung

1. Cartão postal.
2. Societas Psychoanalytica; cf. Societas Jesu.

De Emma Jung

Küsnacht, 30 de outubro [de 1911][1]

Caro Professor Freud,

Realmente, não sei como encontro coragem para lhe escrever esta carta, mas tenho certeza de que não é a presunção que a dita; sigo, com efeito, a

Ano 1911

voz de meu inconsciente, que não poucas vezes descobri estar certo e que espero não me leve a dar agora um passo errôneo.

Desde sua visita sou atormentada pela ideia de que sua relação com meu marido não é o que poderia ser e, julgando que assim não deve continuar, decidi-me a tentar fazer o que estiver ao meu alcance. Não sei se me engano ao pensar que o senhor não concorda inteiramente com as "Transformações da libido". O assunto jamais veio à baila entre vocês, e creio que a ambos seria muito benéfico se se dispusessem a abordá-lo em profundidade. Ou existirá outra coisa? Se for o caso, diga-me, por favor, caro Herr Professor, pois é-me sobremodo penoso vê-lo tão resignado, e acredito mesmo que sua resignação não se liga apenas aos seus filhos verdadeiros (o senhor me causou uma impressão profunda ao falar a respeito), mas também aos seus filhos espirituais; de outro modo não haveria muito motivo para sua resignação.

Peço-lhe não ver em minha atitude uma intromissão nem me incluir entre as mulheres que sempre estragam suas amizades, como o senhor mesmo me disse certa vez. Naturalmente, meu marido não está a par desta carta e espero que não o julgue responsável por ela nem permita que ele seja indiretamente atingido por quaisquer efeitos desagradáveis que ela possa ter sobre o senhor.

Resta-me apenas formular o desejo de que o senhor não se zangue com esta que muito o admira.

Emma Jung

1. Embora o hológrafo dê a data de 1910, evidências internas (referências a "Wandlungen der Libido" e à visita de Freud) indicam a data de 1911. O papel, com o timbre "EJ", é usado também nas cartas de 14 e 24-10-1911, mas não em outras dessa coleção. Saudação: *Lieber Herr Professor.*

278 F

2 de novembro de 1911, Viena, IX. Berggasse 19

Caro amigo,

Folgo em saber que o senhor está de novo em casa e não mais brincando de soldado, o que é, afinal, uma ocupação das mais idiotas. Que esta carta seja, pois, uma saudação à sua volta! Estou certo de que a sigla que o senhor cunhou em serviço, S. ΨA., tornar-se-á de uso universal.

Não há muito o que dizer, mas aí vão alguns lembretes: gostaria que o senhor figurasse na *Zentralblatt* com comunicados da direção central e que Riklin enviasse a lista de sócios a Bergmann, que necessita dela para a expedição; lembro também que apoio o pedido de Stekel para que subvencionemos um ensaio de Silberer que é meio longo e já há algum tempo está sem destino. Intitula-se "Das categorias de símbolos"[1], e como tudo que escreve deve ser valioso.

A esta altura quatro editores já recusaram a nova revista (Deuticke, Bergmann, J.A. Barth, Urban & Schwarzenberg). Na semana que vem espero entrar em entendimento com H. Heller, o editor de arte, que é membro de nosso grupo. Mas não *é* a melhor solução; esse e vários outros problemas criam uma impressão penosa e me deixam bem deprimido. Também não me ocupei condignamente no decorrer do mês findo; os filhotes estão de bico aberto, pelo menos os de fora de casa; os de casa ainda têm com que saciar a fome. Minha psicologia da religião dá um trabalho medonho; se o prazer é pouco, as *douleurs d'enfantement* passam da conta. Sinto-me, em suma, abatido, e fisicamente também não estou bem. A velhice não é um delírio vazio[2]. E um *senex* resmungão merece ser morto a tiros, sem piedade.

Em Berlim, Magnus Hirschfeld desertou de nossa fileira. A perda não é grande, ele é um fraco indolente e sequer tem a capacidade de aprender. É claro que tomou, como pretexto, a observação feita pelo senhor no Congresso; não merece uma só lágrima!

Meu filho Ernst vai bem. Minha filha Sophie está melhor, mas, por enquanto, nada de decisivo. Com os outros tudo em paz. Espero que o mesmo aconteça aí.

Cordialmente,
Freud

---

1. "Von den Kategorien der Symbolik", *Zentralblatt*, II:4 (janeiro, 1912).
2. Hológrafo: *Das Alter ist doch kein leerer Wahn.* Cf. "Und die Treue, sie ist doch kein leerer Wahn", no poema de Schiller "Die Bürgschaft".

Ano 1911

279 J

1003 Seestrasse, Küsnach-Zürich,
6 de novembro de 1911

Caro Professor Freud,

Os primeiros dias depois de minha volta foram totalmente ocupados por trivialidades. Só agora consigo tomar fôlego. Discuti com Riklin a situação da *Zentralblatt* e dei as ordens necessárias (tenho a impressão de que nada anda, a não ser a poder de chicotadas). A maioria das pessoas parece se sentir muito à vontade sob um dominador ou um tirano. Foi por pura preguiça que o homem inventou o poder.

Minha mensagem para a *Zentralblatt*[1] seguirá na primeira oportunidade. As últimas semanas de serviço militar tornaram-me impossível todo e qualquer trabalho. Os relatórios das reuniões das sociedades locais continuarão a aparecer na *Korrespondenzblatt*, razão pela qual os de Viena devem também ser remetidos à direção central. Estou preparando a matéria, junto a Riklin, e hei de mandá-la a Stekel. Como o espaço de que dispomos na *Zentralblatt* é pequeno, necessitamos de relatórios mensais das reuniões das sociedades locais para que não haja um grande acúmulo de matéria. Os relatórios devem ser feitos como até agora.

O senhor não teme que a publicação de trabalhos alentados na *Zentralblatt* possa gerar uma concorrência desnecessária com o *Jahrbuch*? A meu ver, os ensaios de Silberer ficariam melhores no último. A *Zentralblatt* preencheria um objetivo mais valioso se publicasse artigos didáticos elementares, adequados, digamos, para principiantes e pacientes. Eu, de bom grado, aprovaria uma subvenção se a *Zentralblatt* imprimisse monografias de caráter elementar e didático. Afinal, ela se dirige, sobretudo, a profissionais da medicina e o trabalho de Silberer não tem propriamente um caráter médico. De qualquer modo não me seria possível incluir Silberer no *Jahrbuch* antes do número de janeiro. Por tal motivo é que não faço uma oposição real, apenas expresso (respeitosamente) a opinião de que ensaios desse gênero não estão no lugar certo na *Zentralblatt*. É de se desejar que a publicação seja feita sem demora se o ensaio dele está há muito sem destino.

Ano 1911 ───

O "Lohengrin" de Rank é excelente[2]. O próximo *Jahrbuch* há de trazer três textos de Silberer[3], entre os quais o trabalho que, por razões desconhecidas, suscitou a oposição de Bleuler; eu realmente nada encontro de ofensivo nele. Pfister vem com a continuação do trabalho dele[4]; Sadger fala do erotismo mucoso[5], com uma indignação moral mal disfarçada. Sachs[6] também está presente. A representação de Zurique, além de Pfister, inclui dois textos *muito* científicos[7] que hão de conferir ao *Jahrbuch*, do ponto de vista da consciência oficial bem comportada (censurada), uma dignidade extra.

Minha segunda parte[8] ainda não está pronta; de qualquer modo devo adiá-la para janeiro tendo em vista a extensão do número atual.

Specht não me mandou uma só palavra, o que prova claramente a seriedade das intenções dele. Não lamento a perda de Hirschfeld.

Em casa tudo na mais perfeita ordem. Com minhas melhores lembranças,

Cordialmente,

Jung

---

1. "An die Ortsgruppen", datado de novembro, 1911, *Zentralblatt*, II:4 (janeiro, 1912), 230-31 (*Korrespondenzblatt*); o mesmo tema desse parágrafo é aí abordado por Jung.

2. *Die Lohengrinsage: ein Beitrag zu ihrer Motivgestaltung und Deutung (Schriften zur angewandten Seelenkunde*, 13; Leipzig, 1911).

3. "Über die Symbolbildung" (cf. 237 J n. 8); também "Über die Behandlung einer Psychose bei Justinus Kerner" e "Symbolik des Erwachens und Schwellen-symbolik überhaupt", *Jahrbuch*, III:2 (1911).

4. Cf. 287 J n. 2.

5. "Haut-, Schleimbaut- und Muskelerotik".

6. "Traumdeutung und Menschenkenntnis".

7. Wilhelm Pfenninger, "Untersuchungen über die Konstanz und den Wechsel der psychologischen Konstellation bei Normalen und Frühdementen (Schizophrenen)", e Esther Aptekmann, "Experimentelle Beiträge zur Psychologie des psychogalvanischen Phänomens". Pfenninger (1879-1915) era médico do sanatório de Herisau (cantão de Appenzell) e membro da Sociedade de Zurique. Aptekmann (1881-19–) escreveu o presente trabalho como sua tese de doutoramento com Bleuler; regressou à Rússia.

8. De "Wandlungen und Symbole der Libido".

De Emma Jung

Küsnacht, 6 de novembro de 1911[1]

Meu caro Professor Freud,

Sua carta tão amável livrou-me de ansiosas dúvidas, pois eu temia ter cometido, afinal, uma tolice. Agora, naturalmente, estou muito contente e agradeço-lhe de todo o coração a generosa acolhida que deu à minha carta e, particularmente, a boa vontade que o senhor demonstra em relação a todos nós.

Como fundamentação de minha suspeita devo dizer, antes de mais nada, que não se trata em absoluto de coisas conscientemente percebidas; o senhor sequer permitiu que sua dor de dente, justificativa perfeita para qualquer mau humor, condoesse-nos. Se falei das "Transformações" foi, sobretudo, porque sabia com que ansiedade Carl esperava sua opinião; várias vezes ele dissera estar certo de que o senhor não as aprovaria, preocupando-se muito, por conseguinte, com o seu veredicto. Decerto isso era apenas um resíduo do complexo paterno (ou materno), que provavelmente é resolvido nesse livro; pois, na realidade, se Carl acredita que algo está certo, não tem necessidade de ele se importar com a opinião dos outros. Talvez tenha sido bom que o senhor não reagisse de imediato, já que isso apenas contribuiria para reforçar o relacionamento pai-filho.

A segunda razão me foi dada pela conversa na primeira manhã depois de sua chegada, quando o senhor me falou de sua família. Ouvi-o dizer que seu casamento está há muito "amortizado" e que não resta nada agora senão morrer. E que as crianças foram crescendo e se tornando uma preocupação constante, mas eram a única verdadeira alegria. Tais palavras causaram-me uma impressão tão forte e pareceram-me tão significativas que me encontrei pensando e repensando nelas, até imaginar que se dirigiam a mim, simbolicamente, e se referiam, ao mesmo tempo, ao meu marido.

Não se zangue, por favor, se ainda me atrevo a falar do "conteúdo manifesto" de sua conversa. Minha intenção era perguntar-lhe, na época, se o senhor tem certeza de que seus filhos não poderiam ser ajudados pela análise. Se se pensa em como é difícil se desligar de um pai comum, entende-se que a situação dos filhos de um grande homem não deve ser nada cômoda, sobretudo quando esse homem, como o senhor mesmo disse, tem uma ponta de paternalismo! A fratura da perna de seu filho não se enquadra aqui? Quando levantei essa questão o senhor disse que não tinha tempo para analisar os sonhos de seus filhos porque tinha que ganhar dinheiro para que eles pudessem continuar sonhando. O senhor acha correta essa atitude? Prefiro pensar que *não se devia* sonhar de maneira alguma, devia-se viver. Acho também – e Carl concorda – que o imperativo "ganhar dinheiro" é apenas uma evasiva de outra coisa à qual tem resistências. Perdoe, por favor, esta minha franqueza, que pode chocá-lo pela ousadia; mas o fato é que isso perturba a imagem que faço do senhor porque, de certo modo, não posso harmonizá-la com o outro lado da sua natureza, e isso significa muito para mim. Também me ocorreu a ideia de que talvez tenha sido por nossa causa que o senhor não mandou o seu filho estudar em Zurique; o senhor falou a respeito disso certa vez e, para nós, teria sido, naturalmente, um grande prazer vê-lo agora e depois.

Outra coisa que devo mencionar é a sua renúncia científica, se é que se pode chamá-la assim. O senhor pode imaginar que satisfação e honra sinto pela confiança que o senhor deposita em Carl, mas quer me parecer que, às vezes, o senhor está dando em demasia – não vê nele o seguidor e o executor mais do que precisa? Não acontece com frequência que alguém dá muito porque quer conservar muito?

Por que está o senhor pensando em desistir já, ao invés de desfrutar do êxito e da fama que bem merece? Será, talvez, com receio de deixar passar o momento certo para fazê-lo? Certamente, isso jamais acontecerá com *o senhor*, afinal, o senhor não é tão velho para já falar do "caminho de regressão", com tantas esplêndidas e férteis ideias que tem na cabeça! Além do mais, o homem que descobriu a fonte viva da psicanálise (ou não acredita que é?) não irá envelhecer tão depressa.

Não, o senhor devia regozijar-se e beber fartamente a felicidade do triunfo depois de haver lutado por tanto tempo. E não considere Carl com um sentimento de pai – "Ele vai crescer, mas eu devo encolher-me" –, mas como um ser humano considera outro, o qual, como o senhor, tem a sua própria lei para cumprir.

Com muito afeto e admiração,
Emma Jung

1. No hológrafo falta o ano, mas '1911" foi acrescentado por outra mão. Saudação: *Mein Heber Herr Professor*. / A carta é citada por Jones, II, p. 451-386.

280 F

12 de novembro de 1911, Viena, IX. Berggasse 19

Caro amigo,

Grato por sua carta e remessa. Estou outra vez ocupado o suficiente para me obrigar a adiar a resposta até domingo.

Transmiti os seus desejos e ordens a Stekel, que deveria normalmente receber instruções diretas do senhor. Acho que se justifica plenamente o fato de o senhor exercer sua influência por meio da prerrogativa orçamentária. Desejaria proporcionar-lhe um instrumento oficial de pressão sobre *Zentralblatt*. Esse desígnio foi frustrado no Congresso por nosso bom, mas obtuso, Stegmann; ele recebeu seu castigo, tendo que formular ele próprio a proposta, por ocasião das nossas ridículas eleições. Cedi à objeção dele porque me pareceu que, uma vez que os vienenses ainda incluíam o grupo de Adler, seria impossível fazê-los abandonar inteiramente o patriotismo local. Mas continua minha intenção ver o controle de todos os nossos periódicos concentrado em suas mãos. Introduzi umas palavras para subsidiar o artigo de Silberer – não por causa de Stekel, mas pelo próprio Silberer. Perguntamos-lhe se ele concorda em esperar até que o trabalho possa ser publicado no *Jahrbuch*. Se assim for, o senhor o receberá imediatamente; caso contrário, colocaremos qualquer outra coisa de lado e publicá-lo-emos em *Zentralblatt*. Todo esse caso, parece-me bem claro agora, foi uma sensação superficial inventada por Stekel. Quando ele interfere com o senhor, peço-lhe não supor jamais que eu tenha algo a ver com isso. O senhor não pode imaginar como ele envenena todo o meu empreendimento. Toda vez que penso nele vem-me à cabeça a velha litania:

"Me piget, pudet, poenitet, taedet atque miserat"[1].

Mas decidi continuar com ele.

Na minha opinião, o *Jahrbuch* não tem motivo para temer a concorrência de *Zentralblatt*. Os dois periódicos não são adequados às nossas necessidades. É claro que o senhor tem razão ao dizer que em *Zentralblatt* devíamos seguir principalmente propósitos didáticos, mas temos falta de colaboradores. O que Stekel escreve é muito superficial, eu sou incapaz de ser simples e popular e não temos mais ninguém para redigir. Contudo estou iniciando uma série de artigos técnicos e educativos no terceiro número. O primeiro: "O manejo da interpretação de sonhos na psicanálise"[2]; o segundo: "A dinâmica da transferência"[3] etc. Mas um manual, com capítulos separados, terá que ser feito por outra pessoa.

Não fiz qualquer progresso em relação ao novo periódico não médico. Heller também não o publicará. Mas não quero abandonar a ideia.

Basta de negócios. De ciência, tenho ainda menos a dizer. A Sociedade deseja preparar um segundo volume de "Wiener Diskussionen": "Sobre o Onanismo"[4]. Na última reunião, Fräulein Spielrein falou pela primeira vez[5]; ela mostrou-se muito inteligente e metódica. Algum demônio inconsciente impediu-me até agora de perguntar-lhe se o senhor conhece Storfer, de Zurique[6], cujo ensaio sobre a particular importância do parricídio[7] publiquei no último número. Poderia também ser indiscreto o bastante para perguntar se o nosso professor de Arqueologia, que me desapontou após a primeira sessão, esteve aí para vê-lo no ano passado. Soube que ele foi a Zurique. Uma das melhores obras que li (novamente) foi a de um famoso autor, "Transformações e símbolos da libido". Nessa obra, muitas coisas são tão bem expressas que parecem assumir forma definitiva e, sob essa forma, imprimem-se na memória. Às vezes tenho a impressão de que o horizonte dele tem sido por demais limitado pelo cristianismo e, por vezes, o autor parece estar mais por cima do material do que por dentro dele. Mas é a melhor coisa que esse promissor ensaísta escreveu até agora, embora possa vir a fazê-lo ainda muito melhor. Na parte referente aos dois modos de pensamento deploro a sua extensa leitura. Gostaria que ele tivesse dito tudo com suas próprias palavras. Cada pensador tem o seu próprio jargão e todas aquelas traduções tornam-se tediosas.

Por outro lado, sinto-me satisfeito com os muitos pontos que estão de acordo com coisas que eu já disse ou *gostaria* de dizer. Uma vez que esse

Ano 1911

autor é o senhor mesmo, continuarei mais diretamente e admito: para mim é um tormento pensar, quando concebo aqui e ali uma ideia, que possa estar tirando algo do senhor ou apropriando-me de algo que poderia muito bem ter sido adquirido pelo senhor. Quando isso acontece sinto uma perda; comecei diversas cartas oferecendo-lhe várias ideias e observações para seu próprio uso, mas nunca chego a terminá-las porque isso me parece ainda mais indiscreto e indesejável do que o procedimento contrário. Por que, meu Deus, permito-me segui-lo nesse campo? O senhor deve dar-me algumas sugestões. Mas, provavelmente, os meus túneis serão muito mais subterrâneos do que as suas escavações, e não tomaremos conhecimento um do outro, mas cada vez que eu subir à superfície poderei saudá-lo. "Saudações" é uma boa deixa para encerrar esta longa carta. Preciso apenas acrescentar um "sinceras", que envio também à sua esposa e filhos.

O amigo de sempre,
Freud

1. "Sinto asco, vergonha, arrependimento, enfado e compaixão". Talvez uma fórmula didática para gravar esses cinco verbos latinos, impessoais, cujo sujeito lógico vai no acusativo e o objeto no genitivo. Fonte não localizada.

2. "Die Handhabung der Traumdeutung in der Psychoanalyse", *Zentralblatt*, II:3 (dezembro) = "O manejo da interpretação de sonhos na psicanálise", Ed. Standard Bras., XII.

3. "Zur Dynamik der Übertragung", *Zentralblatt*, II:4 (janeiro, 1912) = "A dinâmica da transferência", Ed. Standard Bras., XII. Este e o precedente foram os primeiros "Ensaios sobre técnica" de Freud.

4. A Sociedade de Viena dedicou nove sessões a debates sobre a masturbação, de 22 de setembro de 1911 a 12 de abril de 1912. Foram depois publicados, ainda nesse último ano, em forma de panfleto, por Bergmann:, *Die Onanie*, com quatorze 14 contribuições (Diskussionen der Wiener Psychoanalytischen Vereinigung, n. 2). Freud deu a última parte e escreveu uma introdução (ver cf. "Contribuições a um debate sobre a masturbação", Ed. Standard Bras., XII). O n. 1 das Diskussionen, *Über den Selbstmord, insbesondere den Schülerselbstmord*, fora publicado em 1910; os debates haviam tido lugarforam realizados na Sociedade de Viena, a 20 e 27 de abril de 1910. (Ver cf. Freud, "Contribuiçõcs para uma discussão acerca do suicídio", Ed. Standard Bras., XI).

5. Num debate, conduzido por Stekel sobre a suposta atemporalidade do inconsciente. Cf. *Zentralblatt*, II:8 (maio de 1912), 476.

6. Adolf Josef Storfer (1888-1944), originalmente da Romênia; depois de 1920, diretor executivo da International Psychoanalytischer Verlag, coeditor de *Gesammelte Schriften* de Freud e da *Imago*, e editor de *Die Psychoanalytische Bewegung*. Em 1938, quando Hitler anexou a Áustria, Storfer mudou o primeiro nome para Albert e fugiu para Shangai, onde editou um jornal antinazista, *Gelbe Post*. Com a invasão japonesa, foi evacuado para Hong Kong, onde trabalhou como operário de uma fábrica até a sua morte.

7. *Zur Sonderstellung des Vatermordes* (*Schriften zur angewandten Seelenkunde*, 12; 1911).

Ano 1911 ——————————————————————————————————

281 J

1003 Seestrasse, Küsnach-Zürich,
13 de novembro de 1911

Caro Professor Freud,

Escrevo-lhe umas poucas palavras às pressas. Segue anexo um artigo de Bleuler[1], matéria inflamada a favor da abstinência que ele deseja colocar no *Jahrbuch* em resposta a Ferenczi[2]. Contém também algumas afirmações completamente falsas, que se afastam bastante das costumeiras vociferações fanáticas. Gostaria de acrescentar algumas palavras? Ou deve Ferenczi assumir a polêmica?[3] Não é do meu gosto ter coisas como essa no *Jahrbuch*. Talvez *o senhor* seja capaz de persuadir Bleuler a retirar certas declarações – na verdade, a crítica dele vai longe demais.

Seu amigo sincero,

Jung

1. "Alkohol und Neurosen", *Jahrbuch*, III:2 (1911).
2. "Über die Rolle der Homosexualität in der Pathogenese der Paranoia" *Jahrbuch*, III:1 (1911). Para o problema em questão, cf. 284 F.
3. Ele o fez: "Alkohol und Neurosen: Antwort auf die Kritik von Herrn Prof. Dr. E. Bleuler".

282 J

1003 Seestrasse, Küsnach-Zürich,
14 de novembro de 1911

Caro Professor Freud,

Muito agradecido pela amável carta que acabo de receber. No entanto a perspectiva fica para mim bastante obscura se também o senhor entra pela psicologia da religião. O senhor é um rival perigoso – se é que temos que falar em rivalidade. Ainda assim, penso que tem que ser dessa maneira, porque um desenvolvimento natural não pode ser detido nem ninguém deve tentar detê-lo. Nossas diferenças pessoais tornarão o nosso trabalho diferente. O senhor extrai as pedras preciosas, mas eu possuo o "degree of extension"[1]. Como o senhor sabe, o meu procedimento é sempre do exterior para o interior e da totalidade para a parte. Consideraria muito descon-

600

certante deixar grandes áreas do conhecimento humano permanecerem negligenciadas. E por causa da diferença de nossos métodos de trabalho devemos, sem dúvida, encontrarmo-nos de vez em quando em lugares inesperados. Naturalmente, o senhor estará à minha frente em certos aspectos, mas isso não importa muito, uma vez que o senhor já antecipou a maior parte. Só no começo é difícil acostumar-se a essa ideia. Depois, vem-se a aceitá-la. Estou trabalhando diligentemente na minha segunda parte, mas não posso mais incluí-la no próximo *Jahrbuch*.

Storfer é meu conhecido. Esteve internado certa vez no Burghölzli por causa de uma infantil tentativa de suicídio (diagnóstico: esquizofrenia). O meu palpite é de que por esse motivo ele está dando aos representantes locais da ΨA uma larga ocupação. Naturalmente, isso constitui um grande segredo.

O professor de Arqueologia, sobre o qual o senhor me escreve *jamais* esteve comigo. No momento, o meu trabalho clínico diminuiu bastante, o que é bom para mim. Riklin também não tem muito o que fazer, o que *não é* tão bom.

Na segunda parte do trabalho aprofundei-me numa questão fundamental da teoria da libido. Aquela passagem na análise de Schreber em que o senhor aborda o problema da libido (perda da libido = perda da realidade) é um dos pontos em que se cruzam os nossos caminhos mentais. Do meu ponto de vista, o conceito de libido, tal como foi estabelecido em *Três ensaios*, precisa ser suplementado pelo fator genético para torná-lo aplicável à *Dementia praecox*.

Deuticke queixa-se de que eu imprimo dissertações no *Jahrbuch*. Eu próprio não sei mais o que fazer com os estudos experimentais, mesmo assim dois deles[2] irão aparecer no próximo número. Posso reduzi-los. Mas artigos como o de Spielrein[3] vale a pena incluir. Talvez o senhor possa dar-me a sua opinião. Deuticke acha que as vendas do *Jahrbuch* cairão se forem incluídas dissertações (o primeiro volume de *Diagnostic Association Studies* já chegou, inclusive, a uma segunda edição)[4].

Lamento muito saber que o novo periódico está encontrando dificuldades. Meu pesar, porém, não é excessivo por causa do *Jahrbuch*, já que, se perdesse Rank, estaria perdendo um bom colaborador em benefício

Ano 1911 ————————————————————————————————————

do novo periódico. O material que está entrando agora, pelo menos o de Zurique, não é um bom substituto. A obstinada oposição de Bleuler está prejudicando bastante, uma vez que ele não influencia ninguém, em seu amplo círculo de estudantes, a nosso favor. Espero conseguir que o Pastor Keller[5] escreva algo em breve.

O senhor enviou a sua resenha de *Linguagem dos sonhos* de Stekel diretamente a Deuticke? O artigo polêmico de Bleuler sobre o álcool já está, espero, em suas mãos.

Por aqui tudo vai bem, exceto quanto aos casos espantosos que surgem pela frente: espera-se que eu analise *a esposa de Pfister*! Resistirei encarniçadamente enquanto for possível. Nestes últimos tempos não tenho conseguido nada, a não ser casos de divórcio. Ao inferno com eles!

Com esta nota de imprecação, à qual mal posso acrescentar um "sinceramente", despeço-me do senhor.

Cordiais saudações,
Jung

1. Em inglês no original.
2. Cf. 279 J n. 7.
3. Cf. 259 J n. 2.
4. 1911; não revista.
5. Cf. 133 J n. 4.

De Emma Jung

Küsnacht, 14 de novembro [1911][1]

Caro Professor Freud,

O senhor se aborreceu de verdade com a minha carta, não? Eu também, e agora, curada da minha megalomania, pergunto-me por que diabo o inconsciente teve que fazer do senhor, entre todas as pessoas, a vítima dessa loucura. E devo confessar aqui, com muita relutância, que o senhor tem razão: a minha última carta, particularmente no tom, era realmente dirigida à imago paterna, que certamente deve ser enfrentada sem medo. Essa ideia nunca entrou na minha cabeça; eu pensava que, conhecendo

Ano 1911

o lado transferencial da minha atitude em relação ao senhor, tudo seria bastante claro e não me faria mal. Depois de ter pensado tanto antes de escrever ao senhor e de ter, conforme acreditava, compreendido plenamente os meus próprios motivos, o inconsciente pregou-me agora outra peça, particularmente sutil: pois o senhor bem pode imaginar com que deleite fiz de mim uma tola diante do senhor. Só posso rezar e esperar que o seu julgamento não se mostre por demais severo.

Há uma coisa, entretanto, contra a qual devo defender-me vigorosamente: refiro-me à maneira como considera as minhas "afáveis repreensões", como o senhor as chama. Em primeiro lugar, não quero em absoluto dizer que Carl não deva dar muito valor à sua opinião; subentende-se que uma autoridade deve ser reconhecida e que, se alguém não pode reconhecê-la, isso é apenas sinal de insegurança supercompensada. Assim, não foi isso que eu quis dizer; foi apenas o restante da questão, o que a mim parecia supérfluo, que provocou em Carl ansiedade e insegurança. Para dizer a verdade, devo confessar que também falhei nesse ponto, sem suspeitá-lo. Ultimamente, Carl tem analisado a sua atitude em relação ao seu próprio trabalho e descobriu certas resistências a ele. Eu relacionara todas as apreensões quanto à Parte II com a constante preocupação dele quanto ao que o senhor iria dizer do trabalho etc. Parecia fora de questão que ele pudesse ter resistências à sua própria obra, mas agora afigura-se que esse medo da opinião do senhor era somente um pretexto para não prosseguir com a autoanálise que esse trabalho, de fato, significa. Compreendo que projetei, dessa maneira, algo da minha vizinhança imediata para a distante Viena, e aborrece-me que seja sempre a coisa mais próxima aquilo que pior se vê.

Inteiramente mal interpretada foi, também, a minha intromissão, que reconheço não solicitada, em seus assuntos familiares. Sinceramente, não tencionei lançar agouros sobre os seus filhos. Sei que eles tiveram uma boa formação e jamais duvidei disso de modo algum. Espero que o senhor não acredite de verdade que eu quis dizer que eles eram "predestinados à degeneração". Não escrevi nada que pudesse remotamente significar algo do gênero. Sei que o problema dos seus filhos é de enfermidade física; pretendia apenas levantar uma questão: se esses sintomas físicos não poderiam, de certo modo, serem psiquicamente condicionados, de tal forma que pudesse haver, por exemplo, um reduzido poder de resistência. Uma vez que tenho feito surpreendentes descobertas em mim mesma nesse aspecto, e não me considero excessivamente degenerada ou marcadamente histérica, pensei ser possível ocorrerem fenômenos similares com outras pessoas também. Agradeceria muito um esclarecimento.

Se o senhor achasse que valeria a pena trocar ideias comigo acerca dos seus assuntos mais pessoais, seria algo que lhe agradeceria de todo o coração. O que o senhor me diz soa-me tão convincente que eu simplesmente tenho que acreditar, embora muito de mim lute contra isso. Mas devo admitir que o senhor tem a experiência e eu não; por consequência, sou incapaz de fazer qualquer réplica convincente. No entanto o senhor está certíssimo quanto a uma coisa: apesar de tudo e de todos, toda essa questão não é mais do que uma bênção mal disfarçada. Peço-lhe que me perdoe.

Por favor, não escreva nada a Carl a respeito disto; as coisas já estão correndo mal o bastante para mim do jeito que estão.

Emma Jung

1. No hológrafo falta o ano, mas "1911" foi acrescentado por outra mão.

283 F

14 de novembro de 1911, Viena, IX. Berggasse 19

Caro amigo,

Tenho o prazer de informar-lhe que o novo periódico ΨA[1] foi fundado ontem por Sachs e Rank, como organizadores, Heller, como editor, e eu. O primeiro número deve aparecer em meados de março de 1912. Estou contando com a sua benevolência em relação ao recém-nascido, bem como com o seu apoio. Pois é outra das riquezas que espero passar ao senhor um dia.

O Dr. Von Köhler[2], de Vevey (Monrepos), visitou-me hoje. Ele, de Montet[3], que é o seu chefe, e um certo Dr. Imboden[4] (de outro lugar qualquer), estão bem informados e consideram-se firmes defensores. Falou de outros ainda e disse-me que Weber[5], em Genebra, foi transformado de Saulo em Paulo. Sugeri que se juntassem à organização de Zurique e, no momento

Ano 1911

oportuno, formassem um grupo na Suíça francesa. Genebra tornar-se-ia, então, a nossa abertura para a França.

Como o senhor vê, os presságios são favoráveis.

Cordiais saudações,

O amigo de sempre,
Freud

1. *Imago*. Cf. 293 F n. 1 e 306 F n. 5.
2. Egon von Köhler (1886-1938), médico austríaco da equipe do sanatório Mon Repos, perto de Vevey, no Lago Genebra. Mais tarde *privatdocent* de Psiquiatria na Universidade de Genebra.
3. Charles de Montet (1881-1951), *privatdocent* de Psiquiatria na Universidade de Lausanne; muitas publicações sobre psicanálise. Apresentou o relatório sobre a teoria da neurose no Congresso de Bruxelas, em 1910; cf. 181 J a. 5e 285 1 n. 1.
4. Karl Imboden (1880-1941), psiquiatra do hospital de St. Gallen; ingressou na Sociedade de Zurique.
5. Rodolphe Weber (1866-1937), professor de Psiquiatria da Universidade de Genebra; depois diretor da universidade. Sua monografia sobre a "Petite Psychologie" (Pequena Psicologia), *Archives Internationales de Neurologie*, janeiro 1912, foi dedicada a Freud.

284 F

16 de novembro de 1911, Viena, IX. Berggasse 19

Caro amigo,

(estritamente de negócios)

Não escrevi ainda a resenha de Stekel e ficaria grato se o senhor me liberasse da tarefa ou concedesse um adiamento. Estou absorvido pelo novo projeto.

Deuticke está sendo mesquinho outra vez. Que diferença faz se a colaboração é uma dissertação ou não? Se nós – particularmente o senhor – a apreciamos, isso devia ser o suficiente. O lugar do artigo de Spielrein é o *Jahrbuch* e não outro.

O senhor não está perdendo nada com o fato de Rank ter sido elevado ao cargo de editor. Sempre que ele escrever algo puramente ΨAtico a continuação será enviada para o *Jahrbuch*, e o senhor não poderia ter ficado com o seu Lohengrin, por exemplo. Outrossim o *Jahrbuch*, o *Zentralblatt* e o recém-nascido não devem ser três indivíduos, mas três órgãos de uma só unidade biológica.

* * *

O artigo de Bleuler sobre o álcool é um problema. Não podemos criticá-lo adequadamente pela inexatidão das figuras de Drenkhahn e, fora isso, ele é coerente com o seu próprio ponto de vista. Além do mais, esse é, certamente, o seu ponto mais sensível e nem o senhor nem eu temos nada a ganhar aumentando a tensão. Ferenczi, por outro lado, diz que não se importa com a crítica. O máximo que poderia fazer seria mostrar a Bleuler que ele está equivocado quanto à motivação que atribui a Ferenczi, que não é mais beberrão do que eu.

Com certeza, o *Zentralblatt* ficará com o artigo de Bleuler se o *Jahrbuch* não o quiser, embora Stekel esteja sempre se queixando da falta de espaço. Recomendo uma contraconcessão da sua parte. Que devo fazer com o manuscrito? Devolvê-lo ao senhor ou enviá-lo primeiro a Ferenczi, de modo que ele possa publicar uma breve resposta ao mesmo tempo? Aguardo a sua decisão.

Segundo ouço de Stekel, Silberer não deseja retirar as "Categorias do simbolismo" do *Zentralblatt*. O artigo será publicado no n. 4.

O senhor analisando a esposa de Pfister é algo que me parece um mau sinal. Mas isso já não diz respeito a negócios.

Sem me espantar com o seu mau humor, envio-lhe as mais cordiais saudações.

Seu,
Freud

285 J

1003 Seestrasse, Küsnach-Zürich,
24 de novembro de 1911

Caro Professor Freud,

Espero sinceramente que os sintomas do meu recente humor doentio não tenham tido quaisquer maus efeitos posteriores. Eu estava furioso com algo que acontecera aos meus planos de trabalho.

Mas não irei incomodá-lo com isso e apenas darei ao senhor a boa notícia de que a esposa de Pfister *recusa-se* a ser analisada. Isso irá, provavelmente, dar início à coisa e, devemos esperar, salvar Pfister do infantilismo que o torna ridículo. Será uma luta árdua.

Devo cumprimentá-lo pelo nascimento do novo periódico. Receio que deva declarar-me incapaz de fazer uma contribuição inaugural. Todo o meu tempo e toda a minha energia devem ser dedicados à Parte II do meu trabalho.

O senhor faz bem em mandar aquele malfadado artigo de Bleuler a Ferenczi. Deixe-o reagir sem afeto, destacando, talvez, o ponto de vista *eticamente neutro* da psicanálise, em contraste com as sortidas de Bleuler na higiene prática.

Agradeço-lhe por assumir o artigo de Silberer.

Nada sei sobre o Dr. Von Köhler. O firme apoio de Montet parece-me bastante suspeito, sabendo que há pouco tempo ele se expressou da maneira mais peremptória acerca de interpretações e sexualidade. Ele é um sujeito singularmente arrogante (o senhor pode ter uma ideia do tom dele no relatório sobre o Congresso de Bruxelas, no *Journal für Psychologie und Neurologie*)[1].

Estou escrevendo esta carta aos poucos. Enquanto isso, está acontecendo o Encontro de Psiquiatras Suíços[2], no qual Riklin, Maeder e outros, inclusive eu, pronunciamos conferências sobre ΨA. Bleuler escrevera anteriormente uma carta a Riklin, advertindo-o quanto a "convites", desde que, de outra forma, poderia haver "demonstrações". O fato de cinco das sete conferências terem sido sobre ΨA atraiu sobre si, conforme descobri, o descontentamento de Frank e seus confrades. Eles armaram uma confusão com Bleuler e este fez-se seu porta-voz; até mesmo suspeita que nós escolhemos um auditório mais amplo com a finalidade de

Ano 1911

convidar Deus sabe que espécie de gente. Como o senhor pode imaginar, essa carta exasperou-me, especialmente porque, enquanto eu estava em St. Gallen, Bleuler atacou subitamente Pfister, pedindo-lhe para não mais fazer quaisquer análises. Uma vez mais Bleuler permitiu-se ser "trabalhado" por causa da sua permanente oposição a mim. Ele jamais tentou falar comigo sobre isso. Todos os meus esforços para conquistar a sua simpatia têm sido um fracasso total. Ele simplesmente *não quer* ver as coisas do meu ponto de vista.

Maeder teve uma amigável conversa em particular com Maier, esperando persuadi-lo a mostrar suas cores. Ele comparece com frequência às nossas reuniões e acharíamos adequado o seu ingresso na Sociedade visto que, de qualquer modo, tira proveito dela. Depois dessa conversa, evidentemente Maier foi falar com Bleuler para influenciá-lo, e agora este anunciou sua renúncia. Anexo aqui a carta de Maeder. O trecho marcado com tinta azul refere-se à minha saída antecipada da última reunião da Sociedade Psiquiátrica, porque estava cansado e pensei que as atas estavam completas, com exceção de duas conferências. Parece que não foi assim, pois Frank, inesperadamente, reapresentou sua moção (que fora derrubada na véspera) de que o próximo encontro seja realizado no outono conjuntamente à Sociedade Internacional para a Psicoterapia, que vai reunir-se em Zurique. Não sei como aconteceu, mas, por incrível que pareça, a moção foi aceita. Não tenho intenção de falar nessa reunião conjunta, porque a vulgaridade da Sociedade Internacional causa-me aversão. O presidente Voght[3] [...] Durante todo o encontro, Bleuler manteve-se fiel a Frank fazendo o possível para evitar tudo o que fosse psicanalítico. Uma semana atrás, antes de tudo isso acontecer, tentei persuadir Bleuler com todos os argumentos concebíveis e fui mal recebido outra vez. Simplesmente não há nada a fazer quanto a isso. Ele positivamente não vai ceder. Pfister foi tomado como pretexto, e ele tem sido, de fato, pouco cuidadoso com certas observações que fez a respeito de um médico daqui, o qual, de algum modo, ameaça-nos. Bleuler romperia antes conosco do que com essas pessoas insignificantes. Uma vergonha!

Com as mais cordiais saudações,

Sinceramente seu,

Jung

1. As atas do Congresso, publicadas no *Journal*, XVII (1910-1911), suplemento, incluíam o relatório de Montet, "Problèmes théoriques et pratiques de la psychanalyse", 377-401.

2. A Sociedade de Psiquiatras Suíços realizou seu encontro de inverno em Zurique, a 25-26 de novembro. As conferências psicanalíticas foram dadas por Jung, Contribuições à psicologia infantil; Maeder, Função do sonho; e Gincburg, Análise de um suicídio abortivo. – De *Zentralblatt*, II:4 (janeiro 1912), seção *Bulletin*.

3. Cf. 181 J n. 5

De Emma Jung

Küsnacht, 24 de novembro de 1911

Meu caro Professor Freud,

Sinceros agradecimentos pela sua carta. Por favor, não se preocupe, nem sempre sou tão desanimada quanto me mostrei na minha última carta. Temia que o senhor estivesse zangado comigo ou não tivesse boa opinião de mim; foi isso que me fez ficar tão desalentada, particularmente porque meu principal complexo foi atingido. Normalmente, sou bastante conformada com o meu destino e compreendo bem como tenho sorte, mas de tempos em tempos atormenta-me o conflito de afirmar-me diante de Carl. Descubro que não tenho amigos, que todas as pessoas que se ligam a nós, na verdade, só querem ver Carl, exceto umas poucas pessoas tediosas e, para mim, bastante desinteressantes.

Naturalmente, todas as mulheres se apaixonam por ele e, pelos homens, sou instantaneamente isolada como a esposa do pai ou do amigo. Ainda assim, sinto uma intensa necessidade de pessoas, e Carl também diz que eu devia parar de me concentrar nele e nas crianças, mas que posso fazer? Com a minha forte tendência para o autoerotismo isso se torna muito difícil, mas também objetivamente é difícil porque jamais posso competir com Carl. Para enfatizar esse fato, costumo falar ainda mais estupidamente quando temos a companhia de alguém.

Faço o que posso para obter transferências e, se não funcionam como desejo, fico sempre muito deprimida. Agora o senhor compreenderá por que me sentia tão mal ao pensar que havia perdido a sua amizade, temendo também que Carl pudesse perceber alguma coisa. De qualquer forma, ele agora sabe da troca de cartas, tendo-se surpreendido ao ver uma das cartas que o senhor me enviou; só revelei, porém, uma parte do conteúdo delas.

Continuará o senhor a dar-me conselhos, caro Professor, e, se necessário, a repreender-me um pouco? Serei sempre muito grata ao senhor pela sua simpatia.

Com as mais afetuosas saudações para o senhor e os seus,

Emma Jung

286 F

30 de novembro de 1911, Viena, IX. Berggasse 19

Caro amigo,

Há dois dias Bleuler notificou-me da renúncia dele e das razões que o levaram a isso; sua carta termina da seguinte maneira: "arrisco-me a esperar que, em vista do que aconteceu, o senhor considere esta renúncia como um gesto por si só evidente e necessário e, acima de tudo, que isso não afetará de modo algum as nossas relações pessoais". Essa frase autorizou-me a escrever uma resposta crítica. Já ontem formulei a minha resposta e enviei-a hoje – sem qualquer influência da carta que o senhor me escreveu e que chegou hoje de manhã.

Não sei se manipulei a questão da melhor forma possível, mas "rompeu-se o último botão das calças da minha paciência"[1]. Pode não ter sido político, mas nem sempre se pode acolher o abuso. E, possivelmente, o masoquismo dele estava apenas esperando uma boa surra. Agora, conseguiu-a; fique certo disso, embora eu não possa remeter-lhe a carta como o senhor me enviou a de Maeder, cuja sinceridade deve ser evidente para qualquer leitor. O que Bleuler fará agora eu não sei e recuso-me a preocupar-me mais com isso. A ΨA passará bem sem ele e, ao fim e ao cabo, não ficará muito confortável entre duas cadeiras. Se, como parece possível, ele agora dirigir o seu ressentimento contra mim e tentar chegar a um acordo com o senhor e com Maeder, sei que farão o possível para cortá-lo na metade do caminho. Mas Maier, de qualquer forma, deve ir.

Obrigado por ter entregue aos meus cuidados a questão do artigo de Bleuler sobre o álcool. Vou enviá-lo a Ferenczi amanhã e, ao mesmo tempo, passar adiante a sua opinião. O artigo será, então, devolvido ao senhor ou enviado diretamente a Deuticke, dependendo das instruções que o senhor der a Ferenczi.

Riklin não está tendo pressa com os seus deveres de secretário. Vejo que há novamente esperança para Pfister. Meias medidas jamais funcionam em longo prazo.

Não sei se o senhor deve manter-se afastado da reunião do próximo outono. Seria uma boa oportunidade de ensinar boas maneiras ao inimigo no seu próprio terreno e, talvez, de ajustar contas com um outro Vogt[2].

Por aqui, nada de importante aconteceu. As reuniões têm decorrido muito bem; o Dr. e a Sra. Stegmann[3] estão comparecendo. Deve-se honrar uma velha senhora, mas não casar com ela; na realidade, o amor é para os jovens. Fräulein Spielrein leu um capítulo do seu ensaio ontem[4] (quase escrevi o *ihrer* [seu (dela)] com um "i" maiúsculo), seguindo-se um esclarecedor debate. Fiz algumas objeções ao seu *[Ihrer]* (desta vez falo sério) método de lidar com a mitologia[5] e levantei-as na discussão com a menina. Devo dizer que ela é bastante amável e que começo a compreender. O que me incomoda mais é que Fräulein Spielrein quer subordinar o material psicológico a considerações *biológicas*; tal dependência não é mais aceitável do que uma dependência da filosofia, da fisiologia ou da anatomia cerebral. A ΨA *farà da se*[6].

No meu trabalho sobre o totemismo passei por toda espécie de dificuldades, correntezas, cataratas, bancos de areia etc.; ainda não sei se serei capaz de fazer flutuar meu barco outra vez. De qualquer maneira está indo muito lentamente e só o tempo nos evitará uma colisão ou desastre. Percebi nas entrelinhas da sua última carta que o senhor não tem muita vontade de fazer relatórios provisórios sobre a minha obra e, provavelmente, com toda a razão. Mas eu tinha que fazer a oferta.

Eu teria muito interesse em saber o que o senhor quer dizer com uma extensão do conceito de libido para torná-lo aplicável à Dem. pr.[7]. Receio que haja um mal-entendido entre nós, o mesmo gênero de coisa que o senhor declarou certa vez num artigo[8], isto é, que, no meu modo de pensar, a libido é idêntica a qualquer espécie de desejo, quando, na realidade, simplesmente afirmo que existem dois impulsos básicos e que somente a força que está por trás do impulso sexual pode ser denominada libido.

Esta carta tem que ser finalizada devido à pressão do tempo, embora eu pudesse continuar a conversar com o senhor sobre muitas outras coisas.

No meio de tantos aborrecimentos, uma alegre saudação.

Cordialmente seu,
Jung

P.S. A quarta edição da *Vida cotidiana* sairá nesta primavera[9].

1. Hológrafo: "alle Knöpfe gerissen an der Hose der Geduld". De Heine, "Jehuda ben Halevy IV", *Hebräische Melodien*, Livro III da coleção *Romanzero* (1851).
2. A referência não é apenas a Oskar Vogt, mas também ao adversário de Guilherme Tell, magistrado (*Vogt*) austríaco, Gessler, no drama de Schiller.
3. Presumivelmente, a Dra. Margarete Stegman (+ depois de 1920), de Dresden, membro da Sociedade de Berlim a partir de 1912 e assídua colaboradora do *Zentralblatt* e do *Zeitschrift*. Quanto ao marido, cf. 218 F n. 5.
4. "Über Transformation", de "Die Destruktion als Ursache des Werdens", *Jahrbuch*, IV:1 (1912); na reunião da Sociedade de Viena. Cf. tb. 288 F e *Zentralblatt*, II:8 (maio de 1912).
5. Na reunião de 29 de novembro da Sociedade de Viena, no debate que se seguiu à leitura do ensaio de Spielrein, "Sobre a transformação", Freud observou: "A apresentação... proporciona mais oportunidade para uma crítica de Jung porque, em seus recentes estudos mitológicos, ele usa também todo e qualquer material mitológico... sem seleção... O material mitológico só pode ser usado desse modo quando aparece na forma original e não em seus derivativos" (*Minutes*, III).
6. = "irá por si". / Passagem citada por Jones, II, p. 501/452.
7. Cf. 282 J.
8. Cf. "A teoria freudiana da histeria" (1908), OC 4, § 49.
9. Hológrafo: *Herbst*, "outono", está riscado, e *Frühjahr*, "primavera", escrito acima, com ponto de exclamação.

287 J

Internationale Psychoanalytische Vereinigung

Küsnach-Zürich[1], 11 de dezembro de 1911

Caro Professor Freud,

Outra vez deixei o senhor esperando porque sou incapaz de vencer meus maus hábitos.

Do cabeçalho o senhor deduzirá de que maneira respondi à renúncia de Bleuler. Não deixaremos que isso desanime os nossos espíritos. Aceitamos cinco novos membros para o lugar de Bleuler. Ninguém seguiu o exemplo dele. Presumo que ele nada disse ao senhor acerca da codireção dele no *Jahrbuch*. Ele sabe como guardar a resistência para si mesmo e é todo afabilidade comigo.

Repreendi seriamente Riklin. Agora parece que tudo está bem. Ele é mentalmente mal organizado e vai precisar de Deus sabe quantos anos para amadurecer.

O novo *Jahrbuch* foi atrasado por causa do aborrecimento de ter que fazer gráficos dos criptogramas para o artigo de Pfister[2]. A correção do artigo de Bjerre[3] deu-me um grande trabalho, mas é algo muito bom. Ficarei, com prazer, com o novo artigo de Spielrein[4] para o primeiro número do *Jahrbuch* de 1912. Exige considerável revisão, mas a menina tem sido sempre muito exigente comigo. No entanto ela vale a pena. Fico satisfeito por saber que o senhor não a tem em mau conceito.

Na medida do possível anotarei as suas objeções ao meu método de tratar da mitologia. Ficaria grato por algumas observações detalhadas, de modo que eu pudesse levar em conta as suas críticas na segunda parte. Sei, é claro, que Spielrein opera demasiado com a biologia, mas não o aprendeu comigo, é próprio dela. Se alguma vez apresentei argumentos semelhantes, assim o fiz *faute de mieux*. Sou inteiramente favorável a manter a ΨA dentro de seus próprios limites, mas acho bom fazer incursões ocasionais por outros territórios e olhar o nosso objeto através de um par de óculos diferente. Evidentemente, não sei até onde foi Spielrein em seu novo artigo.

Se na minha última carta não mostrei interesse (aparente) pelo seu estudo do totemismo, isso se deve unicamente ao caso Bleuler, que não me deu tempo para respirar. É claro que estou extremamente interessado no progresso do seu trabalho; será de extraordinária importância também para mim, muito embora, ao contrário do senhor, eu esteja com o hábito de proceder de fora para dentro.

Quanto ao problema da libido, devo confessar que a observação feita pelo senhor na análise de Schreber, p. 98, 3[5], levantou estrondosas reverberações. Essa observação, ou melhor, a dúvida nela expressa, ressuscitou todas as dificuldades que me acossaram durante anos na minha tentativa de aplicar a teoria da libido à Dem. pr. A perda da função de realidade na D. pr. não pode ser reduzida à repressão da libido (definida como

Ano 1911 ───

desejo sexual). Não por mim, de qualquer forma. A sua dúvida demons-
tra-me que, também a seu ver, o problema não pode ser resolvido dessa
maneira. Juntei agora todas as ideias sobre o conceito de libido que me
ocorreram ao longo dos anos e dediquei a elas um capítulo na segunda
parte do trabalho. Aprofundei-me numa discussão fundamental do problema e cheguei a uma solução que, infelizmente, não posso debater aqui
in extenso. O ponto essencial é que tento substituir o conceito descritivo
por um conceito *genético* da libido. Tal conceito abrange não apenas a
libido sexual recente, mas todas aquelas formas de libido que há muito
se dividiram em atividades organizadas. Um pouquinho de biologia era
inevitável aqui. O lema que adotei na primeira parte proteger-me-á. Deve-se, afinal de contas, assumir *alguns* riscos. Eu gostaria de compensar
a omissão teórica do meu trabalho "Conflitos psíquicos numa criança".
O senhor deve deixar a minha interpretação influenciá-lo como um todo
para sentir plenamente o seu impacto. Simples fragmentos dificilmente
são inteligíveis.

Parabéns pela nova edição da *Vida cotidiana*!

Forte trovoada sobre a ΨA em Zurique. O Keplerbund* está patro-
cinando uma conferência pública contra essa abominação. Preparam-se
comícios de protesto!

As outras notícias que tenho da Alemanha são repugnantes.

Não chegaram aos meus ouvidos mais críticas[6] ao conteúdo do novo
Jahrbuch.

Conosco, tudo bem. Afetuosas saudações,

Sinceramente seu,

Jung

* Papistas![7]

1. Cabeçalho impresso. Para o texto completo ver o fac-símile de 300 J.
2. "Die psychologische Enträtselung der religiösen Glossolalie und der automatischen
Kryptographie", *Jahrbuch*, III:1 & 2 (1911).
3. Cf. 263 J n. 3.
4. Cf. 286 F n. 4.
5. "Notas sobre um caso de paranoia", Ed. Standard Bras. XII, p. 98,3. Jung desenvolveu a
ideia aqui expressa em "Wandlungen und Symbole der Libido", II Parte, capítulo 2, § 1-2

= *Símbolos da transformação*, OC 5, § 190-91. Freud respondeu em "Sobre o narcisismo" (1914), Ed. Standard Bras. XIV, p. 96-97.

6. Cf. as queixas de Deuticke sobre as dissertações, 282 J. O número do *Jahrbuch* foi publicado em março de 1912; cf. 305 J.

7. Hológrafo: *ultramontan!* escrito entre as linhas. / O Keplerbund foi fundado em 1907, em Frankfurt, por Eberhard Dennert (1861-1942), filósofo naturalista alemão, como resposta ao Monistenbund (cf. 217 J n. 2). O seu propósito era conciliar a ciência natural e a fé cristã. / Quanto à conferência de Keplerbund, cf. 293 F n. 7.

288 F

17 de dezembro de 1911, Viena, IX. Berggasse 19

Caro amigo,

Fiquei muito impressionado com o que está impresso em seu papel de cartas. A oposição está estreitando os laços entre nós. Talvez Bleuler nos trate melhor do que antes, agora que ficou de fora. Isso seria coerente com a sua ambivalência, isto é, com o seu caráter compulsivo.

Sou inteiramente a favor de o senhor atacar a questão da libido e eu próprio estou esperando dos seus esforços muito esclarecimento. Muitas vezes, parece-me, posso passar longo tempo sem sentir a necessidade de esclarecer um ponto obscuro e, então, um belo dia, sou compelido a isso pela pressão dos fatos ou pela influência das ideias de outra pessoa.

Não estão indo bem o meu estudo do totemismo e outros trabalhos. Tenho muito pouco tempo e utilizar livros e relatórios não é absolutamente a mesma coisa que contar com a riqueza da própria experiência. Além do mais, o meu interesse diminui com a convicção de que já estou de posse das verdades que estou tentando provar. Tais verdades são, decerto, inúteis para qualquer outra pessoa. Pelas dificuldades que encontro nesse trabalho percebo que não fui talhado para a investigação indutiva, que a minha natureza é toda intuitiva e que, ao dispor-me a estabelecer a ciência puramente empírica da psicanálise, submeti-me a uma extraordinária disciplina.

Isso e toda espécie de influências do acaso impediram-me de trabalhar esta semana; tudo o que posso fazer é esperar por dias melhores.

Para o próximo *Jahrbuch* – janeiro de 1912 (supostamente) – estou planejando um pequeno artigo, "Sobre a tendência universal à depreciação na esfera do amor", n. 2 de minhas *Contribuições à psicologia do amor*[1].

O senhor pediu um exemplo das minhas objeções ao método mais óbvio de explorar a mitologia[2]. Vou dar-lhe o exemplo que usei no debate[3]. Fräulein Spielrein havia citado a história da maçã, no Gênesis, como um exemplo da mulher seduzindo o homem. Mas há toda a probabilidade de que o mito do Gênesis seja uma distorção desprezível e tendenciosa legada por um aprendiz de sacerdote, que, como sabemos hoje, trançou duas fontes independentes numa única narrativa (como num sonho). Não é impossível que haja duas árvores sagradas, porque ele encontrou *uma* árvore em cada uma das duas fontes. Existe alguma coisa muito estranha e singular acerca da criação de Eva. – Recentemente, Rank chamou-me a atenção para o fato de que a história bíblica pode muito bem ter invertido o mito original. Tudo, então, esclarecer-se-ia. Eva seria a mãe de Adão e estaríamos lidando com o célebre motivo do incesto materno, o castigo para ele etc. Igualmente estranho é o tema da mulher dando ao homem um agente de fertilidade (maçã) para comer. Mas se a história é invertida, temos outra vez algo familiar. O homem dando à mulher um fruto para comer é um velho rito de casamento (cf. a história de Prosérpina, condenada a permanecer no Hades como esposa de Plutão). Por conseguinte, afirmo que as versões superficiais dos mitos não podem ser usadas acriticamente para comparação com as nossas descobertas ΨAticas. Devemos encontrar o caminho de volta para as suas formas latentes, originais, por meio de um método comparativo que elimine as distorções a que foram submetidos no decorrer da história. A pequena Spielrein tem uma ótima cabeça e eu posso confirmar o fato de que ela é bastante exigente.

O fluxo de pacientes de todas as partes do mundo, que me fez sentir tão seguro no ano passado, porque me possibilitou manter todos os nossos analistas vienenses ocupados, não se repetiu agora. Estou quase inteiramente dependente de Viena e das províncias austríacas; se os lobos ficarem famintos, receio que em breve comecem a uivar. Frau C——, que espero "endireitar" para Pfister, não dá sinal de vida há uma quinzena; ela deixou Pfister no dia 3. Ela certamente tem razão, porque está além de qualquer possibilidade de terapia, mas ainda assim é seu dever sacrificar-se à ciência. Se ela voltar aqui posso transferir alguns outros pacientes para os meus jovens. Não se pode negar que a nossa grande causa parece um tanto deplorável no momento.

Vamos, portanto, prosseguir na batalha. Nós também temos um destino a cumprir.

Cumprimento o senhor e toda a sua família com muito afeto,

Sempre seu,
Freud

1. "Uber die allgemeinste Erniedrigung des Liebeslebens", *Jahrbuch*, IV:1 (1912). O n. 1 era "Um tipo especial de escolha de objeto feita pelos homens" (cf. 209 F n. 6); com o n. 3, "Das Tabu der Virginität" (= "O tabu da virgindade"), esses ensaios foram publicados em 1918, com o título geral "Beiträge zur Psychologie des Liebeslebens" = "Contribuições à psicologia do amor", Ed. Standard Bras. XI.

2. Este parágrafo é citado por Jones, II, p. 501s./452s.

3. Durante a reunião de 29 de novembro da Sociedade de Viena, após a exposição de Spielrein; cf. 286 F n. 4.

289 F

28 de dezembro de 1911, Viena, IX. Berggasse 19

Caro amigo,

Recebi um esplêndido ensaio, verdadeiramente esclarecedor, sobre audição colorida, de uma inteligente senhora que tem o título de Ph. D.[1]. Resolve o enigma com a ajuda da nossa psicanálise. Tem 52 páginas, o que é excessivo para o *Zentralblatt*, atualmente com problemas de espaço. O senhor pode aproveitá-lo no *Jahrbuch*? Uma razão pela qual eu acho que seria adequado para o *Jahrbuch é* que Bleuler fez o seu *debut*[2] com um estudo desse problema.

Frau C—— voltou. Uma vez mais terei que ser tolerante e paciente. Está tudo acertado com Pfister; a sua interpretação[3] não se justificava, eles estavam realmente perplexos, tinham que me consultar.

Brindo a 1912.

Seu,
Freud

1. Hermine von Hug-Hellmuth (1871-1924), um dos primeiros membros femininos da Sociedade de Viena; professora e analista leiga, distinguiu-se pelo trabalho com crianças. Foi assassinada por um paciente, seu sobrinho. Para detalhes, cf. Helene Deutsch,

Confrontations with Myself: An Epilogue (Nova York, 1973), p. 136s./ O ensaio era "Über Farbenhören; Ein Versuch, das Phänomen auf Grund der psycho-analytischen Methode zu erklären", *Imago*, I:3 (maio de 1912).
2. Bleuler e Karl Lehmann, *Zwangsmässige Lichtempfindungen durch Schall und verwandte Erscheinungen auf dem Gebiete der anderen Sinnesempfindungen* (Leipzig, 1881).
3. Numa carta perdida de Jung?

290 F

31 de dezembro de 1911, Viena, IX. Berggasse 19

Caro amigo,

Estou outra vez escrevendo ao senhor este ano porque nem sempre posso esperar pela sua resposta e prefiro escrever quando tenho tempo e estou com disposição para tal.

O seu pequeno trabalho do *Jahrbuch*, de Rascher[1], chegou como saudação de Ano Novo. É algo poderoso e incisivo que, espero, fará boa impressão sobre o público leitor. Mas quem é Rascher?[2] Um editor? E o seu *Jahrbuch*? É algo na linha dos velhos almanaques, com artigos edificantes e inspiradores para um novo ano sobre o qual nada sabemos?

As últimas semanas do ano trouxeram-me toda espécie de aborrecimentos. Afinal de contas, quando paro para pensar, acho que não foi um ano dos melhores para a nossa causa. O Congresso em Weimar foi bom, assim como os dias que o precederam em Zurique; em Klobenstein tive um breve período de produtividade. O resto foi bastante negativo. Mas presumo que deve haver períodos assim.

O senhor receberá em separado uma primeira parte da Técnica[3] que, é provável, achará desapontadoramente escassa. A próxima[4] não será melhor, apenas menos clara. As coisas que escrevo por obrigação, sem necessidade interior, como tem sido o caso desses artigos, nunca saem certas. A minha segunda *Contribuição à psicologia do amor* está pronta e ser-lhe-á enviada tão logo eu tenha a sua resposta a respeito da *audition colorée*, ou seja, irá junto com esta ou sozinha. Termina numa nota pessimista. Uma vez que a escrevi numa época melancólica e não estou certo quanto à minha objetividade, acrescentei uma conclusão atenuante. O trabalho foi feito há um ano, quando as minhas ideias não haviam realmente amadurecido.

Frau C— contou-me as mais variadas coisas sobre o senhor e Pfister, se é que se pode chamar de "contar" as insinuações que ela destila; deduzo que nenhum de vocês adquiriu ainda a necessária objetividade na prática, que ainda se deixam envolver, dando uma boa parte de suas próprias pessoas na expectativa de que o paciente dê algo em troca. Permita-me dizer, falando como o venerável velho mestre[5], que essa técnica é invariavelmente imprudente e que é melhor permanecer reservado e simplesmente receptivo. Não devemos nunca nos deixar enlouquecer pelos nossos pobres neuróticos. Acredito que um artigo sobre "contratransferência" seja muito necessário; é claro que não poderíamos publicá-lo, teríamos que fazer circularem cópias entre nós mesmos.

Se o senhor sente realmente qualquer ressentimento contra mim não há necessidade de usar Frau C— como veículo para torná-lo público. Se ela lhe pedir para informar-me sobre a sua conversa com ela, peço-lhe não deixá-la influenciá-lo ou intimidá-lo; espere apenas a minha próxima ação má e explique-se diretamente comigo. Minha última disputa dessa espécie foi com Ferenczi, que me achou frio e reservado e se queixou amargamente da minha falta de afeição, mas depois admitiu que estava errado e que a minha conduta havia sido sensata. Não nego que gosto de estar com a razão. Afinal de contas, esse é um triste privilégio, já que é conferido pela idade. O problema de vocês, mais jovens, parece ser uma falta de compreensão ao lidar com os seus complexos paternos.

E, agora, os meus melhores votos para o ano de 1912 à casa do lago e a todos os seus habitantes.

Sempre seu,
Freud

---

1. "Neue Bahnen der Psychologie", *Raschers Jahrbuch für Schweizer Art und Kunst*, III (1912) = "Novos caminhos da psicologia", OC 7/1, apêndice (versão original de *Die Psychologie der unbewussten Prozesse* = "Sobre a psicologia do inconsciente", um dos *Dois ensaios*).

2. A antiga firma livreira de Rascher et Cie., em Zurique, dirigida desde 1901 por Max Rascher (1883-1962), tornou-se uma editora em 1908 e, em 1917, a editora das obras de Jung, com *Die Psychologie der unbewussten Prozesse*; continuou a servir como editora oficial e virtualmente exclusiva de Jung até a extinção da firma, em 1970, após o que a Walter Verlag, de Olten, ficou sendo a editora dos trabalhos de Jung.

3. "O manejo da interpretação de sonhos"; cf. 280 F n. 2.

4. "A dinâmica da transferência"; cf. 280 F n. 3.

Ano 1912

5. Hológrafo: *würdiger alter Meister*. Em "Neue Bahnen der Psychologie", Jung usara essas palavras para descrever Freud, quando parafraseou um trecho da carta dele, datada de 29 de novembro de 1908; cf. 116 F n. 4 e OC 7/1, p. 136.

291 J

Villa Spelma,
St. Moritz[1], 2 de janeiro de 1912

Caro Professor Freud,

Em primeiro lugar, de todo o coração, votos de feliz Ano Novo ao senhor e aos seus! Que o novo ano acrescente muitas folhas à coroa de louros da sua imperecível fama e abra novos campos para o nosso movimento.

Esperei longo tempo que Frau C—— informasse o senhor, conforme o combinado, sobre essa embaraçosa situação. Situação que vem pesando na minha mente. Não sei o que ela[2] lhe contou. Eis o que aconteceu: ela perguntou-me sobre a irmã e veio ver-me. Colocou, então, a questão crucial. Pressentindo uma armadilha, fui, o quanto possível, evasivo. Parecia-me que ela não estava em boas condições para voltar a Viena. Para lhe tornar as coisas mais fáceis, disse-lhe o quanto me era penoso encontrar-me envolvido no problema. Disse que ela havia me dado a impressão de que esperava algum sinal de encorajamento do senhor e que isso parecia um sacrifício pessoal da sua parte. Disse-lhe também que não pretendia que a minha opinião fosse correta, uma vez que não sabia o que estava acontecendo. Tanto quanto podia compreender, disse-lhe, tudo o que ela desejava era um pouco de simpatia, que o senhor, por muito boas razões que ninguém conhece melhor do que o senhor mesmo, podia ter recusado. Tal simpatia facilitaria as coisas no momento, mas se iria levar a bons resultados, ao fim parecia-me duvidoso, para dizer o mínimo. Eu próprio era incapaz, quase sempre *malgré moi*, de manter-me a distância, porque às vezes não conseguia sonegar a minha simpatia, e, já que esta de qualquer modo existia, eu prazerosamente a oferecia ao paciente, dizendo a mim mesmo que, como ser humano, o paciente tinha direito à estima e à consideração pessoal que o médico julgasse adequado conceder-lhe. Disse-lhe, ainda, que isso era o que a mim *parecia*, mas que poderia estar enganado já que a minha experiência não podia, de modo algum, ser comparada à do senhor. Posteriormente, fiquei bastante aborrecido por ter-me permitido ser arrastado a essa discussão. Teria de bom grado evitado tudo isso, não tivesse a minha compaixão pela sua condição desditosa me persuadido a dar-lhe um pouco de ajuda, mesmo com o risco de mandá-la embora com a pulga atrás da orelha. Confortei-me com o pensamento de que, uma vez com o senhor, ela em breve estaria novamente no caminho certo. Minha preocupação principal era agir corretamente e fazê-la voltar a Viena, o que, de fato, aconteceu. Espero apenas que o fim justifique os meios.

Naturalmente, gostaria de ficar com o ensaio da esposa do Dr. X, mas tenho que condicionar a aceitação definitiva a uma estimativa da extensão do próprio *Jahrbuch*. Já temos uma pilha de material.

Frau Lou Andreas-Salomé[3], conhecida em Weimar, deseja enviar-me um artigo sobre "sublimação". Se isso chegar a concretizar-se, será um passo no sentido da "secularização" do *Jahrbuch*, um passo a ser dado com grande cautela, mas que ampliaria a faixa de leitores e mobilizaria as forças intelectuais da Alemanha, onde Frau Lou desfruta de considerável reputação literária por causa de suas relações com Nietzsche. Gostaria de saber a opinião do senhor.

Estou passando alguns dias no Engadin para recuperar-me do árduo trabalho.

Com muitos votos e saudações cordiais,

Sinceramente seu,
Jung

---

1. Cabeçalho impresso.

2. Hológrafo: *Sie*, "você", corrigido para *sie*, "ela".

3. Lou Andreas-Salomé (1861-1937), nascida em St. Petersburg, filha do general russo Von Salomé (de origem francesa); estudou Teologia em Zurique; amiga de Nietzsche (1882); casou-se (1887) com F.C. Andreas, professor de Arqueologia em Gottingen; em 1896, fez amizade com Rilke, com quem viajou duas vezes pela Rússia (1899, 1900); amiga íntima de Bjerre (cf. 225 F n. 4) e, em 1912-1913, do psicanalista Victor Tausk (cf. 384 J n. 4). "Frau Lou", como muitas vezes era chamada, foi psicanalista e amiga chegada de Freud até o fim. (cf. *Sigmund Freud and Lou Andreas-Salomé: Letters*, ed E. Pfeiffer, tradução de W. e E. Robson-Scott, 1972). O artigo sobre sublimação, que ela enviou a Jung no fim de março (cf. 307 J), mas retirou mais tarde (313 J), foi publicado como "Vom frühen Gottesdienst", *Imago*, II (1913), de acordo com uma nota editorial em *Freud / Abraham Letters*, Freud 2, maio de 1912. Para resumo, cf. Binion, *Frau Lou*, p. 390.

Ano 1912

292 J

1003 Seestrasse, Küsnacht-Zürich,
9 de janeiro de 1912

Caro Professor Freud,

Espero que o senhor tenha recebido a minha última carta, escrita de St. Moritz. Tenho sido um correspondente displicente, tendo passado mais alguns dias viajando pela Alemanha, um tanto apressadamente, visitando várias galerias de arte e aprimorando a minha educação. Hoje voltei ao trabalho.

Bleuler escreveu-me dizendo que o senhor quer ler o manuscrito dele[1]. Ser-lhe-á enviado em breve. Guarde-o até que o novo número vá para a gráfica e remeta-o, então, diretamente a Deuticke.

Stekel anunciou um artigo sobre "simbolismo religioso nos sonhos"[2]. Peço-lhe *insistentemente* que o leia de antemão. Depois que me detive mais profundamente em seu *Linguagem dos sonhos*, descobri que as peculiaridades de Stekel me horrorizam. Não tenho intenção de causar-lhe quaisquer embaraços antidiplomáticos. Aceitará mais prontamente correções do senhor do que de mim. A superficialidade dele em assuntos científicos já provoca suficientes dificuldades.

O "venerável velho mestre" não precisa temer ressentimento de minha parte, sobretudo quando tem razão. Não me sinto de modo algum posto de lado nem me queixo de falta de afeição, como Ferenczi. Nesse aspecto, o senhor teria mais direito de queixar-se de mim. No que diz respeito à contratransferência, sou simplesmente um pouquinho "refratário" e indulgente quanto a fantasias peculiares como experiências. O ponto de vista de Pfister nessa questão não é, de maneira alguma, o meu. Estou plenamente convencido de que o paciente deve desempenhar a parte passiva e que o analista jamais necessita extorquir nada por meio da contratransferência (com base no princípio cristão: veja o que fiz por você, o que fará você por mim?). *Para mim*, a regra principal é que o analista deve possuir a liberdade que o paciente tem que adquirir por seu turno; de outro modo, o analista terá ou que fingir ignorância, ou, como o senhor diz, deixar-se enlouquecer. Acho que a questão se refere mais às nossas diferentes maneiras de viver do que a qualquer desacordo de princípios. Não reivindico

Ano 1912

qualquer validade geral para as minhas opiniões, não havendo, portanto, razão para "ressentimento".

Com as mais cordiais saudações,

Sinceramente seu,
Jung

Muito obrigado pela separata[3]. É um trabalho altamente informativo e corroborativo para o analista. Só desejo que o senhor escreva muitas outras coisas boas e instrutivas como essa. Embora possam parecer simples demais para o senhor, são para nós do maior valor.

1. "Das autistische Denken", *Jahrbuch*, IV:1 (1912).
2. Provavelmente, "Ein religiöser Traum", *Zentralblatt*, III (1913).
3. "O manejo da interpretação de sonhos"; cf. 280 F n. 2. / Esse pós-escrito foi colocado no topo da carta, acima do cabeçalho.

293 F

10 de janeiro de 1912, Viena, IX. Berggasse 19

Caro amigo,

Passei duas semanas me atormentando, perguntando-me por que não recebera resposta do senhor – o motivo não poderia ser Frau C——. Mas, então, encontrei, com alegre surpresa, as suas tão esperadas palavras, num envelope do Engadin. E hoje uma carta de Pfister, que supõe que eu saiba que o senhor foi mordido por um cão e tem sofrido muitas dores. Mas eu não sabia. Posso entender por que o senhor não escreveu nada a respeito; numa situação semelhante, comportar-me-ia da mesma forma. Contudo agora que sei, preferia ter sabido logo. A ferida já deve estar curada, uma vez que foi o senhor mesmo quem escreveu a carta. Espero que não haja razão para preocupar-se com o cachorro.

O que o senhor escreveu sobre o incidente de Frau C—— quase me faz sentir arrependimento. O senhor não deve se sentir culpado com relação a mim; no máximo deve mudar um pouco a sua técnica e mostrar-se mais reservado com o paciente. O que a pobre coitada mais quer é um flerte

623

intelectual que lhe permita esquecer a sua doença por algum tempo. Eu, cruelmente, continuo a lembrá-la da existência da enfermidade.

Bem, não lhe mandarei o artigo da esposa do Dr. Hellmuth sobre *audition colorée*, pois já o dei a *Imago*, o novo periódico. O nome[1] não parece ter encontrado boa acolhida em Zurique, mas precisamos de um título jeitoso, que não soe demasiadamente literário; não achamos nada melhor e talvez *Imago* tenha a necessária imprecisão. Ontem estabelecemos o conteúdo do primeiro número. Estou colaborando com o primeiro de três breves ensaios que tratam das analogias entre a psicologia dos povos primitivos e a psicologia dos neuróticos. Esse primeiro intitula-se "O horror ao incesto". Os outros chamar-se-ão "Ambivalência emocional" e "Magia e onipotência de pensamentos"[2].

Acabei de entregar a minha *Contribuição à psicologia do amor*[3] a um solícito membro da família para enviá-la ao senhor.

Se quer a minha opinião sobre a oferta de Frau Salomé, ei-la: em princípio, não devemos declinar, desde que ela se satisfaça com a sublimação e deixe os sublimados para os químicos[4]. Se por acaso for uma tagarelice idealista, podemos rejeitá-la polidamente, mas com firmeza.

A "secularização" da ΨA não é muito oportuna, agora que estamos dando início a *Imago*, e não há necessidade de o *Jahrbuch* ser "duro e orgulhoso". Além do mais, parece-me que duas recentes contribuições à ΨA – ambas das mais significativas –, a sua demonstração da hereditariedade inconsciente no simbolismo, que importa numa demonstração da existência das "ideias inatas"[5], e as provas apresentadas por Ferenczi da transferência de pensamento, levam-nos muito além dos limites originais da ΨA e devemos segui-las. Nem eu desejo deter F. por mais tempo; deixe-o publicar no início de 1913[6], mas que discuta primeiro o assunto com o senhor.

A escolha do sucessor é uma das prerrogativas reais. Vamos conferir à nossa real ciência o mesmo privilégio.

Com bons votos, calorosas saudações e pedido de notícias em data breve.

Seu,
Freud

Agradecimentos à sua querida esposa pelo excelente artigo sobre a conferência do Keplerbund[7].

1. "O título da nova publicação deu-nos algumas dores de cabeça... Finalmente, prevaleceu a minha sugestão e foi chamada *Imago*, inspirada na novela de Carl Spitteler, na qual os artifícios e as máscaras do inconsciente, invadindo a consciência e estimulando as forças criativas, são apresentados com consumada maestria" – Hanns Sachs, *Freud, Master and Friend* (Cambridge, Mass., 1944), p. 65s.

2. O primeiro ensaio, "Die Inzestscheu" ("Über einige Übereinstimmugen im Seelenleben der Wilden und der Neurotiker", I), apareceu em *Imago*, I:1 (março de 1912) = "O horror ao incesto" (*Totem e tabu*, Alguns pontos de concordância entre a vida mental dos selvagens e dos neuróticos, I), Ed. Standard Bras. XIII. Para as restantes três (sic) partes, cf. 329 F n. 6 e 334 F n. 2.

3. Cf. 288 F n. 1.

4. Sublimação psicológica = *Sublimierung*; em 291 J, Jung mencionou o uso de *Sublimation* por Frau Lou, o que é, propriamente, um termo químico.

5. Hológrafo: *"angeborenen Ideen"*, o termo usado na psicologia mais antiga. A referência ("a sua demonstração") é a "Wandlungen und Symbole der Libido", de Jung.

6. No que diz respeito às provas de transferência de pensamento de Ferenzci e à preocupação geral dele com o oculto, cf. Jones, III, p. 411-17 / 384-390. Em dezembro de 1910, Freud escreveu a Ferenczi sugerindo que este retardasse a publicação do que quer que pudesse escrever sobre telepatia por alguns anos – até 1913, quando poderia publicá-lo no *Jahrbuch*. Ferenczi falou sobre o tópico perante a Sociedade de Viena a 19 de novembro de 1913, mas, segundo Jones, "jamais escreveu qualquer coisa sobre esse tema". Cf. tb. 158 F n. 2 e 254 J n. 6.

7. A 15 de dezembro de 1911, o Dr. Max Kesselring, neurologista de Zurique, sob os auspícios do Keplerbund, proferiu uma conferência pública atacando a psicanálise (*Zentralblatt*, II:8, seção *Bulletin*). Cf. tb. 287 J n. 7.

294 J

1003 Seestrasse, Küsnacht-Zürich,

10 de janeiro de 1912

Caro Professor Freud,

O manuscrito em anexo, parcialmente corrigido por mim, é a terceira parte do ensaio de Bjerre[1]. Visto que contém muitas inexatidões, ficaria muito satisfeito se o senhor desse uma olhada, sugerisse certas alterações ao Dr. Bjerre e, então, publicasse o artigo, ou melhor, essa terceira parte, como "Observações epicríticas" etc., num número posterior. O caso em si é bom, a teoria fraca, senão vacilante, e o é desnecessariamente, porque o material permite uma teoria respeitável.

Conforme for, escreverei a Bjerre.

O *Rascher's Jahrbuch* é uma publicação literária anual (arte, literatura, história, política, filosofia etc.), de caráter especificamente suíço. O meu artigo já causou sensação.

Cordiais saudações,

Sinceramente seu,
Jung

1. Cf. 263 J n. 3. A parte conclusiva do ensaio intitula-se "Diskussion des Falles und der Behandlung"; o ensaio completo foi publicado no *Jahrbuch*, III:2 (1911, publicação adiada até março de 1912).

295 J

1003 Seestrasse, Küsnach-Zürich,
23 de janeiro de 1912

Caro Professor Freud,

Desta vez a minha razão para ter deixado de escrever é mais complicada. Temos sido vítimas de "blackmail"[1] por parte dos jornais e publicamente ultrajados, embora não tenham sido citados nomes. Já consultei, inclusive, um bom advogado, com vistas à possibilidade de intentar uma ação por calúnia. Mas há pouca perspectiva de êxito porque o ataque foi indireto. Limitei-me, por isso, a um protesto público, por meio da Associação Psicanalítica Internacional, seção de Zurique; o protesto irá em breve aparecer na imprensa[2]. Toda essa balbúrdia deu-se devido ao meu artigo no *Rascher's Jahrbuch*. A época é a mais inoportuna, pois estou repleto de trabalho e a braços com a infindável proliferação de fantasias mitológicas. Para dominar a opressiva massa de material tenho que trabalhar incessantemente e estou me sentindo intelectualmente extenuado.

Conforme o senhor verificará na carta anexa, Bjerre não concorda com o fato de termos podado a sua enfadonha epicrise e publicá-la no próximo número. O cavalheiro parece ser grande demais para as suas botas. Escrevi a Deuticke dizendo-lhe que deve ir em frente e determine o fim, e que o manuscrito pode ser obtido com o senhor. O senhor não conhece alguém competente e dedicado que saiba alemão e possa corrigir o estilo e a pontuação? Ficaria muito, muito grato. Gostaria de evitar dificuldades com Bjerre, e Deuticke está querendo imprimir a terceira parte de qualquer maneira.

Isso aliviaria o próximo número, que já assumiu proporções ameaçadoras por causa da minha copiosa – ainda inacabada – obra. Mas agora já estou trabalhando no último capítulo (VI).

O "Autismo" de Bleuler é teoricamente muito equivocado e extremamente confuso. "Superficial" talvez seja o qualificativo certo para o trabalho.

Ouvi dizer que o artigo de Stekel é breve; pode, pois, ser posto num lugar imperceptível.

Nosso professor francês de Poitiers[3] juntou-se agora ao grupo de Zurique, de forma que temos outra vez um professor em nosso meio. Desde a saída de Bleuler temos passado tardes muito agradáveis na Sociedade. Harmonia perceptível à nossa volta. É verdade que Adler ofereceu os serviços dele a Specht?[4]

Cordiais saudações,

Sinceramente seu,
Jung

A 20 de janeiro proferi uma conferência para 600 professores. Durante uma hora e meia tive que ribombar a psicanálise, como Rolando tocando a sua corneta.

Esta carta está bastante vazia. No momento não estou distribuindo libido, toda ela está indo para o meu trabalho[5].

---

1. Em inglês no original.
2. O artigo de Jung, datado de 28 de janeiro de 1912, foi publicado em *Wissen und Leben* (Zurique; antigo título do *Neue Schweizer Rundschau*), 15 de fevereiro de 1912, 711-1914 = "A respeito da psicanálise", OC 4. Era um "epílogo" a uma série de artigos polêmicos, publicada no *Neue Zürcher Zeitung* durante o mês de janeiro, iniciada por Forel, Jung e Franz Marti, entre outros. Para um resumo detalhado da série, cf. Ellenberger, *The Discovery of the Unconscious*, p. 810-14.
3. Morichau-Beauchant; cf. 223 F n. 7.
4. Cf. 272 J n. 2.
5. Os pós-escritos foram comprimidos nas margens da primeira página.

296 F

24 de janeiro de 1912, Viena, IX. Berggasse 19

Caro amigo,

Não desejo interferir em sua concentração, mas quero informá-lo de que remeti o ensaio de Bjerre diretamente a Deuticke e que eu próprio o corrigi. Como vê, está tudo tão tranquilo que nem escrevi ainda a Bjerre.

Já me chegou uma vaga notícia da sua tempestade na imprensa de Zurique por intermédio de um paciente de St. Gallen.

A segunda edição de *Gradiva* já foi para a gráfica. Num breve pós-escrito, fiz uso da sugestão que o senhor me deu quando descobriu as duas histórias de *Übermächte*[1].

Imago está pronta para ser impressa. Vão começar a composição a 19 de fevereiro.

Cordiais saudações ao senhor e a sua família,

Seu,
Freud

1. Cf. 50 J n. 2. No pós-escrito, Freud credita as sugestões a "um amigo meu".

297 J

1003 Seestrasse, Küsnacht-Zürich,
[c. 15 de fevereiro de 1912][1]

Caro Professor Freud,

Uma palavrinha para o senhor saber que ainda estou vivo. Estou mantendo terríveis batalhas com a hidra da fantasia mitológica e nem todas as suas cabeças foram ainda cortadas. Às vezes, sinto vontade de pedir socorro, quando sou muito pressionado pela confusão do material. Até aqui tenho conseguido dominar o ímpeto. Espero atingir terra firme num futuro não muito distante.

Maeder ou Pfister devem ter-lhe contado tudo sobre Zurique e as nossas refregas públicas. No momento há uma bonança na animosidade. Para o outono, Forel impôs-nos a sua abominável Sociedade Psicoterapêutica[2] e

Ano 1912

já nos está ameaçando com aniquilamento total, mas até agora não fomos aniquilados de forma alguma e a Sociedade floresce como nunca. Agora os pedagogos começaram a mexer-se. O diretor[3] do colégio de Berna esteve comigo recentemente e quis colaborar. Zurique está fervendo, a ΨA é o assunto da cidade. Por aqui se pode verificar quão instigadas as pessoas podem ser. No dia 21 de fevereiro tenho que fazer uma palestra sobre ΨA para os clínicos; até eles estão ansiosos para provar o veneno. Acho que tudo isso é um prelúdio do que irá acontecer.

Espero que tudo esteja bem com o senhor. Para nós, tudo tranquilo e sereno, e minha mulher está trabalhando cuidadosamente em etimologia[4].

Com as mais cordiais saudações,

Sinceramente seu,

Jung

1. Hológrafo: não há data; c. 15-2-1912 escrito no topo por outra mão. / Um novo cabeçalho impresso, usando a forma "Küsnacht"; varia no restante das cartas, de acordo com o papel que Jung usa.

2. Cf. 285 J par. 7 e, adiante, o comentário editorial que se segue a 321 J.

3. Ernst Schneider, antigo aluno de Pfister; ingressou na Sociedade de Zurique a 1 de março de 1912. Em 1916, segundo Jones (II, p. 123 / 110), foi demitido do cargo de diretor por causa dos seus princípios psicanalíticos. Cf. tb. *Psychoanalytic Pioneers*, ed. F. Alexander, S. Eisenstein, M. Grotjahn (Nova York, 1966), p. 171; *Zentralblatt*, II:9 (junho de 1912), 549.

4. "Wandlungen und Symbole der Libido" contém muitas incursões na etimologia; cf., por exemplo, *Símbolos da transformação*, OC 5, § 188, sobre "libido".

298 F

18 de fevereiro de 1912, Viena, IX. Berggase 19

Caro amigo,

Fiquei muito contente de receber uma carta sua. Não gosto de quebrar os hábitos nem encontro qualquer triunfo nisso[1]. Arrancado violentamente do hábito, não me lembro mais do que contei ao senhor e, além disso, ainda quero ter a minha atenção sobre o seu trabalho.

Organizei o confuso artigo de Bjerre e liberei-o para a gráfica. Não é muito agradável ter que publicar coisas tão desordenadas. Estou anexando

Ano 1912 ———————————————————————————————

um prospecto da *Imago* (ainda há erros). Teria muita satisfação em ver o seu nome figurar destacadamente nesse periódico e no *Zentralblatt*, mas, em vez disso, o senhor se esconde por trás da sua nuvem religiosa-libidinal. Parece-me que o senhor ainda está conferindo excessiva superioridade a mim. No meu ensaio sobre o horror ao incesto destaquei, para sua satisfação, espero, o papel desempenhado pelo senhor e seus seguidores no desenvolvimento da ΨA[2]. Estou ocupado com o meu estudo do Tabu. Não tenho me sentido bem e minha prática diária tem me impedido de fazer vários bons trabalhos. Tive que escrever um artigo sobre o inconsciente, em inglês, para a Society for Psychical Research (Sociedade para a Pesquisa Psíquica)[3]; é claro que nada contém de novo.

Stärcke, de Amsterdam, enviou-me o primeiro artigo de jornal sobre ΨA que surgiu em língua holandesa[4]. Van Emden parece estar hesitando e perdendo tempo, como de costume. Recentemente, um jovem vienense (Dr. Schrötter)[5] proporcionou a confirmação experimental do nosso simbolismo dos sonhos – mais ou menos contra a sua própria vontade. Sugeriu aos seus pacientes hipnotizados que sonhassem com relações sexuais ou homossexuais, e eles o fizeram, com os símbolos por nós conhecidos, dos quais, estou certo, não tinham qualquer conhecimento. Isso marca o início de um novo ramo de psicologia experimental. Um relatório provisório irá aparecer no *Zentralblatt*. O senhor saberá mais sobre isso posteriormente.

Desta vez tudo vai bem em casa. Minhas cordiais saudações ao senhor, sua esposa e filhos.

Seu,

Freud

---

1. Hológrafo: *Ihnen*, "senhor", por *ihnen*, *"neles"*, aqui traduzido por "nisso".

2. "Die Inzestscheu" (cf. 293 F n. 2), p. 18 (5º parágrafo do ensaio): "Para todos aqueles que tomaram parte no desenvolvimento da pesquisa psicanalítica, foi um momento memorável aquele em que, numa reunião científica privada, um dos alunos de C.G. Jung leu uma comunicação a seu favor, com o propósito de afirmar que as imagens fantasiosas de certos pacientes mentais (*Dementia praecox*) apresentavam os mais surpreendentes paralelos com as cosmogonias mitológicas de povos antigos, a respeito das quais os pacientes menos instruídos não poderíam ter tido conhecimento científico". Nota de rodapé: "No Congresso Psicanalítico de Nuremberg, em 1910. A comunicação foi lida pelo altamente dotado C. (sic) Honegger, já falecido. Em escritos subsequentes, o próprio Jung e seus discípulos (Nelken, Spielrein) desenvolveram ainda mais as ideias abordadas, então, pela primeira vez. (cf. Jung, "Wandlungen und Symbole der Libido", *Jahrbuch*, III:1, 1911)". O trecho foi

omitido na publicação do livro *Totem und Tabu*, 1913, mas Freud acrescentou um prefácio no qual afirmava que recebeu o primeiro estímulo para os ensaios da obra de Wundt e dos escritos da escola de Zurique, e citava "Wandlungen und Symbole der Libido" e "The Theory of Psychoanalysis" de Jung.

3. "Uma nota sobre o inconsciente na psicanálise", *Proceedings of the Society for Psychical Research* (Londres), XXVI (1912); Ed. Standard Bras. XII.

4. Johan Stärcke, "De Psychologie van het onbewuste; een nieuwe wetenschap" (A psicologia do inconsciente; uma nova ciência), *De Telegraaf* (Amsterdam), 11 de janeiro de 1912. Relatado em *Zentralblatt*, II:1 (1912), 420.

5. Karl Schrötter, "Experimentelle Träume", *Zentralblatt*, II (1912): p. 547 (conferência na Sociedade, 14 de fevereiro) e 638s. (artigo). Schrötter, um excelente estudante de Filosofia, cometeu suicídio a 16 de maio de 1913, aos 26 anos de idade.

299 J

> 1003 Seestrasse, Küsnacht-Zürich,
> 19 de fevereiro de 1912

Caro Professor Freud,

Sinceros agradecimentos pelos seus dois excelentes artigos. "A dinâmica da transferência"[1] é de extraordinário valor para o analista. Li-o com prazer e proveito. No que diz respeito ao conceito de introversão[2], considero-a como sendo um fenômeno universal, embora tenha um significado particular na Dem. pr. Falo bastante sobre isso na segunda parte do meu trabalho sobre a libido, que, por sinal, assumiu proporções alarmantes e, apesar da minha necessidade de concluí-lo, recusa-se a parar. Já posso predizer o triste resultado: verei como poderia tê-lo feito melhor.

A nossa Sociedade está crescendo como uma rosa desde que Bleuler saiu. O único resultado da grande rixa na imprensa é que a ΨA está sendo incessantemente discutida em público. Aparece até mesmo nos jornais humorísticos.

Desculpe-me a brevidade, mas estou em estado de guerra.

Cordiais saudações,

> Sinceramente seu,
> *Jung*

---

1. Cf. 280 F n. 3. O outro artigo não pôde ser identificado, a não ser que se trate do breve "Gross ist die Diana der Epheser", *Zentralblatt*, II:3 (dezembro de 1911) = "Grande é Diana dos Efésios", Ed. Standard Bras. XII.

Ano 1912 ———————————————————————————————

2. Em "Dinâmica" (Ed. Standard Bras. XII, p. 136) Freud usa pela primeira vez esse termo "apropriado", que Jung introduzira em "Konflikte der kindliche Seele" (1910; cf. OC 17,§ 13). Freud comentou: "... algumas das observações de Jung dão a impressão de que ele considera essa introversão como algo que é característico da *Dementia praecox* e não a leva em conta, do mesmo modo, em outras neuroses". Aqui Jung replica.

300 J

1003 Seestrasse, Küsnach-Zürich,
25 de fevereiro de 1912

Caro Professor Freud,

Muito obrigado por sua amável carta. Estou *muito* interessado na confirmação experimental da análise de sonhos. Onde se pode ler sobre o assunto?

Há pouco a contar de Zurique, e quase nada agradável. Pfister disse--lhe, sem dúvida, como as coisas estão indo mal para ele. Pode até perder o emprego. Temo que ele seja demasiado otimista e confiante, apesar das advertências. Os nossos adversários estão acostumados a atacar os pontos vulneráveis, e um dos pontos fracos na nossa armadura é Pfister, a quem podem ferir espalhando boatos. Essas pessoas são como insetos que evitam a luz.

Os estudantes estão se comportando esplendidamente. Recentemente, falei para cerca de 150 estudantes sobre ΨA com grande sucesso. Uma novidade mais digna de nota é a fundação de uma organização leiga de ΨA[1]. Tem aproximadamente 20 membros e só pessoas analisadas são aceitas. A harmonia entre os seus membros é ruidosamente aplaudida. Eu próprio ainda não compareci a qualquer reunião. O presidente é membro da Sociedade Psicanalítica. A experiência parece-me interessante do ponto de vista da aplicação social da ΨA à educação.

Acho que não estou errado ao suspeitar que o senhor tem certo ressentimento do meu desleixo na correspondência. Nesse aspecto o meu comportamento é, de fato, um tanto irresponsável, na medida em que permiti que toda a minha libido se consumisse no trabalho. Por outro lado, o senhor não precisa ter qualquer preocupação quanto à minha prolongada e invisível estada na "nuvem religiosa-libidinal". Eu lhe diria de boa vontade

Ano 1912

o que está acontecendo lá em cima, se ao menos soubesse como registrá-lo numa carta. É, fundamentalmente, uma elaboração de todos os problemas que resultam da libido do incesto materno, ou melhor, da imago materna catexizada pela libido. Desta vez aventurei-me a tentar resolver a mãe. Assim, o que me está mantendo escondido é a κατάβασις[2] ao reino das Mães, onde, como sabemos, Teseu e Peirithoos ficaram paralisados, presos às rochas[3]. Em seu devido tempo, porém, subirei novamente. Nestes últimos dias escavei o meu caminho consideravelmente mais perto da superfície. Tenha, pois, por favor, paciência comigo durante mais algum tempo. Trarei comigo toda espécie de coisas maravilhosas *ad majorem gloriam* da ΨA.

Sinceramente seu,

Jung

1. A 13 de fevereiro de 1912, com Franz Riklin como presidente; cf. *Zentralblatt*, II:8 (maio de 1912), p. 480. Um relatório da sua programação, de outubro de 1912 a julho de 1913, sob o nome Gesellschaft für psychoanalytische Bestrebungen, apareceu no *Zeitschrift*, I:6 (1913), 635; cf. 351 J n. 1.
2. *katabasis* = "descida" (aos infernos).
3. Cf. *Símbolos da transformação*, OC 5, § 449, n. 55.

301 F

29 de fevereiro de 1912, Viena, IX. Berggasse 19

Caro amigo,

Fiquei surpreso de saber que tudo vai mal para Pfister. Na última carta dele, que chegou pouco antes da sua, mostrava-se eufórico por ter, finalmente, encontrado uma mulher pela qual valeria a pena pôr de lado as desvantagens do casamento; nada parecia estar errado. Não tive mais notícias dele desde então. Se está com problemas, devemos fazer tudo o que estiver ao nosso alcance para ajudá-lo.

Uma comunicação provisória sobre as experiências de sonhos irá aparecer no *Zentralblatt*, mas não nos próximos números. As suas notícias sobre a conferência para estudantes e a nova organização leiga são muito gratificantes; não tenho nada comparável para oferecer.

Ano 1912 ─────────────────────────────────

O que o senhor diz acerca do meu ressentimento quanto à sua tendência a negligenciar a nossa correspondência autoriza uma completa elucidação ΨA. Não pode haver dúvida de que eu era um correspondente exigente nem posso negar que aguardava as suas cartas com grande impaciência e que as respondia prontamente. Não levei em consideração os seus primeiros sinais de relutância. Dessa vez o fato atingiu-me mais seriamente; a minha suspeita foi provocada por o senhor ter-se recusado a informar-me do seu estado de saúde após a mordida do cachorro e pelo episódio de C──. Avaliei-me e eliminei rapidamente o excesso de libido. Senti muito fazê-lo desse modo, embora satisfeito por ver o quão prontamente resolvi a coisa. Desde então, tornei-me menos exigente e temível. Como sabemos, a irresponsabilidade não é um conceito compatível com a psicologia profunda[1].

Mas seria um golpe severo para todos nós se o senhor tivesse que tirar da Associação a libido que necessita para o seu trabalho. Tenho a impressão de que, atualmente, a organização não está funcionando de forma adequada. Os grupos nada sabem um do outro, não há contato entre eles. A razão é que o órgão designado para promover tal contato – a *Korrespondenzblatt* – nada faz. Só apareceu uma vez desde o Congresso[2] e, enquanto o *Zentralblatt* vai para a gráfica com um mês de antecedência, a próxima *Korrespondenzblatt* não sairá antes de abril, no mínimo. Todos os meses deveria oferecer relatórios sobre a atividade dos grupos locais e uma mensagem do presidente; e deveria proporcionar informação acerca dos destinos da ΨA em todo o mundo.

Disseram-me aqui que Riklin não tem respondido cartas nem acusado o recebimento de manuscritos. O vínculo dentro da Associação estreitou-se para receber o *Zentralblatt*. Ainda assim acreditamos que a organização seja necessária. Fizemos sacrifícios e indispusemo-nos com pessoas com a finalidade de estabelecê-la. Não sou capaz de afastar-me das preocupações do dia a dia da ΨA na medida em que planejei quando fundamos a Associação e propus Adler como presidente, mas estou menos preocupado com o presente do que com o futuro; estou determinado a fazer todas as preparações necessárias para o futuro, de modo a ver tudo em segurança nas suas mãos quando chegar a hora.

Gostaria também de lembrar-lhe que o senhor se comprometeu, no último Congresso, a tomar providências para o próximo no início do ano. Pessoalmente, não me importarei se for suspenso este ano; isso me deixaria livre em setembro. Mas, é claro, comparecerei se for realizado.

Tenho trabalhado bastante em pequenas coisas, tais como os quatro artigos para o *Zentralblatt*, dois dos quais o senhor não recebeu ainda[3]. Acho que o ensaio sobre o tabu para *Imago*[4], que espero concluir em breve, é mais significativo. O próprio periódico vai emergir do estágio intrauterino em pouco mais de uma quinzena.

Esteja certo do meu mais profundo interesse em seu ensaio sobre a libido. Cordiais saudações,

Sempre seu,
Freud

---

1. Hológrafo: *Tiefenpsychologie*. O primeiro uso desse termo registrado até então estava em "Exposição sumária da teoria dos complexos", de Jung, escrito em março de 1911; cf. OC 2, § 1355. Jung atribuiu-o a Bleuler.
2. Em *Zentralblatt*, II:4 (janeiro de 1912).
3. "Papers on Technique": quanto aos dois já publicados, cf. 280 F n. 2 e 3; para os dois restantes, cf. 318 J n. 1 e 329 F n. 4.
4. Cf. 329 F n. 6.

302 J

1003 Seestrasse, Küsnacht-Zürich,
2 de março de 1912

Caro Professor Freud,

Tenho a satisfação de recomendar-lhe o portador desta carta. O Dr. Schrumpf[1] é um neurologista de St. Moritz que, sem se assustar com as tendências opostas da ciência atual, deseja fazer um contato pessoal com a ΨA.

Cordiais saudações,

Sinceramente,
Jung

---

1. Peter Schrumpf (1882-19–), médico interno; posteriormente do Charité, Berlim.

Ano 1912

303 J

1003 Seestrasse, Küsnach-Zürich,
3 de março de 1912

Caro Professor Freud,

A sua carta deixou-me muito pensativo. Em primeiro lugar gostaria de dizer-lhe, com referência ao *Korrespondenzblatt*, que Riklin tinha instruções precisas, que uma vez mais simplesmente negligenciou. Para bem do meu trabalho quis dispensar as meras formalidades durante dois meses. Riklin falhou na execução das minhas instruções de uma forma que não posso permitir. Apresentei-lhe, portanto, um ultimato: substitui-lo-ei no cargo se continuar a omitir-se em seus deveres. Aceitarei a sua demissão na primeira oportunidade. Os relatórios que recebe dos grupos locais deveriam ser enviados ao *Zentralblatt* todos os meses.

Não esqueci de modo algum as providências a serem tomadas para o Congresso. Pelo contrário, pedi várias vezes às autoridades militares para me notificarem quando cessa o meu período de serviço este ano. Nada consegui até agora, porque o tempo de serviço para as tropas de montanha, para as quais fui destacado, ainda não foi fixado. Em breve esse prazo será conhecido. Foi por *essa razão* que não me foi possível marcar uma data para o Congresso.

No que diz respeito às minhas outras atividades como presidente, não sei o que poderia fazer no momento para estabelecer uma comunicação mais estreita entre os grupos. Agradeceria quaisquer sugestões. Tomei providências para iniciar um grupo em Lausanne, mas a perspectiva não é muito boa no momento devido à oposição local. Espero conseguir alguma coisa em Londres, com a ajuda do Dr. Eder (eu tratei da esposa dele). Nada a esperar na Itália ou na França. Se tivéssemos uma certeza quanto ao Dr. Van Emden, algo poderia tomar forma na Holanda (Van Renterghem deseja visitar-me!).

Se não tomei parte ativa na *Zentralblatt* ou na *Imago* é simplesmente porque estou inteiramente ocupado com o *Jahrbuch*, e também com o meu próprio trabalho, que não permite fragmentação dos meus limitados recursos. É contra a minha natureza escrever artigos curtos, nos quais poderia apenas ocupar-me de banalidades. Os interesses mais amplos devem ajustar-se a uma estrutura mais ampla. Todos os meus esforços são necessários para manter o *Jahrbuch* num bom nível. Há o grande perigo de que ele se afunde em material clínico vulgar. Isso não quer dizer que deixarei de colaborar com a *Imago* mais tarde, se puder pôr as mãos em algo que se preste a uma apresentação concisa. O trabalho que estou fazendo agora exigiu-me tanto tempo e energia porque, quando finalmente tomar forma definitiva, corresponderá a um livro de mais de 300 páginas. Um empreendimento como esse parece-me mais importante para o contínuo progresso da nossa causa do que dispersar-me em artigos curtos.

Quanto às outras observações da sua carta, devo reconhecer que nunca consegui livrar-me da ideia de que o que eu fiz, e estou ainda fazendo, para promover a difusão da psicanálise deve ter, certamente, muito mais importância para o senhor do que a minha inabilidade e a minha grosseria pessoal. Se alguma vez me tivesse acontecido algo sério, que pudesse colocar em risco o nosso trabalho, não é preciso dizer que eu teria informado o senhor. Planejei o meu trabalho de modo a que se ajustasse à minha própria personalidade, sem querer impingi-lo ao senhor e somá-lo aos seus encargos. Sempre que tive algo importante a comunicar jamais deixei de fazê-lo. Não mantive uma correspondência ativa durante estas últimas semanas porque quis, na medida do possível, *não escrever cartas de jeito nenhum*, simplesmente com a finalidade de ganhar tempo para o meu trabalho e não para dar ao *senhor* uma demonstração de negligência ostensiva. Ou será que o senhor desconfia de mim? A experiência tem demonstrado como isso não tem fundamento. Certamente tenho opiniões que não são as suas quanto às verdades básicas da ΨA – embora não haja certeza nem mesmo quanto a isso, pois não se pode debater por carta tudo o que existe no mundo –, mas o senhor não irá, acho eu, considerar o fato como uma ofensa. Estou pronto para, a qualquer momento, adaptar as minhas opiniões ao juízo de alguém que sabe mais, e sempre estive. Jamais teria tomado o partido do senhor, em primeiro lugar, se a heresia não corresse no meu sangue. Visto que não tenho ambições professorais, posso permitir-me admitir erros. Que Zaratustra fale por mim:

"Paga-se mal a um professor, se se permanece apenas um aluno.

Ano 1912

E por que, então, não arrancariam vocês os meus galardões?

Vocês me respeitam; mas que tal se algum dia o nosso respeito caísse?

Tomem cuidado para que uma estátua que cai não atinja as suas cabeças!

Vocês não se tinham procurado ainda quando me encontraram.

Assim agem todos os crentes.

Peço agora que vocês me percam e encontrem a si mesmos; e somente quando todos me tiverem negado voltarei a vocês"[1].

Foi isso que o senhor me ensinou com a ΨA. Como alguém que é verdadeiramente seu seguidor tenho que ser corajoso, ainda mais em relação ao senhor.

Com as mais cordiais saudações,

Sinceramente seu,

Jung

1. Nietzsche, *Also Sprach Zarathustra*, 1ª parte, "Von der schenkenden Tugend", seção 3. Jung escreveu o trecho como prosa, seguindo Nietzsche.

304 F

5 de março de 1912, Viena, IX. Berggasse 19

Caro amigo,

Por que tão "pensativo" quando a situação é tão simples? Mostrei-lhe que a Associação não pode progredir quando o presidente perde o interesse por ela durante um período de meses, particularmente quando tem um assistente de tão pouca confiança como o nosso amigo Riklin. O senhor parece reconhecer que estou certo, o que resolve um dos problemas. O senhor esclareceu que não deseja escrever-me no momento, e eu respondo que estou tentando tornar a privação fácil para mim mesmo. Não é esse o meu direito? Não é um ato necessário de autodefesa?

De resto, concordamos em tudo. O senhor escreve dizendo que sempre achou que as suas contribuições passadas e prospectivas para a causa deviam significar mais para mim do que a sua "grosseria e a sua inabili-

Ano 1912

dade pessoal" – (seus amigos o diriam mais brandamente e falariam dos seus "humores"). Peço-lhe que continue a pensar assim. O fundamento indestrutível do nosso relacionamento pessoal é o nosso envolvimento com a ΨA; mas, sobre esse alicerce, parecia tentador construir algo mais aprazível, embora mais instável, uma amizade íntima, recíproca. Não devemos continuar a construí-la?

O senhor fala da necessidade de independência intelectual e cita Nietzsche em apoio ao seu ponto de vista. Estou de pleno acordo. Mas se uma terceira pessoa lesse esse trecho, perguntar-me-ia quando[1] havia eu tentado tiranizar o senhor intelectualmente, e eu teria que dizer: "Não sei". Não acredito que o tenha feito alguma vez. Adler, na verdade, fez queixas semelhantes, mas estou convencido de que a neurose dele falou por ele. Ainda assim, se o senhor acha que quer de mim maior liberdade, que posso fazer senão abandonar o meu sentimento de premência quanto à nossa relação, ocupar a minha libido desocupada em qualquer outro objeto e aguardar a minha oportunidade, até que o senhor descubra que pode tolerar uma intimidade maior. Quando isso acontecer, o senhor me encontrará disposto. Durante a transição para essa atitude de reserva queixei-me muito baixinho. O senhor teria me achado insincero se eu não tivesse reagido de algum modo.

Por que, repito, deve o senhor estar tão "pensativo"? O senhor pensa que eu estou procurando alguma outra pessoa capaz de ser ao mesmo tempo meu amigo, meu colaborador e meu herdeiro, ou que espero encontrar outro tão logo? Se não pensa assim, então estamos outra vez de acordo, e o senhor está certo em gastar a sua meditação com o estudo da libido. A minha pergunta acerca do Congresso era apenas remotamente ligada com o tema afetivo desta carta. Obrigado pela sua resposta. Quanto aos novos grupos, concordo com o senhor: devem surgir como resposta a uma necessidade espontânea. Fique certo da minha catexia afetiva e continue a pensar em mim com amizade, mesmo se não me escrever com frequência.

Com as mais cordiais saudações,

Sempre seu,
Freud

---

1. Hológrafo: *warum*, "por que"; mas o contexto alemão indica que é um lapso, em lugar de *wann*, "quando".

305 J

1003 Seestrasse, Küsnach-Zürich,
10 de março de 1912

Caro Professor Freud,

Muito agradecido pela sua amável carta. Não tive a mais leve intenção de imitar Adler. Muitas vezes fico de cabeça oca, especialmente quando toda a minha libido está concentrada sobre um problema. Muito em breve reunirei as minhas faculdades mentais.

Quanto a Pfister, esqueci de mencionar que ele anda numa fase má porque a posição dele está em perigo. Ele tem sido muito imprudente. Está bastante feliz com a garota, mas ela é jovem e infantil demais e ainda não compreendeu qual é a situação; quis até mesmo acabar com tudo, pela segunda vez. O próprio Pfister é uma criança e precisa de uma mulher inteligente. Primeiro casou-se com uma mãe, agora é uma filha. Eu disse-lhe que ela é completamente infantil; ouvi dizer que ele entendeu isso como um sinal de encorajamento. Todo esse caso é decididamente perigoso. No entanto a libido dele está presente, de modo que talvez se saia bem. Não estou me intrometendo, já que ele não me pediu para fazê-lo. A posição dele na paróquia é precária. Que irá ele fazer se for expulso? Diz que trabalharia com algum médico como assistente ΨA. Com quem? Não há lugar para ele aqui, conosco. E o que diria sobre isso a sua jovem esposa ou noiva? Ele agora está terrivelmente apaixonado e imagina que não pode viver sem a garota. Espero que fique tudo bem no fim. Estamos muito preocupados com ele.

Tenho más notícias de Stegmann. O dragão com quem se casou é um espírito repulsivo e não lhe fez bem de maneira alguma. Ouvi dizer também que ele fez um ataque virulento contra a ΨA.

Concluí o meu trabalho, à exceção dos apêndices. A esta altura o senhor já deve ter recebido o *Jahrbuch*. A composição do volume IV foi iniciada. Por favor, envie a Deuticke o manuscrito de Bleuler. Desta vez, B. está dando o tiro inicial. O novo número será inteiramente analítico, exceto por Bleuler[1]. O senhor já leu o novo artigo (manuscrito) de Spielrein?[2] Acredito que tenho que fazer uma revisão extensa. Isso sempre me toma um tempo tremendamente longo. Há duas ou três análises de *Dementia praecox* ainda por vir, uma das quais (Nelken)[3] é extremamente importante. Espero arranjar espaço para ele. O volume será um monstro completo, pois desejo incluir o meu ensaio *in toto*.

A 31 de março sairei de férias por três semanas. Estou exausto.

Cordiais saudações,

Sinceramente seu,

Jung

1. Cf. 272 J n. 6.
2. "Die Destruktion als Ursache des Werdens", *Jahrbuch*, IV:1 (1912).
3. Jan Nelken, psiquiatra da clínica Burghölzli, membro da Sociedade de Zurique. O seu artigo era "Analytische Beobachtungen über Phantasien eines Schizophrenen", *Jahrbuch*, IV:1 (1912). Trabalhou depois em Paris.

306 F

21 de março de 1912, Viena, IX. Berggasse 19

Caro amigo,

Fiquei muito contente por saber que o senhor tem algumas semanas de repouso pela frente, agora que o ensaio sobre a libido está terminado. Provavelmente, irei para o Adriático com Ferenczi durante os três dias de Páscoa. Como o senhor sabe, tiro férias bastante generosas no verão.

Quanto ao artigo de Spielrein, conheço apenas o capítulo que ela leu na Sociedade[1]. Ela é brilhante, tudo o que diz tem significado. Porém seu impulso destrutivo não é muito do meu gosto, porque creio que é pessoalmente condicionado. Ela parece anormalmente ambivalente.

Liberei prontamente o manuscrito de Bleuler. O presente número do *Jahrbuch* está mais imponente, mas falta uma atração real. O trabalho de Pfister é um *tour de force* técnico; é indubitavelmente sólido, contudo muitos detalhes, embora interessantes do ponto de vista teológico, carecem de interesse geral. A minha sensação de desapontamento provém, possivelmente, do adiamento do seu "Transformações e símbolos".

Estamos trabalhando muito na Sociedade e no *Zentralblatt*, e sentimos bastante que Zurique esteja começando a retirar o apoio num momento em

Ano 1912 ─────────────────────────────────

que os progressos no estrangeiro são tão gratificantes. Na Rússia (Odessa) parece haver uma epidemia local de psicanálise[2]. A fermentação prossegue. Há outros particulares, mas não vale muito a pena escrever[3] sobre eles.

Stegmann puniu-se pelo mau comportamento, em estilo clássico, na escolha da companheira. Primeiro casou-se, depois veio a mim, e então disse a si mesmo que o contrário teria sido mais racional. Tenho também a impressão de que Binswanger, embora conduzindo-se corretamente, tem sido bastante inativo.

O meu ensaio sobre o tabu[4] está se desenvolvendo lentamente. A conclusão é há muito tempo conhecida por mim. A fonte do tabu e, portanto, também da consciência, é a ambivalência. Quando você receber esta carta, talvez a *Imago* já tenha visto a luz do dia[5].

Saudações cordiais ao senhor e à sua família. Estou esperando boas notícias suas.

Sempre seu,
Freud

1. Cf. 286 F n. 4.

2. Dois membros da Sociedade de Viena estiveram em Odessa. Leonid Drosnés, um psiquiatra que havia lido Freud, tentou psicanalisar o paciente conhecido como "Homem dos Lobos", e, em janeiro de 1910, levou-o para Viena; Freud tratou o "Homem dos Lobos" até 1914 – Cf. "Aus der Geschichte einer infantilen Neurose", *Sammlung kleiner Schriften zur Neurosenlehre*, IV (1918) = "From the History of an Infantile Neurosis", SE XVII. Drosnés ingressou na Sociedade de Viena (*Korrespondenzblatt* n. 4, fevereiro de 1911); praticou mais tarde a psicanálise em St. Petersburg (*Zentralblan*, I:12, setembro de 1911). Aparece como "Dr. D." em *The Wolf-Man, by the Wolf-Man*, ed. Muriel Gardiner (Nova York, 1971), p. 79-85. / Moshe Wulff ou Woolf (1878-1971) realizou treinamento médico em Berlim e estudou psicanálise com Abraham; após retornar a Odessa, ingressou na Sociedade de Viena (*Korrespondenzblatt* n. 6, agosto de 1911) e fez o relatório "A literatura psicanalítica russa até 1911", *Zentralblatt*, I:7/8 (abril-maio de 1911). Em 1927, deixou a Rússia e retomou o trabalho em Berlim; em 1933, estabeleceu-se na Palestina e foi cofundador da Sociedade Psicanalítica Palestina.

3. Hológrafo: *sträuben*, "lutar contra", corrigido por Freud para *schreiben*, com ponto de exclamação.

4. Cf. 329 F n. 6.

5. *Imago: Zeitschrift für Anwendung der Psychoanalyse auf die Geistewissenschaften* (Revista para a Aplicação da Psicanálise às Artes), dirigida por Freud, organizada por Rank e Sachs, editada por Heller; I:1 (março de 1912), publicada a 28 de março (Freud a Putnam, 28 de março de 1912, em *Putnam and Psychoanalysis*, p. 137).

307 J

Internationale Psychoanalytische Vereinigung
Küsnach-Zürich, 22 de março de 1912

Caro Professor Freud,

A data do meu serviço militar foi, por fim, estabelecida: 22 de agosto a 6 de setembro. Por coincidência, recebi um convite da Fordham University, de Nova York, para dar uma série de conferências[1] a partir de 10 de setembro. Senti-me obrigado a aceitar para ganhar ainda mais terreno para a ΨA. Nessas circunstâncias, sugiro mudar a data do Congresso para *19/20 de agosto*. Cairá, então, com certeza, no período de férias. Munique é central, de fácil acesso até mesmo para pessoas que passam as férias longe de casa. Vou propor essa sugestão a cada um dos grupos locais e ver o que eles têm a dizer. Por favor, comunique-me a sua própria opinião.

O manuscrito de Frau Lou Andreas-Salomé[2] chegou. Parece estranho. Vou submetê-lo ao seu julgamento. Bleuler quer retirar um manuscrito do *Jahrbuch* IV/1 por causa de estados de ansiedade "infundados" (uma análise de Dem. pr.)[3]. A clínica Burghölzli está cada vez mais tola. Fiquei ainda mais espantado pelo fato de Binswanger ter enviado o assistente para lá, para um período de treinamento, sem dar a ele a oportunidade de fazer o mínimo contato comigo ou com a Sociedade.

Introduzimos na Sociedade de Zurique o sistema de oradores compulsórios, como em Viena, porque era absolutamente necessário. Muitas vezes as pessoas apenas se sentavam, como "penetras". Também as conferências tornaram-se mal feitas ultimamente. Tive que tratar duramente um cavalheiro. A medida sacudiu-os.

Cordiais saudações,

Sinceramente seu,
Jung

1. Hológrafo: *Course of Lecture* (sic).
2. Cf. 291 J n. 3.
3. Presumivelmente, o de Nelken; cf. 305 J n. 3.

308 F

24 de março de 1912, Viena, IX. Berggasse 19

Caro amigo,

Apesar de todas as minhas decisões, tenho que lhe escrever outra vez.

Cumprimento-o pela sua viagem aos Estados Unidos; é claro que o senhor está certo em aceitar. Telegrafei-lhe porque, antes de o senhor se comunicar com os grupos locais, eu gostaria de inteirá-lo dos meus receios quanto à realização do Congresso em 19-20 de agosto. As minhas objeções são de natureza geral e pessoal, algumas delas, sem dúvida, por ambos os motivos.

Começando de baixo para cima, eis os fatores pessoais: essa data cortaria pela metade as minhas arduamente ganhas e muito ansiadas férias. Estarei em Karlsbad com minha mulher até aproximadamente 10 de agosto; depois disso, não sei onde estarei, mas, mais ou menos uma semana depois, terei que iniciar novamente uma viagem. Agosto, em Munique, seria provavelmente uma tortura e o calor não é muito propício ao esforço mental concentrado. O mesmo se aplica aos demais participantes, mesmo que, na época, não estejam em Karlsbad; as férias deles seriam interrompidas e com certeza sofreriam com o calor.

Além disso, tenho a impressão de que não há necessidade de um Congresso este ano. Pouca coisa aconteceu desde o último. Até aqui os nossos encontros têm sido tão bons que não devemos correr o risco de um anticlímax.

Acho que a sua viagem proporciona uma excelente justificativa para omitir o Congresso; todos reconhecerão que essa viagem serve aos interesses da ΨA.

Submeto ao seu julgamento essas considerações, algumas das quais se aplicam também à última data possível, o fim de setembro. Estou bastante desejoso de ler o ensaio de Frau Lou A.S. – Receio que o que o senhor diz sobre Binswanger esteja de acordo com as minhas próprias impressões – O sistema de oradores compulsórios foi há muito abandonado pela Sociedade de Viena, mas o efeito ainda nos acompanha. Atualmente, a maioria dos membros fica contente por falar e leva consigo os outros. Recomendo expressamente o sistema como medida educativa.

Estou lhe enviando hoje a segunda edição de *Gradiva*. Com saudações cordiais,

Sempre seu,
Freud

309 J

1003 Seestrasse, Küsnacht-Zürich
27 de março de 1918

Caro Professor Freud,

Muito agradecido pela segunda edição de *Gradiva*. Concordo plenamente com a sua proposta. Consequentemente, notificarei os grupos locais, isto é, presumo que tenha que consultá-los. Talvez possamos realizar o Congresso na próxima primavera.

Bleuler exigiu a devolução de um dos manuscritos que já estavam com Deuticke, uma excelente análise de Dem. pr., com medo da opinião pública de Zurique. Ele poderia ter feito isso há muito tempo, de modo que é apenas outro golpe baixo. É claro que era um artigo produzido na Clínica, com a correção do qual perdi muito tempo.

Por favor, desculpe a "avareza" desta "carta". Muito em breve o senhor terá notícias minhas. Cordiais saudações.

Sinceramente seu,
Jung

310 J

Hotel Milan-Bahnhof,
Lugano[1], 1º de abril de 1912

Caro Professor Freud,

Finalmente saí de Zurique para ficar sozinho por alguns dias antes de ir para Florença com minha mulher. Como o senhor vê, estou em Lugano, onde chove miseravelmente. Não obstante, estou aqui à vontade e incógnito, e isso é o máximo do prazer.

Soube que os planos de Bleuler quanto ao manuscrito não são tão criminosos como conjecturei na minha última carta. Mesmo assim, coisas estranhas devem estar acontecendo na clínica Burghölzli. Há rumores quanto à saída de Bleuler. Dizem que ele deseja isolar-se na casa do pai, em Zollikon (tudo isso é apenas boato, é claro).

Antes da minha partida estava trabalhando no artigo de Spielrein. Que se diga: *desinat in piscem mulier formosa superne*[2]. Após um início bastante promissor, a continuação e o fim desencarrilham de modo lúgubre. Particularmente, o capítulo "Vida e morte na mitologia" precisava de amplos cortes, pois continha erros grosseiros e, pior ainda, interpretações imperfeitas, unilaterais. Ela leu muito pouco e falhou inteiramente nesse ensaio, que não é completo o suficiente. Pode-se dizer, à guisa de desculpa, que ela conduziu o problema no sentido de mostrar um aspecto da mitologia que está cheio de mistérios. Além disso, o ensaio está sobrecarregado de seus próprios complexos. As minhas críticas devem ser administradas à pequena autora, se o forem, apenas em *refracta dosi*, por favor. Eu próprio devo escrever-lhe em breve.

O manuscrito de Frau Lou será enviado ao senhor somente depois das suas férias. Há coisas "tremendas" nele.

Estou ansioso para ver a *Imago*. Não consigo, no entanto, suprimir o temor de que essa publicação vá, gradativamente, tirando forças valiosas do *Jahrbuch*. Em Zurique temos uma reserva escassa de sangue novo. Talvez eu esteja sendo sobremaneira pessimista porque o volume de material clínico que ora se amontoa na literatura ΨA começou a enfadar-me. Certamente, isso é apenas um sentimento subjetivo, sem dúvida induzido pelos meus pacientes. Contudo o material clínico torna-se inacreditavelmente monótono depois de superado o primeiro impacto de admiração.

Espero que o senhor tenha ótimos e serenos dias no Adriático junto a Ferenczi. Também eu tenho que reunir forças para produzir as oito conferências, que devem ser feitas *em inglês*. Isso me obriga a tomar cada palavra ao pé da letra. Uma tarefa colossal. Desta vez voltarei pelas Índias Ocidentais.

Cordiais saudações,

Sinceramente seu,

Jung

1. Cabeçalho impresso, ilustrado com fotos do hotel do lago Lugano etc.
2. = "O que, na parte de cima, é uma bela mulher, acaba em peixe, na parte de baixo" – Horácio, *De arte poética*, 4 (tradução do inglês de H.R. Fairclough, Loeb ed.).

311 F

21 de abril de 1912, Viena, IX. Berggasse 19

Caro amigo,

Espero que esteja novamente em casa, renovado por umas férias agradáveis. Talvez agora o senhor esteja interessado em ter notícias desse período bastante rotineiro.

Passei três dias com Ferenczi numa tranquila ilha dalmácia[1]; o vento estava soprando na volta, mas não senti enjoo. Desde então tenho trabalhado muito, o que me impediu de organizar meus pensamentos. Van Emden veio para passar algumas semanas, até que a mulher dele, em Haia, tenha pronta a casa para a qual vai mudar para praticar ΨA. Spielrein, a quem, felizmente, não transmiti suas críticas, veio despedir-se há alguns dias[2] e discutiu certos assuntos íntimos comigo. A minha correspondência com Binswanger reanimou-se; aquilo que eu interpretara como interesse debilitado poderia explicar-se melhor pela doença e por uma operação.

A notícia que o senhor me dá de Bleuler tem o maior interesse para mim. Se ele assume um compromisso noutro lugar ou renuncia, o senhor pode imaginar como eu ficaria satisfeito se o senhor trocasse a sua casa no lago pela clínica Burghölzli. Mas não acho que ele saia, a não ser que tenha um compromisso. As circunstâncias materiais não o permitiriam. Por outro lado, percebo, para meu pesar, que a retirada dele do grupo de Zurique parece ter prejudicado mais o grupo do que eu poderia prever, e receberia muito bem a notícia do seu reingresso. Escreverei novamente a Bleuler quando tiver uma separata do artigo da *Imago*, naturalmente sem fazer menção ao que acabo de dizer. Como o senhor sabe, os pacificadores quase nunca têm muito êxito.

Atribuo ao seu humor *pré*-férias o fato de o senhor considerar a *Imago* como rival do *Jahrbuch*. Não se esqueça de que é a mesma entidade sob três nomes diferentes, com pequenas variações na função. Estou aguar-

Ano 1912 ──────────────────────────────────

dando, com resignação, o ensaio de Lou Salomé. E agora quero levantar uma questão que pode justificar intervenção de sua parte. Como o senhor pode verificar no documento em anexo, Morton Prince fez uso da ΨA para um ataque pessoal a Roosevelt[3], o que parece estar criando um grande tumulto por lá. Na minha opinião, uma coisa dessas é absolutamente inadmissível, uma violação da privacidade, que, certamente, não é muito respeitada nos Estados Unidos. Mas deixo o caso inteiramente a seu critério, caso o senhor considere aconselhável uma declaração, especialmente porque o senhor estará em contato com a Associação Norte-Americana em setembro. Se o senhor já tiver o recorte ou não precisar dele, posso pedir-lhe para devolvê-lo?

Estou esperando ansiosamente o seu segundo artigo sobre a libido, com o seu novo conceito dela, porque imagino que a "Declaração de Independência"[4] que o senhor anunciou há algum tempo está nele expressa e pode, na verdade, não se referir a qualquer outra coisa. O senhor verá que sou muito capaz de ouvir e de aceitar, ou de esperar, até que uma ideia se torne mais clara para mim.

Estou satisfeito com o trabalho que está sendo feito aqui e com o grupo; recentemente dei ao Barão Winterstein[5], um de nossos membros, uma carta de recomendação para o senhor e para Bleuler; ele parece ser um homem excepcionalmente fino. Satisfaz-me menos a situação geral da causa no mundo, mas talvez seja um estado de espírito provocado pelo excesso de trabalho.

Nós aprendemos, pouco a pouco, a renunciar à própria personalidade.

Cordiais saudações,

Sempre seu,
Freud

---

1. Arbe, pertencente à Áustria até 1918.

2. Ela compareceu a uma reunião da Sociedade de Viena a 27 de março (*Minutes*, IV). Uma lista de membros da Sociedade de Viena, de 1. de janeiro de 1914, na seção *Korrespondenzblatt*, do *Zeitschrift*, II:5 (1914), 413, relaciona-a (como Spielrein-Scheftel) como residente em Berlim.

3. Prince, "Roosevelt as Analyzed by the New Psychology", *New York Times*, 24 de março de 1912 (domingo), Magazine Section, Parte VI 1-2. Para um debate da "dissecação", feita por Prince, do ex-presidente Theodore Roosevelt, nessa época candidato do Progressive Party à presidência, cf. Hale, *Freud and the Americans*, p. 415s. O artigo de Prince foi

criticado por Jones: "Psychoanalyse Roosevelts", *Zentralblatt*, II:2 (setembro de 1912), 675s. Cf. tb. 316 F n. 2.

4. Em inglês no original, cf. 303 J.

5. Alfred Freiherr von Winterstein, de Leipzig, membro leigo da Sociedade de Viena.

312 J

1003 Seestrasse, Küsnach-Zürich
27 de abril de 1912

Caro Professor Freud,

Foi bom ter a sua carta esperando por mim quando voltei. Passei alguns dias muito agradáveis em Florença, Pisa e Gênova e sinto-me agora bem descansado[1].

Com respeito a Bleuler, mesmo que a história do compromisso seja verdadeira, é improvável que ele vá para Breslau. Isso vai ser um dilema duro para ele, já que sempre teve esperanças de ir para a Alemanha. Alegrar-me-ei se ele ficar, porque nenhum sucessor seria melhor, exceto, possivelmente, o Dr. Ris, de Rheinau[2]. Eu próprio estou fora de cogitação, pois não tenho intenção de desistir do meu trabalho científico por um título de professor. Aqui, os professorados significam o fim de uma evolução científica. Não se pode ser dirigente de um hospício e cientista ao mesmo tempo. Farei a minha carreira sem o professorado.

Morton Prince é apenas um caluniador. Nada se pode fazer diretamente, já que é impossível começar uma briga com a imprensa norte-americana. Os jornais só estão interessados em sensacionalismo, suborno e corrupção. Mas nas conferências que realizarei nos Estados Unido, posso fazer algumas observações paralelas que tornem clara a nossa posição. De qualquer maneira, Prince já foi superado pelo Dr. Allen Starr[3], como o senhor verá no recorte em anexo. Quanto a isso há menos ainda a ser feito. Nossa única arma disponível é o aniquilamento moral. Mas esses patifes aniquilam-se a si mesmos tão logo abrem suas bocas. Estamos, portanto, indefesos.

Os nossos oponentes básicos serão aqueles que cometem as atrocidades mais vis com a ΨA, como estão fazendo agora mesmo, com todos os meios de que dispõem. É uma pobre perspectiva para a ΨA nas mãos desses trapaceiros e imbecis!

Espero ver o Barão Winterstein na minha casa na próxima segunda-feira.

Gostaria de conservar o artigo sobre Roosevelt por mais alguns dias para estudá-lo melhor e devolvê-lo, então, ao senhor.

De vez em quando correspondo-me "amigavelmente" com Bleuler a respeito de assuntos científicos. Parece haver um acordo tácito entre nós no sentido de não pisarmos nos calos um do outro.

O assistente de Störring[4] em Strassburg, o jovem Dr. Erismann[5], deseja juntar-se a nós. Tratei *com êxito* a irmã dele (talvez o senhor se lembre dela). Muito agradecido pelo artigo extremamente interessante na *Imago*. É uma pena que o meu manuscrito já esteja com Deuticke; eu poderia ter feito uma série de melhoramentos. Como o senhor, estou absorvido pelo problema do incesto e cheguei a conclusões que mostram primariamente o incesto como um problema de fantasia. Originariamente, a moralidade era apenas uma cerimônia de reparação, uma proibição substitutiva, de forma que a proibição étnica do incesto pode não significar absolutamente incesto biológico, mas, apenas, a utilização de material incestuoso infantil na construção das primeiras proibições (não sei se estou me expressando claramente!). Se significasse incesto biológico, então o incesto pai-filha teria caído em proibição muito mais prontamente do que aquele entre genro e sogra. O espantoso papel da mãe na mitologia tem um significado que excede o problema do incesto biológico – um significado que corresponde à pura fantasia.

Cordiais saudações,

Sinceramente seu,

Jung

---

1. Ao que parece, essa viagem proporcionou também a ocasião da primeira visita de Jung a Ravena (informação do senhor Franz Jung, corrigindo a data de 1913 em *Memories*, p. 284-265).

2. Friedrich Ris (1867-1931), diretor da clínica cantonal de Rheinau (Cantão de Zurique), de 1898 até a sua morte.

3. Moses Allen Starr (1854-1932), professor de Neurologia na Columbia University, havia atacado Freud após um pronunciamento de Putnam, diante da New York Academy of Medicine, seção de neurologia, a 4 de abril de 1912 ("Comments on Sex Issues from the Freudian Standpoint", *Addresses*, p. 128s.). Cf. Hale, *Freud and the Americans*, p. 301s.; também a correspondência entre Freud e Putnam, em *Putnam and Psychoanalysis*, p. 140, 143.

4. Gustav Störring (1860-1946), psiquiatra alemão, professor em Zurique, 1902-1911, depois em Bonn.
5. Theodor Erismann (1883-1961), psicólogo (Ph.D., Zurique), posteriormente em Bonn e Innsbruck. Quanto à sua madrasta, Sophie Erismann, cf. 85 J n. 3.

313 J

1003 Seestrasse, Küsnach-Zürich
8 de maio de 1912

Caro Professor Freud,

Lamento muito a minha incapacidade de fazer-me inteligível à distância, sem remeter-lhe o volumoso material de apoio[1]. O que quero dizer é que a exclusão do relacionamento pai-filha da proibição do incesto, habitualmente explicado pelo papel do pai como legislador (egoísta), deve ter origem no período relativamente tardio de patriarcado, quando a cultura estava avançada de maneira suficiente para a formação de laços familiares. Na família, o pai era forte o bastante para manter o filho na ordem com uma sova, sem contradizer a lei, se naqueles tenros anos o filho demonstrasse quaisquer inclinações incestuosas. Na idade mais madura, por outro lado, quando o filho poderia realmente ser um perigo para o pai e as leis eram, portanto, necessárias para reprimi-lo, o filho não tinha mais quaisquer desejos incestuosos pela mãe, já com o ventre caído e as veias varicosas. Pode-se conjeturar quanto a uma tendência incestuosa muito mais genuína no primitivo período do matriarcado, sem cultura, isto é, na família matrilinear. Ali o pai era puramente fortuito e não contava para nada, de forma que não teria tido o menor interesse (considerando a promiscuidade geral) em decretar leis contra o filho (na verdade, não existia essa coisa, o filho de um pai!). Penso, portanto, que a proibição do incesto (compreendida como moralidade primitiva) era apenas uma fórmula ou cerimônia de reparação *in re vili*[2]: o que era valioso para a criança – a mãe – e é tão desprezível para o adulto que logo é posta de lado, adquire um valor extraordinário graças à proibição do incesto e é declarada desejável e proibida (esta é a genuína moralidade primitiva: qualquer diversão pode ser proibida, mas é certo que se torne um fetiche). Evidentemente, o objetivo da proibição não é impedir o incesto, mas consolidar a família (ou a religiosidade, ou a estrutura social).

Criei um caso com Bleuler, aparentemente amigável, mas, na verdade, doloroso, acerca de uma dissertação que ele me dera, por sua própria iniciativa, para o *Jahrbuch*, trabalho esse que rejeitei como imprestável. Talvez o senhor seja chamado a intervir como um superespecialista. Na minha opinião, o artigo é muito estúpido e ruim. A paciente da qual trata é imbecil e desesperadamente estéril, e a autora, uma simplória. A coisa toda é uma chatice completa.

Graças aos céus, Frau Lou Andreas-Salomé foi subitamente iluminada por um espírito amável e levou de volta o ensaio dela por um período indefinido. Assim, estamos livres dessa preocupação.

Winterstein apareceu, tremendo com o pavor de um iniciado que é admitido no santuário íntimo, que conhece os mistérios e os ritos sagrados da καταβάσιου. Recebemo-lo com o sorriso benevolente dos profetas.

Cordiais saudações,

Sinceramente seu,

Jung

1. Aparentemente, está faltando uma carta de Freud.
2. = "nos assuntos sem importância".

314 F

14 de maio de 1912, Viena, IX. Berggasse 19

Caro amigo,

Certamente não será surpresa para o senhor que a sua concepção de incesto não esteja ainda clara para mim. Às vezes, tenho a impressão de que não se afastou ainda do que pensamos até agora, mas isso só pode ser esclarecido por uma conversa mais detalhada. Quanto aos seus argumentos, tenho três observações a fazer; não são refutações, devem ser tomadas somente como expressões de dúvida.

1) Muitos autores consideram um estado primordial de promiscuidade como altamente improvável. Eu próprio, com toda a modéstia, sou favorável a uma hipótese diferente em relação ao período primordial – a de Darwin[1].

Ano 1912

2) O direito materno[2] não deve ser confundido com a ginecocracia. Há pouco a dizer quanto a esta. O direito materno é perfeitamente compatível com a degradação poligâmica da mulher.

3) Parece provável que tenha havido filhos do pai em todas as épocas. O pai é alguém que possui sexualmente a mãe (e os filhos, como propriedade). O fato de ter sido engendrado por um pai tem, afinal de contas, significado psicológico para uma criança.

Mas estou escrevendo hoje por outro motivo. Nenhuma das críticas recentes causou mais impressão do que a de Kronfeld[3] (em mim, lamento dizer, não causou impressão alguma).

Um de nossos membros, Gaston Rosenstein – boa cabeça, matemático de profissão, filósofo etc. –, deu-se agora ao trabalho de refutar com detalhes esse artigo descaradamente preconceituoso[4]. Boa parte da sua contracrítica parece-me excelente; outras coisas nela não são, é claro, mais inteligíveis para mim do que o ataque de Kronfeld, porque eu não conheço o jargão. Por sua natureza e extensão, essa contracrítica só pode ser publicada no *Jahrbuch*, e submeto-a ao senhor com essa finalidade. Parece-me que é desejável uma reação a K.

Naturalmente, estou querendo expressar uma opinião sobre o artigo em discussão entre o senhor e Bleuler, mas não gostaria de dar a decisão, porque os direitos dele como diretor não são inferiores aos meus.

Receberei com agrado um cartão postal com a sua resposta.

Sinceramente seu,
Freud

1. Freud discute a hipótese de Charles Darwin quanto à promiscuidade primitiva (de *The Descent of Man*, 1871) em *Totem e tabu*, IV parte: "O retorno do totemismo na infância" (orig. 1913); cf. Ed. Standard Bras., XIII, p. 152.
2. Hológrafo: *Mutterrecht*, às vezes traduzido por "matriarcado", mas no sentido usado pelo filósofo social suíço J.J. Bachofen (1815-1887), como é evidente aqui, "direito materno" é usual; refere-se a uma sociedade na qual as mulheres, embora sem deter necessariamente o poder político, dominam pela consanguinidade e da religião. Freud cita *Das Mutterrecht* (1861), de Bachofen, também em *Totem e Tabu*, parte IV; Ed. Standard Bras., XIII, p. 173 (em que a tradução é "matriarcado"). Cf. *Myth Religion, and Mother Right: Selected Writings of J.J. Bachofen*, tradução de R. Manheim (Princeton & Londres, 1967).
3. Arthur Kronfeld (1886-19–), psiquiatra de Heildelberg, posteriormente em Berlim; "Über die psychologischen Theorien Freuds und verwandte Anscheauungen", *Archiv für die gesamte Psychologie*, XXII (dezembro de 1911).
4. "Eine Kritik", *Jahrbuch*, IV:2 (1912), 741-99.

315 J

1003 Seestrasse, Küsnach-Zürich,
17 de maio de 1912[1]

Caro Professor Freud,

*É claro que ficarei satisfeito em publicar a réplica de Rosenstein no
Jahrbuch.* Kronfeld é um tagarela arrogante que, na minha opinião, nem
mesmo merece ser refutado. Escrevi-lhe pessoalmente, dizendo que não
responderei às críticas dele, já que elas (como ele próprio admitiu) viraram
uma piada. Ele tentou imitar o nosso método e fracassou. Por causa disso,
desistiu de tentar e criticou-o (ao invés de autocriticar-se). Em uma carta
dirigida a mim, admitiu que a posição dele é a seguinte: 1. o método é falso
e não conduz a nada; 2. os fatos afirmados pela ΨA *não existem*. Negou que
estivesse falando como um escolástico. *Nós* éramos os escolásticos *porque
não iríamos dar ouvidos à lógica.*

A resposta de Rosenstein poderia sair na II Parte do volume de 1912.
O prazo de entrega vai até o fim de julho.

No tocante à questão do incesto, receio causar uma impressão paradoxal ao senhor. Aventuro-me apenas a lançar uma conjectura audaciosa
na discussão: a grande quantidade de ansiedade flutuante no homem primitivo, que conduziu à criação de cerimônias tabu no sentido mais amplo
(totem etc.), produziu também, entre outras coisas, o *tabu do incesto* (ou
antes: o tabu do pai e da mãe). O tabu do incesto não corresponde mais
ao valor específico do incesto *sensu strictiori* do que a sacralidade do totem
corresponde ao seu valor biológico. Sob esse ponto de vista, deve-se dizer
que o incesto é proibido *não porque é desejado*, mas porque a ansiedade
flutuante reativa regressivamente o material infantil e o transforma numa
cerimônia de reparação (como se o incesto tivesse sido, ou pudesse ter sido,
desejado). Psicologicamente, a proibição do incesto não tem o significado
que é preciso atribuir-lhe se for presumida a existência de um desejo de
incesto particularmente intenso. O significado etiológico da proibição do
incesto deve ser diretamente comparado com o assim chamado trauma
sexual, que, habitualmente, deve o seu papel etiológico apenas à reativação regressiva. O trauma é *aparentemente importante* ou real, e assim o é
a proibição ou a barreira do incesto, que, do ponto de vista psicanalítico,

Ano 1912

tomou o lugar do trauma sexual. Assim como *cum grano salis*, não importa se um trauma sexual realmente ocorreu ou não, ou se foi uma simples fantasia, psicologicamente é secundário se existiu ou não, de fato, a barreira do incesto, uma vez que é, sobretudo, uma questão de desenvolvimento posterior o assim chamado problema do incesto transformar-se ou não num problema de evidente importância. Outra comparação: os eventuais casos de verdadeiro incesto têm tão pouca importância para as proibições étnicas de incesto quanto as manifestações ocasionais de bestialidade entre os primitivos em relação aos antigos cultos animais. Na minha opinião, a barreira do incesto não pode ser explicada pela redução à possibilidade de verdadeiro incesto, assim como o culto animal não pode ser explicado por redução à verdadeira bestialidade. O culto animal é explicado por um desenvolvimento psicológico infinitamente longo, que é de importância primordial, e não por tendências bestiais primitivas – estas nada mais são do que a pedreira que fornece o material para a construção do templo, mas este seu significado nada têm a ver com a qualidade das pedras da construção. Isso aplica-se também ao tabu do incesto que, como instituição psicológica especial, tem um significado muito maior – e diferente – do que a prevenção do incesto, embora possam, de fora, parecer a mesma coisa (o templo é branco, amarelo ou vermelho, de acordo com o material usado). Como as pedras de um templo, o tabu do incesto é o símbolo ou o veículo de um significado especial e mais amplo, que pouco tem a ver com o incesto de verdade, assim como a histeria com o trauma sexual, o culto animal com a tendência à bestialidade e o templo com a pedra (ou, melhor ainda, com a primitiva moradia de cuja forma é derivado).

Espero haver-me expressado um pouquinho mais claramente desta vez.

Bleuler retirou a dissertação. Por Deus, era realmente estúpida demais. E eu não quero ter qualquer estupidez no *Jahrbuch*. Como diretor, Bleuler deveria fazer melhor uso das suas faculdades críticas. Só espero que o senhor não venha a ter aborrecimentos com isso.

Com as mais cordiais saudações,

Sinceramente seu,
Jung

1. Publicada em *Letters*, ed. G. Adler, vol. 1.

316 F

23 de maio de 1912, Viena, IX. Berggasse 19

Caro amigo,

Muito agradecido por sua pronta resposta e explicações. Rosenstein enviar-lhe-á diretamente o artigo dele; ele aceitará de boa vontade quaisquer cortes ou mudanças que o senhor possa sugerir.

Na questão da libido, finalmente, vejo a que ponto a sua concepção difere da minha (refiro-me, é claro, ao incesto, mas pensando em suas anunciadas modificações no conceito de libido). O que ainda não consigo compreender é por que razão o senhor abandonou a concepção mais antiga e que outra origem e outra motivação a proibição do incesto pode ter[1]. Naturalmente, não espero que o senhor me explique essa difícil matéria por carta; serei paciente até que o senhor publique as suas ideias sobre o tema.

Valorizo a sua carta pela advertência que contém e pela lembrança do meu primeiro grande erro, quando confundi fantasias com realidades. Serei cuidadoso e conservarei os olhos abertos a cada passo.

Se agora, porém, deixarmos de lado a razão e sintonizarmos o aparelho com o prazer, confesso ter uma forte antipatia pela sua inovação. Essa antipatia tem dois motivos. Primeiro, o caráter regressivo dela. Creio que temos sustentado, até então, que a ansiedade se origina na proibição do incesto; agora o senhor afirma, pelo contrário, que a proibição do incesto origina-se na ansiedade, o que é muito semelhante ao que foi dito antes da era da ΨA.

Em segundo lugar, devido à semelhança desastrosa com um teorema de Adler, embora, naturalmente, eu não condene todas as invenções dele. Disse ele[2]: a libido do incesto é "arranjada"; isto é, o neurótico não tem absolutamente desejo por sua mãe, mas quer munir-se de um motivo para afugentar a si próprio da libido; finge para si mesmo, portanto, que sua libido é tão monstruosa que não poupa nem mesmo sua mãe. Isso ainda hoje me surpreende pela fantasia, baseada numa total incompreensão do inconsciente. Pelo que o senhor sugere, não tenho dúvidas de que a sua derivação da libido incestuosa será diferente. Existe, porém, uma certa semelhança.

Mas repito: eu reconheço que essas objeções são determinadas pelo princípio do prazer.

Estarei geograficamente mais perto do senhor durante o fim de semana de Pentecostes. No dia 24 à noite estarei saindo de viagem para Constance para ver Binswanger. Estou planejando voltar na terça-feira seguinte. O tempo está tão curto que não poderei fazer mais.

Cordiais saudações ao senhor e à sua família,

Seu,
Freud

P.S. Jones enviou-me um pequeno artigo sobre a análise de Roosevelt feita por Prince para ser publicado no *Zentralblatt*. Gostaria de acrescentar a responsabilidade, que não está expressa por Jones[3].

1. Hológrafo: o predicado *sein kann*, traduzido aqui por "pode ter", foi inadvertidamente omitido.

2. Nos ensaios que Adler leu na Sociedade de Viena em janeiro e fevereiro de 1911 (cf. 231 F n. 7 e 233 F n. 4); ambos foram depois publicados em *Heilen und Bilden* (com C. Furtmüller e E. Wexberg, Munique, 1914), p. 94-114 (esta informação foi gentilmente fornecida pelo Professor H.L. Ansbacher.)

3. Freud assim o fez, na seguinte nota de rodapé ao artigo de Jones: "Gostaríamos de enfatizar que não somos absolutamente favoráveis à tendência a explorar a psicanálise para invasão da privacidade. – Os Editores" (*Zentralblatt*, II:12, setembro de 1912).

317 J

1003 Seestrasse, Küsnach-Zürich,
25 de maio de 1912

Caro Professor Freud,

Espero que nada de adverso tenha acontecido que possa ter motivado um atraso na resposta à minha última carta[1]. Se eu tiver a certeza de que não há razões de maior peso por trás do atraso, continuarei naturalmente a esperar e não farei quaisquer exigências exorbitantes ao seu tempo e à sua energia nervosa.

Cordiais saudações,

Sinceramente seu,
Jung

1. Nessa época, uma carta remetida de Viena normalmente chegava a Zurique no dia seguinte; cf. 84 F n. 1.

318 J

1003 Seestrasse, Küsnach-Zürich,
8 de junho de 1912

Caro Professor Freud,

Muito obrigado por me haver gentilmente enviado a sua separata "Recomendações"[1], tão excelente em conteúdo e digna de emulação!

Sobre a questão do incesto, pesa-me ver que poderosos afetos o senhor mobilizou na contraofensiva às minhas sugestões. Já que penso ter razões objetivas ao meu lado, sou forçado a sustentar a minha interpretação do conceito de incesto e não vejo saída para o dilema. Não foi por razões frívolas ou preconceitos regressivos que fui levado a essa formulação, como, espero, tornar-se-á claro para o senhor quando ler o minucioso e intrincado exame que faço de todo o problema na segunda parte do meu ensaio. O paralelo com Adler é uma pílula amarga; engoli-o sem um murmúrio. Evidentemente, é esse o meu destino. Não há nada a fazer quanto a isso, pois as minhas razões são irresistíveis. Principiei com a ideia de corroborar a antiga concepção de incesto, mas fui obrigado a ver que as coisas são diferentes do que esperava.

O Dr. Van Renterghem, de Amsterdam, está comigo para uma instrução de análise. Tem 67 anos de idade, é um regicida psicologicamente compensado. É isso que o conduz a Canossa[2] em sua velhice.

Estou trabalhando arduamente nas minhas conferências americanas. São a respeito da teoria da ΨA (teoria sexual, teoria da libido etc.).

Até poucos dias atrás eu estava nas montanhas para outro exercício militar – todos muito excitantes. Uma parte da minha correspondência extraviou-se, de modo que espero que o senhor não me tenha escrito justamente nessa ocasião. A última coisa que recebi do senhor foi um cartão postal[3].

O fato de que o senhor não sentiu necessidade de ver-me durante a sua visita a Kreuzlingen deve ser atribuído, suponho, à sua insatisfação quanto ao desenvolvimento que dei à teoria da libido. Espero que possamos chegar, mais tarde, a um entendimento nos pontos controversos. Parece que terei que seguir o meu próprio caminho durante algum tempo. Mas o senhor sabe como nós, os suíços, somos obstinados.

Com cordiais saudações,

Sinceramente seu,
Jung

1. "Ratschläge für den Arzt bei der Psychoanalytischen Behandlung", *Zentralblatt*, II:9 (1912) = "Recomendações aos médicos que exercem a psicanálise", Ed. Standard Bras., XII.
2. Isto é, a um local de penitência. A referência é ao imperador Henrique IV, humilhando-se diante do papa Gregório VII, em Canossa, depois de ter sido deposto e excomungado. A referência ao regicida, acima, é obscura.
3. Cartão não encontrado.

319 F

13 de junho de 1912, Viena, IX. Berggasse 19

Caro amigo,

Sobre a questão da libido, vejamos. A natureza da modificação que o senhor fez não está clara o bastante para mim e nada sei da sua motivação. Uma vez mais bem informado, decerto poderei desviar para a objetividade, precisamente porque estou bem cônscio da minha propensão. Mesmo que não possamos chegar a um acordo de imediato, não há razão para supor que essa diferença científica irá diminuir o nosso relacionamento pessoal. Lembro-me de que havia diferenças mais profundas entre nós no começo da nossa relação. Em 1908, fui informado, por várias fontes, que ocorrera uma "flutuação negativa" em Burghölzli, que as minhas concepções haviam sido substituídas. Isso não me impediu de visitá-lo em Zurique; na verdade, foi o meu motivo para assim agir, e achei tudo bastante diferente do que fora levado a esperar. Por conseguinte, não posso concordar com o senhor quando diz que o fato de eu não ter ido de Constance a Zurique[1] foi motivado por um descontentamento em relação à sua teoria da libido. Há alguns meses o senhor provavelmente teria me poupado dessa interpretação, quanto mais não fosse porque as circunstâncias não o permitiam. Por motivo de doença na família, a minha visita a Binswanger foi definitivamente decidida com apenas alguns dias de antecedência. Quando vi que seria possível, escrevi ao senhor para que soubesse, por ocasião da minha chegada, que eu estaria em Constance. Passei, então, duas noites e um dia no trem para poder passar duas noites e dois dias num lugar. Após um período de trabalho exaustivo, já era uma dose suficiente de viagem. Para ir a Zurique teria sido preciso sacrificar um dos dois dias e, assim, privar o meu anfitrião de metade do tempo destinado a ele. Tive uma razão especial, que o senhor desconhece, para querer conversar com Binswanger nessa ocasião[2]. Se o senhor tivesse ido passar a metade de um dia em Constance teria sido um grande prazer para todos nós. Não lhe pedi que fosse porque é uma imposição pedir a alguém para passar um feriado dessa maneira se essa pessoa tem algo melhor a fazer ou deseja descansar, mas teria ficado satisfeito se o senhor próprio houvesse pensado nisso. Binswanger não o teria levado a mal, pois telefonou a Häberlin pedindo que ele fosse – aconteceu que ele não pôde ir porque a sua esposa estava de férias. A sua observação magoa-me, porque demonstra que o senhor não se sente seguro em relação a mim.

Daqui, pouco há a contar. Os nossos encontros às quartas-feiras foram suspensos. Oberholzer[3] veio analisar-se comigo, infelizmente uma análise muito abreviada. Jones é esperado a qualquer momento[4], talvez já tenha estado em Zurique. Este ano trabalhei muito mais e, sem dúvida graças a Karlsbad, com maior facilidade do que nos anos anteriores, e estou muito feliz porque em pouco mais de quatro semanas estarei de partida para lá com minha mulher, onde terei companhia psicanalítica, Van Emden.

Imago está progredindo e já tem 230 subscrições.

O livro de Adler, *Sobre o caráter nervoso*[5], saiu há poucos dias. Provavelmente não vou lê-lo, mas tenho tomado conhecimento de trechos dele. Talvez ele conquiste a cidadela vienense, que tem resistido a nós de modo tão obstinado. Pode consegui-lo. O interesse dos vienenses pela *Imago*, por exemplo, tem sido visivelmente pequeno, ao passo que aparecem assinantes nas mais improváveis aldeias da Alemanha.

Um volumoso livro de Rank sobre o problema do incesto na literatura[6] já está no prelo.

Cordiais saudações,

Seu,
Freud

Ano 1912

P.S. O cartão postal que o senhor menciona foi a última coisa que lhe escrevi.

1. Para um relato do "episódio de Kreuzlingen", cf. Jones, II, p. 104-92 e 162s./143s. (na p. 104, a carta de Freud a Abraham, datada de 3 de junho de 1912, é citada como fonte, mas o texto em *Freud/Abraham Letters* omite a parte referente à visita a Kreuzlingen). Cf. tb. L. Binswanger, *Sigmund Freud: Reminiscences of a Friendship*, p. 42s., e Schur, *Freud: Living and Dying*, p. 260-64.

2. Binswanger submeteu-se a uma cirurgia por causa de um tumor maligno (Schur, p. 262).

3. Emil Oberholzer (1883-1958), então de Schaffhausen, membro da Sociedade de Zurique. Posteriormente, seguiu Freud e, com sua mulher Mira Gincburg (Cf. 153 J n. 1) e Pfister, fundou a Sociedade Suíça de Psicanálise em 1919. Os Oberholzer mudaram-se para Nova York em 1938 e ingressaram na New York Society. Emil Oberholzer distinguiu-se também como especialista nas técnicas de Rorschach.

4. Cf. Jones. *Free Associations*, p. 197.

5. *Über den nervösen Charakter* (Wiesbaden, 1912) = *The Neurotic Constitution*, tradução de B. Glueck e J.E. Lind (Nova York, 1916).

6. *Das Inzest-Motiv in Dichtung und Sage* (Viena, 1912).

320J

1003 Seestrasse, Küsnach-Zürich,
18 de julho de 1912

Caro Professor Freud,

Até hoje eu não sabia o que responder à sua última carta. Agora posso apenas dizer: compreendo a atitude de Kreuzlingen. O êxito ou o fracasso do meu trabalho futuro é que tornará evidente se a sua orientação é ou não a correta. Sempre mantive a minha distância e isso proteger-me-á contra qualquer imitação da deslealdade de Adler.

Sinceramente seu,
Jung

321 J

1003 Seestrasse, Küsnach-Zürich,
2 de agosto de 1912

Caro Professor Freud,

Acho que o senhor não se oporá a que eu peça a Bleuler para assumir a organização da segunda metade do *Jahrbuch* deste ano enquanto eu estiver nos Estados Unidos. É uma questão puramente editorial, que não ocupará demais o tempo dele. Acho que ele concordará. Ficaria satisfeito com qualquer contribuição do senhor e de seus discípulos. No momento, a produção de Zurique esgotou-se. Mesmo assim, a segunda metade está resolvida, se todas as contribuições esperadas chegarem. Mas não há nada à vista para janeiro de 1913. Como não deverei estar de volta antes de novembro, dificilmente terei condições de fazer os preparativos necessários.

O livro de Rank chegou. É um trabalho notável e vai causar uma grande impressão. Porém, como o senhor sabe, não estou de acordo com a posição teórica dele acerca do problema do incesto. O fato evidente é simplesmente o movimento regressivo da libido, e não a mãe, ou, então, as pessoas sem pais não teriam a oportunidade de desenvolver um complexo incestuoso; considerando o que sei por experiência, o contrário é verdadeiro. Em certas circunstâncias, na verdade, como regra geral, o objeto da fantasia é *chamado* "mãe". Parece-me, entretanto, altamente improvável que o homem primitivo tenha alguma vez passado por uma era de incesto. Seria bem mais provável que a primeira manifestação de desejo incestuoso tenha sido a proibição em si. Farei depois uma resenha do livro de Rank para o *Jahrbuch*[1]. O livro contém excelente material e, com a ressalva que fiz, endosso plenamente a interpretação de Rank. Vou também submeter o livro de Adler a um minucioso exame crítico, aproveitando a ocasião para sublinhar as suas impropriedades.

As minhas conferências norte-americanas estão prontas e proporão sugestões experimentais para modificar certas formulações teóricas. Não seguirei, no entanto, a receita de Adler para superar o pai, como o senhor parece imaginar. Essa carapuça não me assenta.

Ano 1912

Colocarei em discussão a minha presidência no próximo Congresso, de forma a que a Associação decida se os desvios serão ou não tolerados.

Cordiais saudações,

Sinceramente seu,
Jung

1. Jung jamais publicou uma resenha do livro de Rank sobre o tema do incesto.

As Conferências em Fordham; o Comitê

Em companhia da sua esposa e do casal van Emden, Freud esteve em Karlsbad por um mês, a partir de 14 de julho. Os Freud deixaram Karlsbad a 14 de agosto e foram com os filhos para um local de veraneio perto de Bozen (Bolzano), nos Alpes Dolomitas, depois para outro, em San Cristoforo, no Lago di Caldonazzo, próximo a Trento. Enquanto isso, o encontro periódico de psiquiatras suíços teve lugar em Zurique, a 7 de setembro – cf. 285 J –, imediatamente seguido pela terceira reunião anual da Sociedade Internacional de Psicologia e Psicoterapia Médica, a 8-9 de setembro, presidida por Bleuler; comunicações psicanalíticas foram lidas por Bleuler, Maier, Maeder, Seif, Jones e Adler. Cf. o relatório de Seif no *Zeitschrift*, I:1 (1913), 95s., e o de Riklin no *Zentralblatt*, III:2 (novembro, 1912). No mês de setembro, Freud e Ferenczi estiveram em Roma. Cf. em *Letters*, ed. E.L. Freud, p. 287-293, diversas cartas familiares escritas nesse período. Um relato mais completo do verão é dado por Jones, II, p. 104s./92s.

Após o serviço militar, Jung partiu de Zurique para Nova York, num sábado, 7 de setembro, de acordo com a carta de Emma Jung datada do dia 12. O prefácio de Jung às conferências afirma que foram feitas no Curso de Extensão da Fordham University, Bronx, Nova York, em setembro, a convite do Dr. Smith Ely Jelliffe, que fundou, no ano seguinte, com William Alanson White[1], a *Psychoanalytic Review* (Nova York). As conferências, que levaram o título de *A teoria da psicanálise* (*The Theory of Psychoanalysis*, numa tradução para o inglês realizada pelo Dr. M.D. Eder e senhora e pela Irmã Mary Moltzer), foram publicadas em cinco números da *Review*, I-II (1913-1915); versão alemã, "Versuch einer Darstellung der psychoanalytischen Theorie", *Jahrbuch*, V:1 (1913). (cf. OC 4). Elas mostravam detalhadamente as principais divergências de Jung em relação aos princípios freudianos.

Quanto à crítica feita por Putnam a uma das conferências, cf. sua carta a Jones, de 24 de outubro de 1912, em *Putnam and Psychoanalysis*, p. 276s.

Durante a sua estada em Nova York, Jung deu uma entrevista ao *New York Times*, publicada num domingo, 29 de setembro, seção V, p. 2: uma página inteira, com uma enorme fotografia e o cabeçalho "'A América enfrenta o seu momento mais trágico' – Dr. Carl Jung" (em *C.G. Jung Speaking*)[2]. Posteriormente, Jung visitou Chicago, Trigant Burrow, em Baltimore (cf. *Letters*, ed. G. Adler, vol. 1, 26 de dezembro de 1912) e William Alanson White, em Washington, D.C. (cf. 323 J). Se, como pretendia, voltou para a Europa pelas Índias Ocidentais, é algo que não ficou confirmado.

Foi também durante esse verão que Jones, que estava em Viena, concebeu a ideia de formar "um pequeno grupo de analistas dignos de confiança, como uma espécie de 'Velha Guarda' ao redor de Freud". Encontrou obstáculos, segundo conta, nas desistências de Adler e Stekel, "e foi desconcertante ouvir de Freud, em julho de 1912, que as suas relações com Jung estavam começando a ficar tensas". Ferenczi e Rank concordaram com Jones, que, a 30 de julho, escreveu a Freud falando da ideia e recebeu uma resposta entusiástica. Sachs e Abraham ingressaram no "Comitê", como era chamado o grupo secreto, e em 1919 Freud propôs Eitingon como sexto membro (cf. Jones, II, c. VI).

---

1. Jelliffe (1866-1945), professor clínico de doenças mentais, da Fordham Medical School, e White (1870-1937), superintendente do St. Elizabeths Hospital, Washington, colaboraram no fomento da psicanálise nos Estados Unidos. Ambos haviam conhecido Jung no Congresso de Amsterdam, em 1907. Cf. tb. a carta de Jung a Jelliffe, de 24 de fevereiro de 1936, em *Letters*, ed. Adler, vol. 1.

2. Essa e outras fotografias de Jung foram feitas pelo Campbell Studio, no Hotel Waldorf-Astoria; cf. fotografia VIII; também *Letters*, ed. Adler, vol. 1, frontispício.

De Emma Jung

Küsnacht, 10 de setembro [1912][1]

Caro Professor Freud,

As separatas da Parte II de "Transformações e símbolos"[2] acabaram de sair e o senhor deve ser o primeiro a receber uma delas. Jones, que encon-

Ano 1912

trei aqui durante o Congresso, disse-me que Frau Hollitscher está doente outra vez. Lamentei muito ouvir isso e achei particularmente triste que as esperanças dela e suas tenham dado mais uma vez em nada. Compartilho essa tristeza e preocupação com sincera simpatia e espero, e desejo, que tudo em breve tome um rumo melhor. Como vão a sua esposa e os outros filhos? Também tivemos um verão carregado; as crianças tiveram coqueluche e, agora, sarampo. Carl esteve fora quase todo o verão; está desde sábado em viagem para os Estados Unidos, depois de passar somente um dia aqui, entre o serviço militar e a partida. Tenho tanta coisa a fazer que não posso deixar que muita libido viaje com ele para a América, pois poderia facilmente perder-se no caminho.

Cumprimente por mim todos os seus entes queridos e transmita os meus melhores votos a sua filha.

Com as mais cordiais saudações,
Emma Jung

1. Hológrafo: ano omitido na data; 1910 escrito em outra caligrafia. Ao escrever a Jones, a 14 de setembro de 1912, Freud mostra-se agradecido por essa carta (Jones, II, p. 107/94s.).
2. Cf. adiante 324 F n. 2.

322 J

Kuessnacht Zrch
(11 de novembro de 1912)[1]

Professor Freud
Berggasse 19 Viena

CONCORDO COM DEMISSÃO DE STEKEL COMO EDITOR NÃO COM SUA RENÚNCIA COMO DIRETOR PEÇO ORIENTAÇÃO POR FAVOR SUBMETA DECISÕES À ASSOCIAÇÃO INTERNACIONAL SENÃO CAOS FINANCEIRO = JUNG RIKLIN.

1. Encabeçado pelos números de código "99 33 11/11 8/30 N = 1".

665

323 J

1003 Seestrasse, Küsnacht-Zürich
11 de novembro de 1912

Caro Professor Freud,

Acabo de voltar dos Estados Unidos e apresso-me a dar-lhe as novidades. Certamente, deveria tê-lo feito dos Estados Unidos, semanas atrás, mas estava tão ocupado que não tive nem disposição nem tempo para escrever.

Achei as atividades da Sociedade Psicanalítica bastante satisfatórias. Há nela pessoas realmente brilhantes. Brill passou por uma série de problemas e está agora colhendo a recompensa pelos seus trabalhos. De modo geral, o movimento da ΨA desfrutou uma extraordinária ascensão desde a última vez em que estivemos nos Estados Unidos. Em toda parte encontrei um grande interesse e fui recebido favoravelmente. Assim, tive um bom terreno para trabalhar e consegui fazer muito pela difusão do movimento. Fiz nove conferências na Universidade Jesuíta (!), de Fordham, Nova York – um relato crítico do desenvolvimento da teoria da ΨA. Tive uma audiência de aproximadamente 90 psiquiatras e neurologistas. As conferências foram em inglês. Além disso, realizei, todos os dias, durante uma quinzena, um seminário de duas horas para cerca de oito professores. Naturalmente, também expressei certas opiniões minhas que se desviam das concepções existentes até agora, sobretudo em relação à teoria da libido. Achei que a minha versão da ΨA conquistou a simpatia de muitas pessoas que, até o momento, estavam confusas com o problema da sexualidade na neurose[1]. Tão logo tenha uma separata, terei prazer em enviar-lhe uma cópia das minhas conferências, na esperança de que o senhor, gradativamente, venha a aceitar certas inovações já sugeridas no meu ensaio sobre a libido. Não sinto necessidade de causar-lhe uma decepção, desde que o senhor possa ter uma visão objetiva dos nossos esforços em comum. Lamento muitíssimo se o senhor acha que as modificações em questão foram induzidas unicamente por resistência ao senhor. A sua atitude em Kreuzlingen provocou-me uma ferida duradoura. Prefiro um confronto direto. Comigo não é uma questão de capricho, mas de luta por aquilo que acredito ser verdadeiro. Nesse assunto, nenhuma consideração pessoal pelo senhor pode deter-me. Por outro lado, espero que esta carta torne claro que não sinto absolutamente necessidade de romper relações pessoais com o senhor. Não o identifico com um ponto de doutrina. Sempre tentei agir corretamente com o senhor e continuarei a fazê-lo, não importa de que maneira se transformem as nossas relações pessoais. Obviamente, preferiria manter uma ligação cordial com o senhor, a quem tanto devo, mas desejo o seu julgamento objetivo, sem ressentimentos. Acho que mereço isso, mesmo que seja apenas por razões de utilidade: fiz mais para promover o movimento do que Rank, Stekel, Adler etc. juntos. Só posso assegurar-lhe que não existe resistência da minha parte, a não ser por me recusar a ser tratado como um tolo crivado de complexos. Acho que tenho razões objetivas para os meus pontos de vista.

Proferi conferências em Chicago, Baltimore e na Academia de Medicina de Nova York, com visível êxito. Dei também duas aulas clínicas sobre Dem. pr. no Bellevue Hospital, em Nova York, e outra em Ward's Island[2], e em Washington analisei 15 negros, com demonstrações[3]. Na volta parei em Amsterdam e reuni Van Renterghem, Van Emden e Van der Chijs[4] para iniciar um grupo local.

Soube que houve dificuldades com Stekel[5]. Gostaria de saber um pouco mais sobre o caso, uma vez que a *Zentralblatt* é o órgão oficial. Mal posso conceber que o senhor se retire da direção. Isso seria causa de dificuldades sem fim, inclusive para a Associação, para não mencionar a perda de prestígio. Seria, antes, Stekel quem deveria sair. Ele já causou suficientes malefícios com a sua mania de confissões indecentes, beirando o exibicionismo. Como presidente, estou um tanto surpreso por não haver recebidos notícias diretas.

Cordiais saudações,

Sinceramente,

Jung

---

1. Evidentemente, é a isso que Freud se refere em "A história do movimento psicanalítico" (orig. 1914), Ed. Standard Bras., XIV, p. 43: "Em 1912, Jung vangloriou-se, numa carta enviada dos Estados Unidos (sic), que suas modificações da psicanálise haviam vencido as resistências de muitas pessoas que até então não queriam nada com ela. Repliquei (324 F, par. 1) que aquilo não constituía nenhum motivo de vangloria, e que quanto mais ele sacrificasse as verdades da psicanálise conquistadas arduamente, mais veria as resistências desaparecendo".

2. O Bellevue Hospital era, e é, parte do sistema hospitalar da cidade de Nova York. Em Ward's Island ficava a sede do New York State Psychiatrie Institute.

Ano 1912 ──────────────────────────────────

3. A 22 de novembro de 1912, Jung falou à Sociedade de Zurique sobre "A psicologia do negro"; cf. sumário em *Zeitschrift*, I:1 (1913), 115 (seção *Korrespondenzblatt*); OC 18/2. Referiu-se pela primeira vez ao trabalho no St. Elizabeth Hospital em *Psychologische Typen* (1921); cf. *Tipos psicológicos*, OC 6, § 832: "Pude constatar a existência de uma série de motivos da mitologia grega nos sonhos e fantasias de negros de raça pura que sofriam de doenças psíquicas". Também *Símbolos da transformação* (orig. 1952), OC 5, § 154 e n. 2, mas não em "Wandlungen und Symbole der Libido" (1911-1912).

4. A. van der Chijs (1875-1926), psiquiatra de Amsterdam. A Sociedade Psicanalítica Holandesa não foi, na verdade, fundada antes de 1917, na casa de Van der Chijs; cf. a n. 1 ao comentário que se segue a 327 J.

5. Jones relata (II, p. 154s./ 136s.) o descontentamento de Freud com Stekel, como organizador da *Zentralblatt*, no início de 1912, e a recusa de Stekel em aceitar a proposta de Freud para que Victor Tausk editasse as resenhas de livros. Freud escreveu a Abraham, a 3 de novembro de 1912, que o "motivo do rompimento não foi científico", mas a presunção de Stekel ao excluir das resenhas outro membro da Sociedade (*Freud/Abraham Letters*, p. 125). A renúncia de Stekel à Sociedade foi anunciada na reunião de 6 de novembro. Cf. *Minutes*, IV, e *Zeitschrift*, I (1913), 112. A versão de Stekel do rompimento é dada em sua *Autobiograph* (Nova York, 1950), p. 142s.

324 F

14 de novembro de 1912, Viena, IX. Berggasse 19

Caro Dr. Jung[1],

Cumprimento-o pelo seu retorno dos Estados Unidos, não mais tão afetuosamente como na última ocasião, em Nuremberg – o senhor conseguiu quebrar-me esse hábito –, mas ainda com considerável simpatia, interesse e satisfação pelo seu êxito pessoal. Muito agradecido pelas notícias quanto à situação nos Estados Unidos, contudo nós sabemos que a batalha não será decidida lá. O senhor reduziu uma boa quantidade de resistência com as suas modificações, mas não o aconselharia a contar isso como crédito, porque, como sabe, quanto mais nos afastamos do que é novo em ΨA mais certeza se tem do aplauso e menos resistência se encontra.

O senhor pode contar com a minha objetividade e, portanto, com a continuação do nosso relacionamento; ainda acho que as variações pessoais são bastante justificadas e ainda sinto a mesma necessidade de prosseguir com a nossa colaboração. Devo lembrar-lhe que nos tornamos amigos numa época em que o senhor havia voltado à teoria tóxica da Dem. pr.

Devo confessar que acho a sua alusão à "atitude de Kreuzlingen" tão incompreensível quanto ofensiva, mas há coisas que não podem ser corrigidas por escrito.

Estou aguardando ansiosamente uma separata das suas conferências, porque seu longo ensaio sobre a libido[2], parte do qual – não todo – muito apreciei, não esclareceu as suas inovações da maneira que eu desejava.

A minha carta a Riklin[3], escrita antes que eu pudesse saber que o senhor estava de volta, tinha a informação que me pede quanto às ocorrências em *Zentralblatt*. Para ser mais completo, vou dizer-lhe um pouco mais. Suponho que o senhor agora sabe por que renunciei à direção, ao invés de mudar o editor. Verifiquei que não tinha poder, como editor-geral, equiparado a Stekel, e que ele encontraria alguma forma indireta de forçar-me, o que teria trazido graves desvantagens. Por um ano inteiro tive que assumir a responsabilidade por um jornal que Stekel manipulava à vontade e sobre o qual eu não podia exercer influência. E por volta de setembro próximo[4] teríamos ficado sem um órgão. Isso era intolerável. Assim, abandonei o periódico juntamente ao editor.

O senhor pergunta, não sem razão: e quanto ao caráter oficial do periódico? Naturalmente, foi esse o primeiro problema que abordei na minha discussão com Stekel. Sugeri que resolvêssemos a nossa disputa deixando que os grupos locais (ou somente o vienense) fizessem uma votação. Falei-lhe das obrigações dele, mas estava inchado de orgulho possessivo e os meus apelos não tiveram qualquer efeito. A sua única resposta foi: "É o meu periódico e a Associação não tem nada com isso". A esta altura, eu deveria ter tomado a providência lógica de submeter o assunto ao presidente para uma decisão oficial, se o dito presidente estivesse ao alcance. Mas o senhor havia viajado para os Estados Unidos, sem designar ninguém para responder pelas suas funções; não havíamos sido informados, oficial ou particularmente, da data da sua volta, e havia rumores de que o senhor teria ido por um longo período. Se eu soubesse que estaria de volta a 12 de novembro, teria aguardado com prazer para deixar-lhe a decisão, como meu superior, e para deixá-lo convencer-se de que Stekel não estava cumprindo o compromisso dele, de que nada podia ser feito com Bergmann e de que precisávamos de um novo órgão. Do modo como foi, eu próprio tive que resolvê-lo. A única outra autoridade central creditada para tanto em nossos estatutos, o conselho de presidentes das sociedades filiadas, não existia; o senhor não havia colocado em atividade tal conselho – um problema que talvez devamos pôr em pauta no próximo Congresso.

Se eu tivesse esperado indefinidamente pelo seu retorno, teria perdido um tempo precioso. Com todas as transações entre Viena, Zurique e Wiesbaden, seria impossível lançar o novo órgão no princípio de 1913; teríamos que esperar até o meio do ano.

Graças à minha ação imediata, teremos novamente um órgão próprio por volta de 15 de janeiro, com um novo nome e um editor diferente, mas, de resto, tenho confiança de que não será pior sendo editado por Ferenczi e Rank. Mandarei em breve todos os detalhes referentes a esse novo periódico. Mas, por favor, não se esqueça de que, para colocar o seu nome na ficha editorial, preciso de uma declaração formal sua, renunciando ao *Zentralblatt* e aderindo ao novo periódico[5].

Nesta e na minha carta a Riklin dei-lhe a conhecer o estado de coisas. Espero, agora, que o presidente assuma todas as negociações posteriores com Bergmann. Sei que existem complicações; o pior que pode acontecer é que cada membro venha a receber um periódico inútil durante um ano inteiro e tenha que pagar 15 marcos a mais por aquele a que está acostumado. O sacrifício será suportável, acho eu. Se a organização central deseja poupar os membros dessa despesa, pode valer-se de um fundo que foi estabelecido para o órgão oficial. É claro que preferiríamos que o título de órgão da Associação fosse retirado o mais breve possível da *Zentralblatt* e transferido para as nossas mãos. Porém, se necessário, podemos esperar que o *Stekelblatt* morra de morte natural. Confiamos que, mesmo em caráter não oficial, possamos tornar-nos indispensáveis para os psicanalistas.

Talvez lhe interesse ter informações sobre uma carta que circulou pela Sociedade de Viena, na qual Adler descreve as suas impressões do Congresso de Zurique. Diz que achou as pessoas de Zurique num estado de pânico em relação à sexualidade, mas que não pode impedi-las de fazer uso das ideias dele. Isso será, talvez, uma lição para Riklin, que o louvou, desnecessariamente, no relatório dele sobre o Congresso[6].

Solicitando a sua pronta atenção para os assuntos aqui mencionados e desejando-lhe felicidades em seu trabalho, despeço-me.

Sinceramente,

Seu colega,
Freud

Ano 1912

1. Hológrafo: *Lieber Herr Doktor*.

2. "Wandlungen und Symbole der Libido", II Parte, *Jahrbuch*, IV: 1 (1912). As duas partes juntas foram reimpressas no mesmo ano em forma de livro (com o subtítulo: *Beiträge zur Entwicklungsgeschichte des Denkens)* por Deuticke, Viena. Traduzido por Beatrice M. Hinkle como *Psychology of the Unconscious: a Study of the Transformations and Symbolisms of the Libido: A Contribution to the History of the Evolution of Thought* (Nova York, 1916; Londres, 1917). Aproximadamente 40 anos mais tarde, Jung fez uma revisão completa do trabalho, como *Symbole der Wandlung: Analyse des Vorspiels zu einer Schizophrenie* (Zurique, 1952), com 300 ilustrações (a edição original continha seis) = *Símbolos da transformação: Análise dos prelúdios de uma esquizofrenia*, OC 5 (1956). Em seu prefácio à edição revista, datado de setembro de 1950, Jung escreveu: "Este livro foi escrito em 1911, quando eu contava trinta e seis anos de idade. Esta é uma época crítica, pois representa o início da segunda metade da vida de um homem, quando não raro ocorre uma metanoia, uma retomada de posição na vida. Eu bem sabia, na ocasião, do inevitável rompimento com Freud, tanto no trabalho como na amizade. Recordo aqui com gratidão, o apoio prático e moral que recebi de minha querida esposa nesta época difícil" (OC 5, p. 15).

3. Extraviada; evidentemente, o telegrama (322 J) era em resposta a essa carta.

4. O período de publicação do *Zentralblatt* corria de outubro a setembro.

5. Essa declaração tomou a forma de um "aviso do Presidente da Associação às divisões locais", no início da *Korrespondenzblatt*, em *Zeitschrift*, I:1 (1913); no entanto o nome de Jung não apareceu na ficha editorial de *Zeitschrift* (cf. o fac-símile e 326 J).

6. Em seu relatório (*Zentralblatt*, III:2, novembro de 1912, 119s.), Riklin escreveu que o ensaio de Adler "mostrou uma abordagem às neuroses que faz justiça a uma grande quantidade de fenômenos importantes". O tema de Adler era "O substrato orgânico das psiconeuroses". O relatório de Seif (*Zeitschrift*, I, 1913, 98) era mais completo e mais crítico.

325 J

Internationale Psychoanalytische Vereinigung
Küsnach-Zürich, 14 de novembro de 1912[1]

Caro Sr. Presidente,

Em consequência dos mais recentes acontecimentos em Viena, criou--se uma situação que requer urgentemente debate. Convido, portanto, os presidentes das diversas sociedades europeias filiadas para uma reunião em Munique, no domingo, 24 de novembro. Queira, por gentileza, informar-me *prontamente* se o senhor aceita, em princípio, este convite. Detalhes adicionais com respeito ao local e à data da conferência serão posteriormente comunicados.

Cordialmente,
por *C.G. Jung*:
F. Riklin

1. Circular datilografada, assinada por Riklin.

326 J

1003 Seestrasse, Küsnach-Zürich,
15 de novembro de 1912

Caro Professor Freud,

A sua carta, que acabou de chegar, provocou em mim uma atitude ΨA que parece ser a única correta no momento. Prosseguirei no meu próprio caminho, sem desanimar. Retirar-me-ei do periódico de Stekel porque me recuso a continuar trabalhando com ele. Não ouso oferecer-lhe o meu nome para o novo periódico; uma vez que o senhor me desaprova tão radicalmente, a minha colaboração dificilmente seria aceita. Preferiria encontrá-lo no território neutro do *Jahrbuch*, o qual espero que o senhor me permita continuar a editar, não impondo um regime demasiado restrito. Proponho que se deixe a tolerância prevalecer no *Jahrbuch*, de modo a que cada um possa evoluir à sua própria maneira. As pessoas só dão o melhor de si quando a liberdade é garantida. Não devemos nos esquecer de que a história das verdades humanas é também a história dos erros humanos. Assim, é preciso dar ao erro bem intencionado o seu lugar certo.

Se o meu liberalismo é compatível com a gestão futura das atividades da Associação, é uma questão a ser discutida pela própria Associação no próximo Congresso.

A carta de Adler é um palavrório estúpido e pode seguramente ser ignorada. Se Adler alguma vez disser algo sensato ou digno de ser ouvido, eu tomarei nota, embora não o considere muito como pessoa. Quanto ao meu trabalho passado, presente e futuro, pretendo manter-me à distância dos complexos mesquinhos e fazer inflexivelmente o que considero ser verdadeiro e correto.

Com saudações cordiais,

Sinceramente seu,

Jung

Ano 1912

327 J

Internationale Psychoanalytische Vereinigung
Küsnach-Zürich, 19 de novembro de 1912[1]

Prezado Senhor,

Concordou-se unanimemente que a conferência seja realizada em Munique. O encontro terá lugar às 9h do dia 24 de novembro, no Park Hotel. Tomei as necessárias providências para a reunião, mas pediria aos interessados para verificarem suas próprias acomodações.

Cordialmente,

Presidente:
Dr. Jung

1. Datilografada e assinada. Presumivelmente uma circular enviada a todos os participantes.

A Conferência de Munique

Jung convocara a reunião em Munique com a finalidade de discutir e estabelecer formalmente o plano de Freud de deixar a *Zentralblatt* para Stekel e fundar, em seu lugar, um novo periódico, o *Internationale Zeitschrift*. Compareceram à reunião Freud, Jones (que estivera na Itália), Abraham, Seif (de Munique) e, de Zurique, Jung, Riklin e J.H.W. van Ophuijsen, então secretário da Sociedade de Zurique[1]. Todos concordaram com o plano de ação de Freud.

No encontro fixou-se também o tema do Congresso seguinte, que seria igualmente realizado em Munique, em setembro de 1913: "A função do sonho". Maeder introduziria o assunto e Rank seria o cooardor.

Na ocasião, durante uma caminhada de duas horas antes do almoço, Freud e Jung discutiram a "atitude de Kreuzlingen". Jung reconheceu a omissão e pediu desculpas, efetuando-se a reconciliação. Já no fim de um bem humorado almoço, Freud começou a criticar os suíços por omitirem o nome dele nas publicações psicanalíticas. De repente, teve um desmaio. Jung descreveu e analisou o episódio em *Memórias* (*Memories*, p. 157/153), como o fez, em certa medida, Jones (I, p. 347s./316s. e II, p. 164s./145s.).

673

Sobre a conferência, Freud escreveu a Putnam, a 28 de novembro de 1912: "Todos foram agradáveis comigo, inclusive Jung. Uma conversa entre nós varreu uma série de animosidades pessoais desnecessárias. Tenho esperança de uma bem-sucedida cooperação futura. As diferenças teóricas não precisam interferir. Contudo dificilmente serei capaz de aceitar a sua modificação da teoria da libido, já que toda a minha experiência contradiz a posição dele" (*Putnam and Psychoanalysis*, p. 150).

1. Ophuijsen (1882-1950), psiquiatra holandês, na clínica Burghölzli entre 1909 e 1913. Em 1917, foi um dos fundadores da Sociedade Psicanalítica Holandesa, presidindo a entidade durante sete anos; em 1920, organizou o VI Congresso Psicanalítico Internacional, o primeiro a ser realizado depois da guerra. Trabalhou em Nova York depois de 1935.

328 J

1003 Seestrasse, Küsnach-Zürich,
26 de novembro de 1912

Caro Professor Freud,

Estou contente por termos nos encontrado em Munique, já que foi a primeira vez que realmente compreendi o senhor. Entendi o quanto sou diferente do senhor. Essa compreensão será o bastante para efetuar uma mudança radical em toda a minha atitude. Agora o senhor pode ficar seguro de que não desistirei do nosso relacionamento pessoal. Por favor, perdoe os erros, que não tentarei justificar ou atenuar. Espero que a compreensão que finalmente obtive guie a minha conduta a partir de agora. Estou bastante aflito por não o ter conseguido muito antes. Poderia ter-lhe poupado muitas decepções.

Fiquei muito preocupado quanto à sua volta para Viena e se a jornada noturna não foi um desgaste excessivo para o senhor. Diga-me, por favor, como está, mesmo em poucas palavras num cartão-postal.

Posso pedir-lhe para ter a gentileza suficiente de arranjar espaço para mim entre os colaboradores do seu novo periódico?[1] Tentarei enviar-lhe algo, se houver oportunidade. O senhor sabe, decerto, como são limitados os meus recursos e como estou esgotado pelo *Jahrbuch* e por minhas atividades letivas. No entanto estou contando com a sua paciência.

Já indaguei de Bergmann se pode ver-me no fim desta semana.

Com respeito ao Congresso, gostaria de perguntar-lhe se o senhor realmente concorda com a escolha de Rank ou se preferiria ser o coorador? Ou deixar o encargo a Ferenczi?

Espero que Bleuler tenha informado o senhor acerca dos artigos para o *Jahrbuch*[2]. Eu próprio não sei ainda o que haverá no número de janeiro.

Espero que tudo esteja bem com o senhor e com a sua família.

Cordiais saudações,

Sinceramente seu,

Jung

1. *Internationale Zeitschrift für arztliche Psychoanalyse*, editado por Ferenczi, Jones e Rank e publicado (bimestralmente) por Heller, Viena. Era o órgão oficial da Associação; primeiro número, janeiro de 1913 (cf. fac-símile). A *Zentralblatt*, deixando de ser o órgão oficial, continuou com Stekel na editoria até 1914. Cf. tb. "A história do movimento psicanalítico", Ed. Standard Bras., XIV.
2. Durante a permanência de Jung nos Estados Unidos, Bleuler escolhera o conteúdo do *Jahrbuch* V:1 (1913); cf. a abertura de 321 J.

329 F

29 de novembro de 1912, Viena, IX. Berggasse 19

Caro Dr. Jung,

Muito agradecido por sua amável carta[1], que mostra que o senhor baniu várias concepções errôneas quanto à minha conduta e encoraja-me a nutrir a melhor das esperanças quanto à nossa colaboração futura. Creia-me, não foi fácil para mim moderar as exigências em relação ao senhor, mas, uma vez que consegui fazê-lo, o giro na outra direção não foi severo demais e, para mim, o nosso relacionamento conservará sempre um eco da intimidade passada. Creio que teremos que guardar um suprimento adicional de benevolência um para com o outro, porque é fácil ver que haverá controvérsias entre nós, e um sempre achará irritante quando a outra parte insistir em ter uma opinião própria.

Agora, terei prazer em responder às suas perguntas. O meu desmaio em Munique não foi mais sério do que outro, semelhante, que tive no Essighaus, em Bremen[2]; à tardinha o meu estado melhorou e tive um excelente sono noturno. Conforme o meu diagnóstico particular, foi uma enxaqueca (do tipo *M. ophtalm*), não sem um fator psíquico que, infelizmente, não tive tempo para investigar agora. O salão de jantar do Park Hotel parece conter uma fatalidade para mim. Há seis anos tive lá um ataque do mesmo gênero, e há quatro anos outro[3]. Um pouco de neurose que preciso realmente examinar.

O diretor e os editores ficaram extremamente satisfeitos ao saber que o senhor não está privando o novo periódico do seu nome. Ficarão agradecidos mesmo por breves contribuições, exemplos da sua prática etc. Eu ficaria muito contente se os meus artigos técnicos, três dos quais já foram publicados na *Zentralblatt* e que devem ter continuação em cada número[4], fizerem surgir comentários críticos ou aprovadores de outros analistas na coluna de correspondência. Cabe aos suíços providenciar para que o *Zeitschrift* não se pareça com um órgão do partido vienense.

No segundo número, Ferenczi provavelmente publicará um estudo[5] do seu ensaio sobre a libido que, espera-se, fará justiça tanto ao autor como à obra. Aos poucos começo a entender esse ensaio (o seu, quero dizer) e creio agora que o senhor nos trouxe uma grande revelação, embora não seja a que pretendia. Parece que o senhor resolveu o enigma de todo misticismo, demonstrando que se fundamenta na utilização simbólica de complexos que sobreviveram à sua função.

Rank aceita agradecido a tarefa a ele designada. Não é um bom orador, mas fala com inteligência. Uma vez que todos gostam dele, perdoar-lhe-ão uma certa inabilidade.

Tudo o que eu gostaria de saber acerca do *Jahrbuch* são os títulos dos artigos do próximo número e quanto espaço ainda há disponível no número que se segue a esse, já que por acaso me pediram essa informação.

Quanto a mim, os dois próximos artigos de "Pontos de concordância"[6] para a *Imago* estão pesando na minha mente. Uma série de compromissos impediu-me de trabalhar neles durante as últimas semanas.

Na família todos estão bem e aguardando o casamento[7] que irá acontecer no fim de janeiro. A minha filha vai para Hamburgo.

Com cordiais saudações ao senhor e à sua esposa,

O seu intransformado[8],
Freud

1. A 3 de dezembro de 1912, Freud escreveu a Abraham: "Recebi uma carta muito amável de Jung, pouco depois de haver voltado de Munique, mas não tive quaisquer notícias quanto ao resultado da sua viagem a Wiesbaden" *(Freud/Abraham Letters*, p. 128). Jung lá esteve a 2 de dezembro para conferenciar com Bergmann, que publicava a *Zentralblatt*; cf. 330 J e 331 J.

2. No início da viagem aos Estados Unidos, a 20 de agosto de 1909 (cf. Jones, II, p. 165-146, e Jung, *Memories*, p. 156-152s.). O Essighaus era um edifício histórico (1618) onde ficava um famoso restaurante.

3. Cf. Jones, I, p. 348-317.

4. *I. e.*, do *Zeitschrift*. Quanto aos três primeiros, cf. 280 F n. 2 e 3, e 318 J n. 1; o quarto, "Zur Einleitung der Behandlung", *Zeitschrift*, I:1 e 2 (janeiro e março de 1913) = "Sobre o início do tratamento", Ed. Standard Bras., XII, contém outros dois "Artigos sobre Técnica", publicados no *Zeitschrift*, 1914-1915, e uma lista de todos os escritos de Freud sobre técnica e teoria psicoterapêutica.

5. *Zeitschrift*, I:4 (1913), 391-403.

6. A Parte II, "Das Tabu und die Ambivalenz der Gefühlsregungen", apareceu em dois artigos na *Imago*, I:3 e 4 (1912) = "Tabu e ambivalência emocional", cap. II de *Totem e tabu*, Ed. Standard Bras., XIII.

7. Sophie Freud e Max Halberstadt, 14 de janeiro de 1913.

8. Hológrafo: *unverwandelter.*

330 J

Internationale Psychoanalytische Vereinigung
Küsnach-Zürich, 3 de dezembro de 1912

Esta carta é uma tentativa atrevida de acostumá-lo ao meu estilo. Portanto cuidado!

Caro Professor Freud,

Meus melhores agradecimentos por uma passagem da sua carta, em que o senhor fala de um "pouco de neurose" da qual o senhor não se livrou. Esse "pouco", na minha opinião, deve ser levado muito a sério porque, como demonstra a experiência, ele conduz "usque ad instar voluntariae mortis"[1]. Sofri com esse pouco nos meus contatos com o senhor, embora o senhor não o tenha percebido nem tenha me compreendido adequadamente quando tentei tornar clara a minha posição. Se esses antolhos fossem removidos, estou certo de que o senhor veria o meu trabalho de uma maneira muito diferente. Como prova de que o senhor – se posso permitir-me uma expressão tão desrespeitosa – *subestima* o meu trabalho por margem muito ampla, citarei a sua observação de que "sem pretendê-lo, resolvi o enigma de todo misticismo, demonstrando que se fundamenta na utilização simbólica de complexos que sobreviveram à sua função".

Meu caro professor, perdoe-me outra vez, mas essa frase mostra-me que o senhor se priva da possibilidade de compreender o meu trabalho pelo fato de subestimá-lo. O senhor fala desse *insight* como se fosse alguma espécie de pináculo, enquanto, na verdade, está bem na base da montanha. Esse *insight* tem sido, durante anos, evidente para nós. Novamente, desculpe a minha franqueza. É só ocasionalmente que me aflijo com o simples desejo humano de ser compreendido *intelectualmente* e não avaliado pela medida da neurose.

Quanto a esse pouco de neurose, permito-me chamar-lhe a atenção para o fato de que o senhor abre *A interpretação dos sonhos* admitindo lamentosamente a sua própria neurose – o sonho da injeção de Irma –, identificação com o neurótico que necessita de tratamento. Muito significativo.

A nossa análise, o senhor deve lembrar-se, chegou ao fim com a observação feita pelo senhor de que "não poderia submeter-se à análise *sem perder a sua autoridade*"[2]. Essas palavras estão gravadas na minha memória como um símbolo de tudo o que há por vir. Contudo não desmenti as *minhas* palavras.

Estou-lhe escrevendo agora como escreveria *a um amigo* – este é o *nosso* estilo. Espero, portanto, que o senhor não se ofenda com a minha aspereza helvética. Uma coisa eu lhe peço: considere estas afirmações como um *esforço para ser honesto* e não aplique o depreciativo critério vienense de luta egoísta pelo poder ou Deus sabe que outras insinuações do mundo do complexo paterno. É justamente isso que tenho ouvido de todos os lados por estes dias, o que me obriga à dolorosa conclusão de que a maioria dos ΨAstas faz mau uso da ΨA, com o propósito de depreciar os outros e o seu progresso com insinuações acerca de complexos (como se isso explicasse qualquer coisa. Uma teoria infame!). Uma amostra particularmente grotesca de absurdo que circula por aqui é que a minha teoria da libido é produto de erotismo anal. Quando penso em *quem* inventou essa "teoria" temo pelo futuro da psicanálise.

Não desejo expansões infantis de apreciação ou admiração libidinal por parte dos ΨAstas, simplesmente uma compreensão das minhas ideias. O lamentável é que os ΨAstas são tão dependentes da ΨA como os nossos adversários o são da sua crença na autoridade. Qualquer coisa que possa fazê-lo pensar é logo descrita como um complexo. Essa função protetora da ΨA nem precisava ser desmascarada.

Agora, Bergmann. Ele estava bastante desorientado e nós tínhamos ainda que determinar se o senhor, de fato, havia abandonado a direção sem quebra de contrato. Disse-me ele que não havia dispensado o senhor do posto na carta dele. Também, que o contrato estipula aviso de um ano. Naturalmente, fiquei perplexo, assim como B., porque, na verdade, nunca havia pensado nisso até então. O afastamento da Associação Internacional apanhou-o inteiramente de surpresa. Somente agora ele começa a compreender a situação. Em breve o senhor terá notícias dele. Não sei o que está planejando. Para ele, o assunto é sério – uma perda de mais de 10.000 marcos. Nessas circunstâncias, fiz um *contrato provisório*, a ser discutido quando ele se esclarecer com o senhor. Ele foi vilmente logrado por Stekel, que deveria ter sido jogado fora há muito tempo. Num ponto tive que admitir que B. estava certo. A fundação da *Imago* custou-lhe uma quantidade de assinantes. Vai contra a minha concepção de negócio sólido iniciar um novo periódico antes que qualquer um dos outros esteja adequadamente em marcha. Essa questão causa uma impressão desagradável. Tal é a opinião geral. Bergmann está oferecendo o V. III[3] por metade do preço, a 4,50 marcos, do n. 3 até o fim. Melhores condições não poderiam ser negociadas (soma total: 652,50 marcos). Isso poderia ser em parte financiado pelo nosso fundo.

Cordiais saudações,

Jung

---

1. = "à semelhança de uma morte voluntária". – Apuleius, *Metamorphoses*, XI, 21; cf. tradução de Robert Graves, *The Golden Ass* (Penguin Classics), p. 284. A referência em Apuleio é aos ritos de iniciação aos mistérios de Isis. Jung faz a citação em "Wandlungen und Symbole", II Parte, cap. VIII; cf. OC 5, § 644, n. 36.

2. Em *Memories* (p. 158-154), Jung escreve sobre uma ocorrência durante a viagem aos Estados Unidos em 1909, quando ele e Freud analisavam todos os dias os sonhos um do outro. "Freud teve um sonho – eu não acharia correto propalar o problema que envolvia. Interpretei-o o melhor que pude, mas acrescentei que muito mais coisas poderiam ser ditas

Ano 1912 ———————————————————————————————

se ele me fornecesse outros detalhes da sua vida particular. A resposta de Freud foi... 'Mas eu não posso arriscar a minha autoridade!'". Jung relatara essa experiência anteriormente, em seu Seminário de Psicologia Analítica, em Zurique, março-julho de 1925 (notas, divulgadas em caráter privado, 1926), concluindo "essa experiência com Freud... é o mais importante fator na minha relação com ele".

3. Da *Zentralblatt*.

331 J

Internationale Psychoanalytische Vereinigung
Küsnach-Zürich, 4 de dezembro de 1912[1]

Caro Sr. Presidente,

A 2 de dezembro chegou-se a um acordo provisório entre o editor I.F. Bergmann e o abaixo-assinado a respeito da separação da *Korrespondenzblatt* e da *Zentralblatt*. O texto do acordo é o seguinte:

O abaixo-assinado representante da Associação Psicanalítica Internacional, *Privatdozent* Dr. Jung, de Zurique, e o editor I.F. Bergmann, de Wiesbaden, chegaram hoje ao seguinte acordo, sujeito a aprovação pelos senhores Freud e Stekel, cossignatários dos acordos entre o editor e a Associação Psicanalítica Internacional, datados de setembro-outubro de 1911, e pela maioria da citada Associação:

Os acordos de 21-22 de setembro e 5-9 de outubro ficam cancelados e são substituídos pelo seguinte arranjo:

Pelas 145 cópias subscritas da *Zentralblatt für Psychoanalyse*, a Associação Psicanalítica Internacional pagará:

1) pelos números 1-3 do V. III: de acordo com o primeiro dos acordos referidos antes, um quarto do preço anteriormente combinado de 12 marcos = 3 marcos por cópia, ou um total de 435 marcos.

2) pelos restantes nove números do V. III: pelas 145 cópias subscritas, metade do preço anterior = 4,50 marcos por cópia, ou um total de 652,50 marcos.

A partir do n. 4 da *Zentralblatt für Psychoanalyse*, a designação "Órgão da Associação Psicanalítica Internacional" não mais aparecerá no frontispício, e a *Korrespondenzblatt* da Associação Psicanalítica Internacional não será mais impressa no periódico.

Com respeito a este arranjo, deve ser notado que: os três primeiros números serão pagos integralmente porque já haviam sido impressos à data deste acordo. A aquisição dos números restantes é feita na dependência das seguintes considerações:

De nossa parte: a Associação tem direito *de facto* de retirar-se incondicionalmente. Ela faz uso desse direito porquanto retira incontinenti o título "Órgão Oficial".

De parte do editor: em condições normais é impossível desistir de um contrato de distribuição no meio do ano.

Contra essa justificada objeção do editor, afirmamos que a modificação de circunstâncias autoriza-nos a essa medida não usual, embora a ausência de um acordo explícito entre a Associação e o editor deixe em dúvida os nossos direitos. Em vista dessa situação algo complicada, o arranjo pode ser considerado satisfatório para ambas as partes. Levando em conta que em breve teremos um novo órgão da Associação, o encargo adicional de cada membro é de apenas 4,50 marcos. Essa soma pode ser ainda reduzida aproximadamente à metade, mediante uma contribuição do nosso fundo.

Pediria ao senhor presidente para apresentar o assunto ao grupo local e notificar-me da sua aprovação.

Sinceramente seu,

Dr. *Jung*

Carta de Bergmann explicando que, de fato, dissociou-se do senhor *lege artis*. Nessas circunstâncias, desejo a ele a alegria da perda (10-12.000 marcos). Espero que o senhor não se tenha ofendido com a minha última carta. Desejo-lhe o melhor e não o abandonarei. O senhor não deve ficar magoado por minha causa.

Cordiais saudações.

---

1. Circular datilografada aos presidentes das sociedades filiadas, com assinatura e pós-escrito manuscritos.

Ano 1912

332 F

5 [dezembro] de 1912[1], Viena, IX. Berggasse 19

Caro Dr. Jung,

O senhor não deve temer que eu ache impróprio o seu "novo estilo". Considero que, nas relações entre analistas, como na própria análise, toda forma de franqueza é permissível. Também eu fui perturbado, durante algum tempo, pelo abuso da ΨA ao qual o senhor se refere, ou seja, em polêmicas, particularmente contra as novas ideias. Não sei se existe algum modo de prevenir isso inteiramente; no momento, posso apenas sugerir um remédio caseiro: que cada um de nós dê mais atenção à sua própria neurose do que à do próximo.

Perdoe-me se inverto a proporção observada na sua carta e dedico mais espaço às questões práticas, que, ao menos, são mais fáceis de tratar numa carta. Estou-me referindo ao assunto Bergmann, a respeito do qual não posso esconder um certo descontentamento. A informação do senhor soa como se viesse de outro planeta; não consigo ajustar as peças ou extrair alguma inferência quanto à situação do novo *Zeitschrift*. Também não posso fazer qualquer proposta no sentido de custear uma perda da Associação, no todo ou em parte, até que saiba por que deve ser feita uma reparação. Finalmente, para mim é difícil compreender ou justificar a sua própria tendência no assunto.

O senhor mesmo, quando esteve nos Estados Unidos, familiarizou-se, sem dúvida, com o princípio segundo o qual alguém que procura lucro deve tomar conhecimento das pessoas e das condições das quais as suas oportunidades de lucro dependem. E na Europa, de maneira semelhante, a ignorância não é desculpa para um homem de negócios. Tenho menos simpatia por Bergmann do que o senhor; se ele foi enganado por Stekel, o problema é dele. Eu também sofri bastante nas mãos de Stekel.

Se Bergmann acredita que não me liberou da minha posição na carta dele, tem uma opinião muito baixa quanto às suas próprias afirmações. Estou anexando essa carta, bem como a anterior. Ele aceita definitivamente o meu pedido de renúncia e promete anunciá-lo no próximo número da *Zentralblatt*. E agora ele nega que me tenha deixado sair?! Se ele pensou que eu estava obrigado por contrato a ficar até o fim do ano, aquela era a oportunidade de chamar a minha atenção para o fato ao invés de concordar em publicar a notícia da minha renúncia. O senhor vê, portanto, que não existe de minha parte essa questão de "quebra de contrato". Depois dessa resposta de B. tive toda a razão de considerar-me livre, quer o estivesse ou não, antes disso.

Realmente, não consigo ver o que B. quer de mim agora. O comportamento dele com relação a mim, a questão com Stekel e a carta dele não podem ser ignorados; e eu não tenho intenção de contraordenar o primeiro número do *Zeitschrift* por consideração a ele (por favor, devolva ambas as cartas anexas).

Agora a questão da *Imago*, na qual, para minha tristeza, o senhor toma partido contra mim. Não posso deixar de me lembrar que, quando a *Imago* foi fundada, o senhor reagiu não como presidente da Associação Internacional, mas como editor do *Jahrbuch*. Sou incapaz de considerar esse assunto do ponto de vista do editor ou do organizador; só posso responder à sua reprimenda do ponto de vista da causa ΨAtica. A *Zentralblatt* era inadequada para os nossos objetivos não médicos, precisávamos de outro órgão, o qual concebi como um suplemento da *Zentralblatt* e, por essa razão, ofereci-o a Bergmann. Ele recusou, de forma que tinha que ser publicado por outro. Quanto ao risco de que o editor poderia, num ano, obter um dado número de assinantes, não o levei muito a sério. Os dois periódicos têm, definitivamente, um apelo maior do que apenas um, e, ao fim e ao cabo, um ajuda o outro. Stekel manifestou-se contra a *Imago* desde o começo.

Sinto muito não poder discutir em maior extensão a sua observação sobre as neuroses dos analistas, mas isso não deve ser interpretado como uma recusa. Num ponto, contudo, aventuro-me a discordar da forma mais enfática: o senhor não tem sido, como supõe, prejudicado pela minha neurose.

Embora o senhor tenha ido conferenciar com Bergmann em caráter oficial, agradeço-lhe particularmente, no entanto, pelos seus esforços. Aguardando posterior resposta, envio-lhe as minhas saudações.

Cordialmente seu,
Freud

1. Hológrafo: 5.XI.12.

333 J

1003 Seestrasse, Küsnach-Zürich,
7 de dezembro de 1912

Caro Professor Freud,

Já que o senhor levou a mal o meu "novo estilo", por ora afinarei a minha lira alguns tons abaixo.

O caso Bergmanm, entrementes, ficou decidido. Ele efetivamente exonerou o senhor e foi suficientemente punido por isso. Em vista do fato de que *o contrato entre a Associação Psicanalítica Internacional e Bergmann não estipula que a direção do senhor é pré-condição indispensável para a nossa ligação com a Zentralblatt*, comprometemo-nos pelo texto do contrato à subscrição. Estou convencido de que não estamos legalmente em condição de faltar às nossas obrigações. Nessas circunstâncias, o nosso contrato *provisório* parece-me extremamente favorável: podemos retirar sem demora a *Korrespondenzblatt*, e o preço dos números restantes será reduzido à metade. Bergmann poderia facilmente ter insistido em condições mais rigorosas. Como eu disse, o acordo é provisório e ainda pode ser modificado por nossa parte. Mas isso envolveria um tribunal de árbitros e, no fim, poderíamos conseguir um acordo pior por carência da cláusula descrita. Por isso defendo a aceitação.

Além disso, gostaria que o senhor soubesse que pretendo fazer uma resenha do livro de Adler[1]. Consegui descer às profundezas dele e descobri algumas coisas deleitáveis, que merecem ser postas nas alturas. O homem é mesmo meio maluco. "Conciliar" = "operar milagres"[2], por exemplo. O "junctim"[3] (até agora não perscrutei o seu significado) lembra o "Tetem" em *A.E.*[4], de Fried. Th. Vischer. "Mungo"[5] encontra também um eco. O estilo é completamente "praecox". As conclusões são significativas: na medida em que um homem não tem protesto masculino[6] contra as mulheres (mulher = sub = inferior), ele é sub = inferior = fêmea. *Ergo*, praticamente todos os homens são mulheres. Quem poderia ter pensado nisso? Esse é o tipo de compreensão interna que eu chamaria de "junctim". Talvez seja verdadeiro. De qualquer maneira, é um "memento"[7] e uma "tendência protetora", se se quer expressar em puro "jargão orgânico"[8]. O homem tem humor, por Deus.

Não vou incomodar o senhor com outras coisas, por agora. Com cordiais saudações,

Sinceramente seu,
Jung

1. Pelo que se sabe, Jung não publicou uma resenha de *Über den nervösen Charakter* (cf. 319 F n. 4). Não obstante o tom negativo das alusões feitas nesta carta, Jung escrevera o seguinte no prefácio (outono de 1912) à *Tentativa de apresentação da Teoria Psicanalítica* (OC 4, p. 99): "Só depois de haver redigido estas conferências... é que tive conhecimento do livro de Adler, *Über den nervösen Charakter*... Constatei que Adler e eu chegamos a resultados semelhantes em diversos pontos..." Não deu um tratamento desfavorável ao livro e às teorias de Adler em geral em sua comunicação ao Congresso de Munique, em setembro de 1913; cf. a nota editorial que se segue a 356 J e OC 6, § 949-50. Desenvolveu depois uma avaliação mais positiva da obra de Adler em *Tipos psicológicos* (orig. 1921), OC 6, esp. § 773.

2. "... através da conciliação de sintomas, o neurótico esforça-se por um crescente poder" etc. – H.L. e R.R. Ansbacher, editores, *The individual psychology of Alfred Adler* (Nova York, 1956), p. 112. "Operar milagres" (to *miracle*; hol.: *anwundern*) *é* um schreberismo.

3. *Über den nervösen Charakter*, p. 55. / "Um *junctim* é a associação intencionalmente oblíqua de uma ideia e um sentimento que, na verdade, têm pouco ou nada em comum, com a finalidade de intensificar um afeto". – Ansbacher, p. 283. Em alemão, *Junktim* é um termo parlamentar que designa duas ou mais propostas não relacionadas que são postas em votação como uma unidade.

4. Friedrich Theodor Vischer, *Auch Einer: Eine Reisebekanntschaft* (Stuttgart, 1879). "Tetem", alcunha de um personagem absurdo da novela (ed. de 1903, p. 286), representa uma combinação jocosa de elementos heterogêneos.

5. Não se conseguiu descobrir "Mungo" (em Adler ou em Vischer).

6. *Über den nervösen Charakter*, p. 50. / "O esforço para ser forte e poderoso como compensação de um sentimento de inferioridade" – Ansbacher, p. 45.

7. *Über den nervösen Charakter*, p. 40. / "Uma imagem mnemônica, que é uma manifestação da tendência protetora [e] pode surgir da retenção de uma experiência da infância, ou pode ser produto de fantasia" – Ansbacher, p. 288-89.

8. *Über den nervösen Charakter*, p. 81. / "... amplamente usado para incluir comunicação não verbal". – Ansbacher, p. 221.

334 F

9 de dezembro de 1912, Viena, IX. Berggasse 19

Caro Dr. Jung,

Tive "notícias" de Bergmann hoje. Apenas umas poucas frases, mas estou bastante satisfeito. Ele diz-me que a *Zentralblatt* não levará mais o título oficial. Nós todos lhe agradecemos pela bem-sucedida negociação da questão. Estou disposto a aceitar o seu argumento de que não temos o

Ano 1912

contrato apropriado sobre o qual basear as nossas exigências e terei a sua circular aprovada pela nossa sociedade na quarta-feira (11 de dezembro). Reitero a oferta que fiz no meu telegrama[1] para pagar metade do resgate de forma a não incomodar os nossos membros.

Finalmente, concluí esse negócio e posso voltar a trabalhar. O terceiro dos "Pontos de concordância"[2] será a minha próxima tarefa. Não ouso dizer mais nada acerca da sua inovação da libido agora que o senhor me ridicularizou tanto por haver descoberto que o trabalho continha a solução para o enigma do misticismo, mas estou ansioso para ler as conferências que o senhor fez em inglês. Espero que elas encontrem vigorosa oposição da parte de nossos colegas analistas; a minha própria oposição, mesmo que sobreviva à leitura das conferências, seria por demais evidente para causar impressão.

A sua intenção de atacar o livro de Adler tem a minha inteira aprovação. Além do aspecto científico, tal medida contribuiria também para um esclarecimento político, pondo fim aos rumores que correm por aqui de que o senhor está "virando a casaca" para o lado dele. Eu próprio não li o livro; ele não me enviou um exemplar e eu sou demasiado pão-duro para gastar meu bom dinheiro em tal produto. O senhor está planejando colocar as suas críticas no gelo (no *Jahrbuch*) ou servi-las quentes (no *Intern. Zeitsch*)?

Sigo-o com interesse por todas as variações da lira, que o senhor toca com muito virtuosismo.

Cordiais saudações,

Sinceramente,
Freud

1. Esse telegrama não consta na correspondência.
2. Terceira parte, "Animismus, Magie und Allmacht der Gedanken", *Imago*, II:1 (1913) = "Animismo, magia e a onipotência de pensamentos", c. III de *Totem e tabu*, Ed. Standard Bras., XIII. A quarta parte foi "Die infantile Wiederkehr des Totemismus", *Imago*, II:4 (1913) = "O retorno do totemismo na infância", c. IV, *ibid*. Quanto ao título geral original das quatro partes, cf. 293 F n. 2. Apareceram num só volume como *Totem und tabu* (Leipzig e Viena: Heller, 1913).

Ano 1912

335 J

1003 Seestrasse, Küsnach-Zürich
[escrita entre 11 e 14 de dezembro de 1912][1]

Caro Professor Freud,

Ficaria muito satisfeito em dar uma contribuição ocasional ao novo periódico desde que, é claro, eu tenha algo que valha a pena, o que nem sempre é o caso. O grupo de Zurique propõe o seguinte título:

"Internationale Zeitschrift für *therapeutische* Psychoanalyse".

Essa sugestão vem dos *teólogos*. Eles não querem ser deixados de fora. Os pedagogos também estão se queixando. Talvez o senhor os ouça com boa vontade.

Velo pela crítica de Furtmüller, prestes a aparecer na *Zentralblatt*[2], que os profetas vienenses estão enganados quanto a uma "virada de casaca" para o lado de Adler. Nem mesmo os amigos de Adler consideram-me um deles[3].

É deplorável que a ciência ainda seja tratada como uma profissão de fé.

Cordiais saudações,

Sinceramente seu,

Jung

1. Hológrafo: sem data.
2. Carl Furtmüller (1880-1951), educador e socialista vienense, anteriormente membro da Sociedade: o amigo mais íntimo de Adler, o seu mais proeminente colaborador e eventual biógrafo (cf. o seu ensaio biográfico em H.L. e R.R. Ansbacher, editores, *Alfred Adler: Superiority and social interest*, 1964). Entre 1941 e 1947, nos Estados Unidos, Furtmüller fez uma resenha de 'Fordham Lectures', de Jung, na *Zentralblatt*, IV (1913).
3. Hológrafo: *Ihrigen*, "seus", em lugar de *ihrigen*, "deles".

336 J

Internationale Psychoanalytische Vereinigung
Küsnach-Zürich, 14 de dezembro de 1912[1]

Caro senhor Presidente,

Em resposta à sua carta devo informá-lo de que tomei nota, agradecido, da sua oferta gentil de custear metade da despesa extra pela *Zentralblatt*.

687

Ano 1912 —————————————————————————————

Primeiro sacaremos do nosso fundo para cobrir essas despesas e, então, tomaremos a liberdade de entrar em contato com o senhor se permanecer uma diferença. Espero poder remeter-lhe em breve uma minuta do contrato para a *Korrespondenzblatt*.

Muito cordialmente,
Dr. C.G. Jung

1. Datilografada e assinada.

337 F

16 de dezembro de 1912, Viena, IX. Berggasse 19

Caro Dr. Jung,

Vou submeter a sua sugestão de mudar o nome do *Zeitschrift* à Sociedade e aos dois editores e informá-lo do resultado.

O hábito de considerar pessoais afirmações objetivas não é apenas uma característica humana (regressiva), mas uma fraqueza vienense muito específica. Ficarei muito contente se tais reivindicações não forem feitas ao senhor. Mas é o senhor "objetivo" o suficiente para considerar o seguinte lapso sem zangar-se?

"Nem mesmo os amigos de Adler consideram-me um dos *seus*".

Apesar de tudo seu[1],
Freud

1. Hológrafo: *Dennoch ganz der Ihrige.*

338 J

1003 Seestrasse, Küsnach-Zürich,
18 de dezembro de 1912

Caro Professor Freud,

Posso dizer-lhe algumas palavras a sério? Admito a ambivalência dos meus sentimentos em relação ao senhor, mas inclino-me a tomar um ponto de vista honesto e absolutamente direto da situação. Se duvida da minha palavra, tanto pior para o senhor. Eu mostraria, contudo, que a sua técnica de tratar os discípulos como pacientes é uma *asneira*. Desse modo o senhor produz ou filhos servis ou fedelhos impudentes (Adler-Stekel e todo o bando insolente que agora muda de rumo em Viena). Sou objetivo o bastante para perceber o seu pequeno truque[1]. O senhor anda por aí farejando todas as ações sintomáticas que ocorrem na sua vizinhança, reduzindo, assim, cada um ao nível de filhos e filhas, que admitem envergonhados a existência de seus erros. Enquanto isso, o senhor permanece no alto, como o pai, em situação privilegiada. Por puro servilismo, ninguém se atreve a puxar o profeta pela barba e a perguntar de uma vez o que o senhor diria a um paciente com a tendência a analisar o analista em lugar de si mesmo. Certamente, o senhor perguntar-lhe-ia: *"Quem* tem a neurose?".

O senhor vê, meu caro professor, enquanto o senhor transmitir esse tipo de coisa não dou um vintém pelas minhas ações sintomáticas; elas desaparecem diante do formidável raio de luz no olhar do meu irmão Freud. Não sou de maneira alguma neurótico – bato três vezes na madeira! Submeti-me *lege artis et tout humblement* à análise e saí-me da melhor forma possível. O senhor sabe, é claro, até onde vai um paciente com a autoanálise: *não* para fora da sua neurose – exatamente como o senhor. Se o senhor se livrasse completamente dos seus complexos e parasse de bancar o pai para seus filhos, e, ao invés de visar continuamente aos pontos fracos deles, examinasse bem a si próprio, para variar, eu me corrigiria e erradicaria de um só golpe o vício de hesitar em relação ao senhor. O senhor *ama os neuróticos* o bastante para estar sempre de acordo consigo mesmo? Mas talvez o senhor *odeie* os neuróticos. Nesse caso, como pode o senhor esperar que os seus esforços para tratar os pacientes com brandura e amabilidade *não* sejam acompanhados de sentimentos um tanto confusos? Adler e Stekel foram levados pelos seus pequenos truques[2] e reagiram com insolência pueril. Continuarei apoiando o senhor publicamente enquanto mantenho as minhas próprias opiniões, mas, em caráter privado, vou começar a dizer-lhe, nas minhas cartas, o que realmente penso do senhor. Considero esse procedimento apenas decente.

Não há dúvida de que o senhor se sentirá ultrajado por esta peculiar prova de amizade, mas pode fazer-lhe bem assim mesmo.

Cordiais saudações,

Sinceramente seu,
Jung

1. Hológrato: *truc* (francês).
2. Como na n. 1.

339 J

Internationale Psychoanalytische Vereinigung
Küsnach-Zürich, 21 de dezembro de 1912

Caro Professor Freud,

Aqui entre nós, estou surpreso porque os editores do novo *Zeitschrift* enviaram as circulares do senhor aos presidentes dos grupos locais sem informar-me. Na verdade, qualquer proposta dessas deveria passar pelas minhas mãos ou, pelo menos, ser-me comunicada. No interesse da causa, certamente não falarei nada em voz alta a respeito disso, apenas desejo chamar a atenção do senhor para o assunto.

Pelo mesmo correio envio um artigo do Dr. Trigant Burrow, 707 Saint Paul Street, Baltimore, o qual recomendo para o seu novo periódico[1]. Como o Dr. Burrow é uma pessoa que trabalha de modo muito diligente e consciencioso; gostaria de pedir ao senhor que incluísse o nome dele na lista dos colaboradores regulares[2]. Ele pediu-me resposta a essa solicitação.

Já que esta carta está sendo escrita antes da chegada da resposta do senhor à minha última "carta secreta", não menciono aqui aquele tópico de singular importância.

Cordiais saudações,

Sinceramente seu,
Jung[3]

1. "Die psychologische Analyse der sogennanten Neurasthenie und verwandter Zustände", *Zeitschrift*, I:4 (1913) = "The Psychological Analysis of So-called Neurasthenic and Allied States – a Fragment", *Journal of Abnormal Psychology*, VIII (1913).
2. O nome de Burrow foi incluído no espaço destinado aos colaboradores regulares.

Ano 1912

3. Em *Memories*, Jung relata o início do seu "confronto com o inconsciente", com um sonho memorável "por volta do Natal de 1912", e a sua preocupação com a escultura e a construção em pedra começou logo depois (p. 170-75/165-69).

340 F

22 de dezembro de 1912[1], Viena, IX. Berggasse 19

Caro Dr. Jung,

A principal razão pela qual o grupo de Viena rejeitou a mudança de título proposta foi que os anúncios, volantes e material semelhante já haviam sido impressos ou postos no correio, de modo que se tornou difícil para o editor considerar qualquer modificação. Foi realmente tarde demais. A questão não tem muita importância e confio que não causará problema. Não acho que "terapêutica" fosse uma boa substituição; os pedagogos verão em breve que o novo periódico será tão receptivo às colaborações deles como era o antigo.

Lamento que a minha referência ao seu lapso o tenha irritado tanto; a reação do senhor parece-me desproporcional à ocasião. Considerando a sua alegação de que, uma vez que faço mau uso da psicanálise para manter os meus alunos num estado de dependência infantil, eu próprio sou responsável pelo comportamento pueril deles, prefiro não julgar as inferências que o senhor extrai desse argumento, porque é difícil julgar questões que dizem respeito à própria pessoa, e tais juízos não convencem ninguém. Quero simplesmente fornecer-lhe certos fatos concernentes aos fundamentos da sua teoria e deixar que o senhor os examine. Em Viena acostumei-me à repreensão oposta, isto é, que me preocupo muito pouco com a análise de meus "alunos". E é bem verdade que, uma vez que Stekel, por exemplo, interrompeu o tratamento comigo há uns dez anos, eu jamais lhe disse uma palavra acerca da análise dele. No caso de Adler fui ainda mais cauteloso no sentido de não fazer nada no gênero. Quaisquer observações analíticas que eu tenha feito sobre algum dos dois foram feitas a outros e, na maioria, depois que rompemos relações. Por conseguinte, não consigo ver por que o senhor se sente tão seguro do contrário.

Cordiais saudações,

Seu,

Freud

1. Esta carta, aparentemente não remetida, foi encontrada entre os papéis de Freud (uma parte de seu conteúdo é repetida em 342 F). Foi publicada em *Letters*, ed. E.L. Freud, n. 160, em tradução diferente.

341 J

Internationale Psychoanalytische Vereinigung
Küsnach-Zürich, 1º de janeiro de 1913[1]

Caro senhor Presidente,

A separação da *Zentralblatt* da Associação Psicanalítica Internacional tornou necessário encontrar outro lugar para a *Korrespondenzblatt*[2]. O Professor Freud muito amavelmente colocou o recém-fundado *Internationale Zeitschrift für Ärztliche Psychoanalyse* à nossa disposição, nas mesmas condições que se aplicavam à *Zentralblatt*. O primeiro número será publicado em janeiro de 1913. O desligamento da *Zentralblatt* foi efetuado sem dificuldades e estamos aptos a custear a indenização relativamente pequena (625 marcos, incluindo o antigo preço de subscrição) com recursos da conta central, de modo a que os membros não incorram em despesa extra por causa dessa mudança. Como precaução contra semelhantes experiências desagradáveis no futuro, o escritório central irá elaborar um contrato detalhado com o diretor, os organizadores e o editor do novo *Zeitschrift*. Pede-se aos membros dessa sociedade que consigam a remessa do novo *Zeitschrift* diretamente com o editor, Herr Hugo Heller, Bauernmarkt 3, Viena I.

Com cordiais saudações, Seu,

pelo *Dr. Jung*:
Dr. F. Riklin

1. Carta manuscrita por Riklin. Evidentemente, uma circular aos presidentes das sociedades filiadas.
2. A *Korrespondenzblatt* apareceu três vezes no *Zeitschrift*, I (1913), 110s., 302s., 617s., editado por Jung e Riklin. O número final continha 12 páginas resumindo um debate da teoria da libido de Jung, na Sociedade de Zurique, a 13 de janeiro e 14 de março de 1913.

342 F

Internationale Zeitschrift für Ärztliche Psychoanalyse[1]
Viena, 3 de janeiro de 1913

Caro senhor Presidente,

Caro Doutor[2],

Compartilho da sua opinião de que as circulares dos editores desse periódico (não *minhas* circulares, como o senhor disse na sua carta) deveriam ter sido submetidas ao presidente, e informá-los-ei das suas recriminações. Certamente não pode haver questão de má vontade.

O artigo de Burrow chegou hoje. O seu desejo de que ele seja incluído no cabeçalho do periódico será respeitado tanto pelos editores – a quem não tenho visto nos últimos dias – como por mim.

Ambas as sugestões do senhor são muito bem-vindas como sinal do seu interesse pelo novo órgão.

* * *

Só posso responder com detalhes a um ponto da sua carta anterior. A sua alegação de que trato os meus seguidores como pacientes é demonstravelmente falsa. Em Viena sou censurado pelo exato oposto. Sou considerado responsável pela má conduta de Stekel e Adler; não disse uma só palavra a Stekel acerca da análise dele desde que foi concluída, há uns dez anos, nem jamais fiz uso da análise com Adler, que nunca foi meu paciente. Quaisquer observações analíticas que eu tenha feito sobre eles foram endereçadas a outros e, na maioria, numa época em que já havíamos deixado de ser associados. – Ao construir sobre esse fundamento, o senhor tornou a questão tão fácil para si mesmo quanto com a sua famosa "atitude de Kreuzlingen".

De outra forma a sua carta não pode ser respondida. Ela cria uma situação que será difícil de tratar numa conversa pessoal e totalmente impossível por correspondência. É uma convenção entre nós, analistas, a de que nenhum de nós precisa sentir-se envergonhado por sua própria dose de neurose. Mas alguém que, enquanto se comporta anormalmente, fica gritando que é normal, dá ensejo à suspeita de que lhe falta compreensão da sua doença. Portanto proponho que abandonemos inteiramente as nossas relações pessoais. Não perderei nada com isso, pois o meu único laço

Ano 1913 ——————————————————————

emocional com o senhor tem sido há muito um fio delgado – efeito tardio de decepções passadas –, e o senhor tem tudo a ganhar, em vista da observação que fez recentemente em Munique de que um relacionamento íntimo com um homem inibia a sua liberdade científica. Digo-lhe, portanto: tome a sua plena liberdade e poupe-me das suas supostas "provas de amizade". Estamos de acordo de que um homem deve subordinar os seus sentimentos pessoais aos interesses gerais do seu ramo de empreendimentos. O senhor jamais terá razão para queixar-se de qualquer falta de correção da minha parte no que diz respeito à nossa tarefa comum e à busca de objetivos científicos; posso dizer, não mais razão no futuro do que no passado. Por outro lado, tenho o direito de esperar o mesmo do senhor.

Saudações,

Sinceramente seu,
Freud

1. Para fac-símile do papel timbrado, cf. abaixo, 346 F.
2. Hológrafo: *Geehrter Herr Praesident. / Lieber Herr Doktor.*

343 J

1003 Seestrasse, Küsnach-Zürich,
3 de janeiro de 1913

Caro Professor Freud,

Embora o senhor tenha, evidentemente, ressentido-se muito da minha primeira carta secreta ou a tenha levado a mal, não posso deixar, embora evitando o assunto, de oferecer-lhe os meus amigáveis votos de Ano Novo. É minha esperança que o movimento ΨÁtico continue a progredir, que a sua vitalidade não se enfraqueça, e, na verdade, eleve-se, pelos conflitos internos e as correntes cruzadas. Sem eles não existe vida. Quando tudo corre facilmente começa a petrificação. "Eu procuro a salvação não em formas rígidas"[1].

Não hesite em dizer-me se o senhor não deseja mais as minhas cartas secretas. Eu também posso passar sem elas. Desnecessário dizer que não tenho intenção de atormentá-lo. Mas se o senhor professa uma atitude amistosa para comigo devo insistir no meu direito recíproco, e tratarei o senhor com a mesma consideração analítica que o senhor me oferece de vez em quando. Certamente, o senhor sabe que a compreensão das verdades da ΨA está na proporção direta do progresso que alguém consegue consigo mesmo. Se a pessoa tem sintomas neuróticos haverá uma falta de compreensão em algum ponto. Onde, os eventos passados já o demonstraram. Assim, se lhe ofereço a pura verdade é na intenção de fazer-lhe um bem, embora isso possa ferir.

Acho que as minhas intenções honestas são perfeitamente claras, de modo que não preciso dizer mais. O resto é com o senhor.

Pelo curso desta carta o senhor pode adivinhar quais são os meus votos para o Ano Novo.

Cordiais saudações,

Muito sinceramente seu,

Jung

1. *Fausto*, II, I Ato, Uma Obscura Galeria.

344 J

Internationale Psychoanalytische Vereinigung
Küsnach-Zürich, 6 de janeiro de 1913

Caro Professor Freud,

Acedo ao seu desejo de que abandonemos as nossas relações pessoais, pois eu nunca forcei amizade com ninguém. O senhor mesmo é o melhor juiz daquilo que este momento significa para o senhor. "O resto é silêncio"[1].

Muito agradecido por ter aceitado o artigo de Burrow.

Sinceramente seu,

Jung

1. *Hamlet*, V, ii.

345 J

Küsnacht, 9 de janeiro de 1913[1]

Caro Professor Freud,

Estou preparado para aceitar o artigo do Dr. Weissfeld[2] para o *Jahrbuch* e espero encontrar espaço para ele no próximo número. Tenho que me expressar com certa reserva porque Bleuler deixou de fora dois artigos do volume anterior.

Agradeço-lhe a sua amável atenção e confio o *Jahrbuch* à sua contínua boa vontade.

Sinceramente,
Dr. *Jung*

1. Cartão-postal, datilografado e assinado.
2. Moses Weissfeld (1879-19–), de Berna, origem russa; "Freuds Psychologie als eine Transformationstheorie", Jahrbuch, V:2 (1913)

346 F

Internationale Zeitschrift für Ärztliche Psychoanalyse
Viena, 27 de janeiro de 1913[1]

Caro senhor Presidente,

Caro Doutor,

Tenho diante de mim o primeiro número do nosso *Zeitschrift*. Valho-me desta oportunidade para agradecer-lhe o amistoso apoio que o senhor, como presidente, tem dado ao empreendimento. Esse apoio permitiu-nos, desde o início, começar uma política que esperamos seguir para satisfação de todos.

Tanto os editores como o diretor serão gratos ao senhor por qualquer sugestão de mudanças e de melhorias. A resenha do *Jahrbuch*[2] continuará no próximo número, que trará também um estudo do seu ensaio sobre a libido por um dos editores[3]. O terceiro número terá colaborações de nossos colegas norte-americanos[4].

Sabe-se agora que, ao que parece, foi concluído um contrato secreto, um ano e meio atrás, entre Stekel e o impressor, prevendo a minha dispensa no caso de conflito entre diretor e editor. Uma bonita peça de deslealdade.

Espero que cheguemos a um entendimento satisfatório com base em nossos empreendimentos comuns.

Saudações,

Sinceramente seu,
Freud

P. S. Estou aguardando o seu esboço de contrato e a sua decisão quanto à minha contribuição para a compensação a Bergmann.

1. Última carta de Freud a Jung que foi conservada. Cf. o fac-símile 12.
2. Na sua reunião de 9 de outubro de 1912 (a primeira da nova estação), a Sociedade de Viena votou uma moção de Freud para estabelecer uma junta de resenhas para a qual Federn, Hitschmann, Reitler e Tausk foram designados. A tarefa deles era resenhar novas publicações psicanalíticas, particularmente o *Jahrbuch*, com regularidade, e publicar as resenhas no órgão oficial da Associação, o *Zeitschrift*, cf. *Minutes*, IV, e *Zeitschrift*, I:1, 112-113. Portanto o conteúdo do *Jahrbuch* IV:1 (exceto os artigos de Freud e Jones) foi resenhado como se segue: em I:1, Nelken (cf. 305 J. n. 3) e Grebelskaya, por Tausk (cf. 348 J n. 4); Rank e Silberer, por Hitschmann; e Spielrein, por Federn. Em I:2, Bleuler, por Rudolf Reitlek. Quanto a Jung, cf. a próxima nota.
3. A crítica de Ferenczi de "Wandlungen und Symbole der Libido" só apareceu em I:4.
4. Putnam, "Bemerkungen über einen Krankheitsfall mit Griselda-Phantasien"; Jones (endereço dado: Londres), "Die Bedeutung des Grossvaters für das Schicksal des Einzelnen". O número seguinte continha o artigo de Burrow (cf. 339 J n. 1).

347 J

Internationale Psychoanalytische Vereinigung
Küsnach-Zürich, 31 de janeiro de 1913

Caro Professor Freud,

Verifique, por favor, os *planos dos contratos anexo*. Queira dar-me a sua opinião. Queira também levar os planos ao conhecimento dos editores e enviar o contrato com o impressor a Herr Heller.

O acordo financeiro com Bergmann só pode ser efetuado depois que eu tenha o consentimento da Associação como um todo. Como já lhe disse, acho

Ano 1913 ——————————————————————————

eu, a compensação de Bergmann será fornecida pelo fundo da Associação. Agradeço-lhe em nome da Associação pela amável oferta.

Poderia o senhor dizer-me, por favor, se *7/8 de setembro* (domingo e segunda) é conveniente como data do Congresso para o senhor, pessoalmente, assim como para a Sociedade de Viena. Local da reunião: Munique.

Se for confirmado que Stekel tinha um contrato secreto com Bergmann, isso seria precisamente o tipo de baixeza com o qual me recuso a ser identificado.

Para a I Parte do Volume V do *Jahrbuch* estamos preparando o seguinte: 1. um artigo de Pfister sobre criptografia e glossolalia. 2. Jones sobre a neurose obsessiva, material clínico. 3. Itten: material clínico sobre Dem. pr. 4. Sadger: sobre o complexo sadomasoquista. 5. as minhas conferências norte-americanas sobre a teoria da ΨA.

Não tenho ilusões sobre a resenha do meu ensaio que está para aparecer. Tem sido mal recebido em toda a parte. Gracejos de principiante, evidentemente. A compreensão é uma das tarefas mais difíceis da transferência.

Cordiais saudações,

Sinceramente seu,
Jung

348 J

1003 Seetrasse, Küsnach-Zürich
11 de fevereiro de 1913

Caro Professor Freud,

Concordo plenamente com as mudanças que o senhor sugeriu para o contrato[1]. Por favor, remeta as cópias dos contratos de volta para mim tão logo tenha acabado de vê-las, pois são as minhas únicas cópias.

Agradeço a colaboração que o senhor prestou ao *Jahrbuch* e compartilho das suas opiniões acerca dos artigos escolhidos por Bleuler. Ele *fez, ele próprio, a editoração* durante a minha ausência.

Acabei de receber uma carta de Bleuler perguntando se eu gostaria de imprimir a resposta de Kronfeld[2] à crítica de Rosenstein (devo dizer, *excelente)* no *Jahrbuch*. Acho que devemos fazê-lo como prova de absoluta tolerância.

Kraus tratou-me miseravelmente. Primeiro ofereceu-me histeria para o seu manual[3], depois deu-me neurastenia, que eu recusei porque conheço muito pouco sobre o assunto e não acredito nisso, de qualquer maneira. Estou extremamente satisfeito por estar livre desse encargo já que tenho coisas melhores a fazer.

Escrevi um artigo para o *Internat. Zeitschrijt*, no qual tentei esclarecer a nossa posição com referência a uma observação de Tausk na crítica dele de Nelken[4]. Basicamente, é uma simples diferença de interpretação e não um questionamento dos fatos.

Cordiais saudações,

Sinceramente seu,

Jung

1. Aparentemente, falta uma carta de Freud. Quanto ao contrato entre o escritório central e Freud, cf. apêndice 6.
2. Cf. 314 F n. 1 e 2. A resposta de Kronfeld não apareceu no *Jahrbuch* e, ao que parece, em lugar algum.
3. Friedrich Kraus e T. Brugsch, *Spezielle Pathologie und Therapie der inneren Krankheiten* (1919-1927). Kraus convidara também Freud, em 1912, a escrever um artigo sobre histeria; isso levou a um prolongado episódio, relatado por Jones, II, 278s. /248s. Quando a enciclopédia de Kraus-Brugsch finalmente apareceu, não continha artigos da escola psicanalítica.
4. "Eine Bemerkung zur Tauskschen Kritik der Nelkenschen Arbeit", *Zeitschrift*, I:3 (1913) = "Um comentário à crítica de Tausk ao trabalho de Nelken", OC 18/1. Cf. 305 J n. 3 e 346 F n. 1. / Victor Tausk (1877-1919), de origem croata, havia sido advogado e jornalista antes de tornar-se psicanalista. Ingressou na Sociedade de Viena em 1909 e completou seus estudos médicos em 1914. A sua promissora carreira acabou em suicídio, em 1919. Cf. Paul Roazen, *Brother Animal: The Story of Freud and Tausk* (1969).

349 J

Internationale Psychoanalytische Vereinigung
Küsnach-Zürich, 20 de fevereiro de 1913

Caro Professor Freud,

Sinto muito que o senhor tenha sido surpreendido pelo pacote de Bergmann[1]. Eu tinha a impressão de que o senhor havia sido notificado com antecedência. Como o senhor sabe, tivemos ainda que pagar a Berg-mann pelas subscrições, com taxa reduzida, e B. insistiu em remeter-nos as cópias dele. Eu queria abrir mão delas em nome da Associação, mas depois achei que os vários grupos locais poderiam fazer das cópias o que bem entendessem.

Na minha última carta eu não disse nada sobre o tema para discussão[2] porque queria primeiro consultar Maeder. Ele não é da opinião do senhor. E eu devo confessar que o significado teleológico dos sonhos parece-me um conceito importante, ao qual, até esta data, tem-se dado muito pouca atenção na literatura especializada. Mas de boa vontade acolheremos as suas contrapropostas e, se necessário, desistiremos desse tema se algo melhor for encontrado.

Com relação ao material para o *Internat. Zeitschrift*, de nossa parte apelei para Maeder e Riklin. Eles são praticamente os únicos elementos produtivos, além de Pfister.

Bleuler enviou-me um artigo para o *Jahrbuch*, intitulado "Aversão à sexualidade"[3]. Já está composto e é "esquisito". Aceitei também um artigo de Stärcke: "Sobre as novas experiências de sonhos"[4]. Uma versão alemã do original holandês; espero que o senhor o aprove. Acho que Stärcke já foi apresentado ao senhor.

Parece que escapou à sua atenção que, na minha última carta, pedi a opinião do senhor quanto a aceitar a resposta de Kronfeld à crítica de Rosenstein para o *Jahrbuch*. Não penso que o senhor se oponha a essa demonstração de liberalismo.

Cordiais saudações,

Sinceramente seu,

Jung

---

1. Aparentemente, falta uma carta de Freud.
2. No Congresso de Munique; cf. a nota editorial que se segue a 327 J.
3. "Der Sexualwiderstand", *Jahrbuch*, V:1 (1913).
4. Johan Stärcke, "Neue Traumexperimente in Zusammenhang mit älteren und neueren Traumtheorien", *ibid*.

350 J

Internationale Psychoanalytische Vereinigung
Küsnach-Zürich, 3 de março de 1913

Caro Professor Freud,

Esta é para informar-lhe que amanhã tenho que ir para os Estados Unidos por cinco semanas[1]. Todos os arranjos necessários quanto ao *Jahrbuch* foram feitos com Deuticke. Pedi-lhe que se dirigisse ao senhor caso aconteça algo fora da rotina. Os últimos manuscritos a serem enviados à impressão são "As novas experiências de sonhos", do Dr. J. Stärcke, de Amsterdam, e as minhas conferências norte-americanas. Estas são, realmente, bastante humildes e não merecem, de forma alguma, a confusão que criaram. Nelas expressei apenas algumas opiniões divergentes.

Pfister informa-me que Adler aproximou-se silenciosamente dele com a proposta de que constituíssem causa comum contra o senhor. Essa manobra tem sido repelida com indignação aqui.

Conversei com Maeder outra vez e chegamos à conclusão de que não queremos, de maneira alguma, forçar a nossa proposta. Acolheremos de bom grado uma sugestão melhor.

A circular de Hoche[2] chegou às nossas mãos. Maeder vai remetê-la ao senhor para ser publicada no *Internat. Zeitschrift*. É importante que isso seja feito o mais breve possível, isto é, antes do Congresso, de modo a que as pessoas possam ver de que forma Hoche encobre sua falta de experiência.

Recebi também o artigo de Graz[3]. Parece que, aos poucos, está rompendo a aurora na psiquiatria.

Cordiais saudações,

Sinceramente seu,

Jung

---

1. Foi durante essa viagem que Jung, indo de navio de Gênova para Nápoles, permaneceu no convés enquanto o barco se aproximava da latitude de Roma; mas a sua esperança de ver Roma jamais foi satisfeita. Quando o navio atracou em Nápoles, Jung foi a Pompeia – "Só estava apto para visitar Pompeia após ter adquirido, por meio dos meus estudos de 1910 a 1912, uma certa compreensão da psicologia da Antiguidade clássica" (*Memories*, p. 287s./268s., em que a viagem é datada de 1912; mas Franz Jung confirmou que ocorreu em 1913). Da estada em Nova York, só vieram à luz os seguintes detalhes: "O Dr. C.G. Jung falou sobre psicanálise a 27 de março, no Liberal Club, em Nova York (presidente: Rev. Dr. Percy Grant)" – *Zeitschrift*, I:3 (1913), 310 (seção *Korresponzblatt*). Percy Stickney Grant

Ano 1913 ——————

(1860-1927) era ministro da Igreja da Ascensão (Protestante Episcopal), na 5th. Avenue e 10th Street; o Liberal Club ficava no Gramercy Park.

2. Publicado na seção "Varia" do *Zeitschrift*, I:2, p. 199. Hoche enviara circular a colegas, pedindo material para ser usado num depoimento contra Bleuler em relação a "O valor da psicanálise", na reunião anual da Associação Psiquiátrica Alemã, em Breslau, em maio. Em I:4 apareceu um relatório da reunião (feito por Eitingon) e um resumo das observações de Bleuler e de Hoche (p. 411-414).

3. Não identificado; possivelmente de autoria do Dr. Edwin Hollerung, membro da Sociedade de Viena desde 1906 – o único que residia em Graz.

351 J

Internationale Psychoanalytische Vereinigung
Küsnach-Zürich, 16 de abril de 1913

Caro Professor Freud,

Gostaria de recomendar à sua amável atenção, para possível inclusão na *Imago*, o artigo em anexo, de autoria de Herr Oczeret[1]. As partes do artigo que examinei impressionaram-me pela riqueza de ideias. Acho que o interesse predominantemente literário do trabalho torna-o adequado para a *Imago*.

Cordiais saudações,

Sinceramente seu,
Jung

1. Herbert Oczeret (1884-1939), polonês; após 1907, na Universidade de Zurique (M.D.). Membro da Sociedade de Zurique e da Sociedade para o Progresso da Psicanálise (Society for Psychoanalytic Endeavours), na qual apresentou comunicações sobre assuntos estéticos (*Zeitschrift*, I:6, 1913, seção *Korrespondenzblatt*. Nenhum artigo de Oczeret apareceu na Imago. Foi, depois, psiquiatra em vários sanatórios suíços.

352 J

Küsnacht, 28 de abril de 1913[1]
Caro Professor Freud,

Acuso por meio desta o recebimento do artigo de Marcinowski[2]. Cordiais saudações,

Sinceramente seu,
Dr. Jung

1. Cartão postal, datilografado e assinado.
2. Cf. 356 J.

353 J

Internationale Psychoanalytische Vereinigung
Küsnach-Zürich, 17 de maio de 1913[1]

Caro Sr. Presidente,

Com vistas a estabelecer o programa para o Congresso de Munique, a 7 e 8 de setembro, seria desejável ter *agora* alguma ideia quanto ao tipo de comunicações que serão apresentadas. Pediria ao senhor, portanto, para que se informasse em tal sentido com o seu grupo e instasse os seus membros a se comunicarem comigo o mais breve possível.

Uma vez que o tema de debate proposto pela reunião de Munique, "Sobre a função teleológica dos sonhos", não encontrou aprovação geral, pedir-lhe-ia para indagar se o tema proposto deve permanecer ou se poderão ser colocadas melhores sugestões. O grupo de Zurique é de opinião que o tema é fundamental e digno de ser debatido. Não obstante acho que é importante que a Associação, como um todo, expresse os seus pontos de vista sobre esse assunto de interesse geral.

Também a esse respeito, Sr. Presidente, apreciaria uma pronta resposta.

Sinceramente de V.S.,

Dr. Jung

1. Datilografada e assinada. Evidentemente, uma carta circular aos presidentes das sociedades filiadas.

354 J

4º Congresso Psicanalítico de Munique[1]
7 e 8 de setembro de 1913

O Congresso Psicanalítico particular deste ano será realizado em Munique, a 7 e 8 de setembro. Como nas anteriores ocasiões dessa natureza,

Ano 1913 ———————————————————————————————————————

o primeiro dia (7) será o verdadeiro dia de trabalho, com sessões de manhã e à tarde. Foram tomadas providências para outra sessão matinal, no dia 8.

Pede-se aos participantes para desempenharem um papel ativo no trabalho comum, fazendo palestras. No dia 7, o tema a ser debatido na sessão da manhã é aquele proposto na conferência em Munique:

"A função dos sonhos".

O orador é o Dr. A. Maeder, de Zurique; coorador, Dr. O. Rank, de Viena. A notificação de conferências (comunicações) deve ser enviada ao abaixo-assinado no dia 1º de agosto. Convidados são bem-vindos.

Presidente da Associação Psicanalítica Internacional,
Dr. C.G. Jung

Küsnacht-Zürich, junho de 1913.

1. Circular impressa.

355 J

Internationale Psychoanalytische Vereinigung
Küsnach-Zürich, 29 de julho de 1913

Caro Professor Freud,

Aguardo, ainda, a notificação de uma conferência de sua parte. Como gostaria de ter o programa impresso em breve, ficaria grato por uma pronta resposta.

Muito agradecido por ter enviado as suas separatas. Devo, contudo, assinalar que em seu artigo "Um sonho probatório"[1], que em outros aspectos demonstra as excelentes qualidades que sempre admirei em seus escritos, o senhor formula uma concepção das nossas ideias[2] que repousa sobre um equívoco. Esse equívoco gira em torno da concepção do conflito geral que, para nós, é *não a aflição trivial do momento*, mas o problema de adaptação. Um segundo engano parece ser o de pensar o senhor que negamos a teoria dos sonhos como realização de desejos. Admitimos plenamente a solidez da teoria da realização de desejos, mas sustentamos que essa forma de interpretar os sonhos toca apenas a superfície, que se interrompe diante do símbolo e que é possível interpretação adicional. Quando, por exemplo, um desejo de coito aparece num sonho, esse desejo pode ser analisado mais além, uma vez que essa expressão arcaica, com sua monotonia de significado, necessita ser retraduzida para outro *medium*. Reconhecemos a solidez da teoria da realização de desejos até certo ponto, mas vamos além dela. Do nosso ponto de vista ela não esgota o significado do sonho.

Cordiais saudações,

Sinceramente seu,
Jung

---

1. "Ein Traum als Beweismittel", *Zeitschrift*, I:1 (1913) = "Um sonho probatório", Ed Standard Bras., XII.
2. No artigo Freud não faz referência a Jung, mas fala de "desconfianças nas mentes de tantos psicanalistas, entre eles alguns bem conhecidos" (Ed. Standard Bras., XII, p. 343).

356 J

1003 Seestrasse, Küsnach-Zürich,
18 de agosto de 1912[1]

Caro Professor Freud,

Anexo um manuscrito[2] que gostaria de submeter ao seu julgamento, como diretor do *Jahrbuch*. O Professor Bleuler já expressou a opinião dele: rejeita-o. Já que sou pessoalmente atacado nesse artigo, devo, a bem da objetividade, abster-me de expressar a minha própria opinião.

Até agora foram enviados três artigos para o novo *Jahrbuch*:

I. Mensendieck[3]: Sobre a Técnica de Instrução e Educação durante o Tratamento Psicanalítico.

II. Sadger: A Psicanálise de um Autoerótico[4].

III. Marcinowski: A Cura de um Caso de Asma[5].

Aguardando uma breve resposta, despeço-me com cordiais saudações,

Sinceramente seu,
Dr. Jung

Ano 1913

1. Datilografada e assinada.
2. Não identificado.
3. Otto Mensendieck (1871-19–), membro leigo da Sociedade de Zurique, originalmente de Hamburgo. O seu artigo é "Zur Technik des Unterrichts und der Erziehung während der psychoanalytischen Behandlung", *Jahrbuch*, V:2 (1913). Voltou à Alemanha em 1914.
4. "Die Psychoanalyse eines Autoerotikers", *ibid.*
5. "Die Heilung eines schweren Falles von Asthma durch Psychoanalyse", *ibid.*

O Congresso de Munique

Jung visitou a Inglaterra no princípio de agosto com o objetivo de apresentar trabalhos em duas corporações profissionais. A 5 de agosto, apresentou-se diante da Sociedade Psico-Médica de Londres, com um ensaio intitulado simplesmente "Psicanálise" (em OC 4, "Aspectos gerais da psicanálise"), no qual aplicava o nome "psicologia analítica" à "nova ciência psicológica". Sobre a teoria dos sonhos "estou de pleno acordo com Adler" (§ 553). No 17º Congresso Internacional de Medicina, em Londres, de 6 a 12 de agosto, o seu tema foi "Sobre a psicanálise" (em OC 4), e ele demonstrou as suas divergências quanto à teoria freudiana da neurose, propondo que "a teoria psicanalítica seja libertada do enfoque puramente sexual. Em seu lugar, gostaria de introduzir na psicologia da neurose um *enfoque energético...*" (§ 566).

Freud fora a Marienbad em meados de julho para tratamento, com "a sua família de três mulheres", como afirma Jones (II, p. 112/99): "A sua filha conta-me que foi a única vez que ela se lembra de o pai estar deprimido". Em agosto, a família Freud foi para uma localidade de férias nos Dolomitas, onde Ferenczi juntou-se ao grupo. Os dois viajaram juntos para Munique, lá chegando a 5 de setembro.

A "Quarta Reunião Psicanalítica Particular" teve lugar a 7 e 8 de setembro, com 87 membros e convidados presentes. Freud, depois de ser induzido por Abraham a contribuir, leu uma comunicação sobre "A disposição à neurose obsessiva: uma contribuição ao problema da escolha de neurose" (Ed. Standard Bras., XII). O tema de Jung era "A questão dos tipos psicológicos", publicado originalmente em francês (*Archives de Psychologie*, XII: 52, dezembro, 1913) (OC 6, apêndice 1); era, na verdade, um estudo preliminar para uma importante obra de Jung, *Tipos Psicológicos* (orig. 1921).

O Congresso desenvolveu-se numa atmosfera que Jones descreveu como "desagradável" e Freud como "cansativa e não edificante". Quando Jung se candidatou à reeleição como presidente, 22 dos 52 participantes abstiveram-se de votar para que a sua eleição não fosse unânime. A história é relatada em detalhes por Jones, II, p. 113 s./l0ls. e 168s./148s. Ver também Freud, "A história do movimento psicanalítico", Ed. Standard Bras., XIV, p. 58, 75; e *The Freud journal of Lou Andreas-Salomé*, tradução de S.A. Leavy (Nova York, 1964), p. 168s. As cifras da votação (incorretas em Jones) são do relatório do Congresso, no *Zeitschrift*, II (1914), 407.

357 J

1003 Seestrasse, Küsnach-Zürich
27 de outubro de 1913

Caro Professor Freud[1],

Chegou aos meus ouvidos, por meio do Dr. Maeder, que o senhor duvida da minha *bona fides*. Seria de esperar que o senhor se comunicasse diretamente comigo numa questão de tanto peso. Já que essa é a mais grave exprobação que se pode dirigir a quem quer que seja, o senhor tornou impossível a colaboração futura. Deixo, portanto, a editoração do *Jahrbuch*, da qual o senhor me incumbiu. Notifiquei também Bleuler e Deuticke da minha decisão.

Cordialmente,
Dr. C.G. Jung[2]

1. Hológrafo: *Sehr geehrter Herr Professor.*
2. Em *Memories*, escreve Jung: "Em outubro (1913), quando viajava sozinho, fui subitamente surpreendido por uma visão dominadora: vi uma torrente monstruosa cobrindo toda a parte norte e as terras baixas entre o mar do Norte e os Alpes... compreendi que uma terrível catástrofe estava a caminho... O mar inteiro transformou-se em sangue" (p. 175-169). Duas semanas depois a visão ocorreu de novo, ainda mais vivida do que antes.

Ano 1913

O fim do Jahrbuch

Subsequentemente, apareceram as seguintes notificações no *Jahrbuch*, V:2 (1913):

Declaração do Dr. Bleuler, diretor

Após o término deste volume renunciarei ao cargo de diretor, mas certamente manterei, como antes, o meu interesse pelo periódico.

Bleuler

Declaração do editor

Senti-me obrigado a renunciar como editor do *Jahrbuch*. Os motivos de minha renúncia são de natureza pessoal, razão pela qual me recuso a discuti-los em público.

C. G. Jung

Declaração do responsável pela impressão

Após a saída do Prof. Dr. Bleuler e do Dr. Jung, o Dr. Freud continuará a organizar o *Jahrbuch*. O próximo volume aparecerá em meados de 1914, sob o título:

Jahrbuch der Psychoanalyse

Editado pelo Dr. K. Abraham (Berlim)
e pelo Dr. E. Hitschmann (Viena)

Fr. Deuticke

Assim reconstituído, o *Jahrbuch* continuou a ser publicado por mais um ano. O seu primeiro número (VI:1) continha os dois trabalhos nos quais Freud publicava pela primeira vez um relato das diferenças entre os seus pontos de vista e os de Jung e Adler: "A história do movimento psicanalítico" e "Sobre o narcisismo: uma introdução" (ambos em Ed. Standard Bras., XIV), escritos nos primeiros meses de 1914.

358 J

Internationale Psychoanalytische Vereinigung
Küsnach-Zürich, 20 de abril de 1914[1]

Caro Sr. Presidente,

Os mais recentes acontecimentos convenceram-me de que as minhas concepções estão em tão acentuado contraste com as ideias da maioria dos membros da nossa Associação que não posso mais considerar-me uma pessoa adequada para ser presidente. Proponho, portanto, a minha renúncia ao conselho dos presidentes das sociedades filiadas, com agradecimentos pela confiança de que desfrutei até hoje[2].

Cordialmente,
Dr. C.G. Jung[3]

1. Datilografada e assinada, com três X no fim, escritos a tinta. Carta circular aos presidentes das sociedades filiadas. O texto foi publicado subsequentemente no *Zeitschrift*, II:3 (1914), 297.

2. A 30 de abril, Jung apresentou a sua renúncia como *Privatdozent* da faculdade médica da Universidade de Zurique. Foi aceita pelas autoridades educacionais do cantão a 3 de junho (extraído dos registros oficiais, cortesia do Sr. Franz Jung).

3. Em *Memories*, Jung relata um sonho que ocorreu três vezes, em abril, maio e junho de 1914: "... no meio do verão uma onda de frio desceu do Ártico e congelou a terra... Todas as coisas verdes e vivas foram mortas pelo gelo... O terceiro sonho, contudo, tinha um fim inesperado. Havia uma árvore cheia de folhas, mas sem frutos (a minha árvore da vida, pensei), cujas folhas haviam sido transformadas, pelos efeitos da geada, em uvas doces, cheias de sucos saudáveis. Eu colhi as uvas e dei-las a uma imensa e ansiosa multidão" (p. 176-170).

O rompimento final

Numa carta de 30 de abril de 1914[1] aos presidentes das seis sociedades europeias filiadas – Berlim, Budapeste, Londres, Munique, Viena e Zurique –, Freud sugeriu que o conselho dos presidentes se abstivesse da reunião e elegesse por correspondência um presidente provisório para a Associação. Propunha Karl Abraham, uma vez que este estaria na posição mais vantajosa para fazer os preparativos para o Congresso de Dresden, no outono de 1914.

Ano 1923 ——————————————————————————————————

Consequentemente, os presidentes locais concordaram por correspondência que Abraham servisse como presidente provisório até o próximo Congresso. Ele editou a *Korrespondenzblatt* no número seguinte do *Zeitschrift*; Dresden foi proposta para o Quinto Congresso, em setembro de 1914[2]. Mas a *Korrespondenzblatt* de Abraham, no número seguinte a esse (I:5), com apenas uma página de extensão, continha apenas três itens de informação: a 10 de julho, a Sociedade de Zurique votara pela retirada da Associação Psicanalítica Internacional; o *Zeitschrift* e a *Imago* continuariam a ser publicados, mas o *Jahrbuch* provavelmente não; e, devido aos 'acontecimentos no mundo...', o nosso Congresso, como muitos outros eventos científicos, deve ser adiado para um período não especificado".

No fim de julho, Jung foi convidado pela British Medical Association para fazer uma conferência em sua reunião anual, em Aberdeen, "A importância do inconsciente na psicopatologia" (OC 3). Referiu-se brevemente a Freud ("A Freud devemos agradecer... por haver chamado a atenção para a importância dos sonhos"), mas não mencionou a palavra psicanálise.

1. Cópia carbono de carta datilografada, encontrada por Anna Freud nos arquivos do pai. Fora datilografada por ela mesma ou por Rank.
2. O Quinto Congresso Psicanalítico Internacional, organizado por Ferenczi, teve lugar em Budapeste, a 28-29 de setembro de 1918.

359 J

228 Seestrasse, Küsnacht-Zürich
[dia e mês?] 1923[1]

Caro Professor Freud,

A finalidade desta carta é referir o seguinte caso à sua autoridade médica:

Herr J——, que em breve terá a honra de apresentar-se pessoalmente ao senhor, está sofrendo de uma neurose obsessiva. Ele foi tratado por mim durante dois anos, mas a doença provocou muitas interrupções, por razões que ficarão evidentes pelo relatório feito pelo próprio paciente. No decorrer do tratamento ele adquiriu um conhecimento mais íntimo das suas fantasias sexuais e dos escritos científicos do senhor. A compreensão que eles proporcionaram aliviaram tanto os seus sintomas que ele começou até a sonhar com o senhor. O desejo de ser tratado pessoalmente pelo senhor era tão inequívoco que senti ser meu dever fazer tudo o que estivesse ao meu alcance para apoiar seus esforços de recuperação e facilitar seu tratamento pelo senhor. A inquestionável ajuda que as suas ideias lhe proporcionaram prepararam-no para progredir ainda mais nessa direção.

Herr J—— é um diplomata de carreira, muito inteligente e rico. A sua neurose é certamente grave e, além disso, não é mais jovem, mas ao mesmo tempo é suficientemente flexível para que eu possa recomendá-lo ao senhor de boa consciência. Além do mais, a sua decisão de voltar-se para o senhor em busca de auxílio, como resultado do tratamento, foi tão lógica e convincente que jamais duvidei, por um momento, que fosse a decisão certa. Quanto à sintomatologia do caso, devo referir ao senhor o próprio relatório do paciente, ao qual nada tenho a acrescentar[2].

Na sincera esperança, caro professor, de que o senhor concederá a sua ajuda ao paciente, fico,

Com respeitosas saudações,

Cordialmente,
Dr. *Jung*

1. Manuscrita. Jung escreveu apenas o ano na data, deixando espaço para ser preenchido com o dia e o mês. Morava ainda no mesmo local, mas as casas haviam sido renumeradas durante esse intervalo de tempo.
2. A seguinte informação foi fornecida por Aniela Jaffé: "O caso envolvia um judeu que não podia ou não queria reconhecer a sua condição de judeu. A análise com Freud não o ajudou e ele voltou a Jung. Teve, então, um sonho, no qual se encontrava num lugar intransitável, além do qual brilhava uma luz. Sobre o obstáculo estava sentada uma velha, que lhe disse: 'Somente aquele que é judeu pode passar!'. Foi esse o início da cura da sua neurose".

1
Quadro cronológico das cartas

			Freud	Jung				Freud	Jung
1906					Set.	2	Seg.	42	
Abr.	11	Qua.	1			4	Qua.		43
Out.	5	Sex.		2		11	Qua.		44
	7	Dom.	3			19	Qui.	45	
	23	Ter.		4		25	Qua.		46
	27	Sáb.	5		Out.	1	Ter.		47
Nov.	26	Seg.		6		10	Qui.		48
Dez.	4	Ter.		7		28	Seg.		49
	6	Quin.	8		Nov.	2	Sáb.		50
	29	Sáb.		9		8	Sex.		51
	30	Dom.	10			15	Sex.	52	
1907						24	Dom.	53	
Jan.	1	Ter.	11			30	Sáb.		54
	8	Ter.		12	Dez.	8	Dim.	55	
	13	Dom.	13			16	Seg.		56
Fev.	20	Qua.		14		21	Sáb.	57	
	21	Qui.	15		**1908**				
	26	Ter.		16	Jan.	1	Qua.	58	
Mar.	3	Dom.	Jungs em Viena		2		Qui.	59	
	31	Dom.		17		5	Dom.		60
Abr.	1	Dom.	18			14	Ter.	61	62
	11	Qui.		19		22	Qua.		63
	14	Dom.	20			25	Sáb.	64	65
	17	Qua.		21		27	Seg.	66	
	17/21	Qua./ Dom.	22			31	Sex.	67	
	21	Dom.	23		Fev.	14	Sex.	68	
Maio	13	Seg.		24		15	Sáb.		69
	23	Qui.	25			17	Seg.	70	
	24	Sex.		26		18	Ter.	71	
	26	Dom.	27			20	Qui.		72

Mês	Dia		Freud	Jung
	30	Qui.		28
Jun.	4	Ter.		29
	6	Qui.	30	
	12	Qua.		31
	14	Sex.	32	
	28	Sex.		33
Jul.	1	Seg.	34	
	6	Sáb.		35
	10	Qua.	36	
Ago.	12	Seg.		37
	18	Dom.	38	
	19	Seg.		39
	27	Ter.	40	
	29	Qui.		41
			Freud	Jung
Maio	3	Dom.	87	
	4	Seg.	89	88
	6	Qua.	90	
	7	Ter.		91
	10	Dom.	92	
	14	Qui.		93
	19	Ter.	94	
	25	Seg.		95
	29	Qua.	96	
Jun.	1	Seg.		97
	19	Qua.		98
	21	Dom.	99	
	26	Sex.		100
	30	Ter.	101	
Jul.	12	Dom.		102
	18	Sáb.	103	
Ago.	5	Qua.	104	
	11	Ter.		105
	13	Qui.	106	
	21	Sex.		107
Set.	1	Ter.	Freud na Inglaterra	
	9	Qua.		108

Mês	Dia		Freud	Jung
	23	Dom.		73
Mar.	3	Ter.	76	75
	5	Qui.	77	
	9	Seg.	78	
	11	Qua.		79
	13	Sex.	80	
Abril	11	Sáb.		81
	14	Ter.	82	
	18	Sáb.		83
	19	Dom.	84	
	24	Sex.		85
	27	Seg.	Cong. Salzburg	
	30	Seg.		86
			Freud	Jung
	17	Qua.		136
	21	Dom.		137
	25	Qui.	Jungs em Viena	
Abril	2/12	Sex. Se.	138	
	16	Sex.	139	
Maio	12	Qua.		140
	16	Dom.	141	
Jun.	2	Qua.		142
	3	Qui.	143	
	4	Sex.		144
	7	Seg.	145	
	12	Sáb.		146
	18	Sex.	147	
	21	Se.		148
	30	Qua.	149	
Jul.	7	Qua.	150	
	10/13	Sáb./Ter.		
		Ter.		151
	19	Seg.	152	
Ago.	5	Qui.	153	
	9	Seg.	154	

			Freud	Jung
	18	Sex.	Freud em Burghölzli	
	23	Qua.	109	
Out.	15	Qui.	110	
	21	Qua.		111
Nov.	8	Dom.	112	
	11	Qua.		113
	12	Qui.	114	
	27	Sex.		115
	29	Dom.	116	
Dez.	3	Qui.		117
	11	Sex.	118	
	15	Ter.		119
	17	Qui.	120	
	21	Seg.		121
	26	Sáb.	122	
	30	Qua.	123	
1909				
Jan.	7	Qui.		124
	17	Dom.	125	
	19	Ter.		126
	22	Sex.	127	
	24	Dom.		128
	25	Seg.	129	
	26	Ter.	130	
Fev.	21	Dom.		131
	26	Qua.	132	
Mar.	7	Dom.		133
	9	Ter.	134	
	11/12	Qui./Sex.		135

			Freud	Jung
Mar.	2/3	Qua./Qui.		181
	6	Dom.	182	
	8	Ter.		E. Jung 1
	9	Qua.	Jung à América	183

			Freud	Jung
	20	Sex.	Para os Estados Unidos. para a Conf. de Clark	
Set.	29	Qua.	Chegada a Bremen	
Out.	1	Sex.		155
	4	Seg.	156	
	14	Qui.		157
	17	Dom.	158	
Nov.	8	Seg.		159
	11	Qui.	160	
	12	Sex.		161
	15	Seg.		162
	21	Dom.	163	
	22	Seg.		164
30/Dez	2	Ter./Qui.		165
Dez.	2	Qui.	166	
	12	Dom.	167	
	14	Ter.		168
	19	Dom.	169	
25/31		Sáb./Sex		170
1910				
Jan.	2	Dom.	171	
	8	Sáb.		172
	10	Seg.		173
	13	Qui.	174	
	30	Dom.		175
	31	Seg.		176
Fev.	2	Qua.	177	
	11	Sex.		178
	13	Dom.	179	
20/22		Dom./Ter.		180

			Freud	Jung
	19	Seg.	226	
	20	Ter.		227
	22	Qui.	228	
	23	Sex.		229
	26	Seg.	Encontros em Munique	

	Dia			
	16	Qua.		E. Jung 2
	30/31	Qua./Qui.	Cong. Nuremberg; visita a Rothenburg	1911
Abr.	6	Qua.		184
	12	Ter.	185	
	17	Dom.		186
	22	Sex.	187	
	26	Ter.	188	
	30	Sáb.		189
Maio	2	Seg.	190	
	5	Qui.		191
	17	Ter.	192	
	24	Ter.		193
	26	Qui.	194	
	30	Seg.	195	
Jun.	2	Qui.		196
	9	Qui.	197	
	17	Sex.		198
	19	Dom.	199	
	22	Qua.	ca. 199a	
	26	Dom.		200
Jul.	5	Ter.	201	
	10	Dom.	202	
	24	Dom.		203
Ago.	6	Sáb.		204
	10	Qua.	205	
	11	Qui.		206
	13	Sáb.		207
	14	Dom.	208	
	18	Qui.	209	
	31	Qua.		210
Set.	8	Qui.		211
	24/26	Sáb./Seg.	212	
	29	Qui.		213
Out.	1	Sáb.	214	
	20	Qui.		215

	Dia			
Jan.	18	Qua.		230
	22	Dom.	231	
	31	Ter.		232
Frv.	9	Qui.	233	
	12	Dom.	234	
	14	Qua.		235
	17	Sex.	236	
	28	Ter.		237
Mar.	1/3	Qua./Sex.	238	
	8	Qua.		239
	14 (13)	Ter./(Seg.)	240	
	14	Ter.	241	
	16	Qui.	242	
	19	Dom.		243
	25	Sáb.	244	
	28	Ter.		245
	30	Qui.	246	
	31	Sex.		247
Abril	2	Dom.	248	
	3	Seg.		249
	7	Sex.	250	
	11	Ter.	251	
	19	Qua.		252
	27	Qui.	253	
Maio	8	Seg.		254
	12	Sex.	255	
	18	Qui.		256
	24	Qua.		257
	27	Sáb.	258	
Jun.	12	Seg.		259
	15	Qui.	260	
	23	Sex.		261
	27	Ter.	262	

			Freud	Jung
	23	Dom.	216	
	29	Sáb.		217
	31	Seg.	218	
Nov.	7	Seg.		219
	13	Dom.		220
	25	Sex.	221	
	29	Ter.		222
Dez.	3	Sáb.	223	
	13	Ter.		224
	18	Dom.	225	

			Freud	Jung
Out.	4	Qua.		217
	6	Sex.		272
	12	Qui.	273	
	13	Sex.	274	
	17	Ter.		275
	20	Sex.	276	
	30	Seg.		277
				E. Jung 3
Nov.	2	Qui.	278	
	6	Seg.		279
				E. Jung 4
	12	Dom.	280	
	13	Seg.		281
	14	Ter.	283	282
				E. Jung 5

			Freud	Jung
Jul.	11	Ter.		263
	13	Qui.	264	
	19	Qua.		265
	21	Sex.	266	
	26	Qua.		297
Ago.	20	Dom.	268	
	29	Ter.		269
Set.	1	Sex.	270	
	16	Dom.	Freud p/ Küs-nacht	
	21/22	Sex./Sáb.	Cong. de Weimar	

			Freud	Jung
	17	Sex.		315
	23	Qui.	316	
	25	Sáb.		317
Jun.	8	Sáb.		318
	13	Qui.	319	
Jul.	18	Qui.		320
Ago.	2	Sex.		321
Set.	7	Sáb.	Jung p/ os E.U.A – Confs. em For-dham	
	10	Ter.		E. Jung 7
Nov.	11	Seg.		322
				323
	14	Qui.	324	325
	15	Sex.		326
	19	Ter.		327

	16	Qui.	284	
	24	Sex.		285
				E. Jung 6
	30	Qui.	286	
Dez.	11	Seg.		287
	17	Dom.	288	
	28	Qui.	289	
	31	Dom.	290	
1912				
Jan.	2	Ter.		291
	9	Ter.		292
	10	Qua.	293	294
	23	Ter.		295
	24	Qua.	296	
Fev.	15	Qui.		297
	18	Dom.	298	
	19	Seg.		299
	25	Dom.		300
	29	Qui.	301	
Mar.	2	Sáb.		302
	3	Dom.		303
348	5	Ter.	304	
	10	Dom.		305
	21	Qui.	306	
	22	Sex.		307
	24	Seg.	308	
	27	Qua.		309
Abr.	1	Seg.		310
	21	Sex.	311	
	27	Sáb.		312
Maio	8	Qua.		313
	14	Sáb	314	

Convite para o Congresso

	24	Dom.	Conf. em Munique	
	26	Ter.		328
	29	Sex.	329	
Dez.	3	Ter.		330
	4	Qua.		331
	5	Qui.	332	
	7	Sáb.		333
	9	Seg.	334	
	11/14	Qua./Sáb.		335
ca.	14	Sáb.		336
	16	Seg.	337	
	18	Qua.		338
	21	Sáb.		339
	22	Dom.	340	
1913				
Jan.	1	Qua.		341
	3	Sex.	342	343
	6	Seg.		344
	9	Qui.		345
	27	Seg.	346	
	31	Sex.		347
Fev.	11	Ter.		348
	20	Qui.		349
Mar.	3	Seg.		350
Abril	16	Qua.		351
	28	Seg.		352
Maio	17	Sáb.		353
Jun.				354
Jul.	29	Ter.		355
Ago.	18	Seg.		356
Set.	7/8	Dom./Seg.	Cong. de Munique	
Out.	27	Seg.		357
1914				
Abril	20	Seg.		
1923				
Data?				

ITENS AUSENTES

Evidências internas nos locais aqui relacionados indicam uma carta ou outro item definitiva ou aparentemente perdido. Não subsiste nenhuma carta de Freud para Emma Jung.

1906			
7 J n. 1	4	dez.	Freud
9 J n. 1	29	dez.	Freud
1907			
40 F n. 2	27	ago.	Cartão de Freud
49 J n. 1	28	out.	Freud (2)
51 J n. 1	8	nov.	Freud
1908			
92 F n. 1	10	maio	Jung
110 F n. 1	15	out.	Emma Jung
123 F n. 2	30	dez.	Jung
1909			
131 J n. 3	21	fev.	Freud
133 J n. 1	7	mar.	Telegrama de Freud
134 F n. 1	9	mar.	Telegrama de Freud
135 J n. 4	11	mar.	Cartão de Jung
141 F n. 3	16	maio	Freud (parte)
146 J n. 2	12	jun.	Jung
161 J n. 2	12	nov.	Cartão de Freud
164 J n. 1	22	nov.	Cartão de Jung
165 J n. 5	2	dez.	Cartão de Freud

1910			
175 J n. 5	30	jan.	Freud
181 J n. 1	2	mar.	Freud
188 F n. 1	26	abr.	Telegrama de Jung
211 J n. 1	8	set.	Cartões de Freud
215 J n. 3	20	out.	Cartão de Freud
219 J n. 3	7	nov.	Cartão de Freud
1911			
259 J n. 3	12	jun.	Freud (?)
272 J n. 1	6	out.	Freud
289 F n. 3	28	dez.	Jung (?)
1912			
313 J n. 1	8	maio	Freud (?)
318 J n. 3	8	jun.	Cartão de Freud
	9	dez.	Telegrama de Freud
1913			
348 J n. 1	11	fev.	Freud (?)
349 J n. 1	20	fev.	Freud (?)

2
SUMÁRIOS DO JAHRBUCH FÜR PSYCHOANALYTISCHE UND PSYCHOPATHOLOGISCHE FORSCHUNGEN[1]

I (1909)

Parte 1 [MARÇO]

Freud: Análise da fobia em um menino de cinco anos

Abraham: O lugar do casamento entre parentes na psicologia das neuroses

Maeder: Sexualidade e epilepsia

Jung: A importância do pai no destino do indivíduo

Binswanger: Uma experiência de análise de um caso de histeria [I]

Parte 2 [NOVEMBRO]

Binswanger: Uma experiência de análise de um caso de histeria [conclusão]

Freud: Notas sobre um caso de neurose obsessiva

Ferenczi: Introjeção e transferência

Stekel: Contribuições para a interpretação de sonhos

Silberer: Informe sobre um método de elucidação e observação de certos fenômenos de alucinação simbólicos

Adler: Acerca da disposição neurótica

Abraham: Escritos de Freud dos anos 1893-1909

---

1. Para a página de rosto do primeiro número, cf. fac-símile n. 6. A data de publicação de cada parte é deduzida das cartas. Os números originais das páginas são dados como uma indicação da extensão dos artigos.

Abraham: Informe sobre a literatura psicanalítica austríaca e alemã do ano de 1909

II (1910)

Parte 1 [AGOSTO]

Abraham: Estados oníricos histéricos

Jung: Conflitos psíquicos numa criança

Sadger: Um caso de perversão múltipla e episódios histéricos

Pfister: Investigações analíticas da psicologia do ódio e da reconciliação

Freud: O sentido antitético das palavras primitivas

Maeder: Investigações psicológicas de casos de demência precoce

Riklin: Da análise de uma neurose compulsiva

Jung: Notas à margem de *Die Sexuelle Not*, de Wittels

Jones: Informe sobre a recente literatura inglesa e americana sobre psicologia clínica e psicopatologia

Neiditsch: O estado atual da psicologia freudiana na Rússia

Assagioli: Teorias de Freud na Itália

Jung: Resenhas de obras psicológicas de autores suíços (até o fim de 1909)

Parte 2 [DEZEMBRO]

Freud: Contribuições para a psicopatologia do amor [I]

Rosenstein: As teorias da inferioridade orgânica e da bissexualidade em suas relações com as neuroses

Sadger: Sobre o erotismo uretral

Robitsek: A análise do sonho de Egmont

Rank: Um sonho que se autointerpreta

Silberer: Fantasia e mito

Bleuler: A psicanálise de Freud: defesa e anotações críticas

Rank: Informe sobre o segundo encontro psicanalítico privado em Nuremberg, em 30 e 31 de março de 1910

Jung: Sobre a crítica da psicanálise

III (1911)

Parte 1 [AGOSTO]

Freud: Formulações sobre os dois princípios do funcionamento mental

Freud: Notas psicanalíticas sobre um relato autobiográfico de um caso de paranoia (dementia paranoides)

Bertschunger: Alucinações ilustradas

Ferenczi: Sobre o papel da homossexualidade na patogênese da paranoia

Jung: Transformações e símbolos da libido [= A psicologia o inconsciente, I]

Binswanger: Análise de uma fobia histérica

Jung: *O mecanismo e a interpretação de sonhos*, de Morton Prince: Uma resenha crítica

Spielrein: Acerca do conteúdo psicológico de um caso de esquizofrenia (*Dementia praecox*)

Rank: Uma contribuição ao narcisismo

Pfister: A elucidação psicológica da glossolalia religiosa e da criptografia automática [I]

Bleuler: Uma comunicação clínica acerca das teorias infantis dos processos sexuais

Jung: Uma crítica da teoria do negativismo esquizofrênico de Bleuler

Bleuler: Resposta às anotações de Jung sobre a teoria do negativismo

Maeder: Psicanálise em uma depressão melancólica

Jung: Notícias de livros (Hitschmann, *Freuds Neurosenlehre*, de)

Parte 2 [MARÇO 1912]

Pfenninger: Pesquisas quanto à constância e trocas de constelações psicológicas em casos normais e esquizofrenia (*Dementia praecox*)

Sadger: Erotismo da pele, da membrana mucosa e muscular

Abraham: Notas sobre a psicanálise de um caso de fetichismo de pés e espartilho

Sachs: Interpretação de sonho e compreensão interna da natureza humana

Freud: Pós-escrito ao caso autobiográfico de paranoia (Dementia Paranoides)

Aptekmann: Contribuições experimentais à psicologia dos fenômenos psicogalvânicos

Silberer: Simbolismo durante o despertar e o simbolismo do limiar em geral

Silberer: Sobre a formação do símbolo

Silberer: Acerca do tratamento de uma psicose em Justinus Kerner

Pfister: A elucidação psicológica da glossolalia religiosa e da criptografia automática [conclusão]

Bjerre: Tratamento radical da paranoia crônica

Bleuler: Álcool e neuroses

Ferenczi: Álcool e neuroses: uma resposta à crítica do Dr. E. Bleuler

IV (1912)

Parte 1 [Setembro]

Bleuler: Pensamento autista

Freud: Contribuições à psicologia do amor, II

Rank: Classificação de símbolos em sonhos durante o despertar e sua recorrência no pensamento mitológico

Grebelskaja: Análise psicológica de um paranoico

Silberer: Sonhos de espermatozoides

Jung: Transformações e símbolos da libido, II [= A psicologia do inconsciente]

Spielrein: Destruição como a razão de ser

Nelken: Observações analíticas sobre as fantasias de um esquizofrênico

Jones: Alguns casos de neurose compulsiva, I

Parte 2 [Data de publicação não confirmada]

Silberer: Sobre a formação do símbolo

Bleuler: Um componente intelectual do complexo paterno

Bleuler: Atitude de forel frente à psicanálise

Maeder: Sobre a função dos sonhos

Silberer: Sobre a questão dos sonhos de espermatozoides

Rosenstein: Uma crítica

Silberer: Uma proposição sobre uma questão de princípios

V (1913)

Parte 1 [Data de publicação não confirmada]

Itten: Contribuições à psicologia da demência precoce

Jones: Alguns casos de neurose compulsiva [II]

Pfister: Criptolalia, criptografia e o quadro enigmático inconsciente tal como usado por pessoas normais

Sadger: Sobre o complexo sadomasoquista

Stärcke: Novas experiências com sonho em conexão com as teorias sobre sonhos mais recentes e mais antigos

Jung: Um ensaio na apresentação da teoria psicanalítica [= A teoria da psicanálise]

Bleuler: Aversão à sexualidade

Maeder: Sobre a questão da função do sonho teleológico

Parte 2 [DATA DE PUBLICAÇÃO NÃO CONFIRMADA]

Mensendieck: Sobre a técnica de ensino e educação durante o tratamento psicanalítico

Sadger: A psicanálise de um autoerótico

Marcinowski: A cura de um caso de asma pela psicanálise

Weissfeld: A psicologia de Freud como uma teoria de transformação

Maeder: Sobre o problema do sonho

Bjerre: Consciência vs. inconsciente

Lang: Sobre experiências de associação com esquizofrênicos e membros de suas famílias

Stärcke: Correção

Declaração dos editores e organizadores

3
ESTATUTOS DA ASSOCIAÇÃO PSICANALÍTICA INTERNACIONAL[1]

I. NOME DA ORGANIZAÇÃO

"Associação Psicanalítica Internacional".

II. SEDE

A sede (Escritório Central) da A.P.I. é a residência do presidente então em exercício[2].

III. OBJETIVO DA A.P.I.

O cultivo e a promoção da ciência psicanalítica tal como iniciada por Freud, tanto em sua forma como pura psicologia quanto em sua aplicação

---

1. *Statuten der Internationalen Psychoanalytischen Vereinigung*, um folheto de quatro páginas impresso. O exemplar examinado encontra-se em Sigmund Freud Archives (Biblioteca do Congresso, Washington, D.C.), para os quais foi doado pelo Professor Jung. Com ele se encontra um *Statuten-Entwurf*, "Rascunho dos estatutos", impresso, também doado por Jung, e com anotações manuscritas, feitas por ele evidentemente enquanto o rascunho estava sendo discutido no Congresso de Nuremberg. (Cf. o fac--símile). As modificações mais interessantes do rascunho que foram adotadas no texto são mencionadas nas notas seguintes. / Esses estatutos foram esboçados por Ferenczi e apresentados ao Congresso depois da leitura de seu artigo pedindo uma organização internacional permanente. Cf. o resumo de Rank, *Jahrhuch*, I:2 (1910), e anteriormente, 181 J n. 2. Cf. tb. o programa do Congresso, adiante, apêndice 4. / Estatutos Revisados foram adotados no Congresso de Haia, setembro de 1920; cf. *Zeitschrift*, VI (1920), 387 e s.
O rascunho situava a sede em Zurique. / A abreviatura *J.Ps.A.V.* para *Internationalen Psychoanalytischen Vereinigung*, no texto alemão.
2. O rascunho situava a sede em Zurique. / A abreviatura *J.Ps.A.V.* para *Internationalen Psychoanalytischen Vereinigung*, no texto alemão.

à medicina e às humanidades; assistência mútua entre membros em seus esforços para adquirir e fomentar o conhecimento psicanalítico.

IV. DOS MEMBROS

A Associação compreende membros regulares das sociedades filiadas. Os residentes em localidades onde não há sociedade filiada deverão ligar-se às sociedades filiadas mais próximas[3].

V. OBRIGAÇÕES DOS MEMBROS

Cada membro paga ao Escritório Central taxa anual de membro de 10 frs. (10 coroas, 8 marcos, 2 dólares)[4].

VI. DIREITOS DOS MEMBROS

Todos os membros têm o direito de comparecer aos encontros de todas as sociedades filiadas; estão habilitados a receber regularmente o *Bulletin*[5] e a serem convidados para os Congressos; nos Congressos estão habilitados a votar e a se candidatar à eleição.

VII. CONGRESSOS

A supervisão geral da A.P.I. cabe ao Congresso. Um Congresso será convocado pelo Escritório Central pelo menos de dois em dois anos[6] e será presidido pelo presidente então em exercício. O Congresso escolhe os funcionários do Escritório Central.

VIII. O ESCRITÓRIO CENTRAL

O Escritório Central compõe-se de um presidente e um secretário, o último a ser escolhido pelo Congresso mediante proposta do presidente; seu período de exercício é de dois anos[7]. Representa a A.P.I. em assuntos externos e coordena as atividades das sociedades filiadas; edita o *Bulletin* e deve prestar contas de suas atividades ao Congresso.

---

3. O rascunho estabelecia que os residentes em localidades onde não houvesse socie-dade filiada poderiam tornar-se membros livremente.

4.O rascunho também estabelecia um pagamento inicial do mesmo montante, do qual os membros das sociedades locais existentes estavam isentos.

5. Não constava do rascunho.

6. Rascunho: a cada quatro anos.

7. Rascunho: dois secretários; prazo de exercício, quatro anos.

IX. O *BULLETIN*

O *Bulletin* da A.P.I. é publicado mensalmente. Mantém contato entre o Escritório Central e os membros (comunicações oficiais), publica notícias científicas e pessoais relacionadas à psicanálise, informa sobre os mais importantes acontecimentos nas sociedades filiadas e sobre as novas publicações que tratam de psicanálise.

X. O CONSELHO CONSULTIVO DO ESCRITÓRIO CENTRAL

O Conselho Consultivo é composto dos presidentes das sociedades filiadas[8]; o presidente deve convocá-lo, se possível, uma vez por ano.

XI. AS SOCIEDADES FILIADAS

Novas sociedades filiadas podem ser formadas com a permissão do presidente; seu registro definitivo fica sujeito à decisão do próximo Congresso.

XII. MUDANÇAS NOS ESTATUTOS

Os Estatutos só podem ser emendados pelo Congresso, sendo exigida a presença de dois terços dos membros.

Adotado no Congresso de Nuremberg, a 31 de março 1910

Pela A.P.I.

O presidente: Docente Dr. C.G. Jung

O secretário: Dr. F. Riklin

---

8. O rascunho estabelecia um conselho de cinco, escolhidos pelo Congresso entre os membros mediante proposta do presidente.

4
Programa dos congressos

PROGRAMA PARA O ENCONTRO EM SALZBURG
26-27 de abril de 1908

26 de abril: chegada em Salzburg à noite. Reunião informal no Hotel Bristol. As acomodações foram reservadas no Hotel Bristol para aqueles que anunciaram seu comparecimento.

27 de abril: Manhã, 8: Sessão (o local será anunciado na noite de 26).

CONFERÊNCIAS

1. Prof. Dr. S. Freud, Viena: Caso clínico.

2. Dr. E. Jones, Londres: Racionalização na vida cotidiana[9].

3. Dr. Sadger, Viena: Sobre a etiologia da psicologia sexual.

4. Dr. Morton Prince, Boston: Experimentos que demonstram reações psicogalvânicas do subconsciente em um caso de personalidade múltipla10.

5. Dr. Abraham, Berlim: Diferenças psicossexuais entre demência precoce e histeria.

6. Dr. Stekel, Viena: Sobre a histeria de angústia.

7. Dr. Adler, Viena: Sadismo na vida e neurose.

8. Dr. Jung, Zurique: Sobre demência precoce.

---

9. Em inglês.

10. Prince não compareceu e, em seu lugar, Riklin fez uma conferência, "Alguns problemas da interpretação de mitos"; cf. anteriormente, 63 J n. 2.

Os conferencistas terão meia hora para seus pronunciamentos. A discussão terá lugar à noite.

13h. Almoço no Hotel Bristol.

Tarde: se o tempo permitir, passeio.

Noite: reunião no Hotel Bristol.

1. Discussão das conferências.

2. Dr. Stein, Budapeste: Como a libido é liberada pela análise para ser terapeuticamente guiada através de canais favoráveis?

3. Dr. Ferenczi, Budapeste: Que sugestões práticas para a educação de crianças podem ser retiradas da experiência freudiana?

4. Questões administrativas.

[CONVITE]

SEGUNDO ENCONTRO PSICANALÍTICO EM NUREMBERG

30 e 31 de março de 1910

Este ano, como há dois anos, em Salzburg, haverá um encontro privado de todos aqueles interessados no progresso da psicologia de Freud. A agenda proposta tratará de problemas de natureza geral, incluindo a discussão de uma organização mais rigorosa sob a forma de uma Sociedade permanente. O programa definitivo será enviado aos participantes em março, com mais detalhes.

Aos que desejam comparecer ao encontro pede-se que informem ao abaixo-assinado antes de 1º de março.

Pede-se aos participantes para tomarem parte ativa, se possível pronunciando *conferências.* Convidados serão bem-vindos.

Notificações de conferências serão aceitas pelo abaixo-assinado até 1º de março.

Dr. C.G. Jung
Küsnacht-Zürich, Janeiro de 1910

SEGUNDO ENCONTRO PSICANALÍTICO EM NUREMBERG

30 e 31 de março de 1910

PROGRAMA REVISADO[11]

30 de março:

Manhã, 8h30. Conferências por

1. Prof. Freud: As perspectivas futuras da psicoterapia.

2. Dr. Abraham: A psicanálise do fetichismo.

3. Dr. Marcinowsky: Processos sejuntivos como fundamento das psiconeuroses.

4. Dr. Stegmann: Psicanálise e outros métodos de tratamento na prática neurológica.

5. Dr. Honegger: Sobre delírios paranoides.

Tarde, 5:

1. Conferência pelo Dr. Löwenfeld: Sobre hipnoterapia.

2. Informe pelo Dr. Ferenczi: Sobre a necessidade de maior união entre os adeptos dos ensinamentos de Freud, com sugestões para uma organização internacional permanente.

31 de março:

Manhã, 8h30. Conferências por

1. Dr. Jung: Informe sobre a América.

2. Dr. Adler: Sobre hermafroditismo psíquico.

3. Dr. Maeder: Sobre a psicologia do paranoide.

4. Informe pelo Dr. Stekel: Propostas para pesquisa de grupo no campo do simbolismo e dos sonhos típicos.

Tarde: Encontro informal.

Mais detalhes serão anunciados nos encontros. Os trabalhos serão realizados no Grand Hotel.

---

11 A versão original do programa (também em Sigmund Freud Archives), composta em tipo diferente, continha as seguintes diferenças: na tarde de 30 de março, apenas o informe de Ferenczi; a conferência de Adler não constava do programa.

[CONVITE]
TERCEIRO CONGRESSO PSICANALÍTICO EM WEIMAR
21-22 de setembro de 1911

O encontro desse ano da ASSOCIAÇÃO PSICANALÍTICA INTERNA-CIONAL será realizado a 21 e 22 de setembro, em Weimar.

PROGRAMA PROVISÓRIO

21 de setembro. Manhã, 8: Abertura dos trabalhos. Agenda:

1. Informe Anual.

2. A questão da incorporação do *Bulletin* na *Zentralblatt für Psychoanalyse.*

3. A organização da A.P.I. na América.

12: Almoço no Hotel Erbprinz.

22 de setembro. Manhã, 8: Abertura dos trabalhos.

As acomodações serão encontradas principalmente no Hotel Erbprinz e no Hotel Elefant. Quanto às acomodações, comunicar-se, por favor, em tempo, corn o *Dr. K. Abraham*, Rankestrasse 24, Berlim W.

A *notificação de conferências*, que serão limitadas a 20-30 minutos, é polidamente requerida. As notificações podem ser submetidas ao abaixo--assinado até 1º de setembro.

Dr. C.G. JUNG

Küsnacht-Zürich   Presidente da A.P.I

TERCEIRO CONGRESSO PSICANALÍTICO EM WEIMAR
21-22 de setembro de 1911
PROGRAMA

A. O encontro deste ano da ASSOCIAÇÃO PSICANALÍTICA INTERNA-CIONAL será realizado a 21 e 22 de setembro, em Weimar.

B. A maioria dos participantes terá acomodações no Hotel Erbprinz. Os trabalhos também terão lugar aí.

C. PROGRAMA DOS TRABALHOS

I. 21 de set., manhã, 8:

1. Professor Putnam: Sobre a importância da filosofia para maior desenvolvimento da psicanálise[12].

2. Professor Bleuler: Sobre a teoria do autismo.

3. Dr. Sadger: Masturbação.

4. Dr. Abraham: O fundamento psicossexual dos estados de depressão e exaltação.

[Inserção manuscrita: Ferenczi: Sobre homossexualidade].

5. Dr. Körber: Sobre a recusa sexual.

6. O. Rank (pelo Dr. Sachs): As interações entre as humanidades e a psicanálise.

II. 12h30: Almoço no Hotel Erbprinz.

III. Tarde:

1. Dr. C.G. Jung: Informe anual.

2. Debate sobre a incorporação do *Bulletin* na *Zentralblatt für Psychoanalyse.*

IV. 22 de set., manhã, 8:

1. Professor Freud: Pós-escrito à análise de Schreber.

2. Dr. C.G. Jung: Contribuição sobre o simbolismo.

3. C. [sic] Rank: Sobre o motivo da nudez na poesia e na saga.

4. Dr. Paul [sic] Bjerre: Sobre o tratamento analítico da paranoia[13].

5. Dr. Nelken: Sobre as fantasias da demência precoce.

6. Dr. Juliusburger: Sobre a Análise de Psicoses.

V. Tarde:

1. Debate sobre a organização da A.P.I. na América.

---

12. Em alemão.

13. Uma anotação manuscrita transpõe os números 4 e 5.

D. Uma duração média de 25 minutos está programada para cada conferência.

E. Aos participantes que ainda não solicitaram ao Dr. Abraham acomodações pede-se, em seu próprio interesse, que reservem quartos o mais rapidamente possível. É provável que não haja mais quartos disponíveis no Hotel Erbprinz. Recomenda-se o Hotel Elefant.

Küsnacht-Zürich
Setembro de 1911

Dr. C.G. Jung
Presidente da A.P.I.

QUARTO ENCONTRO PSICANALÍTICO EM MUNIQUE
7 e 8 de setembro de 1913

7 de setembro, amanhã, 8h30: Abertura da Sessão:

1. Informe sobre a Associação.

2. Eleição de presidente e secretário.

3. Tema para discussão: *A função dos sonhos.* Expositor, Dr. A. Maeder. Coexpositor, Dr. O. Rank.

12h30: Almoço no Hotel Bayrischer Hof.

Tarde, 3: Retomada dos trabalhos:

1. Dr. Tausk: A significação psicológica e patológica do narcisismo.

2. Prof. Dr. S. Freud: O problema da escolha da neurose.

3. Dr. L. Seif: Sobre a formação de símbolos.

4. Prof. Dr. E. Jones: A atitude do médico perante conflitos atuais.

5. Dr. H. Sachs: A introdução da lavoura no mito. Uma afirmação provisória.

6. Dr. K. Abraham: Restrições neuróticas da escopofilia e fenômenos análogos na psicologia popular.

7. Dr. Fr. Riklin: O valor simbólico do sadismo.

Depois da sessão, reunião informal no Hotel Bayrischer Hof.

8 de setembro, manhã, 8: Conferências por:

1. Dr. J.B. Lang: Sobre A psicologia da *dementia praecox.*

2. Dr. van Emden: Sobre a análise de um caso de epilepsia ostensiva em uma criança.

3. Dr. C.G. Jung: Sobre a questão dos tipos psicológicos.

4. Dr. H. Schmid: O problema de Hamlet.

5. Dr. P. Bjerre: Consciência vs. inconsciente.

6. Dr. S. Ferenczi: Sobre a psicologia da persuasão.

7. Prof. Dr. O. Messmer: A função de realidade como um problema ontológico.

8. Dr. van Ophuijsen: Sobre a questão do sadomasoquismo.

9. Dr. Mensendiek: A tendência prospectiva do inconsciente nos primeiros dramas de Wagner e em *Parsifal*.

10. Dr. J.v. Hattingberg: Sobre o caráter anal-erótico.

Pede-se ao conferencistas que limitem seu tempo de exposição a aproximadamente 20-25 minutos. Se o tempo permitir haverá uma pequena discussão após cada conferência. Os apartes dos membros da audiência poderão estender-se por apenas cinco minutos.

Os trabalhos serão realizados no Hotel Bayrischer Hof, onde os participantes também estarão hospedados. Em todo caso, é preciso salientar que cada um deve reservar seu quarto, fazendo isso o mais rapidamente possível.

Este programa também serve para admitir convidados apresentados por membros do Congresso.

O presidente[14]

---

14. A assinatura está cortada na fotocópia, mas a palavra *Zentralpräsident* está claramente legível.

5
SUMÁRIOS (DE 1913) DER SCHRIFTEN ZUR ANGEW ANDTEN SEELENKUNDE, EDITADO POR SIGMUND FREUD[15]

1	1907	Freud: delírios e sonhos na "Gradiva" de Jensen.
2	1908	Riklin: Realização de desejo e simbolismo em contos de fada.
3	1908	Jung: O conteúdo das psicoses.
4	1909	Abraham: Sonho e mito.
5	1909	Rank: O mito do nascimento do herói.
6	1909	Sadger: Da vida amorosa de Nicolas Lenau.
7	1910	Freud: Leonardo da Vinci e uma lembrança da sua infância.
8	1910	Pfister: A piedade do Conde Ludwig von Zinzendorf.
9	1911	Graf: Richard Wagner em *O navio fantasma*.
10	1911	Jones: O problema de *Hamlet* e o complexo de Édipo.
11	1911	Abraham: Giovanni Segantini: uma indagação psicanalítica.
12	1911	Storfer: Sobre posição excepcional do parricídio.
13	1911	Rank: A saga de Lohengrin.
14	1912	Jones: O pesadelo em sua relação com certas formas de superstição medieval
15	1912	Von Hug-Hellmuth: Um estudo da vida mental da criança

---

15. Artigos sobre Psicologia Aplicada. Os primeiros dois números foram publicados por Hugo Heller, Viena; Franz Deuticke, Viena e Leipzig, assumiram a publicação com o terceiro número. Os conteúdos das *Schriften* estão em alemão; os artigos de Jones foram traduzidos. Os títulos estão como nas traduções standard ou como em Grinstein.

6
O CONTRATO PARA A ZEITSCHRIFT

CONTRATO

entre

A *Associação Psicanalítica Internacional* (abreviada como A.P.I.), representada por seu Escritório Central, composto atualmente do docente Dr. C.G. Jung e do Dr. F. Riklin, ambos de Küsnacht-Zürich

e

Professor Dr. S. Freud, Berggasse 19, Viena[16].

I.

Professor S. Freud é atualmente diretor da *Zeitschrift für ärztliche Psycho-Analyse*, que é editada por um grupo sob sua direção.

II.

Os representantes da A.P.I. têm poderes para dar ou negar sua aprovação de editores designados para a *Zeitschrift* pelo Professor Freud. O Professor Freud compromete-se, antes de designar um novo editor, a submeter seu nome ao Escritório Central da A.P.I., que está obrigado a informá-lo, tão logo que possível, se aceita ou não o editor proposto. A A.P.I. tem poderes para pedir ao professor para demitir os editores da *Zeitschrift* cuja atividade editorial não esteja de acordo com os requisitos da A.P.I.

---

16. Datilografado e assinado, com local e data manuscritos. A cópia examinada é uma fotocópia constante nos arquivos Jung em Küsnacht. Nem o original nem a cópia presumivelmente recebida e assinada por Freud foram recuperados. / Cf. 336 J, 341 J, 346 F, 347 J e 348 J, para referências ao rascunho desse contrato. Nas duas últimas cartas há referências também a um contrato com o editor Heller, que não foi recuperado.

III.

No caso de o Professor Freud e a A.P.I. não poderem chegar a um acordo quanto aos defensores de posições editoriais, o Escritório Central está obrigado a pedir ao Professor Freud, por carta registrada, para convocar, dentro de 14 dias a partir do despacho da dita carta, o Congresso da A.P.I. ou o Conselho Consultivo para o Escritório Central, que representa o Congresso entre as sessões, com vistas a chegar a um acordo quanto às diferenças. O Professor Freud deve fazer a convocação por carta registrada ao presidente do Escritório Central, que providenciará os demais ajustes.

Se o Professor Freud não fizer a convocação mencionada dentro do prazo estipulado, considerar-se-á que ele aceita o ponto de vista do Escritório Central.

IV.

Se o professor não submeter à decisão do Congresso ou do Conselho Consultivo do Escritório Central, de acordo com o último parágrafo do Artigo III, ou se por qualquer razão a editoria da *Zeitchrift* passar para outras mãos que não as do Dr. Freud, a A.P.I. tem poderes para cancelar suas subscrições da *Zeitschrift*, como previsto em seu contrato com Herr Hugo Heller, Viena.

V.

A A.P.I., por meio de seu Escritório Central, compromete-se a fornecer o *Bulletin*, contendo um informe completo das atividades e dos trabalhos da A.P.I., aos editores, pelo menos três vezes por ano e em intervalos regulares. O Escritório Central está preparado, além do mais, para remeter queixas quanto a falhas no cumprimento dessa tarefa ao Congresso ou ao Conselho Consultivo.

Küsnach-Zürich, 2 de maio de 1913

Dr. C.G. Jung

Dr. F. Riklin

7
AS EDIÇÕES COLIGIDAS

The standard edition of the complete psychological works of Sigmund Freud. Traduzida do alemão sob a direção geral de James Strachey, em colaboração com Anna Freud, assistido por Alix Strachey, Alan Tyson e Angela Richards. Londres: The Hogarth Press and the Institute of Psycho-Analysis. / Nova York: Macmillan[17].

I. Publicações pré-analíticas e rascunhos inéditos (1866-1887).

II. Estudos sobre a histeria (1893-1895).

III. Primeiras publicações psicanalíticas (1893-1899).

IV. A interpretação de sonhos (I) (1900).

V. A interpretação de sonhos (II) e Sobre os sonhos (1900-1901).

VI. A psicopatologia da vida cotidiana (1901).

VII. Um caso de histeria, três ensaios sobre sexualidade e outros trabalhos (1901-1905).

VIII. Chistes e sua relação com o inconsciente (1905).

IX. 'Gradiva' de Jensen e outros trabalhos (1906-1908).

X. Os casos do 'pequeno hans' e do 'homem dos ratos' (1909).

XI. Cinco lições de psicanálise, Leonardo e outros trabalhos (1910).

XII. O caso de Schreber, artigos sobre técnica e outros trabalhos (1911-1913).

---

17. Edição Standard Brasileira das Obras Psicológicas Completas de Sigmund Freud, Imago Editora, Rio de Janeiro.

XIII. Totem e tabu e outros trabalhos (1913-1914).

XIV. A história do movimento psicanalítico, artigos sobre metapsicologia e outros trabalhos (1914-1916).

XV. Conferências introdutórias sobre psicanálise (Partes I e II) (1915-1916).

XVI. Conferências introdutórias sobre psicanálise (Parte III) (1916-1917).

XVII. Uma neurose infantil e outros trabalhos (1917-1919).

XVIII. Além do princípio de prazer, psicologia de grupo e outros trabalhos (1920-1922).

XIX. O Ego e o Id e outros trabalhos (1923-1925).

XX. Um estudo autobiográfico, inibições, sintomas e ansiedade, análise leiga e outros trabalhos (1925-1926).

XXI. O futuro de uma ilusão, o mal-estar na civilização e outros trabalhos (1927-1931).

XXII. Novas conferências introdutórias sobre psicanálise e outros trabalhos (1932-1936).

XXIII. Moisés e o monoteísmo, esboço de psicanálise e outros trabalhos (1937-1939).

XXIV. Bibliografias, índices etc.

The collected works of C.G. Jung. Editores: Sir Herbert Read, Michael Fordham, Gerhard Adler; William McGuire, editor executivo. Traduzidas do alemão por R. F. C. Hull (com exceção do vol. 2). Princeton: Princeton University Press (Bollingen Séries). / Londres: Routledge & Kegan Paul.

1. Psychiatrie studies (1902-1906).

2. Experimental researches (1904-1910) (tradução de Leopold Stein em colaboração com Diana Riviere).

3. The psychogenesis of mental disease (1907-1914; 1919-1958).

4. Freud and psychoanalysis (1906-1914; 1916-1930).

5. Symbols of transformation (1911-1912; 1952).

6. Psychological types (1921)

7. Two essays on analytical psychology (1912-1928).

8. The structure and dynamics of the psyche (1916-1952).

9. i. The archetypes and the collective unconscious (1934-1955).

9. ii. Aion: researches into the phenomenology of the self (1951).

10. Civilization in transition (1918-1959).

11. Psychology and religion: west and east (1932-1952).

12. Psychology and alchemy (1936-1944).

13. Alchemical studies (1929-1945).

14. Mysterium coniunctionis (1955-1956).

15. The spirit in man, art, and literature (1929-1941).

16. The practice of psychotherapy (1921-1951).

17. The development of personality (1910; 1925-1943).

18. Miscellany.

19. Bibliography and general index.

Adendos

18 F n. 10

A Sigmund Freud Memorial Collection da New York State Psychiatric Institute Library, New York City (cf. adendo a 194 F n. 3) inclui uma cópia de Freud de *Die Gruppirung der psychischen Krankheiten und die Eintheilung der Seelenstörungen* (Danzig, 1863), de K. Kahlbaum, com inúmeras anotações feitas por Freud quando era um jovem médico. Cf. Ernest Harms, "A Fragment of Freud's Library", *Psychoanalytic Quarterly*, XL:3 (julho de 1971).

133 J n. 1

"O Pequeno Hans", o paciente de cinco anos, pode agora ser identificado como Herbert Graf (1903-1973), que se distinguiu em seu trabalho como diretor de ópera em Nova York, Filadélfia e Zurique. Seu pai foi o musicólogo Max Graf (1875-1958), membro fundador da Sociedade Psicanalítica de Viena.

143 F n. 2

Hans Olden, "Die Geschichte vom Gläsernen", *Die Zukunft*, vol. 46 (13 de fevereiro de 1904), 262s. Um jovem de inteligência brilhante é obcecado pela ideia de que seu traseiro é feito de vidro; impossibilitado de sentar-se ou deitar-se, enfraquece fisicamente. Seu médico fica fascinado por seu brilhantismo, tornam-se amigos e encontram-se com frequência para conversar. Os pais do jovem, preocupados, exigem que o médico tome atitudes drásticas e ele o faz: amarra um pedaço de vidro nas costas da cadeira do paciente e o obriga a sentar-se nela. O vidro se quebra e cai no chão. O jovem se cura de sua obsessão e recomeça uma vida normal, mas perde seu talento intelectual, envolve-se com maus elementos e é levado a julgamento por falsificação de assinatura. O médico presta declarações como testemunha de defesa e explica que o jovem já está curado e não pode ser responsabilizado pelo crime.

194 F n. 4

Uma coleção de cartas e cartões postais não publicados de Freud, na New York State Psychiatric Institute Library, New York City, inclui oito peças dirigidas a Jekels. Em uma carta de 3 de julho de 1910, Freud informa a Jekels que ele e sua esposa deviam, infelizmente, cancelar o plano de visitá-lo em Bistrai (nas duas últimas semanas de julho) porque seus dois filhos mais moços os acompanhariam e a casa de Jekels era pequena demais para os quatro. Uma carta de 3 de agosto de 1910, de Noordwijk, indica que Minna Bernays e duas filhas de Freud estiveram em Bistrai durante parte do mês de julho e que Minna Bernays partiu depois para Hamburgo a fim de ficar com sua mãe, que estava seriamente doente.

Na Sigmund Freud Memorial Room, da Institute Library, há também cerca de 800 livros e outros itens que pertenceram a Freud e faziam parte de sua biblioteca. A coleção foi anunciada em julho de 1939 pelo livreiro vienense Heinrich Hinterberger sem mencionar Freud – "livros sobre neurologia e psiquiatria... colecionados por um famoso cientista vienense" – e foi adquirida a conselho do bibliotecário Dr. Jacob Shatzky. O catálogo da coleção foi impresso em Nolan D.C. Lewis e Carney Landis, "Freud's Library", *Psychoanalytic Review*, XLIV:3 (julho de 1957).

218 F n. 5

O personagem dessa anedota não foi o imperador asteca Montezuma, mas seu sobrinho e sucessor Guatemozin. A frase foi: "E você pensa, então, que busco meu prazer no banho?" – W.H. Prescott, *The Conquest of Mexico* (1843), Livro VII, cap. I. Prescot acrescenta: "A versão literal não é tão poética como 'o berço de flores', expressão geralmente atribuída a essa exclamação de Guatemozin".

Comentário (par. 3) que se segue a 270 F

Em Weimar, de acordo com o resumo de Rank, Jung falou sobre uma fantasia recente de uma mulher neurótica de 34 anos "que podia ser documentada e elucidada por material clínico". Na fantasia, um homem que ela amava sem ser correspondida é pendurado pelos genitais; a mesma fantasia foi encontrada em um menino de nove anos como uma expressão simbólica de sua libido não realizada. Jung citou paralelos etnológicos e mitológicos, isto é, o sacrifício do deus da primavera por enforcamento ou esfolamento e, em cultos antigos, o sacrifício do falo à Grande Mãe. A fantasia da paciente não é mencionada em "Wandlungen und Symbole", mas há alusões aos paralelos. Ver OC 5, Índice analítico, "Átis" e "castração".

BIOGRAFIAS

Sigmund Freud nasceu em Freiberg in Mähren, em 1856. Neurologista e psiquiatra austríaco. Ingressou na Universidade de Viena aos 17 anos para cursar medicina. Criador da Psicanálise e a personalidade mais influente da história no campo da Psicologia. Sua influência pode ser observada ainda em diversos outros campos do conhecimento e até mesmo na cultura popular, inclusive no uso cotidiano de palavras que se tornaram recorrentes, mas que surgiram a partir de suas teorias. Expressões como "neurose", "repressões", "projeções" popularizaram-se a partir de seus escritos. Freud morreu em 1939, em Londres, aos 83 anos.

C.G. Jung nasceu em Kesswil, Suíça, em 1875. Formou-se em Medicina em 1900, na Universidade da Basileia. Foi assistente e depois colaborador de Eugen Bleuler na Clínica Psiquiátrica de Zurique. Foi colaborador próximo de Sigmund Freud, de quem afastou-se anos mais tarde. Teve uma brilhante carreira intelectual em cujos escritos se revela a grandeza de um dos mais influentes pensadores do século XX. Jung morreu em 1961, na cidade de Küsnacht, aos 85 anos.

Conecte-se conosco:

facebook.com/editoravozes

@editoravozes

@editora_vozes

youtube.com/editoravozes

+55 24 2233-9033

www.vozes.com.br

Conheça nossas lojas:

www.livrariavozes.com.br

Belo Horizonte – Brasília – Campinas – Cuiabá – Curitiba
Fortaleza – Juiz de Fora – Petrópolis – Recife – São Paulo

EDITORA VOZES LTDA.
Rua Frei Luís, 100 – Centro – Cep 25689-900 – Petrópolis, RJ
Tel.: (24) 2233-9000 – E-mail: vendas@vozes.com.br